KB030459

[2판]

노인복지론

| 정옥분 · 김동배 · 정순화 · 손화희 공저 |

social welfare with the aged

학지사

2판 머리말

　평균수명의 증가로 우리나라의 고령화는 세계 어느 나라에서도 유래를 찾기 어려울 정도로 빠른 속도로 진행되고 있다. 2000년 총인구 중 65세 이상 인구 비율이 7%를 넘어 이미 고령화 사회에 진입한 우리나라는 2018년에는 14%를 넘는 고령사회로, 2026년에는 20%가 넘는 초고령사회로 진입할 것으로 전망되고 있다. 이처럼 빠른 속도로 증가하고 있는 노인인구는 노인문제의 심각성을 더해주고 있으며, 노인복지 관련 이론과 정책의 필요성을 고조시키고 있다. 이러한 사회적 흐름에 따라 2008년 출간된 『노인복지론』은 그동안 전공과목의 교재로 그리고 노인복지 관련기관 종사자들을 위한 지침서로 널리 활용되어 왔다.

　그러나 『노인복지론』이 출간된 지도 8년의 세월이 흘렀을 뿐만 아니라 이후 사회적 요구에 부응하는 노인복지정책을 수립하고 서비스를 제공하기 위해 노인복지법도 수 차례에 걸쳐 개정이 이루어져 왔다. 이에 따라 기존에 시행되던 노인복지정책이나 서비스 그리고 노인문제에 대한 접근방식에서도 상당 부분 변화가 있어 『노인복지론』 개정판을 출간하게 되었다.

　이번 2판에서는 주로 제4부 노인복지정책과 서비스의 내용을 중심으로 대폭 수정·보완이 이루어졌다. 제12장 노인복지정책의 기본개념에서는 노인복지정책과 제도에서 변화된 부분을 보완하였고, 제13장 소득보장정책에서는 사회보험과 공공부조, 노인고용증진제도에서 변화된 부분을 중심으로, 특히 기존에 시행되던 기초노령연금제도가 폐지되고 2014년부터 시행되는 기초연금제도 관련내용을 보완하였다. 그리고 제14장 의료보장정책에서는 특히 노인장기요양보험과 관련된 내용을 보완하였다. 그 외 다른 장의 내용은 최근 변화된 통계자료나 연구내용을 중심으로 부분적으로 수정·보완하였다.

　앞으로도 『노인복지론』이 노인복지와 관련된 심화된 이론과 지식을 습득하고자 하는 많은 전공과목 학생들과 관련기관 종사자들 그리고 노인문제와 노인복지에 관심을 가진 분들을 위한 지침서로 널리 활용되기를 기대하며, 이 책이 나오기까지 많은 도움을 주신 학지사 김진환 사장님과 편집업무를 맡아 애써주신 백소현 과장님의 노고에 감사를 드린다.

2016년 8월
저자 일동

1판 머리말

전통적으로 경로효친의 문화는 우리나라의 노인공경 사상을 지탱해 주는 큰 버팀목이 되어 왔다. 1980년대 초반 우리나라를 방문한 적이 있는 『25시』의 작가 게오르규(C. V. Cheorghiu)는 세계 어디에서도 한국에서처럼 노인이 존경받는 곳은 없으며, 한국의 노인공경은 세계 문명국들의 모범이 된다고 한 적이 있다. 그러나 20년이 지난 현재 우리나라의 노인공경문화는 과연 어떠한가?

의학의 발달로 노인인구가 증가하면서 노인은 존경의 대상이라기보다는 부정적인 측면이 강조되고, 사회적으로는 부양의 대상이 되는 부담스러운 존재로 인식되고 있다. 특히, 인구의 고령화는 빠른 속도로 이루어지면서 출산율은 급격하게 감소하는 현재 우리나라의 현실에서 노인문제는 그 심각성을 더하고 있다.

그러나 노년기에 일어나는 여러 가지 변화에는 쇠퇴의 측면만이 존재하는 것은 아니며, 우리 모두가 통과해야 하는 삶의 한 부분이다. 그럼에도 불구하고 많은 사람의 축복과 관심 속에 태어났던 한 고귀한 생명이 노년기에 와서는 아무에게도 관심받지 못한 채 무관심 속에 방치되고 있는 경우가 대부분이다. 최근 대중매체를 통해 보도되는 노인방치나 노인학대와 관련된 여러 사례들은 '요람에서 무덤까지'라는 사회복지의 기본이념을 퇴색하게 만들고 있다.

1981년 노인복지법이 제정된 이래 사회변화에 부응하는 노인복지정책을 수립하기 위해 노인복지법은 수차례에 걸쳐 전면 개정과 일부 개정이 이루어져 왔으나 아직까지 우리나라의 노인복지정책은 서구에 비해 미비한 점이 많을 뿐만 아니라 예산도 턱없이 부족한 실정이다. 고령화 사회의 문제가 거시경제에 영향을 미치게 되고, 다음 세대의 사회경제적 조건을 규정하는 등 우리 사회 전반에 미치는 엄청난 파장을 생각해 볼 때에 고령

화 사회의 문제와 그 영향에 대한 대책은 사회 전체가 지혜를 모아 내놓아야 하는 만년지
대계(萬年之大計)가 되어야 할 것이다.

이러한 취지에서 집필한 이 책은 크게 6부로 구성하였다. 제1부는 현대사회에서의
노인문제를 이해하는 것과 관련된 내용을 다루고 있다. 현대사회에서 인구의 고령화로
인해 나타나는 노인문제에 대한 통합적인 시각을 정리해 보고 노년학의 발전과정과 노
년학의 한 분야로서 노인복지학이 어떻게 발전해 왔는가에 대한 논의를 통해 노인문제
전반에 대한 이해를 돕고 통합적인 시각을 제시해 보고자 하였다. 제2부에서는 노년기
에 나타나는 전반적인 변화와 이에 대한 적응문제를 다루고 있다. 신체적 · 생리적 변
화, 건강관리와 질병, 인지적 변화, 성격과 사회적 적응, 죽음과 사별에 대한 전반적인
논의를 통해 노년기에 나타나는 여러 가지 변화의 특성에 대한 이해를 돕고 이러한 변
화에 어떻게 적응해 나가야 할 것인가에 대해 방향을 제시하고 있다. 제3부는 노년기
의 사회적 환경에 대해 다루고 있다. 직업에서의 은퇴, 여가활동, 자원봉사, 노년기의
가족관계에 대한 논의를 통해 은퇴 이후의 여가활동과 자원봉사활동의 중요성 및 지침
을 제시하고 나아가 가족관계에 적응해 나가기 위한 지침을 제시해 보았다. 제4부는
노인복지정책과 서비스 전반에 대한 내용을 다루고 있다. 노인복지정책의 기본개념과
소득보장정책, 의료보장정책, 주거보장정책, 노인복지서비스와 고령친화사업에 대한
세부적인 내용을 논의함으로써 현재 우리나라 노인복지정책과 서비스의 실태에 대한
보다 폭넓은 이해를 돕고자 하였다. 제5부에서는 노인상담과 사례관리를 다루고 있으
며, 이를 통해 노인의 심리적 측면에 대한 복지의 중요성을 강조하였다. 마지막으로 제
6부에서는 현재 우리나라 노인복지정책의 과제를 정리해 보고 이를 기초로 하여 앞으

로의 방향을 제시해 보았다.

　우리는 이 책이 대학에서 노인복지론의 교재로 사용될 뿐만 아니라 노인문제와 노인복지에 관심을 가진 많은 분들에게도 널리 활용되어 개인적으로 보다 풍요로운 노년을 보낼 수 있는 지침서가 되기를 기대한다. 또한 정책입안자들에게는 만년지대계의 초석을 쌓아 가기 위한 정책수립의 기초자료로 활용되기를 기대한다.

　끝으로, 이 책이 나오기까지 많은 도움을 주신 학지사 김진환 사장님과 편집부 여러 분들의 노고에 감사드린다. 그리고 귀중한 사진자료를 정리하는 데 많은 도움을 준 고려대학교 박사과정 장수연 조교에게도 감사의 마음을 전하고 싶다.

2008년 1월
저자 일동

차 례

제1부 현대사회와 노인문제

제1장 인구의 고령화와 노인문제   21

제2장 노년학의 발전   43

제2부 노년기의 발달적 변화

제3장 신체적 · 생리적 변화 69

제4장 건강관리와 질병 97

제5장   인지변화   131

제 3 부 노년기의 사회적 환경

제8장　직업과 은퇴　　　　　　　　　　　　　　　　　213

제9장　여가활동과 노인교육　　　　　　　　　　　　　237

제 4 부 노인복지정책과 서비스

제 5 부 노인상담과 사례관리

제 6 부 노인복지정책의 과제와 방향정립

제1부

현대사회와 노인문제

인간의 삶에서 노년기는 역사적으로나 문화적으로 긍정적인 측면과 부정적인 측면이 공존하는 시기로 인식되고 있다. 어떤 시대나 문화권에서는 노년기를 긍정적인 삶의 한 부분으로 묘사하고 있는가 하면, 또 다른 시대나 문화권에서는 노년기를 부정적인 삶의 한 부분으로 묘사하고 있다.

예전에 우리 사회가 노인에 대해 긍정적인 시각을 가질 수 있었던 것은 노인인구가 많은 비율을 차지하고 있지 않았기 때문이었다. 척박한 환경에서 생활하면서 노년기까지 생존하는 사람들이 많지 않았기 때문에 노인은 지혜의 상징이자 존경의 대상이 될 수 있었다. 그러나 노인존경사상이 전 세계적인 현상은 아니었다는 점에서 이는 문화적인 차이도 영향을 미치는 것으로 볼 수 있다. 하지만 현대화이론에서 지적하는 바와 같이 현대사회에서는 의학의 발달로 노인인구가 증가하고 교육의 기회가 확대됨으로써 노인은 존경의 대상이라기보다는 개인적으로는 쇠퇴해 가는 부정적인 측면이 강조되고, 사회적으로는 부양의 대상이 되는 부담스러운 존재로 인식되고 있다.

노년기에 일어나는 신체적인 변화는 분명히 쇠퇴의 측면으로 간주할 수 있으며, 이는 피할 수 없는 인간발달의 한 국면이기도 하다. 이와 동시에 예전처럼 노인의 지혜가 존중을 받지는 못하더라도 분명히 쇠퇴의 측면만이 존재하는 것은 아니다. 그리고 노년기의 문제는 일부의 사람들에게만 해당되는 남의 문제가 아니며 우리 모두가 통과해야 하는 삶의 한 부분이다. 그럼에도 불구하고 많은 사람의 축복과 관심 속에 태어났던 한 고귀한 생명이 노년기에는 아무도 관심을 가져주지 않는 무관심 속에 방치되고 있는 경우가 대부분이며, 이러한 무관심과 방치는 노년기의 절망감을 심화시키게 된다. 최근 대중매체를 통해 보도되는 노인방임이나 학대와 관련된 여러 사례들은 '요람에서 무덤까지'라는 사회복지의 기본이념을 퇴색하게 하고 있다.

제1부에서는 현대사회에서 인구의 고령화로 인해 파생되는 노인문제와 노년기의 적응에 대한 여러 이론적 관점에 대해 논의해 보고, 이를 토대로 노인문제에 대한 인식을 고취시키고자 한다.

제1장
인구의 고령화와 노인문제

노인문제를 유발하는 요인들은 여러 관점에서 설명이 가능하겠지만 가장 중요한 요인은 노인인구의 증가로 인한 인구의 고령화라고 볼 수 있다. 전통적으로 우리나라는 가족부양이 노인부양의 근간이었으며, '효' 규범이 중요한 가족이념 가운데 하나였다. 따라서 노인은 공경의 대상이었다. 이처럼 노인부양에서 일차적으로 가족부양을 강조하였던 것은 가족 내의 생산인구에 비해 노인인구는 희귀하였기 때문에 가족부양이 그다지 문제시되지 않았기 때문이다. 또한 '효' 이념은 윗세대에 대한 아랫세대의 무조건적인 복종을 요구하는 것이 아니라 그만큼 노인의 지혜를 중시하고 인정하는 것에서 비롯된 것이라고 볼 수 있었다.

그러나 이러한 가족부양의 근간을 세계적으로 흔들어 놓은 것이 1929년의 '세계대공황'이다. 대량실업사태로 인해 가족이 노인을 부양하는 것이 실제적으로 어려워졌으며, 이것은 노인에게 최소한의 생존권을 보장하기 위해 노인문제에 정부가 직접 개입하는 계기가 되었다. 우리나라에서 노인문제가 심각하게 대두된 것은 최근의 급격한 노인인구의 증가와 더불어 출산율의 감소에 기인한다고 볼 수 있다. 그러므로 노인인구의 증가 및 출산율과 관련된 전반적인 논의가 필요하며, 이를 통해 노년기에 직면하는 문제를 예측해 볼 수 있다.

이 장에서는 먼저 노인의 개념을 정의하고, 노인인구의 증가와 문제점, 가족생활주기와 노인문제, 노인에 대한 역사적 · 문화적 관점과 전생애발달의 관점에 대해 개괄적으로 논의해 보고자 한다.

1. 노인의 개념

일반적으로 노인의 개념을 정의하는 데에는 연령상의 구분이 가장 보편적인 방법이다. 우리나라의 노인복지법에는 경로법이나 국민연금의 수혜시기인 65세를 노인이 되는 시기로 규정하고 있다. 그렇다면 노인을 65세를 넘은 사람으로 정의할 수 있는가? 이러한 물음에 대해 많은 사람들이 동의하겠지만 반면 동의하지 않을 수도 있다. 65세를 노인의 분기점으로 잡는 것은 법률적인 편의상의 구분이지 이러한 기준이 적용될 수 없는 경우도 많기 때문이다. 실제로 연령이 65세로 동일하지만 어떤 사람은 그보다 젊어 보이는 반면, 또 어떤 사람은 훨씬 나이 들어 보이기도 한다. 또한 연령이 65세라고 하더라도 어떤 사람은 자신을 노인으로 규정하는 반면, 또 어떤 사람은 자신을 노인으로 규정하지 않는다. 이러한 차이는 바로 노인을 규정하는 여러 잣대의 차이에 기인하는 것으로 볼 수 있다. 일반적으로 노인을 규정하는 기준은 65세라는 생활연령을 중심으로 이루어지지만 그 외에도 생물학적 연령이나 심리적 연령, 사회적 연령과 같은 다양한 연령개념도 영향을 미치게 된다. 또한 개인이 자신을 노인으로 지각하는지의 문제도 중요한 요인이 된다.

1) 생활연령에 따른 정의

생활연령(chronological age)은 달력에 의한 나이를 의미하는 것으로 출생 후 1년이 지나면 첫돌이 되고 60년이 지나면 회갑을 맞이하는 등 우리가 일상적으로 나이라고 말하는 것은 바로 이 생활연령을 지칭하는 것이다. 생활연령상으로 노인은 은퇴하고 연금을 받을 수 있는 연령인 65세를 기준으로 하고 있다. 우리나라를 위시하여 대부분의 나

라에서는 역사적으로 가장 보편적인 은퇴연령
인 65세를 기점으로 사회보장의 혜택을 받을 수
있도록 규정하고 있다.

그러나 발달의 속도에서 개인차가 있을 뿐만
아니라 한 개인 내에서도 발달 영역별로 어떤 영
역은 빠른 속도로 발달이 이루어지는 반면, 또
다른 영역에서는 발달이 느리게 이루어지기 때
문에 생활연령을 노인을 구분하는 가장 적절한
기준으로 보기는 어렵다.

사진 설명: 회갑연

2) 생물학적 연령에 따른 정의

생물학적 연령(biological age)은 신체적
외모나 운동능력, 지적 능력 등이 그 기준이
될 수 있다. 일반적으로 노인을 구분하는 신
체적 기준으로는 흰 모발과 주름진 피부, 구
부러진 자세 등을 들고 있다. 우리가 어떤
사람의 외모를 보았을 때에 젊어 보인다거
나 혹은 나이 들어 보인다는 표현을 하는 것

사진 설명: 흡연이나 음주 등은 신체적 노화를 촉진시킨다.

은 바로 이러한 생물학적 연령에 근거한 것이다. 생물학적 노화는 여러 다양한 과정의
산물로 이루어지며, 신체기관의 노화가 동일한 비율로 진행되지 않는다. 신체 내부기관
과 피부는 노화의 속도에서 차이가 있고, 성숙에 도달하는 시점에서도 차이를 보이며,
개인이나 성별에 따라서도 차이를 보인다. 또한 지적 능력에서도 영역별로 차이를 보이
는데, 수학적 문제해결능력은 나이가 들어가면서 점차 감퇴하는 반면, 언어적 능력은 비
교적 일정하게 유지된다. 이러한 능력에서 문제를 보이는 사람들은 그들의 생활능력과
는 무관하게 자신을 노인으로 분류하게 된다.

우리는 일생 동안 연령과 관련된 변화를 경험하는데, 이러한 변화 가운데 상향적인

변화를 발달이라고 하고, 하향적 변화를 노화라고 한다. 노화는 거의 인식되기 어려울 정도로 점진적으로 일어나며 노화과정이 진행되는 속도는 문화나 개인차와 같은 여러 가지 요인의 영향을 받기 때문에 언제부터를 노인으로 볼 것인지에 대해 명확한 대답을 하기는 어렵다. 또한 노화에서 나타나는 개인차는 상당히 크다. 어떤 사람은 노화가 빨리 일어나는 반면, 또 어떤 사람은 그 속도가 느리다. 또 한 개인 내에서도 어떤 기관은 노화가 빠른 속도로 일어나는 반면 또 다른 기관은 느릴 수도 있다. 또한 생물학적 연령은 규칙적으로 운동을 하거나 금연과 같이 생활습관을 변화시킴으로써 지연시킬 수도 있다.

3) 심리적 연령에 따른 정의

심리적 연령(psychological age)은 한 개인의 심리적 성숙도를 의미하는 것으로 환경의 변화에 얼마나 잘 적응해 나가며, 예기치 않은 생활사건으로 인한 스트레스에 얼마나 잘 대처해 나가는가가 기준이 된다. 또한 타인과의 관계를 형성하는 능력이나 자신의 인생을 독립적으로 꾸려 나가는 능력도 심리적 연령을 의미하는 것으로 흔히 말하는 '피터팬 신드롬'이나 '마마보이' 같은 용어가 바로 이러한 심리적 연령을 의미하는 것으로 볼 수 있다. 실제 생활연령이나 생물학적 연령과는 무관하게 부모로부터 분리되지 못하고 의존적인 상태를 유지하는 사람들의 경우 심리적 연령은 낮게 평가된다.

사진 설명: 결혼을 하지 않은 상태에서 부모로부터 주거와 가사지원을 받는 캥거루족의 비율이 증가하고 있다.

심리적 연령에 따라 노인을 분류하는 특정한 기준은 존재하지 않으나 Erikson(1968)은 자아통합감과 절망감이라는 양극의 개념으로서 노년기의 심리적 측면을 설명하고자 하였다. 죽음에 직면해서 노인들은 자신의 삶을 되돌아보고 삶에 대한 통합성과 일관성 그리고 전체성을 유지하려는 인간의 노력을 강조함으로써 생물학적으로는 쇠퇴해 가지만 심리적으로는 보다 원숙해지는 인간의 모습을 강조하였다.

4) 사회적 연령에 따른 정의

사회적 연령(social age)은 한 개인이 속한 사회에서 자신의 연령에서 수행해야 하는 역할을 얼마나 잘 수행하는가를 의미하는 것으로 사회적 기대나 규범을 반영하는 나이를 의미하는 것이다. 어떤 사회든지 취업이나 결혼, 출산, 은퇴 등에 적절한 나이가 있다는 보편적인 기대가 있다. 모든 사람들이 이러한 사회적 기대에 부응하기 위해 노력하는 것은 아니지만, 대부분의 사람들은 이러한 사회적 시간대에 자신들의 중요한 인생사건을 맞추려는 경향이 있다는 것이다. 흔히 말하는 적령기라는 개념이 바로 이러한 사회적 연령을 반영해 주는 것이다.

사회적 연령은 시대적 · 문화적 배경에 따라 상이하다는 점에서 노인이라는 개념은 사회적 기대에 따른 일종의 구성개념이라고 볼 수 있다. 그러므로 노인에 대한 사회적인 편견이나 부정적인 시각도 바로 이러한 사회적 연령의 산물이라고 볼 수 있다. 자신은 전혀 노인이 아니라고 생각하거나 혹은 노인이라고 해서 특정한 일을 수행할 수 없다는 생각을 하지 않더라도 주위의 사람들과 사회적인 관계를 통해 부정적인 시선을 의식하게 되는 것은 바로 이러한 사회적 연령기준에 근거한 것으로 볼 수 있다.

5) 개인의 지각에 따른 정의

실제 나타나는 노화와는 별개의 문제로 자신이 노인이라고 지각하는 데 있어서도 집단이나 개인 간의 차이가 나타난다. 생활연령을 기준으로 65세 이상이며, 신체적인 외모도 노인으로 간주되는 사람임에도 불구하고 자신을 노인으로 생각하지 않는 사람들도 있다. 최근 우리나라의 노인세대 중에서도 자신을 노인이라고 생각하지 않는 사람들이 실제로 높은 비율을 차지한다.

노년기가 언제 시작되는가에 대한 지각은 연령집단별로도 상이한데, 일반적으로 청년층보다는 노년층에서 노년기가 더 늦게 시작되는 것으로 지각하고 있다. 또한 성별로는 여성에 비해 남성이 노년기가 더 늦게 시작하는 것으로 지각하고 있는데, 이는 여성의 지위나 자아개념이 상당 부분 신체적인 외형에 의존하고 있는 반면, 남성은 경제적 능력이나 직업적 성취에 보다 많은 비중을 두기 때문이라고 볼 수 있다. 또한 남성은 직업적 은퇴가 분기점이 되는 반면, 여성은 폐경이나 손자녀의 출산이 그 분기점이 되기 때문이다. 그러나 이러한 성별에 따른 차이는 최근의 조기은퇴로 인해 점차 감소하고 있다. 사회계층별로는 신체적 노화가 더 두드러지게 나타나는 하류계층에 비해 중산층 이상에서 노년기가 더욱 늦게 시작하는 것으로 지각하고 있다. 개인이 속한 문화에 따라서도 노인을 규정하는 시기는 상이하다. 어떤 문화에서는 폐경이 시작되는 시기를 노인으로 간주하는 반면, 또 어떤 사회에서는 손자녀를 보는 시점을 노인으로

Franklin Roosevelt

간주한다. 노인에 대한 지각은 시대에 따라서도 상이한데, 인간의 수명이 길지 않았던 전통사회에서는 노인으로 보는 시기가 빠른 반면, 수명이 점차 증가하고 있는 현대사회에서는 노인으로 간주되는 시기가 늦다.

　이처럼 노년기가 언제 시작하는가에 대한 문제는 여러 요인의 영향을 받으므로 일률적으로 연령구분을 하기는 어렵다. 그러나 일반적인 노인의 규정은 1935년 Franklin Roosevelt 행정부가 통과시킨 사회보장법에 근거하고 있다. 이에 따라 우리나라에서도 경로법이나 국민연금 등에서 65세를 노인세대로 분류하고 있다.

2. 노인인구의 증가와 노인문제

　의학의 발달로 인간의 평균수명이 증가하면서 노인인구의 비율이 증가하고 있는 것은 세계적인 추세이다. 더구나 우리나라는 노인인구의 증가속도가 세계 어느 나라보다도 빠르게 진행되는 반면, 출산율은 지속적으로 감소하여 사회적인 문제를 심화시키고 있다.

1) 노인인구의 증가

　의학의 발달로 인해 우리나라의 기대수명은 점차 증가하고 있다(〈표 1-1〉 참조). 평

〈표 1-1〉 우리나라의 평균수명

단위: 세

연도	1970	1980	1990	2000	2005	2010	2013
전체	61.93	65.69	71.28	76.02	78.63	80.79	81.94
남자	58.67	61.78	67.29	72.25	75.14	77.2	78.51
여자	65.57	70.04	75.51	79.6	81.89	84.07	85.06

출처: 통계청(2015c). 인구·가구/생명표.

균수명이 증가하면서 전체인구 가운데 노인인구의 비율도 빠르게 증가하고 있다. 전체인구에서 65세 이상 인구가 차지하는 비율이 7~14%를 차지할 때에 고령화사회, 14~20%를 차지할 때에 고령사회, 20%를 넘을 경우에 초고령사회라고 한다. 우리나라의 노인인구는 2000년 7월 7.2%로 이미 고령화사회에 접어들었고, 2018년 14.3%로 고령사회, 2026년경에는 20.8%로 초고령사회로 접어들 것으로 예상하고 있다(〈표 1-2〉 참조).

〈표 1-2〉 65세 이상 노령인구 추이

연도	2000	2006	2010	2018	2026
총인구	4,701	4,830	4,887	4,934	4,904
노인인구	339	459	536	707	1,022
비율(%)	7.2	9.5	11.0	14.3	20.8

출처: 통계청(2011). 장래인구추계.

또한 우리나라의 노인인구 증가속도는 다른 선진국에 비해 월등하게 빠르다(〈표 1-3〉과 〈그림 1-1〉 참조). 고령화사회에서 고령사회로 가는 데 프랑스가 115년으로 가장 오래 걸렸고, 미국이 72년, 일본은 24년이 소요된 데 반해, 우리나라는 18년이 소요될 것으로 예상된다. 또한 초고령사회로 진입하는 시기는 더욱 빠른 속도로 진행되고 있어 문제는 더욱 심각하다. 이처럼 세계에서 가장 빠른 속도로 진행되고 있는 한국의 고령화는 단순한 인구구성 변화만을 의미하는 것이 아니라 경제성장의 최대 장벽이 될 것임을 예고한다. 인구고령화는 반세기에 걸쳐 우리나라의 잠재성장률을 연평균

〈표 1-3〉 세계 각국의 고령화 추이

구 분	도달 연도			소요 연수	
	고령화 (7%)	고령 (14%)	초고령 (20%)	7% → 14%	14% → 20%
일본	1970	1994	2005	24	11
프랑스	1864	1979	2018	115	39
영국	1929	1975	2028	46	53
미국	1942	2014	2032	72	18
한국	2000	2018	2026	18	8

출처: 일본 국립사회보장 · 인구문제연구소(2010). 인구통계자료집.

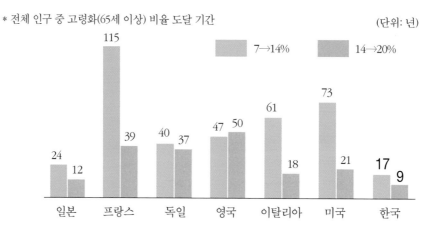

* 전체 인구 중 고령화(65세 이상) 비율 도달 기간 (단위: 년)

〈그림 1-1〉 주요국 인구고령화 속도

출처: 통계청(2015a). 2015 고령자통계.

0.1~0.9% 둔화시킬 것으로 예측되며, 자본투자는 연평균 0.3~0.6%, 소비는 연평균 0.17~0.28% 둔화시킬 것으로 예측된다(정홍원, 2012).

2) 고령화사회와 노인문제

이처럼 인구의 고령화가 급속하게 진행되면서 사회적인 차원에서 이에 대한 준비가 부족할 뿐만 아니라 개인적으로도 준비가 충분하지 않아 파생되는 문제점 또한 적지 않다. 특히, 우리나라의 낮은 출산율은 더욱더 문제를 심화시키는 요인이 되고 있다.

(1) 출산율의 감소

노인인구가 지속적으로 증가하는 것과는 대조적으로 우리나라의 출산율은 급격하게 감소하고 있다. 2015년 통계청에서 발표한 우리나라의 2014년 출생통계에 따르면 2014년 총 출생아 수는 43만 5천 명으로 여성 한 명이 가임기간(15~49세) 동안 출산하는 출생아 수(합계출산율)도 2014년 1.21명으로 나타났다(〈그림 1-2〉참조). 현재의 인구를 유지하는 데 필요한 최소한의 합계출산율이 2.1명이라는 사실에 비추어 볼 때에 현재의 출산율이 그대로 유지될 경우 2050년경에는 우리나라 인구가 4천만 명 이하로 감소할 수 있으며, 이는 생산성이나 노인부양에서 심각한 문제를 초래할 수 있다.

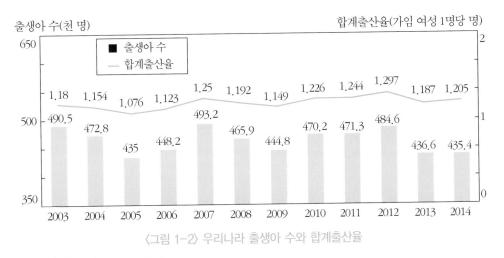

〈그림 1-2〉 우리나라 출생아 수와 합계출산율

출처: 통계청(2015d), 2014년 출생통계.

(2) 인구 구성비의 문제

한 사회를 구성하는 인구의 연령별 구성비를 살펴보기 위해서 연령을 적절한 간격으로 나누고 각 연령집단이 차지하는 비율을 인구피라미드(population pyramids)로 구성해 볼 수 있다. 〈그림 1-3〉은 우리나라의 연령별 인구비율을 도식화한 모형이다. 그림에서 보듯이 1980년까지 우리나라의 인구 구성도는 피라미드 모형을 이루고 있었다.

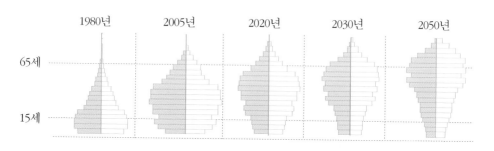

〈그림 1-3〉 우리나라의 인구 구성도

출처: 통계청(2011). 장래인구추계.

피라미드 모형은 출산율은 높은 데 반해 노인인구의 비율은 낮은 수준이므로 인구 구성 면에서 상당히 안정된 모형이라고 볼 수 있다. 그러나 최근 우리나라의 인구 구성도는 종형으로 이미 불안정한 모형을 보여 주고 있다. 이러한 모형은 노인인구는 증가하는 데 반해 출산율은 낮기 때문에 나타난 것으로 노인부양에서 문제가 있을 것임을 예측해 주는 것이다. 그리고 2030년경의 추정모형은 경사가 가파른 역삼각형 모양을 보여 주고 있으며, 2050년경에는 더욱 가파른 역삼각형 모양을 보이고 있어서 노인부양에서 더욱 문제를 보일 것으로 예측할 수 있다.

(3) 노년부양비

인구의 노령화와 저출산율로 인한 노인부양문제를 가늠해 볼 수 있는 또 다른 방법은 노년부양비를 계산해 보는 방법이다. 노년부양비는 전체 인구 가운데 15~64세 인구에 대한 65세 이상 인구의 백분율을 의미하는 것으로, 노년부양비가 높은 수치를 보인다는 것은 생산인구에 비해 노인인구의 비율이 높다는 것을 의미한다. 2015년 통계청에서 발표한 우리나라의 노년부양비는 17.9%로 나타났으며, 노인 한 명을 부양하는 생산가능인구는 5.6명으로 나타났다(〈표 1-4〉 참조). 이러한 속도로 노령화가 진행되면 노인 한 명을 부양하는 생산인구(15~64세)는 2020년에는 4.5명, 2030년에는 2.6명, 2050년에는 1.4명으로 감소하게 된다(〈그림 1-4〉 참조). 이러한 사실은 젊은 세대의 노동의 대가가 대부분 노인부양에 충당된다는 것을 의미하는 것이다. 종전의 고출산 고

〈표 1-4〉 우리나라의 노인부양지수

구 분	1970	1980	1990	2000	2006	2010	2015	2020	2030	2050
노년부양비(%)[1]	5.7	6.1	7.4	10.1	13.2	15.2	17.9	22.1	38.6	71.0
노령화지수[2]	7.2	11.2	20.0	34.3	51.0	68.4	94.1	119.1	193.0	376.1
노인 1명당 생산 가능 인구(명)[3]	17.7	16.3	13.5	12.4	7.6	6.6	5.6	4.5	2.6	1.4

※ 1) 노년부양비 = (65세 이상 인구/15~64세 인구)×100
    2) 노령화지수 = (65세 이상 인구/0~14세 인구)×100
    3) 노인 1명당 생산가능인구 = (15~64세 인구/65세 이상 인구)
출처: 통계청(2015a). 2015 고령자통계.

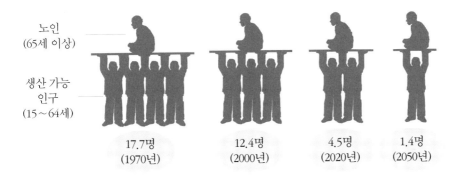

〈그림 1-4〉 노인 한 명을 부양하는 생산인구

출처: 통계청(2015a). 2015 고령자통계.

사망에서 저출산 저사망으로의 변화는 세대 간의 전쟁이라고 표현할 정도로 노령화지수를 급격하게 상승시켰다. 이러한 노인인구 증가속도나 출산율에 비추어 볼 때에 정부나 가족차원의 부양이 한계가 있을 것임을 명백하게 보여 주고 있으며, 자기부양이 보다 강조되지 않을 수 없음을 보여 준다.

(4) 자기부양의 문제

우리나라는 전통적으로 가족부양을 당연시하는 문화였다. 노인세대도 자녀와의 동거를 선호하며, 자녀세대도 노부모를 모시고 동거하는 것을 미덕으로 삼는 문화였다.

우리나라의 노인부양시설이 설립된 지 오랜 시간이 경과했음에도 불구하고 지금까지 그다지 활성화되지 못한 이유는 바로 이러한 강한 가족부양 선호의식에 기인하는 것으로 볼 수 있다. 그러나 최근 이러한 생각은 상당히 변화하였다. 노인부양에서 자기부양이나 사회적 부양을 강조하는 추세로 변화하고 있으며, 이러한 변화의 추이는 생각보다 훨씬 가속도가 붙을 것으로 예상할 수 있다. 낮은 출산율로 인하여 앞으로 자기부양이 더욱 강조되는 것은 명백한 사실이며, 이에 따라 노인부양에 대한 의식도 변할 수밖에 없다.

　그러나 문제는 우리나라 노인의 경우 자기부양이 가능할 정도로 자신의 노후를 위해 어느 정도의 준비를 하였다는 사람의 비율은 그다지 높지 않다는 점이다. 우리나라 중·고령자들의 경우 노후 준비가 양호한 비율은 14.7%에 불과하고, 사회적 관계가 취약(10.1%)하거나 준비부족형(25.8%)이 40% 정도를 차지하였고, 고위험형도 3.6%를 차지하는 것으로 나타났다(〈그림 1-5〉 참조). 이는 수입의 상당 부분을 자녀교육비에 사용해야 하는 우리나라의 현실과도 관련이 있으며, 최근의 조기은퇴 현상은 이를 더욱 어렵게 만드는 요인이 된다. 또한 노년기의 생활비 마련방법에서도 본인 및 배우자 부

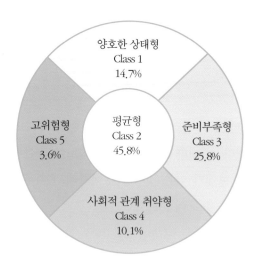

〈그림 1-5〉 대한민국 중·고령자들의 노후준비상태

출처: 한경혜(2015). 베이비부머의 삶의 실태와 노후준비 현황. 보건복지부·국민연금공단·한국노인인력개발원, 제5차 인구·고령화 포럼.

담 비율이 55.2%에 불과한 것으로 나타났으며, 그 가운데 절반 정도를 근로소득이나 사업소득이 차지하는 것으로 나타났다(〈그림 1-6〉 참조). 최근의 조기퇴직 추세를 감안하면 이러한 소득비율 감소속도는 더욱 빨라질 전망이며, 결과적으로 자기부양도 쉽지 않다. 현재의 노인세대는 자신의 부모세대에 대한 부양의식을 당연시했던 세대이므로 이를 당연시하지 않는 자신의 자녀세대에 대한 서운함이나 이들과의 심리적 갈등은 경제적 문제와 아울러 심리적인 문제를 가중시키는 요인이 되고 있다.

〈그림 1-6〉 생활비 마련방법(65세 이상)

출처: 통계청(2014c). 2014 고령자 통계.

특히, 여성노인의 경우는 더욱 문제가 심각하다. 2015년 통계청에서 발표한 한국인의 평균기대수명은 남성은 78세, 여성은 84.6세로 나타났으며, 남성과 여성은 평균수명에서 일반적으로 6.6세 정도 차이가 난다. 남녀 간의 초혼연령의 차이와 이러한 평균수명의 차이를 감안하면 여성노인의 경우 평균적으로 10년 정도 미망인의 시기를 보내게 된다고 추정할 수 있다. 게다가 여성노인들의 경우에는 주로 가사노동이나 자녀양육과 관련된 역할을 담당하였기 때문에 연금수혜혜택도 제한된다. 그러므로 여성노인은 경제적인 어려움뿐만 아니라 배우자와의 사별로 인한 정신적인 외로움이나 건강상의 문제로 인해 우리 사회의 가장 소외된 집단으로 남게 된다.

3. 가족생활주기와 노인문제

가족생활주기란 각 개인이 가족생활에서 경험하는 출생, 결혼, 자녀양육, 자녀결혼과 배우자 사망과 같은 각 단계에 걸친 시간적인 연속을 의미하는 것이다. 이는 가족생활에서도 일정한 시기에 동일한 현상이 반복되고 있다는 인식을 기초로 하고 있다. 가족생활주기는 일반적으로 결혼으로 시작해서 자녀출산으로 확대되고 자녀의 결혼이나 분가로 축소되며 부부의 사망으로 종말을 맞게 된다. 이러한 가족생활주기의 개념은 각 단계마다 경험하는 발달의 과정이 유사함을 전제로 하고 있다. 따라서 가족생활주기의 개념은 이에 근거하여 각 단계마다 직면하게 되는 문제점을 예측하는 것이 용이하며 노년기에 직면하게 될 문제점을 예측하는 것도 가능하다는 점에서 유용한 개념이라고 볼 수 있다.

가족생활주기의 단계들은 학자들에 따라 상이하게 구분하고 있다. 가장 포괄적인 단계구분은 가족확대기와 가족축소기로 구분하는 것이다. 가족확대기는 부부의 결혼에서부터 자녀가 성장하는 시기까지이고, 가족축소기는 자녀가 성장하여 독립하는 시기부터 배우자 중 어느 한쪽이나 두 사람이 함께 노년기를 보내는 시기이다. 또한 가족생활주기에 대한 대표적인 연구자인 Duvall과 Miller(1985)는 첫 자녀의 나이와 학력에 중점을 두고 가족생활주기를 신혼부부 가족, 자녀출산 및 영아기 가족, 유아기 가족, 아동기 가족, 청년기 가족, 자녀독립기 가족, 중년기 부부가족, 노년기 부부가족의 8단계로 구분하였다.

최근 사회변화로 인해 가족생활주기도 변화하고 있다. 만혼현상으로 가족형성기의 시작이 늦어지고, 무자녀 가족의 증가나 출산율 저하로 자녀양육기가 아예 없거나 축소되고 있다. 반면, 평균수명의 연장으로 자녀독립기 이후의 시기가 점차 길어지는 경향을 보이고 있으며, 이러한 경향은 앞으로도 계속될 것으로 보인다. 동시에 평균수명은 연장되면서 은퇴연령은 점차 빨라지고 있어서 자녀결혼 이후의 중·노년기를 어떻게 보낼 것인가가 중요한 문제로 부각되고 있다. 즉, 가족생활주기의 여러 단계 가운데 노년기 부부가족의 문제가 가장 심각한 문제로 대두될 전망이다. 노년학자인 Havighurst(1982)

는 인간의 발달단계를 아동초기에서 노년기까지 6단계로 구분하고 노년기의 중요한 발달과업으로 다음과 같은 점을 지적하였다. 첫째, 신체적 능력과 건강의 쇠퇴에 대한 적응, 둘째, 정년퇴직이나 경제적 수입감소에 대한 적응, 셋째, 배우자의 죽음에 대한 적응, 넷째, 동년배와의 유대관계 강화, 다섯째, 사회적 역할에 융통성 있게 적응해 나가는 문제를 들고 있다.

노년기는 만성적인 신체질환이나 노화로 인한 문제에 적응해야 하며, 배우자의 죽음에 적응하고 자신의 죽음을 받아들여야 하는 문제를 공통적으로 가지고 있다. 평균수명의 연장으로 가족생활주기에서 노년기가 차지하는 비율은 계속적으로 증가하고 있으며, 노년기의 의존적 특성이나 경제적 어려움은 적응을 더욱 어렵게 만드는 요인으로 작용한다. 그러므로 개인적인 차원에서 준비가 이루어질 수 있도록 노인교육이 이루어져야 함과 동시에 국가적 차원에서의 복지정책도 병행해서 이루어져야 할 것이다.

4. 노인에 대한 역사적 관점

인간의 삶에서 노년기는 어떠한 단계인지에 대해서는 역사적으로 다양한 관점이 존재해 왔다. 노년기를 긍정적인 삶의 한 단계로 보기도 하였고, 이와는 달리 부정적인 관점에서 묘사하기도 하였으며, 동시에 두 가지 관점이 공존하기도 하였다.

1) 고대사회의 관점

고대사회에서는 수명이 35세를 넘기는 사람들이 드물었기 때문에 노인에 대한 시각은 상당히 긍정적인 것이었다(Hooyman & Kiyak, 2011). 거친 자연환경 속에서 생존하고 적응해 나가야 하는 고대사회에서 노인이 될 만큼 오래 생존한다는 것은 그다지 용이한 일이 아니었다. 그러므로 고대사회에서 노인은 존경의 대상이자 권위의

Nancy R. Hooyman

H. Asuman Kiyak

상징이었으며, 이들은 아픈 사람에게 적절한 처방을 내려주는 의사의 역할을 하기도 하고, 종교적인 우두머리의 역할을 하기도 하였다.

한편, 고대사회에서도 복지에 더 이상 기여할 수 없거나 자신을 돌볼 능력이 없는 노인들은 쓸모없는 존재로 여겨지기도 하였다. 불치병에 걸리거나 거동이 불편한 노인들은 아예 돌보기를 포기하거나 오히려 죽음을 재촉하는 관행이 행해지기도 했다. 이러한 관행은 겨우 그날그날의 식량을 해결해 나가야 했던 원시사회에서 병든 노인의 존재는 전체 집단에게 일종의 짐이 되었을 것이며, 특히, 농업 생산력이 떨어지는 척박한 기후에서 생활하는 사람들에게는 더욱 그러하였을 것임을 반영해 주는 풍습으로 볼 수 있다. 우리나라와 일본의 고려장이나 에스키모인들이 식량이 부족한 시기에 노인을 남겨두고 다른 곳으로 이주하는 것과 같은 풍습은 바로 이러한 고대사회에서의 노인에 대한 태도를 반영해 주는 것이다.

나이든 노인을 죽음으로 몰아넣는 노인살해(geronticide, senicide)의 관행은 많은 사회에서 기능적인 것으로 간주되었고, 이는 일종의 의식으로 진행되기도 하였다. 몇몇 사회에서는 공공연하게 노인을 살해하거나 자살을 유도하는 등과 같은 관행이 이루어져 왔다. 그러나 이 시기에는 노인에 대한 긍정적인 태도가 공존하였기 때문에 이러한 노인살해의식은 다른 노인의 지시하에 이루어지거나 가까운 친척이나 아들의 손에 의해 이루어졌다. 이러한 노인살해나 유기의 관행은 20세기에 들어와서도 여러 원시문화에서 행해진 것으로 보고되고 있다(Glascock, 1997).

2) 그리스 · 로마시대의 관점

그리스 · 로마시대에 들어와서부터 생활연령이 65세 이상인 사람을 노인으로 간주하기 시작하였으나 이 시대에도 80% 정도의 사람들이 중년기 이전에 사망하였다고 한다(Hooyman & Kiyak, 2011). 그리스 · 로마시대에는 사회적으로 노인이 된다는 것은 힘을 갖는다는 것을 의미하였으며, 가족 내에서도 남성 노인의 권위는 절대적인 것이었다. 그러나 이러한 지위는 사회의 지배계층에 국한된 것이었으며 일반 서민에게는 해당되지 않는 것이었다. 특히, BC 5세기 초기까지는 연령이 증가하면서 사람은 보다 지혜롭고 정의롭고 신중해지는 것으로 묘사되고 있다(de Romilly, 1968). 노년기에 신체적으로는 쇠약해지지만 이러한 신체적인 노화가 정신적인 측면에는 전혀 영향을 미치지 않는다고 생각하였다. 그러나 소포클레스의 비극에 묘사된 바와 같이 BC 5세기 중반부터 노화는 신체적, 정신적 쇠퇴를 의미하는 불행한 것으로 묘사되고 있다. 이후 유리피데스의 희곡에서는 노인은 현명하면서 동시에 약한 존재로 묘사되고 있다. 그는 노인을 영원한 젊음을 갈망하는 비참하고 고통스러운 존재로 묘사하고 있다. 노인에 대한 이와 같은 관점의 변화는 그리스에서의 민주주의의 발전과 전쟁에서의 젊은 영웅주의에 기인하는 것으로 볼 수 있다. 민주주의의 확산으로 노인이 젊은이보다 존경의 대상이 아니며, 전쟁에서 기여도가 높은 젊은 남성이 오히려 존경의 대상이 되었다. 노화에 대한 부정적인 생각의 영향으로 사람들은 영원히 젊음을 유지하면서 영생하기를 염원하였다.

3) 중세사회의 관점

그리스·로마시대보다 기대수명이 짧아진 것을 제외하고는 중세 시대의 노인에 대한 관점은 거의 알려진 것이 없다. 대부분의 사람들은 도시로의 이주와 위생시설의 문제, 질병, 전쟁으로 인해 노인이 되기 이전에 사망하였다. 또한 노인들은 흑사병이나 다른 전염병이 창궐할 시기에도 젊은이들보다 생존율이 높았으며, 그 결과 젊은 세대와의 인구구성에서 불균형을 이루어서 더욱 문제를 심화시켰다.

이 시기의 노인에 대한 태도를 예술작품을 토대로 추론해 보면 노인은 추악하고 약하고 매력적이지 않은 것으로 묘사하고 있다. 『햄릿』이나 『오셀로』와 같은 셰익스피어의 비극에서도 젊은이의 활기

William Shakespeare

차고 힘이 넘치는 모습과 노인의 유약한 모습을 대조적으로 묘사하고 있다. 또한 『뜻대로 하세요(As you like it)』에서도 셰익스피어는 노년을 제2의 유년기이자 전적으로

망각의 시기로서 이도 없고, 눈도 없고, 입맛도 없고 모든 것이 사라진 시기로 묘사하고 있다.

4) 근대사회의 관점

17~18세기에는 노인은 공적으로나 가족 내에서나 존경의 대상이었는데, 이는 종교적인 영향을 많이 받았다고 볼 수 있다. 형식적으로는 노인은 공경의 대상이었으나 노인세대는 젊은 세대와 다소의 정서적인 거리감이 있었으며, 사회도 여러 가지 방식으로 젊은 세대와 노인세대를 구분하였다.

평균연령이 상승하기 시작한 가장 뚜렷한 인구학적 변화는 1810년경에 나타났는데, 그 주요 원인은 사망률의 감소가 아니라 출산율이 감소한 것 때문이었다. 이 시점을 계기로 1950년까지 평균연령은 매년 0.4%씩 증가하였다(Fisher, 1978). 또한 질병으로 인한 사망이 감소하면서 부모세대는 자녀세대가 독립할 때까지 생존이 가능하게 되었으며, 자녀가 출가하는 시점에서도 비교적 건강한 상태를 유지할 수 있게 되었다.

5) 현대사회의 관점

역사적으로 노인의 권위는 노인이 가지고 있는 물질이나 정치적인 자원에 크게 좌우되었다. 노인들의 지위는 노인세대를 부양하는 데 드는 비용과 그들이 사회에 기여하는 것 간의 균형에 의해 결정된다. 이러한 문제를 제기한 Leo Simmons(1945)는 「원시사회에서의 노인의 역할(The role of the aged in primitive society)」에서 노인의 지위는 그 사회의 기술적, 사회경제적 다양성이나 직업적 특수성에 따라 상이하다고 하였다. 이 이론에 따르면 사회가 현대화될수록 노인은 정치적·사회적 힘을 상실하게 되며, 이러한 사회적 변화는 노인을 사회로부터 분리시키게 된다고 하였다. 또한 젊은 세대와 노인세대 간에는 더욱더 사회적으로나 도덕적, 지적으로 차이가 난다는 것이다. 이러한 생각을 기초로 Cowgill(1974, 1986)은 현대화이론(modernization theory)을 주장하였다.

현대화이론은 현대사회에서 노인의 지위를 설명하기 위해 제시된 이론 가운데 하나로서, 사회의 현대화가 노인의 지위상실의 주요 원인이라는 것이다. 나이를 먹는다는 것은 가치 있는 자원으로서 유용도가 떨어지는 것을 의미하며 따라서 노인들은 사회 내에서 지위와 권위를 상실하게 되었다. 노인에게 낮은 지위를 부여하는 데 기여하는 현대화의 특성으로 그는 의학기술의 발달, 과학의 발달, 도시화, 교육기회의 확대 등을 들고 있다. 의학기술의 발달로 영아사망률이 감소하고, 수명이 길어지면서 노동시장은 많은 사람들로 넘쳐나게 되었으며, 그 결과 은퇴라는 제도는 이러한 이유로 노인을 노동시장으로부터 퇴출시키는 것이다. 과학기술의 발달로 많은 일자리가 창출되었으나 이는 대부분 젊은 세대에게 적합한 것이며, 컴퓨터를 사용하는 것과 같은 작업은 결과적으로 노인들을 무능력한 존재로 만들어버렸다. 또한 도시화로 인해 가족형태도 변화하고 따라서 가족 간의 상호작용도 변화하였으며 이러한 변화가 노인의 지위를 하락시켰다. 마지막으로, 대중교육의 확산으로 보다 많은 교육을 받은 젊은 세대는 보다 높은 지위의 직종을 얻게 되며, 동시에 노인이 가지고 있는 전통적인 지식의 가치를 떨어뜨리는 요인이 되었다는 것이다.

5. 노인에 대한 전생애발달의 관점

현대화이론에 따르면 현대사회에서 노인세대는 비참하고 소외받는 세대로 인식되고 있지만 이와는 상이한 관점에서 여러 발달이론가들은 노년기를 오히려 보다 성숙한 삶의 단계로 묘사하고 있다.

종전의 많은 학자들은 발달이라는 용어를 청년기까지에 이르는 상향적인 변화만을 지칭하는 좁은 의미로 사용하였으나 오늘날 여러 학자들은 청년기 이후 노년기까지에 이르는 변화의 양상을 모두 포함하여 발달로 간주한다. 즉, 인간발달은 전생애를 통해 진행된다는 견해를 지지하고 있다. 인간의 발달이 전생애를 통해 이루어진다는 관점은 노년학의 발달에 큰 기여를 하였다. 이러한 관점은 노년기도 생의 초기 못지않게 하나의 발달단계로서 중요한 가치와 의미가 있음을 시사하는 것이며, 이로 인해 지금까지 인간의 생애에서 발달 초기의 중요성을 강조하던 것에서 오히려 생애의 후반부인 노년기에 초점을 맞추게 되었다.

Carl Gustav Jung

Erikson과 아내 Joan

Paul Baltes

Jung(1961)은 사람이 나이가 들면서 명상과 반성을 많이 하게 됨에 따라 자연적으로 내적 이미지가 전에 없이 큰 비중을 차지하게 된다고 하였다. Jung은 죽음 앞에서 노인은 젊은 세대보다 생의 본질을 이해하기 위해 보다 노력한다고 함으로써 비록 신체적으로는 쇠퇴하지만 내적으로는 보다 원숙해지는 노년의 모습을 강조하였다.

Erikson(1978, 1982)도 인간발달의 여덟 번째이자 마지막 위기인 '통합감 대 절망감'에서, 노인들은 자신의 죽음에 직면해서 자신이 살아온 삶을 되돌아보게 된다고 하였다. 노인들은 자신의 삶을 다시 살 수 없다는 무력감에 빠지기보다는 자신의 삶에 대한 통합성, 일관성 그리고 전체성을 느끼려고 노력한다고 한다. 어떤 노인들은 자신의 삶이 의미 있고 만족스러운 것으로 인식하는가 하면(자아통합감), 어떤 노인들은 원망과 쓸쓸함, 불만족스러운 마음으로 자신의 인생을 되돌아보게 된다. 이들은 서글프게도 자신이 바라던 삶을 살 수 없었다고 느끼거나 이러한 실망감에 대해 다른 사람을 비난하게 된다(절망감). 자아통합감을 이룬 사람들은 노년을 동요없이 평온하게 보낼 수 있으며, 다가오는 죽음에 대해서도 의연하게 대처할 수 있다. 반면, 자아통합감을 이루지 못하게 되면 인생을 낭비했다는 느낌, 이제 모든 것이 다 끝났다는 절망감을 경험하며, 죽음의 공포에서 벗어나지 못한 채 불안한 죽음을 맞이하게 된다. 이 단계에서 발달하는 미덕이 지혜인데, 그것은 죽음에 직면했을 때 나타나는 인생 그 자체에 대한 박식하고 초연한 관심이다. 이와 같은 지혜는 노년기의 지적인 힘일 뿐만 아니라 중요한 심리적 자원이다. Erikson의 자아통합감의 개념은 신체적으로는 쇠퇴해 가지만 내면적으로는 보다 원숙해지는 노년의 모습을 강조하는 것으로 볼 수 있다.

노년기에 대한 이러한 관점을 토대로 전생애 발달심리학자인 Baltes

(1987)는 발달은 상향적인 변화뿐만 아니라 하향적인 변화까지를 포함하며, 노년기에는 비록 하향적인 변화가 주를 이루지만 그렇다고 모든 능력이 감소하는 것은 아니라고 하였다. 지혜와 같은 새로운 특성이 나타나기도 하므로 인간의 발달을 일률적으로 성장 혹은 쇠퇴의 국면으로 생각하기보다는 발달의 다중방향성(multidirectionality)을 고려해야 한다고 하였다. 게다가 발달에서의 개인차 또한 크게 나타나기 때문에 일률적으로 노년기를 쇠퇴의 시기로 간주하는 것은 더욱 문제가 있으며, 노년기에도 훈련과 연습을 통해 여러 가지 기술을 향상시킬 수 있는 유연성(plasticity)이 있다고 하였다.

동양에서도 노년기를 보다 원숙한 발달의 단계로 묘사하고 있다. 동양의 대표적인 사상가인 공자도 인간의 발달을 청년기를 정점으로 하여 쇠락하는 것만이 아닌 평생 동안 지속적으로 발전해 나가는 인간의 모습으로 묘사하고 있다. 공자는 위정편에서 "내 나이 열다섯에 학문에 뜻을 두었고(志于學), 서른 살에 독립을 했으며(而立), 마흔 살에 현혹되지 않았고(不惑), 쉰 살에 천명을 알았으며(知天命), 예순 살에 남의 말을 순순히 들었고(耳順), 일흔 살에 마음 내키는 대로 좇아도 법도를 넘어서지 않았다(從心所慾 不踰矩)"고 하였다. 공자도 노년기를 단순히 쇠퇴의 측면보다는 원숙해 가는 모습으로 묘사한 것이다.

공자

우리나라에서도 노년기를 쇠퇴의 측면으로만 간주하지 않았다. 현재의 노년기는 전통사회에서의 출사 후기(出仕後期)와 치사기(致仕期)에 해당한다고 볼 수 있다. 출사 후기는 50세에서 70세까지를 말하는데, 40세에 처음 벼슬을 할 때에는 선비(士)가 되어 남을 섬기며 국가의 작은 일을 처리하고, 이것이 성공적으로 진행되면 50세에 비로소 대부(大夫)가 되어 국가의 중대한 일을 담당하게 된다. 이후 60대에는 그동안 쌓은 경험을 통해 더 큰 직무를 수행하고 사람을 가려 쓰는 일까지 맡게 된다고 하였다. 이후 치사기는 70세 이후의 시기로서 관(官)에서 은퇴하여 가정으로 돌아가는 시기이다. 그러나 치사기에 신체는 쇠약해지지만 정신적으로는 지고(至高)의 상태로서 학문과 후학 양성에 힘쓰는 시기로 간주하였다. 이러한 구분은 사대부 남성에 국한된 것이지만 조선시대의 노인에 대한 관점을 잘 반영해 주는 것이다.

　이처럼 노인에 대한 관점은 역사적으로 긍정적인 관점과 부정적인 관점이 공존해 왔다. 연령이 증가하면서 지혜나 경험은 확장되며 기록되지 않은 여러 사건을 알고 있다는 점에서 전통을 유지하고 계승하는 역할을 하며, 개인적으로는 내적인 평화를 경험하는 시기이기도 하다. 반면, 노인은 신체적, 지적, 경제적 능력 및 지위의 상실이나 배우자의 상실을 경험하는 시기이기도 하다. 그러므로 노년기는 전적으로 긍정적이거나 부정적인 측면의 어느 한쪽으로만 간주할 수는 없으며 그 중간의 어느 지점에 위치하는 것으로 볼 수 있다. 어떠한 측면에 중점을 두는가는 개인적인 지각의 문제이다. 사회적으로 노인을 어떻게 보는가의 문제도 노인에 대한 양면적인 본질을 반영하는 것으로 볼 수 있다. 정치적인 측면에서는 노화의 이점(利點)을 강조하는 반면, 고용과 같은 영역에서는 노인의 불이익을 강조한다. 가족이나 문학작품에서는 이러한 양면성을 모두 반영하고 있다. 노화에 대한 노인 자신의 시각은 긍정적인 것이 부정적인 것보다 2 : 1 정도의 비율로 높게 나타나고 있으며, 아주 나이든 노인들을 대상으로 한 연구결과에서도 두 가지 관점이 유사한 비율로 나타나고 있다(Atchley, 2000). 이러한 노인에 대한 긍정적인 시각과 부정적인 시각은, 노인은 사회적인 문제의 대상이면서 동시에 위대한 성취를 이룬 존재라는 두 가지 측면을 반영하는 것이다.

　그러므로 노년기에서의 신체적 쇠퇴를 포함하는 여러 측면에서의 변화가 인간발달의 불가피한 측면이지만, 노년에 대한 연구의 목표는 노인세대가 현대사회에서 직면하는 여러 가지 문제점을 극복하고 원숙한 인간의 모습으로 성장해 나가는 것을 도와주는 것이어야 할 것이다.

제2장
노년학의 발전

　노년에 대한 초기의 연구는 인간의 오랜 숙원인 "어떻게 하면 장수할 수 있는가?" "어떻게 하면 젊음을 오래 유지할 수 있는가?"에 대한 것이었다. 그러나 19세기 후반에서 20세기 초반에 이르러 다양한 관점에서 노년에 대한 연구가 급격하게 증가하였다. 이후 이들 연구결과들은 이론으로 체계화되기 시작하였으며, 노년학은 하나의 독립적인 학문으로 자리 잡게 되었다.

　이처럼 노년학에 대한 연구를 확장시킨 대표적인 요인은 노인인구의 급격한 증가와 현대화로, 그 가운데서도 노인문제에 대한 사회적인 관심을 불러일으킨 대표적인 사건은 세계대공황이라고 볼 수 있다. 세계대공황으로 인해 가족부양이 힘든 상황에서 노인에 대한 최소한의 생존권을 보장하기 위해 1935년 미국에서 사회보장제도를 실시하였으며, 노년기의 문제를 개인적인 차원이 아닌 사회적인 차원에서 논의하기 위해 많은 이론들이 제시되었다.

　이 장에서는 먼저 노년연구의 역사와 노년학이론의 발전과정 및 연구방법에 대해 살펴보고, 다음으로 노년학과 노인복지학의 관계에 대해 논의해 보고자 한다.

1. 노년연구의 역사

시대별로 노년기에 대한 시각에는 차이가 있으나 짧은 평균수명과 노년기에 대한 전반적인 부정적 시각의 영향으로 노인에 대한 대부분의 연구는 어떻게 하면 건강하게 젊음을 유지하면서 오래 살 수 있는가의 문제에 집중되었다. 어떻게 하면 노화로부터 자유로울 수 있을까? 혹은 어떻게 하면 젊음을 다시 되찾을 수 있을까? 이러한 문제는 끊임없는 인간의 염원이었으며 초기의 노년학 연구는 바로 이러한 문제에 초점을 맞춘 것이었다.

1) 고대사회와 중세사회의 연구

고대사회에서부터 중세사회에 이르기까지는 생명의 유한성보다 영원불멸을 믿었고 노화나 죽음도 극복이 가능한 것으로 생각하였다. 이집트 피라미드의 미라나 진시황의 무덤은 바로 이러한 인간의 믿음을 반영해 주는 것이라고 볼 수 있다. 그러므로 고대사회의 노년에 대한 연구는 어떻게 하면 장수할 수 있는가의 문제에 초점을 두었다.

이러한 생각이 지배적이었기 때문에 장수를 가능하게 하는 특별한 묘약이 있으리라 믿었으며, 또한 나이도 먹지 않고 질병에도 걸리지 않는 특정한 지역이 있다고 믿기도 하였다. 심지어 장수뿐만 아니라 회춘도 가능하다고 믿기도 하였다. 특정한 지역의 샘물을 마시거나 그 물에 목욕을 하거나 혹은 특별한 약초를 먹으면 마치 뱀이 허물을 벗듯이 회춘하게 된다는 믿음을 가지고 있었다. 진시황이 불로초를 찾아 선남선녀들을 배에 태워 동쪽으로 보냈다는 이야기나 '청춘의 샘물' 이야기는 바로 이러한 생각을 뒷받침해 주고 있다.

이러한 믿음과 동시에 플라톤이나 아리스토텔레스와 같은 이 시대의 많은 학자들은 노인의 의미 또는 노인이 사회에서 차지하는 지위에 대해 그리고 어떻게 건강한 신체를 유지할 수 있는가에 대해 설명하고자 시도하였으며 아리스토텔레스는 인간의 발달단계를 4단계로 구분하고 네 번째 단계를 노년기 혹은 최상의 시기(prime of life)라고 명명하였다(Warren, 2002).

중세사회에서는 노화에 대한 과학적인 접근방법의 흔적도 찾아 볼 수 있는데, 노화에 대한 당시의 부정적인 생각으로 인해 사람들 은 어떻게 하면 노화를 피할 수 있는가에 대하여 끊임없는 관심을 가졌다. Roger Bacon은 위생상태가 개선된다면 인간의 수명은 증 가할 것이라고 주장하였다. 1290년 Arnaldus of Villa Nova는 노화 에 대한 지침서에서 노화를 지연시키기 위해서는 모든 일에 온화하 게 중용을 취하고, 자신의 신체나 집을 깨끗하게 유지할 것을 권장 하였다.

Roger Bacon

2) 근대사회의 연구

17세기에 들어오면서 노화에 대한 지금까지의 믿음은 많이 쇠퇴 하였다. 1793년 Benjamin Rush는 노년에 대한 가장 오래된 저서인 『노인의 육체와 정신상태에 대한 고찰』에서 노년기의 정신질환에 대해 언급하였다. 이후 1835년 최초의 노년학자로 불리는 벨기에의 수학자이자 통계학자인 Adolphe Quetelet는 『인간의 본성과 능력 의 발달』에서 인간의 신체특성을 연령별로 연구하였다. 그는 정체나 쇠퇴의 측면이 아닌 발달의 측면에서 노년을 연구한 최초의 학자라 고 볼 수 있다. 그는 자신의 통계학적 배경을 근거로 여러 상이한 연 령집단으로부터 연구자료를 동시에 수집하는 횡단적 연구방법의 문 제점을 지적하였다.

Benjamin Rush

3) 20세기의 연구

20세기에 들어와서도 장수를 가능하게 하는 특별한 묘약이 있을 것이며, 나이도 먹지 않고 질병에도 걸리지 않는 특정한 지역이 있

Adolphe Quetelet

사진 설명: 샹그리라를 주제로 한 제임스 힐튼의 소설 『잃어버린 지평선』. 이는 이후 영화로도 제작되었다.

G. Stanley Hall

을 것이라는 믿음이 남아 있었다. '샹그리라(Sangri-la)'라는 단어는 바로 이러한 인간의 염원을 그대로 반영해 주는 노화와 죽음으로부터 자유로운 이상향을 의미하는 것으로 여러 영화나 소설의 주제가 되기도 하였다(사진 참조).

그러나 20세기에는 이러한 믿음을 근거로 하여 노화에 대해 보다 과학적인 연구가 이루어졌다. 장수의 원인을 규명하기 위하여 장수마을의 특성을 연구하고 장수노인들의 식이요법이나 생활습관을 연구하였다.

1920년대에 이르러 노년기에 대한 최초의 실험실 연구가 러시아의 생리학자인 Ivan Pavlov에 의해 이루어졌다. 그는 동물을 대상으로 나이든 동물과 나이 어린 동물들 간의 반응능력의 차이를 뇌구조의 차이에 기인하는 것으로 설명하였다. 또한 노년에 대한 체계적인 연구는 Stanley Hall의 연구에 크게 힘입었다고 볼 수 있다. Hall의 『노년기: 인생의 후반기(Senescence: The last half of life)』(1922)라는 저서는 사회노년학의 기념비적인 저서로서 노화에 따른 인지적, 사회적, 성격적 측면의 변화를 연구하기 위한 틀을 제공해 주었다는 점에서 그 의미가 크다. 자신의 저서를 통해 Hall은 노년기에도 그 시기 특유의 생리적 변화와 신체적 기능, 감정 및 사고의 특성을 지니고 있다고 주장하였다.

4) 노년학의 성립

이러한 연구결과를 근간으로 하여 1945년 미국노년학회(Gerontological Society of America)가 발족하게 된다. 이를 계기로 노년학은 미국심리학회의 한 분과로 인정을 받았으며, 곧이어 미국사회학회의 한 분과로도 인정을 받게 되었다. 1946년에는 노년학에 대한 연구결과를 보다 폭넓게 공유하기 위해 『노년학회지(Journal of Social Gerontology)』가 발간되었으며, 1950년에는 국제노년학회가 결성되었다.

1950년대부터 1960년대에 이르기까지 학제적인 관점에서 많은 연구들이 이루어졌다. 1946년에는 노년의학자인 Nathan Shock를 의장으로 하는 노년학 연구센터가 볼티모어 시립병원에 설립되었으며, 이를 중심으로 노화에 대한 생리학적 연구가 횡단적 연구방법을 통해 이루어지기 시작하였다. 1958년 Shock와 그 동료들은 노화의 생리적 측면에 대한 종단연구를 실시하였으며, 이후 인지적, 성격적, 사회심리적 특성에 대해서도 연구하기 시작하였다. 볼티모어종단연구에는 이후 1978년에 연구대상으로 여성노인도 포함시켰으며, 이는 20세에서 90세 성인 2,200명 이상이 평균 13년 동안 참가한 방대한 연구로서 널리 알려지게 되었다.

Nathan Shock

그 외에도 1955년 Ewald Busse는 듀크대학에 '노화센터(Center of Aging)'를 설립하여 노화의 정신건강, 생리적, 사회적 측면에 대해 연구하였으며, 시카고대학의 Robert Havighurst는 특히 노화의 사회적 측면을 중심으로 연구하였다. 시카고대학의 연구자들이 주로 관여한 캔자스시 성인연구는 성인기의 사회심리적인 측면에 대한 많은 정보를 제공해 주었다.

Ewald Busse

우리나라에서도 1970년대를 분기점으로 하여 사회가 산업화되고 노인의 지위가 낮아짐으로써 노인문제에 대한 관심이 고조되었다. 이러한 사회적 관심을 바탕으로 1968년에 한국노인병학회, 1973년에는 한국노인문제연구소, 1978년 한국노년학회가 창설되었다.

1980년대에 이르러서는 노인연구가 본격적으로 이루어지기 시작하였는데, 1980년부터 매년 1회씩 『한국노년학』이라는 학회지를 발간하고 이러한 연구결과를 사회에 널리 알리고 있다. 1981년에는 노인복지법과 경로헌장이 제정됨으로써 노인을 지원하기 위한 법적인 근거가 마련되었고, 1982년 UN이 '세계노인의 해'를 선포함으로써 노인관련 학술대회가 세계적으로 개최되었으며, 노인문제에 대한 세인의 관심을 촉진시키는 계기가 되었다.

1990년대에 들어와 노인관련 연구분야는 학문적으로 독립적인 영역으로 자리 잡았으며, 여러 대학에서 노년연구와 관련된 학과가 설립되어 본격적인 연구의 기틀을 마련하였다. 이와 아울러 유사한 학문분야들에서 노년학 관련분야가 개설되어 노년학에 대한 학제적 연구의 기틀을 형성하게 되었다. 또한 2000년도에 접어들어 총인구 중 노인인구 비중이 7%를 넘어 고령화 사회에 진입하고, 2026년에는 노인인구 비중이 20%가 넘는 초고령사회로 진입할 것으로 전망되면서 노인장기요양보험의 수혜범위를 확대하고 기존의 기초노령연금제도를 폐지하고 기초연금제도를 시행하는 등 보다 많은 노인들이 복지혜택을 받을 수 있도록 수차례에 걸쳐 노인복지법이 개정되었다. 동시에 소외된 계층이나 여성노인의 문제에 대한 관심이 고조되었고, 노인들의 사회참여를 촉진시키기 위한 사회봉사활동이나 노인교육에 대한 논의도 활발하게 이루어지고 있다.

이처럼 우리나라의 노년학 연구는 지난 30여 년간 괄목할 만한 성장을 하였다. 앞으로의 과제는 지금까지의 연구결과를 바탕으로 우리나라의 실정에 맞는 노년학이론을 발전시키고 이를 토대로 한국적 노인복지모델을 모색하는 것이다.

2. 노년학이론의 발전

여러 학자들은 축적된 경험적 자료를 바탕으로 인간이 경험하는 노화현상이 왜 일어나며 이에 대해 어떻게 적응해 나가는 것이 보다 건강한 노년을 보낼 수 있는지에 대해 과학적이고 체계적인 방법으로 설명하고자 시도하였다. 노년학은 학제적인 학문이며 노년기의 문제는 신체적, 경제적, 심리적인 여러 측면에서의 적응을 필요로 하기 때문에 이를 설명하기 위한 이론 또한 다양하다. 노년학이론은 너무나 다양하고 강조하는 측면도 각각 상이하기 때문에 이를 하나의 기준으로 분류하기가 쉽지 않다. Hendricks (1992)는 인간의 노화를 얼마나 포괄적인 시각에서 설명하고 있는가에 따라 여러 다양한 노년학이론을 1세대, 2세대, 3세대 이론으로 구분하였으며, Passutb와 Bengtson (1988)은 구조기능주의이론, 갈등이론, 상징적 상호작용이론, 교환이론과 같은 사회학이론에 근거하여 노년학이론을 분류하였다. 또한 Bengtson 등(Bengtson, Rosenthal, & Burton, 1995)은 분석수준에 따라 개인의 노화에 초점을 맞추고 있는 미시사회이론

(microsocial theories), 개인의 노화에 대한 거시체계적인 영향을 강조하는 미시-거시이론(micro-macro theories), 노인에 대한 사회적 시각에 초점을 맞춘 거시사회이론(macrosocial theories)으로 구분하였다.

인간의 노화를 설명하기 위한 다양한 이론 가운데 노화를 설명할 수 있는 유일한 이론은 존재하지 않으며, 각각의 이론은 나름대로 장단점을 가지고 있다. 이들 이론들 가운데 인간의 노화현상을 통합적으로 이해하는 데에 유용한 지침을 제공해 준 대표적인 이론들은 다음과 같다.

1) 분리이론

분리이론(disengagement theory)은 캔자스시 성인연구를 토대로 하여 Cumming과 Henry(1961)가 제시한 이론이다. 이는 최초의 포괄적이고 학제적인 노년학 이론으로 볼 수 있다(Achenbaum & Bengtson, 1994). 신체적으로나 경제적으로 능력이 있는 미국 캔자스시에 거주하는 50~90세 성인 275명을 대상으로 한 연구를 바탕으로 Cumming과 Henry는 노인을 사회로부터 분리시키는 것이 개인적으로나 사회적으로 바람직하다는 분리이론을 주장하였다. 이들은 『나이가 들어가는 것(Growing Older)』(1961)이라는 자신들의 저

W. Andrew Achenbaum

서에서 모든 사회는 노인세대로부터 젊은 세대로 권력이 이양되는 질서정연한 방식을 필요로 하며, 대부분의 사회는 점차적으로 노인을 사회로부터 분리시킴으로써 이러한 문제를 해결한다고 하였다.

노인들은 젊은 사람들에 비해 육체적으로나 정신적으로 건강하지 못하기 때문에 사회로부터 분리시키는 것은 노인을 일로부터 해방시키고 노인 자신의 노화과정을 자연스럽게 받아들이고 자아통합을 도와줄 수 있는 효율적인 방법이라고 하였다. 그러므로 은퇴는 자연스러운 일이며 오히려 은퇴한 노인들의 생활만족도가 높다고 하였다. 또한 Henry(1965)는 성인 초기에 사회에 발을 디디기 시작하면서 중년기까지 점차 개입수준을 최고조로 유지하다가 이후부터 점진적으로 역할을 감소시켜 나가는 것이 노년기

의 적응에 보다 용이하다고 하였다. 나이든 사람들은 활동수준을 줄여 나가고 수동적인 역할을 수행함으로써 자신의 내면세계를 통찰할 수 있는 시간을 가지게 되며, 감퇴하는 심리적, 신체적 수준에 조율할 수 있는 여유를 가질 수 있다는 것이다. 분리이론에서는 노년기에 적응하기 위해 바쁘게 일하는 것보다 분리되는 것이 개인이나 사회적 측면에서 모두 긍정적인 결과를 유발한다고 하였다.

노인을 재교육시키는 것보다 젊은 세대로 교체하는 것이 사회적으로도 보다 기능적이라는 분리이론은 구조기능주의이론에 그 근거를 두고 있다. 구조기능론적 관점에서는 개인이나 가족이 특정한 역할을 수행할 때에 가장 기능적이라는 것을 주장한다. 즉, 노인을 은퇴시켜 사회로부터 분리시키고 노인이 수행하던 역할을 젊은 세대가 수행하도록 교체하는 것이 보다 바람직하다는 것이다. 분리이론은 당시 노화에 대한 미국인들의 관점을 설명해 주는 하나의 이론이라는 점에서는 공헌한 바가 있다. 당시 미국의 노인세대들은 힘들게 일하는 것보다 오히려 은퇴하는 것이 경제적으로도 이익이 되는 점이 많았으며, 사회적으로 여유로운 노년기를 보내는 것이 바람직한 것으로 생각하였다.

그러나 분리이론에 대한 연구결과, 75세 이상의 노인들이 그들의 내면세계에 대해 보다 많은 관심을 보이는 것은 사실이지만, 내적인 측면에 대한 관심이 심리적, 사회적 분리와 무관하다는 것이다(Atchley, 2000). 분리이론은 노화에 대한 적응의 일반적인 경로로 볼 수 없으며 이러한 분리는 무능력으로 인해 비자발적으로 이루어지는 경우가 많다는 것이다. 분리이론은 개인적 차원이나 사회체계의 차원에서 노화를 설명하고자 시도한 대표적인 이론이기는 하지만 이는 실증적으로 지지를 받지 못하고 있다(Achenbaum & Bengtson, 1994). 실제로 많은 노인들은 직업을 가지고 있고, 건강하고 사회적으로도 활발하게 활동하고 있으며, 이러한 사람들이 노화에 보다 성공적으로 적응해 나간다는 것이다. 분리이론은 개인의 성격이나 사회경제적 지위의 차이에 따른 다양성을 간과하고 있다는 점에서 비판을 받고 있다(Achenbaum & Bengtson, 1994). 은퇴를 편안하게 받아들이는지의 문제는 개인의 성격이나 여러 가지 상황요인에 따라 차이를 보이는 문제이며, 따라서 일률적으로 은퇴를 바람직한 것으로 간주하는 것은 문제가 있다는 것이다. 또한 문화적인 영향을 간과하였다는 점에서도 비판을 받고 있다. 세계 각국의 노인들이 미국 노인과 동일한 경제적, 사회적인 여건을 가지고 있는 것이 아니며, 특히 저개발국에서는 당장 은퇴하면 경제적인 문제에 봉착하게 되는 경우가 상당수를 차지한다는 것이다. 이들에게 은퇴는 여유로운 노년이 아닌 가난이라는 더욱 더 심각한 문제를 유발하는 요인이 된다. 또한 노인이 젊은 세대보다 사회에 대한 공헌도가 낮다는 점에서도 비판의 여지가 있다. 이는 명백하게 연령상의 편견이라고 볼 수 있다는 것이다. 그러므로 은퇴가 개인이나 사회 모두에게 기능적이라는 분리이론의 관점은 그 한계가 있다(Atchley, 1971). 이러한 비판을 받아들여 이후 Cumming과 Henry(1965)는 사회적 분리에 대한 자신들의 입장을 수정하였으며, 이는 이후의 활동이론과 연속이론의 기초를 형성하게 된다.

2) 활동이론

활동이론(avtivity theory)은 캔자스시 성인연구결과를 토대로 하여 Robert Havighurst가 제시한 이론이다. Havighurst와 그 동료들(1968)은 노인은 불가피한 건강상의 변화를 제외하고는 중년기와 다름없는 사회적 욕구를 가지고 있으므로 사회적인 분리가 기능적이라는 주장은 설득력이 없다고 하였다. 사회활동 참여수준이 높을수록 노인의 생활만족도도 높고, 긍정적인 자아개념을 가지고 있는 것으로 나타났다(Bengtson, 1969). 따라서 노인들을 위한 새로운 역할이나 활동을 개발해야 하며, 이는 부(富)나 생산적인 일을 중시하는 사회적인 가치와도 일치한다고 하였다. 활동을 제한받는 것은 분명

Robert Havighurst

쇠퇴의 증거이며, 많은 노인들은 활동을 지속하는 것이 자신들의 생활만족도를 유지시켜 주는 것으로 믿고 있다.

이처럼 활동이론은 모든 노인들이 자신의 젊은 시절만큼 활동적으로 일을 수행할 수 없거나 혹은 수행하기를 원하지 않는다 하더라도, 일은 자신이 사회의 일원으로서 공헌하고 있고, 가치 있는 인간이라는 인식을 심어 줄 수 있으며, 결과적으로 생에 의미를 부여해 주고, 자아개념에 긍정적인 영향을 미치며 노화에 대한 적응능력도 높여 준

다는 것이다.

활동이론은 인간은 자기 주변의 인물들로부터의 반영적 평가에 의해 자신을 평가한 다는 상징적 상호작용이론에 그 근거를 두고 있다. 상징적 상호작용이론에서는 출생 이후 한 개인이 형성하는 자아개념은 주변 인물들과의 상호작용을 통해 형성된다고 한다. 그래서 상징적 상호작용이론에서는 면경자아(looking glass self)의 개념을 강조 한다. 주변 인물들이 자신을 가치 없는 인물이라고 평가하면 그 사람은 자신을 가치 없는 사람이라고 생각하는 것처럼, 노인을 사회로부터 분리시키는 것은 결과적으로 자신에 대해 부정적인 인식을 심어 주고 오히려 적응에 역기능적인 영향을 미친다는 것이다.

그러나 노화로 인한 능력의 저하는 분명히 존재하며, 이러한 능력의 저하로 인해 실 제로 노인들은 중년기에 자신이 수행하던 역할을 지속하기에는 어려움이 있다는 점에 서 활동이론은 비판을 받고 있다. 또한 활동이론에서는 활동수준보다 개인의 성격이나 사회경제적 지위, 생활방식과 같은 변인들이 노년기의 생활만족도에 더 많은 영향을 미치고 있다는 점을 간과하고 있다(Covey, 1981). 활동에 가치를 두는 정도는 자신의 생활경험이나 성격, 사회경제적 자원에 따라 상이하기 때문이다. Reichard와 그 동료 들(1962)도 사회적 활동을 지속하는 것이 노화에 성공적으로 적응해 나가는 것인지 혹 은 은퇴하는 것이 성공적으로 적응해 나가는 것인지는 개인차의 문제라고 하였다. 또 한 미국과 같은 일 중심적인 문화권에서는 활동이론이 적절하지만 다른 문화권에도 활 동이론이 적절한지는 의문의 여지가 있다. 나아가 이를 적용하는 데에는 한계가 있다 는 것이다. 몇몇의 노인들에게는 활동이론이 적절하지만 대부분의 노인들은 실제로 일 을 하고 싶어도 일할 곳이 없다는 현실적인 한계에 직면하게 된다.

3) 연속이론

연속이론(continuity theory)은 활동이론이나 분리이론과는 달리 개인은 연령이 증가 하여도 일관성 있는 행동을 유지하며 환경에 적응해 나가기 위해 이전에 수행하던 역 할과 유사한 역할을 수행한다는 것이다. 어떤 사람이 나이가 들었다고 해서 갑작스럽

게 변화하는 것이 아니라 거의 유사한 성격패턴을 유지하며 생활만
족도는 자신의 생활경험과 현재의 활동이 얼마나 일치하는가에 좌
우된다고 하였다(Atchley, 1972; Neugarten, Havighurst, & Tobin,
1968). 기본적으로 사람은 나이가 들어가면서 젊었을 때의 성격을
그대로 유지하며 오히려 더욱 분명해진다는 것이다. 활동적이던 사
람이 은퇴를 했다고 해서 비활동적이 되거나 수동적인 사람이 노인
이 되어서 적극적으로 변화하는 경우는 드물다는 것이다. 그러므로
분리이론이나 활동이론을 모든 노인에게 적용할 수는 없으며, 젊은
시절에 활동적이었던 사람은 나이가 들어서도 적절한 활동수준을

Bernice Neugarten

유지하고, 젊은 시절에 비활동적이었던 사람들은 활동으로부터 적절하게 분리되어 은
퇴생활을 즐기는 것이 개인의 적응에 도움이 된다는 것이다.

　연속이론은 합리적이라는 점에서 타당성을 갖는다. 그러나 노화에 대한 개인의 적응
은 여러 요인의 상호작용에 의해 영향을 받기 때문에 이는 실증적으로 검증이 어렵다
는 한계가 있다. 또한 개인차의 문제를 지나치게 강조함으로써 노화문제에 접근하는
데 있어서 사회적 역할을 간과하고, 노인들이 직면한 문제를 해결하는 데 있어서 정부
의 자유방임적인 접근을 합리화하고 있다는 한계를 갖는다.

4) 현대화이론

　현대화이론(modernization theory)을 주장한 대표적인 학자는 Cowgill과 Holmes
(1972, 1986)이며, 이들은 노화의 문제를 현대화와 결부시켜 이해하려고 하였다.

　현대화이론은 사회구조의 변화를 산업화와 현대화의 결과로 간주하고, 현대화가 진
행될수록 노인의 지위는 낮아지고 노인은 역할을 상실하게 된다고 하였다. 산업화가
이루어지지 않은 사회에서는 노인의 지위가 절대적이었으나 산업화가 진행되면서 과
학기술의 발전으로 인해 노인의 지식이나 지혜가 쓸모없게 되었다. 또한 도시화로 인
해 가족형태가 핵가족화되었고, 모든 사회적 가치가 능률 위주, 경제적인 능력 위주로
재편성되면서 노인의 지위는 결과적으로 하락할 수밖에 없다는 것이다. 결국 노인들의

지위하락은 기존에 노인들이 가지고 있던 여러 가지 자원을 상실하게 되면서 발생하는 필연적인 결과라고 본 것이다.

현대화이론은 사회구조의 변화와 자원에 따른 지위의 변화를 설명해 준다는 점에서는 크게 기여를 하였다. 그러나 현대화가 이루어지기 이전 사회에서 노인들의 지위가 높았다는 가정에 대해서는 비판의 여지가 있다. 모든 문화에서 노인이 존경의 대상이었던 것은 아니며, 노인 개개인이 가지고 있는 경제적인 능력이나 성별, 문화, 인종 등의 여러 요인에 따라 차이가 있었다는 사실에 비추어 볼 때에 노인의 지위가 과거에는 높았으나 현대화를 기점으로 낮아지기 시작하였다는 주장은 비판의 여지가 있다.

5) 연령계층이론

Matilda White Riley

Patricia Passuth Lynott

연령계층이론(age stratification theory)을 주장한 대표적인 학자는 Riley와 Foner(1968)이다. 연령계층이론은 활동이론이나 분리이론과는 달리 노화의 문제를 개인의 문제로 국한시키지 않고 사회적인 연령계층의 문제에 초점을 맞추었다. 이는 사회는 기본적으로 연령등급으로 구분되며, 서열화되어 있다는 점을 전제로 하고 있다. 사회가 성별이나 사회경제적 지위, 인종 등의 요인으로 계층이 구분되듯이 대부분의 사회는 연령을 중심으로 사람들을 구분하는데, 이는 개인의 경험이나 역할이 연령에 따라 차이가 있기 때문이다. 즉, 동일한 연령계층에 소속한 사람들은 유사한 시대적인 경험을 공유하기 때문에 이들 간에는 유사한 가치관이나 태도가 형성된다는 것이다.

연령계층이론은 노인들의 문제를 단순히 활동수준의 문제로 이해할 수 있는 것은 아니며, 연령계층의 변화에 따른 개인의 경험이 노년기의 적응에 영향을 미친다는 점을 강조하였다(Lynott & Lynott, 1996). 상이한 연령계층의 사람들은 각각의 연령집단 간에 발달단계에 따른 차이도 보이지만, 각 연령집단이 경험하는 역사적 경험도 차이가 있다는 것이다. 이러한 역사적 경험에서의 차이를 동시대 출생집단 효과(cohort effect)라고 하며, 이것이 사람들의 사고나 행동에서의 차이를 설명해 준다는 것이다. 동시대 출생집단은 유사한 사건을 경험하였기 때문에 이들은 세상을 유사한 방식으로 보게 된다. 예를 들어, 성인 초기에 풍요로운 시절을 보낸 사람들보다 6 · 25동란을 경험한 세대는 경제적인 자립에 보다 높은 가치를 두게 된다. 이러한 동시대 출생집단효과로 인하여 세대 간에는 단순히 연령차이가 아닌 독특한 경험으로 인한 생각이나 가치의 차이가 존재하게 되며, 이러한 차이로 인해 세대 간에 서로를 이해하는 것에 어려움이 있게 된다.

연령계층이론의 관점에서 노화과정을 설명한다면, 노인집단은 다른 연령집단과 경험에서 차이가 있으므로, 성공적인 노화를 위해서는 노인세대는 자신들의 연령집단 내에서 자신에게 적절한 지위와 역할을 찾는 것이 적응에 용이하다는 것이다. 또한 노인세대마다 그들이 경험한 역사적 사건이나 시대적 배경이 다르기 때문에 일률적으로 하나의 이론으로 모든 세대의 노년기의 적응문제를 설명하기는 어렵다는 것이다. 예를 들어, 연령계층이론을 우리나라 노인문제에 접목시켜 보더라도 현재의 노인세대와 앞으로의 노인세대와는 상당한 차이가 있을 것으로 예측할 수 있다. 오늘날의 노인세대는 과거나 미래의 노인세대와 동일할 수가 없을 것이다. 앞으로 은퇴하는 노인세대는 지금의 노인세대보다 은퇴와 여가를 긍정적으로 생각하며, 신체적으로 활동적이고 건강하며, 더 오래 살 것으로 예측할 수 있다. 또한 경제적으로도 보다 부유할 것으로 예측할 수 있다. 자신을 노인으로 생각하지 않으며, 자녀와의 동거나 상속을 원하지 않는 '뉴실버' 세대는 앞으로의 산업지도도 바꾸어 놓을 것이다. 이러한 연령계층이론의 관점에서 보면 각 세대가 경험하는 연령집단효과로 인해 노년기의 문제를 하나의 이론으로 일률적으로 논의하기는 어려우며, 각 세대별 특성에 따라 상이한 접근이 필요할 것이다.

연령계층이론은 구조적, 인구학적, 역사적 특성에 근거한 것이므로 출생시기나 동시대 출생집단효과와 관련된 연령집단별 차이에 대해 설득력 있는 논리를 제공해 주고 있다. 연령계층이론은 지금까지 노화를 발달적인 관점에서 설명하려고 했던 시각에서 벗어나 사회적인 경험의 차이를 고려하여 노화과정을 보다 넓은 시각에서 설명하고 있다는 점이 긍정적으로 평가받을 수 있다. 그러나 연령계층이론이 개인차의 문제를 간과하고 있다는 점에서는 비판의 여지가 있다.

6) 교환이론

George Casper Homans

James J. Dowd

교환이론(exchange theory)은 공리주의 경제학이론과 행동주의이론에 근거한 이론으로, Homans(1961, 1974)를 그 대표적인 학자로 들 수 있다. 교환이론에서는 인간은 합리적이고 이윤추구적인 동물이므로 보상을 최대화하고 비용을 최소화하는 방식으로 행동한다는 것이다. 즉, 사회적 행동이 이루어지기 위해서는 비용보다 보상이 더 커야 한다는 것이다. 비용보다 보상이 큰 상황에서는 교환은 지속적으로 이루어지지만 그렇지 못한 상황에서는 교환을 회피하게 된다는 것이다. 이러한 과정에서는 교환자원을 많이 가지고 있는 사람은 그렇지 못한 사람보다 지배적인 지위를 점하게 된다.

이러한 교환방식은 노인세대와 젊은 세대와의 상호작용의 특성에 대한 설명을 해 준다. 경제적인 손실과 이익의 모델에 근거하여 Dowd(1980)는 사회적인 상호작용이나 활동이 왜 연령이 증가함에 따라 감소하는지를 설명하였다. 사회적인 분리는 개인의 선택이나 사회의 요구에 의해서가 아니라 노인세대와 집단구성원들 간의 투자와 보상의 불평등한 교환과정에서 비롯되며, 이러한 상호관계에서의 균형여부가 개인적인 만족감을 결정한다는 것이다. 연령증가에 따른 역할이나 기회구조의 차이로 인해 노인은 보다 적은 자원을 가지게 되고, 결과적으로 그들의 지위는 감소하게 되며, 노인들은 은퇴를 받아들이게 된다. 노인세대는 젊은 세대에 비해 상대적으로 적은 자원을 가지고 있으며, 이러한 원인으로 인하여 노인세대가 젊은 세대와 지속적으로 사회적인 관계를 갖는다는 것은 피지배적인 관계를 고착시키게 된다. 또한 노인세대 가운데서도 자원이 충분하여 교환에서 우위를 점할 수 있는 경우에는 교환은 지속적으로 이루어지게 된다. 현대화이론에서 주장하는 바와 같이 과거의 노인세대들은 자신이 가지고 있는 전통적인 지혜의 덕목 자체가 보상물로서의 가치가 충분히 있었으나, 산업화되면서 이들이 가지고 있는 지혜는 그 교환가치를 상실하게 되었다. 결과적으로 대부분의 노인들은 교환에서 지배적인 위치를 점할 수 없게 된 것이다.

그러나 교환이론에 대한 비판은 인간이 보상을 가장 우선적인 가치로 행동하지 않는다는 점이다. 그리고 교환가치의 상실을 전반적인 능력의 저하현상으로 보는 것도 비판의 여지가 있다. 이처럼 제한된 자원에도 불구하고 대부분의 노인들은 어느 정도의 상호작용은 지속하고자 하며, 이러한 상호작용과정을 통해 자신이 환경에 적응해 가면서 자신이 환경에 영향을 미치는 두 가지 과정을 동시에 진행하게 된다. 노인들이 비록 물질적인 경제적인 자원은 적게 가지고 있다 하더라도 존경이나 사랑과 같은 비물질적인 자원을 가지고 있으며, 사회정책도 노인들로 하여금 사회에서 가치있게 여기는 이러한 비물질적인 자원을 최대로 가질 수 있도록 하는 것에 목표를 두고 있다.

7) 사회와해이론

사람이 사회를 변화시키는지 혹은 사회변화에 따라 사람이 변화하는 것인지에 대해 Alvin Toffler는 대부분의 사람들은 변화하는 사회의 물결에 휩쓸려 살아가지만 탁월한 두뇌와 건강 그리고 부를 누리고 있는 3%의 사람들은 변화의 물결을 만들어 가는 사람들이라고 하였다. Marshall(1981, 1986)도 사회구조에 의해 사람들이 변화하기도 하지만 사람들이 사회구조를 창조하기도 한다고 하였다.

Alvin Toffler

인간의 행동을 결정하는 요인으로는 유전적 요인, 사회화, 사회적 상황의 세 가지 요인이 영향을 미치며, 사회심리학에서는 이 가운데 사회적 상황에 초점을 맞추고 있다. 또한 사회적 상황들이 개인에게 영향을 미치기도 하지만 사회적인 상황을 변화시키는 사람들의 능력을 강조하고 있다.

사회와해이론(social breakdown theory)은 인간의 능력은 사회적인 힘에 의하여 강화되기도 하고 수정되기도 한다는 행동수정이론에 초점을 맞추고 있다. 어떤 상황이 지나치게 스트레스를 주는 상황이거나 반대로 자극이 없는 상황이라면 개인의 반응능력은 감소하게 된다. Zusman(1966)은 심리적으로 건강하지 못한 사람에게는 부정적 피드백이 와해의 요인이 된다고 하였다. 즉, 어떤 사람의 실수에 대해 지나치게 비판을 가하게 되면 이 사람은 자신의 능력에 대해 회의적이며 자신감을 상실하게 되어 결과적으로는 더욱더 실수를 하는 상황에 이르게 된다는 것이다. 이러한 상황을 노인문제에 접목시켜 본다면 어떤 사람이 무능함을 이유로 강제로 은퇴를 당하게 되면 그 사람은 자신을 사회적 무능력자로 받아들이게 되고, 자신감을 상실하게 되며, 결과적으로 의존성을 조장하게 된다. 그러나 이와는 달리 노인에게 능력을 발휘할 수 있는 적절한 기회를 제공해 준다면 오히려 자신의 능력에 대해 긍정적으로 평가하고 독립적인 생활이 가능해질 것이다. 사회정책은 바로 이러한 긍정적인 환경을 조성해 줌으로써 능력을 극대화시키도록 지원해 주는 데에 그 목표가 있다.

Harry R. Moody

사진 설명: Moody의 저서
『노년학』

8) 비판이론

기존의 전통적인 노인연구는 양적인 연구에 그 근거를 두었으며 노인이 직면하는 사회적 문제를 강조하였다. 그러나 보다 인본주의적인 비판이론에서는 노인 자신을 문제를 규정하는 주체로 보고 있다. 비판이론(critical theory)에서는 노년학 연구의 4가지 목표를 다음과 같이 열거하고 있다(Moody, 1988, 2002). 첫째, 노화의 주관적·해석적 차원을 이론화하고, 둘째, 노화에 대한 기술적인 측면보다는 공공정책에 개입하는 것과 같은 실제적인 측면을 강조하며, 셋째, 실천분야와 학문분야를 연계하고, 넷째, 고정적인 것이 아니라 보다 자유롭고 융통성 있는 지식을 산출하자는 것이다. 이를 위해서는 전통적인 노년학의 관점뿐만 아니라 보다 인본주의적 관점에 근거한 사고로의 전환이 필요하다는 것이다. 비판이론은 단순히 기존이론에 대한 비판이 아니라 강점과 다양성을 강조하는 긍정적인 이론이다(Dannefer, 1994). 이들은 기존의 이론과는 달리 은퇴와 같은 노년기의 문제를 부정적인 것만이 아닌 자유로운 시기라는 다양한 관점에서 보기 위해 노력하고 있다. 이들 이론에서는 긍정적인 노년은 무엇을 의미하는지, 긍정적인 노년기는 어떻게 얻어지는지, 어떠한 형태의 자유로운 지각이 가능한지에 오히려 초점을 맞추고 있다. 지금까지의 노년학은 전통적 · 양적 관점에서 연구되었지만 주관적 · 해석적 측면을 강조하는 비판이론도 노년학의 중요한 이론으로 인식되고 있다.

Dale Dannefer

9) 여성학이론

비판이론은 여성학이론에도 영향을 미쳤다. 여성학이론은 개인과 사회구조 간의 연계를 통해 노인문제에 대한 양적인 방법과 질적인 접근방법, 즉 미시적 · 거시적 접근방법을 통합하고자 시도한 이론이라고 볼 수 있다. 이들은 여성노인이 노인인구의 대다수를 차지하기 때문에 노인의 문제를 이해하는 데 있어서 성별이 가장 일차적인 고려 요인이라고 생각한다. 성별은 일생에 걸쳐 사회적 상호작용의 중요한 조직원리이므로 남성과 여성은 노화과정을 상이하게 경험하게 된다. 그럼에도 불구하고 기존의 노년학이론은 성별의 차이에 따른 노화과정의 차이를 이해하는 데 실패하였다는 것이다. 특히, 은퇴에 대한 논의에서 여성노인의 문제는 간과되었다는 것이다.

여러 광범위한 분야를 포함하는 대부분의 여성학이론은 사회여권주의(social feminism)에 근거하고 있다. 여성은 자본주의와 부계사회제도로 인해 노년기에 남성보다 열등한 삶을 살고 있다는 것이다. 그래서 여권론자들은 성별 분업에 따른 불평등을 지적하고 있다. 이들은 여성노인의 문제를 개인적인 차원이 아닌 사회적, 경제적, 정치적 거시적 차원에서 접근하고자 한다. 성별 분업에 따라 자녀양육과 가사노동의 역할을 담당하게 된 여성은 임금을 받지 못하였기 때문에 이들은 노년기에 경제적으로도 궁핍할 뿐만 아니라 사회적으로도 필요한 지원을 받지 못하게 된다는 것이다. 또한 가사노동이나 자녀양육이 경제적인 생산성의 한 부분으로 인정받지 못하기 때문에 연금수혜혜택도 받지 못한다. 이렇듯 여성노인의 문제는 남성노인보다 훨씬 심각하다는 것이다. 이처럼 사회구조나 제도가 여성의 의존성을 유발하고 선택권을 제한하였음에도 불구하고 이를 여성 개인이 책임져야 하는 것으로 간주하는 것은 비판을 받아야 한다는 것이다.

3. 노년학의 연구방법

노년학 연구에서 사용되고 있는 자료수집방법과 연구대상에 대한 접근방법은 다음과 같다.

Jaber F. Gubrium

Timothy Diamond

1) 자료수집의 방법

노년을 대상으로 자료를 수집하는 방법에는 크게 양적인 방법과 질적인 방법이 있으며, 이를 세분화하면 질문지법(questionnaires), 검사법(standardized test), 면접법(interviews), 관찰법(observation), 사례연구법(case study)이 있다. 노년연구의 초기에는 자료수집방법으로 주로 양적인 방법을 사용하였으나 이후 보다 구체적인 자료를 얻기 위해 질적인 방법을 사용하였다. Gubrium(1993)은 생활의 질의 주관적 의미를 구분하기 위하여 사례연구법과 같은 서술적인 방법을 사용하였으며, Diamond(1992)는 관찰법을 사용하였다. 이들은 개인적 상호작용에 초점을 두고 지금까지의 양적 연구와는 대조적인 방법으로 노화경험의 다양한 측면을 연구하기 위해 민족지학적인 방법(ethnography)이나 질적 연구방법을 사용하였다. 이러한 질적인 방법은 연구대상의 크기는 작지만 노화에 대한 보다 구체적이고 광범위한 사실을 설명해 준다는 장점이 있는 반면, 검증이 어렵다는 점은 질적 연구법의 한계로 볼 수 있다.

이를 보다 세분하여 살펴보면 질문지법은 가장 대표적인 양적 연구법으로 노인연구에서 가장 보편적이고 널리 사용되는 방법이다. 이는 면접자가 묻는 질문에 응답자가 대답을 하는 것이 아니라 응답자가 직접 질문을 읽고 자신이 생각하는 바를 표시하는 것이다. 질문지법은 많은 수의 노인을 대상으로 한꺼번에 많은 자료를 수집할 수 있다는 장점이 있다. 그러나 질문의 내용이 모호할 경우에는 정확한 답변을 기대하기 어렵고, 자신의 솔직한 생각보다는 많은 사람들이 옳다고 생각하는 답에 표시하기 쉽다는 문제점을 가지고 있다. 또한 문항이 많은 경우 피로도로 인하여 정확한 반응을 얻기 어려운 문제점도 있다.

사진 설명: Diamond의 저서 『풍요로운 노년기』

검사법은 지능검사나 성격검사, 적성검사 등 표준화된 검사를 사용하여 개인이나 집단의 특성을 파악하는 방법이다. 검사법은 질문지법과 마찬가지로 많은 자료를 비교적 쉽게 수집할 수 있다는 이점이 있다. 그리고 이러한 검사자료를 통해 특정한 검사에서 한 개인이 차지하는 상대적인 위치나 개인차에 대한 정보를 얻을 수 있는 유용한 방법이다. 그러나 표준화된 검사라고 하더라도 측정되는 상황에 따라 상이한 결과를 보일 수 있다는 점에서 신뢰도와 타당도가 문제점으로 지적된다.

면접법은 대부분 일대일로 얼굴을 맞대고 이루어지지만 전화면접도 가능하다. 면접법은 질문지법에 비해 자료를 얻는 데 있어서 시간과 노력이 많이 소요되는 단점은 있으나 보다 구체적이고 정확한 반응을 얻을 수 있다는 장점이 있다.

관찰법은 인간행동을 연구하는 가장 고전적인 방법이지만 노인연구에서는 그다지 널리 사용되지 않는 방법이다. 관찰법은 보다 엄격한 통제가 이루어지는 실험실 상황에서의 관찰과 실제 상황 그대로 관찰이 이루어지는 자연관찰의 방법이 있다. 관찰연구는 관찰하고자 하는 사실에 대해 심층적인 자료를 얻을 수 있다는 장점은 있으나 실제로 관찰이 가능한 행동이 극히 제한되고, 시간과 노력을 필요로 하며, 자신이 관찰당하고 있다는 것을 지각함으로써 거짓 반응을 보일 수 있다는 점은 문제점으로 볼 수 있다.

사례연구법은 한 명이나 두 명의 피험자를 대상으로 집중적으로 자료를 수집하는 대표적인 질적 연구법이다. 이는 극히 제한된 인원만을 대상으로 하기 때문에 연구결과를 일반화하기 어렵다는 문제점이 있다. 그러나 피험자에 대한 심층적인 자료를 수집할 수 있다는 점은 이점으로 볼 수 있다.

2) 노년연구의 접근법

노년연구에서는 노인의 연령과 그 밖의 다른 변수와의 관계를 알아보는 것이 중요하다. 이때 연구자에게는 몇 가지 대안이 있다. 첫째, 각기 다른 연령의 노인들을 연구해서 이들을 비교하거나, 둘째, 노인들을 일정 기간에 걸쳐 계속 연구하거나, 셋째, 이 두 가지 방법을 병행하는 것이다. 횡단적 접근법, 종단적 접근법, 순차적 접근법이 그것들이다.

(1) 횡단적 접근법

횡단적 접근법(cross-sectional approach)은 각기 다른 연령의 사람들을 동시에 비교하는 방법이다(〈그림 2-1〉 참조). 예를 들어, 30세, 50세, 70세의 각기 상이한 연령집단을 비교하여 나타나는 집단 간의 차이를 연령으로 인한 차이로 해석하는 것이다.

횡단적 접근법은 자료수집이 비교적 짧은 시간 내에 이루어질 수 있다는 장점이 있

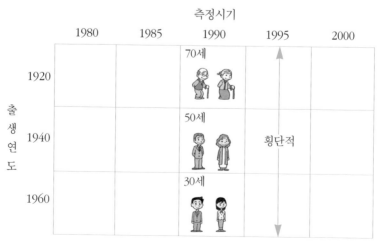

〈그림 2-1〉 횡단적 접근법

으나 문제는 그러한 차이가 진정으로 연령 자체의 차이로 인한 결과인지를 확신할 수 없다는 점이다. 노인연구에서 이러한 횡단적 접근법의 문제는 일찍이 Quetelet도 지적한 바가 있다. 실제로 이러한 차이는 연령 자체의 영향으로 인한 것이기보다는 동시대 출생집단(cohort)의 영향인 경우가 많다. 동시대 출생집단효과는 지능연구에서 특히 중요하다(Schaie, 1994). 횡단적 접근법에 의해 여러 연령집단에 지능검사를 실시한 결과, 지능은 20세에 절정에 달하며 그 이후에는 쇠퇴하는 것으로 나타났다. 그러나 횡단적 접근법에 의한 이러한 차이는 연령의 증가에 따른 변화라기보다는 동시대 출생집단의 효과일 수가 있다는 것이다. 즉, 최근에 태어난 젊은 세대는 장기간에 걸쳐 양질의 교육을 받았기 때문에 아는 것이 더 많고 더 많은 기술을 가지고 있을 수 있다는 것이다. 젊은이들의 지적 능력이 연령이 증가함에 따라 감퇴한다기보다는 이러한 경험의 차이에 기인한다는 것이다.

(2) 종단적 접근법

종단적 접근법(longitudinal approach)은 동일한 피험자가 오랜 기간에 걸쳐 연구되는 것이다(〈그림 2-2〉 참조). 노년기의 종단연구에 대한 대표적인 연구로는 볼티모어 성인연구를 들 수 있다.

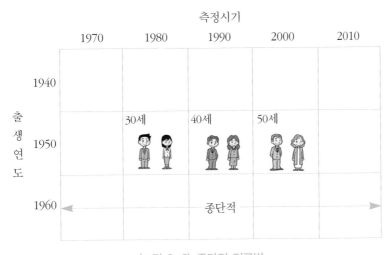

〈그림 2-2〉 종단적 접근법

종단적 접근법의 장점은 횡단적 접근법에서는 알 수 없는 연령에 따른 변화를 알 수 있다는 것이다. 반면, 종단적 접근법은 시간과 비용이 많이 들기 때문에 횡단적 접근법보다 널리 사용되지는 않는다. 또한 오랜 기간에 걸쳐 연구가 진행되기 때문에 피험자 탈락현상이 나타나며, 연구과정에서 검사가 반복되면서 나타나는 연습효과로 인해 이후의 검사에서 점수가 높게 나오는 것도 문제로 볼 수 있다. 그리고 끝까지 연구에 참여한 사람들의 경우에 이들은 탈락한 집단보다 여러 능력에서 뛰어난 것으로 예측할 수 있으므로, 이들이 노인집단을 대표하는지도 문제가 된다.

(3) 순차적 접근법

순차적 접근법(sequential approach)은 횡단적 접근법과 종단적 접근법을 절충하여 보완한 방법이다(〈그림 2-3〉 참조). 이는 발달적 변화에 따른 연령효과와 동시대 출생집단효과 및 측정시기효과를 구분해 낼 수 있는 방법이다. 여기서 연령효과는 단순히 연령이 증가함으로써 나타나는 효과이고, 동시대 출생집단효과는 같은 시대에 태어나서 같은 역사적 환경을 경험함으로써 나타나는 효과이며, 측정시기효과는 자료가 수집될 당시의 상황에 따른 효과이다. 이 방법은 몇 개의 동시대 출생집단을 수차례에 걸쳐

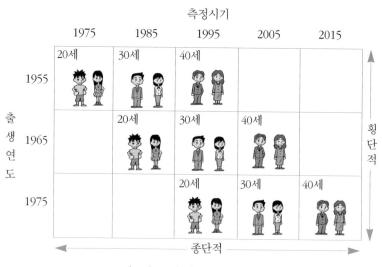

〈그림 2-3〉 순차적 접근법

측정하는 연구방법으로, 어떤 면에서는 몇 개의 종단적 접근법을 합쳐 놓은 것과 같다.

예를 들어, 연령이 증가함에 따라 지적 기능에 변화가 있는지를 알아보기 위해 순차적 접근법을 사용했을 경우, 제1횡렬의 세 연령집단의 지능을 평균하면 1955년도의 동시대 출생집단효과가 나오고, 제2횡렬의 세 연령집단의 지능을 평균하면 1965년도의 동시대 출생집단효과가 나오며, 제3횡렬의 세 연령집단의 지능을 평균하면 1975년도의 동시대 출생집단효과가 나온다. 이상 세 집단 간의 평균지능은 지적 능력에 있어서 동시대 출생집단효과를 반영하는 것이다.

그리고 1975년, 1985년, 1995년, 2005년, 2015년의 지능을 비교함으로써 측정시기효과를 알 수 있다. 동시대 출생집단효과와 측정시기효과를 배제하면 진정한 연령효과를 알 수 있다.

순차적 접근법의 예로는 Schaie(1983, 1990a)의 시애틀 종단연구를 들 수 있다. Schaie는 1956년에 25~67세를 대상으로 지능검사를 실시하였다. 매 7년마다 원래의 피험자를 재검사하였고, 또 새로운 피험자들을 연구에 참가시켰다. 1991년 여섯 번째 검사를 실시하기까지 35년의 세월이 소요되었다.

4. 노년학과 노인복지학

노년학을 의미하는 영어의 'Gerontology'는 그 어원이 그리스어로 노인과 노령을 의미하는 'geron' 및 'geros'와 연구를 의미하는 'logos'의 합성어이다. 그러므로 노년학이란 노인과 노령에 대해 연구하는 학문이라고 할 수 있다.

장수와 젊음에 대한 인간의 욕망에 비추어 본다면, 노년학이라는 학문적인 형태는 아니라 하더라도 노화현상에 대한 관심은 지구상에 인간이라는 종이 출현하면서부터라고 볼 수 있다. 이처럼 고대사회에서의 장수와 젊음에 대한 인간의 관심은 20세기에 들어와서는 노화에 대한 과학적이고 체계적인 연구로 발전하였으며, 이러한 연구가 축적되어 이론화되고 노년학이라는 학문이 하나의 독립적인 학문 영역으로 자리 잡게 되었다.

앞서 살펴본 바와 같이 인간의 노화에는 신체적인 노화뿐만 아니라 심리적 · 사회적 · 기능적 측면의 여러 가지 노화의 개념이 포함된다. 그러므로 인간의 노화현상을 연구하는 노년학은 이들 모든 영역에 대한 연구를 총망라하는 다양한 학문분야가 포함될 수밖에 없다. 이러한 분야에는 노화의 신체적, 생리적 변화를 중심으로 다루는 노년생물학(biological gerontology), 노화에 따른 신체적 · 정신적 질환의 원인과 치료를 중심으로 하는 노년의학(geriatrics), 노인의 지각이나 감각 · 성격기능의 변화를 연구하는 노년심리학(psychological gerontology), 노화에 따른 사회적 현상을 연구하는 노년사회학(social gerontology), 노화에 따른 적응문제와 사회정책적 서비스의 제공과 관련된 노인복지학(gerontological social welfare) 등 여러 영역을 포함한다. 이처럼 노년학은 여러 학문 영역을 포함하는 학제적인 학문의 특성을 지니고 있다.

노인복지학은 인간의 노화현상에 대한 연구를 총망라하는 노년학에 대한 연구결과를 기초로 하여 사회정책과 서비스를 통해 노화에 따른 제반 문제를 지원해 줌으로써 노년기의 성공적인 적응을 도모하고 삶의 질을 향상시키는 것에 목표를 둔 학문분야라고 볼 수 있다.

제2부
노년기의 발달적 변화

인간발달이란 수태에서 죽음에 이르기까지 인간의 전생애를 통해 계속되는 과정을 말한다. 물론 대부분의 인간발달은 인간의 성장을 의미하지만 노년기의 쇠퇴도 인간발달에 포함된다.

노년기의 발달적 변화는 생물학적 과정, 인지적 과정, 사회정서적 과정의 영향을 받는다. 그리고 생물학적, 인지적, 사회정서적 과정은 복잡하게 서로 얽혀 있다. 예를 들면, 노화과정에서 나타나는 여러 가지 신체변화에 대한 반응이 노인들이 자신에 대해 어떻게 지각하는가에 영향을 미친다. 이러한 발달과정들은 서로 융합되어 있음이 확실하다. 즉, 생물학적 과정이 인지적 과정에 영향을 미치고, 인지적 과정은 사회정서적 과정에 영향을 미치며, 사회정서적 과정은 또 생물학적 과정에 영향을 미친다.

우리 인간은 이 세상에 와서 각기 다른 인생을 경험하고 서로 다른 방식으로 삶을 영위한다. 그러나 모든 인간이 다 겪는 한 가지 경험은 언젠가는 반드시 생을 마감한다는 사실이다. 누구도 죽음을 피할 수는 없는 것이다. 삶의 끝은 죽음이기 때문이다. 죽음은 우리 인간의 성장과 발달에서 삶만큼 중요하다. 우리가 이 피할 수 없는 사건을 제대로 이해하고 수용한다면, 보다 완전한 삶을 살 수 있을 것이다.

제2부에서는 노년기의 신체적·생리적 변화, 건강관리와 질병, 인지변화, 성격과 사회적응 그리고 죽음과 사별에 대해 살펴보기로 한다.

제3장

신체적 · 생리적 변화

    생물학적 노화는 세월이 흐르면서 우리 신체에 발생하는 정상적인 변화과정으로 규정할 수 있다. 그 과정은 점진적으로 이루어지며 모든 생명체에서 발생하는 보편적인 현상이다. 많은 사람들이 노화와 질병을 연관 지어 생각하지만 노화 자체가 질병은 아니다. 알츠하이머병, 관절염, 심장질환과 같은 질병들은 연령의 증가와 더불어 발생률이 높아지기 때문에 노화와 질병을 잘못 동일시하기 쉽다. 그러나 노화과정을 보다 정확히 규정하면 연령이 증가하면서 신체기능이 점차적으로 상실되어 가는 과정을 의미한다고 할 수 있다.

    신체적 변화는 그 비율과 속도에서 개인차가 심하다. 노화과정은 유전적 요인, 영양, 신체적 활동 그리고 환경의 영향을 받는다. 신체적 · 생리적 변화가 모든 사람들에게 같은 양상으로 일어나지 않으며, 신체의 모든 기관들이 동시에 같은 비율로 변화하는 것도 아니다. 예를 들면, 한 여성의 경우 '청년'의 심장과 '중년'의 폐와 '노인'의 눈(노안)을 가질 수 있다.

    노화로 인한 신체적 변화를 눈에 보이는 변화만으로 생각하는 경향이 있다. 얼굴의 주름, 흰 머리카락, 구부정한 어깨, 활기차지 못한 걸음걸이와 같은 외적 변화는 노화로 인한 가장 현저한 변화이기는 하지만, 우리 신체의 내부기관(심장, 폐, 신장, 방광, 소화기관, 중추신경계 등)에서도 여러 가지 변화가 일어난다. 이러한 내적 변화는 눈에 보이지 않는 노화의 증상이므로 감지하기가 쉽지 않다.

이 장에서는 생물학적 노화이론, 신체변화, 감각기능의 변화에 관해 살펴보고자 한다.

1. 생물학적 노화이론

사진 설명: Diane Papalia가 딸과 함께

Leonard Hayflick

생물학적 노화를 설명하고자 하는 이론들이 많이 있다. 그중 대표적인 것이 노화예정론과 마멸(磨滅)이론이다(Papalia, Olds, & Feldman, 1989). 노화예정론은 모든 유기체 내에 미리 짜 넣어진 정상적인 발달유형에 따라 신체가 노화한다는 주장으로, 각 종에 따라 내재된 이 프로그램은 아주 작은 변화만 가능할 뿐이다. 반면, 노화의 마멸이론은 신체를 지속적으로 사용했기 때문에 노화한다는 이론이다. 즉, 노화는 신체에 축적된 손상의 결과라는 것이다.

노화예정론을 지지하는 사람들은 각 종마다 고유한 노화유형 및 고유의 평균예상수명을 갖고 있기 때문에, 이러한 유형은 예정되고 타고난 것임에 틀림없다고 설명한다. Hayflick(1974, 1985, 2003)은 여러 종류의 동물들의 세포를 연구한 바 있는데, 정상적인 세포가 분열하는 횟수에는 한계가 있다는 것을 발견하였다. 인간세포의 경우는 약 50회 정도로 분열한다. 그는 이러한 한계가 수명을 조절하며, 인간의 경우에는 약 120~125년 정도인 것으로 보인다고 주장한다. 이 한계에 도달하느냐 못하느냐는 몇 가지 요인에 달려 있다. 성별, 조상의 평균수명 그리고 환경적 요인이 그것이다. 담배를 피우면 평균적으로 12년 정도 수명이 단축되고, 비만의 경우는 매 10% 과체중당 1년 내지 1년 반의 수명이 단축된다. 공기나 수질오염, 유해한 식품 첨가물, 농약 또는 제초제의 과다사용 또한 부정적 영향을 미친다.

노화의 마멸이론을 지지하는 사람들은 인간의 신체를 기계에 비유하는데, 기계의 부품은 오래 쓰면 결국에는 마멸되어 버린다(Wilson, 1974). 예를 들면, 심장과 뇌의 세포는 생의 초기에서조차도 결코 복원될 수 없으며, 이들 세포는 손상받으면 죽는다. 같은 일이 인생 후기에 다른 세포들에게도 일어난다. 즉, 세포가 늙어갈수록 손상된 부분을 치유하거나 대체하는 능력이 떨어진다. 이 이론에 의하면 신진대사의 화학적 부산물과 같은 해로운 물질의 축적을 포함하는 내적, 외적 스트레스가 마멸과정을 촉진시킨다고 한다.

두 이론의 차이는 이론의 차원에서 그치는 것이 아니다. 만약 인간이 특정한 방식으로 노화하도록 프로그램화되어 있다면 이 과정을 지체시킬 방법은 없다. 그러나 신체가 받기 쉬운 스트레스 때문에 노화한다면 이러한 스트레스원을 제거함으로써 생명을 연장할 수 있을 것이다. 두 이론 중 어느 이론이 옳고, 어느 이론이 그르다기보다는 두 이론이 모두 옳을지도 모른다. 즉, 유전적 프로그램이 인간 수명의 최대 한계를 결정하지만, 인간이 이 한계에 얼마나 가까이 갈 수 있느냐 하는 것은 마멸의 영향을 받을 것이다.

2. 신체의 변화

노년기에는 주로 노화와 연관이 있는 신체변화가 많이 일어난다. 피부는 양피지 같은 감촉을 갖게 되고, 탄력성을 잃으면서 주름이 잡히고 반점들이 생겨난다. 정맥이 튀어나오는 현상은 보다 보편적인 것이 된다. 남녀 모두 머리카락이 많이 성글게 되고, 남아 있는 것은 은발이나 백발이 된다(사진 참조).

노인들은 척추의 디스크 수축으로 인해 신장이 감소하고, 척추 사이에 있는 콜라겐의 감소는 허리를 구부러지게 만들어 체격이 줄어들기도 한다. 폐경 이후의 여성들에게서 종종 볼 수 있는 뼈에 구멍이 생기는 현상인 골다공증 때문에 골절상을 입

Helen Bee

기 쉽다.

시각은 40세쯤 되면 노안이 진행되어 독서할 때 돋보기 안경을 써야 하는 경우가 많다. 청력의 점진적인 감퇴는 보통 25세 이전에 시작되어 25세 이후에는 감퇴가 보다 뚜렷해진다. 미각, 후각 및 통각과 온도에 대한 감각은 40세에서 50세경까지는 전혀 감소하지 않는다. 〈표 3-1〉은 성인기에 일어나는 신체변화를 요약한 것이다.

〈표 3-1〉 신체기능에서의 연령 변화

신체기능	변화가 시작되는 시기	변화상태
시각	40대 중반	수정체가 두꺼워져 조절력이 떨어진다. 가까이 있는 물체가 잘 안 보이고(원시) 빛에 민감하다.
청각	50~60세	아주 높거나 낮은 음조(tone)의 소리를 잘 듣지 못한다.
후각	40세경	냄새를 구분하는 능력이 감소한다.
미각	없음	맛을 구별하는 능력의 변화는 거의 없다.
근육	50세경	근육조직을 상실한다.
골격	30대 중반 여성은 폐경 이후 가속화	뼛속의 칼슘성분을 상실(골다공증)한다.
심폐기능	35~40세	가만히 앉아 있을 때에는 연령변화가 거의 없지만 운동을 하거나 일을 할 때에는 연령변화가 나타난다.
신경계	성인기 내내 점차적인 변화	뇌 속의 신경계를 상실하고, 전체 뇌 크기와 무게가 감소하고, 신경세포의 수지상 돌기가 감소한다.
면역체계	청년기	T세포가 감소한다.
생식기능	여성(30대 중반) 남성(40세경)	여성: 가임능력이 감소하고, 폐경 후 완전히 상실한다. 남성: 약 40세경에 활동성 있는 정자의 수가 감소하기 시작한다.
세포	점차적	피부, 근육, 힘줄, 혈액을 포함한 대부분의 세포가 점차적으로 감소한다.
신장	40세	척추디스크의 압축현상으로 80세까지 1~2인치 정도 신장이 감소한다.
체중	일정변화 없음	체중은 연령에 따른 일정한 변화패턴이 없으나 일반적으로 중년기에 체중이 제일 많이 나가고 노년기에 서서히 감소한다.
피부	30~40세	탄력성을 잃으면서 주름이 생기기 시작한다.
모발	50세경	모발이 가늘어지고 점차 흰색으로 변한다.

출처: Bee, H. (1988). *Lifespan development* (2nd ed.). New York: Addison-Wesley.

1) 외적 변화

일생을 통해 외모는 자아개념에 매우 중요한 역할을 한다. 신체적 매력을 높이 평가하는 사회에서는 더욱 그러하며 특히 외모에 많은 가치를 두는 여성의 경우는 더욱 심하다.

신체적 매력은 신체의 균형, 아름다움, 곡선미, 늠름한 근육 등으로만 판단할 단순한 문제가 아니다. 신체적 매력이 빼어난 사람들 중에 스스로가 그렇게 느끼지 못하고 행동하지 않기 때문에 아름답거나 멋있다고 느껴지지 않는 경우가 많다. 우리 속담에 "미모도 가죽 한 꺼풀(Beauty is but skin-deep)"이란 말이 있듯이 미(美)란 겉만 보고 판단할 수 없는 것이다. 게다가 미의 기준은 문화에 따라 다르고 시대에 따라 다르기 때문에 지극히 주관적인 것이다. "제 눈에 안경(Beauty is in the eye of the beholder)"이란 속담도 이 경우를 두고 하는 말이다.

이상적인 미의 기준이 무엇이든지 간에 그것은 오래 지속되지 않는다. 개인에 따라 많은 차이가 있지만 30세를 넘으면 피부에 탄력성이 떨어져서 얼굴에 주름이 생기고 머리카락의 양도 감소하며 흰 머리카락이 나기 시작한다. 남성의 경우 20대에 이미 남성형 대머리가 자리를 잡으며 이마선이 뒤로 물러나기 시작한다.

〈표 3-2〉는 노화와 관련된 외적 변화를 요약한 것이다. 물론 이러한 변화는 개인에 따라 차이가 많다. 예를 들면, 동양인은 서양인에 비해 흰 머리카락이 늦게 나타나며, 남성에 비해 여성은 얼굴에 주름이 더 많이 생긴다.

노화와 관련된 신체변화는 노화과정만이 원인은 아니다. 예를 들면, 미소 짓고, 찡그리는 것과 같이 반복되는 얼굴표정은 표정주름을 증가시키고, 자외선 노출은 노인반점과 피부를 건조하게 만들며, 운동부족은 근육기능을 감소시킨다.

노년기의 많은 신체변화는 불가피한 것이다. 주름살 제거용 화장품을 사용하고, 성형수술을 받고, 열심히 운동하고, 다이어트를 해도 '세월의 잔인함'을 비켜 갈 수는 없다.

중년기에는 성년기 때의 모습과는 상당히 다르고 노년기에는 중년기의 모습과 또 다르다. 중·노년들이 심리적으로는 전혀 늙었다고 느

Malcolm Cowley

〈표 3-2〉 노화와 관련된 외적 변화

신체부위	외적 변화	신체부위	외적 변화
피부	주름이 생긴다. 거칠어진다. 건조해진다. 탄력성이 감소한다. 창백해진다. 타박상과 물집이 쉽게 생긴다. 상처가 빨리 낫지 않는다. 반점과 사마귀 등이 생긴다. 모세혈관이 팽창한다. 피부가 가렵다.	눈	눈꺼풀이 두꺼워지고 처진다. 눈가에 주름이 생긴다(까마귀 발주름) 눈이 움푹 들어간다. 수정체가 혼탁해져서 백내장이 된다. 각막이 생기를 잃는다.
머리카락	흰 머리카락이 나타나기 시작한다. 윤기가 없어진다. 머리카락의 양이 감소한다. 눈썹, 코털이 거칠어진다. 음모와 액모의 양이 감소한다.	얼굴과 머리	뺨이 늘어진다. 이마가 벗겨진다. 귀가 길어진다. 귓볼이 통통해진다. 머리둘레가 커진다.
코와 입	코가 넓어지고 길어진다. 코끝에서 입가로 선이 생긴다. 잇몸이 오그라든다. 입주위에 주름이 생긴다. 턱이 늘어져서 두 개로 보인다.	체형	신장이 감소한다. 근육조직이 감소한다. 군살이 찐다. 허리가 굵어진다. 엉덩이가 넓어진다. 어깨가 좁아진다. 자세가 구부정해진다. 가슴이 처진다.

출처: Aiken, L. R. (1998). *Human development in adulthood.* New York: Plenum press.

끼지 않더라도 거울 속에 비친 자신의 모습을 보고서 놀랄 때가 많다(Cowley, 1989).

(1) 피부

사춘기 이후 나이를 먹으면서 피부는 수분을 잃기 시작하고 점점 건조해지며 주름이 생긴다. 여성은 20대 후반에 '미소라인(smile lines)'이 보이게 되고, 30대에 눈 밑에 '까마귀 발(crow's feet)'이라고 불리는 주름이 생긴다(사진 참조). 일반적으로 여성에 비해 지성피부를 가진 남성은 피부가 좀더 천천히 건조해지며 주름도 여성보다 늦게 생긴다. 그리고 남성들이 매일하는 면도는 죽은 세포층을 제거하는 것으로 젊어 보이게 하는 효과가 있다.

피부에 영향을 미치는 요인으로는 유전, 기후, 흡연, 일사광선 노출, 호르몬 균형, 일반적 건강 등을 들 수 있다. 예를 들면, 흡연 여성은 더 젊은 나이에 주름이 생기는데, 그 이유는 분명하지 않지만 아마도 담배가 에스트로겐 수치를 낮추는 것이라 여겨진다. 중년기가 되면 피부는 탄력을 잃게 된다. 정상적인 노화과정뿐만 아니라 자외선 또한 그런 변화의 원인이 된다. 피부 바깥층인 표피는 연령이 증가하면서 얇아지고 평평해진다. 그 이유는 진피의 주요 물질이 섬유질화하기 때문이다. 콜라겐과 탄력소 섬유가 파괴되어 탄력을 잃으면 팽팽하던 피부는 주름이 생기고 처지기 시작한다. 피부 아래에 있는 피하지방층은 감소하기 시작하는데 이것은 주름의 원인이 되기도 한다. 중년기에는 피부가 손상되기 쉽고 상처가 잘 낫지 않는다. 중년기에는 얼굴부위에 가장 많은 변화가 나타난다. 눈 가장자리, 입, 이마, 목 부위에 주름이 생기고, 턱이 처지며, 눈 아래가 거무스름해진다.

피부의 피지선과 땀샘 역시 변화가 나타난다. 피지선은 기능이 거의 퇴화하지 않지만 피지분비는 감소한다. 인생 초기 단계에는 피지선이 매우 활동적이어서 피부를 매끄럽고 부드럽게 유지시켜 주지만, 점차 수분이 감소해서 결국 피부는 건조해지고 때로는 갈라지기도 한다. 수분의 감소는 폐경기 여성에게서 더욱 심하다. 땀샘은 크기, 수, 기능 면에서 감소하기 시작하고, 노년기가 되면 체온을 조절하는 능력에 영향을 미친다.

그 외 다른 피부변화는 중년기에 시작해서 점점 뚜렷해진다. 피부가 얇아지고, 탄력성이 떨어지며, 혈액순환이 잘 되지 않기 때문에 안색이 나빠진다. 색소형성이 불규칙하여 색깔이 고르지 못한 얼룩이 얼굴에 생기며, 주로 자외선에 노출되어 생기게 되는 기미가 얼굴과 손등에도 나타난다.

피부표면에 가까이 있는 혈관이 팽창하게 되면 혈관문제를 일으킨다. 즉, 입술 위에 정맥성 용혈이라고 하는 푸른색의 얼룩이 생길 수 있고, 얼굴에는 모세관 확장증 또는 말초혈관 확장증이 나타나기도 한다. 음낭에 푸르고 붉은 얼룩과 몸통의 선홍색의 얼룩은 노인성 혈관증이라고 한다. 이러한 피부상태는 노년기 가려움증과 더불어 노인에게 고통을 주는데 중년기에도 흔히 발생한다. 가려움증은 피부가 얇고 건조해서 온도에 매우 민감하기 때문에 특히 건조한 겨울날씨에 많이 발생한다.

30세의 피부세포가 약 100일 정도 산다고 볼 때 70세의 피부세포는 46일 정도를 산다. 게다가 나이가 들면서 피부는 수분을 유지하는 능력이 감소하여 결국 건조하고 탄력이 없는 피부가 된다. 신체적 노화과정으로 인해 갈색 반점이 생겨나고, 얇아진 세포와 혈관이 더 느리게 회복되기 때문에 상처는 예전보다 더디게 치유된다(Kermis, 1984).

Natalie Angier

일사광선에의 노출은 피부암을 포함하여 연령과 관련 있는 피부변화의 주요한 요인이 된다. 노화된 피부를 보호하기 위해서 강한 일사광선에 과도하게 노출되는 것을 피하는 것이 좋다. 비록 선탠이 건강한 모습으로 보이게 한다고 해도 피부암의 위험을 증가시키고 피부노화가 빨리 일어나게 한다(Angier, 1990; Sweet, 1989). 일사광선에의 노출이 불가피하다면 피부를 보호하는 옷을 입거나 선크림을 사용할 것을 의료전문가들은 권한다(Abel, 1991; Bamboa, 1990).

올바른 피부관리는 항상 피부를 청결하게 유지하고, 지성피부가 아닌 경우 보습제를 사용하도록 한다(Robert et al., 2012). 보습제는 지방과 수분을 생산하는 기능이 감소한 신체능력을 대체한다. 또한 노년기에는 비누와 세제가 피부의 자연적인 기름을 제거하는 경향이 있기 때문에 과도하게 사용하지 않는 것이 좋다(Turner & Helms, 1994).

(2) 모발

모발의 양과 굵기, 강도, 곱슬머리 등은 유전의 영향을 받으며, 모발을 건강하고 아름다운 상태로 유지하는 데에는 영양이 중요한 역할을 한다. 모발의 색깔은 멜라닌 세포로부터 얻는데, 흰 머리카락은 색소생산의 점진적인 감소에 의해 생겨난다. 머리카락 색소의 부족은 유전적으로 결정되고 성년기에도 발생한다. 하루에 50~100개 정도

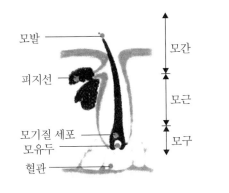

〈그림 3-1〉 모발의 구조

모발

피지선

모기질 세포
모유두

혈관

모간

모근

모구

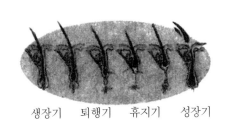

생장기   퇴행기   휴지기   성장기

〈그림 3-2〉 머리카락의 일생

의 머리카락이 빠지는 것은 정상이지만 성년기에 과도하게 머리카락이 빠지는 것은 정상이 아니다. 과도한 머리카락 손실은 질병에 의한 경우가 많다.

　대부분의 성인은 50세가 되면 흰 머리카락이 많이 생긴다. 이와 같이 머리카락의 색깔이 변하는 것은 모근(〈그림 3-1〉 참조)에 있는 멜라닌 색소가 점차 감소하기 때문이다. 또한 중년기에는 모발이 가늘어지기 시작하며 모발의 성장도 느려지기 때문에 더 느리게 모발이 교체된다. 머리카락은 생장기, 퇴행기, 휴지기, 성장기의 주기적 변화를 겪는데(〈그림 3-2〉 참조), 중년기에는 모발의 휴지기와 성장주기가 변화한다. 젊은 시절에는 모발의 성장주기가 3~5년이며 한 달에 3~4cm씩 자란다. 그리고 휴지기가 되면 2~4개월 동안 성장을 멈추는데, 모발의 10~15% 정도가 항상 휴지기에 있다. 그러나 모발의 휴지기가 중년기에는 더 길어진다(Donohugh, 1981; Rossman, 1986).

　모발의 감소는 휴지기가 더 길어진 결과이다. 남녀 모두에게 이런 감소가 발생하지만 남성에게 더욱 명백히 나타난다. 머리를 빗을 때 매일 50~100개의 머리카락이 빠지는데, 젊었을 때에는 빠진 만큼 새로운 모발이 생겨나지만 중년기에 더 길어진 휴지기에는 휴지상태의 모발이 저절로 떨어지는 경우가 많다. 그리고 모발은 더 가늘어지고, 가늘고 색소가 없는 흰 머리카락이 두껍고 검은 머리카락을 대체하는데 심한 경우에는 교체생산이 전혀 일어나지 않는다(Matteson, 1988).

　보통 대머리라고 불리는 남성형 탈모증은 유전적인 영향을 많이 받는다. 주로 이마 양 옆에서 M자 모양으로 이마선이 뒤로 물러나면서 시작되는데 때때로 성년기에도 나

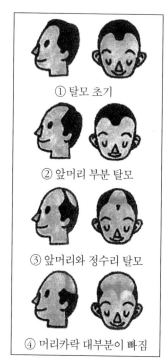

① 탈모 초기

② 앞머리 부분 탈모

③ 앞머리와 정수리 탈모

④ 머리카락 대부분이 빠짐

〈그림 3-3〉 대머리의 진행모습

타난다. 그 후에는 머리 뒷부분에 대머리가 나타난다. 더 심한 경우는 머리 전체가 완전히 벗겨지기도 한다(〈그림 3-3〉 참조).

여성은 훨씬 늦은 나이에 모발 손실을 경험하고 손실 자체가 남성보다 덜 두드러진다. 대개 정수리와 앞머리쪽 부분의 머리카락이 많이 빠진다. 어떤 여성은 폐경기 이후에 심한 모발의 손실을 경험한다. 그러나 대부분의 경우 여성의 대머리는 유전적인 요인 때문이다.

모발이 손실되는 것을 늦추기 위해서는 빗질을 부드럽게 하고, 지나친 드라이기 열을 피하며, 샴푸한 후에 컨디셔너로 헹군다. 파마나 탈색 등은 피하고 모발을 짧게 하면 모발 손상을 줄일 수 있다. 그리고 피부보호와 마찬가지로 지나친 직사광선은 피하도록 한다.

대머리 치료제가 아직 발명되지 않았지만 수술에 의해 부분 치료는 가능하다. 그 하나는 모발 이식수술이다. 즉, 작은 원통 모양의 이식조직을 모발이 자라고 있는 부분에서 채취하여 원하는 부위에 이식하는데, 주로 자신의 뒤쪽 머리를 앞쪽에 옮겨 심는다. 다른 하나는 두피 축소수술로 두피를 절개하여 이식조직이 필요한 대머리 부위를 줄이는 것이다(Turner & Helms, 1994).

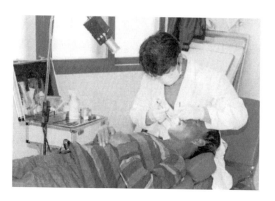

(3) 치아

치아 및 잇몸 문제는 노년기에 흔한 일이다. 치아의 색이 탁해지고, 상아질 생성이 감소하며, 잇몸이 수축되고, 골밀도가 감소하는 것은 정상적 노화의 과정이다.

극소수의 노인들이 오래도록 자신의 치아를 그대로 유지하는데 치아상실은 영양과 밀접한 관계가 있다. 치아가 손상되거나 빠진 사람들은 씹기가 힘들어지므로 식욕을 잃는다. 결과적으로 적게 먹거나 종종 영양가가 떨어지는 유동식으로 바꾸게 된다(Wayler, Kapur, Feldman, & Chauncey, 1982).

치아건강은 타고난 치아구조와 후천적인 식습관 및 치아건강 습관과 관련이 있다. 치아상실은 많은 경우 노화의 영향보다는 부적절한 치아관리 때문이다(사진 참조).

(4) 노화의 이중 기준

남녀 모두 우리 사회의 젊음에 대한 선호로 고통을 받기는 하지만, 여성은 특히 전통적인 노화의 이중 기준으로 스트레스를 많이 받는다. 남성에게 있어서는 경험과 노련미의 증거로서 매력으로 여겨지는 은발, 거친 피부 및 눈가의 주름살이 여성들에게는 그들이 '내리막길'로 들어섰다는 표시로 생각된다(사진 참조). 여성적인 모습은 부드럽고, 둥그스름하며, 주름살이 없고, 근육이 없는 매우 젊은 모습으로 연약하고 다치기 쉬운 모습이다. 일단 이러한 젊음의 표시가 사라지면 매력적이고 낭만적인 상대로서의 여성의 가치 역시 사라지며, 심지어 고용인으로서 혹은 사업동료로서의 여성의 가치도 사라진다.

젊어 보이고, 젊게 행동하고, 젊게 사는 것을 좋아하는 사회가 만들어 내는 압박은 사람이 늙으면서 겪게 되는 신체적 상실에 덧붙여 소위 말하는 '중년기 위기'의 한 원인이 된다. 가능한 한 건강하게 살면서 이러한 스트레스를 견딜 수 있고 또 원숙해지는

것이 양성 모두에게 있어 긍정적인 성취라고 인식할 수 있는 사람은 중년기 및 노년기를 인생의 황금기로 만들 수 있을 것이다.

2) 내적 변화

눈에 보이는 외적 변화와는 달리 내적 변화는 눈으로 볼 수 없다. 단지 간접적으로 그런 변화를 인지하게 될 뿐이다. 즉, 느낌이나 행동에서 차이점을 감지하거나 의사에게 들어서 알게 된다.

내적 변화는 눈에 보이지 않는 노화의 증상을 말한다. 이는 신체 내에서 발생하는 퇴행성 변화이다. 노년기에 신경, 심장혈관, 호흡, 위장, 면역기관 등이 노화로 인해 쇠퇴한다고 하더라도 우리 신체가 갖고 있는 예비능력으로 인해 일상생활에서 적절한 수준을 유지할 수 있다.

인간의 신체는 만약의 경우에 대비해 은행에 저축해 둔 돈과 같은 것을 갖고 있다. 정상적인 상황에서는 자신의 신체나 기관을 한계점까지 사용하지 않지만 특별한 경우에 사용할 수 있는 여분의 능력이 있다. 이처럼 신체가 스트레스를 받거나 이상이 있을 때 사용하도록 해 주는 저장된 능력을 예비능력이라고 부른다. 나이가 들면서 예비능력의 수준은 떨어지지만 그 정도가 일상생활에서는 대개 눈에 잘 띄지 않는다.

(1) 뇌와 신경계통

성인기 동안에 뇌에서 일어나는 변화는 뇌무게의 감소, 뇌수의 회백질 감소, 수지상돌기의 밀도감소, 신경세포의 자극전달 속도감소 등이다. 이 변화 중 가장 핵심적인 것이 수지상돌기의 밀도감소이다(〈그림 3-4〉 참조). 수지상돌기의 밀도는 뇌의 전역에 걸쳐 골고루 감소하는 것이 아니고, 어떤 부위에서는 오히려 노년기에도 증가한다. 그러나 평균적으로 보면 뇌신경 세포의 밀도는 감소하고 덜 효율적이 된다. 뇌무게의 감소나 뇌수의 회백질 감소는 모두 이 수지상돌기의 밀도감소에 의한 것으로 보인다. 또한 수지상돌기의 감소는 신경세포의 자극전달 속도도 감소시킨다. 그 결과 일상생활에서 반응시간이 길어진다.

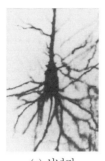 

(a) 성년기   (b) 노년기(80세)

〈그림 3-4〉 연령에 따른 수지상돌기의 밀도변화

출처: Scheibel, A. D. (1992). Structural changes in the aging brain. In J. E. Birren, R. B. Sloane, & G. D. Cohen (Eds.), *Handbook of mental health and aging.* San Diego, CA: Academic Press.

뇌의 효율성은 적당한 양의 신경전달 물질의 유지 여부로부터도 영향을 받는다. 신경전달 물질은 뉴런 간의 신경세포의 자극전달을 중재하는 화학물질이다. 신경전달 물질은 뇌의 정보유출을 통제하는데, 만약 신경전달 물질의 공급이 부적절하면 신경충격(신경섬유를 따라 전도되는 화학적·전기적 변화)이 천천히 전도된다. 기억에 영향을 주는 것으로 알려진 신경전달 물질인 아세틸콜린의 수준은 연령과 함께 감소하는 것으로 보인다(Tatemichi, Sacktor, & Mayeux, 1994). 또 다른 신경전달 물질인 도파민(부신에서 만들어지는 뇌에 필요한 호르몬) 역시 연령과 함께 감소하는데, 도파민이 극도로 감소하면 파킨슨병에 걸린다(Carlson et al., 1980).

신경계의 또 다른 변화는 신경단위인 뉴런의 수가 감소하는 것이다. 성인기 동안 50% 정도가 감소한다는 설도 있지만, 아직까지 인간의 뇌세포가 어느 정도 감소하는지에 대한 정확한 통계수치는 없다(Bondareff, 1985). 그러나 노년기에 뇌세포가 많이 감소하며 휴지기에 들어가기는 하지만 한꺼번에 죽어 없어지는 것은 아니다.

노화과정에서 중요한 측면은 뉴런이 대체될 수 없다는 사실이다(Moushegian, 1996). 그러나 우리의 뇌는 놀라울 정도의 회복력을 갖고 있어 노년기에도 뇌기능은 아주 적게 손실된다(Labouvie-Vief, 1985). 이와 같은 뇌의 적응력이 한 연구에서 실제로 증명된 바 있다

Paul Coleman

(Coleman, 1986). 40대에서 70대까지 신경세포의 수지상돌기가 증가하였는데, 이것은 신경세포의 수령부분(receiving part)으로서 뉴런의 95%를 차지하기 때문에 매우 중요한 것이다. 수지상돌기의 성장은 뉴런의 감소를 상쇄하는 것으로 보인다. 그러나 90세쯤 되면 더 이상 성장하지 않는다.

미국국립노화연구소의 신경과학실험실 실장인 Stanley Rapaport(1994)는 같은 일에 종사하는 젊은이들과 노인들의 뇌를 비교해 보았다. 이 연구에서 어떤 뉴런이 소임을 다하지 못할 때 그 옆의 뉴런이 그 일을 돕는 것으로 나타났다. 결론적으로 말해서 노인이 되면 상당 부분의 뇌세포가 상실되거나 뇌가 제대로 기능을 하지 못한다는 설이 있지만, 뉴런의 감소에도 불구하고 뇌가 제대로 기능하는 데에 별 문제가 없는 것으로 보인다(Goh & Park, 2009; Woodruff-Pak & Hanson, 1996).

(2) 심장혈관 계통

사진 설명: 걷기 운동은 심장혈관 기능을 유지하는 데 도움이 된다.

연령이 증가함에 따라 심장조직이 딱딱해지고 탄력성이 감소하며 심박력과 혈액의 양은 감소한다. 30세에 심장의 기능이 100%의 능력을 가진다고 가정하면, 50세에는 그 효능이 80%로 떨어지고, 80세에는 70%로 감소한다. 그러나 심장혈관 기능의 감소는 노화과정보다는 공기조절력과 더 관련이 있으므로 규칙적인 운동의 필요성이 강조된다(Tselepis, 2014).

노년기에는 혈압(특히, 심장 수축 시의 혈압)이 증가한다. 또한 이 시기에는 동맥경화가 시작되는데 이것은 심장으로부터 혈액을 공급받아 신체 각 부위로 전달하는 대동맥이 탄력성을 잃게 되기 때문이다. 동맥이 딱딱해지고, 위축됨으로써 혈액이 체내로 자유롭게 흐르지 못하게 한다. 게다가 심장근육의 힘이 감소하고, 심장근육의 세포의 크기와 심박력도 줄어든다. 75세의 심박력은 기껏해야 30세의 70% 정도이다(Kart, 1990).

(3) 호흡기 계통

연령이 증가하면서 호흡기 계통의 효율성은 눈에 띄게 떨어진다. 즉, 최대 호흡량, 폐용량, 기본적 산소 소모량이 감소한다. 이 모든 것이 신진대사율을 줄어들게 한다. 또한 폐의 탄력성도 감소하는데, 이것은 폐조직과 혈관벽에서 콜라겐이 변화한 결과이다(Weg, 1983). 횡경막 근육, 늑간(肋間) 근육, 그 외 다른 신체 근육도 나이가 들면서 쇠약해진다(Lalley, 2013). 늑골과 척추의 골다공증 및 연골의 석회화 현상은 흉곽벽을 굳어지게 한다(Harrell, 1988).

Joanne S. Harrell

중년기의 호흡능력은 30세를 100%로 보았을 때 75%로 감소한다. 폐의 탄력성 또한 서서히 감소하고, 흉곽도 작아지기 시작한다. 흉곽이 딱딱해지고 숨을 들이마시고 내쉬는 동안 가슴을 움직이게 하는 근육도 더 약해지는 경향이 있다. 따라서 노년기가 되면 호흡의 효율성이 떨어진다. 심장혈관 계통과 마찬가지로 호흡기 계통도 운동부족의 영향을 받기 때문에 규칙적인 운동에 의해 강화될 수 있다(Morey, 1991; Schilke, 1991).

(4) 소화기 계통

소화기관은 인간이 생명을 유지하는 데에 매우 중요한 역할을 한다. 소화기 계통은 연령이 증가하면서 변화하는데 소화액의 생성이 감소하고 연동운동도 감소한다(Eliasson, Birkhead, Osterberg, & Carlen, 2006; O'Donovan et al., 2005). 연동운동은 소화기 계통(입, 위, 장)의 내용물을 아래쪽으로 밀어주는 수축운동을 말한다. 이는 신진대사와 음식물의 배설작용과 관련되기 때문에 전반적인 건강에 매우 중요하다. 노인들에게 자주 발생하는 변비는 소화기 계통에서 일어나는 노화 때문이다(Kermis, 1984).

(5) 근골격 계통

노년기에 신장이 점차 줄어들게 되는데 특히 여성노인의 경우가 더욱 그러하다(〈그림 3-5〉 참조). 이러한 현상은 척추 길이가 감소할 뿐만 아니라 디스크가 점차 좁아짐으

〈그림 3-5〉 노년기의 신장 감소

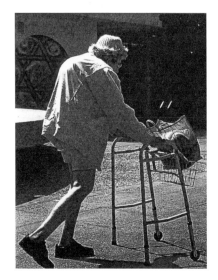

로써 척추의 압축 때문에 발생한다(Matteson, 1988). 또한 뼈가 약해져서 부서지기 쉬운데 이는 골다공증 때문이다. 이 현상으로 인해 목 뒤에 '과부의 혹'(사진 참조)이 생기기도 한다. 근육의 힘과 무게도 감소하는 경향이 있다. 그러나 근육의 감소는 퇴행적인 과정보다는 근육을 사용하지 않음으로써 나타나게 된다. 따라서 규칙적인 운동을 함으로써 근육의 힘과 무게가 감소하는 것을 줄일 수 있다(Blumenthal, 1991; Reed, 1991).

(6) 비뇨기 계통

비뇨기계는 신장, 방광, 요관으로 구성되어 있다. 신장의 기능은 신장의 혈액공급에 크게 의존하는데, 연령이 증가하면서 신장에 혈액을 공급하는 동맥의 노화현상으로 인해 신장의 혈류는 감소한다(Lerma, 2009). 이로 인해 노폐물을 제거하는 신장의 기능이 감소하게 된다. 이와 같이 연령이 증가함에 따라 비뇨기 계통의 효율성이 떨어지기 때문에 노인들은 배뇨시간

James A. Blumenthal

Rod Reed

골다공증의 예방

골다공증은 뼈에 구멍이 많이 생기는 병으로서 작은 충격에도 쉽게 골절을 일으키는 상태를 말한다. 골절은 척추나 팔목, 대퇴부 그리고 엉덩이 부위에 주로 발생한다. 척추 골절이 되면 허리 통증이 나타나며, 허리가 구부러져서 키가 줄어들게 된다(〈그림 3-6〉 참조).

골다공증은 여성들이 청소년기와 중년기에 적절한 조치를 취하면 예방할 수 있는 것으로 보인다. 가장 중요한 예방법은 칼슘 섭취를 늘리고, 운동을 많이 하며, 흡연을 삼가고, 호르몬을 보충하는 것이다. 여성은 청년기 때부터 하루에 1,000 내지 1,500mg 이상의 칼슘을 섭취해야 한다. 칼슘이 풍부한 음식으로는 저지방 우유와 저지방 요구르트, 뼈채 먹는 생선류, 해조류, 두류 그리고 브르콜리, 케일, 순무 같은 채소류가 있다.

운동은 새로운 뼈의 성장을 자극하는 것으로 보인다. 운동은 일찍부터 일상습관이 되어야 하며, 일생 동안 가능한 한 오래 일정한 정도로 계속해야 한다. 뼈의 강도를 증가시키는 가장 좋은 운동은 걷기, 달리기, 줄넘기, 에어로빅 댄스, 자전거 타기와 같이 체중을 싣는 운동이다.

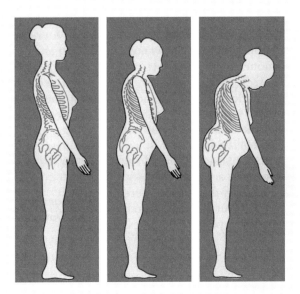

골다공증은 뼈를 약하게 만들기 때문에 척추 골절로 인해 여성들은 허리 윗부분부터 구부러져서 키가 10cm 이상 줄게 된다.

〈그림 3-6〉 골다공증으로 인한 신장 감소

출처: Notelovitz, M., & Ware, M. (1983). *Stand tall: The informed woman's guide to preventing osteoporosis.* Gainesville, FL: Triad.

Cary Kart

Richard A. Miller

이 길어진다. 신장 내의 세포 수가 감소하여 체내로부터의 독소와 찌꺼기를 빼내는 배설작용이 원활하지 못하게 된다. 게다가 방광은 탄력성이 줄어들어 노인의 방광은 그 용량이 젊은 성인의 1/2도 채 안 된다. 일반적으로 남성 노인의 비뇨기 문제는 전립선의 확대로 인한 잦은 배뇨이다(Kart, 1990; Kermis, 1984).

(7) 면역 계통

우리는 에이즈 환자를 통해 면역기능이 더 이상 제 역할을 하지 못할 때 어떤 일이 일어나는지 알게 됨으로써 면역기능의 중요성을 지각하게 되었다. 면역체계의 두 주요기관은 가슴샘과 골수이다. 이들 사이에서 두 종류의 세포, 즉 B세포와 T세포가 생성된다. B세포는 바이러스나 박테리아와 같은 병원체에 대해 항체를 생성하여 외부 위협에 대항하여 싸운다. T세포(사진 참조)는 에이즈 바이러스와 같은 신체세포 내에 살고 있는 바이러스나 암세포와 같은 내부 위협에 대항하여 싸운다(Kiecolt-Glaser & Glaser, 1995). 연령이 증가하면서 T세포의 수가 감소하고 효율성은 떨어진다(Miller, 1996). 성인들은 아동이나 청년들보다 항체를 덜 생성한다. 그리고 T세포는 낯선 세포를 인지하는 능력을 부분적으로 상실한다. 그래서 암세포와 같은 질병세포를 막아내지 못한다. 따라서 노년기 동안 주요 신체변화 중의 하나는 질병에 약해진다는 것이다.

면역력은 연령이 증가하면서 약화된다. 신체는 예전만큼 면역체계로부터 이물질을 제거하는 데 효율적이지 못하다(Grubeck-Loebenstein, 2010). 면역체계는 부분적으로는 신체의 피드백 체계가 쇠약해져서 효율성이 떨어진다. 또한 결함 있는 세포의 수가 증가함에 따라 자기면역 반

사진 설명: 전자현미경으로 본 T세포의 모습. 지름이 5μm(마이크로미터·1μm는 100만분의 1m)보다 조금 큰 수준이다. T세포는 몸속에 침입한 바이러스나 병원균을 죽이는 면역세포이다.

응도 떨어진다. 면역체계의 결함은 노인의 건강문제에서 흔히 있는 일이다. 예를 들면, 폐렴으로 인한 노인의 사망률은 젊은 성인의 6~7배이며, 암과 결핵의 발병률도 매우 높다(Kermis, 1984; Verbrugge, 1990; Weg, 1983).

높은 수준의 변화나 적응을 요하는 생활사건은 면역기능에 영향을 미친다. 오랜 기간에 걸쳐 스트레스를 많이 받게 되면 면역기능이 점점 떨어진다. 물론 면역체계는 기본적으로 스트레스 수준에 상관없이 나이가 들면서 변한다. 그러나 우리가 면역체계의 정상적 노화라고 생각하는 것도 어떻게 보면 축적된 스트레스에 대한 반응일 수 있다. 만약 그렇다면 스트레스를 많이 받는 사람들이 질병에 걸릴 확률이 높고 그리고 일찍 죽음을 맞이할 수 있다.

3. 감각기능의 변화

시각, 청각, 촉각, 미각, 후각 등의 감각기능은 우리가 일상생활을 영위함에 있어 사회적 · 물리적 환경과의 상호작용에서 매우 중요하다(Hochberg et al, 2012; Schneider et al., 2011). 인간은 지각을 통해 모든 행동과 성격에 영향을 주기 때문이다. 감각기능의 결함으로 인해 다양한 지각정보를 받아들이지 못할 때 자아개념은 쉽게 손상될 수 있다. 감각기능의 변화는 우리 모두가 어느 정도 경험하는 것이고, 심각한 손상이 없다면 대부분 이러한 변화에 잘 적응할 수 있다(Botwinick, 1981, 1984).

노인들은 감각자극에 대해 민첩하게 반응하지 못하고 그들의 환경에서 적절한 정보를 인식해서 받아들이지 못한다. 이러한 생리적 변화는 심리적 결과를 초래한다. 우리는 시각, 청각, 미각, 촉각, 후각을 통해서 외부 세계와 연결되어 있다(Kart, 1990). 몇몇 연구(Claussen & Patil, 1990; LaForge, Spector, & Sternberg, 1992)에 의하면 감각장애, 특히 시각과 청각의 손상은 일상생활에서의 의존성을 증대시키는 기능쇠퇴의 위험요인이 된다고 한다. 따라서 노인들의 세상에 대한 지각은 그들이 경험하는 감각의 변화에 의해 영향을 받는다. 예를 들어, 시각과 청각이 손상된 노인은 고집스럽고 괴팍스러운 것으로 보일 수 있다.

1) 시각

사진 설명: 45~50세경에는 대부분의 사람들에게는 돋보기 안경이 필요하게 된다.

시력의 감퇴는 노년기 동안 일어나는 눈에 띄는 변화 중의 하나이다. 눈의 수정체가 나이가 듦에 따라 탄력성을 잃게 되면 초점이 잘 모아지지 않는다(〈그림 3-7〉 참조). 그 결과 많은 사람들이 노안이 되어 가까이 있는 물체를 잘 볼 수 없게 된다. 따라서 독서용 돋보기가 필요하게 된다(사진 참조).

시각에서의 다른 변화도 노년기에 시작된다. 동공이 점점 작아지고 그 결과 동공을 통과하는 빛의 양이 적어진다. 따라서 노인들은 더 밝은 조명을 필요로 한다(Andersen, 2012). 또한 어둠과 번쩍이는 빛에 적응하는 시간이 더 길어지는데, 이는 야간운전이 왜 불편한가를 설명해 준다(Artal, Ferro, Miranda, & Navarro, 1993; Barr & Eberhard, 1991; Spear, 1993). 깊이지각, 거리지각, 3차원에 대한 지각능력이 감소하며, 수정체의 투명도가 떨어지고, 망막의 민감도가 떨어지며, 시신경을 구성하는 섬유조직의 수가 감소하는 경향이 있다(Schieber, 1992).

대부분의 사람들에게 영향을 미치는 원시는 60세쯤에 안정된다. 안경이나 콘택트렌

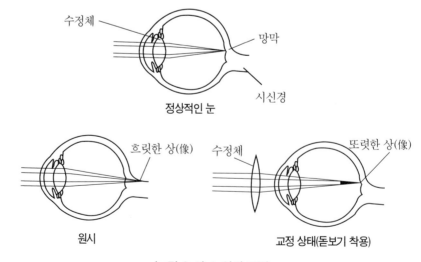

〈그림 3-7〉 노안의 교정

즈를 사용함으로써 대부분의 노인들은 꽤 잘 볼 수 있다. 그러나 65세 이상된 노인들 중에는 일상생활에 지장이 있을 정도로 심한 시각장애가 있는 사람이 많다. 많은 노인들이 시력이 0.3 이하이고, 깊이나 색깔을 지각하고 갑작스러운 빛의 변화에 적응하는 데 문제가 있으며, 빛 반사에 약하고, 어두운 곳에서 잘 보지 못한다(사진 참조).

사진 설명: 노인들은 번쩍이는 빛이 있을 때 시력이 저하되기 때문에 밤에 운전하기가 힘들다.

또한 노년기에는 노란색 안경을 쓰고 주위의 물체를 보는 것과 같은 황화(黃化)현상이 나타나기 시작한다. 황화현상은 노인들이 단파장(短波長: 보라, 남색, 파랑)보다는 장파장(長波長: 노랑, 주황, 빨강)에서 색채를 더 잘 식별하기 때문에 일어난다(Coren & Girgus, 1972). 노년기에는 또한 백내장과 녹내장, 황반변성의 발병률도 높다(〈그림 3-8〉 참조).

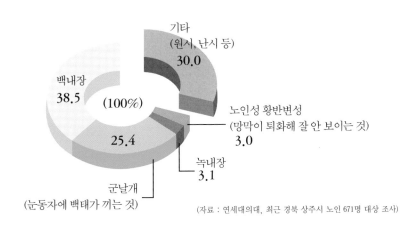

(자료 : 연세대의대, 최근 경북 상주시 노인 671명 대상 조사)

〈그림 3-8〉 우리나라 노인의 안질환

(1) 백내장

백내장(cataracts)은 수정체가 혼탁해져서 생기는 병이다. 한 조사결과에 따르면 우리나라 노인들은 70대에 이르면 약 70%가 백내장에 걸리는 것으로 나타났다. 수정체는 통증을 느끼지 못하기 때문에 발병 초기 뚜렷한 자각증세가 없다. 처음에는 시야가 흐릿하게 보이다가 증세가 악화되면 안개가 낀 것처럼 뿌옇게 변한다.

한쪽 눈이 백내장이면 수년 내에 다른 쪽 눈도 백내장이 된다(Corso, 1987). 백내장은 높은 혈당치와 연관이 있는데 이것은 당뇨병 환자에게서 백내장의 발병률이 높은 것을 설명해 준다(Olafsdottir, Andersson, & Stefansson, 2012).

백내장의 또 다른 원인은 자외선 과다노출, 신진대사 질환, 눈 속의 염증, 염색체 이상 등이며, 이 중에서 가장 빈도가 높은 것은 노화현상으로 인한 노인성 백내장이다. 백내장은 혼탁한 수정체를 제거하고 그 자리에 인공 수정체를 삽입하는 비교적 간단한 수술로 치유될 수 있다(Michalska-Malecka et al., 2013).

(2) 녹내장

녹내장(glaucoma)은 눈 안의 압력, 즉 안압이 높아져서 시신경이 눌려 손상을 받고, 그 결과 시야가 이상하게 보이는 질환이다(Akpek & Smith, 2013). 60~85세 사이의 노인들에게 녹내장이 급격히 증가하는데, 연령과 관련된 녹내장의 발병률 증가는 수정체 두께의 변화, 홍채 및 그 주위 조직의 경직과 연관이 있다. 안압은 또한 최고혈압과도 관련이 있는데, 혈압을 조절하는 약을 처방하면 안압은 낮아진다(Gillies & West, 1981; Strempel, 1981).

녹내장은 대부분의 경우, 망막이 회복 불가능할 정도로 손상될 때까지 아무 증상이 없는 것이 특징이다. 녹내장은 한 번 발병하면 이미 손상된 시신경을 다시 복구하지 못하므로 시각장애인이 되는 요인이 된다. 그러나 녹내장의 원인이 되는 높은 안압은 심각한 손상이 있기 전에 안압계를 통해 감지될 수 있다. 조기발견이 매우 중요하므로, 50세가 넘으면 정기적으로 녹내장 검사를 받도록 한다.

사진 설명: 황반변성으로 인한 시력장애

(3) 황반변성

눈 안쪽 망막의 중심부에 위치한 신경조직을 황반이라고 하는데, 황반변성(macular degeneration)은 이 황반부에 변성이 생겨 시력장애를 일으키는 질환이다. 황반변성은 주변 시력은 정상이지만 중심 시력이 저하되는 병으로(사진 참조), 심할 경우 시력을 완전히 잃을 수도 있다(Taylor, 2012). 황반변성의 원인은 노화, 스트레스, 비만, 고혈압, 유전 및 가족력 등의 요인이 있지만 그중에서도 흡연이 가장 큰 위험인자인 것으로 밝혀졌다(Schmidt et al., 2006).

2) 청각

연령에 따른 청각문제는 시각과 비슷한 양상을 띤다. 시각과 마찬가지로 50세경에 청력손상이 나타나기 시작해서 60세 이후에 크게 증가한다(Li-Korotky, 2012). 중년기에는 청각이 점진적으로 감퇴하는데 특히 높은 진동수의 소리에 대해 그러하다(Schaie & Geitwitz, 1982). 이것을 의학적으로 노인성 난청이라고 부른다(Rees, 2000).

노인성 난청(presbycusis)은 달팽이관(〈그림 3-9〉 참조)의 청각세포와 세포막의 손상으로 인해 발생한다. 노년기의 또 다른 청각문제는 일명 '귀울음'이라고도 하는 이명 (耳鳴)[1] 현상이다. 이명 현상은 한쪽 귀에서만 발생할 수도 있고, 양쪽 귀 모두에서 발

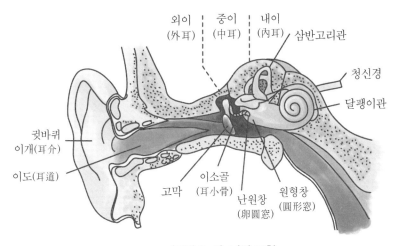

〈그림 3-9〉 귀의 도형

출처: Goldstein, E. B. (1999). *Sensation and perception* (5th ed.). Pacific Grove, CA: Brooks/Cole.

---

1) 청신경에 병적 자극이 생겨, 환자에게만 어떤 종류의 소리가 연속적으로 울리는 것처럼 느껴지는 일.

생활 수도 있다. 이명 현상은 중년기가 되면 젊은 사람의 3배, 노년기가 되면 4배가 된다(Rosenhall & Karlsson, 1991). 이명은 소리에 대한 노출이 많은 직업(예를 들면, 광부나 자동차 제조공)과 관련이 있는 것으로 보이는데, 치료는 불가능하지만 그 상태에 점점 적응하게 된다고 한다(Micozzi, 1997).

청력감소는 노년기에 이르면 대단히 보편적인 현상인데, 65세에서 74세 사이의 노인 10명 중 3명 정도가, 75세에서 79세 사이의 노인 중 약 반수 정도가 어떤 정도든 청력이 감소되는 것을 경험한다. 그런데 시력감퇴는 금방 알 수 있지만, 대부분의 청력감퇴는 일상생활에 큰 지장을 주지 않기 때문에 잘 감지되지 않는다(Pacala & Yeuh, 2012).

청력손상은 일반적으로 고주파수의 음(high frequency sound)에서 더욱 크다(Brant & Fozard, 1990). 따라서 노인들은 남성보다 여성의 소리를, 베이스보다 소프라노를, 저음 전용 스피커보다 고음용 확성기 소리를 더 잘 듣지 못한다. 모든 연령에서 남성들은 여성보다 고주파수의 음을 잘 듣지 못하는데, 연령이 증가하면서 그러한 증상은 더욱 심해진다(Brant & Fozard, 1990; Morrell & Brant, 1991).

Helen Keller

청각손상은 노인들이 말을 잘 이해하지 못하는 주요 원인 중의 하나이다. 청력손상이 있는 노인들은 특히 빨리하는 말을 잘 알아듣지 못한다(Bond & Garnes, 1980; Brant & Fozard, 1990). 말을 똑똑히 알아듣지 못하면 사회적 고립, 우울증, 정서장애가 일어난다. 헬렌 켈러에 의하면 듣지 못하는 것이 보지 못하는 것보다 훨씬 더 불편하다고 하는데, 왜냐하면 시각장애인은 사물로부터 고립되지만 청각장애인은 사람으로부터 고립되기 때문이다. 청각장애인들은 자신이 잘 알아듣지 못한 대화내용을 자기 욕을 하는 것으로 오해하거나, 고의적으로 자신을 대화에서 배제시킨다고 느낀다(Fozard, 1990). 그렇게 본다면 청력이 손상된 노인들이 어째서 고립감과 고독감을 더 느끼는지, 그리고 성격이 괴팍해져서 다른 사람들과 잘 지내지 못하는지 쉽게 알 수 있다(Li-Korotky, 2012). 우리는 여기서 다시 한 번 신체발달이 정서발달에 어떻게 영향을 미치는가를 볼 수 있다.

보청기는 청력감소를 어느 정도 보완해 준다. 그러나 소수의 노인들만이 보청기를 착용하는데, 이는 보청기에 적응하기가 어렵기 때문인데, 보청기는 착용자가 듣기를 원하는 소리뿐만 아니라 배경의 잡음까지 증폭시키기 때문이다. 게다가 보청기를 착용하는 것이 "나는 늙었소"라고 광고를 하는 것 같다고 느끼는 사람들이 많다.

3) 기타 감각

노인이 되면 시각과 청각의 감퇴뿐만 아니라 미각과 후각도 쇠퇴한다(Mistretta, 1984; Murphy, 1983, 2009; Saxon & Etton, 2002). 노인들이 음식이 더 이상 맛이 없다고 불평할 때, 이는 맛봉오리의 수가 줄어들고 후각이 쇠퇴하기 때문일 수 있다. 단맛과 짠맛에 비해 쓴맛과 신맛에 대한 감각이 더 오래 지속된다(Bartoshuk, Riflein, Marks, & Barns, 1986; Weiffenbach, Tylenda, & Baum, 1990).

사진 설명: 신선한 재료와 풍부한 양념으로 조리하면 미각과 후각을 자극할 수 있다.

음식의 맛은 후각에 의해 영향을 받는다. 나이가 들면서 뉴런의 감소와 함께 후각구의 위축이 나타난다. 그러나 지금까지 그러한 변화가 후각의 손상을 초래한다는 결정적인 증거는 발견할 수 없다. 다만, 건강과 같은 요인이 후각과 미각에 어떠한 영향을 미치는 것으로 보인다(Myslinski, 1990; Rawson, 2006; Schieber, 1992; Weiffenbach, Tylenda, & Baum, 1990).

촉각 또한 연령과 함께 쇠퇴한다(Mantyh, 2014). 이것은 피부의 변화, 즉 피하층의 지방과 수분이 감소한 때문이기도 하고, 말초신경의 수가 감소한 때문이기도 하다. 촉각의 쇠퇴는 손가락 끝이나 손바닥, 하지(下肢)부분에서 특히 더 심하다(Corso, 1977).

4) 반응시간

자극에 반응하는 데 걸리는 시간을 반응시간(reaction time)이라고 한다. 노화와 반응시간에 관한 연구결과는 일관성 있게 연령이 증가하면 반응시간이 증가하는 것으로 나

L. M. Fisher

Charles F. Emery

Michael V. Vitiello

타났다. 그러나 일상생활을 영위하는 데에는 별로 지장이 없다. 예를 들어, 전화가 왔을 때 몇 초 늦게 전화를 받는다고 해서 크게 문제될 것은 없다. 반응시간의 증가는 중추신경계가 정보를 처리하는 속도변화를 반영하는 것인데, 중추신경계는 연령이 증가하면서 굼뜨게 된다. 정보처리속도의 감소는 학습, 기억, 지각, 지능에서의 연령차이를 설명할 수 있다(Birren & Fisher, 1992; Salthouse, 1994).

연령이 증가하면서 반응시간이 왜 오래 걸리는가? 회복불능의 신경의 노후화, 뇌로 가는 혈액 흐름의 감소, 정보처리 과정의 비효율성의 요인들이 모두 복합적으로 상호작용하는 것으로 보인다(Birren & Fisher, 1992). 한 연구(Emery, Burker, & Blumenthal, 1992)에 의하면 반응시간은 운동에 의해 개선되는 것으로 보인다. 운동을 하는 노인들(60~70대)의 경우, 평균 반응시간이 운동을 하지 않는 젊은 이들(20대)보다 짧은 것으로 나타났는데, 이는 운동을 하면 뇌로 가는 혈액의 흐름이 증가하기 때문이다.

5) 수면장애

노인들로부터 가장 자주 듣게 되는 불평 중의 하나가 숙면을 취하지 못한다는 것이다. 한 연구(Vitiello & Prinz, 1991)는 25~40%의 노인들이 수면장애를 갖고 있음을 보고하였다. 수면장애는 노화로 인한 생물학적 변화 때문에 발생한다.

수면에는 눈동자가 움직이느냐 움직이지 않느냐에 따라 REM (rapid eye movement) 수면과 비 REM 수면이 있다. REM[2] 수면은 눈동자의 빠른 움직임과 동시에 몸을 움직이며, 빠르고 불규칙한 호흡 및 맥박이 나타난다. 소리를 내거나 꿈을 꾸는 것은 REM 수면에

---

2) 꿈꿀 때의 급속한 안구 운동.

서 빈번하게 일어난다. 비 REM 수면은 조용하고 깊은 잠으로 호흡이나 맥박이 규칙적이며 몸의 움직임도 줄어든다.

수면은 모두 다섯 단계로 이루어지는데, 첫 4단계가 비 REM 수면상태이고 마지막 다섯 번째 단계가 REM 수면상태이다. 그리고 제4단계에서 가장 깊은 잠에 빠지게 된다. 수면단계는 주기적으로 반복되는데 하룻밤에 4~5회 반복된다. 뇌파활동은 매 단계마다 그 특성이 다르다.

질병이 없는 상태에서도 정상적인 노화과정으로 인해 뇌파활동이 느려지고, 매 단계의 지속시간이 변한다. 수면실험 결과 노인들은 3, 4, 5단계의 수면시간이 감소하고 얕은 잠을 자는 것으로 나타났다. 또한 1, 2, 3, 4단계와 5단계(REM 수면) 사이의 주기가 짧아 이 동안에 잠에서 쉽게 깨게 된다(Fetveit, 2009; Vitiello & Prinz, 1991).

노인들은 낮잠으로 수면부족을 보충하려고 하지만 이로 인해 밤에 숙면을 취하지 못하게 되는 악순환이 계속된다. 낮에 몸을 많이 움직이고(신체활동), 카페인 섭취를 줄이며, 수면제 사용을 피하고, 낮잠을 줄이며, 수면환경을 개선함으로써 수면장애를 완화시킬 수 있다(Morin, Savard, & Ouellet, 2013).

그러나 노년기 수면장애는 수면 중 일시 호흡정지, 간헐적인 다리의 움직임, 심장통 때문에 발생할 수 있는데, 이 경우에는 약물치료를 받아야 한다(Bootzin & Engle-Friedman, 1988; Buchholz, 1988). 우울증과 불안감 역시 노년기 불면증에서 관찰된 바 있다(Morin & Gramling, 1989). 알츠하이머병이나 파킨슨병을 앓고 있는 노인들 또한 심각한 수면장애가 있는 것으로 밝혀졌다(Gabelle & Dauvilliers, 2010; Hita-Yanez, Atienza, & Cantero, 2013). 또한 수면의 질은 심장질환, 치매, 여러 종류의 약복용 등을 포함하는 뇌기능에 영향을 미치는 많은 상황으로 인해 저하된다. 이와 같은 수면을 방해하는 상황들은 연령이 증가하면서 더 빈번해진다(Prinz, Dustman, & Emmerson, 1990).

제4장
건강관리와 질병

"재물을 잃는 것은 인생의 일부를 잃는 것이요, 명예를 잃는 것은 인생의 절반을 잃는 것이요, 건강을 잃는 것은 인생의 모두를 잃는 것이다"라는 말이 있듯이 우리 인생에서 건강만큼 중요한 것은 없다. 건강을 잃게 되면 질병으로 인한 고통이나 불편함뿐만 아니라 자율성을 잃게 되고 경제적 안전도 위협을 받게 된다. 따라서 노화와 관련된 다른 어떤 변화보다도 건강의 쇠퇴는 자신감을 잃게 하는 요인이 된다.

건강상태는 일상적인 삶을 어떻게 영위하느냐와 직접적인 연관이 있다. 즉, 음주, 흡연, 음식물, 약물남용, 스트레스에 대한 반응, 운동 등이 건강상태와 관련이 있다. 건강한 생활습관은 심장질환, 폐질환, 고혈압, 고지혈증, 골다공증으로부터 우리를 보호해 준다. 물론 좋은 건강습관이 질병으로부터 우리를 완전히 자유롭게 해 주지는 못하지만 그러한 위험을 크게 감소시킬 수는 있다.

노년기에는 건강상태가 주요 관심사가 되며 건강에 대해 신경을 많이 쓰게 된다. 노년기의 주된 건강문제는 심장질환, 암 그리고 체중문제이다. 과체중은 노년기에 있어 주요한 건강문제가 된다. 특히, 비만은 고혈압, 소화기장애 등의 질병을 초래할 확률을 높인다.

노인들에 대한 건강서비스를 보다 강화한다면 노인들로 하여금 건강한 삶을 가능하게 할 수 있을 것이다. 건강한 삶은 사회적 비용을 줄이는 효과가 있기 때문에, 개인과 사회 양쪽 모두에게 긍정적인 요소로 작용하게 된다.

이 장에서는 음식물, 운동, 흡연, 음주, 약물남용, 스트레스와 같이 건강에 영향을 미치는 요인들을 살펴보고 나서, 고혈압, 동맥경화, 심장질환, 관절염, 암 등의 질병에 관해 알아본 다음, 마지막으로 노인건강진단과 예방접종, 노인안검진서비스 및 치매관리사업 등 노인들에 대한 건강서비스에 관해 살펴보고자 한다.

1. 건강관리

Steven J. Danish

세계보건기구(WHO)가 정의하였듯이 건강이란 "완전한 신체적, 정신적, 사회적 안녕상태이며 단순히 질병이나 질환이 없는 상태를 말하는 것은 아니다"(Danish, 1983). 사람들은 어떤 활동들을 추구함으로써(예 : 잘 먹고 규칙적으로 운동하는 것) 또는 어떤 활동들을 멀리함으로써(예 : 과도한 흡연이나 음주) 그와 같은 안녕상태를 확보할 수 있다.

노년기에 건강을 유지하고 이차적 노화를 방지하려면 건강한 생활습관을 가지는 것이 중요하다. 음주, 흡연, 약물남용, 스트레스에 대한 반응, 음식물, 치아관리, 운동 등이 건강에 영향을 미친다. 좋은 건강습관은 심장질환, 폐질환, 당뇨, 골다공증, 고지혈증, 고혈압 등으로부터 우리를 보호해 준다(Porterfield & Pierre, 1992). 물론 좋은 건강습관이 질병으로부터 우리를 완전히 자유롭게 해 주지는 못하지만 그러한 위험을 감소시킬 수는 있다. 특히, 일찍부터 시작한다면 그 효과는 매우 클 것이다.

1) 음식물

우리 속담에 "식보(食補)가 약보(藥補)보다 낫다"라는 말이 있다. 이 속담은 신체적,

정신적 건강을 유지함에 있어서 음식물의 중요성을 집약한 표현이다. 우리가 무엇을 어떻게 먹는가는 우리가 어떤 모습으로 보이고, 신체적으로 어떻게 느끼고, 여러 가지 질병을 얼마나 이겨낼 수 있는가를 크게 좌우한다(사진 참조).

연구결과 특정의 음식과 암발생률 간에는 함수관계가 있는 것으로 밝혀졌다. 예를 들어, 유방암은 고지방식과 관련이 있고, 식도암과 위암은 절인 생선, 훈제한 생선과 관련이 있다(Gorbach, Zimmerman, & Woods, 1984; Willett, Stampfer, Colditz, Rosner, & Speizer, 1990). 암발생률을 낮추는 음식물로는 고섬유질의 과일과 야채 및 곡물, 비타민 A와 C를 함유하고 있는 감귤류와 녹황색 야채, 양배추과에 속하는 야채 등이 있다.

2) 운동

아리스토텔레스는 일찍이 삶의 질은 우리가 어떤 활동을 하느냐에 달려 있다는 점을 강조하였다. 삶의 질을 개선시킬 수 있는 주요 활동 중의 하나가 운동이다.

규칙적인 운동을 하면 여러 가지 이득이 있다. 정상 체중을 유지할 수 있고, 근육을 단련시키며, 심장과 폐를 튼튼하게 하고, 혈압을 낮추며, 심장마비, 암, 골다공증 등을 예방하여 수명을 연장시킨다(Lee, Franks, Thomas, & Paffenbarger, 1981; McCann & Holmes, 1984; Notelovitz & Ware, 1983).

사진 설명 : 규칙적인 운동은 심장질환을 예방한다.

운동 중에서도 등산, 빨리 걷기, 달리기, 자전거 타기, 수영 등과 같은 유산소 운동이라 불리는 호흡순환기의 산소 소비를 늘리는 운동이 가장 좋다. 운동으로 인한 최대의 효과를 얻기 위해서는 일주일에 3~4번 정도 규칙적으로 하는 것이 좋다. 연구결과(Curfman, Gregory, & Paffenbarger, 1985; Paffenbarger et al., 1993), 규칙적인 운동은 심장질환을 예방하는 데 반해, 운동을 하지 않으면 수명을 단축시키고, 심장질환, 당뇨, 암 등 각종 질병에 걸리기 쉽다(Schechtman, Barzilai, Rost, & Fisher, 1991).

3) 흡연

공룡이 멸종된 진짜 이유

John Santrock

흡연자들은 암, 심장병 등 여러 질병에 걸릴 위험에 스스로를 노출시킨다. 흡연은 폐암, 후두암, 구강암, 식도암, 방광암, 신장암, 췌장암, 경부암뿐만 아니라 궤양과 같은 위와 장의 질환 및 심장마비와 관련이 있으며 기관지염, 폐기종과 같은 호흡기 질환과도 관련이 있다.

담배의 주성분은 니코틴인데 니코틴은 흥분제이면서 진정제 역할을 한다. 그래서 담배를 피우면 정신이 번쩍 나면서 동시에 긴장이 풀어진다. 그러나 이러한 즐거움은 비싼 대가를 치르게 한다. 흡연은 고혈압과 심장병을 유발하고, 폐기종, 만성기관지염과 같은 호흡계 질환을 초래하며, 폐암의 위험에 노출시킨다. 그래서 어떤 이들은 흡연을 "느린 동작의 자살"이라고까지 표현하기도 한다(Santrock, 1998).

비흡연자도 '간접 흡연', 즉 자기 주위에서의 흡연의 영향을 받는다. 최근의 연구는 간접 흡연의 해로운 효과에 대해 보고하고 있다. 즉, 가족 중 하루 두 갑 이상 담배를 피우는 흡연자가 있는 경우 가족 내 비흡연자는 하루에 한두 개비의 담배에 해당하는 담배연기를 흡입한다는 것이다(Matsukura et al., 1984). 특히, 임신한 여성이 흡연을 하게 되면 자신의 건강뿐만 아니라 태아의 건강까지 해친다. 임신 중의 흡연은 조산, 저체중, 자연유산, 난산과 관계가 있다. 더욱이 흡연하는 어머니의 자녀들은 폐기능이 저하되어 폐암에 걸릴 확률이 높다(Correa, Pickle, Fontham, Lin, & Haenszel, 1983; Tager, Weiss, Munoz, Rosner, & Speizer, 1983).

Samuel Shapiro

흡연은 한 번 시작하면 끊기가 무척 힘들다. 많은 사람들이 담배를 끊으려고 애쓰지만 성공하지 못하는 경우가 많다. 그러나 언제라도 담배를 끊기만 하면 건강상태는 금세 좋아진다. 금연은 심장질환이나 뇌졸중의 위험을 감소시킨다(Katchadourian, 1987; Kawachi et al., 1993). 한 연구(Rosenberg, Palmer, & Shapiro, 1990)에서, 금연 후 3년이 지나면 심장발작의 위험은 흡연경험이 전혀 없는 사람과 똑같은 것으로 나타났다. 또 다른 연구(NIA, 1993)에서는, 10년이 지나면 암에 걸릴 위험도 동일하게 감소하는 것으로 나타났다.

4) 음주

사람들은 불안을 덜기 위해, 인생에 즐거움을 더하기 위해, 골치 아픈 문제들로부터 도피하기 위해 술을 마신다. 적당한 양의 음주는 인간관계에서 윤활유 역할을 하지만, 양이 지나치면 중추신경에 의해 통제되는 활동이 크게 영향을 받는다. 즉, 자율신경이 마비되어 몸이 마음대로 움직여지지 않고, 반응이 느려지며, 판단도 흐려진다. 음

주운전은 교통사고로 인한 사망의 주원인이 되고 있다.

과음을 하면 신장과 간을 해치게 되고, 위염이 생기며, 감각장애를 일으켜 기억상실에 걸린다. 더 심하면 혼수상태에 빠지고 죽음에까지 이르게 된다(Insel & Roth, 1998).

술을 지나치게 많이 마시면 알코올 중독자가 될 위험이 있다(사진 참조). 알코올 중독은 자신의 인생뿐만 아니라 주위 사람의 인생도 망친다. 많은 경우, 알코올 중독은 가정폭력을 초래하여 가족해체의 원인이 되기도 한다. 알코올 중독자의 자녀들은 정서발달의 장애를 경험하고 일생 동안 대인관계에서 부정적인 영향을 받는다.

5) 약물남용

유사 이래로 사람들은 신체적인 고통을 덜기 위해서뿐만 아니라 삶에 활기를 더하기 위해서 약물을 사용해 왔다. 고대 아시리아인들은 아편정제를 흡입하였고, 로마인들은 2000년 전에 이미 대마초를 피웠다.

그러나 개인적인 만족을 위해서든 일시적인 적응을 위해서든 간에 약물사용은 비싼 대가를 치러야 한다. 약물중독이 되어 정상적인 생활이 불가능하거나 때로는 치명적인 병으로 목숨을 잃게 되기 때문이다.

약물은 인체에 미치는 영향에 따라 마약, 환각제, 흥분제, 진정제 등으로 분류된다. 헤로인, 아편, 코카인, 모르핀과 같은 마약(narcotics)은 처음에는 강렬한 도취감에 빠지게 하고, 곧이어 평온하고 행복한 상태가 몇 시간 지속된다. 마약은 중독현상이 강하고 내성이 빨리 생긴다. 처음 약을 복용할 때 느꼈던 강렬한 쾌감은 계속된 복용으로 급격히 떨어지고 같은 효과를 내기 위해서는 양을 늘려야 한다. 일단 중독이 되면 약값이 엄청나기 때문에 약값을 구하기 위해 범죄행위에 가담하기도 한다. 마약은 또한 주로 주사기를 사용하기 때문에 오염된 주사바늘을 사용함으로써 간염, 파상풍, AIDS 등에 감염될 수 있다(Cobb, 1998).

LSD, 마리화나, 메스칼린, 실로시빈과 같은 환각제(hallucinogens)는 기분을 들뜨게 하여 환각상태에 빠뜨리는데 사고와 지각에 주로 영향을 미친다. 그리고 암페타민, 코카인, 카페인, 니코틴과 같은 흥분제(stimulants)는 중추신경계를 흥분시킨다. 흥분제는 힘이 솟게 해서 기분을 들뜨게 하고 자신감을 주지만, 약효가 떨어지면 피곤해지고 짜증이 나고 우울해지며 머리가 아프다. 과다복용은 심장박동을 빠르게 하고 죽음에 이르게도 한다. 알코올, 바르비투르산염, 신경안정제 같은 진정제(depressants)는 중추신경계의 활동을 늦춘다. 진정제는 불안감을 감소시키고, 기분을 진정시키는 역할을 한다.

6) 스트레스

스트레스라는 것은 생활의 변화로 말미암아 심리적 · 생리적 안정이 흐트러지는 유쾌하지 못한 상태로 정의할 수 있다. 따라서 스트레스를 받게 되면 일반적으로 불안해하거나 긴장하게 된다. 스트레스원은 스트레스를 일으키는 원인이 되는 사건이다. 어떤 사건이 스트레스원이 되는지의 여부는 개인이 그 사건을 어떻게 해석하느냐에 달려 있다.

우리 신체가 스트레스에 반응하는 능력은 연령이 증가하면서 감소한다. 정상적인 상황에서는 신체체계가 제대로 기능을 하지만 스트레스를 주는 사건에 직면하면 젊은이들처럼 효율적으로 대처하지 못한다(Lakatta, 1990).

Hans Selye

스트레스는 모든 사람의 삶에서 피할 수 없는 삶의 한 부분이다. 어떤 스트레스는 피할 수 없는 것이며, 또 어떤 것은 활력을 주는 것이 되기도 한다(Kobasa, Maddi, & Kahn, 1982). 저명한 스트레스 연구자가 말했듯이 "스트레스로부터의 완전한 해방은 죽음뿐이다"(Selye, 1980, p. 128). 그러나 스트레스는 고혈압, 심장질환, 뇌졸중, 궤양과 같은 여러 가지 질병을 일으키거나 악화시키는 요인이 되기 때문에 스트레스에 대한 관심이 점차 높아지고 있다. 〈그림 4-1〉은 스트레스와 질병에 관한 것이다.

Holmes와 Rahe(1976)라는 두 명의 정신과 의사가 5,000명의 입원 환자들을 대상으로 발병 이전에 있었던 생활사건들을 조사해 보았다. 연구결과, 개인의 생활에서 일어난 변화가 많을수

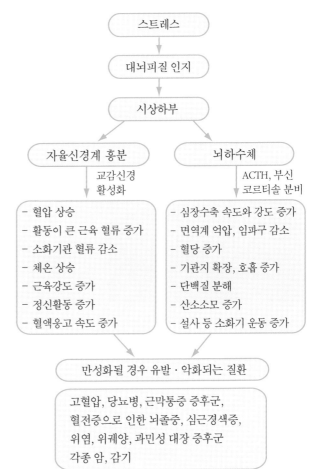

〈그림 4-1〉 스트레스와 질병

록 1~2년 이내에 발병할 확률이 높아진다는 것을 발견하였다. 놀랍게도 환자들이 보고한 스트레스를 주는 사건들 중 몇 가지는 결혼, 뛰어난 개인적 성취와 같이 긍정적으로 여겨지는 것들도 있었다. 인생에서 일어나는 사건은 그것이 좋은 일이든 나쁜 일이든 모두 신체의 평형상태를 깨뜨리고 스트레스를 유발한다. 상쾌한 스트레스(Eustress)는 인생에 흥미, 즐거움, 자극을 제공한다. 반면, 불쾌한 스트레스(Distress)는 불쾌한 상황에 계속해서 노출됨으로써 우리의 심신이 피로하게 되는 것이다. 이런 점에서 스트레스는 신체의 면역체계, 신경계, 호르몬 수준, 신진대사에 영향을 미친다고 할 수 있다. 가장 흔히 보고되는 스트레스의 신체적 증상은 두통, 근육통, 근육긴장, 위통, 피로 등이고, 가장 흔한 심리적 증상은 신경과민, 불안, 긴장, 분노, 짜증, 우울 등이다.

우리나라에서는 1982년 서울대 의대 홍강의 교수팀이 Holmes와 Rahe의 측정표를 토대로 하여 한국인의 스트레스 측정표를 작성하였다. 한국인의 경우 최고의 스트레스는 자녀 사망, 배우자 사망, 부모 사망 등 모두 가족관계인 것으로 나타났다. 반면, 미국인의 경우는 상위 3위가 배우자 사망, 이별, 별거 등 모두 부부와 관계된 것으로 두 나라의 양상이 다른 것으로 보인다.

Janice Kiecolt-Glaser와 Ronald Glaser

스트레스는 자율신경계, 내분비선, 면역계통에 영향을 미친다(Anderson, Kiecolt-Glaser, & Glaser, 1994). 스트레스가 면역계통에 영향을 미친다는 증거는 다음 세 가지이다.

첫째, 심각한 스트레스원은 건강한 사람의 면역계통에 변화를 유발한다. 예를 들면, 심각한 스트레스원은 비교적 건강한 에이즈 감염자나 암환자에게서 면역계통이 제대로 기능을 하지 못하게 만든다(Roberts, Anderson, & Lubaroff, 1994).

둘째, 고질적인 스트레스원은 면역계통이 제대로 반응하지 못하게 만든다. 이 같은 영향은 누출될 위험이 있는 핵원자로 근처에 산다든지, 이혼, 별거, 가정불화와 같은 친밀한 관계에서의 실패 또는 치매가 진행되고 있는 부모를 돌보는 부담과 같은 몇 가지 상황에서 증명된 바 있다.

셋째, 암환자를 대상으로 한 연구는 스트레스와 면역계통 간의 관계를 밝히고 있는

데, 스트레스는 낮은 수준의 NK[1] 세포와 관련이 있다고 한다(Levy et al., 1990). NK 세 포는 항암 · 항균 작용과 면역계통을 조절하는 역할을 한다. 스트레스를 받는 초기에는 우리 몸이 자기방어 작용의 일환으로 NK 세포의 활동성이 높아질 수도 있지만, 스트 레스가 계속되면 NK세포의 조절능력이 망가져서 활동성이 약해지고, 이것이 계속되 면 여러 가지 질병에 걸리기 쉽다.

7) 기타 요인

사회경제적 지위, 교육수준, 성, 결혼상태 등도 건강에 간접적인 영향을 미치는 요인이다. 한 가정의 사회경제적 지위는 아동의 신체 상태에 중요한 영향을 미치며, 성인의 건강에도 당연히 영향을 준 다. 경제적으로 윤택한 사람들이 건강한 것이 보다 나은 건강관리 때문인지 아니면 보다 건강한 생활습관 때문인지는 분명하지 않지 만 아마도 두 가지 요소가 다 중요한 것으로 보인다.

Tamar Pincus

교육수준 또한 중요한 요인이다. 학력이 낮을수록 고혈압과 심장 질환 같은 만성질환에 걸릴 위험이 높으며, 심지어 그 때문에 사망할 가능성도 높다. 이 같은 연구결과는 연령, 성, 인종, 흡연과 같은 요인 들을 통제했을 때에도 마찬가지이다(Pincus, Callahan, & Burkhauser, 1987). 교육수준이 건강상태와 직접적인 연관이 있는지는 확실하지 않지만, 높은 교육수준은 건강을 증진시키는 식이와 생활습관뿐만 아니라 고소득과도 연관이 있다고 볼 수 있다. 즉, 교육을 많이 받은 사람은 건강을 지키기 위한 음식의 종류와 생활습관에 대해서 여러 가지 정보를 가지고 있으며 건강관리센터나 기관에도 더 쉽게 접근 할 수 있다.

Richard V. Burkhauser

성별도 건강에 간접적인 영향을 미친다. 유전학적 측면에서 본다

---

1) Natural Killer의 약자로 한국의 면역학에서는 자연살(殺) 세포라 한다.

면 남성이 여성보다 약한 성이다. 수정된 순간부터 여아는 남아보다 더 많이 살아남고, 신체적 결함이나 정신적 결함도 남아보다 적다. 남자의 성염색체는 XY인데 XX인 성염색체를 가진 여자보다 유전적 결함을 갖기 쉽다. 만약 어떤 질병의 원인이 되는 유전인자가 X염색체에 자리해 있다면 여자의 경우 다른 하나의 X염색체에 건강한 유전인자가 들어 있을 가능성이 있으나, 남자의 경우 결함 있는 유전인자가 X든 Y든 다른 한쪽의 건강한 유전인자에 의해 수정 보완될 가능성이 없다. 반면, 여성은 남성보다 면역체계가 약하기 때문에 면역질환에 걸릴 확률이 높다. 여성들에게 발병률이 3배나 높은 갑상선질환의 경우도 호르몬 분비의 이상에서 비롯된 일종의 면역질환으로 알려져 있다.

여성과 남성의 생활습관 또한 중요한 요인이 된다. 남성은 그릇된 생활습관으로 인해 발생하는 질병이 여성보다 더 많다. 예를 들면, 남성에게 더 많이 발생하는 고혈압이나 심장질환 등은 흡연, 과음, 스트레스 등 환경적 요인이 주된 유발인자다. 특히, 남성은 술과 담배로 인한 간암 등 간질환과 폐암이나 만성호흡기 질환이 더 많이 발생한다. 그러나 최근에 와서 여성의 생활양식이 남성의 생활양식과 비슷해지면서 이전보다 더 많은 여성이 폐암과 심장마비로 사망하는데, 이는 아마도 여성이 이전보다 술을 더 많이 마시고, 담배를 더 많이 피우며, 스트레스에 더 많이 노출되기 때문인 것으로 보인다.

건강에 영향을 미치는 또 다른 요인으로 결혼상태를 들 수 있다. 결혼은 여성과 남성 모두의 건강에 유익한 것으로 보인다. 결혼한 사람은 독신이나 이혼한 사람 또는 사별한 사람들보다 더 건강한 것으로 나타났다(Verbrugge, 1979). 그 다음으로 결혼경험이 없는 사람들이 건강하였고 그 다음이 사별한 사람들이었다. 이혼하거나 별거한 사람들이 건강과 관련된 문제를 가장 많이 가지고 있는 것으로 나타났는데, 이 자료로 결혼이 건강을 가져다 주는지 어떤지는 알 수 없지만, 배우자끼리 서로를 보살피며, 정서적 지원을 해 주고, 일상생활을 쉽게 해 주는 많은 일들을 할 수 있어 어쩌면 기혼자들이 독신자들보다 더 건강하고 안전하게 인생을 사는지 모른다. 이러한 지원을 못 받는 독신자의 경우 심리

Lois M. Verbrugge

적으로 의존할 곳이 없기 때문에 정신적, 신체적 질병에 더 취약할 수 있다(Doherty & Jacobson, 1982).

William J. Doherty

2. 질병

대부분의 성인들은 양호한 건강상태에 있지만 만성적인 질병문제는 나이를 먹으면서 보다 빈번해지고, 무력해지는 원인이 된다. 가장 일반적인 질병은 관절염, 고혈압, 심장질환, 청력장애, 백내장, 다리, 둔부 또는 척추 이상이다.

우리나라 노인의 건강상태와 영향요인을 알아본 연구(정진희, 1997)에서 우리나라 노인들에게 가장 흔한 질병은 두통, 허리 통증, 관절염(75.3%)이며, 그다음이 소화기계통 질환(18.7%), 고혈압을 포함한 심장혈관 질환(18.7%)인 것으로 나타났다.

1) 비만

정상 체중보다 20% 이상의 체지방이 과다하게 축적되는 것을 비만이라 한다. 성인기 비만은 여러 가지 원인에서 비롯된다(Anspaugh, Hamrick, & Rosato, 1991; Brannon, & Feist, 1992; Hales, 1992). 예를 들면, 비만의 경향은 유전적으로 타고날 수도 있고, 신체 내의 지방세포 수가 비만의 소지를 심어 줄 수도 있다. 지방세포의 수가 많을수록 지방의 형태로 에너지를 저장하는 수용능력이 커진다. 또 다른 가능한 설명은 신체가 체지방을 일정 수준으로 유지하도록 도와주는 내부 통제기제를 갖고 있는데, 체중이 어느 정도 증가하거나 감소한 후에 다시 일정 수준으로 되돌아가게 해 준다. 그러나 비만인 사람의 경우 이 내부 통제기제가 기능을 제대로 하지 못하게 된다.

David J. Anspaugh

비만은 생물학적, 행동학적, 심리적, 환경적 요인에 의한 복합작용이라는 것이 또 다른 설명이다. 규칙적인 운동 부족과 좋지 못한 식습관은 일반적으로 비만의 원인이 된다. 비만인 사람들은 음식에 탐닉하는 경향이 있는데, 불안이나 스트레스에 대처하는 방법으로 음식을 먹는다.

비만은 심장질환, 암, 뇌졸중을 비롯한 만성질환과 관련이 있다. 나이가 많을수록 비만으로 사망할 확률이 더 높다(Edelson, 1991). 비만인 사람은 의학적 위험요소와 더불어 사회적 차별을 경험하고, 부정적인 신체상을 갖게 되며, 자아개념도 낮아지게 된다(Anspaugh, Hamrick, & Rosato, 1991).

2) 고혈압

고혈압은 순환계 장애이다. 젊은 성인들의 경우는 고혈압이 여성보다 남성에게 더 큰 문제이지만 55세 이후에는 여성에게 더 큰 문제가 된다. 고혈압은 '침묵의 살인자(silent killer)'라고도 하는데, 이는 눈에 보이는 증상이 없기 때문이다. 치료를 받지 않으면 중요한 신체기관을 손상시킬 수 있고 심장병, 뇌졸중 또는 신장기능 부전으로 이어진다. 이러한 장애가 초래하는 위험을 이해하기 위해서 우선 혈압이 무엇인지를 알아보기로 한다. 혈압은 혈액이 동맥의 벽에 가하는 압력을 말한다. 혈압계에 의해 측정된 혈압기록은 최고 혈압(심장 수축 시)과 최저 혈압(심장 이완 시)으로 표현된다. 예를 들어, 혈압기록이 120/80이라고 했을 때 120mm는 심장이 수축할 때의 수치이고 80mm는 심장이 이완할 때의 수치이다. 〈표 4-1〉은 정상혈압과 고혈압에 대한 내용이다.

중년기에는 혈압이 약간 증가하는데, 특히 심장 수축 시 혈압이 증가한다. 이것은 소

〈표 4-1〉 혈압의 분류

혈압 상태	수축기 혈압	확장기 혈압
정상혈압	120 미만	80 미만
고혈압 전단계	120~139	80~89
제1기 고혈압	140~159	90~99
제2기 고혈압	160 이상	100 이상

동맥의 직경이 감소하고 탄력성이 떨어진 결과이다. 연령과 관련된 혈압의 변화를 보면 18세 미만의 정상혈압은 120/80이지만 18~50세의 정상혈압은 140/85이다.

　중년기에도 고혈압 환자가 많지만 노년기에는 발병률이 더 증가한다(Messerli, 1990). 혈압의 상승은 신체 내 모든 작은 동맥의 지름을 줄어들게 하고, 탄력성도 점차 감소하게 하기 때문에 노화과정의 일부로 여겨진다. 중년기와 마찬가지로 노년기에도 고혈압의 증상은 겉으로는 거의 나타나지 않는다. 심계항진(가슴이 두근거림), 심한 두통, 불안감이 고혈압의 징후이지만 감지되지 않고 수년간 경과하기 때문에, 노인들은 최소한 일 년에 한 번 정도 혈압검사를 받아야 한다. 고혈압을 치료하지 않으면 심장과 뇌질환을 일으킬 수 있고, 또한 흡연, 좋지 못한 식습관, 운동부족과 같은 요인에 의해 악화될 수 있다.

　고혈압에 취약한 위험 요인이 있다. 유전적인 요인, 과다한 염분섭취, 비만, 장기간의 스트레스, 지나친 음주 등이 고혈압을 발생시킨다(Julius, 1990). 고혈압은 완치될 수는 없지만 적절한 음식과 건강한 생활습관으로 고혈압을 통제할 수는 있다. 이를 위해 체중감소 프로그램, 규칙적인 운동, 스트레스를 덜 받게 도와주는 이완 기법을 추천한다. 또한 염분과 콜레스테롤의 섭취를 줄이고, 술은 적당히 마시며, 칼륨·마그네슘·칼슘의 섭취를 늘리는 것이 좋다.

3) 동맥경화

　동맥경화는 동맥이 딱딱하게 굳어지는 것을 말한다. 동맥경화는 플라크(plague, 지방물질)가 동맥 내부벽에 달라붙는 심장혈관 질환의 일종이다. 플라크는 동맥을 두껍고 단단하게 만들 뿐만 아니라 혈액의 흐름을 막아 혈액의 이동을 방해한다.

　플라크는 콜레스테롤과 같은 지방으로 구성되어 있다. 콜레스테롤은 체내에서 저절로 만들어지는 지질(지방)로, 혈액을 포함한 신체 여러 기관에서 발견되며, 달걀, 육류, 어패류와 같은 음식에도 들어 있다. 콜레스테롤은 그 자체가 나쁜 것이 아니다. 오히려 신체는 소화나 호르몬 생성을 돕는 데 콜레스테롤을 필요로 한다. 문제(특히, 심장혈관 질환문제)를 일으키는 것은 흔히 '나쁜' 콜레스테롤이라고 일컬어지는 저밀도 지단백 콜레스테롤(low-density lipoprotein cholesterol: LDL)의 지나친 섭취이다. LDL은 용해되지 않고 지방단백질을 경유하여 혈류를 통해 운반된다. 이때 과다한 LDL은 동맥벽을 따라 침전되고 혈액순환에 문제를 일으킨다(Wenger, 2014). 이에 반해 '좋은' 콜레스테롤이라고 불리는 고밀도 지단백 콜레스테롤(high-density lipoprotein cholesterol)은 높을수록 몸에 좋은 역할을 한다.

동맥경화는 매우 이른 나이에 시작되는데 동맥의 망상조직을 천천히 막기 시작한다. 동맥경화는 눈에 보이는 증상이 없기 때문에 이런 변화는 발견되지 않은 채로 몇 년이 지난다. 흔히 중년기가 되어서야 문제가 나타나기 시작한다. 이때 동맥벽은 지방 침전물에 의해 크기가 줄어들어 있고, 혈액이 산소를 신체기관에 전달하지 못하도록 방해한다.

Joe Piscatella

동맥경화의 정확한 원인은 알려져 있지 않지만 동맥경화를 증가시키는 몇 가지 요인은 알려져 있다. 유전, 고혈압, 당뇨병, 흡연, 운동부족, 스트레스 등이 위험 요인이다. 동맥경화의 치료는 먼저 식습관과 생활습관을 바꾸는 것에서 시작된다. 즉, 콜레스테롤의 섭취를 줄이고, 저지방 식사를 하고, 금연과 규칙적인 운동을 하며, 체중을 줄이는 것이 좋다(Cooper, 1990; Piscatella, 1990).

4) 심장질환

대부분의 심장발작은 부족한 혈액공급으로 인해 심장근육(심근)의 일부가 괴사할 때에 발생한다. 심근조직이 괴사하는 것을 심근경색이라 하며 감염된 조직을 경색이라고 한다. 동맥경화는 심근경색을 일으키는 원인이 될 수 있다.

심장발작 후 작은 경색이 나타나도 심장은 여전히 기능을 하게 되고, 반흔조직이 괴사된 부분에 형성된다. 그리고 새로운 혈관이 손상된 혈관을 대체하게 된다. 그러나 심장조직의 손상이 심한 경우에는 심장에 혈액 공급이 곧바로 회복되지 않아 사망에 이르게 된다.

협심증은 심장발작과 혼동되는 심장질환이다. 협심증은 심근의 일부에 혈액공급이 필요한 만큼 충분하지 않을 때 발생한다. 부적절한 혈액공급의 결과로 가슴부위에서 통증이 되풀이하여 발생한다. 협심증은 수분 동안 지속되는데 니트로글리세린을 복용하면 대개 통증이 가라앉는다. 약물치료를 통해 심장의 관상동맥을 확장시켜 혈액이 더 효율적으로 심근에 전달되도록 한다. 심장발작과 마찬가지로 협심증도 동맥경화가 그 원인이다. 그러나 심장발작과는 달리 심근이 혈액부족으로 인해 손상되지 않고 반흔조직도 형성되지 않는다.

충혈성 심부전은 혈액을 방출하는 심장기능에 장애가 생기는 경우이다. 심장이 약해지면 신체기관으로의 혈액공급이 감소하고, 신체의 효율성과 지구력이 떨어진다. 보다 구체적으로, 심장근육의 손상은 심장수축력을 감소시켜 동맥 속으로 흐르는 혈액순환을 덜 효율적인 것으로 만든다. 그리고 혈액이 폐로 들어와 충혈을 일으키게 한다.

충혈성 심부전은 여러 원인에 의해 발생할 수 있다. 고혈압이 심장에 부담을 주어 발병하거나 노인의 경우 젊었을 때부터 지속된 심장의 손상이 부가적인 문제를 일으킨다. 예를 들면, 심장발작은 상처조직에 영향을 주지는 않지만 시간이 흐름에 따라 심장의 펌프활동 능력이 줄어들게 된다. 또 다른 원인은 심장판막의 기형으로 인한 것이다. 그리고 가벼운 심장질환에 고열, 빈혈, 갑상선 문제가 겹쳐져서 발생할 수 있다.

충혈성 심부전 환자들은 호흡곤란과 폐의 수축을 경험한다. 대개 환자들은 가벼운 운동에도 빠른 심장박동과 심한 피로감을 느끼며, 침대에 가만히 누워 있어도 숨이 가쁠 수 있다. 다른 증상으로는 밭은 마른 기침, 발목이 부어오르고, 찬 온도를 견디지 못하는 것 등을 포함한다.

충혈성 심부전은 심각한 장애로서 곧바로 치료를 받아야 한다. 심장의 능률과 힘을 회복하기 위해 휴식, 산소, 약물요법으로 치료한다. 수술이 필요할 때에는 상처 난 심장판막을 인공판막과 교체한다. 또한 심장에 혈액공급을 늘리기 위해 관상동맥에 바이패스(bypass) 형성 수술[2]을 한다.

심장질환의 치료 역시 식습관과 생활습관의 변화가 우선되어야 한다. 금연과 규칙적인 운동을 하고, 스트레스의 양을 줄이며, 지방섭취를 줄이고, 신선한 과일이나 야채

---

2) 관상동맥 바이패스 형성 수술은 좁아지고 막힌 동맥들 주위로 새로운 길을 만들어서 심장에 충분한 혈액이 공급되게 하는 수술이다.

를 많이 섭취하며, 정제된 당제품과 염분의 섭취를 줄이고, 알코올 음료의 섭취를 줄이도록 한다.

5) 당뇨병

당뇨병은 췌장에서 분비되는 인슐린 부족으로 인한 질병인데, 인슐린이 부족하면 혈당을 조절하는 기능이 약해진다. 당뇨병은 제1형(인슐린 의존성) 당뇨병과 제2형(인슐린 비의존성) 당뇨병으로 구분되는데, 제1형 당뇨병은 유전인자에 의해 어릴 때 발병하는 것이 그 특징이고, 제2형 당뇨병은 비만, 스트레스, 운동부족, 잘못된 식습관이 주원인으로 주로 40~50대 중년기에 발병한다. 노년기 당뇨병은 대부분 제2형에 해당한다.

당뇨병의 대표적인 증상은 다음(多飮), 다뇨(多尿), 다식(多食), 체중감소의 삼다일소(三多一小)가 그 특징이다(〈그림 4-2〉 참조). 다음은 항상 갈증이 나기 때문에 물을 많이 마시게 되는 것을 말하고, 다뇨란 소변량이 많은 것을 의미한다. 자주 소변을 보더라도 그 분량이 많지 않으면 다뇨라고 볼 수 없다. 우리 몸은 혈중 포도당의 농도가 높으면 포도당을 몸 밖으로 배설하기 위한 노력을 하는데, 따라서 소변량이 많아지며 그로 인해 탈수가 되면 체내 수분의 양이 적어지기 때문에 갈증이 생겨 물을 많이 마시게 된다.

〈그림 4-2〉 당뇨병의 대표적 증상인 三多一小

당뇨병이 진행되면 식욕이 왕성해져 많이 먹게 되는데 그러면서도 체중은 점점 감소한다. 계속해서 과식하게 되고, 이로 인해 목이 마르고 다뇨증도 점점 심해진다.

당뇨병이 무서운 것은 그로 인해 발생하는 합병증 때문이다. 합병증으로는 고혈압, 뇌졸중, 치주질환, 당뇨병성 망막증, 당뇨병성 괴저(壞疽) 등이 있다. 당뇨병성 망막증은 카메라의 필름과 비슷한 역할을 하는 망막에 출혈이 생겨 시력장애가 발생하고 심한 경우 실명하게 된다. 당뇨병이 상당 기간 진행된 경우 발에 난 상처로 세균이 침범해 발가락에서부터 차츰 썩어 들어가는 당뇨병성 괴저를 특히 조심해야 한다. 당뇨병 환자는 혈액순환이 원활하지 못한 데다 세균에 대한 저항력이 낮기 때문에 세균이 침범하면 발이 쉽게 썩는다. 이럴 때는 썩은 부위를 절단하는 것 말고는 다른 방법이 없으므로 발관리에 각별히 신경을 써야 한다.

당뇨병의 치료법에는 크게 경구혈당강하제와 인슐린 요법이 있다. 경구혈당강하제는 식이요법과 운동요법이 효과가 없는 환자의 인슐린 분비를 촉진시키기 위해 약을 복용하는 것으로 혈당을 낮추는 작용을 한다. 인슐린 요법은 가공하여 만든 인슐린제재를 인체에 직접 보급하는 방법으로 인슐린 의존형 당뇨병 환자의 경우에 사용된다. 그러나 인슐린 비의존형 환자라도 식이요법, 운동요법, 경구혈당강하제가 효과가 없는 경우에는 인슐린 요법을 시행하기도 한다.

6) 관절염

관절에 생기는 염증인 관절염은 노인들에게서 볼 수 있는 보편적인 병이다. 관절염의 치료법은 없으며, 수년간 지속되고, 노화과정과 함께 더 심해질 수 있다. 100가지 정도 되는 관절염의 유형 중 가장 일반적인 것은 골관절염(osteoarthritis)과 류마티스 관절염(rheumatoid arthritis)이다(Tonna, 2001).

골관절염은 퇴행성 관절염으로도 불리는데, 관절염 중 가장 일반적인 유형이다. 골관절염은 관절의 연골

사진 설명: 관절염은 손의 관절이 부어오르고 염증이 생기게 만든다.

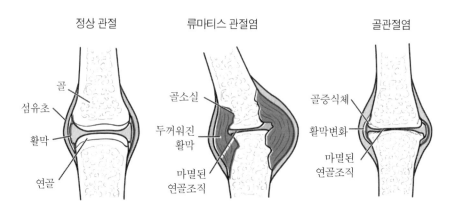

정상 관절   류마티스 관절염   골관절염

골
섬유초
활막
연골

골소실
두꺼워진 활막
마멸된 연골조직

골증식체
활막변화
마멸된 연골조직

〈그림 4-3〉 정상 관절, 류마티스 관절염, 골관절염

조직이 점차 마멸되는 특징이 있고, 무릎과 엉덩이 부위처럼 체중을 많이 지탱하는 관절과 연관이 있다. 대개 통증과 더불어 부풀어오르는 증상이 있고 관절이 딱딱해진다. 관절이 굳어지는 증상은 활동을 함으로써 간단하게 경감시킬 수 있지만 재발할 수도 있다.

류마티스 관절염(〈그림 4-3〉 참조)은 신체 내의 모든 연결조직에 영향을 준다. 이것은 서서히 진행되어 노년기 전에 발병하는데 남성보다 여성에게 더 일반적이다. 이 관절염은 세포막의 내부 또는 관절을 윤활하게 하는 곳에 염증을 일으킨다. 염증에 대한 반응으로 통증과 함께 부어오를 뿐만 아니라 피로감과 열을 동반한다. 연골조직은 마침내 파괴되는데 상처 난 조직이 손상된 연골조직을 대체함에 따라 관절은 점점 굳어지고 일그러진다.

James M. Lepkowski

두 가지 형태의 관절염에 대한 치료는 통증을 줄이고, 관절의 퇴화를 멈추게 하며, 유동성을 유지시키는 데 있다. 아스피린과 소염제 그리고 신중하게 짜여진 운동 프로그램이 그 처방이 된다. 일반적인 생각과는 달리 휴식이 항상 관절염에 최선의 약이 되는 것은 아니다. 비록 휴식이 관절의 염증을 경감시킬 수는 있지만 지나친 휴식은 관절을 더 굳게 만든다. 따라서 의사는 걷기나 수영과 같은 운동을 매일 할 것을 권고한다. 관절이 심하게 손상된 경우에는 수술을 통해 통증을 줄이고, 다시 움직일 수 있게 한다(Verbrugge, Lepkowski, & Konkol, 1991).

7) 암

암은 비정상적인 세포가 성장해서 퍼져 나가는 질병이다. 만일에 암이 퍼지는 것이 통제되거나 저지되지 않는다면 죽음에 이를 수 있다. 그러나 많은 암들은 조기에 발견해서 치료하면 완치될 수 있다.

신체의 모든 세포는 대체로 아주 규칙적으로 재생되는데, 낡은 조직을 대체하고 손상된 것을 고치며 신체성장을 계속하도록 한다. 가끔 어떤 세포들은 비정상적인 변화를 하고 마음대로 성장해서 퍼져 나가는 과정을 시작한다. 이러한 비정상 세포들은 종양이라는 조직의 덩어리로 자라난다. 종양은 정상세포로부터 필요한 영양을 빼앗는 과정에서 주요 기관에 침투하여 혈관을 막을 수 있다.

종양은 악성 종양과 양성 종양이 있다. 양성 종양은 해롭지 않고 정상조직을 침범하지 않는다. 악성 종양은 암으로 되어 주변 조직을 침범한다. 또한 신체 곳곳에 전이되어 퍼질 수 있다. 전이는 원래의 종양이 커지거나 임파선이나 혈류를 통해 신체의 다른 부위로 옮겨 가는 것을 말한다.

암에는 네 가지 유형이 있는데 암종(carcinomas), 육종(sarcomas), 림프종(lymphomas), 백혈병(leukemias)이 그것이다. 암종은 피부나 점막 등의 상피세포로부터 발생하고 단단한 종양이 된다. 육종은 근육, 뼈, 지방 그리고 다른 연결조직에서 발생한다. 림프종은 임파선 조직에 발생하고, 백혈병은 혈액에 발생하는 암이다.

정상세포가 어떻게 해서 비정상 세포로 변하는지는 확실하지 않으나 암이 유전적 요인을 갖고 있음이 밝혀졌다. 또한 암을 일으키는 발암물질에 계속해서 오랜 기간 노출되었을 때에도 암이 발생할 수 있다. 발암물질은 신체세포가 그 구조를 바꾸고 통제로부터 벗어나 마음대로 성장하도록 한다. 발암물질의 예로는 담배, 일사광선이나 방사선에의 과다한 노출 등이 있다.

암은 인생의 어느 단계에서든지 발생할 수 있지만 〈그림 4-4〉에서 보듯이 연령이 증가할수록 발병률이 증가한다(Frazer, Leicht, & Baker, 1996). 특정 식습관이나 생활습관 뿐만 아니라 연령이 증가하면서 암의 발생률이 높아지는 데에는 몇 가지 요인이 작용한다. 연령이 증가하면서 면역력이 저하되고, 발암물질에 노출되는 기간이 길어지는

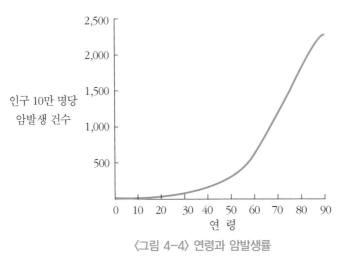

〈그림 4-4〉 연령과 암발생률

출처 : Kail, R. V., & Cavanaugh, J. C. (2000). *Human development : A lifespan view* (2nd ed.). Belmont, CA : Wadsworth.

등이 암 발생과 관련이 있다.

20~40세 사이에는 암이 남성보다 여성에게 더 보편적으로 발생하지만, 60~80세 사이에는 남성에게서 암이 더 많이 발생한다. 전반적으로 여성보다 더 많은 남성이 암으로 사망한다. 여성에게 가장 빈번하게 발생하는 암은 갑상선암, 유방암, 대장암, 위암 순이다. 〈그림 4-5〉와 〈그림 4-6〉은 우리나라 여성 암 발생추이 및 연령별 유방암 발생환자 수에 관한 것이다.

특히, 중년기에는 폐암과 유방암이 가장 보편적이다. 폐암의 80%는 담배를 피우는 사람들에게서 발생한다(Williams, 1991). 여성은 일생 동안 10명 중 1명꼴로 유방암에 걸리지만 조기에 발견하면 생존율이 높다. 유방암은 자가검진이나 유방조영술(사진 참조), 초음파검사 등의 정기검진에 의해 조기에 발견할 수 있다.

암전문의들은 암과 관련된 일곱 가지

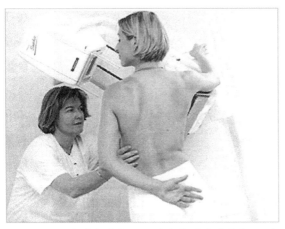

사진 설명: 50세 이상 여성들은 1년에 한 번씩 정기적으로 유방암 검사를 받아야 한다.

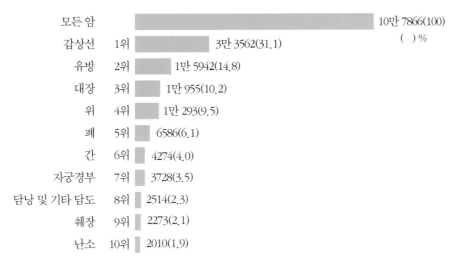

모든 암		10만 7866(100)
갑상선	1위	3만 3562(31.1)
유방	2위	1만 5942(14.8)
대장	3위	1만 955(10.2)
위	4위	1만 293(9.5)
폐	5위	6586(6.1)
간	6위	4274(4.0)
자궁경부	7위	3728(3.5)
담낭 및 기타 담도	8위	2514(2.3)
췌장	9위	2273(2.1)
난소	10위	2010(1.9)

( )%

〈그림 4-5〉 우리나라 여성 암 발생 추이

출처: 보건복지부, 중앙암등록본부(2011). **국가암등록통계사업.**

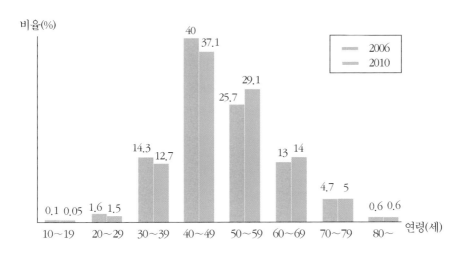

〈그림 4-6〉 연령별 유방암 발생율

출처 : 한국유방암학회(2012).

증후를 확인한 바 있다. 낫지 않는 종기, 비정상적 출혈이나 분비물, 배변이나 배뇨습관의 변화, 잔기침이나 쉰 목소리, 소화불량, 유방이나 그 외 다른 부위에서 손으로 만

져지는 멍울, 사마귀의 눈에 보이는 변화 등이 그것이다.

심장질환과 마찬가지로 생활양식과 환경적 요인이 암의 발생과 관련이 있다. 식습관, 흡연, 음주, 석면, 화학적 오염물질, 방사능과 같은 독소에 노출되는 것 등이 암 발생에 영향을 준다.

3. 건강서비스

노인들에 대한 건강서비스를 강화한다면 노인들의 건강한 삶을 가능하도록 할 수 있는데, 건강한 삶은 사회적 비용을 줄이는 한 요인이 되기 때문에 개인과 사회 모두에게 긍정적인 요소로 작용하게 된다. 노인인구의 건강문제, 특히 질병 예방차원의 건강서비스 제공과 노인성 질환의 문제에 어떻게 대처하는가는 개인의 행복과 사회의 안정에 영향을 줄 수 있는 한 요인이 될 것이다. 다행스러운 것은 최근 고령노인인구의 증가와 함께 건강하고 활기찬 생활을 스스로 개척하려는 노인의 수도 함께 증가하고 있고, 고령화 사회에 대비하려는 사회적 관심 또한 그 이전과 달리 빠른 속도로 증폭되고 있다는 점이다.

이와 같이 비록 노인인구의 건강에 대한 자각과 사회적 관심이 크게 증가하였다고는 하나, 경제적·사회적 여건이나 개인적인 상황이 여의치 못해 남의 도움을 필요로 하는 노인인구 또한 증가 추세에 있다. 이러한 이유로 노인 건강서비스에 대한 공공의 역할과 더불어 민간과 연계된 공적 서비스의 유기적 협조가 매우 필요하다고 하겠다.

우리나라의 국민건강보험공단(2016)에서 조사한 65세 이상 노인들의 의료시설 이용 실태 분석결과에 따르면, 65세 이상 노인인구는 해마다 증가추세를 보이며, 2015년 말에는 622만 명으로 전체인구의 12.3%에 달하였으며, 이러한 노령인구의 증가는 출산율 저하와 평균수명 연장 등의 요인으로 앞으로도 더 큰 폭의 증가세를 보일 것으로 예상되고 있다. 그러나 문제는 12.3%의 노인인구가 의료 진료비에서 차지하는 비율이 37.8%에 이른다는 점이다. 이는 전체인구에서 노인인구가 차지하는 비율과 비교할 때 노인 진료비 지출이 약 3배 이상 높은 것으로서, 노인의 신체적 조건이 비노년층에 비해 열세인 것을 고려하더라도 비교적 높은 수치에 해당한다고 하겠다. 즉, 사회적 기회

비용을 효과적으로 사용할 수 있는 방법과 대안을 필요로 하는 시점이 되었음을 의미하는 것이다. 2016년 건강보험료 수가(酬價)의 인상요인 중 하나가 노인인구의 증가와 노인 임플란트 지원, 4대 중증질환 보장성 확대라는 점을 지적하고 있는 건강보험공단의 원인 분석에서도 알 수 있듯이 노인인구의 건강서비스 문제는 이제 중요한 사회적 이슈가 되고 있다.

보건복지가족부가 발표한 노인 건강서비스 정책에 따르면, 주로 저소득층의 노인들을 대상으로 하여 건강진단, 예방접종, 안(眼)검진과 개안수술, 치매상담 및 치매정밀검진에 관한 사업들이 시행되고 있다. 노인건강진단과 예방접종, 노인안검진 서비스는 저소득층의 노인건강을 체계적으로 보장하기 위해 마련된 서비스이며, 치매관리사업은 치매노인들이 보다 건강한 삶을 살 수 있도록 지원하는 지역사회의 치매관리사업인 것이다.

1) 건강진단

질병예방과 건강증진에 대한 인류의 소망은 역사와 함께 이어져 왔으나, 이를 위한 노력들이 과학적 근거를 가지게 된 것은 근대 이후의 일이다. 우리나라에서 건강진단 검사가 본격적으로 실시되기 시작한 것은 공무원과 사립학교 교직원의 의료 보험관리 공단이 피보험자를 대상으로 폐결핵, 고혈압성 질환, 간질환, 당뇨병, 신장질환, 빈혈, 매독 및 흉부질환 등에 대한 집단 건강진단검사를 실시한 1980년부터이다. 그 후 의료보험법 제26조에 의한 성인병 건강진단사업과 산업안전보건법 3조에 의한 근로자 건강진단이 본격화되었고, 최근에는 의료보험 가입자의 피부양자까지 건강진단을 실시하게 됨에 따라 이제는 거의 전 국민이 건강진단의 대상에 포함되어 있다. 이에 따라 전체적으로 건강진단에 소요되는 비용은 점차 증가하는 경향을 보이는 구조를 갖게 되어, 실질적인 건강진단의 혜택을 전 국민이 받을 수 있도록 하는 효율적이고 효과적인 건강진단 시행방안을 모색하는 것이 중요한 과제가 되었다. 특히, 노인의 경우, 약화된 근력과 경제적 불안정으로 인해 건강의 사각지대로 방치될 가능성이 높아졌다. 따라서 공적 자원을 노인의 건강서비스에 포함시키는 문제는 이미 사회적 합의를 통해 당면한 현안으로 다루어지게 되었다. 노인을 대상으로 정부가 제공하는 건강진단 서비스는 65세 이상 국민기초생활보장 수급권자 및 차상위 노인 중 노인건강진단 희망자와 기타 보건소장이 노인건강진단이 필요하다고 인정하는 자를 대상으로 한다. 건강진단서비스의 실시는 시·도(또는 시·군·구)의 자체계획에 따라 실시하고 국민건강보험의 건강진단 수가에 의해 실시한다.

일반적으로 건강진단 검진방법은 정확한 검사를 위하여 내원검진을 원칙으로 하며, 실시기간은 매년 3월 1일부터 11월 30일까지 9개월간 자치단체의 세부시행계획에 따라 실시하게 된다. 만약, 지정된 해당 자치단체의 검진일정에 건강진단을 받지 못한 미수검자는 시장·군수·구청장(보건소장)들이 현황을 파악하여 따로 지정한 검진기관과 협의한 후 위의 건강진단기간 중 추가검진을 실시할 수 있다.

건강진단은 1차 및 2차 진단으로 구분하여 실시하며 1차 건강진단은 전 항목(시·군·구에서 조정하는 경우는 예외)을 대상으로 실시하되, 의사의 판단이나 노인이 원하지 않는 경우(예 : 채혈 등)에는 이를 생략할 수 있다. 그리고 2차 건강진단은 1차 진단결과 유소견자와 전년도 진단결과 유질환자에 한하여 해당 질환별로 실시할 수 있다(〈표 4-2〉 참조). 이때, 1차 건강진단결과 2차 진단대상자로 판정된 사람은 1차 검진에서 채혈된 혈액으로 2차 검진 질환별 검사항목을 실시하고, 나머지 2차 검사는 지정된 검진장소로 내원하여 검사를 받도록 하고 있다.

2차 진단의 종합적인 판정은 질환별로 기준항목의 검사를 완료한 후 수검자가 내원한 당일에 진찰과 함께 판정하고, 만일 치료요양 대상자(단순요양, 휴무요양) 및 예방관리 대상자로 판정될 경우에는 조기치료 및 건강지도를 실시하고 있다.

건강진단결과 검진기관으로부터 질환자로 통보(검진완료 후 10일 이내)받은 '질환의 심자'는 보건소에 등록하고 공공의료기관과 연계하여 내원이나 방문 등의 방법으로 조기에 의료서비스를 제공받게 된다. 또한 진료비가 부담스러운 저소득층 노인에 대해서는 공공의료기관, 지역사회 의사회, 사회복지 법인 등 기타 노인복지 사업을 실시하는 비영리법인의 협조를 얻어 노인의료복지차원의 혜택을 받을 수 있도록 건강진단실시 기관장이 적극적인 조치를 취해야 한다.

〈표 4-2〉 건강진단항목

구 분		진 단 항 목
1차	기본진료	1. 진찰(시진, 청진, 촉진, 문진) 2. 체위검사(신장, 체중, 근거리 및 원거리 시력, 청력, 혈압) 3. 치과검사(우식증, 결손치, 치주질환)
	혈액검사	1. 혈색소 2. 총콜레스테롤 3. 혈청지오티 4. 혈청지피티 5. 혈당 6. 매독
	기타검사	1. 요검사(요당, 요단백, 요잠혈, 임질, 클라미디아 감염증) 2. 안검사(정밀 안저검사, 양측) 3. 간이정신상태검사(MMSE-K) 4. 흉부 X선 간접촬영
2차	기본진료	1. 진찰(시진, 청진, 촉진, 문진)
	흉부질환 기타 흉부질환	1. 흉부X선 직접촬영 2. 결핵균 집균도말검사
	순환계 질환 고혈압	1. 혈압 2. 정밀안저검사(양측) 3. 심전도 검사
	순환계 질환 고지혈증	1. 혈압 2. 트리그리세라이드 3. HDL 콜레스테롤
	간질환	1. 총단백 2. 알부민 3. 알카라인포스파타제 4. 총빌리루빈(총·직접) 5. 유산탈수효소(LDH) 6. 알파휘토단백
	신장질환	1. 요침사 현미경 검사 2. 요산 3. 크레아티닌 4. 요소·질소
	빈혈	1. 헤마토크리트 2. 백혈구 수 3. 적혈구 수
	당뇨질환	1. 식전 혈당(FBS) 2. 식후 혈당(PPS) 3. 정밀안저검사(양측)
	안질환	1. 안압검사 2. 각막곡률검사 3. 굴절 및 조절 검사
	치매	1. 치매척도검사(GDS 또는 CDR)
	골다공증 검사	1. 양방사선(광자) 골밀도검사
	낙상 검사	1. 하지기능 2. 평형성

출처 : 보건복지부(2015a). 노인보건복지사업 안내.

2) 예방접종

우리나라 국가예방접종지원사업에 따라 만 12세 이하 아동은 국가가 관리하지만 정작 성인은 예방접종 사각지대에 놓이기 쉽다. 질병관리본부와 대한감염학회가 노인들에게 권장하는 예방접종을 알아본다(중앙일보 2016년 2월 15일자).

통계청이 발표한 '2014 사망원인' 자료에 의하면 우리나라 사람들은 암, 심장질환, 뇌혈관질환, 자살, 폐렴, 당뇨병 순으로 많이 사망한다. 이 중 폐렴이 감염병 중 유일한데, 폐렴은 노인을 잘 공격한다. 폐렴을 일으키는 가장 대표적인 균이 폐렴구균인데 콧물이나 기침분비물로 전파하기 쉽다. 이 균에 감염되면 부비동염·중이염·폐렴이나 수막염·균혈증 등을 야기할 수 있다. 65세 이상 노인, 만성 심혈관질환, 만성 폐질환, 당뇨병 환자군에서 폐렴구균에 감염되거나 합병증이 잘 생긴다.

2014년 대한감염학회는 건강한 65세 이상 고령자에게 폐렴구균 백신 접종을 권고했는데 1회 접종으로 폐렴을 예방할 수 있다. 만 65세 이상 노인은 국가예방접종지원사업에 따라 폐렴구균과 인플루엔자 백신을 무료로 접종할 수 있다. 폐렴구균은 전국 보건소, 인플루엔자는 매년 10~11월에 전국 보건소 또는 민간위탁 의료기관에서 무상 접종한다. 질병관리본부의 예방접종 도우미 사이트의 '의료기관 찾기' 코너에서 보건소 백신 구비 현황, 가까운 민간위탁의료기관 등을 검색할 수 있다. 인플루엔자 바이러스는 매년 변신한다. 그래서 해마다 백신이 달라진다.

파상풍-디프테리아-백일해(Tdap) 백신은 노인을 포함한 전 연령대에 접종을 권하고 있다. 이 세 가지 세균은 백일해를 넣거나 뺀 결합백신으로 한꺼번에 막을 수 있다. 이 중 파상풍균은 흙 속이나 녹슨 못 등에 존재하는데, 몸의 상처 부위와 닿으면서 감염된다. 파상풍균이 만드는 독소는 중추신경계를 마비시켜 전신 근육을 굳게 하고 사망에 이르게 한다.

디프테리아균은 급성호흡기 전염병을 유발한다. 백일해균은 기침·재채기를 통해 전파된다. 결합백신은 최초 접종할 때는 파상풍-디프테리아-백일해(Tdap) 백신으로 맞는다. 이후 10년마다 파상풍-디프테리아(Td) 백신을 맞으면 된다.

3) 노인안(眼) 검진 및 개안수술

우리 신체기관 중 노화가 가장 빨리 진행되는 기관이 눈이다. 나이가 들면서 눈이 자주 피로하고 뿌옇고 물체가 두세 개로 보이는 증상이 나타나곤 한다. 특히, 백내장, 녹내장, 황반변성 등과 같은 노인성 안질환은 발병 초기 뚜렷한 자각증세도 없다. 따라서 방치할 경우 실명에 이를 수도 있는 무서운 질환이다. 노인성 안질환 중에서 가장 대표적인 것은 백내장이다. 백내장은 병이라고 하기보다는 일종의 노화현상이다. 백내장은 쉽게 말해 카메라 렌즈와 같은 역할을 하는 수정체에 혼탁이 생기는 것을 말한다. 뚜렷한 예방책이 없어 발병 초기에 발견하는 것이 가장 중요하다. 백내장은 적당한 시기에 수술을 하면 망막이나 다른 부위의 손상을 막을 수 있기 때문이다. 그러나 백내장을 오래 방치하면 녹내장으로 발전할 수 있고, 녹내장이 생기면 본래의 시력을 회복하는 것이 어렵게 된다. 노안으로 인한 시력을 회복하기 위해서는 개안수술을 받아야 하며, 이때에는 상당한 비용과 정신적 고통을 수반하게 된다. 따라서 최선의 방책은 노인안 검진을 통해 사전에 예방할 수 있는 시스템을 구축하는 것이며, 필요한 경우 안질환의 발전 정도에 따라 체계적이고 적당한 의료서비스를 받아야 한다.

보건복지가족부는 노인복지법 제27조, 동법 시행령 제20조에 근거하여 정부의 한정된 예산의 범위 내에서 경제적, 지리적 여건 때문에 의료서비스를 받지 못하는 계층에 우선적으로 노인안 검진과 개안수술 서비스를 제공하고 있다. 이러한 공적인 의료서비스의 목적은 저소득층 노인 등에 대한 정밀 안검진을 실시함으로써 안질환을 조기에 발견하고 치료하여 노인들의 시력을 향상시키고, 궁극적으로는 실명을 예방하는 데 일차적인 목적을 두고 있다. 뿐만 아니라 노인 개안수술이 필요한 경우 노인 본인과 가족의 의료비 부담을 줄여 가계의 정상적인 경제활동을 돕고, 저소득층 노인의 건강을 체계적으로 보장하여 건강한 삶을 영위하도록 하는 데 부차적인 목적이 있다.

안검진의 항목은 역시 1차와 2차 진단으로 구분하는데, 1차 진단에서는 정밀안저검사(양측) 한 가지를 하며, 2차 진단에서는 정밀안저검사(양측), 안압검사, 굴절검사 및 조절검사(안경처방전 교부 포함), 각막곡률검사 등 총 4종을 실시한다. 이를 통해 안검진 후 수술이 필요한 대상자가 정해지면 선정된 수술대상 노인에 대해 한국실명예방재단이 지정한 안과 전문병원에서 수술을 실시할 수 있다. 수술대상 질환으로는 백내장의 경우 안과전문의가 백내장 진단을 하고 시력이 0.3 이하인 환자, 망막질환의 경우 안과전문의가 당뇨병성 망막증, 망막박리, 기타 망막질환으로 진단하고 수술이 필요하다고 한 환자, 녹내장 등 기타 안질환의 경우 안과 전문의가 수술이 필요하다고 진단한 환자 등이다. 수술대상자 선정기준은 안검진결과(재단검진 및 노인건강검진) 수술이 필요하다고 진단받은 환자 중에서 수술이 시급하고, 일상생활에 지장을 크게 주는 경우, 수술 후 예후 등을 고려하여 양안 백내장 또는 양안 망막질환이 있는 60세 이상 기초생활 수급자와 단안 백내장 또는 단안 망막질환이 있는 60세 이상 기초생활 수급자, 백내장 또는 망막질환이 있는 저소득 노인, 녹내장, 익상편(군날개)[3] 등의 질환이 있는 60세 이상 기초생활 수급자, 저소득 노인의 순으로 선정된다. 단 당장 수술하지 않으면 실명이 예상되는 등 한시가 급한 환자로 판단될 경우 3차 기관의 소견서를 첨부하여 제출하면 심의 후 수술지원을 받을 수 있다. 〈그림 4-7〉은 안검진 및 개안수술 실시체계에 관한 도식이다.

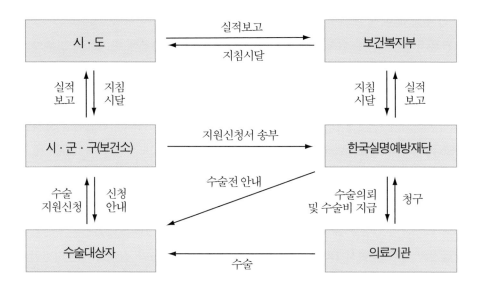

〈그림 4-7〉 안검진 및 개안수술 실시체계

출처: 보건복지부(2015). 노인보건복지사업 안내.

---

3) 눈의 흰자위 부위의 조직이 섬유혈관 조직으로 변하면서 눈의 검은자위로 자라나는 것을 말한다. 이전에 어른들이 '백태'가 끼었다고 말하던 것으로, 백내장으로 오해하는 경우가 많다.

4) 치매상담과 치매검진 서비스

(1) 치매상담 서비스

치매는 인간의 지적 능력과 사회적 활동 능력의 소실을 말하는데, 이로 인해 어떤 사람의 일상생활이 어려울 정도로 장애가 발생했다고 충분히 인지될 경우 이것을 치매라고 한다. 수세기 동안 사람들은 치매를 "노망(老妄)"이라고 부르면서 나이를 먹게 되면 피할 수 없는 필연적인 것으로 생각해 왔다. 그러나 치매는 단지 나이가 들어 발생하는 생리적인 노화 현상의 하나가 아니다. 치매의 증상들은 질환의 원인과 종류 그리고 그 정도에 따라 매우 다양하게 나타나는데, 아주 가벼운 기억장애로부터 매우 심한 행동 장애로까지 나타난다. 대개의 경우 모든 치매 환자들은 기억장애 외에도, 사고력, 추리력 및 언어능력 등의 영역에서 일정한 정도의 장애를 함께 보이는 특징을 갖고 있다. 그러나 문제는 치매질환자뿐만 아니라 치매노인을 장기간 돌보는 가족 구성원을 피폐하도록 하여 가족의 통합을 깨뜨려서 가족의 붕괴까지 초래할 위험이 있다는 데 있다. 가족의 사회적 역할 중 하나가 삶의 의지를 재충전하도록 하는 기능이라는 점에서 볼 때, 이 기능을 현저하게 위태롭게 할 수 있는 치매질환자를 사적 문제의 차원에서만 접근하는 것은 시대적 요청에 부합하지 않는다. 따라서 치매환자에 대한 사회적이고 공적인 대책이 필요하며, 그 대책 또한 매우 구체적이고 현실적인 차원에서 수립되어야 한다.

우리나라의 보건사회연구원에서 조사한 자료에 의하면, 치매노인의 수는 점차 증가하는 추세를 보이고 있고 앞으로 이러한 추세는 더욱 커질 것으로 예상되고 있다. 이는 저출산 시대에 돌입한 우리나라의 현실과 연계해서 생각해 볼 때, 매우 심각한 사회적 문제라 할 수 있다.

이러한 맥락에서 보건복지부는 계속 늘어나고 있는 치매노인에 대해 치매관리법에 의거하여 국가 또는 지방자치단체에서 치매예방과 치매퇴치를 위해 치매연구사업을 시행하도록 규정하고 있고, 시장, 군수, 구청장이 관할 보건소에 치매예방 및 치매환자 관리를 위한 치매상담센터를 설치·운영하고, 치매관리법 시행규칙 별지 3호 서식 '치매환자등록카드'에 의거하여 당해 노인의 상태에 따른 관리체계를 지역별로 수립하도록 하고 있다. 즉, '치매상담센터' 운영을 통해 치매노인가족의 효율적 간호와 치매가족 구성원 간의 역할분담 등에 대한 상담과 조언을 하고 치매가정의 간호 부담감을 완화시킴과 동시에 양질의 의료 서비스를 제공하여 치매노인이 보다 건강한 삶을 영위할 수 있도록 지원하고 있다.

치매상담전문요원은 보건복지부에서 별도로 보급한 치매상담매뉴얼 「치매간이평가도구」를 활용하여 노인의 인지기능 감퇴 여부와 일상생활의 동작에 대한 평가를 실시하고, 필요할 때에는 전문의 또는 자문의에게 확진을 의뢰하도록 하고 있다. 그리고 치매노인의 상태에 따라 주간보호시설 · 관내 복지관 재활 프로그램 이용, 전문요양시설 및 외래 · 입원 등을 위한 치매전문요양병원 · 노인전문병원 등에의 입소 등도 안내하고 있다.

(2) 치매검진 서비스

보건복지부는 보건소 관할지역 내의 65세 이상 국민기초생활보장 수급권자 및 차상위 저소득층 노인에 대한 치매 조기검진을 실시하여 치매환자를 조기에 발견하고 관리함으로써 저소득 치매환자와 그 가족들의 건강과 삶의 질을 제고하기 위한 제도적 기반을 마련하고 있다. 치매관리법 시행규칙 제3조에 근거해서 '치매검진' 규정을 두고 있으며, 이 규정의 목적은 치매 검진비용을 지원해 저소득 노인 및 가족의 의료비 부담을 완화하고, 발견된 치매환자의 등록관리를 통해 국내 실정에 부합하는 치매 조기등록관리 체계를 모색하는 데 목적을 두고 있다.

이 규정은 치매조기검진 및 등록관리 대상을 단계적으로 확대하여 저소득층뿐만 아니라 중산층 노인의 건강을 체계적으로 관리 보장하고, 노인 건강진단사업, 치매상담센터와 연계하여 검진 및 치료의 연속성과 효과성을 제고하는 것을 기본 목표로 설정하고 있다.

검진 대상자 선정기준은 거점병원이 중점 지원하는 1~2개 보건소 관할지역의 65세 이상 국민기초생활보장 수급권자 및 차상위 저소득층 노인, 기타 보건소 관할지역 내의 65세 이상 국민기초생활보장 수급권자 및 차상위 저소득층 노인, 중점보건소 및 기타 보건소 관할지역에서 치매가 강하게 의심되는 65세 미만 국민기초생활보장 수급권자와 차상위 저소득층 노인 등이다.

검진항목은 치매선별검진과 치매정밀검진으로 구분하고, 치매선별 검진방법에는 대상자 및 가족의 인구학적 정보, 간이정신상태검사(MMSE-DS), 치매선별용 정보제공자 보고형 설문지(SIRQD), 뇌졸중 병력을 포함한 질병력 평가지, 기본 신체계측 등이 있다. 치매정밀검진항목에는 전문 의료진의 진찰, 치매척도검사(GDS 또는 CDR), 치매신경인지검사(CERAD-NP(K)), 기타 신경인지검사 및 심리검사, 일반건강검진(혈액, 소변검사, X선 촬영 등) 등이 포함된다(〈표 4-3〉 참조).

치매정밀검사 대상자 통보는 거점병원이 보건소의 1차 검진결과를 분석하여 해당 보건소에 정밀검진 대상자를 통보하고, 치매정밀검진결과 통보는 한국치매협회와 거점병원이 치매정밀검진결과를 검진 후 1개월 이내에 검진대상자나 가족에게 알려야 한다. 한국치매협회는 분기별 익월 10일(단, 마지막 분기는 익년 1월 10일)까지 치매정밀검진 대상자 및 검진내역, 사후관리 등에 관하여 보건복지부에 보고해야 한다.

〈그림 4-8〉에서 볼 수 있듯이, 보건복지부와 시·군·구(보건소), 협약병원이 유기적인 연계를 통해 치매질환자를 공적인 차원에서 관리하고 있다. 우선 보건복지부는 예산을 편성하고 치매 관련사업을 총괄하여 일정한 방침을 정하고, 시·군·구(보건소)별로 치매검진사업 자체계획을 수립하여 시행하고 협약병원과 사업시행을 위한 연계체계를 구축한다.

앞서 설명하였듯이 보건복지부 주도하의 이러한 치매관리는 대개의 경우 예산상의 이유로 저소득층에 한정하여 실시되고 있다. 그러나 치매와 관련된 질환은 장기적으로 발현된다는 속성과 치매질환자를 가족이나 특정한 사람이 지속적으로 보살펴 주어야 한다는 점에서 사회적 재충전과 같은 가족의 순기능을 약화시킬 수도 있는 만큼 보다 넓은 계층이 사회적인 공적 차원에서 의료서비스를 받을 수 있도록 하는 것이 중요하다.

〈표 4-3〉 치매 선별용 한국어판 간이정신상태 검사(Korean Version of MMSE for Dementia Screening: MMSE-DS)

1. 올해는 몇 년도입니까?	0	1
2. 지금은 무슨 계절입니까?	0	1
3. 오늘은 며칠입니까?	0	1

4. 오늘은 무슨 요일입니까?	0	1
5. 지금은 몇 월입니까?	0	1
6. 우리가 있는 이곳은 무슨 도/특별시/광역시입니까?	0	1
7. 여기는 무슨 시/군/구입니까?	0	1
8. 여기는 무슨 구/동/읍/면입니까?	0	1
9. 우리는 지금 이 건물의 몇 층에 있습니까?	0	1
10. 이 장소의 이름이 무엇입니까?	0	1
11. 제가 세 가지 물건의 이름을 말씀드리겠습니다. 끝까지 다 들으신 다음에 세 가지 물건의 이름을 모두 말씀해 보십시오. 그리고 몇 분 후에는 그 세 가지 물건의 이름들을 다시 물어볼 것이니 들으신 물건의 이름을 잘 기억하고 계십시오. 　나무　　자동차　　모자 이제 ○○○님께서 방금 들으신 세 가지 물건 이름을 모두 말씀해 보세요.		
나무	0	1
자동차	0	1
모자	0	1
12. 100에서 7을 빼면 얼마가 됩니까?	0	1
거기에서 7을 빼면 얼마가 됩니까?	0	1
거기에서 7을 빼면 얼마가 됩니까?	0	1
거기에서 7을 빼면 얼마가 됩니까?	0	1
거기에서 7을 빼면 얼마가 됩니까?	0	1
13. 조금 전 제가 기억하라고 말씀드렸던 세 가지 물건의 이름이 무엇인지 말씀하여 주십시오.		
나무	0	1
자동차	0	1
모자	0	1
14. (실제 시계를 보여 주며) 이것을 무엇이라고 합니까?	0	1
(실제 연필을 보여 주며) 이것을 무엇이라고 합니까?	0	1
15. 제가 하는 말을 끝까지 듣고 따라 해 보십시오. 한 번만 말씀드릴 것이니 잘 듣고 따라 하십시오. 　간장공장공장장		
	0	1
16. 지금부터 제가 말씀드리는 대로 해 보십시오. 한 번만 말씀드릴 것이니 잘 들으시고 그대로 해 보십시오.		

제가 종이 한 장을 드릴 것입니다. 그러면 그 종이를 오른손으로 받아, 반으로 접은 다음, 무릎 위에 올려놓으십시오.		
오른손으로 받는다.	0	1
반으로 접는다.	0	1
무릎 위에 놓는다.	0	1
17. (겹친 오각형 그림을 가리키며) 여기에 오각형이 겹쳐져 있는 그림이 있습니다. 이 그림을 아래 빈 곳에 그대로 그려 보십시오.	0	1
18. 옷은 왜 빨아서 입습니까?	0	1
19. "티끌 모아 태산"은 무슨 뜻입니까?	0	1
총 점		/30

출처: 보건복지부(2015a). 노인보건복지사업안내.

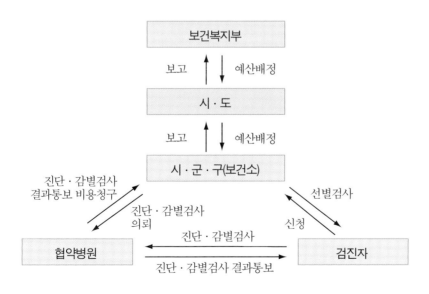

〈그림 4-8〉 치매검진 실시체계

출처 : 보건복지부(2015a). 노인보건복지사업 안내.

제5장
인지변화

노년기의 인지변화 중 두 가지 중요한 것은 일반 지능과 기억력의 감퇴이다. 뇌세포는 청년기 이후 소멸되기 시작하고 대체되지 않는다. 그러나 성인기 동안 뇌세포 간의 신경회로 수가 증가함으로써 이러한 손실을 보완해 준다.

어떤 심리학자들은 일반적인 지능이 노년기에 쇠퇴한다는 것은 속설에 불과하다고 주장하는 반면, 다른 학자들은 이런 설명은 낙관론일 뿐이라고 일축한다. 이 두 가지 관점을 고찰해 보기 위해서는 서로 다른 연령층의 사람들에게 실시한 지능검사의 종류와 자료수집의 방법에 관해 알아볼 필요가 있다.

노년기의 인지변화 중 가장 심각한 것이 기억력 감퇴이다. 노년기 기억력 감퇴에 영향을 미치는 요인으로는 생물학적 요인, 환경적 요인, 정보처리의 결함 요인 등이 있다. 한편, 지혜와 같은 능력은 노년기에도 그대로 유지되거나 심지어 증가한다고 보는 입장도 있다.

이 장에서는 지능의 종류, 자료수집의 방법, 지적 능력과 영향요인, 기억, 문제해결 능력, 창의성, 지혜 등에 관해 살펴보고자 한다.

1. 지능의 종류

Raymomd B. Cattell

유동성 지능과 결정성 지능의 구분은 노년기의 인지변화에 관한 논쟁에서 매우 중요한 의미를 갖는다. Horn(1967, 1970, 1982)과 Cattell(1965)은 성인기의 지적 능력에서 결정성 지능(crystallized intelligence)과 유동성 지능(fluid intelligence)의 구분을 제안한다. 결정성 지능은 학교교육과 일상생활에서의 학습경험에 의존하는 정신능력을 반영하는 것으로 교육이나 문화적 배경 또는 기억에 의존한다. Denney(1982)는 이것을 '훈련된(excercised) 능력'이라고 부른다. 어휘력, 일반상식, 단어연상, 사회적 상황이나 갈등에 대한 반응으로써 결정성 지능을 측정한다(Horn, 1982).

유동성 지능은 '타고난 지능(native intelligence)'으로 생물학적으로 결정되며 경험이나 학습과는 무관하다. 유동성 지능은 새로운 정보를 처리하는 능력으로서 사전 지식이나 학습을 필요로 하지 않는다. 유동성 지능은 공간지각, 추상적 추론, 지각속도와 같은 검사로서 측정된다.

Horn과 Donaldson(1980)은 유동성 지능을 지능의 핵심이라고 보았으며, 이러한 핵심영역에서 지능상의 노화는 내리막길이라고 보았다. 유동성 지능은 새로운 문제를 해결하는 데 필요한 것으로 노년기에 쇠퇴하는데 이는 아마도 신경학적 손상 때문인 것으로 보인다.

Timothy A. Salthouse

반면, Schaie와 Baltes(1977)는 유동성 지능은 쇠퇴하나 결정성 지능은 노년기에도 그대로 유지되거나 심지어 증가한다고 보는 입장이다. 그들은 또한 새로운 능력, 즉 지혜와 같은 능력의 출현을 강조한다. 지혜는 책에서 배운 것, 전문지식, 실용적 지식 등 이 모든 것에 의존하지만 그 이상의 것이다. 지혜는 인생에 대한 깊은 통찰력과 어려운 인생문제에 대한 대처능력을 제공해 준다.

Salthouse(1982)는 노인들을 대상으로 웩슬러의 성인용 지능검사

를 실시하였다. 연구결과 어휘력은 70세까지 안정적이거나 증가하
였다. 상식문제에서는 연령에 따른 차이가 없었고, 이해력은
50~60세까지는 차이가 없다가 그 후 약간 감소하였다. 공통성문제
에서는 연령이 증가하면서 약간 감소하였고, 산수문제에서는 50세
까지는 비교적 안정적이다가 그 후 약간 감소하였다. 숫자문제에서
는 연령이 증가함에 따라 감소하였다.

Jay Belsky

　동작성 검사에서는 그와는 다른 양상을 보였는데 블록짜기와 그
림차례 맞추기는 일찍부터 감소하기 시작했다. 웩슬러의 언어성 검
사는 결정성 지능을 반영하고, 동작성 검사는 유동성 지능을 반영한
다. 일반적으로 유동성 지능은 50세 이후 급격히 감소하지만 결정성 지능은 70세까지
도 증가한다(Horn & Donaldson, 1980). 이와 같이 언어능력은 비교적 안정적인 반면,
비언어능력은 계속적으로 감소하는 양상을 노화의 고전적 양상(classic pattern of
aging)이라고 부른다(Belsky, 1990; Botwinick, 1984).

2. 자료수집의 방법

　자료수집의 방법 또한 노년기 인지변화에 영향을 미친다. 횡단적 연구, 종단적 연구,
순차적 연구의 연구결과를 살펴보기로 한다.

1) 횡단적 연구와 종단적 연구

　횡단적 연구와 종단적 연구는 성인기 인지변화에서 서로 다른 양상을 보여 준다. 횡
단적 연구결과에 의하면 지능은 아동기에 증가하여 청년기 또는 성년기에 절정에 달하
며, 중년기부터 감소하는 것으로 나타났다. 노년기에 지적 능력이 감소한다는 사실은
수많은 횡단적 연구결과 밝혀졌다. 예를 들면, 웩슬러의 성인용 지능검사를 사용하여
노년기의 지능을 측정한 결과 노인들이 젊은이들보다 점수가 낮은 것으로 보고되었다

Carl Eisdorfer

(Botwinick, 1977; Eisdorfer, 1963; Wechsler, 1958). 그러나 지능검사는 주로 학교에서 배우는 지식과 관련이 많으므로, 교육을 받지 못한 노인들의 지능을 측정하는 데에 적당하지 않다. 많은 노인들은 또한 검사에서 높은 점수를 받으려는 동기가 결여되어 있고, 관심도 별로 없으며 지루해한다. 반면, 젊은 성인들은 교육을 많이 받았을 뿐만 아니라 시험을 잘 보는 기술이 있다. 즉, 실제로 지식이 없다 하더라도 어느 것이 정답인지 선택하는 기술을 가지고 있다.

반면, 종단적 연구결과에 의하면, 지능은 50세까지 증가하며 60세 정도에서 안정되는 것으로 나타났다. Shay와 Roth(1992)의 종단연구에서, 동작성 지능은 연령증가에 따라 감소하지만 언어능력은 비교적 안정적인 것으로 나타났다. 시애틀 종단연구(Schaie, 1994)에서도, 단어유창성만이 50세에 감소하는 것으로 나타났다. 그 외는 25세와 비교했을 때 88세도 언어능력이 거의 감소하지 않았다.

그러나 횡단적 연구와 종단적 연구는 모두 결점이 있다. 횡단적 연구에서는 동시대 출생집단효과가, 종단적 연구에서는 피험자 탈락 현상 및 연습효과가 있다.

횡단적 연구결과 연령이 증가할수록 지적 능력이 떨어지는 것으로 나타났을 때 이 결과를 어떻게 해석할 것인가? 이 결과는 연령의 차이일 수도 있고, 동시대 출생집단효과(특정한 시대에서 함께 살아온 효과)라고 불리는 세대 간의 차이일 수도 있다. 즉, 보다 최근에 출생한 사람들은 부모나 조부모 세대보다 교육을 받을 기회가 많았기 때문에 이들의 우수한 지적 수행은 한 세대 전에 태어난 사람들보다 지적 능력을 더 발달시켰다는 의미일 수도 있다. 만약 그렇다면 횡단적 연구에 의해서 노인들의 지적 잠재력이 과소평가되었는지도 모른다.

성인기의 지적 변화에서 종단적 연구를 보다 낙관적으로 보이게 만드는 것이 피험자 탈락 현상이다. 건강하지 못하고, 동기가 부족하고, 지능검사에서 점수가 낮게 나온 사람들이 연구에서 탈락하는 경향이 있다. 즉, 종단적 연구가 진행됨에 따라 연구결과에 긍정적인 영향을 주는 사람들이 주로 남게 된다는 것이다. 결과적으로 노년기의 지적 변화에 관한 종단적 연구결과가 횡단적 연구결과보다 더 낙관적인 것으로 보이게 한다.

지적 능력에 관한 횡단적 연구결과와 종단적 연구결과의 차이는 또한 연습효과에 의해 설명될 수도 있다. 종단적 연구에서 피험자들은 같은 검사를 여러 번 받기 때문에 검사상황에 익숙해지거나 이전 검사에서 비슷한 문제를 어떻게 풀었는지를 기억함으로써 연습효과가 나타날 수 있다. 따라서 종단적 연구결과 적어도 50세까지는 지능이 감소하지 않는 것으로 보이는데 이것은 연습효과 때문일지 모른다.

2) 순차적 연구

횡단적 연구와 종단적 연구의 단점을 보완하기 위해 Schaie와 그의 동료들(1983, 1988, 1990b, 1994)은 순차적 연구를 실시하였는데 30년 이상 계속된 이 연구를 시애틀 종단연구라 부른다. 이 연구결과, 건강한 성인들은 대부분 60세까지 정신능력이 거의 손상되지 않았다. 평균적으로 볼 때 피험자들은 30대 말이나 40대 초까지도 지적 능력이 증가하였으며 50대 중반이나 60대 초반까지는 안정된 양상을 보였다. 70대가 되어서는 조금 감소하였고, 80대나 90대에 이르러 대부분의 지적 능력이 감소하였지만 이러한 감소도 단지 익숙하지 않고 매우 복잡하며 스트레스를 주는 상황에서만 그러하였다 (Schaie, 1990a, 1994, 2000, 2005).

K. Warner Schaie

이 연구에서 발견한 노년기 인지변화에 대한 몇 가지 결론은 다음과 같다.

① 변화의 다차원성: 모든 지적 능력에서 연령과 관련된 일정한 패턴은 없다. 어떤 능력은 25세경에 시작해서 성인기 내내 감소하지만 어떤 능력은 비교적 안정적이다(〈그림 5-1〉 참조). 새로운 문제와 상황을 다루는 능력인 유동성 지능은 연령과 함께 감소하지만 정보의 저장, 기술, 책략 등의 결정성 지능은 안정적이거나 오히려 증가하기도 한다.

② 개인차의 다양성: 지적 능력의 변화에서 개인차가 크다.

사진 설명: 노년기에도 계속해서 지적 활동을 하는 경우 높은 수준의 지적 능력을 유지할 수 있다.

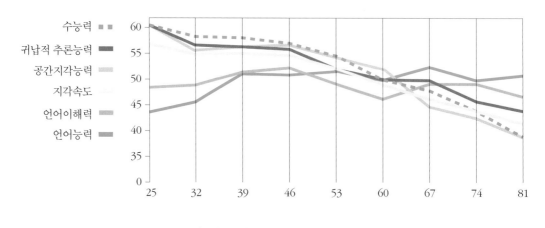

〈그림 5-1〉 연령과 지적 능력의 변화

출처: Schaie, K. W. (1994). The course of adult intellectual development. *American Psychologist, 49*, 304-313.

어떤 사람의 지적 능력은 30대에 쇠퇴하기 시작하나 어떤 사람의 지적 능력은 70
대까지 쇠퇴하지 않는다. 개인의 지능은 건강, 직업의 종류, 교육수준과 같은 요
인의 영향을 받는 것으로 보인다.

③ 문화적 · 환경적 영향: 노년기의 지적 능력 감소의 정도에 환경적 요인과 문화적
요인이 작용한다. 서로 다른 시대에 태어난 사람들은 서로 다른 종류의 인생경험
을 하기 때문에, 성숙한 다음에는 서로 다른 유형의 지적 기능을 보여 준다. 예를
들면, 보다 최근에 태어난 사람들은 대체로 공식적인 교육을 보다 많이 받았고,
텔레비전을 통한 정보에 더 많이 노출되었으며, 좀더 많은 검사를 받았다. 그리고
더 건강하며, 신체적인 노력보다는 사고에 의존하는 직업을 갖고 있는 경향이 있
다. 이 모든 요인들이 동시대 출생집단 간의 차이에 기여한다.

3. 지적 능력과 영향요인

노년기 지적 능력에 영향을 주는 요인들로는 교육수준, 직업수준, 불안수준, 건강상
태, 생활양식, 지적 능력의 급강하 현상 등이 있다.

1) 교육수준

일반적으로 연령과 교육수준 간에는 역상관 관계가 있다. 왜냐하면 나이가 많은 사람일수록 시대적 여건이 나빠 교육을 적게 받았기 때문이다. 그러므로 연령의 증가에 따른 지능의 쇠퇴는 사실상 교육수준의 영향이라고 볼 수 있다. 만일 교육수준을 통제한다면 연령과 지적 능력 사이의 역상관 관계가 감소할 것이다.

2) 직업수준

일반적으로 교육수준과 정적 상관이 있는 직업수준이 지적 능력에 영향을 미친다. 사고와 문제해결을 요하는 직업에서 여전히 인지능력을 활용하고 있는 노인들은 그렇지 못한 노인들보다 지능의 쇠퇴가 적게 일어난다. 특히, 문제해결의 재료가 자기 자신에게 익숙하고 항상 다루고 있는 것인 경우에는 익숙하지 못한 재료의 경우보다 지능의 쇠퇴가 적었다(Labouvie-Vief & Gonda, 1976; Poon & Fozard, 1978). 예를 들면, 변호사나 교사와 같이 언어기술을 요하는 직업의 경우 웩슬러의 언어성 검사점수가 높고, 건축가나 엔지니어와 같이 보다 추상적이고 유동성 기술을 요하는 직업의 경우 동작성 검사점수가 높았다.

3) 불안수준

불안은 지능검사점수에 부정적인 영향을 미친다. 특히, 노인들은 검사를 받는 상황에 익숙하지 않으며, 오랫동안 지능검사를 받지 않았기 때문에 불안해할 수 있다. 노인들은 문제를 풀 수 있는 자신의 능력에 대한 자신감이 적으며, 자기가 잘 못하리라는 예감은 자기실현적 예언이 될 수 있다. 또는 지능검사 자체가 그들에게는 별 의미가 없기 때문에 동기가 적을 수도 있다.

4) 건강상태

건강과 감각기능 또한 지적 능력에 영향을 미친다. 일반적으로 나이가 많을수록 여러 가지 건강문제가 발생한다. 따라서 노년기의 지적 능력 감소는 연령 그 자체보다는 건강과 관련된 요인일 가능성이 많다. 예를 들면, 동맥경화증으로 좁아진 혈관은 뇌의 혈액공급을 감소시키고, 그 후유증으로 심장병을 일으킬 수 있다. 악성 종양은 뇌와 다른 신체부위로 전이되거나 혈액순환에 지장을 초래할지도 모른다. 심장혈관 질환, 고혈압, 폐기종, 급성 전염병, 영양실조, 운동부족, 상해, 외과수술 등은 일시적으로 또는 영구적으로 뇌에 산소공급의 감소를 초래한다.

노인들은 보고 듣기가 어렵기 때문에 정보처리 과정이 젊은 사람보다 느리다(Schaie & Parr, 1981). 과제수행 또한 협응과 기민함이 부족하기 때문에 잘하지 못한다. 지적 수행에서의 속도감소는 노년기 신체적 수행에서의 속도감소와 유사하다. 이러한 감소는 노년기에 뇌와 중추신경계에서 일어나는 변화와 병행한다. 예를 들면, 정보처리 속도와 반응시간이 점차적으로 느려진다.

5) 생활양식

교육수준이 높고, 중산층 이상이며, 지적인 배우자와 함께 살고, 신체적 · 정신적으로 활동적인 생활양식을 가진 사람들은 지적 능력을 유지하거나 심지어 증가하는 것으로 보인다(Jarvik & Bank, 1983; Schaie, 1990a). 사회적 지위가 낮고, 활동이 거의 없으며, 생활만족도가 낮은 혼자된 여성노인의 경우 지적 능력이 크게 감소하는 것으로 나타났다(Gribbin, Schaie, & Parham, 1980; Schaie, 1984). 이러한 노인들은 혼자이고 사회생활에서 이탈된 것으로 보인다.

6) 지적 능력의 급강하 현상

노년기의 지적 능력에 영향을 미치는 또 다른 요인은 사망 직전의 지적 능력의 급강하 현상이다. Kleemeier(1962)의 주장에 의하면, 지적 능력의 감퇴는 사실상 사망 직전 5년 정도가 될 때라야 비로소 확실히 나타난다고 한다. 이것을 지적 능력의 최종적 급강하 가설(terminal drop hypothesis)이라고 부르는데, 이 가설에서는 생물학적 연령에 관한 하나의 새로운 지표를 얻을 수 있게 된다. 다시 말하면, 연령을 단순히 출생한 때로부터 계산하기보다는 지금 이 순간부터 사망까지가 몇 년 남았는가 하는 것이 중요한 의미를 갖는다는 것이다. 이와 같은 연령계산은 지적 능력이 감퇴하는 정도에 따라 어느 정도 예언이 가능한 것이다.

Kleemeier(1962)는 13명의 남자노인을 대상으로 12년에 걸쳐 그들의 지적 능력의 변화과정을 검사했는데, 지적 능력이 갑작스럽게 감퇴한 노인들이 능력감퇴가 적은 노인들에 비해 더 일찍 사망하는 것을 발견하였다. 곧 인지능력의 급강하 현상은 그의 사망이 멀지 않았음을 예언해 주는 지표가 될 수 있다. 물론 최종적 급강하 현상은 젊어서 죽는 사람들에게서도 나타나기 때문에 연령의 작용은 아니다. 그러나 그러한 현상은 노인들의 지적 능력의 평균 점수를 끌어내린다. 왜냐하면 노인들은 가까운 장래에 사망할 가능성이 더 많기 때문이다.

Richard N. White

Palmore와 Cleveland(1976)의 연구에서는 듀크 종단연구에 참여했으나 이미 고인이 된 178명의 남성을 대상으로 생전의 검사점수를 조사하였다. 연구결과 신체 기능에서는 주요한 감소가 있기는 했지만 급강하 현상의 징후는 전혀 없었다. 그러나 지능검사에서는 그 현상이 나타났다. 이들의 IQ는 사망하기 몇 년 전까지는 비교적 안정적이었으나 이 시점부터 급격히 감소하였다. 결정성 지능검사나 비속도검사(특히 어휘력)에서의 갑작스러운 감소는 죽음이 임박했음을 보여 준다. 그러나 유동성 지능검사나 속도검사에서의 감소는 보다 점진적이고 급강하 현상이 나타나지 않았다.

White와 Cunningham(1988)의 연구에서도 어휘력, 수리력, 지각속도 등에서 급강하 현상을 연구하였다. 연구결과 어휘력은 사망하기 몇 년 전에 급격히 감소하는 것으로 나타났다. 따라서 지적 능력의 급

William Randolph Cunningham

강하 현상은 일반적으로 연령에 거의 영향을 받지 않는 어휘력이나 그외 다른 언어능력을 크게 제한하는 것으로 보인다.

4. 기억

한 노인이 아내가 일러 준 몇 가지 물건을 사려고 슈퍼마켓에 갔다. 오렌지 주스와 상추 그리고 주방용 세제를 산 다음 그 노인은 아내가 사오라고 한 물건이 더 있는 것 같은데 그 것이 무엇인지 기억할 수 없었다. 할 수 없이 구입한 물건을 계산하려고 계산대 앞에 서 있는데 아는 사람이 그 옆을 지나갔다. 그런데 그 사람이 누구인지 그리고 이름이 무엇인지 도무지 기억이 나지 않았다. 계산을 하고 나와서 주차장으로 가는데 어디에 차를 주차해 놓았는지 기억이 나지 않았다. 한참을 헤매다가 겨우 차를 찾아서 타고 나오면서 그 노인은 혼자 중얼거렸다. "이제 모든 것이 도무지 기억이 나지 않는구먼!" 그리고는 혹시 자신이 치매에 걸린 것은 아닌지 걱정하기 시작했다.

노년기의 인지변화 중 가장 심각한 것이 기억력 감퇴이다(Poon, 1985). 노인들이 자신의 기억력 감퇴에 대해 어떻게 느끼며, 또 어떻게 대처하는가에 관한 연구가 행해졌다. 예를 들면, 한 종단연구에서 노인들로 하여금 자신의 기억력과 관련되는 경험을 일기에 적게 하였다. 노인들은 사람들의 이름, 약속시간, 사물이나 장소 등에 관하여 자신이 잊어버린 것을 기록하였고 이에 대해 매우 좌절감을 느끼는 것으로 나타났다

(Cavanaugh, Grady, & Perlmutter, 1983). 이것은 어쩌면 노인들이 학습상황이나 검사상황에서 자신감을 상실하는 이유가 될지 모른다. 결과적으로 이것은 수행에 부정적 영향을 가져온다. 사실 노인들은 회상이나 재인검사에서 젊은이들보다 자신의 답에 확신을 덜 갖는다(Bahrick, Bahrick, & Wittlinger, 1975).

H. P. Bahrick

그러나 다른 측면에서와 마찬가지로 기억에서도 노인들의 기능은 매우 다양하다. 그 이유를 이해하기 위해서는 기억이라고 불리는 단일한 능력은 없다는 점을 염두에 둘 필요가 있다. 여기서는 노년기 연구를 중심으로 부호화, 저장, 인출 이 세 가지 과정을 살펴보기로 한다.

1) 부호화 과정

정보를 부호화하는 최선의 방법은 기억재료를 적절히 조직하는 것이다. 기억재료를 체계적으로 잘 정리해 두면 그것이 필요할 때 찾는 일이 쉬워진다. 만약 기억재료가 아무 체계없이 들어온 순서대로 저장된다면 나중에 필요할 때 인출하는 데 큰 어려움을 겪게 될 것이다. 여러 연구결과 많은 노인들이 나중의 인출을 위해 정보를 잘 조직하지 못하는 것으로 나타났다(Bückman, Mantyla, & Herlitz, 1990; Craik & Jennings, 1992). 젊은이와 노인들을 두 집단에 무작위 할당하여 단어 리스트를 외우게 하였다. 각 리스트는 의미의 유사성(예: 대양과 바다)이나 관계성(예: 피아노와 음악)에 따라 여러 개의 묶음으로 구성되어 있었다. 한 집단에게는 가능한 한 많은 단어를 외우도록 지시하였고, 또 다른 집단에게는 관계된 단어끼리 범주별로 조직하여 외우도록 지시하였다. 노인들의 경우 조직적 책략(organizational strategy)을 지시받은 집단에서 더 나은 수행을 하였다. 젊은이들은 그런 지시를 받았든 받지 않았든 스스로 그러한 책략을 사용하였다. 이 과제에서 몇 개의 단어를 회상하느냐 하는 것

Timo Mantyla

Fergus I. Craik

은 피험자가 단어 리스트를 조직하는 정도와 연관이 있기 때문에, 조직적 책략 지시를 받은 집단에서 기억수행에서의 연령 차이가 감소하였다.

2) 저장 과정

저장 과정은 다시 감각기억(sensory memory), 단기기억(short-term memory), 장기기억(long-term memory)의 세 과정으로 나뉜다.

(1) 감각기억

Leonard W. Poon

노인의 시각기억에 관한 연구에서는 연령차이가 거의 없는 것으로 보이며(Cerella, Poon, & Fozard, 1982; Walsh, Till, & Williams, 1978), 청각기억에 관해서는 연구가 거의 없는 실정이다(Crowder, 1980). 노인들은 시력과 청력이 떨어지기 때문에 잘 지각하지는 못하지만 일단 지각된 것(예를 들면, 전화번호부의 전화번호)은 젊은 성인과 마찬가지로 좋은 감각기억을 갖는다(Craik, 1977; Labouvie-Vief & Schell, 1982).

James L. Fozard

(2) 단기기억

단기기억에는 연령에 따른 감소가 있다. 노인들은 단기기억에서 기억하는 숫자나 단어 등의 자료가 훨씬 적다(Craik & Jennings, 1992). 그러나 지능검사나 일반적인 인지검사에 의하면 중년기나 노년 초기의 단기기억의 감소 폭은 그리 크지 않아 일상생활을 영위하는 데 큰 문제가 없다. 단기기억에 관한 대부분의 연구결과는 연령 차이가 별로 없음을 보여 주고 있다. 예를 들면, 한 연구(Botwinick & Storandt, 1974)에서 20~30대는 6~7개 글자를 기억하는 반면, 70대는 5.5개 글자를 기억하는 것으로 나타났는데, 그 차이는 단기기억의 감소된 능력 때문이라기보다는 반응시간이 더 걸리는 이유 때문인지 모른다.

그러나 또 다른 연구에 의하면 특별한 순서로 습득된 정보를 가려내는 능력에서는 연령에 따른 감소도 발견되었다(Dobbs & Rule, 1989).

(3) 장기기억

장기기억에서는 연령차가 큰 것으로 보인다(Poon, 1985). 단기기억 저장체계의 용량이 넘으면 그 정보를 장기기억 저장으로 전이해야 한다. 그렇지 않으면 곧 잊어버린다. 이 과정의 어딘가에서 노인들이 어려움을 겪는 것으로 보인다. 연구자들 간의 논쟁은 구체적으로 이 과정 어디에 문제가 있는가 하는 것이다. 부호화 과정인가 아니면 인출 과정에 문제가 있는 것인가? 답은 둘 다인 것으로 보인다(Craik & Jennings, 1992; Poon, 1985).

3) 인출 과정

인출 과정은 확실히 연령이 증가하면서 느려진다(Craik & Jennings, 1992; Madden, 1992). 그러나 속도 이상의 어떤 것이 여기에 관련되는 것으로 보인다. 노인들은 재인의 경우 느리기는 하지만 젊은 성인만큼 잘 해낸다. 그러나 회상의 경우는 다르다. 노인들에게 일련의 단어를 제시하고 학습하게 한 다음 잠시 후에 어떤 특정 단어가 그 리스트에 있었는지 없었는지를 물어보면 잘 알아맞힌다. 그러나 그 리스트에 있던 단어들을 가능한 한 많이 말해보라고 하면 잘 맞히지 못한다(Labouvie-Vief & Schell, 1982). 이와 같은 결과는 노인들이 '알기'는 하지만, 빨리 그것을 기억해 내지 못할 뿐이고, 만약 힌트를 주거나 나중에 그것에 대해 기억을 환기시키면 기억할 수 있다는 것을 말해 준다.

노인들이 왜 장기기억으로부터 정보를 인출하는 데 문제가 있는지를 설명하는 몇 가지 이론이 있다. 한 가지 가능한 설명은 정보를 사용하지 않으면 상실한다는 '불용설(不用說)' 이론이다. 이 이론은 어떤 정보를 사용하지 않으면 그 정보는 사라져 버린다는 것이다. 그러나 이 설명은 많은 사실들이 노인의 기억 깊은 곳에 저장되어 있다가 오랫동안 사용하지 않아도 나중에 잘 인출해 낼 수 있다는 데서 볼 수 있듯이 설득력이 없다.

폭넓게 수용되는 또 다른 설명은 새로운 정보가 몇 년간 저장된 다른 정보와 충돌한다는 것이다. 노인이 새로운 정보를 학습하고자 할 때 방해를 받으면 새로운 정보를 기억 속에 저장하지 못한다. 인출을 잘하지 못하는 것은 학습단계에서 일어난 이러한 장애와 인출단계에서 찾으려는 정보와 유사한 새로운 정보가 충돌을 일으키기 때문이다.

〈그림 5-2〉는 기억에 관한 정보처리과정 모델이다. 이 모델은 학습과 기억이 어떤 과정을 통해 이루어지는가를 이해하기 위한 구조를 보여 준다. 학습은 감각기억과 단기기억을 통해 습득된 정보가 장기기억에 저장될 때에 발생한다(Hooyman & Kiyak, 2005).

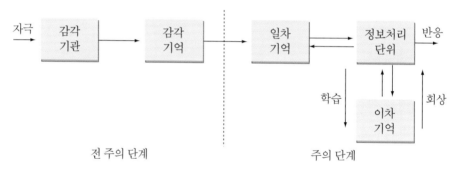

〈그림 5-2〉 정보처리과정 모델

사교모임에서 처음 만난 사람의 이름을 학습하는 경험을 예로 들어 보자. 감각기억은 다른 사람들이 그 사람의 이름을 부르는 것을 몇 번 듣고 그리고 그 사람의 얼굴을 보고서 그 이름과 연결시키게 해 준다. 단기기억은 그 정보를 일시적으로 저장하거나 아니면 그 정보를 장기기억으로 넘긴다. 그 이름을 여러 번 자기 마음속으로 반복해서 불러 보거나, 그 사람의 신체적 특징을 찾아내어 그 이름과 연관 짓거나, 그 이름과 비슷한 이름을 가진 다른 사람과 그 이름을 연관 짓기도 한다. 이때 장기기억으로부터의 정보는 새로운 정보와 연관을 짓게 된다. 이것은 유용한 방법인데 장기기억 속의 재료는 영원한 것이고, 이 새로운 정보를 잘 학습된 정보와 연관 지음으로써 저장을 잘하게 되고, 저장을 잘하면 나중에 필요할 때 회상도 잘할 수 있기 때문이다.

인지과정의 어느 단계에서든지 새로이 획득한 정보가 상실될 수 있다. 만약 감각기억이 유사한 정보로 넘쳐날 경우 정보상실이 발생할 수 있다. 예를 들어, 새로운 사람을 너무 많이 소개받게 되면 그 사람들의 이름을 일일이 다 기억하는 것이 불가능하다.

단기기억 단계에서도 정보를 잃을 수가 있는데 방금 들은 이름을 외우려고 애쓰고 있는데 다른 사람이 나타난다거나, 아니면 자기를 찾는 전화가 걸려 온다거나 해서 주의가 산만해지면 새로운 이름을 장기기억으로 넘길 수 없게 된다.

학습과정은 또한 장기기억으로부터 정보를 효율적으로 인출하지 못함으로써 장애가 발생하기도 한다. 예를 들면, 방금 새로 들은 이름을 전에 알던 사람과 연관 지었는데 장기기억으로부터 그 사람의 이름을 인출할 수 없을 때에 발생한다. 우리는 어떤 사람의 이름이 입가에서만 맴돌고 그 정확한 이름은 생각이 나지 않는 경우를 경험한 적이 있을 것이다(사진 참조).

앞에서 보았듯이 노화는 감각기억과 단기기억에서 정보처리의 효율성을 감소시키고 장기기억으로부터의 인출을 어렵게 만든다. 노화는 단기기억이나 장기기억의 저장능력에 영향을 미치는 것이 아니라 정보처리과정에 영향을 미친다.

"자네, 오랜만일세! 어떻게 지내는가?"

"아니, 이게 누군가? 그동안 잘 지냈는가?"

4) 최근 기억과 옛날 기억

Joan T. Erber

노화와 기억력에서 상당한 논란을 불러일으키는 것은 노인들이 과거 오래전에 일어났던 일을 최근에 일어난 일보다 어떻게 더 잘 기억하는가 하는 문제이다. 많은 사람들이 노인들은 최근에 일어난 일은 기억을 잘하지 못해도 오래전에 일어난 일은 매우 자세하게 기억한다고 믿고 있다(Bahrick, 1984; Camp & McKitrick, 1989; Erber, 1981). 예를 들면, 한 여성노인이 데이트를 처음 한 날의 기억을 "마치 그것은 어제 일과도 같아요"라고 말하면서 정작 어제 일은 전혀 기억하지 못하는 경우이다.

일반적으로 어떤 사건에 대한 기억은 사건이 일어난 바로 다음에 가장 잘 기억하고 그 후로는 감소한다. 그러나 잊어버리는 양의 정도는 시간에 비례하지 않는다. 첫 몇 년간의 망각의 정도가 가장 심하다. 재인기억은 회상기억보다 천천히 감소한다. 노인들의 경우 오래된 옛날 일을 아주 잘 기억하기는 하지만 최근에 일어난 일보다 더 잘 기억하는 것은 아니다(Erber, 1981).

우리나라 노인들을 대상으로 자연스러운 분위기에서 노인들의 자발적인 대화를 분석하여 대화 중 어느 시점(과거, 현재, 미래)에 대한 시간의 투자가 가장 많은가를 알아보고, 회상이 어떤 기능을 갖는가를 알아본 연구가 있다(남순현, 1990). 대화의 내용을 분석한 결과, 노인들은 먼 과거보다는 현재와 관련된 화제에 더 많은 시간을 투자하며, 회상의 기능 중에서 이야기하기 및 정보교환을 가장 많이 하는 것으로 나타났다.

왜 노인들은 최근의 일보다 옛날 일을 더 잘 기억하는가? 노인들은 자녀의 출생, 자신의 결혼식, 부모나 배우자와의 사별 등에 대해 40~50년 전 일도 매우 상세하게 잘 기억한다. 이는 어쩌면 옛날 일에 대한 강렬한 기억과 좀더 희미하게 부호화된 최근의 일을 비교하기 때문일지 모른다(Erber, 1981). 최근의 일은 주의산만, 흥미부족, 능력감소, 그 외 다른 이유로 인해 부호화가 잘못되었을 수 있다. 옛날 일은 개인적으로 매우 의미 있는 일로서 마음속으로 수천 번 재현해 본 결과 매우 강렬한 기억으로 남아 있을 수 있다(Brown & Kulick, 1977). 아니면 제2차 세계대전이나 케네디 대통령의 암살사건 등과 같이 세계 역사에 큰 영향을 주는 사건이기 때문일 수도 있다.

또 다른 가능한 설명은 옛날 일을 기억하는 데 사용되었던 단서(cue)가 최근의 일을 기억하는 데는 '단서과부화(cue-overloaded)' 현상으로 인해 덜 효율적으로 되기 때문이다(Schonfield & Stones, 1979). 즉, 옛날 일을 회상하는 데 유용했던 단서가 최근의 일을 회상하는 데도 역시 사용되지만 그 단서는 지난 일과 강한 연관을 갖고 있어 새로운 정보를 인출하는 과정을 어렵게 만든다. 예를 들면, 노인들이 과거에 전화번호를 외울 때에 사용했던 단서가 옛날 전화번호와 강한 연관이 있어 새로운 전화번호를 외우려고 할 때에는 별로 도움이 안 된다.

5) 미래기억

우리는 과거에 학습한 정보나 경험을 기억하는 것과 마찬가지로 의도한 행위를 실제로 수행하기 위하여 해야 할 일을 기억할 필요가 있는데, 이런 유형의 기억을 미래기억(prospective memory)이라 한다(Guynn, McDaniel, & Einstein, 1998). 예를 들면, 전기료와 같은 각종 세금을 제때에 내는 것, 매 4시간마다 약을 복용하는 것, 친구에게 메시지를 전달하는 것을 기억하는 것 등이 미래기억에 해당한다. 이런 기억들은 친숙한 얼굴을 알아보거나 사고의 구체적인 내용을 회상하거나 각국의 수도 이름을 알아맞히는 것 등과 같은 과거기억(retrospective memory)과는 대비되는 기억이다(Maylor, 1996).

과거기억은 과거에 경험한 사건들을 기억하는 것과 관련이 있지만, 미래기억은 미래 행위에 대한 기억이다. 미래기억은 행위에 대한 계획과 행위의 수행에 대한 기억도 포함하고 있다. 대부분의 경우 계획된 행위는 특정 시간이나 어떤 제한된 시간 내에 수행되어야 하기 때문에 미래기억은 행위를 수행하는 시점을 기억하는 것과도 관련이 있다.

미래기억은 과거기억과 마찬가지로 노인들의 삶에서 중요한 부분을 차지하고 있다. 정해진 시간에 약을 복용하는 것을 기억하는 것이나, 가스불을 끄는 것을 기억하는 것이나, 예약된 시간에 병원에 진료를 받으러 가는 것을 기억하는 것 등은 노인들에게는 매우 중요한 일상적 기억이라 할 수 있다(이종형, 진영선, 박민, 2001).

특히 미래기억 활동들은 사회적 상호작용에 있어서 대단히 중요하다. 왜냐하면 어떤

Jerker Rönnberg

사람이 과거 사건을 망각했을 때 그 사람은 신뢰할 수 없는 기억을 가지고 있는 사람으로 간주되지만, 그가 미래의 의무를 수행하기로 약속한 것을 잊어버렸다면, 그는 신뢰할 수 없는 사람으로 간주되기 때문이다(Johansson, Andersson, & Rönnberg, 2000).

탈장수술을 받은 지 8개월이 지난 후 환자가 복부에 심한 통증과 메스꺼움을 호소하여 환자의 복부를 스캔(scan)하였더니 16cm짜리 외과수술용 겸자(clamp)가 보였다. 환자를 살리고자 했던 외과수술팀의 최선의 노력에도 불구하고 그들은 겸자를 제거하는 것을 잊었던 것이다(Einstein & McDaniel, 2005, p. 286).

위의 사례는 미래기억 혹은 의도한 행동을 수행하는 것을 기억하지 못한 실제 상황을 재연한 것이다. 위의 사례가 미래기억이 실패한 경우의 치명적인 결과만을 강조했다 하더라도, 중요한 것은 우리의 일상생활이 미래기억을 요구하는 수많은 상황들로 넘쳐나고 가득 차 있다는 것이다. 관리업무활동(예: 아침에 필요한 서류를 챙기는 것)에서부터 사회적 관계를 조율하는 것(예: 모임에 아이들을 데리고 가기), 건강과 관련된 요구들을 처리하는 것(예: 약 복용을 잊지 않는 것)까지 유용한 미래기억은 중요한 것이다(Einstein & McDaniel, 2005).

미래기억은 사건의존기억(event-based memory)과 시간의존기억(time-based memory)으로 구분된다(Einstein & McDaniel, 1990). 사건의존 미래기억은 특정 사건이 발생할 때 어떤 행위를 수행해야 한다는 것을 기억하는 것으로 여기에는 기억을 촉진하는 외적 단서가 필요하다. 친구의 얼굴을 보고서야 그에게 온 전화 메시지를 전해주는 경우나 저녁식사 때 약을 먹어야 하는 것을 기억하는 경우 등이 이에 해당한다. 반면에, 시간의존 미래기억은 일정 시간이 경과한 후에 수행해야 하는 행위에 대한 기억이다. 예를 들어, 10분 후에 가스불을 끄는 것을 기억하는 경우나 오후 2시에 치과에 가기로 한 약속을 기억하는 경우 등이 이에 해당된다. 이처럼 시간의존 미래기억은 외적 단서 없이 스스로 기억을 해내야만 하는 것이다. 따라서 사건의존 미래기억에서보다 시간의존 미래기억에서 연령효과가 더 클 것으로 예상된다.

실제로 Einstein, McDaniel, Richardson, Guynn과 Cunfer(1995)의 연구에서 노인들이 사건의존 미래기억에서는 결손을 보이지 않았지만 시간의존 미래기억에서는 저조한 수행을 보였음을 확인하였다. 이 연구에서 노인집단, 중년집단 그리고 청년집단이 시간의존 과제에서 특정 시간(매 5분마다: 5분, 10분, 15분, 20분, 25분, 30분)마다 컴퓨터의 키보드를 누르도록 요구받았고, 사건의존 과제에서는 특정 단어(대통령)가 나타날 때마다 특정 키를 누르도록 요구받았다. 연구결과, 사건의존 과제에서는 연령집단 간에 수행의 차이가 나타나지 않았지만, 시간의존 과제에서는 노인집단이 청년집단이나 중년집단보다 미래기억을 잘 수행하지 못하는 것으로 나타났다. 또한 시간의존 과제에서 표적 시간에 근접하는 동안 시계를 모니터 한 횟수도 청년집단과 중년집단이 노인집단보다 더 많은 것으로 나타났다(〈그림 5-3〉 참조). 그리고 표적시간에 근접할수록 연령집단 간 모니터링 횟수의 차이도 더욱 커지는 것으로 나타났다. 이러한 결과는 미래기억에서 연령과 관련된 감소가 있는지를 알아보는 데 외적 단서가 중요한 요인이 된다는 것을 암시한다.

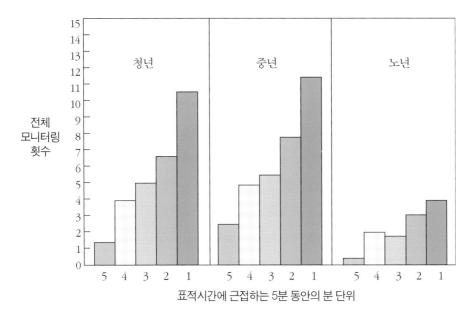

〈그림 5-3〉 집단별(청년, 중년, 노인) 표적시간에 근접하는 5분 동안의 모니터링 횟수

6) 기억력 감퇴와 영향요인

(1) 생물학적 요인

Marilyn Albert

Edith Kaplan

생물학적 접근법에 따르면 기억력 감퇴는 뇌와 신체노화의 결과라고 한다. 예를 들면, 일차적 기억의 감소는 대뇌의 전두엽의 노화와 관련이 있다(Albert & Kaplan, 1980; Poon, 1985). 즉, 뇌의 뉴런의 수가 감소한다는 것이다. 20~80세 사이에 전두엽 피질(prefrontal cortex)의 뉴런의 17%가 손실된다. 그러나 많은 종류의 기억력 감퇴는 생물학적 노화와 상관없이 많은 노인들에게 발생한다. 요약하면, 생물학적 요인만으로는 건강상태가 좋은 노인들에게 일어나는 기억력 감퇴를 설명할 수 없다.

(2) 정보처리의 결함 요인

Marilyn Hartman

Lynn Hasher

노년기의 기억력 감퇴에 대한 또 다른 설명은 생활양식이나 동기부족과 같은 환경적 요인이 아니라 정보처리 능력에서의 변화 때문이라는 것이다. 예를 들면, 우리가 노년기에 도달하면 불필요한 정보나 생각을 차단하는 능력이 감소하는데, 이 불필요한 정보나 생각은 성공적인 문제해결에 장애가 된다. 정보처리 속도 또한 감소하는데 이것은 노년기 기억력 감퇴를 초래한다(Hartman & Hasher, 1991; Salthouse, 1991). 정보처리 결함에 대한 접근법에 의하면, 기억력 감퇴는 주의집중 능력에서의 변화와 기억력과 관련되는 과제를 조직화하는 능력의 변화 때문이라고 한다. 이 견해에 따르면 노인들은 젊은이들보다 집중력이 떨어지고, 적절한 자극에 주의를 기울이는 것이 힘들며, 기억재료를 조직하는 능력이 감소한다. 게다가 노인들은 기억으로부터 정보를 인출하는 과정에서 덜 효율적인 방법을 사용한다. 이러한 정보처리 결함은 결과적으로 회상기억의 감소를 초래한다(Craik, 1984, 1994; Light, 1991; Poon, 1985).

(3) 환경적 요인

기억력 감퇴의 원인이 되는 환경적 요인이 노년기에 많이 발생한다. 기억력에 방해가 되는 약을 복용하는 경우가 많기 때문에, 기억력 저하는 어쩌면 연령 그 자체보다는 복용하는 약 때문일지 모른다. 또한 기억력 감퇴는 때로 노년기 생활의 변화가 그 원인일 수 있다. 예를 들면, 은퇴하여 더 이상 지적 자극을 주는 일에 종사하지 않음으로써 기억력을 활용할 기회가 적어진다. 또한 정보를 기억해야 할 동기가 적어진다.

사진 설명: 컴퓨터를 사용함으로써 노년기 기억력 감퇴를 늦출 수 있다.

5. 문제해결 능력

문제해결이란 갈등상황에서 해결책을 찾아내는 복잡한 과정을 일컫는다. 만약 가스레인지에 불이 들어오지 않으면 그 원인이 무엇인지에 대해 알아보고, 가능한 해결책을 찾는 모든 과정이 다 문제해결이다. 문제해결 능력은 기억력과 매우 유사한 양상을 보인다. 즉, 문제해결 능력은 문제의 종류에 따라 차이는 있지만 연령이 증가하면서 감소한다.

추상적인 문제해결 능력은 성년기에 감소하지만, 현실적이고 실제적인 문제해결 능력은 중년기에 절정에 달한다. 한 연구(Denney & Palmer, 1981)에서 20세에서 79세 사이의 84명 성인들을 대상으로 두 가지 종류의 문제를 제시하였다. 그중 하나는 '스무고개' 놀이와 비슷한 것으로 지능검사의 기존과제와도 상당히 비슷한 것이다. 피험자들에게 흔히 있는 사물들을 그린 그림 42가지를 "예"나 "아니요"의 대답이 나오도록 질문을 하면서, 실험자가 그중 어떤 것을 생각하고 있는지 알아맞히도록 하는 것이다. 점수는 정답을 맞히기까지 질문을 몇 번 했는가와 한 가지보다는(예를 들면, "그것은 개입니까?") 한 번에 한 개 이상을 고려한 질문(예를 들면, "그것은 동물입니까?")의 비율에 근거하였다(〈그림 5-4〉 참조).

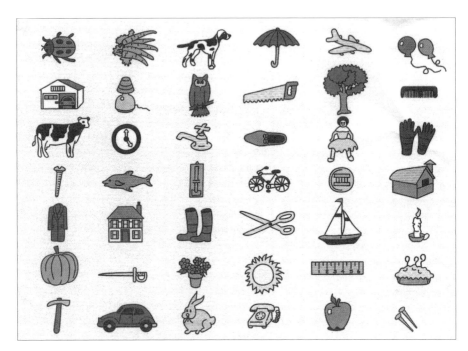

〈그림 5-4〉 스무고개 놀이

또 다른 문제는 실생활의 여러 상황에서 어떻게 할 것인가를 질문하는 것이다. "지하실이 물에 잠겼다." "냉장고가 고장이다." "차 앞바퀴가 냇물에 빠졌다(사진 참조)." "눈보라 때문에 차 속에서 꼼짝 못하고 있다." "여덟 살 된 아이가 학교 갔다 집에 올 시간이 1시간 반이나 지났다." "세일즈맨에게서 구입한 진공청소기가 2주 만에 고장이 났다." 이런 경우 어떻게 할 것인가에 대한 해결안의 점수는 다른 사람들의 도움보다는 자기 자신이 스스로 문제를 해결하는 정도에 따라 산출되었다.

연구결과는 성인의 지능에 대해 우리가 생각해 왔던 중요한 점을 확인시켜 주었다. 피험자의 나

사진 설명: 상황 장면(예: "차 앞바퀴가 냇물에 빠졌다")을 제시한 후 문제해결 능력을 탐색한다.

이가 많을수록 '스무고개'에서는 잘하지 못하였다. 그러나 실제적인 문제를 가장 잘 해결한 사람들은 40대와 50대의 중년들로서 일상생활의 경험에 근거하여 대답을 한 사람들이었다. 즉, 중년기 사람들은 일상적인 문제를 해결한 경험이 많기 때문에, 현실 적이고 실제적인 문제해결 능력이 중년기에 높게 나타난 것으로 보인다(Morrow, Leirer, Altieri, & Fitzsimons, 1994).

그러나 노년기에는 문제해결 능력이 확실히 감소하는 것으로 나타났다. Denney (1989)는 65세 이상 노인들에게 그들이 실제 생활에서 직면하는 문제가 무엇인지를 질 문하였다. 다음 글은 노인들 스스로가 제시한 문제들 중의 하나이다.

> 67세 된 남자 노인이 의사로부터 심장상태가 좋지 않으니 무리하지 말라는 말을 들었 다. 그때는 여름이었고 노인의 잔디밭은 풀이 무성했지만 돈을 주고 잔디 깎는 사람을 살 형편은 못 되었다. 이 경우에 그 노인은 어떻게 해야 할 것인가?(Denney & Pearce, 1989, p. 439)

Denney는 20에서 79세 사이의 사람들에게 이와 유사한 10가지 문제상황을 제시하 고서 피험자들이 제시한 해결책의 안전성과 효율성으로 문제해결 능력을 평가하였다. 연구결과 30~50세가 점수가 가장 높았고, 50세 이상이 점수가 가장 낮은 것으로 나타 났다(Denney & Pearce, 1989; Denney, Tozier, & Schlotthauer, 1992). 이와 같은 결과는 교육수준을 통제했을 때에도 마찬가지였다. 또 다른 연구(Light, 1992)에서는 노인들은 다른 사람들이 제시한 '좋은' 문제해결 방안을 알아보는 것은 잘 했지만, 문제가 실제 생활과 유사한 경우라도 스스로 해결방안을 찾아내지는 못하였다. 그러나 노인들이 문제해결이 느리고 덜 효율적이라는 사실은 그들 이 무능력하다는 것을 의미하지는 않는다. Willis(1996)의 연구에서 대다수 노인들은 대부분의 일상적인 문제를 잘 해결하는 것으로 나 타났다.

한 연구(Diehl, Willis, & Schaie, 1995)에서는 노인들의 문제해결 접근법에서 몇 가지 재미있는 특성을 발견하였는데 그 내용은 다음 과 같다.

Sherry L. Willis

(1) 조심성

Jack Botwinick

"실행하기 전에 잘 생각하라(Look before you leap)"는 속담은 노인들이 어떤 과제에 직면했을 때 그들 마음속에 일어나는 일을 가장 잘 묘사한 것이다. 노인들은 추측하는 것을 싫어한다. 그래서 답을 잘 모를 때에는 아예 답을 하지 않는다. 반면, 젊은이들은 틀리는 한이 있더라도 추측해서 답을 한다(Heyn, Barry, & Pollack, 1978). 그리고 노인들은 속도보다는 정확성을 중요시하며(Botwinick, 1984; Smith & Brewer, 1995), 위험을 감수하지 않는다(Labouvie-Vief, 1985). 이것은 일상생활에서도 나타나는데, 노인들은 궂은 날씨에 운전하기를 싫어하고, 새로운 것에 투자하지 않으며, 새로운 음식을 싫어한다. 이러한 행동은 기능적일 수도 있다. 왜냐하면 노인들은 자신의 감각기제와 운동기제가 더 이상 효율적이지 않음을 깨닫고, 돈을 한 번 잃으면 다시 만회하기가 쉽지 않고, 인생에서 실수가 초래하는 결과가 엄청나다는 것을 알기 때문이다. 조심성은 노화과정에서 볼 수 있는 합리적인 반응일 수 있다(Okun, 1976).

(2) 융통성과 경직성

노인들은 문제를 해결함에 있어 경직되어 보인다. 많은 연구에서 노인들은 문제를 해결할 때 책략을 바꾸어야 할 때조차도 썩 내키지 않아 했다(Salthouse, 1982). 노인들은 또한 융통성이 없는 것으로 보이는데, 이는 어쩌면 노인들이 익숙한 방법으로 일을 처리하는 것이 더 안전하다고 느끼기 때문일지 모른다.

(3) 추상적 문제와 구체적 문제

누구든지 무의미하고 추상적인 문제보다는 의미 있고 구체적인 문제를 더 잘 해결한다. 이것은 부분적으로 흥미와 동기의 차이로서 설명될 수 있다. 왜냐하면 과제가 의미 있고 구체적이면 동기수준이 높아지기 때문이다. 노인들에게 구체적인 문제가 제시되었을 때, 젊은이들보다는 못하지만, 추상적인 문제가 제시되었을 때보다 문제해결을 더 잘했다(Labouvie-Vief, 1985).

(4) 가설과 개념의 형성

노인들은 개념과 가설을 형성하는 데 시간이 오래 걸린다(West, Odom, & Aschkenasy, 1978). 노인들은 추상적 해석을 내리는 데 곤란을 겪고 유사한 특성들을 묶어내는 데 어려움을 느낀다(Albert, Wolfe, & Lafleche, 1990). 그 어려움은 70세 이후가 되면 특히 심한데, 기억이나 지능수준과는 상관이 없고 연령과 관련이 있는 능력저하가 일어나는 것 같다. 노인들은 인지적 융통성이 부족한 것으로 보인다. 즉, 문제를 분석함에 있어서 훨씬 경직되어 있다. 노인들은 또한 문제를 해결함에 있어 가장 적절하고 효율적인 책략을 사용하지 못하는 것 같다(Salthouse, 1982).

(5) 정보탐색

어떤 의사결정(예를 들면, 어떤 의학적 처치가 최선인지에 대한 의사결정)을 내려야 할 때 노인들은 정보탐색을 덜 한다. 그리고 젊은이들만큼 세부적인 것에 주의를 기울이지 않는다(Sinnott, 1989). 자신의 경험에 더 많이 의존하고 의사결정 과정에 에너지를 덜 소모한다(Streufert, Pogash, Piasecki, & Post, 1990). 노인들은 소량의 정보를 가지고 결정에 도달하지만 가끔 젊은이들이 내린 결정과 유사하다. 한 연구(Meyer, Russo, & Talbot, 1995)에서 18~88세 여성들에게 유방암에 걸린 여성이 어떤 치료를 받기로 결정해야 할 것인지 물어보았다. 노인들이 정보탐색은 덜 했지만 그들이 내린 결정은 젊은 여

Jan D. Sinnott

성들과 유사했다. 즉, 노인들은 소량의 정보를 가지고 있기 때문에 덜 체계적이기는 하지만 내린 결론은 유사했다.

노인들은 자신의 문제해결 능력에 대해 스스로 어떻게 생각하는가? 한 연구(Denney & Palmer, 1981)에서 76%는 연령과 함께 증가한다고 보았고, 20%는 변화가 없다고 보았으며, 4%만이 감소한다고 보았다. 실험실 연구결과는 그와 반대라는 사실을 제시했을 때 대다수가 일상적으로 해결해야 할 문제들은 실험실 과제와 다르다고 진술하였다. 대부분의 노인들은 자신의 일상적인 문제해결 능력에 대해 긍정적인 견해를 갖고 있었다.

6. 창의성

1) 창의성의 개념

창의성은 지능과 마찬가지로 개념정의를 하기가 매우 어렵지만, 일반적으로 창의성은 참신하고 색다른 방법으로 사고하고, 독특한 해결책을 생각해 낼 수 있는 능력으로 정의된다. 화가나 과학자와 같이 창의적인 사람들에게 그들이 독특한 방법으로 문제를 해결하는 비결이 무엇이냐고 물었을 때, 그들은 언뜻 보기에 관계가 없는 것들 간에 유사점을 찾아내는 능력이라고 대답하였다.

창의성은 돌연한 직관을 수반한다고 일반적으로 생각하고 있다. 그러나 많은 전문가들은 창의성이 마법의 샘물에서 솟아나오는 그런 것이 아니라는 데에 동의한다. 돌연한 직관 같은 것은 창의성의 아주 일부분이고, 일생을 통해서 계속되는 꾸준한 노력의 결과가 창의적 활동으로 나타난다(Curran, 1997).

Joy Guilford

Guilford(1967)는 창의성을 확산적 사고(divergent thinking)와 밀접한 연관이 있다고 한다. 확산적 사고는 하나의 문제에 대해 여러 가지 다른 해답을 할 수 있는 사고로, 하나의 정답을 유도하는 사고인 수렴적 사고(convergent thinking)와 대조를 이룬다.

Rebok(1987)에 의하면 확산적 사고는 창의성의 필요조건이지만 충분조건은 아니라고 한다. 창의성은 얼마간 특정 영역에서 일정 양의 지식을 소유하는 것에 달려 있다. 예를 들면, 어떤 사람이 작곡에 대한 지식이 충분하지 않다면 그가 훌륭한 작곡가가 되기는 어렵다고 보는 것이 그것이다. 창의성에 관한 연구는 개인의 사고양식뿐만 아니라 특정 영역 내에서 개인이 소유하고 있는 지식의 정도도 함께 측정해야 한다. 이 제안은 성인기 창의성을 이해하는 데 특히 중요하다. 왜냐하면 연령이 증가하면서 경험이나 활동을 통하여 상당한 정도의 지식이 습득되기 때문이다.

Wallach와 Kogan(1967)은 창의성 연구에서 예술계, 과학계에서 매우 창의적이라고 평가받는 사람들을 대상으로 무엇이 그들로 하여금 창의적 작품을 만들어내게 하는지 자기분석을 해 보도록 한 결과, 그들의 사고유형에는 두 가지 요인이 있음을 발견하였다. 하나는 연상적 사고(associative flow)가 있어 새로운 문제해결을 위해 수많은 관계 목록을 끌어낼 수 있다는 점이고, 또 하나는 놀이를 하는 것과 같은 이완된 분위기에서 자연스러운 태도로 문제해결에 참여하는 자발성(spontaneity)을 갖는다는 점이다.

창의성 연구에 일생을 바친 Torrance(1988)에 의하면 창의적인 사람들은 용기가 있으며, 독립심이 강하고, 정직하고, 호기심이 많고, 모험심이 많으며, 무엇보다도 자신이 하는 일에 열정이 있다고 한다. 반면, 창의적인 사람들의 특성에는 부정적인 측면도 있다. 즉, 규칙을 무시하며, 불평불만이 많고, 남의 흠을 잘 들추어내고, 괴팍스럽고, 과격하며, 완고하다.

Paul Torrance

2) 창의성과 연령

성인기의 창의성과 생산성에 관한 주제에서 가장 많이 인용되는 연구 중의 하나는 Lehman(1953)의 연구이다. 획기적인 과학적 발견을 한 과학자들이 그 위대한 발견을 할 당시의 나이를 조사하였는데, 특히 과학과 수학분야에서의 가장 주목할 만한 발견은 성년기에 이루어진 것으로 나타났다. 예를 들면, 아인슈타인이 상대성 원리를 발견할 당시의 연령은 26세였고, 다윈이 적자생존의 이론을 발표할 당시의 연령은 29세였다. 이와 같이 과학분야나 예술분야의 뛰어난 창의적 업적은 주로 20대에 이루어졌기 때문에 창의성은 성인기에 감소하는 것으로 생각해 왔다.

Albert Einstein

그러나 아인슈타인이나 다윈과 같은 발군의 학자가 아닌 좀더 평범한 수준의 과학자

Charles Darwin

D. K. Simonton

나 수학자의 생산성 또는 창의성은 어떠한가? Simonton(1991)은 19세기와 그 이전의 몇 세기 동안에 뛰어난 명성을 가진 수천 명의 과학자를 대상으로 그들의 첫 번째 뛰어난 업적, 그의 일생에서 가장 훌륭한 업적 그리고 마지막으로 주목할 만한 업적 등을 중심으로 하여 일생 동안의 창의성과 생산성을 연구한 바 있다. 연구결과 모든 과학분야에서 가장 훌륭한 업적을 이룬 평균 연령은 40세경인 것으로 나타났다. 그리고 40대와 50대까지도 뛰어난 업적은 계속되었다. 이 결과에 대해 가장 뛰어난 업적을 40세경에 이루는 것은 이때가 생산성이 가장 왕성할 때이고 그리고 생산성이 왕성할 때 가장 훌륭한 업적이 나올 수 있기 때문이라고 설명하였다.

20세기 과학자들(수학자, 심리학자, 물리학자 등)을 대상으로 한 연구(Simonton, 1989)에서도 같은 양상을 보이는데, 그들 역시 40세경에 최고의 창의성과 생산성을 나타내었다. 그리고 연구논문이 인용되는 횟수와 같은 연구의 질적인 측면에서 보면 50대 또는 60대까지도 창의적 업적은 계속되는 것으로 보인다.

한 연구(Dennis, 1966)에서 예술, 과학, 인문학 분야에서 창의적인 인물들을 조사한 바 있다. 연구결과, 창의적 업적의 절정기는 분야마다 다른 것으로 나타났다. 즉, 예술이나 과학 분야에서는 50대에 창의적 업적이 감소하였으나 인문학 분야에서는 70대에도 여전히 창의적인 것으로 나타났다. 그리고 과학분야에서는 Benjamin Dugger가 72세에 항생제 오레오 마이신을 발명한 것을 비롯하여 노벨상 수상자들은 70세가 넘어서까지 과학 학술지에 논문을 발표하였다. 따라서 노년기 동안 창의력이 감소한다고 결론짓는 것은 부적절한 것으로 보인다.

창의성과 연령의 관계에 대한 연구에 근거하여 내려진 몇 가지 결론이 있다. 일반적으로 창의성은 일생 동안 지속되며 성년기에 절정에 달한다. 노년기에 창의성이 감소하는 것은 질병, 개인적 문제, 스트레스, 창의적 노력에 대한 관심이나 동기결여와 같은 몇 가지 요인 때문인지 모른다. 그리고 대부분의 노인들에게서 창의적 생산성이 감소하는 것은 사실이지만 미켈란젤로, 베르디, 괴테, 피카소, 모네 같은 천재들의 생애를 보면 고도로 창의적인 작품들이 70대, 80대, 심지어 90대에도 가능하다는 것을 알 수 있다.

7. 지혜

많은 사람들은 나이가 들면서 점점 지혜로워진다고 믿는다. 사실 이러한 믿음은 많은 문화권에서 역사를 통해 실제로 나타난 바 있다(Clayton & Birren, 1980; Holliday & Chandler, 1986). 이것은 또한 Erikson의 전생애 발달이론에서도 표현되고 있다. Erikson(1982)은 어떤 노인들은 죽음에 직면하여 지혜를 얻게 된다고 주장한다. '지혜롭다'는 말은 아동이나 청소년 또는 젊은 성인들에게는 어울리지 않는 말이다.

James E. Birren

그러나 지혜란 무엇이며 또 어떻게 측정할 것인가에 대해서는 합의가 이루어지지 않았으며 그에 대한 연구도 별로 없다(Sternberg, 1990a). Baltes와 그의 동료들은 지혜를 "중요하지만 불확실한 인생사에 대한 현명한 판단과 충고"(Staudinger, Smith, & Baltes, 1992, p. 272)라고 정의하고 있다. 이 정의에 따르면 지혜로운 사람은 인생이 무엇인가에 대한 빼어난 통찰력이 있으며, 인생문제에 대해 좋은 충고를 해 줄 수 있다(Baltes, Smith, & Staudinger, 1992; Csikszentmihalyi & Rathunde, 1990; Sternberg, 1990b).

Mihaly Csikszentmihalyi

최근에 와서 지혜는 심리학 연구에서 주요한 주제가 되고 있다. 지혜에 대한 관심은 몇 가지 다른 시각에서 시작되었다. 고전적 접근법에서는 지혜를 노년기 성격발달의 한 측면으로 보는 반면, 상황적 접근법에서는 지혜를 인지능력으로 본다. 지혜를 지능과 감정의 통합으로 보는 견해도 있는가 하면, 동양철학에 뿌리를 둔 접근법에서는 영적 측면을 강조한다.

1) Erikson의 고전적 접근법

사진 설명: Erikson이 아내 Joan과 함께

Erikson(1985)에 의하면 마지막 제8단계에서 자아통합감 대 절망감의 갈등을 성공적으로 해결한 결과 나타나는 덕목이 지혜이다. 지혜는 자신의 죽음에 직면하여 얻게 되는 인생의 의미에 대한 통찰이다. 지혜는 커다란 후회 없이 자신이 살아온 인생을 인정하는 것을 의미한다. 그것은 또한 자신의 부모가 최선을 다했다는 것을 받아들이고, 죽음을 인생에서 피할 수 없는 종말로 인정하는 것을 의미한다. 요약하면, 자신이나 자신의 부모 그리고 자신의 인생의 불완전함을 현실적으로 받아들이는 것이 지혜이다.

2) Clayton과 Meacham의 상황적 접근법

Clayton(1975, 1982)은 지혜를 조작적으로 정의한 최초의 인지연구가 중 한 사람이다. 논리적, 추상적으로 사고하는 능력으로 정의되는 '지능'과는 달리 '지혜'는 역설(paradox)에 대한 이해, 모순(contradictions)에 대한 화해 및 타협의 능력이다. 지혜로운 사람은 자신의 행동이 자신뿐만 아니라 다른 사람에게 미칠 영향을 가늠하기 때문에, 지혜는 특히 사회적 상황에서 실제적인 의사결정을 하는 데 매우 적합하다.

지능은 어떤 일을 어떻게 해야 할 것인지를 아는 것이지만, 지혜는 우리가 그 일을 해야만 하는지 의문을 갖게 한다. 그래서 지혜로운 사람은 인종 간의 긴장을 완화하는 문제라든가 부부가 이혼하는 경우 남편과 아내 중 어느 쪽이 자녀양육권을 가져야 하는지 등의 문제와 같이 가치관이 관련되는 사회적 문제에서 해결을 잘 할 수 있다.

아동과 노인 중 누가 더 지혜로운가? Meacham(1990)에 의하면 놀랍게도 젊은이들이 훨씬 더 지혜롭다고 하는데, 그 이유는 노인들은 너무 많이 알거나 자신이 알고 있는 것에 대해 너무 확신하기 때문이다. 겸손이 지혜의 중요한 요소라는 생각은 그리스의 현자로 잘 알려진 소크라테스의 시대로 거슬러 올라간다. 소크라테스는 자신이 얼마나 많이 모르는가를 잘 알고 있었다. Meacham(1982, 1990)에 의하면 지혜로운 사람은 지식의 습득과 지식의 본질적 오류를 인식하는 것 사이에 균형을 이룬다. 지혜로운 사람이 그렇지 않은 사람보다 반드시 더 많이 아는 것은 아니다. 단지 그들이 알고 있는 지식을 다르게 사용할 뿐이다. 즉, 자신이 알고 있는 사실을 실제 상황에 잘 적용할 줄 안다. 경험은 지혜에 큰 위협이 되는

Jack Meacham

데 특히 경험이 정보의 축적이나 성공 또는 권력으로 이어질 때 더욱 그러하다. 오히려 지혜는 적게 알고, 자신이 알고 있는 것에 대해서 확신이 적을 때 발생한다. 그러므로 노인의 지식에 대해 미심쩍어하거나 도전하는 사람이 주위에 없으면 지혜는 오히려 노년기에 상실될 수 있다.

3) Labouvie-Vief의 지능과 감정의 통합

만약 지혜로운 사람이 잘 해결하는 문제가 가치와 관련된 것이라면 문제를 잘 해결하기 위해 필요한 것이 지능만이겠는가? Labouvie-Vief(1990a, b)는 지혜를 객관적, 분석적, 이성적인 로고스(logos)와 주관적, 경험적, 정서적인 미토스(mythos)의 통합이라고 정의한다. 그녀는 이러한 통합을 건강한 성인의 주요 발달과제라고 생각한다.

이 정의에 의하면 지혜는 반드시 연령과 정비례하는 것은 아니다. 사실상 지혜는 중년기에 절정에 달하는 것으로 보인다. 지혜로운 사람으로 만드는 것은 특별한 지식이 아니고,

Gisela Labouvie-Vief

자신의 감정을 이해하고 다른 사람의 것과 구분할 줄 아는 도덕윤리를 포함하는 능력이다. 그리고 그 이해를 이성적으로 이용할 줄 아는 능력이다.

4) 지혜와 영적 발달

동양철학의 영향을 받은 연구자들은 지혜를 영적인 발달에 기초한 것으로 노년기에 나타난다고 믿는다(사진 참조). 이 정의에 의하면 지혜는 서로 관련된 세 가지 측면이 있는데 자기성찰과 자아통합의 개인내적(intrapersonal) 지혜, 감정이입, 인간관계의 성숙 등을 포함하는 개인 간 (interpersonal) 지혜 그리고 자아를 초월하여 영적 성장을 추구하는 초개인적(transpersonal) 지혜가 그것이다 (Achenbaum & Orwoll, 1991).

만약 지혜가 연령과 관련이 있는 것이라면, 그것은 아마도 묵상이나 영적 발달이 노년기에 이루어지기 때문일 것이다. 연령과 관련이 있는 내성(introspection)과 영적 생활에 대한 관심이 그 자극으로 작용할지 모른다(Jung, 1966; Neugarten, 1977). 젊은 날에 몰두했던 세속적인 목표와 관심으로부터 자유로워진 노인들은 이제 자아실현의 가능성이 더 높아졌다.

지금까지 연령과 지혜에 관한 연구결과는 일관성이 없다. Baltes는 연령이 지혜에 이바지할 것으로 추측하지만 확실한 증거를 찾지 못했고, Labouvie-Vief에 의하면 지혜는 중년기에 절정에 달하는 것으로 보인다. 그렇다면 왜 동서양을 막론하고 지혜를 노인의 전유물로 묘사했을까?

한 가지 가능한 이유는 평균 수명의 증가이다. 고대인들은 신화나 전설에서 '현자(wise elders)'를 40대 또는 그보다 좀더 젊은 것으로 묘사하였다. 또 다른 설명은 지혜의 정의에 관한 것으로 서로 다른 정의를 내림으로써 서로 다른 결과를 얻게 된다. 예를 들어, 지혜를 자아의 초월로 정의한다면 그러한 지혜를 획득하는 데는 시간이 좀더 오래 걸릴 것이다.

제6장
성격과 사회적응

정신분석 이론가인 Freud와 Jung은 노년기를 아동기와 매우 유사한 것으로 보았다. 예를 들면, Freud는 노년기에 우리 인간은 유아기의 자기중심적 성격으로 되돌아간다고 믿었으며, Jung은 노년기에 우리의 사고는 무의식 세계에 깊이 잠수해 있는 상태라고 보았다. 따라서 노년기에는 현실세계와의 접촉이 단절될 수 있다고 생각하였다. 그러나 현대 발달심리학자들은 노년기를 보다 건설적이고 보다 적응적인 것으로 보는 견해를 갖고 있다.

노년기는 많은 사람들이 그들의 인생을 과거뿐만 아니라 앞으로의 인생까지도 바라보면서 자신들의 인생을 재검토하는 때이며, 남은 시간을 어떻게 최대한으로 활용할 것인가를 결정하는 시기이다.

이 장에서는 노년기 성격의 안정성과 변화, 성공적인 노화와 성격유형, 성공적인 노화와 영향요인, 노년기의 자아개념, 노년기의 심리적 부적응 등에 관해 살펴보고자 한다.

사진 설명: 우리는 닮은 점이 참 많은 것 같아요. 저는 너무 어려서 많은 것을 할 수 없고, 할아버지는 너무 늙으셔서 많은 것을 하실 수 없잖아요.

1. 노년기 성격의 안정성과 변화

노년기 성격의 안정성과 변화에 관한 논의는 중요한 쟁점이 되고 있다. 이 문제는 몇 가지 방법으로 접근할 수 있는데, 여기서는 성격의 안정성을 지지하는 특성 모델과 성격의 변화를 강조하는 단계 모델에 관해 알아보기로 한다.

1) 성격의 안정성: 특성 모델

Paul Costa

특성 모델(trait model)은 정신적, 정서적, 기질적 특성 또는 속성에 초점을 맞춘다. 이 모델에 기초를 둔 연구에 의하면 노년기 성격은 거의 변하지 않는 것으로 보인다. 노년기 성격의 안정성을 주장하는 종단연구 중 대표적인 것이 Costa와 McCrae(1984, 1986, 1988, 1989)의 연구이다. 그들은 20~80세의 성인 2,000명을 대상으로 하여 매 6년마다 성격특성 차원을 검사하였다. 연구결과 성격특성은 성인기 내내 안정적인 것으로 나타났다.

노년기 성격의 안정성을 뒷받침하는 또 다른 연구들이 있다(Hagberg, 1991). 예를 들면, 버클리의 노인세대 연구는 1928년과 1929년에 캘리포니아 주의 버클리에서 약 420명의 성인들을 대상으로 시작된 종단연구이다. 55년 이상 진행된 이 연구의 대상은 성년기, 중년기, 노년기의 성인들을 망라한 것이었다.

Dorothy Field

Field와 Millsap(1991)은 1969년부터 1983년까지 버클리 종단연구의 생존한 피험자들로부터 수집한 자료를 분석하였다. 1969년에는 평균 연령이 65세인 젊은 노인(young-old)집단과, 평균 연령이 75세인 고령 노인(old-old)집단으로 구분하여 검사를 실시하였다. 그리고 1983년에는 평균 연령이 79세인 고령 노인(old-old)집단과, 평균 연령이 89세인 최고령 노인(oldest-old)집단으로 나누어 재검사를 실시하였다. Field와 Millsap은 이 연구설계를 통하여 14년 간격의 두 동시대 출생집단이 갖는 성격의 안정성을 비교할 수 있었다.

연구결과 성인기 내내 성격이 안정적인 것으로 밝혀졌다. 연구결과를 좀더 구체적으로 살펴보면, 만족감이 가장 안정적인 특성이었으며, 외향성, 활기 등의 특성은 완만한 감소를 보였고, 순응성은 오히려 증가하였다. Field와 Millsap은 이러한 결과와 관련하여 노년기에는 대인영역과 신체영역에서 큰 손실이 일어난다는 사실을 감안할 때, 노인들이 삶으로부터 계속해서 만족감을 느낀다는 것을 젊은이들은 이해하기 힘들 것이라고 해석하였다. 그들은 또한 이 연구를 통해 노년기에는 성격이 완고해진다는 고정관념과 사람이 나이가 들수록 보수적이며, 괴팍해진다는 고정관념에서 벗어나도록 해준다고 결론을 내렸다.

2) 성격의 변화: 단계 모델

단계 모델(stage model)은 전생애를 통해 연령과 관련된 발달단계를 묘사한 것이다. 이 모델에 기초를 둔 연구에 의하면, 성인기에는 상당한 정도로 성격변화가 일어난다고 한다.

단계 모델의 대표적인 예가 Erikson의 모델이다. 사춘기가 되면 성격이 고정되고 만다는 Freud와는 달리 Erikson은 일생을 통해 성장하고 변한다고 본다. 단계 모델에는 그 외에도 Erikson의 영향을 받은 Peck과 Levinson 그리고 Jung의 이론이 있다.

(1) Erikson의 통합감 대 절망감

Erikson(1968, 1978, 1982)은 그의 여덟 번째이자 마지막 위기인 '통합감 대 절망감'에서 노인들은 자신의 죽음에 직면해서 자신이 살아온 삶을 되돌아보게 된다고 한다. 노인들은 자신의 삶을 다시 살 수 없다는 무력한 좌절감에 빠지기보다는 자신의 삶에 대한 통합성, 일관성 그리고 전체성을 느끼려고 노력한다고 한다.

Erik Erikson

어떤 노인들은 자신의 삶이 의미 있고 만족스러운 것으로 인식하는가 하면(자아통합감), 어떤 노인들은 원망과 쓸쓸함, 불만족스러운 마음으로 자신의 삶을 보게 된다. 서글프게도 그들은 자신이 바라던 삶을 창조할 수 없었다고 느끼거나 이러한 실망감에 대해 다른 사람을 비난하게 된다(절망감). 자아통합감을 이룬 사람은 노년을 동요 없이 평온하게 보낼 수 있으며, 다가오는 죽음에 대해서도 의연하게 대처할 수 있다. 반면, 자아통합감을 이루지 못하게 되면 인생을 낭비했다는 느낌, 이제 모든 것이 끝났다는 절망감을 경험하며, 죽음의 공포에서 벗어나지 못한 채 불안한 죽음을 맞이하게 된다.

이 단계에서 발달하는 미덕이 지혜인데, 그것은 죽음에 직면했을 때 나타나는 인생 그 자체에 대한 박식하고 초연한 관심이다. 이와 같은 지혜는 노년기의 지적인 힘일 뿐만 아니라 중요한 심리적 차원이다. Erikson에 의하면 지혜는 개인이 나는 무엇을 다르게 했어야 했는데, 혹은 무엇을 할 수 있었는데라는 커다란 후회 없이, 지금까지 살아온 인생을 그대로 받아들이는 것을 포함한다. 지혜는 어떻게 살아야 하는지를 안다는 것뿐만 아니라, 열심히 살아온 인생에 대한 피할 수 없는 종말로 죽음을 받아들인다는 것을 의미한다. 지혜는 자기 자신, 자신의 부모, 자신의 인생의 불완전함을 인정하는 것을 의미한다.

이 같은 사실을 인정하지 못하는 사람은 통합감을 이루기 위해 다른 길을 가기에는 시간이 너무 짧다는 사실을 깨닫고 절망감에 빠지게 된다. 이 위기를 성공적으로 해결하기 위해서는 통합감이 절망감보다 물론 낫지만 어떤 절망감은 불가피한 것이다. Erikson에 의하면 자기 자신의 인생에서 불행과 잃어버린 기회에 대해서뿐만 아니라 인간존재의 나약함과 무상함에 대한 비탄감은 피할 수 없는 것이라고 한다.

(2) Peck의 노년기의 세 가지 위기

Peck(1968)은 노년기의 심리적 발달에 관한 Erikson의 논의를 확장하여, 노인들이 심리적으로 건강하게 기능하기 위해 해결해야만 하는 세 가지 중요한 위기를 강조하였다. 이 위기들을 성공적으로 해결하면 자신과 인생의 목적에 대해 보다 폭넓은 이해를 할 수 있게 된다.

① 자아분화 대 직업역할 몰두

은퇴에 즈음해서 사람들은 자신의 직업역할 이상으로 인간으로서의 자신의 가치를 재정의할 필요가 있다. 자랑할 만한 그 밖의 개인적 특성을 발견할 수 있는 사람들은 활력과 자신감을 유지하는 데 보다 성공하는 것 같다. 자신의 직업역할의 상실에 적응해야 하는 사람들은 스스로를 탐색하고 이전에 인생에서 지향하고 구조화했던 것들을 대신할 수 있는 다른 관심사를 찾을 필요가 있다. 그들은 자신의 자아가 직업에서의 자신들의 과업의 총체보다 더 풍부하고 다양하다는 것을 인식할 필요가 있다.

사진 설명: Peck에 의하면 노년기에는 상실한 직업역할을 대신하고 신체적 쇠퇴를 보상할 새로운 관심사를 찾아야 한다.

② 신체초월 대 신체몰두

일반적으로 노화와 함께 일어나는 신체적 쇠퇴는 두 번째 위기를 나타낸다. 신체적 상태에 관한 걱정을 극복하고 이를 보상할 다른 만족을 구해야 할 필요가 있는데, Peck은 이것을 '신체초월 대 신체몰두'라고 하였다. 행복한 생활의 기본으로 신체적 건강을 강조해 온 사람은 어떤 기능저하나 고통과 아픔에 의해 쉽게 절망감에 빠지는 것 같다. 그 대신에 사람들과의 관계를 중시하고 완벽한 건강상태에 좌우되지 않으며, 몰두할 수 있는 활동을 강조하는 사람들은 신체적인 불편을 극복할 수 있다.

③ 자아초월 대 자아몰두

노인들이 직면하고 있는 가장 어려운 과업은 아마도 바로 지금의 자신과 자신의 인생에 대한 관심을 초월하는 것이며, 다가올 죽음의 실체를 받아들이는 것인 것 같다. Peck은 이 위기를 '자아초월 대 자아몰두'라고 하며, 예상되는 죽음에 대한 성공적인 적응이 노년기의 가장 중요한 성취가 될 것이라고 믿는다.

어떻게 사람들이 자기 자신의 죽음에 대해 긍정적이 될 수 있는가? 자신들이 살아온 길이 지속적인 의미를 획득할 수 있게 해 준다는 것을 인식함으로써 그렇게 할 수 있다. 인간은 본질적으로 다른 사람의 행복과 안녕에 기여함으로써 자아를 초월할 수 있는데, 그것은 다른 어떤 것보다도 더 인간의 삶을 동물의 삶과 구별해 준다고 Peck은 말한다.

Daniel Levinson

사진 설명: 노년기 전환기에는 노화와 죽음에 대한 인식이 강화된다.

(3) Levinson의 노년기 발달단계

Levinson(1978, 1984, 1986, 1990)에 의하면 노년기도 성년기, 중년기와 마찬가지로 전환기부터 시작된다.

① 노년 전환기(60~65세)

60대 초반은 중요한 전환점으로서 중년기를 끝내고 노년을 준비하는 시기이다. 이 시기에 사람들은 갑자기 늙지는 않으나 정신적, 신체적 능력의 변화로 인해 노화와 죽음에 대한 인식이 강화된다. Peck과 마찬가지로 Levinson도 신체적 변화와 성격과의 관계에 주목한다. 개인차가 크기는 하지만 이 시기에는 적어도 한두 가지의 질병—예를 들면, 심장마비나 암, 시력 또는 청력의 감퇴, 우울증과 같은—에 걸릴 확률이 높다. 이러한 신체변화는 받아들이기 어려운데, 특히 이전에 좋은 건강상태를 유지해 왔던 사람들의 경우가 더욱 그러하다.

② 노년기(65세 이상)

노인들은 이 시기에 그들이 더 이상 무대의 중심인물이 아님을 깨닫게 된다. 무대의 중앙으로부터 물러나는 것은 인정, 권력, 권위에 손상을 가져오므로 정신적으로 큰 상처를 받게 된다. 그들 세대는 더 이상 지배 세대가 아니다. 그러나 가정에서는 조부모 세대로서 성장한 자녀들에게 여전히 유용한 지혜, 인도, 지원의 원천으로서 도움을 줄 수 있다.

위엄과 안정 속에 은퇴하는 것은 또 다른 중요한 발달과업이다. 이 과업을 성공적으로 수행한 사람들은 은퇴 후 가치 있는 일에 종사할 수 있다. 그러한 작업은 외적인 압력과 경제적인 필요에 의한다기보다는 창조적인 힘에 의해 이루어진다. 이제 사회에서 맡은 바 직분을 다하고 드디어 개인적으로 보상을 받는 즐거운 일을 할 수 있는 권리를 얻은 셈이다.

인생의 마지막 단계에서 노인들은 죽어 가는 과정을 이해하게 되고 자신의 죽음을 준비한다. 이전 단계의 끝무렵에는 새로운 단계의 시작과 삶에 대한 새로운 이유를 기대했던 반면에, 이제는 죽음이 곧 닥쳐올 것이라는 것을 알고 있다. 죽음이 몇 달 후 또는 몇십 년 후에 닥친다 해도 노인들은 죽음의 그림자 속에서 그리고 죽음의 부름 속에서 살고 있는 것이다.

이 시기에 노인들은 자아에 대한 궁극적인 관심과 인생이 과연 무엇인가에 대해 최종적으로 마음의 정리를 하게 되는데 Levinson은 이것을 삶의 끝자락에서 하게 되는 "다리 위에서의 조망(one's view from the bridge)"이라고 표현하였다. 이러한 분석은 Erikson의 자아통합감과 유사하다. 이제 궁극적인 과업은 자아와의 화해로서 자신을 알고, 자신을 사랑하며, 자신을 버릴 준비를 하는 것이다.

(4) Jung의 노년기

Jung은 "사람들이 나이가 들면서 명상(사진 참조)과 반성을 많이 하게 됨에 따라 자연적으로 내적 이미지가 전에 없이 큰 비중을 차지하게 된다"고 보았다(1961, p. 320). 노년기에는 쌓아온 기억들을 마음의 눈앞에 펼치기 시작한다. 노인은 죽음 앞에서 생의 본질을 이해하려고 노력한다. Jung은 내세에 대해 아무런 이미지도 가지고 있지 않은 사람들은 죽음을 건전한 방식으로 대면할 수 없다고 믿었다. Jung은 노인에게 내세에 대한 생각을 가지라고 충고하는 것이 단순히 인위적인 진정제를 처방하는 것이라고는 생각하지 않았다. 왜냐하면 무의

Carl Jung

식 자체는 죽음이 가까워움에 따라 내부에서 솟아나오는 영원에 대한 원형을 갖고 있

기 때문이다.

Jung은 내세에 대한 원형적 이미지가 과연 타당한 것인지는 규명할 수 없었지만, 그 것이 정신기능의 중요한 부분이라고 믿었기 때문에 그것을 이해하려고 노력하였다. Jung에 의하면 사후의 생도 생 그 자체의 연속이라고 한다. 사후에도 존재에 대한 질문 이 계속된다고 보는 Jung의 견해는 무의식을 유한한 생 이상으로 연장하여, 우주의 긴 장에 참여하는 그 어떤 것으로 믿는 그의 이론과 잘 부합된다.

2. 성공적인 노화와 성격유형

성공적인 노화는 많은 노력과 대처기술이 필요하다(Satlin, 1994; Weintraub, Powell, & Whitla, 1994). 규칙적인 운동을 한다는 것은 어떤 연령에서든지 노력이 필요하다. 효 율적인 대처기술 또한 그러하다. 근력이 감소하고 에너지가 부족한 노인들에게는 더욱 더 힘이 든다. 그러나 활동적인 삶을 영위하고 효율적인 대처기술이 더 큰 생활만족을 가져다 줄 것이라고 믿는 노인들은 그렇지 못한 노인들보다 더 성공적으로 늙어 가는 것 같다.

1) Reichard, Livson, Petersen의 연구

Reichard 등(1962)은 55~84세 사이의 백인남성 87명을 대상으로 한 연구에서 다섯 가지 성격유형을 확인하였다.

(1) 성숙형

성숙형은 가장 이상적인 유형으로 자신의 장점뿐만 아니라 약점도 인정하며 자신의 지나온 삶을 긍정적으로 받아들인다. 자신에 대한 현실적인 지각을 하고 자신의 노화 를 받아들인다. 흑백논리로 사고하지 않으며, 복잡한 문제를 지나치게 단순화하지 않 는다. 이 유형은 대부분 행복한 유년기를 보냈으며, 과도한 스트레스를 경험하지 않고 성년기에 도달하였고, 결혼생활도 행복한 편이다. 이 유형의 노인들은 자신의 일생이 값진 것이었다고 느끼며, 과거에 대한 후회나 미래에 대한 두려움이 없다.

(2) 흔들의자형

흔들의자형은 일생 지녔던 무거운 짐을 벗어던지고 복잡한 대인관계와 사회생활에서 해방되어 조용히 지내게 된 것을 다행으로 여기는 노인들이다. 은퇴한 노인들은 안도감을 느끼며, 아직 은퇴하지 않은 노인들은 은퇴를 고대한다. 이 유형의 노인들은 매우 수동적이고 의존적이며, 직업만족도가 낮고 야망이 없다. 따라서 노년기를 수동적으로 살고 싶은 욕구를 충족시키게 되어 젊은 시절에 갖지 못했던 기회를 맞았다고 좋아한다.

(3) 무장방어형

무장방어형은 늙어 가는 데 대한 불안을 방어하기 위해 사회적 활동과 기능을 계속해서 유지하는 노인들이다. 이런 노인들은 노년기의 수동성과 무기력함을 그대로 받아들일 수 없어, 계속적으로 활동함으로써 신체적 능력의 저하를 막아보려고 애쓴다. 자녀로부터의 경제적 도움을 거부하고, 어떤 희생을 치르더라도 자립을 원한다. 성숙형이나 흔들의자형보다 젊음을 부러워하고 자신의 죽음에 대한 생각을 두려워한다.

(4) 분노형

분노형은 젊은 시절의 인생목표를 달성하지 못하고 늙어 버린 것에 대해 크게 비통해하는 노인들에게서 볼 수 있다. 이런 노인들은 자신의 좌절이나 실패의 원인을 자기 자신이 아니라 불행한 시대, 경제사정, 부모형제, 자녀 탓으로 돌림으로써 남을 탓하고, 적개심이 많으며, 자신이 늙어 가는 것과 타협하지 않으려고 안간힘을 쓰는 사람들이다. 사물을 흑백논리 또는 선과 악으로 지나치게 단순화시키고 불확실한 것을 견디지 못한다. 자신의 늙어 감을 인정하지 못하고 젊은 세대를 부러워함과 동시에 비판한다.

무의식적인 자기비하가 분노형의 또 다른 특징으로 자신을 인생의 실패자로 지각한다. 자신이 살아온 삶이 가치 있는 삶이라고 지각하지 않으며, 죽음에 대한 두려움이 크다.

(5) 자학형

자학형은 열등감이 많고, 인생의 실패 원인을 자기 자신에게 돌리고 자신을 꾸짖는다. 나이가 들수록 더욱 우울증에 빠지고, 자신이 보잘것없는 존재라고 비판하며, 심한 경우에는 자살을 시도하기도 한다. 만약 자신이 살아온 인생을 그대로 다시 한 번 살겠느냐는 질문에 자학형은 대부분 그렇게 하지 않겠다고 대답한다. 자학형은 젊은 사람들을 부러워하지 않으며, 죽음에 대한 언급을 많이 하고, 심지어 빨리 죽기를 바라는 사람도 있다.

위의 다섯 가지 유형 중에서 성숙형, 흔들의자형, 무장방어형은 비교적 잘 적응한 경우이고, 분노형과 자학형은 부적응의 유형에 해당한다.

2) Havighurst, Neugarten, Tobin의 연구

Bernice Neugarten

Havighurst와 그 동료들(1968)은 70~79세의 노인들을 대상으로 한 연구에서 성격유형과 역할활동이 생활만족도에 중요한 요인이 된다고 보았다. 이들 또한 Reichard 등과 유사한 성격유형을 확인하고 이에 따른 역할활동의 구체적인 유형을 분류하였다.

네 가지 주요한 성격유형을 확인하였는데 통합형, 무장방어형, 수동적 의존형, 해체형이 그것이다. 통합형은 다시 재구성형, 집중형, 이탈형의 세 유형으로 나뉘고, 무장방어형은 유지형과 위축형으로, 그리고 수동적 의존형은 원조요청형과 냉담형으로 나뉜다. 성격유형의 특성과 역할활동의 수준 그리고 생활만족도의 구체적인 내용은 〈표 6-1〉과 같다.

〈표 6-1〉 노화와 성격유형

성격유형	특성	역할활동	생활만족도
A. 통합형 (재구성형)	은퇴한 후에도 자신의 시간과 생활양식을 재구성하여 모든 분야의 활동에 적극적이고, 일상생활에 잘 적응하는 노인	높음	높음
B. 통합형 (집중형)	활동적이고 생활에 잘 적응하지만 여러 분야에 관심을 분산시키지 않고, 한두 가지 역할에 선택적으로 몰두하여 거기서 만족을 얻는 노인	중간	높음
C. 통합형 (이탈형)	신체도 건강하고 생활적응 수준도 높지만 자기충족의 생활로 물러나 조용히 지내는 노인	낮음	높음
D. 무장방어형 (유지형)	가능한 한 오랫동안 중년기의 생활양식을 유지하는데, 활동을 중지하면 빨리 늙을까 봐 두려워하며 활동에 얽매이는 노인	높음 또는 중간	높음 또는 중간
E. 무장방어형 (위축형)	노화로부터 자기 자신을 방어하려고 열심히 노력하며, 다른 사람과의 별다른 사회적 접촉 없이 폐쇄적으로 살아가는 노인	낮음 또는 중간	높음 또는 중간
F. 수동적 의존형 (원조요청형)	한두 사람의 가족이나 친지에게 의존할 수 있는 중간 정도의 생활만족도를 유지하는 노인	높음 또는 중간	높음 또는 중간
G. 수동적 의존형 (냉담형)	일생 동안 수동적인 것으로 보이며 거의 활동을 하지 않아 무기력하고 무감각한 노인	낮음	중간 또는 낮음
H. 해체형	자신의 감정을 통제하지 못하고, 사고과정의 퇴보가 있는 등 심리적 기능에 문제가 있는 노인	낮음	중간 또는 낮음

출처: Havighurst, R. J., Neugarten, B. L., & Tobin, S. S. (1968). Personality and patterns of aging. In B. L. Neugarten (Ed.), *Middle age and aging*. Chicago: University of Chicago Press.

3. 성공적인 노화와 영향요인

노년기는 인생의 다른 단계들과 마찬가지로 긍정적이고 만족스러울 수 있다. 그렇다면 성공적인 노화와 관련이 있는 요인은 무엇인가? Averyt(1987)는 관련 요인을 다음과 같이 요약하고 있다.

1) 생활만족도

높은 수준의 생활만족도는 성공적인 노화에 필수적인 요인이다. 생활만족도란 전반적인 생활에 대한 만족 또는 심리적 안녕감의 정도를 말한다. 생활만족도가 높은 사람은 과거와 미래에 대해 긍정적인 태도를 지닌다. 그들에게 삶은 여전히 흥미롭다. 수입, 건강, 능동적인 생활양식, 친구, 가족 지원망이 노인의 생활만족도와 관련이 있다. 수입이 좋고 건강상태가 양호한 노인들이 대체로 그렇지 못한 노인들보다 생활만족도가 높은 편이다(Markides & Martin, 1979). 교회를 다니고, 여행을 다니고, 친구들과 어울리고, 골프를 치고, 춤을 추며, 규칙적인 운동을 하는 등 활동적인 생활양식 또한 노인들의 심리적 안녕감과 관련이 있다. 가까운 친구가 있고, 가족과 애착관계를 이룬 노인들이 사회적으로 고립된 노인들보다 생활만족도가 높다(Chappell & Badger, 1989; Levitt, 1989).

우리나라 65세 이상 노인 600명을 설문 조사한 결과 남성은 건강, 계층 귀속감, 자식과의 연락 빈도가 생활만족도를 결정하며 여성은 교육수준, 거주지역, 용돈이 생활만족도와 깊은 연관이 있었다. 객관적 삶의 조건은 남성 노인이 여성 노인보다 훨씬 나았지만, 생활만족도는 여성 노인이 남성 노인보다 훨씬 높았다. 남성은 배우자의 지원을 받으며 경제권을 갖고 안정적인 삶을 살아오다가 정년을 계기로 상황이 급속히 나빠지기 때문에 노년기 생활만족도가 여성보다 떨어지는 것으로 분석되었다. 한편, 여성 노인이 '용돈'을 중요한 삶의 질의 결정요소로 꼽는 것은 가정에서 재산 소유권이나 경제권이 거의 없는 여성의 취약한 경제 현실을 반영하는 것으로 분석되었다(조선일보 2004년 9월 21일자).

2) 사회적 지원

인간은 사회적 피조물이며 대인관계에 대한 욕구는 일생 동안 계속된다. 모든 성인들은 삶에 대한 관여와 흥미를 유지하기 위해 가족과 친구의 격려와 지원을 필요로 한다. 사회적 지원은 애정, 애착, 소속감, 심리적 안녕감에 대한 욕구를 충족시켜 준다. 이러한 욕구충족은 은퇴에 대한 준비를 잘할 수 있도록 도와주는 심리적 비타민이다.

사회적 지원은 은퇴, 재정적 어려움, 배우자 상실, 건강문제 등과 같이 많은 변화와 도전에 직면해야 하는 노년기에 있어 특히 중요하다. 연구결과, 노년기의 노후생활 적응에 있어서 사회적 지원이 노인의 안녕감과 사기를 증진시키는 것으로 나타났다.

노인들을 둘러싸고 있는 가족원, 친구, 협력자, 지역사회의 친밀한 관계에서 받는 사회적 지원이 클수록 노인은 스트레스 또는 질병을 덜 경험하는 것으로 나타났으며, 특히 위기에 처했을 경우 노인의 기능과 적응에 중요한 변수로 작용함으로써 건강, 심리적 안녕감과 밀접한 연계성을 지니는 것으로 나타났다(Antonucci & Akiyama, 1991).

Toni C. Antonucci

노년기 성공적인 노화의 모습은 다양하고 포괄적인 사회적 지원체계에서 찾아야 하는 것으로 보인다. 우리나라 재가복지 수혜 노인들을 대상으로 한 연구(손화희, 정옥분, 2000)에서 사적 지원과 공적 지원의 상호협력체계가 노인의 주관적 안녕감을 얼마나 충족시켜 주고 있는지를 생태학적 관점에서 연구한 결과, 가족이라는 사적 지원체계와 재가노인 복지서비스라는 공적 지원체계가 노인의 주관적 안녕감에 긍정적인 영향을 미치는 것으로 나타났다. 이러한 의미는 노인들의 안녕감과 생활 및 상담, 개인위생관리, 영양 및 급식, 잡무지원, 정보제공 및 안내, 교통편의 및 동행, 주택수리, 여가선

Hiroko Akiyama

용, 의료기구대여 등의 영역을 구체적으로 고려하는 사회적 지원체계가 국가적 책임의 일환으로 실천되어야 함을 뜻한다.

이상에서 살펴본 바와 같이 사회적 지원체계는 다양한 범위의 서비스와 기능을 제공함으로써 노인이 노년기에 겪어야 하는 변화와 도전을 완충해 주고 개인의 통합감과 자율감을 강화시켜 준다. 이러한 점에서 사회적 지원체계는 전반적인 심리적 안녕감을 유지시켜 주는 성공적인 노화개념의 결정적 요소라고 할 수 있다.

3) 신체적 · 정신적 건강상태

신체적 · 정신적 건강상태는 심리적 안녕감에 중요한 작용을 하는 요인들이다. 적당한 영양과 운동, 예방적인 건강관리 등이 건강과 자아개념에 매우 중요하다. 좋은 건강습관은 신체적 건강뿐만 아니라 정신적 건강에도 유익하다. 즉, 불안과 우울증에서 벗어나게 도와주며 정신건강을 증진시켜 준다.

4) 경제적 안정

일상생활을 영위하는 데 필요한 돈을 충분히 갖고 있지 않는 것은 비단 은퇴기뿐만 아니라 성인기 내내 근심의 원인이 된다. 그러나 연령이 증가함에 따라 경제적 불안은 많은 문제들을 더욱 심각하게 만들 수 있다. 따라서 투자를 포함한 경제문제는 매우 신중하게 대처해야 한다. 노인들은 '노인 할인제도'와 같은 제도에 익숙해질 필요가 있다. 경제적 안정을 향한 조치가 노인들의 심리적 안정감과 안녕감을 증진시켜 줄 것이다.

5) 삶에 대한 통제

노년기에는 특히 독립심과 자율감이 중요하다. 성인들은 자신의 운명에 책임이 있기 때문에 자신의 삶에 대한 통제는 성공적인 노화에 매우 중요한 역할을 한다. 아무리 좋은 의도였다 할지라도 가족과 친구들의 간섭은 때로는 노인의 통제력뿐만 아니라 삶을 지속하고 싶다는 의지마저도 박탈하는 경우가 있다. 자립은 긍정적인 자아개념과 자기가치감, 존엄성을 유지하는 데 매우 중요하다.

4. 노년기의 자아개념

노년기에 요구되는 주요한 적응 중의 하나는 자신의 자아개념에 대한 재정의이다.

예를 들어, 40~50년을 교직에 있다가 은퇴한 남성노인이 자신을 어떻게 인지할 것이며, 자신의 자아개념이 아내로서의 역할과 밀접하게 관련되어 있던 여성노인은 남편의 사망 후 자신을 어떻게 인지할 것인가?

많은 노인들은 은퇴 후에도 여전히 예전의 직업과 자신을 동일시하는 경향이 있다. 즉, 자신을 의사로 또는 교사로 소개한다. 이런 노인들은 독립된 자아개념을 확립하지 못한 것이다. 한 개인의 자아개념이란 자신의 사회적 역할과 무관하게 정의될 수 있어야 한다.

1) 자아존중감

자신의 자아개념을 사회적 역할이나 다른 사람의 자신에 대한 기대로서 정의하는 노인들에게 있어 직업을 잃는다는 것은 자신의 자아존중감에 심각한 영향을 미친다. 자아존중감은 자신의 존재에 대한 긍정적 또는 부정적 견해인데 자아개념이 자아에 대한 인지적 측면이라면, 자아존중감은 정서적 측면이라 할 수 있다. 즉, 자신의 존재에 대해 인지적으로 형성된 것이 자아개념이고, 자기 존재에 대한 느낌은 자아존중감이다 (Simmons & Blyth, 1987).

사진 설명: 활동적인 생활양식은 노년기에 자아존중감을 유지하는 데 도움이 된다.

자아존중감의 이러한 정서적 성격 때문에 은퇴나 사별, 건강상태 등에 의해 노인들의 자아존중감이 훨씬 더 많은 영향을 받는다. 결과적으로 사회적 역할의 변화(신분상의 변화, 즉 역할상실), 건강의 쇠퇴, 감각기능의 저하 등은 노인들의 자아존중감에 부정적으로 작용한다(Chen, 1994; Tran, Wright, & Chatters, 1991). 노년기에 자아존중감을 유지하는 데 필요한 몇 가지 중요한 성격요인이 있다(Morgan, 1979).

① 자아라는 의미에 대한 재해석이 필요하다. 한 개인의 자아개념이나 자아가치는 개인의 과거의 역할과 독립적이어야 한다. 즉, "나는 의사이다" 또는 "교사이다" 라는 것보다는 "나는 개성 있는 한 인간이다"라는 인식이 중요하다. 성격특성, 기술, 능력과 같은 내적 현실에 초점을 맞추는 노인들은 외부 환경의 영향을 덜

받고 자아를 강화시킬 수 있다.

② 노화과정, 노년기의 제한성 그리고 가능성 등을 있는 그대로 받아들인다. 예전보다 근력이 많이 떨어지고 반응속도도 느리지만 그래도 여전히 삶의 궤도에서 이탈할 수 없음을 깨달으면 노년기에 일어나는 많은 상실에 잘 적응할 수 있다. 노년기로의 사회화는 다른 어떤 단계보다도 어렵다. 왜냐하면 역할 모델을 발견하기 쉽지 않기 때문이다(Rosow, 1974). 따라서 사회나 대중매체가 노화과정에 성공적으로 적응하는 역할 모델을 제시하는 것이 중요하다.

③ 인생 전반에 걸친 인생의 목표나 기대에 대한 재평가가 이루어져야 한다. 많은 사람들이 매우 이른 나이에 인생의 목표를 설정하고 나이가 들면서 계속 좌절하고 실망한다. 내적·외적 압력에 적절히 반응하면서 인생의 목표를 적당히 수행할 수 있는 능력을 가진 노인들은 노화와 연관된 여러 가지 변화에 성공적으로 적응할 수 있다.

④ 자신의 지나온 과거를 객관적으로 돌아보고 실패와 성공을 담담하게 회고할 수 있는 능력이 필요하다. 인생의 회고는 자신이 살아온 삶에 대한 객관적 평가이며, 인생의 의미를 깨닫게 해 주는 회상과정으로서 인생을 좀더 의미 있는 것이 되도록 한다.

2) 자아실현

Abraham Maslow

많은 사람들이 성인기 동안에 이상적인 인간상인 자아실현인이 되고자 노력한다. 자아실현인이 되기 위해서는 자신의 잠재력을 충분히 실현시킬 수 있도록 해야 한다. Maslow(1970)에 의하면 인간의 욕구에는 기본적으로 다섯 가지가 있는데 그중에서 자아실현의 욕구가 가장 높은 수준의 것이라고 한다. Maslow는 인간의 행동에 동기를 부여하는 것은 단순히 쾌락을 추구하고, 고통을 회피하거나 내적 긴장을 감소하려는 노력 이상의 것이라고 주장한다. 우리 인간의 많은 동기가 유기체의 긴장에 의해 유발되고 그리고 긴장수준이 감소된 후에라야 높은 수준의 행동이 가능하다.

Maslow는 자아실현을 이루기 위해서는 몇 가지 전제조건이 충족되어야 한다고 주장한다. 우선 세속적인 걱정, 특히 생존과 관련된 근심으로부터 자유로워야 한다. 그리고 자신이 하는 일(직업)에서 편안해야 하고, 가족원이나 직장동료로부터 인정을 받는다고 느껴야 한다. 게다가 자신을 진정으로 존중하는 마음이 있어야 한다.

중년기 이전에는 자아실현을 이루기가 어렵다. 성년기 동안에는 에너지가 성욕, 교육, 직업경력, 결혼과 부모역할 등의 여러 방향으로 분산된다. 그리고 경제적 안정을 이루려는 노력은 상당한 양의 정신 에너지를 소모하게 만든다. 그러나 중년기에는 이러한 욕구를 대부분 충족시키고, 이제 자아성숙을 향한 노력에 에너지를 할애할 수 있다.

(1) 인간욕구의 위계

Maslow(1971)에 의하면 인간의 욕구에는 기본적으로 다섯 가지가 있는데, 그것은 생리적 욕구, 안전의 욕구, 애정과 소속의 욕구, 자아존중감의 욕구, 자아실현의 욕구가 그것이다(〈그림 6-1〉 참조).

〈그림 6-1〉 Maslow의 인간욕구 위계

생리적 욕구(physiological needs)는 음식, 물, 공기, 수면에 대한 욕구 및 성욕으로서, 이들 욕구의 충족은 우리의 생존을 위해서 필요불가결한 것이다. 생리적 욕구는 모든 욕구 중에서 가장 강렬하며, 이 욕구가 충족되지 않으면 안전이니, 사랑이니, 자아존중감이니 또는 자아실현이니 하는 것들은 모두 하찮은 것이 되어 버린다.

생리적 욕구가 해결되고 나면 안전의 욕구(safety needs)에 의해 동기가 유발된다. 안전의 욕구에는 안전, 안정, 보호, 질서 및 불안과 공포로부터의 해방 등과 같은 욕구가 포함된다. 은행에 돈을 저축하고, 보험에 가입하며, 안정된 직장을 얻는 것 등이 좋은 예이다.

애정과 소속의 욕구(love and belongingness needs)는 특정한 사람들과 친밀한 관계를 맺고, 어떤 집단에 소속되고자 하는 욕망으로 표현된다. 애정과 소속의 욕구가 충족이 되면 다른 사람과 원만한 관계를 갖게 되는데, 친구 및 배우자와 가깝고 의미 있는 관계를 유지하게 된다.

자아존중감의 욕구(self-esteem needs)는 기술을 습득하고, 맡은 일을 훌륭하게 해내며, 작은 성취나 칭찬 및 성공을 통해서 그리고 다른 사람들로부터 긍정적인 평가를 들음으로써 충족된다.

자아존중감에는 다른 사람이 자기를 존중해주기 때문에 갖게 되는 자아존중감과 스스로 자기를 높게 생각하는 자아존중감이 있다. 다른 사람이 존중해주기 때문에 갖게 되는 자아존중감은 명성, 존중, 지위, 평판, 위신, 사회적인 성과 등에 기초를 두는데, 이것은 쉽게 사라질 수도 있다. 반면, 스스로 자기를 높게 생각하는 자아존중감을 지닌 사람은 내적으로 자신이 가치 있는 사람이라고 생각하므로 자신에 대해 안정감과 자신감이 생긴다. 자아존중감의 욕구를 충족시키지 못하게 되면 열등감, 좌절감, 무력감, 자기비하 등의 부정적인 자기지각을 초래하게 된다.

자아실현의 욕구(self-actualization needs)는 인간욕구의 위계 중에서 가장 높은 수준의 것이다. 앞에서 언급한 모든 욕구를 충족시킨 사람들이 이 범주에 속하는데, 그들은 자신의 능력과 재능을 최대한 활용하는 성숙하고 건강한 사람들이다. Maslow에 의하면 인간은 누구나 다 자아실현의 욕구를 갖고 있지만 대부분의 사람들은 이 욕구를 실현시키지 못한다고 한다.

(2) 자아실현인의 성격특성

자아실현인의 성격특성을 연구하기 위해 Maslow는 자신의 재능을 최대한 살리고 자아실현을 이룬 것으로 생각되는 사람들을 연구대상으로 삼았다. 그들은 학생, 지인 (知人), 유명한 역사적 인물들(예를 들면, 링컨 대통령, 루스벨트 대통령 부인, 토마스 제퍼 슨)로서 생존해 있는 사람들에게는 면접, 자유연상 그리고 투사적 기법을 사용하였고, 이미 세상을 떠난 사람들의 경우는 전기와 자서전 자료를 가지고 분석하였다. 이들에 게서 나타난 성격특성은 다음과 같다.

① 사람과 사물을 객관적으로 지각한다. ② 자신과 타인을 있는 그대로 받아들인다. ③ 가식이 없이 솔직하고 자연스럽다. ④ 자기 중심적이 아니고 문제 중심적이다. ⑤ 혼 자 있기를 좋아하고, 홀로인 것에 개의치 않는다. ⑥ 자신이 속해 있는 사회적 환경으로 부터 독립하여 자율성을 갖는다. ⑦ 사람과 사물에 대한 인식이 구태의연하지 않고 신 선하다. ⑧ 반드시 종교적인 것이 아니더라도 신비롭고 황홀한 기쁨을 경험한다. ⑨ 인 류에 대한 연민과 애정을 가지고 있다. ⑩ 대인관계가 피상적이지 않고, 깊고 풍부하다. ⑪ 민주적인 성격구조를 가지고 있다. 즉, 사회계층, 인종, 교육수준, 종교, 가문, 정치 적 신념에 상관없이 모든 인간을 존중한다. ⑫ 수단과 목적을 혼동하지 않는다. ⑬ 깊이 있고 철학적인 유머감각이 있다. ⑭ 지혜롭고 창의적이다. ⑮ 자신이 속한 문화를 인정 하지만 무조건 동조하지는 않는다.

5. 노년기의 심리적 부적응

정신건강이라 함은 정신적 장애가 없으며 전반적으로 긍정적인 심리적 안정상태를 일컫는 말이다. 신체적 건강, 심리적 적응, 사회경제적 지위, 생활사건, 사회적 지원 등 이 노년기의 정신건강에 영향을 미치는 요인들이라 할 수 있다(Wykle & Musil, 1993). Birren과 Renner(1980)는 정신건강의 특성을 다음과 같이 요약하고 있다.

① 자신에 대한 긍정적인 태도, ② 현실에 대한 정확한 지각, ③ 환경에 대한 적응, ④ 성공적인 대인관계, ⑤ 자율성, ⑥ 자아존중감과 자아실현 등이 그것이다.

이와는 반대로 자신이나 남에게 해가 되는 행동이나 '사회적 규범으로부터 일탈된 행동'을 부적응 행동 또는 정신병리(psychopathology)라고 부른다.

인간은 대개의 경우 새로운 환경에 적응하는 능력이 있지만, 경우에 따라서는 발달 과정에 따른 새로운 상황에 제대로 적응을 하지 못하고 부적응 행동을 나타내는 수가 종종 있다. 특히, 노년기가 되면 노화와 관련된 스트레스를 많이 받게 되는데, 이로 인해 심리적 압박감을 느끼게 됨으로써 심리적 부적응이 야기될 수 있다.

노년기에 흔히 발생하는 심리적 부적응 현상은 불안장애, 우울증, 성격장애, 조현병(정신분열증), 기질성 정신장애 등이다. 연령이 높을수록, 건강상태가 나쁠수록, 이혼이나 사별로 인해 홀로 된 경우일수록 심리적 부적응 현상이 많이 나타난다.

1) 불안장애

Diane Hughes

불안감은 정상적인 사람들도 가끔 경험하는 것이므로 그 정도가 심하지 않으면 문제가 되지 않지만, 그 정도가 지나치게 심할 경우에는 부적응으로 본다. 불안장애는 무슨 불길한 일이 곧 일어날 것 같은 두려움과 초조감이 주요 증상이지만, 가슴이 답답하고, 숨이 가빠지며, 심장이 두근거리는 등의 신체증상이 함께 나타나기도 한다. 전반적으로 노년기에는 불안장애의 발생률이 높은 편은 아니며, 공포장애, 공황장애, 강박증과 같은 불안장애도 성년기나 중년기에 비해 매우 낮다(Blazer, George, & Hughes, 1991). 노년기의 불안장애의 원인은 무력감이나 상실감으로 인한 것이다(Bowman, 1992).

2) 우울증

Carmi Schucter

우울증은 노년기에 볼 수 있는 매우 보편적인 증상이다(Schooler, 1992). 노년기에는 건강의 쇠퇴를 포함하여 가정과 사회에서의 역할 상실, 경제적 궁핍, 배우자 사별 등 여러 종류의 상실을 경험하므로 우울증에 빠지기 쉽다. 우울증의 위험 요인은 스트레스를 주는 생활 사건, 배우자와의 사별, 사회적 지원망의 결여 등이다(Zisook & Schucter, 1994). 심한 우울증은 자살충동을 동반하는데, 남성노인의 경우 연령과 함께 자살률이 꾸준히 증가해, 65세 이상 노인의 자살 률이 어느 연령대보다도 높다(Osgood, 1991). 여성의 경우 자살률은 중년기에 제일 높지만 남성보다는 언제나 낮은 편이다. 약물남용, 불치병, 사별, 정서장애가 노년기에 자살의 위험을 증가시킨다 (Ruckenhauser, Yazdani, & Ravaglia, 2007). 젊은이들과 비교했을 때 노인들의 자살 성공률은 매우 높은 편이다(Blazer, 1992).

사진 설명: 노년기에 경험하는 상실이나 변화에 대한 반응으로 우울증에 빠지기 쉽다.

우울증 치료는 우울증을 초래한 것으로 보이는 뇌졸중이나 관절 염 등의 신체질환부터 치료하는 것이 원칙이다. 항우울제는 치료효 과가 매우 좋지만 증상이 사라지더라도 6개월 정도 꾸준히 치료해야 하며, 재발한 경우에는 최소 1년 정도 치료해야 한다.

3) 성격장애

성격장애는 부적응적인 사고나 행동을 반영하는 것인데 노년기 에는 발생빈도가 그리 높지 않다(George, 1990). 자기도취적 성격장 애와 반사회적 성격장애가 보편적인 성격장애의 형태이다. 자기도 취적 성격장애를 가진 노인들은 지나칠 정도로 잘난 체하며, 특별한 사람들만 자신을 이해할 수 있다고 믿는다. 반사회적인 성격장애를 가진 노인들은 정상적인 양심이 없는 사람들로서 다른 사람의 권리 를 무시하고, 죄책감 없이 다른 사람들을 이용하고 배신을 잘한다.

Linda K. George

4) 조현병(정신분열증)

논리적이지 못한 사고, 환각이나 환청 등 지각과정의 이상, 현실을 왜곡하는 망상,

왜곡된 기억 등이 노년기 조현병의 주된 증상이다. 노년기에는 피해망상이나 병적인 의심 등을 포함하는 편집증이 증가하는데, 젊은 성인들의 경우 편집증은 심한 정신장애를 반영하지만, 노인들의 경우는 정신장애보다 감각기능의 장애, 특히 청각장애가 있는 노인들의 경우 그 정도가 심하다(Birkelt, 1991).

5) 기질성 정신장애

기질성 정신장애의 발병원인은 대뇌 손상이다. 노인성 치매라고 하는 정신장애는 기질성 정신장애의 대표적인 유형이다. 노화와 관련된 문제 중에서 노인성 치매만큼 두려움의 대상이 되는 것도 없다. 노인성 치매환자는 자신의 배우자나 자녀를 알아보지 못할 정도로 문자 그대로 정신을 놓아버린다. 치매(dementia)라는 말은 라틴어에서 유래된 말로서 "정신이 없어진 것"이라는 의미를 갖고 있다.

이처럼 많은 사람들에게 치매가 두려움의 대상이 되기 때문에, 일상생활에서 기억을 잘 하지 못할 때 자신이 치매에 걸린 것은 아닌가 하고 걱정하는 사람이 많다. 그러나 경미한 기억상실이 반드시 치매의 증세는 아니다.

치매는 어떤 특정 질병을 일컫는 것이 아니고, 인지적 기능과 행동적 기능이 쇠퇴하는 정신장애 전반을 일컫는 말이다. 가장 보편적이고 치명적인 치매의 형태가 알츠하이머병이다.

Alois Alzheimer

(1) 알츠하이머병

존경받는 어떤 시인이 자신의 시는 물론이고 자신의 이름마저 기억하지 못한다. 옛날 실업계의 한 거물이 기저귀를 차고, 하루 종일 구두를 닦으며 시간을 보낸다. 이들은 알츠하이머병의 피해자들로서 이 병은 퇴행성 뇌질환으로 지능, 지각, 심지어 신체 기능의 통제력을 점차 빼앗아 가고 결국 죽게 만든다(Reisberg, 1983).

1906년 11월 3일 정신과 의사인 Alois Alzheimer 박사가 남

편에 대한 극심한 질투망상으로 오랫동안 고생하던 55세 된 부인이 사망한 후 뇌를 해부한 결과, 신경세포 수가 현저하게 감소되었으며 '노인반점'이 대뇌피질에 다수 발견된 사례를 보고하였는데, 이는 최초로 보고된 퇴행성 뇌질환으로 이후 이 의사의 이름을 따서 알츠하이머병으로 불리게 되었다.

이 무서운 질병은 중년기에도 가끔 나타나지만 대부분의 피해자는 65세 이상의 노인이며, 85세 이상 노인들의 경우에는 20~30% 가량이 걸리는 것으로 추정되고 있다 (Heston & White, 1983).

알츠하이머병의 원인은 아직 알려져 있지 않다. 여러 가지 이론들이 이 병의 원인이 되는 것으로 신경화학물질의 결핍 또는 불균형, 바이러스 감염, 유전적 영향, 면역체계의 결함 또는 심지어 알루미늄 중독 등을 들고 있다(Cohen, 1987).

알츠하이머병의 초기 증상으로는 전화전언을 잘못하거나 갑자기 엉뚱한 행동을 하는 것 등을 들 수 있다. 가장 두드러진 초기 증상은 기억력 장애이다. 과거의 일도 정확하게 기억을 못하지만 특히 최근의 사건들을 잘 기억하지 못한다. 그 다음에는 혼란, 성급함, 침착하지 못함, 흥분, 판단력, 집중력, 방향감각, 언

Gene D. Cohen

어능력에서의 감퇴가 잇따른다. 정도의 차이는 있지만 대부분의 치매환자가 언어장애를 나타낸다. 초기에는 말하는 도중에 적절한 단어를 찾지 못하여 머뭇거리거나 정확하지 않은 단어를 사용하기 때문에 듣는 사람이 무슨 말인지 이해하기 힘들게 된다. 자신의 이러한 증상을 자각하게 되면서 환자는 우울증에 빠지기도 한다. 병이 진행되면서 증상들은 보다 뚜렷해지고 걷잡을 수 없게 된다. 마지막에는 환자가 언어를 이해하지 못하거나 사용할 수 없게 되며, 가족들도 알아보지 못하고 남의 도움 없이는 먹지도 못한다.

알츠하이머병은 진단이 매우 어렵다. 그것은 이 병이 다른 형태의 치매들과 구별하기가 어렵기 때문이다. 유일하고 확실한 진단은 뇌 속의 조직을 관찰하는 것뿐인데 그것은 사후부검에 의해서만 가능하다. 알츠하이머병에 걸린 사람의 뇌는 신경섬유가 엉켜 있고(사진 참조), 세포가 줄어들며 그 밖의 다른 변화도 나타난다. 이런 변화들은 정

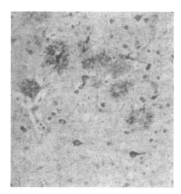

사진 설명: 알츠하이머병에 걸린 사람의 뇌는 사진에서 보는 바와 같이 신경섬유가 엉켜 있다.

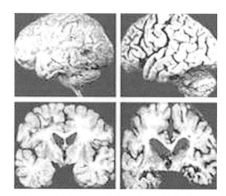

사진 설명: 왼쪽은 정상적인 노인의 뇌 모습이며, 오른쪽은 알츠하이머병에 걸린 노인의 뇌 모습이다. 알츠하이머병에 걸린 노인의 뇌는 뇌실이 확장되어 있다.

상적인 노화에서도 어느 정도는 볼 수 있으나 알츠하이머병에 걸린 사람들에게서 더 현저하며 또한 기억력과 관련이 있는 뇌의 영역에서 보다 많이 일어나고 있다(Hyman, Van Hoesan, Damasio, & Barnes, 1984).

새로운 기술인 핵자기공명진단법으로 알츠하이머병 진단의 정확도가 개선되고 있다(Summers, Majovski, Marsh, Tachiki, & Kling, 1986). 알츠하이머병 자체는 치유가 불가능하나 보다 정확하게 진단하게 되면 때때로 알츠하이머병이라고 잘못 진단하는 유사한 질병을 치료할 수 있게 된다.

알츠하이머병에 걸린 환자들은 흥분을 가라앉히고, 우울증을 가볍게 하며, 잠을 자도록 하는 약물요법을 받을 수 있다. 적절한 영양공급과 유동식을 섭취하는 것이 중요하며 운동과 물리요법으로도 치료에 도움을 받을 수 있다. 환자나 그 가족에게 가장 큰 도움이 되는 것은 아마도 전문적인 상담과 후원단체를 통해 얻을 수 있는 사회적 · 정서적 지원일 것이다(Heston & White, 1983; Kokmen, 1984).

(2) 파킨슨병
파킨슨병은 신경전달물질인 도파민[1]을 생산하는 중뇌(中腦)의 신경이 노화함에 따

---

1) 부신에서 만들어지는 뇌에 필요한 호르몬.

라 발생하는 행동장애를 일컫는다(Catalan et al., 2013; Lieberman, 1974). 파킨슨병의 증상은 언어표현이 자유롭지 못하고, 머리를 흔들며, 몸을 덜덜 떨면서 경련을 일으키고, 걸음걸이가 부자연스럽다. L-dopa와 같은 약물치료가 이러한 행동문제를 크게 완화시킬 수 있다(Mestre et al., 2014).

파킨슨병과 치매의 관계가 1970년대 후반에 밝혀졌는데, 연구에 의하면 파킨슨병 환자의 14~40%가 치매에 걸리게 된다고 한다 (Raskind & Peskind, 1992).

Morton A. Lieberman

(3) 피크병

피크병은 매우 드문 형태의 치매로서 알츠하이머병과 구분이 되지 않을 정도로 그와 유사한 병이다. 그러나 뇌의 구조적 변화, 즉 신경병리학적으로는 두 병이 분명히 구별된다. 알츠하이머병 환자가 활동과잉인 반면, 피크병 환자는 위축되는 경향이 있다.

피크병은 발병연령이 주로 40대로서 비교적 젊은 나이에 발병한다. 피크병은 초기 단계에서는 기억력 손상이 거의 없지만 실어증, 무례한 행동, 무절제한 성행위와 같은 행동변화가 크게 나타난다. 그리고 죽을 무렵에는 식물인간처럼 되고 만다.

제7장
죽음과 사별

최근에 와서 인간이면 그 누구도 피할 수 없는 죽음에 관한 문제를 연구하는 사망심리학(Thanatology)에 많은 관심이 모아지고 있다. 죽음이 임박한 사람들을 관찰함으로써, 문학과 예술에서 죽음이 어떻게 다루어지는지를 살펴봄으로써 그리고 그에 관해 연구하고 논의함으로써 인생의 마지막 단계에 대한 준비를 할 수 있다. 우리의 하루하루가 인생의 기쁨을 음미하고, 자신의 뛰어난 자질을 표현할 수 있는 최후의 순간이 될지도 모른다는 생각을 하게 되면 우리는 보다 나은 삶을 살아갈 수 있을 것이다.

죽음은 죽는 사람뿐만 아니라 남게 되는 사람에게도 큰 고통을 안겨 준다. 어쩌면 죽는 사람에게는 죽음이 고통의 끝이겠지만 남아 있는 사람들에게는 고통의 시작이 될 수 있다.

사랑하는 사람을 잃게 될 때 우리는 사별, 비탄, 애도의 경험을 하게 된다. 사별은 상실이라는 객관적인 사실로서 유족의 신분상의 변화를 뜻한다. 예를 들면, 아내에서 미망인으로, 자녀에서 고아로의 변화를 말한다. 비탄은 사별에 대한 정서적 반응으로서 충격, 무감각, 분노, 우울, 공허함 등 다양하게 표현될 수 있다. 애도는 사회문화적, 종교적 관습에 의해 유가족들이 슬픔을 표현하는 행위를 말한다. 예를 들면, 상복을 입고, 장례식에 참여하며, 삼우제 또는 사십구재 등의 애도기간을 지키는 등의 장례관습이 애도행위이다. 비탄과 애도의 차이는 비탄은 죽음에 따르는 정서적 반응이고, 애도는 문화적으로 승인된 행동적 표현이다.

전통문화에서는 애도의식을 통해서 구조화된 방식으로 사별과 비탄을 극복하도록 도움을 주었다. 그러나 오늘날 전통적 관습들이 많이 사라져 버리면서 유족들이 비탄을 극복하는 데 도움이 될 수 있는 가치 있는 것들을 많이 잃어버렸다.

이 장에서는 죽음의 의미, 죽음에 대한 태도, 죽음 전의 심리적 변화, 호스피스 간호, 죽음에 관한 쟁점, 사별과 애도 등에 관해 살펴보고자 한다.

1. 죽음의 정의

죽음은 인생의 모든 과정에서 맞이하게 되는 단 한 차례의 사건이다. 생애과정이 모든 경험의 누적으로 이루어지는 것과 달리 죽음은 단 한 차례의 경험이며, 연속적인 발달의 과정에서 종료이자 단절을 의미한다. 또한 죽음은 보편적으로 예측할 수 있는 발달의 시기와 달리, 그 누구도 예상할 수 없는 시기에 찾아오는 사건이다. 이러한 죽음의 특성은 생물학적인 죽음에 초점을 맞추고 있는 것이지만, 사실상 죽음의 의미를 이해하기 위해서는 생물학적인 죽음 이외에도 사회적 죽음, 심리적 죽음으로 죽음을 분류해 볼 필요가 있다.

세계보건기구(WHO)는 죽음을 "소생할 수 없는 삶의 영원한 종말"이라고 정의하였다. 죽음에는 적어도 세 가지 측면이 있는데 생물학적, 사회적, 심리적 측면이 그것으로 세 측면 모두 논쟁의 대상이 되고 있다.

1) 생물학적 정의

생물학적 죽음에 대한 법적 정의는 일반적으로 신체기능의 정지로 간주된다. 일정 기간 심장의 박동이 멈추거나 뇌의 활동이 멈출 때 죽었다고 판정할 수 있다. 뇌사 (brain death)는 죽음에 대한 신경학적인 정의로서 일정 기간 뇌의 전기적 활동이 멈추는 것을 말한다.

뇌전도(EEG)가 일정한 시간 동안 균일한 모양을 나타낼 때 뇌사로 인정한다. 그러나 죽음에 대한 생물학적 기준은 생명의 기본적인 표시를 무한정 연장시킬 수 있는 의료장비의 발달로 인해 보다 복잡하게 되었다.

2) 사회적 정의

죽음의 사회적 측면은 장례식과 애도의식 및 권리와 재산의 법적 재분배에 관한 것이다. 죽음의 사회적 측면의 상당 부분은 그 사회의 죽음과 사후(死後)에 대한 견해를 반영하는 종교적, 법적 규범에 의해 좌우된다.

예를 들어, 말레이 사회에서는 죽음을 점차적인 전이과정으로 본다. 따라서 사람이 죽으면 처음에 가매장을 하고, 유족들은 죽은 사람의 영혼이 육체를 떠나 영적 세계로 전입되었다고 믿을 때까지 애도의식을 계속한다(Kastenbaum & Aisenberg, 1972).

오늘날 방부제를 사용해서 시체를 보존하는 관습은 고대 이집트나 중국에서 향료나 향유를 사용하여 시체를 미라로 만들던 관습으로 거슬러 올라가는데 시체보존은 영혼이 육체로 다시 돌아올 것이라는 믿음 때문이다(사진 참조).

사진 설명: 기원전 14세기의 이집트 투탕카멘왕의 석관(그의 시체는 미라로 보존되었다.)

유태인들의 전통장례에서는 한순간도 고인을 혼자 있게 하지 않는데(Gordon, 1975; Heller, 1975) 그 이유는 악령이 죽은 사람 주위를 맴돌면서 그 사람의 육체 안으로 들어가려고 기회를 노린다는 믿음 때문이라고 문화인류학자들은 설명한다.

3) 심리적 정의

죽음의 심리적 측면은 사람들이 다가오는 자신의 죽음에 대해서 그리고 가까운 사람의 죽음에 대해서 어떻게 느끼는가 하는 것이다. 전통사회에서는 애도의식을 통해서 유족들로 하여금 그들의 슬픔과 비탄을 자연스럽게 표현할 수 있는 인간적인 배출구를 마련해 주었다.

그러나 오늘날 옛날의 관습들이 사라지면서 유족들은 그들의 슬픔을 극복하는 데 도움이 될 수 있는 가치 있는 것들을 많이 잃어버렸다. 우리는 죽음의 실체를 자연스럽고 예정된 인생의 단계로 이해하여 좀더 긍정적으로 받아들일 필요가 있다.

2. 죽음에 대한 태도

Freud는 죽음이란 누구에게나 자연스럽고, 부정할 수 없으며, 피할 수 없는 것이지만 사람들은 마치 그것을 다른 사람에게만 일어나는 일인 것처럼 행동한다고 하였다(Cicirelli, 1999).

우리 사회에서 죽음은 금기시하는 주제로, 공포와 부정은 우리 자신의 죽음, 즉 무(無)로 돌아가는 것에 대한 자연스러운 반응이다(Kalish, 1985).

죽음에 대한 공포가 선천적인 것인지 학습된 것인지는 확실하지 않다. 죽음에 대해 왜 그렇게 두려워하는지 물어보았을 때 사람들은 고통에 대한 두려움, 육신의 상실, 내세에 대한 두려움과 고통 그리고 사랑하는 사람과의 이별이 괴롭다고 답하였다.

사진 설명: Chuck Powell(왼쪽에서 첫 번째)이 동료 교수들과 함께

일반적으로 사람들은 죽음 자체보다는 죽음 후의 세계에 대해 아무것도 알 수 없다는 무력감, 죽는 과정, 특히 고통 속에서 천천히 죽어 가는 과정을 두려워한다(Marshall & Levy, 1990; Thorson & Powell, 1988).

몇 가지 요인이 죽음에 대한 사회정서적인 반응에 영향을 미친다. 성과 연령이 그 요인 중 하나이다. 여성이 남성보다 죽음을 더 두려워한다. 특히, 통증과 육체의 해체 또는 부패를 두려워한다.

하지만 자신의 죽음에 대해서는 여성이 남성보다 더 인정하는 편이다(Keith, 1979; Thorson & Powell, 1988). 죽음불안에 대한 국내 연구(장휘숙, 최영임, 2007)에서도 성차가 유의한 것으로 나타났다. 즉, 여성이 남성보다 죽음불안을 더 많이 경험하고 있는 것으로 나타났다.

연령별 반응은 나이 든 사람이 젊은 사람보다 죽음에 대해 더 많이 생각하고, 더 많이 이야기하며, 자신의 죽음을 덜 두려워하는 편이다(Kalish, 1985; Stillion, 1985). 특히, Erikson의 8단계에서 이룩해야 할 발달과업인 자아통합감을 성취한 사람이라면, 인생의 회고를 성공적으로 마친 사람이라면, 죽음에 대한 갈등과 불안을 줄이고 자신의 죽음을 받아들일 수 있게 된다. 죽음에 대한 태도조사 연구에서 보면 젊은이들은 친구나 가족에게 슬픔을 가져다주는 상실을 제1위로 꼽았고, 40세 이상의 나이 든 사람들은 자녀를 돌보지 못하는 상실을 제일로 쳤다.

종교 또한 영향을 미치는 요인이다(사진 참조). 모든 연령집단에서 가장 신앙심이 깊은 사람이, 즉 내세에 대한 신념이 가장 큰 사람들이 죽음을 가장 덜 두려워한다. 종교적인 사람에게 죽음은 영생에 이르는 문이기 때문이다. 신앙심이 전혀 없는 사람들이 그 다음으로 죽음을 덜 두려워하고, 죽음에 대해 가장 큰 두려움을 나타낸 사람들

은 신앙심이 약간 있는 경우였다(Clements, 1998; Downey, 1984; Kalish, 1985; Keller, Sherry, & Piotrowski, 1984).

우리나라 말기암 환자 30명을 대상으로 하여 죽음에 대한 태도를 면접 조사한 윤은자와 김홍규(1998)의 연구에서 보면, 죽음을 눈앞에 둔 환자의 태도는 크게 세 가지로 분류되었다. 분류된 비율은 종교의존형 40.0%, 과학신봉형 36.7%, 냉소주의형 23.3% 등의 순서로 집계되었다. 이들은 특히 종교나 학력, 성별, 연령에 따라 각기 다른 태도를 보였는데 고학력일수록 종교에 많이 의지하였고, 저학력 남성일수록 현대의학을 믿는 과학신봉자가 많았다. 이에 대해 연구자들은 고학력자들의 경우 암이 말기에 이르러 죽음을 눈앞에 두게 되면 현대의학과 의사의 한계를 인정하는 데 반해, 저학력 환자

들은 현대의학과 의사에게 지나치게 의지하고 신봉하는 태도를 갖게 되기 때문인 것으로 해석하고 있다. 또한 무신론자이면서 저학력일수록 죽음에 냉소적이었다. 일반적으로 노년층일수록 삶에 대한 강한 애착을 보이는 경향이 많은 데 비해, 중년층의 말기 암 환자들은 오히려 죽는다는 사실에 그다지 집착하지 않는 현상이 나타났다.

우리나라 노인 약 2,000명을 대상으로 죽음에 대한 태도를 알아본 이가옥 등(1994)의 연구에서 죽음을 생각해 본 적이 없는 사람은 2.0%에 불과하여 대부분의 노인이 죽음에 대하여 생각해 본 경험이 있는 것으로 나타났다. 또한 죽음을 생각할 때 "편안하다(15.3%)" "담담하다(54.1%)"로 대부분의 노인들은 죽음을 담담하고 당연하게 받아들이는 것으로 나타났다. 성별로는 "편안하다"는 응답이 여성노인 17.8%, 남성노인 11.4%로 여성노인이 남성노인에 비하여 높지만, "담담하다"는 여성노인 51.4%, 남성노인 58.1%로 남성노인이 여성노인에 비하여 높게 나왔다. 연령이 높아질수록 "편안하다"와 "담담하다"의 비율이 높아져서, 상대적으로 나이가 많은 노인층에서 죽음을 의연하게 받아들이고 있는 것으로 나타났다.

3. 죽음 전의 심리적 변화

Elizabeth Kübler-Ross

사람들은 다가오는 자신의 죽음에 어떻게 대응하는가? 인생이 곧 끝날 것이라는 사실을 어떤 과정으로 받아들이는가? 죽음이 임박했을 때 어떤 심리적 변화를 겪는가?

죽어 가는 사람들을 연구하는 정신과 의사인 Elizabeth Kübler-Ross는 사망심리학에 대한 현재의 관심을 유발한 것으로 널리 인정받고 있다. 그녀는 대다수 환자들이 그들의 상태에 대해 솔직하게 이야기할 수 있는 기회를 원하며, 자신의 죽음이 임박함을 알고 있다는 것을 발견하였다.

500명 정도의 불치병 환자와 이야기를 나눈 후 Kübler-Ross(1969, 1975, 1981, 1983)는 죽음과 타협하게 되는 다섯 단계를 제시하였는데 부정, 분노, 타

〈그림 7-1〉 자신의 죽음에 직면했을 때 나타나는 심리적 변화 5단계

출처: Kübler-Ross, E. (1975). *Death: The final stage of growth*. Englewood Cliffs, NJ: Prentice Hall.

협, 절망 그리고 궁극적인 수용이 그것이다. 임박한 사별에 직면한 사람들도 비슷한 반응을 보인다(〈그림 7-1〉 참조).

자신의 죽음이 임박했을 때 다음 다섯 단계를 거치게 되는 것으로 보이지만 여기에는 물론 개인차가 있다. 예를 들어, 어떤 이들은 제시된 순서대로는 아니지만 다섯 단계를 모두 경험하는 반면, 어떤 이들은 단계를 건너뛰기도 한다. 또한 특정 단계에서 오래 머무르거나 한 단계에서 다음 단계로 진행하기를 주저하는 현상도 나타났다. 그리고 몇 개의 단계가 중복되는 경우도 있다. 그러나 이 모든 단계에서 기초가 되는 정서는 '희망'이다.

1) 부정

죽어 가는 과정 중 첫 번째 단계는 부정의 단계이다. 자신의 죽음이 임박한 사실을 알았을 때 대부분의 사람들은 충격을 받고 그 사실을 부정하려고 든다. "아니야, 나는 아니야. 그럴 리가 없어" "아마 검사결과가 잘못 나왔을 거야. 다른 의사에게 가봐야겠어" "나는 그렇게 아픈 것 같지 않아. 사실이 아닐 거야"라는 반응이 보편적으로 나타난다. 우리는 무의식적으로 우리의 불멸(immortality)을 믿기 때문에 자신이 죽을 것이라는 사실을 인정할 수 없는 것이다.

부정은 거의 모든 환자에게서 나타나는데 초기의 불안한 상황에 대처하는 데 있어서 비교적 건강한 방법이다. 또한 환자들로 하여금 그들의 생각을 가다듬게 함으로써 예기치 못한 충격적인 사실에 대한 완충역할을 할 수도 있다.

2) 분노

분노의 단계에서는 자신의 죽음을 더 이상 부정할 수 없음을 깨닫고 분노하게 된다. 대체로 분노, 격분, 질투, 원한의 감정을 경험한다. 1단계에서 비극적인 소식에 대한 환자의 반응이 "아니, 사실이 아니야. 뭔가 착오가 있었을 거야"인 데 반해, 2단계에서는 "다른 사람이 아니고 왜 하필이면 나인가"라는 생각으로 의사나 간호사, 가족, 심지어 신에게까지 화를 내게 되고, 젊고 건강한 사람들을 부러워하게 된다.

부정의 단계에 비해 분노의 단계는 가족과 의료진으로 하여금 환자를 다루기 어렵게 만든다. 왜냐하면 환자의 분노가 아무에게나 투사되고 전이되기 때문이다. 가족과 병원관계자는 죽어 가는 환자에 대해 공감해 주고, 환자의 분노가 어디에서 연유하는지를 깨닫는 것이 중요하다. 이 단계에서 환자들은 모든 것에 대해 불평거리를 발견한다. 그러나 환자를 이해하고 따뜻한 관심을 가져주면 시간이 지나면서 그들의 분노도 감소한다. 이때 환자들은 자신이 보호받을 가치가 있는 귀중한 존재임을 깨닫게 된다.

3) 타협

1단계에서 자신의 죽음을 인정할 수 없었던 환자나 2단계에서 분노했던 환자들은 이제 3단계에서 어떻게 해서든지 죽음이 연기되거나 지연될 수 있기를 바란다. 환자들은 착한 행동이 보상을 받고, 때로는 착한 행동 때문에 특별한 소원이 이루어진다는 사실을 과거 경험으로부터 알고 있다. 본질적으로 타협은 시간을 좀더 벌기 위한 시도이다. 이때 사람들은 신에게 다음과 같이 기도한다. "당신께서 제가 딸이 졸업하는 것을 볼 때까지…… 아들이 결혼할 때까지…… 손주가 태어날 때까지 살 수 있도록 허락해 주신다면…… 저는 더 좋은 사람이 되겠습니다……" 또는 "더 이상 아무것도 바라지 않겠습니다……" 또는 "제 운명을 받아들이겠습니다."

Phillips(1992)의 연구에서 사람들의 살고 싶은 소망이 실제로 잠시 동안이라도 죽음을 연장시키는 것으로 나타났다. 그는 중국 여성노인의 사망률이 축제일 동안이나 축제일 전에 감소하고, 그 후에 사망률이 증가하는 것을 발견하였다. 또한 유태인의 경우 사망률이 유월절 전에는 31% 감소하고, 그 이후에는 그만큼 증가하는 것으로 나타났다. Phillips는 이 결과에 대해 죽어 가는 환자들이 어떤 상징적인 행사(예를 들면, 생일이나 결혼기념일)를 행할 때까지 자신의 생명을 연장시킬 수 있는 것은 의식적으로든 무의식적으로든 그 경우가 아니면 볼 수 없는 사람들을 모두 만나 축제 기분에 젖고, 작별인사를 할 기회를 갖기 때문인 것으로 해석하였다.

4) 절망

절망의 단계에서는 말이 없어지고, 면회를 사절하며, 혼자서 울며 슬퍼하는 시간을 갖게 된다. 이 시점에서는 죽어 가는 사람을 위로하지 않는 것이 좋다고 Kübler-Ross는 말한다. 왜냐하면 자신의 임박한 죽음에 대해 슬퍼할 시간이 필요하기 때문이다.

이 단계에서 사람들은 울며 생명을 잃는다는 것을 슬퍼할 필요가 있다. 왜냐하면 자신의 깊은 고뇌를 표현함으로써 슬픔을 감추려고 억누를 때보다 훨씬 빨리 좌절을 극복할 수 있기 때문이다.

5) 수용

만일 환자가 충분한 시간을 가졌다면, 즉 죽음이 갑작스럽거나 예기치 못한 것이 아니라면 그리고 만일 앞의 네 단계를 통해 도움을 받았다면 이제 자신의 운명에 대해 절망지도 않고 분노하지도 않는 마지막 단계에 도달할 것이다.

수용의 단계에 있는 대부분의 환자들에게는 지금까지 그들의 감정을 표현할 기회가 있었다. 그들은 건강하고 살아있는 사람들에게 부러운 감정을 나타내었고, 가까운 장래에 죽지 않아도 되는 사람들에 대한 분노와 원한의 감정을 표현하였다. 사랑하는 사람과 이별하는 슬픔도 함께 나누었다. 이제 자기 자신과 세상에 대해 평화로운 마음을 갖게 된다.

Robert N. Butler

Myrna Lewis

가끔 마지막 순간까지 살려고 발버둥치는 환자들이 있긴 하다. 이들은 수용단계에 이르는 것이 불가능하다. 불가피한 죽음을 피해 보려고 애쓰면 애쓸수록, 죽음을 부정하면 부정할수록 평화와 위엄 속에서 죽음을 맞이하기가 점점 더 어려워진다.

죽어 가는 환자들을 연구한 다른 전문가들은 Kübler-Ross가 기술한 감정이 보편적으로 일어난다 하더라도 모든 사람이 다섯 단계를 순서대로 다 거치는 것은 아니며, 사람에 따라 다른 순서로 겪을 수도 있다고 지적하였다. 예를 들면, 어떤 사람은 분노와 절망 사이를 왔다 갔다 하거나 한 번에 두 가지를 모두 느낄 수도 있다. 이론적인 모델에서의 순차적인 진행 대신에 연령, 성, 인종, 민족, 사회적 상황 및 성격의 영향을 받아 극도로 다양한 반응을 보일 수 있다(Butler & Lewis, 1982).

살아가는 것이 그러하듯 죽어 가는 것도 개인적인 경험이다. 어떤 사람에게는 부정이나 분노가 침착한 인정보다 죽음을 맞는 더 건강한 방법이 될 수 있다. 그러므로 Kübler-Ross의 모델이 인생의 종말을 맞는 사람들의 감정에 대한 우리의 이해를 돕는다는 점에서는 유용하지만 이것을 건강한 죽음의 준거로 여길 필요는 없을 것이다.

4. 호스피스 간호

불치병을 다루는 많은 사람들이 불치병 환자에게 병원은 적절한 장소가 아니라는 것을 깨닫게 되었다(Cousins, 1979). 병원은 일반적으로 환자들을 치료하고 무사히 집에 보내는 것을 목적으로 세워졌다. 이러한 목적은 환자가 죽을 병일 때 좌절하기 마련이다. 죽어 가는 환자는 보통 필요 없는 검사와 쓸데없는 치료를 받으며, 회복가망이 큰 환자들보다 관심을 덜 받게 되고, 전혀 적절하지 못한 병원 규칙에 얽매인다.

호스피스 운동은 이 같은 환자들을 위한 특별시설과 보살핌의 요구에 의해 시작되었다. 병원(hospital)이나 환대(hospitality)와 동일한 어원에서 온 호스피스(hospice)라는 단어는 원래 중세기에 예루살렘으로 성지순례를 가는 사람이 하룻밤 편히 쉬어 갔던 휴식처를 의미하는 말이었다. 그러다가 1967년 영국인 의사 Cicely Saunders

Cicely Saunders

가 런던 교외에 '성 크리스토퍼 호스피스'를 설립하면서 처음으로 죽어 가는 환자들을 위한 전문적인 간호용어로 사용되었다. 미국에서는 1974년에 코네티컷 주의 뉴 헤이븐에서 호스피스 간호가 처음으로 시작되었고, 이후 전국적으로 3,000여 개의 호스피스 시설이 설립되었다(Wilkinson & Lynn, 2001).

우리나라는 1981년 가톨릭대학 의과대학과 간호대학의 학생들을 중심으로 호스피스 활동이 시작되어 1987년 여의도와 강남 성모병원에서 호스피스 간호가 시작되었다(사진 참조). 1988년에는 연세대학교 세브란스 병원 암센터에서도 가정 호스피스 간호를 시작하였으며, 1992년에는 이화여대 간호대학에서도 가정 호스피스 간호를 시작하였다. 2013년 현재 국내에서 활동하고 있는 호스피스 기관은 약 114개소에 달한다.

죽어 가는 환자를 하나의 인간으로 대우하고, 품위를 잃지 않으며, 평화스러운 마음으로 임종할 수 있도록 신체적·정신적·사회적 욕구를 충족시켜 주고, 아울러 가족들도 격려하고 지원해 주는 것이 호스피스 간호이다(Guo & Jacelon, 2014; Sokol, 2013; Thomas, 2013). 환자가 죽음의 과정을 겪는 동안 가족도 함께 그 모든 과정을 겪으며 고통을 당하기 때

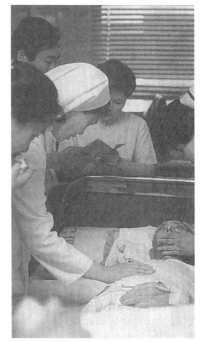

사진 설명: 강남 성모병원의 호스피스 병동

사진 설명: 가정에서 이루어지고 있는 호스피스 간호

문에 환자뿐만 아니라 가족들에게도 관심을 가지고 치료에 동참시켜 가족들이 환자의 병과 죽음을 다루는 데 도움을 준다. 환자에 대한 간호는 임종과 더불어 끝나지만 남은 유가족들은 상실감과 슬픔으로 오랫동안 비탄에 빠지게 된다. 따라서 유가족에 대한 관심과 사랑도 절대적으로 필요하다.

호스피스 간호의 목적은 질병 그 자체에 초점을 두고 환자를 치료하는 것이 아니라 환자를 좀더 편안하게 하고, 남은 날들을 좀더 의미 있게 하고자 하는 것이다. 즉, 삶을 긍정적으로 받아들이고, 죽음을 삶의 자연스러운 일부분으로 받아들이게 돕는다. 호스피스 간호는 병원이나 시설기관 또는 가정에서 이루어질 수 있다(사진 참조). 죽을 병을 앓는 사람들을 위한 따뜻하고도 인간적인, 환자와 가족 중심의 호스피스 간호는 다양한 연령대와 배경의 의사, 간호사, 사회봉사원, 심리학자, 목회자, 친구, 가족 및 자원봉사자들이 함께 환자의 고통을 줄이고, 제증상을 치료하며, 가능한 한 평온한 가운데 죽음을 맞이하도록 배려해 준다.

5. 죽음에 관한 쟁점

사람들은 자기 목숨을 끊을 권리가 있는가? 만약 있다면 어떤 상황에서 그렇게 할 수 있는가? 자살을 도운 사람들의 법적 책임은 무엇인가? 어떤 생명이 지속될 가치가 없다는 판단은 누가 내리는가? 언제 치료를 그만둘지는 누가 결정하는가? 어떤 폐해가 있을 수 있는가? 어떻게 이를 막을 수 있는가?

환자의 불치병을 진단한 의사가 이를 어떻게 말해 주어야 하는가? 환자에게 죽음을 준비하고 신변을 정리할 수 있도록 얼마나 살 수 있는지를 알려주어야 하는가? 혹은 그 예후를 아는 것이 자기실현적 예언이 되어 죽음을 재촉하는가?

이들 질문 중 어느 것도 간단히 대답할 수가 없다. 관련된 모든 사람들의 철저한 심사숙고가 필요하다. 상황마다 상이하기 때문에 그 대답도 상이하기 마련이다.

1) 안락사

1983년 3월 18일에 79세 된 노인이 62세 된 아내를 만나러 그녀가 살고 있는 요양원을 찾아왔다. 한때 성공한 사업가였던 그의 부인은 중증의 알츠하이머병으로, 병석에 누워 있었다. 그녀는 끊임없이 소리를 질렀고, 말을 하지 못했다. 남편은 그녀의 휠체어를 층계 구석으로 밀어붙이고 거기에서 권총으로 그녀를 살해했다. 남편을 기소한 지방검사는 그의 행위를 '일급살인'으로 분류하였다. 대배심원은 기소를 기각했고, 그는 풀려났다 (Malcolm, 1984).

위의 사례에서 남편은 안락사 혹은 자비로운 살인 (mercy killing)을 행한 것이다. 그의 행위는 불치병 환자의 소원을 들어주기 위해서 혹은 고통을 끝내주기 위해서 생명을 단축시킬 목적으로 고의로 취해진 행위인 적극적 안락사의 예이다. 소극적 안락사는 약물치료, 생명연장장치 또는 급식관 같은 생명을 연장시키는 처치를 중단하는 것을 말한다.

Jack Kevorkian

적극적 안락사는 거의 모든 나라에서 불법이지만 소극적 안락사에 대해서는 많은 사람들이 어떤 경우에도 생명을 유지해야 한다고 생각하지 않아 어느 정도 인정하는 분위기이다. 그러나 아직까지 안락사는 법적으로나 윤리적으로 논쟁의 대상이 되고 있다. 가장 논란이 되고 있는 안락사의 한 형태는 의사가 방조하는 자살이다. 내과의사인 Jack Kevorkian 박사는 인간의 죽을 권리를 강하게 주장하는 사람으로서 죽기를 원하는 사람들을 돕기 위해 자살기계를 만들었다. 의사의 자살방조(physician-assisted suicides)는 미국뿐만 아니라 전 세계에서 계속해서 논란의 대상이 될 것으로 예상된다.

최근에 많은 사람들이 사전의료의향서(living will)[1]를 작성하는데, 이것은 만약 자신이

---

1) 불치병으로 식물인간이 되느니 죽기를 희망하는 문서.

사전의료의향서(The Living Will)

나의 사전의료의향서
나의 가족, 의사, 변호사 및 관계 제위께

죽음은 출생, 성장, 성숙 및 노령과 같이 엄연한 현실이다. 그것은 인생에서 한 가지 확실한 것이다. 내가 내 자신의 미래에 대해 더 이상 판단을 내리지 못하는 때가 온다면, 이 진술을 내가 아직 정신이 맑을 때 나의 희망과 지시사항을 표현한 것으로 인정해 주기 바란다.
심각한 육체적 혹은 정신적 장애로부터 내가 회복될 가능성이 전혀 없는 상황이 되면 나를 죽게 놔둘 것과, 약물치료나 인공적 수단 혹은 '과감한 수단'으로 목숨을 연장시키지 말 것을 요구한다. 하지만 나는 나의 남은 생명을 단축시키는 한이 있더라도 나의 고통을 완화시키기 위한 약물치료가 시행되도록 요구한다.

이 진술은 신중히 생각한 후에 이루어졌으며 나의 강한 확신과 믿음에 따른 것이다. 나는 여기에서 밝힌 희망 및 지시사항이 법이 허락하는 한도까지 수행되어 지기를 바란다. 법적으로 시행될 수 없는 내용에 한해서는 이 유언을 실행할 사람들이 스스로 이러한 조항에 대해 도덕적 의무를 갖는다고 생각하기를 바란다.
(만약 있다면, 특별 조항이 여기에 열거될 것이다.)

법적 대리인의 영구 위임권(선택적)
본인은 의학적 처치에 관한 결정을 내리는 문제를 위해서 _____을(를) 사실상의 나의 법정 대리인으로 지명한다. 이 위임권은 본인이 무능력자가 되거나 아니면 스스로 이 같은 결정을 내릴 수 없게 되는 경우에도 유효할 것이다.

선택적 공증: 성명 _____
본인 앞에서 이 내용을 _____ 년   날짜 _____
_____ 월 _____ 일에 선서하고 서명함   증인 _____

_____   _____
공증인 주소
(보증印)   증인 _____

                                      주소 _____

이 의뢰서의 사본은 _____ 에게 제출되었다.
(선택적) 나의 사전의료의향서는 사망관련협회에 등록된다. (No. _____)

〈그림 7-2〉 사전의료의향서

죽을병에 걸린다면 생명을 강제로 연장시키지 않도록 하기 위해서이다(〈그림 7-2〉 참조).

2) 자살

인생이 너무나 소중하다는 것을 알기 때문에 사람들은 왜 스스로 생을 끝내는지 이해하지 못하는 사람들이 많다. 그러나 해마다 자살률은 증가하고 있다. 통계치는 실제 수치보다 낮게 보고되는 경향이 있는데, 왜냐하면 보고되지 않는 자살 사례가 많으며, 일부 사고사가 실제로는 자살일 수도 있기 때문이다. 게다가 이 수치에는 자살미수 사례는 포함되어 있지 않다.

우리나라의 경우 경기침체에 따른 실직(失職), 생활고 등으로 인해 2011년까지 자살에 의한 사망률은 지속적으로 증가하였다. 연령별 자살률을 보면 70대 이상 노인자살이 제일 많고 그 다음으로 50대, 40대, 30대의 자살률이 높은 편이다(〈표 7-1〉 참조). 특히, 20~30대의 경우 자살이 사망원인 1위를 차지하는 것으로 나타났는데(통계청, 2014), 이는 청년실업문제 등 우울한 사회상을 반영하고 있는 것으로 분석되었다.

노인의 자살은 종종 우울이나 건강을 해치는 신체질병과 더불어 일어난다. 노인의 자살률은 많은 죽음이 자살로 인지되지 않을 수도 있기 때문에 통계수치보다 더 높을

〈표 7-1〉 연령별 자살사망자 수

		연령								
		전 연령	0~9세	10~19	20~29	30~39	40~49	50~59	60~69	70세 이상
남여 전체	1998	8,165	7	460	1,516	1,903	1,723	1,287	948	778
	2008	12,857	1	317	1,643	2,119	2,444	1,970	1,845	2,519
	2009	15,396	4	446	1,806	2,642	2,856	2,597	2,074	2,977
	2010	15,566	0	353	1,688	2,462	2,969	2,695	2,155	3,236
	2011	15,906	0	373	1,640	2,511	2,961	2,953	2,081	3,387
	2012	14,160	1	336	1,295	2,224	2,690	2,659	1,790	3,165
	2013	14,427	0	308	1,184	2,275	2,867	2,963	1,768	3,061

출처: 통계청(2014a). 2013 사망원인 통계.

지 모른다. 일부는 교통사고나 실수로 약을 과다 복용하거나 또는 생명을 유지하는 약을 먹는 것을 잊어버린 결과처럼 보일 수 있다. 자살하는 노인들은 신중하게 자살을 계획하고, 자신이 무엇을 하고 있는지 잘 알고 있는 것으로 보이는데 이는 노인의 자살기도에서는 매 2명당 1명이 목숨을 잃는 데 비해 청년의 경우 7명당 1명에 불과하다는 사실에서 알 수 있다.

왜 노인들이 자살하는가? 한 가지 가능한 설명은 그들이 어떻게 할 수 없는 회복불능의 상실이 진행되는 데에 대한 좌절 때문이다. 노인들이 경험하는 상실은 직업, 친구, 배우자, 자녀, 돈, 건강 및 마침내는 자아존중감과 희망의 상실이다. 아마도 어느 시점에서는 자신의 인생에 대해 그들이 할 수 있다고 여겨지는 유일한 통제가 자신의 생을 마감하는 일인 것 같다.

6. 사별과 애도

상실은 우리 삶에서 다양한 형태로 나타난다. 그중에서 가장 큰 상실은 사랑하는 사람과 사별하는 것이다.

1) 사별

"부모가 죽으면 산에 묻고, 자식이 죽으면 가슴에 묻는다"라는 말이 있다. 사별의 경험은 그 대상이 누구이냐에 따라 다를 수 있다. 여기서는 배우자, 자녀, 부모와의 사별에 관해 알아보기로 한다.

(1) 배우자와의 사별

배우자의 죽음은 스트레스 지수가 가장 높은 생활 사건이다. 부부간에 강하고 오래된 유대관계를 가졌던 경우라면 그 슬픔은 더 크게 다가온다.

노년기 사별에 관한 연구에서 Parkes(1993)는 배우자 사별은 인생 동반자의 상실을 의미한다고 보았다. 특히, 여성노인은 남성노인보다 더 오래 살고 남편보다 나이가 적은 경우가 많기 때문에 남편과 사별하고 혼자되는 경우가 많다.

Colin Murray Parkes

사별이라는 스트레스가 젊은 성인의 경우에 더 큰지 노인들의 경우에 더 큰지는 확실하지 않다. 언제 배우자를 잃느냐와는 상관없이 슬픈 것은 슬픈 것이다. 처음에는 젊은 여성이 더 강렬한 비탄 반응을 보이지만 1년 반이 지나면 반대로 된다(Kastenbaum, 1991). 사별을 경험하는 연령층에 따라 비탄의 반응이 차이를 보이는 이유는 다음과 같다. 첫째, 젊은 배우자의 죽음은 예상치 못한 경우가 많다. 예상치 못한 죽음의 경우 상실감이 더 크다(DiGiulio, 1992). 둘째, 젊어서 사별하는 경우 같은 연령대의 모델이 적다. 셋째, 노년기 사별의 경우 오랜 결혼생활을 통해서 얻어진 동반의식이 손상받는다. 넷째, 젊어서 혼자된 경우 재혼의 기회가 더 많다.

사별이 남성에게 더 힘든 일인지 아니면 여성에게 더 힘든 일인지도 확실하지 않다. 사별한 여성이 남성보다 더 의기소침하고 심리적 곤란을 더 많이 겪는다는 연구도 있지만, 일반적으로 남녀 모두 사별로 인한 비탄수준은 비슷하다(Blieszner & Hatvany, 1996; Sasson & Umberson, 2014). 그러나 일반적으로 과부가 홀아비보다 경제적 문제, 법적 문제, 재혼 가능성에 있어서 불리하다. 반면, 과부는 홀아비보다 다양하고 광범위한 우정망을 형성하고, 말년에 과부가 되는 것이 보편적인 현상이기 때문에(70세 이상이 되면 2/3 이상이 과부가 되기 때문에 부부가 함께 사는 것이 오히려 드물다), 많은 과부들은 다른 과부들로부터 정서적 지원을 받을 수 있다. 이러한 정서적 지원은 남편과의 사별을 보상해주고, 혼자서 살아가는 삶에 적응할 수 있게 도와준다.

우리나라 중년기 여성이 경험하는 배우자 사별 스트레스와 적응에 관한 연구(강인, 1988)에서 중년기 여성이 경험하는 중요한 스트레스는 배우자 상실로 인한 스트레스, 경제적 스트레스, 자녀관련 스트레스, 대인관계 스트레스로 구분되었다. 이 가운데 자녀교육, 자녀양육 등 자녀관련 스트레스를 가장 많이 경험하며, 다음으로는 경제적 스트레스, 배우자 상실감으로 인한 스트레스, 대인관계 스트레스의 순으로 나타났다. 또한 배우자 상실감으로 인한 스트레스가 높은 사별여성들은 생활만족도가 낮아지고, 우

Anne E. Martin-Matthews

울증이 증가하는 것으로 보인다. 배우자 사별 스트레스와 우울의 관계를 살펴본 또 다른 연구(김승연, 고선규, 권정혜, 2007)에서 배우자 사별노인들은 상실감과 경제적 문제로 인한 어려움을 강하게 경험하고 있으며, 사회적 지지가 높을수록 우울 정도는 낮은 것으로 나타났다. 또한 경제적 문제로 인한 우울감에 사회적 지지의 조절효과가 있음이 밝혀졌다.

과부 대 홀아비의 비율은 5:1 정도이다(Lund, Caserta, & Dimond, 1993). 따라서 사별에 관한 대부분의 연구가 홀로 된 여성노인을 대상으로 하고 있다. 사별한 남성노인에 관한 연구는 별로 없지만 대체로 남성노인들은 더 외로워하고 혼자된 것에 적응을 잘하지 못하는 것으로 보인다(Bennett, Smith, & Hughes, 2005; 사진 참조). 이들은 일생을 통해 가족참여도가 낮았고, 감정을 억제해 왔으며, 가정관리나 요리에 무관심했기 때문에 홀로된 삶에 적응하기가 무척 어렵다. 또한 정서적 지원, 집안일, 가정의 대소사 등을 아내에게 의존해 왔기 때문에 재혼의 필요성이 여성보다 훨씬 더 절실하다(Martin-Matthews, 1988; Wister & Strain, 1986).

(2) 자녀와의 사별

어린 자녀의 죽음은 부모에게 말할 수 없는 아픔을 남긴다. 부모들은 자식의 죽음에 대해 격렬한 비탄 반응을 보인다(Rubin & Malkinson, 2001). Klass(1996)는 아동의 죽음은 사망의 유형 중 최악이라고 여기는데, 왜냐하면 부모가 죽기 전에 어린 자식이 죽는다는 것은 상상도 하지 못한 일이므로 마치 자연을 거스르는 일로 간주되기 때문이다. 이처럼 뜻밖의 죽음은 주로 사고나 치명적인 질병으로 인한 것으로 부모들은 이로 인해 죄책감을 느끼게 된다. 자녀의 죽음으로 실의에 빠진 부모들은 자신의 감정이 이해받지 못할 때 더 큰 상처를 받는다. 그들에게는 아픔을 겪었던 사람들(부모, 조부모, 친구, 형제자매, 친척 등의 죽음을 경험한 사람들)로부터의 격려가 큰 힘이 된다.

　노부모에게 성인 자녀의 죽음 또한 견디기 힘든 일이다. 자녀의 죽음을 부모로서의 정체감 상실로 받아들이고 죄책감, 분노, 불안감, 고립감을 경험한다. 성인자녀의 죽음이 배우자나 부모의 죽음보다 아픔이 덜 하다는 연구결과도 있는 반면, 오히려 가장 큰 비탄 반응(절망감, 좌절감, 분노, 불안, 신체적 이상)을 보인다는 연구결과도 있다 (DeSpelder & Strickland, 1992).

(3) 부모와의 사별

　부모와의 사별은 그것이 아동기든, 청년기든, 성인기든 어느 시기에 발생하든지 간에 오랜 기간 지속적인 영향을 미친다(사진 참조). 자녀들은 그들이 받아 온 사랑, 애착, 관심 등에서의 상실뿐만 아니라 부모와의 관계를 향상시킬 수 있는 기회도 사라진다(Buchsbaum, 1996). 살아 생전에 효도하는 것이 무엇보다 중요하다.

　노부모의 죽음은 젊은 부모의 죽음보다 덜 고통스럽다는 연구가 있다. 왜냐하면 성인 자녀는 시간이 지나면서 부모의 죽음에 대한 마음의 준비를 할 수 있기 때문이다(Moss & Moss, 1995; Norris & Murrell, 1990). 그러나 이 경우도 대부분의 자녀들은 자신의 부모가 천수를 누렸다고 생각하지 않는다(Moss & Moss, 1995).

2) 비탄과정

　자신의 죽음에 직면했을 때 그것을 궁극적으로 인정하는 단계가 있듯이 사랑하는 이의 죽음을 받아들이는 데에도 단계가 있는 것으로 보인다. 여러 학자들은 이 단계를 여러 가지 다른 말로 표현하고 있지만(Bowlby, 1974; Parkes, 1972; Spangler & Demi, 1988) 여기에는 부정과 분노, 우울, 인정과 적응이라는 공통 요소가 있다. 즉, 비탄의 단계는 Kübler-Ross가 제안한 자신의 죽음을 인정하는 5단계와 매우 유사하다.

(1) 충격

처음 얼마 동안은 격렬한 슬픔에 압도되어 충격과 의혹의 상태에 빠진다. 종종 당황하고, 넋을 잃고, 혼란을 겪으며, 숨이 가쁘고, 가슴이나 목이 답답하고, 메스껍고 공복감 등의 신체적 증상도 나타난다. 그리고 상실에 대한 분노와 고인의 생존 시 더 잘해 주지 못한 것에 대해 죄책감을 느끼기 시작한다. 이 단계는 Kübler-Ross의 분노의 단계와 유사하다. 그러나 상실에 대한 인식이 자리 잡으면서 초기의 마비증세는 걷잡을 수 없는 슬픔으로 바뀌며 종종 울음으로 표현된다.

(2) 그리움

고인에 대한 그리움으로 고인이 살아있다는 느낌에 사로잡힌다. 고인과 대화하고, 신체적으로 접촉하며, 목소리를 듣고, 한 방에 있음을 느끼며, 심지어 눈앞에 고인의 얼굴이 보이기까지 한다. 고인에 관한 생생한 꿈을 꾸다가 갑자기 깨어나 그가 죽었음을 다시 깨닫는다. 고인이 살아 돌아올 수만 있다면 무엇이든 하겠다는 타협의 마음이 생기는데 이는 Kübler-Ross의 타협의 단계와 유사하다.

불면증, 극심한 슬픔, 불안 등의 증상을 보이고 심할 경우 사랑하는 사람과 다시 만나는 방법으로 자살을 생각하기도 한다. 그러나 이러한 격렬한 감정은 시간이 지나면서 점차 사라진다.

(3) 절망

시간이 지나면서 고인에 대한 강렬한 그리움과 슬픔의 감정은 약해지지만 이제 고인과 다시 만나는 것이 불가능하다는 사실을 깨달으면서 우울증, 절망감에 빠진다. 매사에 무관심하고, 냉담한 반응을 보이며, 심지어 패배감을 느끼기도 한다. 이 단계는 Kübler-Ross의 절망의 단계와 유사하다.

(4) 회복

일상활동을 재개하게 되는 회복단계는 대체로 사별 후 1년 이내에 나타나며 Kübler-Ross의 인정의 단계와 유사하다. 이제 고인의 유품을 정리하면서(사진 참조) 심한 고통과 그리움보다는 평온한 감정으로 고인을 회상할 수 있게 되고, 따라서 사람들을 만나면서 인간관계를 회복하고, 새로운 취미활동을 하거나 새로운 사회적 관계를 형성한다.

3) 장례: 애도의식

장례는 고인과 가깝게 지내던 사람들이 모두 한자리에 모여 고인의 명복을 빌어주고, 고인의 죽음을 공식적으로 인정하는 의식이다. 이 의식은 슬픔을 자유롭게 표현하도록 함으로써 비탄 과정을 용이하게 해 준다.

장례 절차는 유가족의 문화적 · 종교적 환경에 따른다. 예를 들면, 천주교의 장례식은 천주교회에서 장엄한 의식으로 진행된다. 서구 여러 나라에서는 고인을 곱게 치장하여 관뚜껑을 열어놓고 조문객이 고인과 마지막 작별인사를 나누게 한다.

장례절차에서 시신은 보통 매장하거나 화장을 한다. 이 또한 문화적 · 종교적 영향을 많이 받는다(〈그림 7-3〉 참조). 예를 들면, 유대교와 회교도는 매장을 선호하고, 힌두교와 불교에서는 화장을 권장한다. 우리나라의 경우는 2011년 통계청 사회조사결과를 보면, 매장 17.2%, 화장 후 봉안(납골당, 납골묘 등) 39.3%, 화장 후 자연장(수목장 등) 41.1%로 나타나 매장문화에 대한 의식이 크게 변한 것을 알 수 있다.

장례의식에는 특별한 기능이 있다. 즉, 비탄 과정을 용이하게 극복할 수 있도록 해 주고, 죽은 이와 남은 이들에게 각각 고인과 유족이라는 새로운 사회적 지위를 갖게 해 준다. 신판귀(1999)는 「한국의 상장례문화에 관한 연구」에서 장례의식의 역할을 다음과 같이 정리하고 있다.

싱가포르의 중국식 매장 · 한국의 장례식 · 네팔의 화장 · 하이티의 장례식

〈그림 7-3〉 다양한 문화에서의 장례의식

① 사회적 역할: 사람이 죽으면 그 죽음을 통지하고, 관청에 사망신고를 한 뒤 호적에서 말소시키며, 상속 등의 수속이 필요한데 이것이 사회적 역할이다.

② 물리적 역할: 사자(死者)의 신체(屍身)는 생명을 잃음에 따라 부패가 시작된다. 그러므로 시신을 땅에 묻든가(매장) 불에 태워(화장) 처리해야 할 필요가 있는데 이것이 물리적 역할이다. 그러나 시신을 처리하는 일은 인간과의 결별에 관계되는 일이므로 물리적 역할 이상의 의미를 지닌다.

③ 문화·종교적 역할: 사자의 영혼을 위로하고, 저승에서의 평안을 빌면서, 죽은 사람의 영혼을 이승에서 저승으로 보내주어야 한다. 이것은 이승에서의 삶을 초월한 것으로 여러 가지 종교적 의식으로 이루어진다.

④ 심리적 역할: 사랑하는 사람의 죽음은 주위 사람들에게 충격을 주고 비탄에 빠지게 한다. 비통한 심정은 표출을 해야 치유가 되는데 이러한 감정을 표출하는 수단이 장례인 것이다.

제3부

노년기의 사회적 환경

노년기에는 사회적 환경에서 여러 가지 변화를 경험하게 된다. 우선 자신이 평생을 종사하던 직업에서 떠나게 되고 이로 인해 생활패턴에서 많은 차이가 나타나게 된다. 기존의 일 중심적인 생활구조에서 여가와 자원봉사 등의 활동을 중심으로 생활구조가 변화하게 된다. 전통적인 역할구분이 이루어지던 가족에서 여성의 경우에는 사회적인 은퇴의 시점은 없다 하더라도 자녀양육의 책임에서 벗어나고 자녀를 출가시키면서 은퇴와 유사한 빈 둥지 시기를 경험하게 된다. 직업에서의 은퇴는 자신이 평생 몸담아 온 일에서부터 물러나는 것을 의미한다. 직업은 한 개인에게 경제적인 능력을 갖게 해 줄 뿐만 아니라 정체감이나 사회적 관계형성과 같은 여러 영역에 영향을 미치기 때문에 은퇴는 일반적으로 많은 상실감을 부여한다.

그러나 은퇴가 피할 수 없는 인간발달의 한 측면이라면 은퇴 이후의 삶을 풍요롭게 만드는 것도 노년기의 중요한 발달과업이라고 볼 수 있다. 지금까지 직업에 투자해 온 에너지를 여가생활을 통해 인생을 관조하고 자신의 내면을 풍요롭게 하는 것도 노년기의 중요한 과업이라고 볼 수 있다. 또한 은퇴 이후의 노년기의 생활에서 가족이나 친지와 같은 지원망은 노인의 생활만족도와 관련이 있다. 특히, 우리나라와 같이 가족주의가 강한 문화에서는 더욱 그러하다. 비록 가족형태에서 핵가족이 대부분을 차지하고 있으나 확대가족 구성원 간의 상호관계는 노년기의 생활만족도에 큰 영향을 미치게 된다. 또한 형제자매관계는 결혼을 하고 자신의 자녀가 출생하면서 다소는 그 관계가 소원해지지만 자녀들이 모두 출가한 노년기에는 특별한 의미가 있으며 이는 동성인 경우에 더 큰 의미가 있다.

제3부에서는 노년기의 사회적인 측면 가운데 직업으로부터의 은퇴와 은퇴 이후의 여가와 자원봉사 그리고 중요한 지원체계인 가족관계에 대해 살펴보기로 한다.

제8장
직업과 은퇴

일은 사람에게 정체감과 자아존중감을 부여해 주므로 일생 동안 종사했던 일로부터 떠난다는 것은 개인의 정체감이나 역할상실의 측면에서 상당한 적응을 필요로 하는 사건이라고 볼 수 있다. 특히, 오늘날과 같이 일에 높은 가치를 두는 사회에서 자신이 원하지 않는 시기에 자신의 의지와는 무관하게 직업으로부터 물러난다는 것은 일종의 위기이며, 은퇴에 적응해 나가는 것은 노년기의 또 하나의 발달과업이라고 볼 수 있다.

과거와는 달리 최근의 조기퇴직 현상으로 인해 노년기까지 직업을 가지고 있는 사람들의 비율이 실제로 높지 않다는 점에서 은퇴는 오히려 중년기의 문제로 간주할 수도 있다. 그러나 중년기의 은퇴는 또 다른 직업으로 연계되는 전환점이 될 수도 있지만 노년기의 은퇴는 직업에서 완전히 물러난다는 의미를 지니고 있다. 그러므로 일을 통해 자신의 정체감을 찾았던 사람들에게 있어서 은퇴는 일종의 위기로 인식된다.

이 장에서는 먼저 은퇴의 의미와 은퇴의 영향 그리고 은퇴 이후의 적응과 준비에 대해 논의해 보고, 다음으로 우리나라 정년퇴직제도의 현황과 개선해 나가야 할 점에 대해 살펴보고자 한다.

1. 은퇴의 의미

Freud는 인간에게 있어 가장 중요한 두 가지는 일하고 사랑하는 것이라고 하였다. 그만큼 일이라는 것은 인간의 삶에 의미를 부여해 주는 중요한 사건이므로, 일로부터 떠나게 되는 은퇴는 누구에게나 상당한 적응을 필요로 하는 사건이라고 볼 수 있다.

은퇴는 전일제의 고용상태에서 시간제의 고용상태나 고용관계가 완전히 종결되는 것을 의미한다. 은퇴제도가 본격적으로 시행되기 시작한 것은 20세기에 들어와서부터이다. 노인인구는 증가하는 데 반해 이들이 가진 지식은 산업사회에서 그다지 유용성이 없어지기 시작한 것이 은퇴의 주요한 원인이 된다. 현대화이론(modernization theory)에 의하면 사회가 현대화될수록 노인의 지위는 낮아지게 되는데, 이는 노인의 지식과 기술이 시대에 뒤지고, 전반적인 교육수준도 젊은 세대에 비해 떨어지기 때문에 생산활동에서 자리를 지키기 어려워지며, 이로 인해 노인의 사회적 지위가 약화된다는 것이다. 사회가 산업화되면서 기계화나 자동화의 비율이 높아지게 되고 그 결과 사람이 하던 일을 기계가 대신하게 됨으로써 종전에 비해 노동인구의 필요성이 감소하였다. 일자리는 적어지는 데 반해 일할 사람은 많아지게 됨으로써 자연적으로 노동자 간에 경쟁이 일어나게 되고 이러한 과정에서 작업의 효율성이 떨어지는 고령자들이 작업현장에서 밀려나게 된 것이다. 이처럼 고령자들을 작업현장에서 물러나도록 제도화 한 것이 은퇴라고 볼 수 있다. 연령의 증가와 더불어 신체기능과 노동 생산성이 감소된다는 것과 급변하는 현대사회에서 고령자의 지식, 기술, 재능은 능률적이지 못하다는 점, 또한 개인의 능력과 효율성을 중시하는 자본주의 사회에서 연공서열과 근속연한에 의한 임금책정 체계가 비합리적이라는 점 등에 의하여 여러 가지 형태의 은퇴가 실행되고 있다(박재간, 1979).

Havighurst(1982)는 개인의 삶에 있어서 일이 수행하는 다섯 가지 기능을 다음과 같이 지적하였다. 첫째, 일은 개인의 생존에 필요한 수입 또는 경제적 보상을 제공해 준다. 둘째, 일은 한 개인에게 특정 시간 동안 특정 장소에 있을 것을 요구함으로써 생활에 규제를 가한다. 즉, 일은 사람들로 하여금 언제 어디서 어떻게 시간을 보낼 것인지를 결정하게 하며, 이러한 욕구가 개인의 생활에 일과를 제공해 주는 것이다. 셋째, 일은 개인에게 정체감을 갖게 해 준다. 일을 통해서 개인은 자신을 발견하고, 자신의 적성을 개발할 수 있는 경험을 하게 된다. 넷째, 일은 사회적 관계의 기반이 된다. 사람들은 일을 통해서 인간관계를 형성하게 되므로, 일은 사회적 계약과 주요 준거 집단의 원천이 된다. 다섯째, 일은 의미있는 생활경험을 제공한다. 개인은 일을 통해서 외부세계와 상호작용을 하게 되고, 자신의 생각을 표현하며, 새로운 아이디어를 받아들이게 되어 생활경험을 더욱 확장하게 된다.

이처럼 일은 인간에게 여러 가지 의미를 제공해 주는 역할을 한다. 그러나 현대사회에서 은퇴는 그 시기에서 차이가 있으나 누구나 경험하게 되는 일종의 통과의례라고 볼 수 있다. 은퇴는 단순히 경제적인 차원뿐만 아니라 대부분의 산업사회에서는 은퇴의 시점을 노년기의 시작으로 보고 있다는 점에서 그 의미가 크다. 그러므로 은퇴 이후의 적응을 돕고 이로 인한 부정적인 영향을 최소화하기 위해 개인적인 차원에서의 준비와 아울러 교육이나 상담과 같은 사회적인 차원에서의 노력 그리고 제도적인 보완이 필요하다.

2. 은퇴의 영향

은퇴는 한평생을 일한 사람에게 주어지는 휴식의 시기이며, 자신의 내면세계를 풍요롭게 하고 자신이나 가족 이외의 여러 곳에 관심을 쏟을 수 있는 긍정적인 시기로 볼 수 있다. 은퇴 이후 대부분의 사람들은 지금까지와는 달리 여유로운 시간을 가지게 되며 이러한 여가시간은 자신이나 타인을 위해 여러 가지 긍정적인 차원으로 활용할 수 있다. 일생 동안 가족을 위해 부양자로서의 역할을 충실하게 수행하기 위해 일에 몰두해 왔던 사람들은 은퇴 이후 많은 여가시간들을 자원봉사활동과 같은 여러 가지 유익한 사회활동으로 전환할 수 있다. 지금까지 자신의 가족을 위해 생계부양자로서 열심히 살아왔다면 은퇴 이후에는 보다 넓은 사회의 구성원으로서 자신의 역할을 확대시켜 나가는 것이 가능하다. 이러한 활동을 통해 한 개인은 생산성의 개념을 보다 확대시켜

나가게 되며 생의 의미를 찾게 된다. 또한 직업세계에 몰두해 왔던 남성의 경우 가사활동에 더 많은 시간을 할애할 수 있다. 또한 평소 자신이 하고 싶었던 취미생활이나 활동을 하거나 지금까지의 자신의 삶을 되돌아보고 내면적인 삶을 풍요롭게 하는 데에 여가시간을 할애할 수도 있다.

은퇴는 지금까지 열심히 일한 사람에게 주어지는 일종의 휴식이자 상여금의 의미가 있으므로 축복받아야 할 사건이다(사진 참조). 그러나 이러한 은퇴의 긍정적인 측면에도 불구하고 우리나라에서 은퇴에 대한 시각은 긍정적인 측면보다는 부정적인 측면이 강조되고 있다. 노년기의 '4중고(四重苦)'를 가난, 질병, 고독, 역할상실이라고 한다. 정도의 차이는 있지만 누구도 이러한 고통에서 자유롭지 못하며, 은퇴하는 사람들은 다음과 같은 여러 가지 문제에 직면하게 된다.

1) 경제적 문제

은퇴로 인해 노인들이 직면하는 가장 어려운 문제는 경제적인 문제이다. 우리나라의 경우 아직까지 노후보장정책이 정착되어 있지 못한 실정이어서 은퇴로 인해 심각한 경제적 위기에 직면하게 된다. 오늘날 노인의 사회적 지위가 하락하고 이에 따른 갖가지 노인문제가 발생하는 가장 직접적 원인은 노년기의 빈곤에 기인하는 것으로 볼 수 있다. 대다수의 노인세대는 퇴직으로 인한 수입의 격감이나 사회보장의 미비, 자녀교육과정에서의 과다지출, 질병 등의 원인으로 경제적인 문제를 경험하게 된다(〈그림 8-1〉참조). 일반 봉급생활자의 경우 소득수준은 54세경에 최고조에 달하며 그 이후부터는 격감하지만 일반생활비와 자녀교육비, 자녀결혼비 등으로 인해 지출수준은 더욱 높아진다. 설사 은퇴 이후의 소득이 은퇴 당시와 동일한 수준을 유지한다 하더라도 물가상승으로 인해 낮은 소득집단으로 분류되는데, 우리나라의 특수한 성격상 자녀결혼 등의

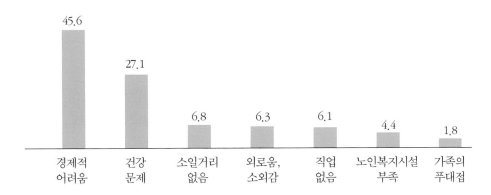

〈그림 8-1〉 노후생활 불안요소

출처: 통계청(2011a). 2011 고령자 통계.

요인으로 노후를 위해 비축한 자금도 상당 부분 이 시기에 미리 사용되는 실정이다.

경제적 어려움은 대부분의 은퇴자들이 경험하는 보편적인 현상으로, 대부분의 경우 수입이 은퇴 전의 1/2~1/3로 감소하게 된다. 더군다나 노년기에는 이러한 경제적 어려움을 개선시킬 수 있는 가능성도 매우 드물다(Crystal & Shea, 1990; Hellman & Hellman, 1991; Staebler, 1991). 오늘날 노인의 사회적 지위가 하락하고 이에 따른 갖가지 노인문제가 발생하는 가장 직접적인 원인은 바로 노인의 빈곤 때문이다. 노년기의 빈곤은 다음과 같은 특징을 갖는다는 점에서 문제가 더욱 심각하다(김성순, 1990). 첫째, 장기화 · 만성화 현상이다. 노인은 일단 직장에서 물러나면 재취업의 기회가 제한되어 경제적 빈곤을 겪게 되는데, 여기에 평균수명까지 연장됨으로써 빈곤이 장기화된다는 것이다. 둘째, 대량화 현상이다. 노인인구의 증가와 핵가족화로 노부모의 부양을 꺼리는 젊은 세대가 증가함으로써 노인 빈곤이 대량화되는 것이 특징이다. 셋째, 가속화 현상이다. 일률적인 정년뿐 아니라 조기퇴직으로 가족부양의 부담이 비교적 큰 시기에 수입원을 잃게 되어, 빈곤이 가속화할 뿐만 아니라 일단 빈곤해지면 회복하기가 어렵다.

Stephen Crystal

Dennis G. Shea

특히, 여성노인은 더욱 문제가 심각하다. Martindale과 Moses(1991)는 가난한 노인의 70%가 여성노인이며, 많은 여성들이 노년기의 궁핍을 두려워한다고 하였다. 여성노인이 특히 빈곤한 이유는 첫째, 여성은 남성보다 수입이 적어서 은퇴 후 자신의 재산이 적고, 둘째, 연금을 지급하지 않는 소규모 회사에서 일하는 경향이 있으며, 셋째, 자녀양육 문제로 휴직을 하는 경우가 많아서 은퇴 시 받는 혜택이 줄어들기 때문이다. 그러므로 은퇴에 대비한 재정적 계획은 여성에게 특히 중요하다.

노인문제는 개인이 가진 경제적 자원과 밀접한 관련이 있다. 실제로도 자녀세대가 부모세대로부터 주로 재정적 지원을 받는 상류계층에서는 노인문제가 훨씬 덜 심각하고 자녀세대와의 관계가 원만하다. 전문직 종사자의 은퇴가 원만하게 이루어지는 이유는 바로 노년기를 감당할 만한 경제적 여유가 있기 때문이다. 반면, 하류계층은 생계부양마저 걱정해야 하며, 자녀세대와의 관계에서 더 많은 갈등을 경험하게 된다.

2) 심리적 문제

인간에게 있어 일이라는 것은 단순히 경제적인 문제 외에도 정신적인 욕구를 충족시켜 주는 중요한 역할을 한다. 그러므로 경제적인 문제 이외에도 당장 할 일이 없다는 것은 노년기의 심리적 적응에 중요한 영향을 미치게 된다. 남성은 여성에 비해 역할상실에서 보다 심각한 문제를 경험하게 되는데, 이는 사회적인 역할상실이 가족이나 친지에 대한 역할상실에 비해 개인에게 미치는 영향이 훨씬 크기 때문이다. 특히, 외부의 직업적 역할에 치중한 남성인 경우에 역할상실로 인한 문제는 더욱더 심각하다. 우리나라의 중년 이후의 남성들은 자신의 직장을 한낱 생계를 위한 수단으로 여기는 것이 아니라 자신의 모든 것으로 생각한 나머지 심지어는 개인의 사생활도 거의 포기한 채 직업에만 전념하는 문화에서 생활해 왔기 때문에 직장을 떠난다는 것은 일생일대의 크나큰 사건이 아닐 수 없다. 그러므로 은퇴는 단순히 경제활동인구에서 부양인구로의 전환보다 더 큰 존재 의미의 상실을 유발한다고 볼 수 있다(이광규, 1984).

일생을 통해 인간에게는 역할상의 변화는 있을지 모르지만 역할은 지속된다. 학창시절에는 학생으로서의 역할이 있다면, 학교를 졸업하고 취업을 하게 되면 사회인 혹은 직장인으로서의 역할이 존재하게 된다. 그러나 노년기에는 직업에서 은퇴하였기 때문에 기대되는 사회적인 역할이 없으며 역할의 단절이 일어나게 된다. 직업세계를 떠나 자신의 정체감의 중요한 부분을 포기한다는 것은 심리적으로 매우 어려운 일이다. 많은 이들에게 그러한 전환은 자아존중감의 상실을 초래한다. 직업은 생계수단일 뿐 아니라 개인의 자아존중감 및 전반적인 생활만족도에 큰 영향을 미치는 요인이다. 오늘날과 같은 노동지향적 산업사회에서 직업은 개인에게 정체감을 심어 주고, 자신에 대한 가치와 자아존중감을 형성하게 해 주기 때문에 일생을 바쳤던 직업으로부터의 이탈은 정체

Harvey Brenner

감 및 역할의 상실이나 전환을 초래하고 자아정체감의 재확립을 요구하게 된다. 즉, 은퇴는 단순히 직업의 상실이라는 차원을 넘어 새로운 신체적 · 심리적 적응을 필요로 하는 생애의 일대사건으로 개인에게 다가오는 것이다. 특히, 가족부양을 남성다움으로 여기는 남성이나 자신의 가치를 자신이 벌어오는 돈으로 정의하는 사람들은 직업을 잃음으로써 봉급 이상의 것을 잃게 된다. 이들은 자신의 일부를 잃으며, 자아존중감을 상실하게 된다(Brenner, 1991; Merva & Fowles, 1992).

직업역할의 상실은 개인의 심리적 적응에서 문제를 초래하기도 하지만, 가족 내에 또 다른 역할갈등을 유발하는 요인으로 작용하기도 한다. 은퇴 이후 부부가 함께하는 시간이 많아지기 때문에 서로 친밀감을 나누고 공통의 관심사나 취미생활을 하면서 즐거움을 느끼고 위안이 되기도

Gary R. Lee

하지만, 하루 종일 나가 있던 남편이 이제 매일 집에 있음으로써 아내가 스트레스를 받게 되고 부부관계에 긴장을 초래하기도 한다. 한 연구(Lee & Shehan, 1989)에서는 남편이 은퇴하고 부인이 일을 계속하는 경우가 아내가 먼저 은퇴하거나 부부가 함께 은퇴하는 경우보다 결혼만족도가 더 낮아지는 것으로 나타났다. 또한 은퇴 후 부부에게 일어나는 변화 중 하나는 가사노동의 분담인데, 이 시기에 만약 남편이 혼자서는 아무 일도 할 수 없을 정도로 의존적이거나 혼자 있는 것을 좋아하지 않으면 갈

Constance L. Shehan

등이 발생한다(Pearson, 1996). 이와는 달리 은퇴 후에 남성이 은퇴 전보다 집안일을 더 많이 한다고 해서 반드시 바람직한 결과를 초래하는 것은 아니다(Ingraham 1974). 예를 들면, 은퇴 전에는 아내가 집안일을 잘한다고 칭찬하던 남편이 은퇴 후에 갑자기 아내에게 집안일을 '제대로' 하도록 가르치려고 들면서 잔소리를 하기도 한다. 또한 은퇴 후 남성들은 전통적으로 '여성의 일'이라고 여겨지던 일들을 수행하면서 자신의 체면이 손상되었다고 느끼기도 한다.

3) 건강 문제

은퇴는 신체적, 정신적인 건강에 큰 영향을 미치게 된다. 은퇴 자체로 인해 건강이 악화되는 것은 아니지만 은퇴 이후의 불규칙한 생활습관이나 역할의 단절, 수입의 감소는 신체적인 건강뿐만 아니라 정신건강에도 문제를 초래할 수 있다. 또한 은퇴로 인해 정해진 시간에 일어나서 출근을 하고 정해진 시간에 퇴근을 하는 것과 같은 지금까지 길들여졌던 생활리듬을 상실하게 되고 식사도 규칙적으로 하지 않게 됨으로써 건강 문제에도 영향을 미치게 된다.

그러므로 사회적인 역할상실을 보완할 정도는 아니라 하더라도 가정 내에서 자신이 수행할 수 있는 적절한 역할을 찾아보거나 규칙적인 생활습관을 유지함으로써 건강을 유지하고자 하는 노력이 필요하다.

4) 은퇴에 대한 고정관념

은퇴에 대한 사회적인 고정관념도 은퇴 이후의 적응에 부정적인 영향을 미치는 요인이다. 실제로 자신이 은퇴를 부정적으로 생각하지 않더라도 다른 사람들이 이를 부정적으로 생각하고 은퇴한 사람들에 대해 부정적인 시선을 보낸다면 적응에 어려움을 갖게 된다.

일반적으로 은퇴한 사람들은 건강이 좋지 못하고, 덜 활동적이며, 생활만족도가 낮다는 등과 같이 은퇴에 대한 부정적인 시각을 많이 가지고 있지만, 연구결과는 그렇지 않은 것으로 나타났다. 은퇴하자마자 건강이 나빠진다는 고정관념이 있지만 연구결과 은퇴가 건강에 직접적으로 부정적인 영향을 미친다는 증거는 없다는 것이다(Ekerdt, 1987). 즉, 은퇴 자체만으로 건강이 저하되지는 않는다는 것이다. 또한 은퇴는 부부관계에 부정적인 영향을 미치거나 생활만족도를 낮추지 않으며, 사회적 관계망, 사회적 접촉의 빈도, 사회적 지원에 대한 만족도에 영향을 미치지 않는다(Bossé, Aldwin, Levenson, Spiro, & Mroczek, 1993). 친구의 수나 우정의 질도 은퇴의 결과로 감소하지 않으며, 은퇴 후 친구의 수나 우정이 변한다면 그것은 친구관계를 유지할 수 없을 정도의 심각한 건강문제와 같은 다른 요인 때문이라는 것이다.

David, J. Ekerdt

Kahn과 Antonucci(1980)가 제안한 호위이론(convey theory)에서는 친밀도의 정도에 따라 인간관계의 종류를 구분하고, 친밀도가 적은 외집단과의 사회적 접촉만이 은퇴의 영향을 크게 받는다고 하였다. 즉, 이 집단에 속한 직장동료는 멀어지는 경향이 있고, 여가활동을 함께하는 새로운 친구들이 이들을 대체하게 된다. 은퇴자들에게는 여전히 안정적인 내집단의 가까운 친구와 가족이 있고, 이들로부터 사회적 지원을 받기 때문에 은퇴 후 상실감을 느끼지 않는다는 것이다. 사회적 교류가 성인생활에 어떻게 작용하는가에 초점을 맞추고 있는 Carstensen(1991)의 선택이론(selecting theory)에서도 사회적 상호작용에는 정보의 원천, 자아정체감의 발달유지, 기쁨과 정서적 안정감의 근원과 같은 세 가지 기능이 있다. 정보제공과 자아정체감의 기능은 시간이 지나면서 덜 필요로 하기 때문에 감소하는 대신 사회적 지원의 질에 영

Toni C. Antonucci

Laura L. Carstensen

향을 받는 정서적 기능은 점점 더 중요하게 된다. 은퇴한 사람들은 진정으로 즐길 수 있고, 필요할 때 의지할 수 있는 사람들과만 교류함으로써 사회적 상호작용이 점점 선택적이 되며, 이러한 정서적 기능은 은퇴 이후에도 충분하게 충족된다고 하였다.

3. 은퇴의 적응

어떤 학자들은 은퇴에 적응해 나가는 것을 하나의 과정으로서 파악하고자 하였으며, 또 다른 학자들은 일련의 과정보다는 개인차를 중심으로 은퇴에 대한 적응을 이해하고자 하였다.

Robert C. Atchley

1) 은퇴의 적응과정

노년학자인 Atchley(1976)는 은퇴의 과정을 시간의 흐름에 따라 변화해 나가는 단계적인 현상으로 파악하고, 은퇴과정을 다음과 같은 7단계로 구분하였다(〈그림 8-2〉 참조). 이후 Atchley(2000)는 은퇴과정에 대한 자신의 모델을 다소 수정하여 제시하였으나 여기서는 초기의 모델에 근거하여 은퇴과정을 살펴보기로 한다.

〈그림 8-2〉 은퇴의 과정

출처: Atchley, R. C. (1976). *The sociology of retirement*. Cambridge, MA: Sehenkman.

(1) 먼 단계(Remote Phase)

은퇴 전 단계는 아직 은퇴가 먼 단계와 은퇴 직전의 두 단계로 나뉜다. 대부분의 사람들은 이 단계에서는 은퇴에 대한 준비를 하지 않는다. 은퇴가 가까운 나이가 되어서도 은퇴를 막연한 일로 인식하고, 이에 대한 대비를 하지 않는다.

(2) 근접단계(Near Phase)

언제 어떻게 은퇴할 것인지 구체적으로 생각하며, 은퇴 후 경제문제, 신체적 · 정신적 건강문제를 생각한다. 은퇴 프로그램이나 세미나에 참가하기도 하고, 이미 은퇴한 사람들로부터 정보를 얻기도 한다. 은퇴 프로그램을 통해 은퇴 후 받게 될 연금이나 혜택에 관한 정보를 제공받고, 은퇴 후의 건강, 주거 및 은퇴의 법적 측면에 관하여 도움을 받게 된다.

(3) 밀월단계(Honeymoon Phase)

은퇴 직후 많은 사람들은 행복감을 느낀다. 평소에 하고 싶었거나 관심을 가지고 있었지만 시간이 없어서 하지 못했던 일들을 하면서 여가시간을 즐긴다. 그러나 이러한 활동은 다소의 경제적인 지출을 필요로 하기 때문에 경제적인 어려움이 있거나 건강문제 등으로 은퇴한 사람들은 이러한 긍정적 느낌을 경험하지 못한다.

(4) 환멸단계(Disenchantment Phase)

대부분의 사람들은 밀월단계에서 일상적인 은퇴 이후의 단계로 접어들어 은퇴 전에 세웠던 계획이 환상이었으며 현실적이지 못했음을 깨닫게 된다. 은퇴에 대한 환멸은 상실의 경험을 반영한다. 즉, 권력, 특전, 신분, 수입, 인생의 의미에 대한 상실을 경험한다. 이 단계에서 심한 우울증에 빠지는 사람도 있다.

(5) 적응단계(Reorientation Phase)

대부분의 은퇴자들은 이러한 환멸단계에서 벗어나 자신의 재정상태, 한계성, 어떤 특정한 일에 대한 실천 가능성 등을 검토하고 비교적 현실을 정확하게 인식하게 된다. 은퇴 이후의 생활에 대해 보다 현실적인 대안을 생각하며 생활에 만족감을 줄 수 있는 생활양식에 대해 탐색하고 평가한다. 이러한 과정을 통해 안정된 은퇴생활 단계로 나아가게 된다.

(6) 안정단계(Stability Phase)

은퇴로 인한 변화를 일상적으로 처리할 수 있는 상태를 확립하게 되면 안정단계로 들어가게 된다. 이 단계에서는 은퇴자로서의 새로운 역할과 자아정체감을 받아들이게 된다. 그렇게 함으로써 새로운 행동기준, 기대, 사회적 규범을 습득한다. 은퇴생활에 대한 적응이 잘 이루어지면 안정단계는 오랫동안 지속될 수 있다.

(7) 종결단계(Termination Phase)

은퇴자의 역할이 종결되는 단계로서 재취업을 함으로써 종결되기도 하지만, 대부분의 경우 나이가 너무 많아 병들거나 무능력하게 됨으로써 더 이상 독립적으로 기능하지 못하게 되어 은퇴자로서의 역할이 소멸되는 것이다.

Thomas O. Blank

Atchley의 견해는 여러 연구자들에 의해 지지를 받았다. Ekerdt와 그 동료들(Ekerdt, Bossé, & Levkoff, 1985)은 은퇴자들이 과연 밀월단계에서 행복감을 느끼고, 다음의 환멸단계로 이어지는지를 알아보았다. 연구결과, 은퇴 후 몇 개월까지는 밀월기에 있었는데, 이 시기에는 생활만족도도 높고 미래에 대해 매우 낙관적이었다. 그러나 은퇴 후 13~18개월 된 사람들은 은퇴 직후의 사람들보다 생활만족도도 낮고, 신체적 활동도 덜 하는 것으로 나타났다. 또한 Williamson, Rinehart 그리고 Blank(1992)의 연구에서도 Atchley의 단계개념을 지지하는 것으로 보인다. 1990년대 초반까지 은퇴 이후의 적응에 대한 연구의 초점은 Atchley가 제시한 은퇴단계 모형에 모아졌다. 그러나 이제는 은퇴가 단계개념으로 진행된다는 생각은 지지를 받지 못하고 있다(Stems & Gray, 1999). 대신 연구자들은 은퇴에 대한 적응은 신체적 건강, 경제적 상태, 은퇴형태(강제퇴직 또는 자의퇴직), 개인적 통제력 간의 복잡한 관계의 결과로 진행된다고 주장한다(Gall, Evans, & Howard, 1997).

사람들은 각기 다른 연령에, 각기 다른 이유로 은퇴하기 때문에 모든 사람들이 일률적으로 이러한 단계를 거치는 것은 아니다. 그러나 은퇴과정에서 각 개인이 경험하게 되는 일반적인 심리상태를 파악하는 데에는 Atchley가 제시한 은퇴단계 모형은 유용한 모델이라고 볼 수 있다.

2) 은퇴의 적응양식

Hornstein과 Wapner(1985)는 모든 사람들이 Atchley가 제시한 방식으로 단계적인 과정으로 은퇴를 경험하는지에 대해 의문을 갖고, 은퇴 전 1개월 그리고 은퇴 후 6~8개월 사이에 있는 24명을 대상으로 심층면접을 했다. 그 결과 네 가지 각각 상이한 은퇴 적응양식을 확인하였다(〈표 8-1〉 참조).

〈표 8-1〉 은퇴에 대한 네 가지 적응양식의 차원

차원	노년기로의 전환	새로운 시작	일의 계속	강요된 역할 상실
은퇴의 의미	• 직업생활의 끝 • 속도를 늦추는 시기 • 인생의 마지막 국면 • 노년기로의 전환이 시작됨	• 인생의 새로운 국면의 시작 • 다른 사람의 필요에 의해서가 아니라 자신의 필요와 일치되는 삶을 살기 시작	• 은퇴 이전의 활동을 좀더 자기 방식대로 계속할 수 있다는 점 외에는 별다른 의미가 없음	• 가장 큰 의미와 가치를 두던 활동의 상실 • 중심이 없는 좌절의 시기
전환방식	• 점차적으로 일로부터 물러남 • 전환에 큰 의미를 둠	• 빠르게 일로부터 물러남	• 전환의 의미가 별로 없음	• 갑작스러운 일의 중단으로 큰 충격을 받음
전환기 동안의 주요 정서	• 숙고(reflectiveness), 내성(introspection)	• 흥분, 열광, 활력, 자유	• 평온한 만족	• 우울, 분노, 무기력
일에 대한 태도	• 즐겁지만 압박감을 느낌 • 최근에 자주 좌절감을 느낌	• 만족 또는 불만족, 압박감, 고갈	• 큰 가치를 두거나 아니면 별로 의미를 두지 않음	• 정체감의 주요 원인
은퇴와 자아의 관계	• 변화 없음	• 은퇴로 인해 자신의 새로운 면 탄생	• 변화 없음	• 자신의 귀중한 부분을 상실
시간에 대한 태도	• 과거는 만족스럽지만 끝났고 미래는 불투명함 • 현재에 초점을 맞춤	• 지나가 버린 시간에 위안을 느끼고 미래는 기회로 가득찬 희망의 세계 • 미래를 실현하는 것에 초점을 맞춤	• 미래세계가 드넓지만 이는 과거에 기초 • 현재는 과거의 연속이고 미래는 현재의 연속이라는 것에 초점을 맞춤	• 과거를 높이 평가 • 미래는 불투명하고 현재는 공허함 • 과거를 현재 그대로 유지하는 것에 초점을 맞춤

전반적 생활 중심의 변화 정도	• 은퇴 전 생활 중심을 버림	• 은퇴 전 중심이 새로운 중심으로 대체됨	• 은퇴 전 중심이 약간 변형된 형태로 유지	• 상황이 변화했음에도 불구하고 은퇴 전 중심을 그대로 유지하려는 시도
은퇴목표와 활동의 본질	• 방향감각이 분명하지 않음 • 새로운 일을 시작하기에는 너무 늦고 이전의 활동을 계속하나 활동수준이 떨어짐 • 만족스러운 취미생활	• 새로운 일이나 활동에 대해 분명하고 구체적인 목표를 가짐	• 분명한 목표를 갖지만 새로운 활동을 하지 않음 • 이전에 가치 있게 여기던 활동을 그대로 계속함	• 목표는 있지만 만족스럽게 여기지 않음 • 일을 대신할 활동을 찾으려고 시도하지만 좌절하고, 취미생활도 만족스럽지 못함
노년기에 대한 태도	• 불가피한 인생의 다음 단계 • 선택의 여지가 없이 받아들여야 함	• 은퇴와 노년기를 연결하지 않음 • 노인이나 은퇴자를 자신과 동일시하지 않음 • 젊게 느낌	• 특별한 감정 없음 • 은퇴와 노년기 간의 관계를 확실하게 느끼지 못함	• 다른 사람들이 자신을 노인으로 본다고 느끼지만 자신은 늙었다고 느끼지 않고 일을 계속해야 한다고 생각 • 은퇴가 노년기로 연결된다는 생각에 걱정스러움

출처: Hornstein, G. A., & Wapner, S. (1985). Modes of experiencing and adapting to retirement. *International Journal on Aging and Human Development, 21*, 291-315.

(1) 노년기로의 전환(Transition to Old Age)

은퇴를 노년기로의 전환으로 받아들이는 유형의 사람들은 은퇴를 새로운 활동을 시작하는 시기가 아니라 오히려 활동을 단계적으로 축소하거나 일로부터 이탈하는 시기로 보았다. 한 응답자는 새로운 관심거리나 취미생활을 시작하기에는 너무 늦었다고 보고하였다.

이 집단에 속하는 사람들은 발달의 다른 단계에서의 전환처럼 은퇴를 노년기로의 전환으로 본다. 이들에게 은퇴는 노년기에 접어들면서 긴장으로 가득 찬 일과 관련된 역할에서 벗어나 휴식과 즐거움을 주는 생활양식을 채택하는 시기이다.

(2) 새로운 시작(New Beginning)

은퇴를 새로운 시작이라고 받아들이는 유형의 사람들은 은퇴를 자유롭게 시간을 보내며, 자기 방식으로 살아볼 수 있는 기회로 받아들이고 이를 환영한다. 이 집단에 속한 사람들에게 은퇴는 새로운 삶, 새로운 활력, 의욕, 생기, 활기로 받아들여진다.

이 집단에 속하는 사람들은 미래를 긍정적으로 보는데, 자기가 늘 하고 싶던 일을 하면서 되고 싶었던 사람이 될 수 있다고 생각한다. 이들에게 은퇴는 노인이 된다는 것과는 거리가 멀고, 전적으로 새로운 시작일 뿐이다.

(3) 일의 계속(Continuation)

은퇴를 일의 지속으로 받아들이는 유형의 사람들은 은퇴 후에도 계속해서 일을 하기 때문에 은퇴는 이들에게 아무런 영향을 미치지 않는다. 그들은 단지 직업을 바꾸거나 좀더 많은 시간을 특별한 기술 연마나 취미생활, 관심거리에 할애한다. 이들에게 일은 여전히 자신의 인생구조에서 핵심적인 부분으로 남아 있다. 이 사람들은 은퇴 전과 후를 활동에 의해서가 아니라 직업역할의 강도에 의해 구분한다. 이 양식의 사람들에게는 은퇴는 시작도 아니고 끝도 아닌 아무런 사건도 아니다.

(4) 강요된 역할 상실(Imposed Disruption)

마지막 은퇴 적응양식은 중요한 역할 상실을 반영하는 것이다. 이 양식을 채택하는 사람들은 은퇴를 직업역할의 상실, 정체감의 상실 등으로 보기 때문에 은퇴에 대해 매우 부정적이다. 이들에게 직업의 상실은 정체감의 핵심 부분을 상실하는 것이 된다. 결국에는 일을 대신할 어떤 활동을 찾게 되겠지만, 그동안의 좌절감과 상실감은 매우 크다. 이들은 일을 대신할 어떤 것도 없다고 생각하며, 은퇴를 결코 받아들일 수 없는 것으로 생각한다.

3) 은퇴의 적응에 영향을 미치는 요인

은퇴 이후의 적응을 하나의 단계로 간주하기보다 개인차에 따른 적응양식으로 설명할 경우에 이와 관련된 변수들은 중요한 의미를 갖는다. 은퇴 이후의 적응은 개인의 경제적 능력이나 은퇴에 대한 태도 등 여러 요인의 영향을 받게 된다.

은퇴에 대해 개인이 어떠한 태도를 가지고 있는지는 은퇴 이후의 적응에 큰 영향을 미치는 요인으로 볼 수 있다. 은퇴에 대한 개인의 태도는 은퇴 이후에 어느 정도의 보장이 이루어지는가에 따라 달라진다. 은퇴 이후에 경제적인 것이 문제가 되지 않는 사람들은 은퇴 이후의 삶에 대해 비교적 긍정적인 태도를 가지고 있는 반면, 그렇지 못한 경우에는 부정적인 태도를 보이게 된다. 사회경제적인 지위가 높은 계층의 사람들은 낮

Laurie Russell Hatch

Carolyn M. Aldwin

은 계층보다 은퇴에 대해 긍정적인 시각을 가지게 되는 것도 바로 이러한 이유에서이다. 일반적으로 건강하고, 적당한 수입이 있으며, 활동적이고, 교육수준이 높으며, 친구와 가족을 포함한 사회적 지원망이 넓고, 은퇴 전 생활만족도가 높은 사람들이 은퇴에 잘 적응한다(Damman, Henkens, & Kalmijn, 2014; Palmore, Burchett, Fillenbaum, George, & Wallman, 1985). 반면, 건강이 좋지 못하고, 수입이 적으며, 은퇴와 거의 동시에 일어나는 배우자의 죽음과 같은 스트레스에 대처해야 하는 사람들의 경우에는 은퇴에 적응을 잘하지 못한다(Stull & Hatch, 1984). 은퇴에 대한 개인의 적응은 경제적 문제뿐만 아니라 건강문제에도 영향을 받는다. 건강하고 경제적 곤란이 없는 퇴직자들이 여가를 즐길 만큼 건강하지 못하고 수입을 아쉬워하는 퇴직자들보다 은퇴에 대해 더 만족한다(Bossé, Aldwin, Levenson, & Workman-Daniels, 1991). 경제적으로 여유 있고, 건강하고, 친척이나 친구로부터 지원망이 있는 퇴직자들은 은퇴에 대해 만족해한다(Gall et al., 1997; Matthew & Brown, 1987).

은퇴에 대한 적응은 은퇴에 대한 인식과도 밀접한 관련이 있다. 은퇴를 부정적인 경험으로 인식하는 경우는 건강이나 경제적 문제 때문에 은퇴를 스트레스를 주는 사건으로 지각하기 때문이다(Iams & McCoy, 1991; Ruchlin & Morris, 1992). Bossé와 그 동료들은(1991) 은퇴가 부정적인 영향을 준다고 생각하는 사람들의 경우 은퇴는 실제적으로 스트레스를 주는 사건이 된다고 하였다. 강제로 퇴직을 당했거나 또는 건강문제로 퇴직했거나, 은퇴 후 경제적 곤란을 겪거나 건강이 좋지 않은 사람들은 자의로 은퇴하고, 예정된 은퇴를 하며, 은퇴 후 경제적 여유가 있는 사람들보다 은퇴로 인한 스트레

스를 더 많이 경험하는 것으로 나타났다. 이러한 연구결과는 은퇴에 대한 심리적 적응을 평가할 때 은퇴 이전 생활의 모든 측면과 스트레스에 대해서도 연구할 필요성을 강조하는 것이다(Cook, 1991; Hughes, 1990).

Alicia Skinner Cook

은퇴에 대한 적응은 문화적으로도 차이를 보이는데, 사회보장제도가 완비되어 있는 서구의 여러 나라나 미국인들은 일반적으로 은퇴를 긍정적인 것으로 평가한다(Atchley, 2000). 미국의 경우 현재 정년제도가 폐지되었으며 62세부터 노령연금의 수급이 가능하기 때문에 비자발적인 은퇴가 아니라 자신이 자발적으로 은퇴의 시점을 결정하기 때문이다. 반면, 우리나라의 경우에는 직종에 따라 차이가 있으나 은퇴 연령이 대부분 정해져 있으며, 최근에는 은퇴 연령까지 종사하는 경우도 비율적으로 드물기 때문에 은퇴에 대해 부정적으로 평가할 수밖에 없다. 우리나라에서의 은퇴는 낮은 은퇴연령이나 은퇴에 대한 준비부족, 사회보장제도의 미비로 인해 매우 스트레스를 주는 사건이며 따라서 은퇴 후의 적응에서도 어려움이 크다(신화용, 조병은, 1999).

이러한 요인 이외에도 은퇴 후에도 계속할 수 있는 여가활동이 있거나 여가활동을 할 수 있는 여유가 있다면 직업으로부터 은퇴로의 전환이 보다 용이하게 이루어질 수 있을 것이다.

4. 은퇴생활 준비

은퇴에 대한 적응은 일반적으로 은퇴 전에 얼마나 충분히 준비를 했는가와 자신의 시간을 어떻게 활용하느냐에 달려 있다. 그럼에도 불구하고 은퇴 이후의 삶을 위한 준비는 미흡한 실정이다. 한국의 노인 자살률이 OECD국가 중 가장 높다는 것은 바로 은퇴 이후의 적응에서 많은 문제를 보이고 있음을 의미하는 것이며, 이는 은퇴에 대한 준비가 충분히 이루어지지 못했음을 의미하는 것이기도 하다. 평균수명이 증가하면서 앞으로 사람들은 20년 이상의 은퇴기를 보내게 될 것이며, 이것은 은퇴기를 여생(餘生)으로 간주하는 기존의 인식과는 달리 은퇴기는 또 하나의 인생기와 같은 것임을 의미하는 것이다. 그러므로 은퇴 이후의 시간을 무엇을 하고 보낼 것인가의 문제는 중요한 의미가 있다. 지난 100년간 인간의 수명은 지난 5,000년간 늘어난 것보다 더 많이 늘어났다. 수명이 연장되고 건강상태가 개선되었음에도 불구하고 현대인들은 더 젊은 시기에 은퇴한다. 비활동적이고 사회로부터 분리되어 자기중심적으로 보내는 은퇴생활은 결국 건강상의 문제나 무력감으로 고통을 받게 될 것이며, 은퇴에 대해 적절한 준비를 하지 않는다면 은퇴에 따른 공허함과 정서적 긴장감이 은퇴자를 압도할 것이다.

David Kirkpatrick

은퇴에 대한 계획은 이상적으로는 중년기까지는 착수해야 한다. 은퇴를 위한 계획에는 인생이 즐겁고 성공적인 것이 될 수 있도록 인생을 설계하며, 재정적인 필요에 대비해 그것을 적절히 준비하고, 신체적 또는 정서적 문제를 얼마간 예상하며, 은퇴가 자신에게 어떠한 영향을 미칠지에 관해서 배우자와 의논하는 것 등이 포함된다(Bergstrom, 1990; Kirkpatrick, 1989; Weistein, 1991). 이러한 문제에 관해서는 은퇴준비 연수회나 기업에서 주관하는 프로그램으로부터 도움을 받을 수도 있다.

은퇴생활의 준비에 대해 좀더 구체적으로 살펴보면 다음과 같다(이인수, 1995). 첫째, 노년기에 발생하는 문제 중 경제문제, 건강문제, 여가문제, 주거문제 등과 같은 문제에 대해 다양한 정보를 수집한다. 둘째, 은퇴 후 생활에 대해 주위 사람들의 경험을 들어보고, 자신이 결정하고자 하는 사항에 대해 자세히 털어놓고 자문을 구한다. 그리고 주거문제, 연금관리, 부동산관리 등 전문분야는 전문가와 상담한다. 셋째, 은퇴 후의 소득 방안, 활동, 건강관리 등에 대해 목표를 설정한다. 예컨대 저축에 관한 계획을 기간별로 설정하여 기록하고, 단계적으로 점검하면서 적절히 투자할 대상에 연결해본다. 넷째, 은퇴 후의 계획은 은퇴 이전부터 미리 조금씩 시도해 본다. 예를 들면, 새로운 친구도 사귀어 보고, 자원봉사도 일주일에 한두 번씩 해 보는 습관을 조금씩 들이도록 한다. 다섯째, 이러한 계획들을 그때그때 변하는 주변환경, 경제적 여유, 가족사항에 비추어 종합적으로 검토해 보고 수정보완하여 은퇴생활 계획에 대한 준비를 완료한다.

은퇴에 대한 준비가 필요하다는 사실은 널리 인식되고 있다. 하지만 노후 대비의 필요성과 중요성을 인식하고 있음에도 불구하고 대부분의 중장년층은 자녀 사교육이나 주택마련 부담증가 등으로 노후준비를 '안 하는 것'이 아니라 '못하는' 상황에 처해 있다. 19세 이상 가구주를 대상으로 한 통계청 사회조사(2015)에 의하면 노후준비를 하고 있지 않다는 응답이 전체 가구주의 27.4%에 달하는 것으로 나타났다. 성별로는 남성(21.3%)보다 여성(44.9%)의 경우 준비를 하지 않고 있다는 응답이 두 배 정도 높은 것으로 나타났으며, 연령별로는 60대 이상(43.9%)에서 가장 높은 비율을 차지하는 것으로 나타났다. 또한 통계청, 금융감독원과 한국은행(2015)의 가계금융·복지조사에 의하면 한국인의 가구당 평균 자산은 3억 4,246만원으로 나타났으며, 자산 가운데 부채를 제외한 순자산은 2억 8,065만원으로 나타났다. 문제는 이들 자산 가운데 부동산이 68.2%를 차지하는 반면, 금융자산이 차지하는 비율은 26.5%에 불과한 것으로 나타났다. 이러한 상황에서 부동산 가격이 급락할 경우 심각한 문제가 예상되므로 자산유형별로 균형있는 노후준비가 이루어져야 할 것이다.

은퇴 이후의 적응을 돕고 성공적인 삶을 영위할 수 있도록 하기 위해 여러 기업체를 중심으로 은퇴준비 프로그램이 실시되고 있다. 그러나 아직까지는 은퇴에 대한 전반적인 이해 부족으로 형식적으로 이루어지고 있는 실정이다. 육체적 건강은 정신건강과 직결되며 일거리는 정신건강을 높여 주는 중요한 요인이므로 일거리를 확보해 주는 것은 노인에게 의료보험과 같은 소극적인 복지혜택을 제공해 주는 것보다 훨씬 경제적이고 효율적인 방법이라고 볼 수 있다. 그러나 우리나라는 은퇴에 대비한 재직근로자의 재교육을 위한 직업훈련 참가율도 저조한 것으로 나타났다. 통계청(2014)의 직업교육훈련 참여 현황에 따르면 15세 이상 한국인의 전체 직업교육훈련 참여율이 20.5%로 나타난 것에 비해 60세 이상 연령대의 참여율은 8.5%에 불과한 것으로 나타났다. 교육수준별로는 대졸이상 학력자가 32.9%의 높은 참여율을 보인 것에 반해 중졸이하 학력자의 경우 8.1%에 불과한 것으로 나타났다. 그러므로 저학력 고령자를 대상으로 한 직업교육이 집중적으로 시행될 필요가 있다.

아울러 여가교육의 중요성도 더욱 강조되고 있다. 은퇴 이후의 여가시간을 어떻게 사용하는가에 따라 여가는 개인에게 하나의 훌륭한 자원이 될 수도 있고 오히려 무료함이나 권태감을 갖게 하는 부정적인 자원이 될 수도 있다. 여가시간이 주어졌다고 해서 모든 사람들이 이를 제대로 활용할 수 있는 것은 아니며 평소 이에 대한 교육이 얼마나 이루어졌는가에 따라 그 활용도나 은퇴 이후의 적응에서는 차이를 보이게 된다.

그러므로 은퇴 이후의 대책은 개인적인 복지의 차원에서도 필요하지만 사회적으로도 정년제도의 재검토와 같은 방법으로 은퇴 이후의 적응을 도와주기 위한 노력이 필요하다. 또한 체계적인 은퇴준비 프로그램이 사회복지 서비스의 중요한 영역으로 자리 잡을 수 있도록 사회 전반에 걸친 관심이 필요하다.

5. 정년퇴직제도의 현황과 문제점

은퇴에 대한 적응이나 준비에서 개인적인 노력도 중요하지만 국가적인 차원에서도 정년퇴직제도 등과 같은 제도적인 보완을 통해 은퇴 이후의 적응을 용이하게 해 주고자 하는 노력이 필요하다. 정년퇴직제도는 크게 일률(단일)정년제, 계급(직급)정년제, 직종정년제로 구분할 수 있다. 일률정년제는 직급이나 직종, 성별에 관계없이 일정한 연령에 도달하면 은퇴하는 제도이고, 계급정년제는 직급에 따라 상이한 퇴직연령을 설정하여 그 연령에 도달하면 은퇴하는 제도이다. 직종정년제는 직종별로 상이한 퇴직연령을 정하여 그 연령에 도달하면 퇴직하는 제도이다.

일률정년제는 1960년대에 이르러 산업화가 본격적으로 이루어지면서 도입되었다. 1963년 국가공무원법이 개정되면서 6급 이하의 공무원에 대한 일률정년제가 도입되었고, 일반 기업에서도 노동력의 공급과잉으로 인해 도입되기 시작하였다. 이러한 일률정년제는 연공서열형의 임금구조하에서 저임금의 노동자를 대량으로 받아들이고 고임금의 고령자를 조직으로부터 배제하기 위한 의도에서 이루어졌으므로 정년연령이 55세로 낮게 정해졌다. 계급정년제는 군인이나 경찰과 같은 특정직 공무원의 간부계급을 대상으로 1960년대에 도입되었고, 기업에서도 간부급을 대상으로 1970년대에 도입되었다. 직종정년제는 계급정년제와 혼합되어 공무원인 경우에 적용되고 있다. 공무원의 상세한 정년현황은 〈표 8-2〉에 제시된 바와 같다.

서울시복지재단(2012)에서 은퇴경험자를 대상으로 한 노인능력 활용방안 연구결과

〈표 8-2〉 공무원의 정년현황

직종	정년	관련법
일반직	직급에 관계없이 60세	국가공무원법 74조
외무직	직급에 관계없이 60세	외무공무원법 27조
교원	대학 이외 교육공무원: 62세 대학교직원: 65세	교육공무원법 47조
법률직	대법원장: 70세 대법관: 70세 판사: 65세 검찰총장: 65세 검사: 63세	법원조직법 45조 검찰청법 41조
소방	1. 연령정년: 60세 2. 계급정년 　소방감 · 지방소방감: 4년 　소방준감 · 지방 소방준감: 6년 　소방정 · 지방 소방정: 11년 　소방령 · 지방 소방령: 14년	소방공무원법 20조
군인	1. 연령정년 　원수: 종신(終身)　　　대장: 63세 　중장: 61세　　　　　소장: 59세 　준장: 58세　　　　　대령: 56세 　중령: 53세　　　　　소령: 45세 　대우, 중위, 소위: 43세　준위: 55세 　원사: 55세　　　　　상사: 53세 　중사: 45세　　　　　하사: 40세 2. 근속정년 　대령: 35년　　　　　중령: 32년 　소령: 24년　　　　　대우, 중위, 소위: 15년 　준위: 32년 3. 계급정년 　중장: 4년　　　　　소장: 6년 　준장: 6년	군인사법 8조

출처: 법제처(2015). 정년연령. Retrieved from http://www.law.go.kr/main.html

〈표 8-3〉은퇴경험자의 은퇴 이유 (단위: %)

		사례수 (명)	사업부진 경영악화 일거리가 없어서	개인·가 족 관련 이 유(육아· 가사·돌 봄 등)	정년 퇴직	일을 그 만둘 때 가 되었 다고 생 각해서	명예퇴직 권고사직 정리해고	기타	직장의 휴업 폐업	작업여건 (시간· 보수 등) 불만족	여가를 즐기기 위해서	임시 또 는 계절 적 일의 완료	경제적 으로 여 유가 있 어서
	전체	(634)	24.1	17.2	13.6	12.6	11.5	9.5	4.6	3.6	2.4	0.6	0.3
연 령 대	55~59세	(276)	30.4	18.1	4.3	9.4	13.8	10.1	6.5	4.3	1.4	0.7	0.7
	60~64세	(196)	23.5	17.9	16.3	7.1	11.2	11.7	4.1	2.6	4.6	1.0	0.0
	65세 이상	(162)	14.2	14.8	25.9	24.7	8.0	5.6	1.9	3.7	1.2	0.0	0.0
성 별	남자	(370)	26.2	9.2	20.0	8.6	16.5	7.8	5.1	4.6	1.1	0.5	0.3
	여자	(264)	21.2	28.4	4.5	18.2	4.5	11.7	3.8	2.3	4.2	0.8	0.4

출처: 서울시복지재단(2012). 노인능력 활용방안 연구.

에 따르면 평균 은퇴연령은 52.6세로 나타났다. 또한 은퇴이유에서도 사업부진이나 경영악화, 정년퇴직, 정리해고, 직장 휴·폐업 등 비자발적 성격의 이유로 은퇴한 비율이 개인적 이유로 은퇴한 비율보다 월등하게 높은 것으로 나타났다(〈표 8-3〉참조).

이러한 사실에 근거해 볼 때에 우리나라 노동자의 정년연령은 상당히 낮다는 것을 알 수 있다. 정년제도가 처음 도입될 당시 우리나라 사람들의 평균수명은 남녀 각각 54.9세와 61.0세였으나 2013년 우리나라 사람들의 평균기대수명은 남녀 각각 78.5세와 85.1세로 20세 이상 증가했음에도 불구하고 정년연령은 그 당시의 수준을 유지하고 있음을 보여 주는 것이다. 현재 우리 사회의 정년연령을 은유적으로 표현하고 있는 '오류도' '사오정' '삼팔선'과 같은 용어들은 실제 통계치보다 정년의 문제가 더 빨리 직면하는 문제임을 말해 주고 있다. 이러한 사실은 실제 생물학적 나이로는 노인이라고 볼 수 없지만 사회적 연령으로는 노인으로 간주되는 사람들의 비율을 높여 놓고 있으며, 이는 결국 사회적인 부담이 지속적으로 증가할 것임을 말해 주는 것이다. 사회적인 부담뿐만 아니라 개인적인 측면에서도 55세를 전후해서는 자녀의 결혼 등으로 인해 지출이 최고조에 달하는 시점이기 때문에 경제적인 어려움이 문제가 된다. 우리나라의 정년연령은 선진국에 비해서도 상당히 낮은 수준이어서 정년제도에 대한 보완이나 개선

〈표 8-4〉 세계 각국의 정년연령

국가	정년연령
노르웨이	70
미국	강제 퇴직 제도 폐지
스웨덴	65
캐나다	65
프랑스	62
영국	강제 퇴직 제도 폐지
독일	67
호주	강제 퇴직 제도 폐지
일본	65
한국	60

출처: 한국노동연구원(2008). 한국의 정년현황실태와 정년연장을 위한 여건조성 방안 연구.

이 필요하다고 본다(〈표 8-4〉 참조).

　또한 이는 근로자의 능력 및 의사와는 무관하게 일정한 나이에 강제적으로 퇴직하게 한다는 점에서 연령차별적 요소를 내포하고 있고, 근로자의 자발적 퇴직원칙에 반한다고 볼 수 있다. 이러한 이유로 선진국에서는 강제퇴직제도를 제한하거나 폐지하였다.

　이러한 비판적 의견을 수렴하여 정부 차원에서도 유능한 노동자가 연령에 관계없이 안심하고 일할 수 있도록 연령차별 금지정책을 적극 추진하는 한편 정년의무화 제도를 적극 검토해 나갈 예정이다. 구체적으로 정부는 기업들의 정년을 65세로 권고하는 방향으로 고령자 고용촉진법을 개정하는 방안을 추진 중이며, 연령차별금지 법제화, 정년 연장을 위한 지원제도 신설, 임금피크제 지원, 고령자 고용촉진 인센티브 강화, 고령자 취업지원서비스 확대 등을 추진하고 있다. 이러한 정부정책을 근간으로 하여 앞으로 개선되어야 할 방향을 제시해 보면 다음과 같다.

　첫째, 우리나라의 정년연령이 지나치게 낮다는 인식하에 정부도 기업들의 정년연령을 65세로 권고하는 방향으로 고령자고용촉진법을 개정하는 방안을 추진 중이다. 그러나 갑자기 정년연령을 상향조정하는 것 또한 여러 가지 문제가 예상되므로 일차적으로 60세 정도로 상향조정하고, 이후 단계적으로 정년연령을 높여 나가고자 하는 노력이 필요하다.

둘째, 연공서열형식의 임금구조를 개선할 필요가 있다. 연공서열형의 임금구조하에서는 연령이 증가할수록 지급해야 하는 임금액수가 증가하게 된다. 즉, 세월이 흐르면서 자연스럽게 임금이 올라가므로 개인으로서는 무사안일주의에 빠지게 하는 병폐가 있으며, 기업에서는 능률에 비해 고임금을 지불해야 하는 문제가 있기 때문에 정년연령의 일률적인 상승을 어렵게 만드는 요인이 된다. 그러므로 연공서열방식이 아닌 개인의 능력에 맞게 임금구조를 변경하는 제도적 개선이 선행되어야 할 것이다. 이미 상당수의 기업에서 능률위주의 성과급제를 사용하고 있으며 앞으로 더욱 확대될 전망이다.

셋째, 연공서열방식의 문제점을 해결하기 위해 임금피크제를 도입하는 것도 한 가지 대안이 될 수 있다. 고령자의 퇴직을 유도하는 가장 기본적인 원인 가운데 하나가 작업능률은 낮으면서 높은 임금을 지불해야 하는 것이기 때문에 작업능률이 최고인 지점을 기준으로 임금피크제를 도입하게 되면 고령으로 인한 강제적인 은퇴현상은 상당부분 해결이 가능할 것이다.

넷째, 갑작스러운 퇴직으로 인한 경제적·정신적·신체적인 문제를 완충시키는 방법으로 단계적으로 정년제를 도입해 나가는 것도 방법이 될 수 있다. 일정 연령에 도달하여 일률정년제를 시행하되 일정 기간을 조건부로 연장하여 업무성과나 신체적인 여건을 고려하여 고용을 연장하는 방법을 적용할 수 있다. 또한 퇴직 이후 반일근무나 격일근무 등의 방법을 도입하는 것도 정년퇴직으로 인한 부작용을 감소시키고 점진적으로 은퇴에 적응해 나가도록 하는 데 도움이 될 수 있다.

다섯째, 정부의 정책적인 지원이나 기업의 배려가 있다 하더라도 능률위주의 기업에게 복지적인 차원만을 강조하도록 하는 것은 한계가 있다. 그러므로 노인재고용을 위한 직업훈련이 필요하며, 이를 통해 노인들이 경쟁력을 확보할 수 있도록 지원하는 것이 보다 적극적인 방법이다. 우리나라는 기업들의 고령자 채용 기피와 동시에 재직근로자의 재교육을 위한 직업훈련 참가율도 저조한 것으로 나타났다. 이는 퇴직 이후의 취업에 대한 본인들의 노력도 적극적이지 못한 것을 의미하므로 정부가 나서서 근로자 재교육을 강제적으로 시행해야 할 필요가 있음을 시사한다.

제9장
여가활동과 노인교육

　노후에 여가를 어떻게 규모 있게 활용하는가의 여부는 노년기 자체의 의미를 새롭게 할 수 있는 중요한 요소라 할 수 있다. 따라서 노년기의 여가선용은 단순히 개인적으로 시간을 보내는 것이 아니라 사회적 차원에서 노인의 행동 양태를 이해할 수 있어야 하고 그들에게 새로운 사회적 역할까지도 제시할 수 있는 수준이어야 한다. 즉, 노년층의 잠재력을 사회적으로 이끌어내는 동시에 사회로부터 격리되고 있는 노인들을 사회로 통합시키고, 그들의 삶의 질을 고양시키는 것이 고령화 사회의 새로운 도전이 될 것이다.

　여가선용은 하루아침의 결심으로 원하는 만큼의 내용을 단기간 내에 얻을 수 있는 것이 아니다. 오랫동안 자신의 성격과 취미 등을 발전시키는 차원에서 부단히 노력해야 하며, 필요하다면 여가를 즐기기 위한 교육도 다시 받아야 한다. 이러한 의미에서 여가를 잘 활용하고 인생의 즐거움과 안락함을 얻기 위해서는 스스로의 면밀하고 객관적인 성찰과 삶의 동기부여를 파악하는 것이 필요하며, 이에 접근하기 위한 다양한 분야의 노인교육에 관심을 갖는 것도 중요하다. 노년기 여가활동에 있어 노인교육은 삶의 활력을 재충전해 가면서 개인의 만족도를 높여 성공적 노화를 가능하게 하는 없어서는 안 될 중요한 요소가 된다고 볼 수 있기 때문이다.

이 장에서는 여가활동의 개념과 특성을 알아보고 노인의 여가생활을 의미 있게 보내기 위해 제공되는 노인교육의 현황과 과제들을 살펴보고자 한다.

1. 노인생활에서의 여가활동

우선 노인생활에 있어서 여가의 개념을 살펴보고, 노동, 여가 그리고 노인교육에 대한 관계의 속성을 알아보고자 한다.

1) 여가의 개념

노인복지에서 여가는 중요한 의미를 지니고 있다. 여가를 통해 삶에 대한 의욕을 강화하고 성공적 노화를 촉진하는 힘을 얻을 수 있기 때문이다.

Parker(1971)는 여가의 개념을 다음의 3가지로 구분하여 정의하고 있다. 첫째는 생활에서 노동시간, 생리적 필수시간, 노동 이외의 의무시간 등을 제외한 잔여시간을 중시하는 보편론적 개념으로 이해하는 것이며, 둘째는 여가활동의 내용과 기능을 중시해야 한다는 기능론적 개념, 셋째는 여가내용의 질적 측면을 중시하고 특정가치와 관련하여 여가활동의 바람직한 모습을 규정하는 규범론적 정의가 있다. 그러나 Neulinger(1976)는 Parker(1971)의 견해를 일반적으로는 수용하면서도 그 개념을 규정할 때 노동의 반대개념으로서 여가를 이해할 수도 있지만, 경우에 따라서는 달리 해석될 수도 있다는 점을 강조하고 있다. 즉, 여가활동도 경우에 따라서는 노동의 형태로 나타날 수도 있다는 것이다. 다만 노동과 여가의 개념상 차이는 여가활동이 개인의 내재적 동기에 의해 자유로이 선택되는 특징을 갖는다면 노동은 내재적 동기보다는 외재적 동기가 더 크다는 특징을 가지고 있다는 것이다. 예를 들면, 우리가 일반적으로 여가선용의 예로 제시하고 있는 스포츠, 무용, 음악, 미술 및 서예 등도 그것을 직업으로 삼는 경우와는 확연하게 다른 차이를 보이고 있다.

여가활동 자체가 다른 연령층에 비해 시간적으로 여유가 있는 노년층의 전유물은 아니다. 그러나 노인의 여가는 생산적 활동에 왕성하게 참여하고 있는 젊은층의 그것과는 분명 다르다. 젊은층은 재생산의 수단 또는 심신의 피로회복 등을 주된 목적으로 여가를 활용하고 있으나 노인의 여가는 선택적으로 즐기기보다는 사회적 제도와 일반적 인식에 기초해 여가가 일방적으로 주어지는 경우가 많다. 그렇기 때문에 항상 여가가 넘쳐나는 생활을 해야 하고, 심할 경우는 여가 자체가 즐거움의 대상이라기보다는 무료해지기도 한다. 만약 이러한 경우라면 여가 자체가 정신적인 스트레스이며 정서적인 불안감을 유발할 수도 있다. 따라서 소극적으로는 여가를 적절히 활용하지 못해 발생하는 문제점을 해소하고, 적극적으로는 여가를 즐겁고 보람되게 보냄으로써 인생을 의미 있게 마무

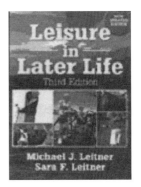

사진 설명: Michael Leitner 와 Sara Leitner의 저서 『노년기의 여가』

리짓는 것에 초점을 맞춘 다양한 대안들이 모색되어야 한다. Leitner와 Leitner(1985)는 여가활동은 건강증진, 사회적 접촉과 사귐의 기회 증진, 사기와 생활만족감 증진, 신체적·정신적 자신감의 증진, 자기가치성과 자기유용성의 확대, 자립성 향상이 이루어지고, 특히 의미 있고 즐거운 삶을 얻을 수 있도록 노년기의 여가활동이 계획되어야 함을 강조하고 있다.

우리나라에서 노인들의 여가활동을 위해 제공되는 프로그램은 크게 네 가지가 있다. 첫째, 정부가 정책적으로 평생교육 및 노인복지 차원에서 실시하는 여가프로그램, 둘째, 종교단체, 자선단체, 지역유지들이 지역노인을 위해 경로효친 차원에서 실시하는 여가프로그램, 셋째, 친목, 지역사회봉사, 사회문제해결을 위해 노인의 자율성에 기초하여 사회참여 차원에서 이루어지는 여가프로그램, 넷째, 노인을 소비자로 보고 관광, 스포츠, 레크리에이션 등 고령친화산업 차원에서 이루어지는 여가프로그램 등이 그것이다.

2) 여가·노동·노인교육

모든 사람이 살아가면서 하는 일을 일반적으로 교육·노동·여가로 크게 구분할 수 있다. 보편적으로 교육은 유아기부터 청소년기까지 주로 이루어지는 과정이며, 노동

Matilda White Riley

은 청년기부터 중년기까지 직업활동, 가사 및 육아 활동 등을 통해 주어지는 과정이다. 그리고 여가는 노년기에 주어지는 것으로 인식하고 있다. 그러나 분명한 것은 이 세 가지 요소가 인생의 어느 한 부분에서 소유되는 단계적인 과정의 속성은 아니라는 점이다(김동배, 1999b). Riley(1993)는 전 생애에 걸쳐 지속적인 교육·노동·여가의 기회가 주어지는 사회가 발전적인 사회라 지적하면서, 각 개인의 능력과 선호에 따라 교육, 노동, 여가가 연결되고 보장되는 연령통합적 사회를 다음과 같이 제시하였다(〈그림 9-1〉 참조). Riley(1993)는 연령통합적 사회를 교육·노동·여가의 기회가 적절히 마련되어 있어서 노인이 그 욕구에 따라 비교적 자유롭게 이를 선택할 수 있는 사회로 규정하고 있다.

〈그림 9-1〉 사회구조의 이상적 형태

출처: Riley, M. W. (1993). *Education opportunities for people of all ages*. Keynote Address at Annual Meeting of the Association for Gerontology in Higher Education. Louisville, KY.

David A. Peterson

후기 산업사회의 급변하는 환경 속에서 노인들에게 교육이란 이제 '선택'이 아닌 '생명권'으로 등장하였다. 노인에 대한 학습권이 그 어떤 시기보다 강조되고 있는 오늘날의 일반적 경향을 볼 때 더욱 그러하다.

노인교육은 1950년대에 등장한 개념으로 'educational gerontology' 'geragogy' 'eldergogy'라는 용어로 사용되고 있다. 교육학의 3대 체계란 아동중심의 교육학(pedagogy), 성인중심의 교육학(andragogy) 그리고 노인중심의 교육학(geragogy)을 의미한다.

Peterson(1983)이나 Jarvis(1990) 같은 학자들은 교육노년학을 "노인들을 위한 교육, 노인과 노화에 관한 교육 그리고 노인과 관련된 직업을 가진 이들을 위한 교육의 세 분야를 포함하는 노인들을 위한 그리고 노인들과 노화에 관한 교육적 노력의 연구와 실천"으로 정의하였고, 이에 대한 연구 또한 이 정의에 따르고 있다. 그러나 중요한 것은 노인교육이 단순히 노인만을 대상으로 설정되어서는 안 된다는 점이다. 노인교육은 연령, 지위, 성별 등과는 무관하게 개인적인 관심과 이해에 따라 여러 세대가 상호작용을 통해 정보를 교환하고 새로운 지식을 창출하는 적극적인 과정으로서 세대를 초월하는 교육의 의미를 내포해야 하는 것이다.

Peter Jarvis

그렇다고 해서 노인교육 자체를 소홀히 다루어서도 안 된다. 왜냐하면 행복한 삶과 안녕을 촉진하는 요소를 노인교육이 담고 있기 때문이다. 즉, 노인교육은 성공적 노화의 요건을 촉진하는 중요한 방법이며, 노인교육에 대한 관심과 참여가 증가할수록 노인교육은 노인 개인 차원은 물론 사회적 차원에서도 긍정적 이익을 창출하게 된다. 긍정적 이익의 창출은 다음과 같은 이유로 설명될 수 있다(한정란, 2005).

첫째, 노인에 의한 교육의 효과 측면이다. 이는 노인들의 지혜와 경험을 교육적으로 활용하는 것을 의미한다. 긴 세월 동안 노인들은 다양한 경험을 축적해 왔고 이러한 경험을 사회의 발전을 위해 활용하는 것은 매우 의미 있는 행동이 될 것이다. 노인에 의한 교육은 협의의 교육적 활동에 국한되는 것이 아니라, 보다 넓은 의미에서 변화를 전제로 하는 모든 활동을 포함하고 있다. 따라서 노인에 의한 교육이 현실적으로 유용한 직접·간접의 교육 수단이 되기 위해서는 모든 영역의 활동 및 서비스까지를 포함하는 기본 전제가 충족되어야 한다.

둘째, 노인에 관한 교육에서 학습자는 잠재적인 노인, 즉 어린이로부터 노인에 이르기까지 전 연령층을 대상으로 한다. 일반적인 노인이해교육은 잠재적 노인을 대상으로 노인과 노화의 특성에 대한 이해를 다루는 교육으로, 정규학교 교육과정 내에서 학생들에게 노인과 노화에 관하여 이해시키기 위한 교육을 포함한다. 퇴직준비교육은 노년기로의 전환점인 퇴직에 대비하여 퇴직 후 생활과 노년기를 준비하는 교육이다. 노인전문교육은 노인과 관련된 직업을 준비하거나 그런 직업에 종사하는 사람들을 대상으로 노인 대상자의 특성과 그들과의 관계를 형성하는 데 있어서의 특성 등을 다루는 교육이다. 교육내용은 노년기의 발달과 적응, 노년기의 생리 · 심리 · 사회적 변화, 고령화 사회의 영향, 노화에 대한 준비, 노인과 더불어 살기, 노후생활설계, 성공적 노화 사례탐구 등이 있다.

셋째, 노인을 위한 교육은 노인 학습자들을 대상으로 하는 연구와 실천이며, 노인들 스스로가 자신들의 삶에 대하여 역량을 강화해 나가도록 돕는 교육활동이다. 노인을 위한 교육은 노화의 적응, 사회적응, 자기계발, 대인관계 확대, 자립과 사회참여 촉진, 삶의 자기만족이나 목적의식, 자아정체성을 강화시키는 것을 목적으로 한다. 교육내용으로는 건강, 여가, 노후 경제생활 등의 노후생활 전반에 관한 내용, 생존과 일반교양, 취업, 노인복지, 노인권리, 죽음과 영성 등 다양한 내용들로 구성한다.

그 외에도 세대공동체 교육이 있다. 한정란(2005)은 세대공동체란 여러 세대 혹은 여러 연령집단이 한 공동체 안에서 만나는 것으로 보고 있다. 각 세대들은 비록 살아가는 시간과 경험 면에서는 다르다 하더라도 전체 생애의 일부분으로서 서로 관련되어 있다는 점에서 공통된 이해관계를 갖는다. 세대공동체 교육을 통해 각 세대는 자신들이 미처 경험하지 못했던 시간과 공간을 경험할 수 있을 뿐만 아니라 서로를 통하여 더욱 많은 것을 배우고 얻을 수 있다. 세대공동체 교육은 젊은 세대들에게 사회의 문화유산과 전통 그리고 역사에 대한 보다 생생하고 바른 이해를 가질 수 있도록 도우며, 그들이 아직 경험하지 못한 인생의 시기를 간접적으로 체험해 봄으로써 인생을 보다 구체적으로 설계하고 준비해 나갈 수 있도록 돕고, 인생의 경험과 지혜를 배울 수 있게 하며, 노인들 역시 세대공동체 교육을 통해 사회의 변화에 대한 감각과 새로운 지식들을 배울 수 있고, 젊은이들의 이상과 포부 그리고 포기할 줄 모르는 도전정신을 배울 수 있으며, 사회의 변화에 적응하고 대처해 나가는 방법을 배우기도 한다.

2. 성공적 노화와 여가활동

'성공적 노화'의 개념은 노년학 연구의 매우 중요한 주제 중 하나이다. 그렇기 때문에 그동안 수많은 학자들이 이 주제를 그 어떤 주제보다도 중요한 연구 주제로 삼아 왔다. 그중 대표적인 학자로는 미국의 Rowe와 Kahn (1998)을 들 수 있다. 이들은 맥아더 재단으로부터 연구비를 지원받아 의학, 신경학, 심리학, 사회학 등 여러 분야의 학자들과 약 7년간 노화와 관련된 연구를 수행하였다. 이 연구가 노년학에서 의미를 갖는 것은 성공적 노화를 결과가 아닌 적응하는 과정으로서 이해하고 계속적인 성장발달의 한 부분으로 인식하고 있다는 점 때문이다. 즉, 이 재단에서 연구한 '성공적 노화'란 노화가 기존의 전통적인 '고통스러운 쇠퇴의 과정'이라는 '속설(myth)'을 벗어나 나이가 들수록 유전적 영향보다는 사회적 · 신체적 습관이 신체적 · 정신적 건강에 점점 더 통합적으로 영향을 미치는 것으로 보고 있다. 이는 그동안의 협소하면서 편의적인 수동적 노화에 대한 해석을 보다 폭넓고 적극적인 인식의 수준과 범위로 확대하고 있다는 점에서 의의가 크다.

John W. Rowe

성공적 노화는 개인의 선택과 행동에 좌우되는 경우가 많다. 그래서 '일반적인 노화'라고 부르는 상태, 즉 소극적이며 부정적인 의미의 쇠퇴과정에서 모두의 목표인 '성공적 노화'로 누구든지 옮겨 갈 수 있다고 Rowe와 Kahn은 주장하고 있다. 이들의 연구 성과가 의미를 갖는 또 하나의 이유는 어느 정도의 쇠퇴를 가정하고 있는 기존의 노년연구와 달리 노년에도 정신과 신체의 건강을 유지할 수 있게 해 주는 요인들을 밝혀냈다는 데 있다. 어떤 생활방식을 선택하느냐에 따라 성공적 노화가 결정될 수 있다고 보면, 그러한 선택사항에서 식습관, 운동, 정신적인 자극, 자기효능감, 대인관계 등이 중요한 요소일 수 있다는 것이다. 이와 같이 맥아더 재단의 '성공적 노화'에 대한 연구는 개인의 선택과 행동을 강조하고 있을 뿐만 아니라 노인의 활동에 대한 정의를 보다 현실적으로 구체화하여 그러한 활동에 노년인구가 계속 참여하는 것이 필요하다고 주장하고 있다.

Robert L. Kahn

사진 설명: Rowe와 Kahn의 저서 『성공적인 노화』

Martha Crowther

Rowe와 Kahn(1998)은 성공적 노화의 핵심개념에 질병 및 장애의 예방, 신체적·인지적 활동, 적극적인 사회활동 참여라는 세 가지 요소를 포함시키고 있다. 이 요소를 구체적으로 살펴보면 첫째, 질병 및 장애가 발병하기 전에 정기적인 건강검진, 식이요법, 운동 등의 조치를 통해 자신의 건강을 유지하는 것, 둘째, 적절하고 규칙적인 운동을 통해 신체적 활동을 유지하며, 복잡한 인지활동에 계속적으로 참여함으로써 인지적 기능을 유지하는 것, 셋째, 성공적 노화는 잠재력을 넘어서 '인생참여'라는 실제 활동을 포함하는 것으로 설명할 수 있다. 적극적인 인생참여는 여러 가지 다양한 형태로 이루어지지만, 성공적 노화의 경우는 다른 사람들과의 관계와 생산적인 행동으로 가장 잘 나타난다. 따라서 사회활동 참여를 지속하고 타인과의 관계에서 친밀도를 유지하는 것이 무엇보다 필요하다. 한편, Crowther와 그 동료들(Crowther, Parker, Achenbaum, Larimore, & Koenig, 2002)은 Rowe와 Kahn의 모델에 성공적 노화의 필수적 구성요소로 '긍정적 영성'의 개념을 추가하였으며 노인들이 노후에 긍정적 영성을 유지하는 것이 삶을 풍요롭게 하는 행위에 해당한다고 주장하였다(〈그림 9-2〉 참조).

이러한 점에서 한편에서는 노인들이 여가와 문화활동, 자원봉사 등 다양한 사회활동에 참여하도록 권장하고 있으며, 다른 한편에서는 모든 세대가 평생에 걸쳐 학습하고 능력과 적성에 따라 교육을 받을 수 있도록 기회를 제공하고 있다.

앞서 설명하였듯이, 성공적 노화를 위해 중요한 것은 노년기의 적극적인 인생참여와 활기찬 생활이다. 활기찬 생활에는 여러 가지 형태가 있을 수 있겠지만 크게 두 가지로 나눌 수 있다. 첫째는 타인과의 관계회복이고, 둘째는 의미를 줄 수 있는 생산적 활동에의 참여이다. 원만한 대인관계를 갖는다는 것과 생산적인 활동에 참여하는 것은 모두 삶의 에너지를 재충전하는 역할을 한다. 그렇다면 이러한 에너지를 지속적으로 충전하기 위한 요건은 무엇일까? 아마도 그 요건을 충족시키는 중요한 하나는 노인교육이 될 것이다. 노인교육은 분명 성공적 노화를 촉진할 수 있는 충분한 가능성을 갖추고 있기 때문이다. 노인교육이 노년기의 삶에 대한 설계를 도와주며, 결과적으로 사회 전체를 고려할 때도 많은 긍정적 이익을 기대할 수 있다. 노인교육기관에서 제공하

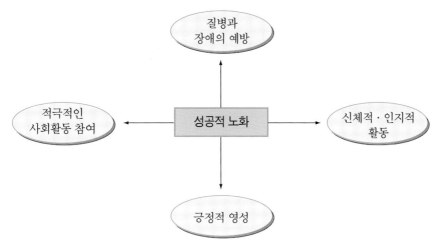

〈그림 9-2〉 성공적 노화의 구성요인

출처: Crowther, M. R., Parker, M. W., Achenbaum, W. A., Larimore, W. L., & Koenig, H. G. (2002). Rowe and Kahn's model of successful aging revisited: Positive spirituality-The forgotten factor. *Gerontologist, 42*, 613-620.

는 건강, 미술, 음악, 취미, 봉사활동 등과 관련된 노인교육 프로그램에 참여함으로써 노인 개인적 차원에서는 자아발전의 기회를 가질 수 있게 될 것이고, 가정과 사회의 변화에 대한 적응에 요구되는 지식과 기술을 습득할 수 있게 될 것이며, 신체기능 저하, 배우자 상실, 직업 상실에서 오는 고독감 등을 극복할 수 있는 기회를 가질 수 있게 될 것이다. 아울러 노인교육은 자신의 삶에 대한 지속적인 애정과 통제력 그리고 자신의 역량을 강화할 수 있도록 하고, 정년 등으로 위축된 사회적 관계를 유지 또는 확대해 나갈 수 있는 기회를 갖게 할 것이다.

한편, 사회적 차원에서는 노인교육은 아동, 청년 그리고 성인 세대들에게 중요한 노년기의 역할모델을 제시함으로써 노년기에 대한 부정적인 사회인식을 완화시킬 수 있다. 뿐만 아니라 노인들이 적극적으로 사회활동과 경제활동에 참여하는 기회의 폭을 넓혀 줌으로써 노인인력을 효과적으로 활용할 수 있는 계기를 마련할 수도 있다. 더 나아가 사회적 비용으로 점차 가중되고 있는 노인복지비용을 경감하는 효과까지도 동시에 얻을 수 있다.

3. 노인교육 프로그램

미국과 일본 그리고 한국 노인들의 여가생활을 위한 노인교육 프로그램을 살펴보면 다음과 같다.

사진 설명: SCAN 학습센터에서 풍선아트를 하고 있는 노인들

1) 미국의 노인교육 프로그램

미국의 노인교육 프로그램은 노인들의 학습 요구와 함께 사회적 변화에 민감하게 대응하고 다른 세대와 정보를 교환할 수 있는 교육 프로그램을 개발하고 있으며, 이러한 프로그램 개발은 급격히 증가하는 추세에 있다. 또한 노인 세대들 간의 네트워크 형성은 다양한 노인교육을 활성화하고 있다.

(1) 노인교육네트워크

노인교육네트워크(Senior Citizens Activities Network: SCAN)는 50세 이상인 자를 회원으로 관리하면서 예술, 인문학, 건강, 재정관리, 정보화, 사진, 사교춤, 음악감상 등 한 학기에 130여 개의 프로그램을 중심으로 운영되고 있다. 대부분의 교육과정은 회원으로 가입하면 무료 참여가 가능하고 몇몇 프로그램의 경우, 학습비 형식으로 약 3달러 이하의 기부금 납입을 요구하기도 한다.

(2) 대학 중심의 노인교육

배움에 뜻을 가진 노인들에게 배움의 기회를 주는 프로그램으로는 다음과 같은 것들이 있다. 첫째, 'Donovan 프로그램'이다. 이는 퇴직 전 준비교육으로 대학입학 및 편입을 허가하고 경우에 따라 학위취득의 기회도 제공한다. 둘째, 'GED(General Educational Development) 프로그램'이다. 이 프로그램을 통해 교육을 받은 노인들은 고등학교 과정 수료의 기회를 제공받으며 학력도 인정받는다. 셋째, 'Ever Green 프로그램'이다. 보스턴 대학교에서 Ever Green이라는 프로그램을 통해 지적 호기심이 있는 고령자라면 성별, 학력을 가리지 않고 강좌당 15달러 정도의 저렴한 비용으로 청강을 할 수 있다. 그 밖에도 'Emeritus 대학'에서는 은퇴한 교수들에게 교수의 기회를 제공한다. 여기에서 노인들은 학구지향 방식으로 프로그램을 운영한다.

(3) 노인학습여행

노인학습여행(엘더호스텔, Elderhostel)은 60세 이상의 노인들이 대학에서 운영하는 기숙사나 호텔에 숙박하면서 대학 수준의 각종 교육을 단기간에 집중적으로 수강하고 대학의 행사에 참여하거나 지역사회의 시설을 방문, 전문적인 학습, 미지의 세계를 향한 여행, 노인 상호 간의 교류 등을 동시에 경험할 수 있도록 하고 있다. 1975년 뉴햄프셔 대학에서 시작되어 전 세계로 확산된 Elderhostel은 2006년까지 참여 노인이 23만 5,000명에 이르고, 약 1,600개 이상의 대

사진 설명: Elderhostel은 노인들에게 여행보다는 교육에 높은 비중을 둔다.

학이 이 프로그램에 협조하고 있다. 이 프로그램의 기본정신은 대학에 갈 기회가 전혀 없었던 사람들을 이끌어 주고, 젊은 시절에 대학을 갈 수 없었거나 가지 않았던 노인들이 모임을 가질 수 있도록 장소를 제공하는 데 있다.

(4) 세대 간 교류 프로그램

세대 간 교류 프로그램에는 직업기술 전수하기(Sharing Our Skills: SOS), 노인학교 자원봉사(Senior Citizen School Volunteer Program), 노인·어린이 상부상조(Elders and Children Helping Each Other) 그리고 세대 간 이해증진(Intergenerational Learning Retreat) 프로그램 등이 있다. 우선 '직업기술 전수하기 프로그램'은 노인자원봉사자가 교사를 도와 학생들의 직업기술 개발을 돕는 것을 내용으로 하는 프로그램이다. '노인학교 자원봉사 프로그램'은 노인들에게 자신들이 거주하는 지역사회에서 봉사할 기회를 제공하는 프로그램이다. '노인·어린이 상부상조 프로그램'은 어린이 양육시설에서 노인들이 어린이를 돌봄으로써 노인들과 어린이들이 서로에게 도움을 주고

받을 수 있도록 하는 프로그램이다. 마지막으로 '세대 간 이해증진 프로그램'은 노화에 대한 고정관념을 없애고 세대 간 이해증진과 세대통합을 위해 제공하는 프로그램이다.

2) 일본의 노인교육 프로그램

일본은 고령자의 보람된 삶을 돕기 위한 종합사업으로 지역 내 노인교육에 관한 각종 프로그램을 조사하고, 관계기관과의 정보교환 및 상호연계에 의해 노인교육을 종합적으로 조정하는 노인교육 촉진회의를 운영하고 있다. 이 사업을 통해 노인교육 프로그램을 개발하고, 평생교육의 이념을 실천하며, 지역사회에 기초한 고령자의 자조정신과 지역사회에 대한 책임감을 배양하기 위한 자원봉사자를 양성하는 강좌를 개설하고 있다. 그 밖에도 다음과 같은 노인교육이 활성화되고 있다.

(1) 사회통신 교육
일본에서는 고령자뿐만 아니라 모든 사람들에게 다양하고 수준 높은 학습기회를 제공하는 방책으로 사회통신 교육을 활용하고 있다.

(2) 방송대학 교육
일본의 방송대학은 1998년 1월부터 통신위성을 이용한 '스카이 퍼펙트 TV'의 CS 디지털 방송에 의해 전국 방송을 개시하여 학습자에 대한 서비스 향상을 도모하고 있다. 전국 40개소에 설치된 학습센터의 현재 학생 수는 약 7만 명이며, 60세 이상의 학습자가 11.8%를 차지하고 있다.

(3) 대학의 공개강좌
일본은 대학의 전문적, 종합적인 교육·연구 기능을 사회에 개방함으로써 일상생활이나 직업상의 지식, 기술 및 일반적인 교양을 위한 학습기회를 널리 사회인에게 제공하고 있다. 대학 개방화 사업 중에서 고령자의 학습을 지원하는 대학의 공개강좌가 최근 인기이다.

(4) 세대 간 교류사업

일본에서는 고령화 사회의 문제를 고령자뿐만 아니라 모든 세대의 문제로 다루고 있다. 세대 간 교류사업은 고령자 삶의 의미를 촉진하기 위한 하나의 방책이며, 동시에 젊은 세대가 고령자와 접촉하면서 배울 수 있는 좋은 기회를 제공하기도 한다.

3) 한국의 노인교육 프로그램

우리나라 최초의 노인학교는 1972년 10월 서울 종로 태화관에서 문을 연 서울평생교육원이다. 그 후 1973년 서울 명동 가톨릭여성회관 내에 덕명의숙이라는 노인교육기관이 설립되었고, 1974년에는 서대문구 문화촌에 인왕노인학교가 설립되었으며, 뒤를 이어 각종 노인단체, 사회봉사단체, 종교단체 및 개인들에 의해 전국 각지에서 노인학교가 개설되었다. 현재 우리나라에서 운영되고 있는 노인교육시설은 운영기관을 기준으로 다음과 같은 여섯 가지 형태로 분류해 볼 수 있다.

첫째, 보건복지부의 지원을 받는 노인교실이다. 노인교실은 노인복지법 제36조에 근거하며, 노인들의 건전한 취미생활, 노인건강유지, 소득보장, 기타 일상생활과 관련한 학습프로그램을 제공함을 목적으로 운영되고 있다.

둘째, 보건복지부에서 지원하는 노인복지관과 사회복지관에서 운영하는 노인교육 프로그램이다. 노인복지관은 대부분 노인을 위한 교육 및 여가 프로그램들을 운영하고 있다는 점에서 중요한 노인교육 시설의 하나로 간주된다. 노인층으로 특화된 대상에 대한 서비스를 담당하는 노인복지관은 고령화에 따라 빠르게 증가하는 추세에 있는데, 2015년 현재 전국적으로 248개의 노인복지관이 설치·운영되고 있다. 또한 사회복지관은 노인만을 대상으로 하는 복지시설은 아니지만, 대부분 사회복지관의 주요 서비스 대상은 노인이며, 2015년 현재 전국적으로 446개소가 설치·운영되고 있다.

셋째, 대한노인회에서 지원하는 노인지도자대학, 노인대학, 경로당노인대학이다. 대한노인회는 2015년 현재 전국에 244개의 지회와 64,000개의 경로당을 가지고 있으며, 여기서 교양강좌, 건강관리, 국내외 정세 등의 교육을 운영하고 있다.

넷째, 대학이나 대학교의 평생교육원 및 사회교육원에서 설치·운영하고 있는 노인교육 프로그램들이다. 대학의 평생교육원 프로그램들 중 노인 학습자들을 대상으로 개설된 프로그램은 여타 노인교육시설에 비하여 상대적으로 교육비가 비싸기 때문에 많은 노인 학습자들이 참여하기에는 경제적인 어려움이 있다. 이와 같은 문제를 해결하기 위하여 일부 대학에서는 노인들에게 할인 및 무료수강 혜택을 제공하고 있다.

다섯째, 각종 종교기관에서 운영하고 있는 노인교육 프로그램이다. 종교기관에서 운영하는 노인교육 프로그램은 전국적으로 상당수가 될 것으로 추측되는데, 이렇다 할 대표 기구나 연합회가 없어 정확한 통계를 알 수 없다.

여섯째, 그 밖의 민간에서 운영하고 있는 노인교육 프로그램들이다. 개인이나 민간단체에서 운영하는 노인교육 시설들은 현재 어떤 통제나 지원도 받고 있지 않다. 전국

〈표 9-1〉 노인교육 영역별 프로그램 실태

영역	내용	프로그램
생활 교육	교양	어학, 한문, 한글, 역사, 동양고전, 윤리, 종교, 서예, 컴퓨터, 시사, 전통문화, 시민생활
	여가 및 취미	요가, 체조, 댄스, 단전호흡, 게이트볼, 배드민턴, 탁구, 가요, 민요, 고전무용, 탈춤, 에어로빅, 장고, 가야금, 사군자, 시조, 등산, 관광, 여행, 스포츠 마사지, 요리, 화초재배, 꽃꽂이, 윷놀이, 영화관람, 비디오시청, 레크리에이션, 연극, 소풍
	건강 및 안전	위생, 질병예방과 치료, 영양섭취, 식이요법, 수지침, 교통안전, 범죄대책, 죽음대비
	인간관계	고부관계, 부모교육, 손자녀관계, 대인관계, 자기표현훈련
	생활정보	노인문제, 노인복지, 생활법률, 외국노인의 생활
	사회생활	고아원·양로원 방문, 폐품과 재활용, 교통정리, 자연보호
	동아리 활동	국악, 율동, 음악, 합창, 서예, 등산, 종교, 봉사
직업 교육	퇴직대비	건강관리, 퇴직생활 설계, 퇴직생활 사례
	재산관리	용돈관리, 연금과 재산관리
	재취업	직업의식, 재취업 사례
지도자 교육	일반, 전문과정	노후의 삶, 노년학, 노인심리, 정신건강, 노인과 사회, 가족관계, 생활의학, 노인과 법률, 노인복지, 노인여가와 레크리에이션, 노인상담, 노인복지시설 운영론, 자원봉사론

출처: 교육부(1998). 한국형 노인교육 프로그램의 모델개발을 위한 연구.

적으로 이런 시설이 몇 개나 운영되고 있는지 알 수 없지만, 상당수의 시설이 운영되고 있는 것으로 추측된다.

한편, 노인교육기관의 프로그램은 표준화된 교육과정이 없고 기관마다 프로그램의 내용과 진행방법에서 차이가 많다. 그리고 운영자의 의지, 담당자나 담당 사회복지사의 열의와 전문성에 따라 다양하게 진행되고 있다. 국내 여러 단체에서 실시되고 있는 노인교육 프로그램을 내용의 특성에 따라 분류하면 노후생활교육, 직업교육, 지도자교육 등 세 영역으로 나눌 수 있다. 〈표 9-1〉에서와 같이 노인교육은 생활교육 영역의 프로그램들을 중심으로 이루어지고 있다(교육부, 1998). 특히, 여가 및 취미교육 프로그램들이 대다수를 차지하고 있으며, 여가활동 프로그램들도 춤, 노래, 운동 등에 국한되어 있어 그 종류가 제한적이다. 퇴직에 대비하기 위한 프로그램은 물론 재취업이나 창업을 위한 프로그램의 개발도 부족한 상태이며, 대학의 사회교육원에서 제공하는 노인교육 프로그램도 극히 제한적이어서 노인들의 욕구를 충족시키기에는 미흡한 현실이다. 다음은 노인교육에 대한 몇 가지 사례들이다(한국교육개발원, 2005).

(1) 명예학생제도

경북대학교 평생교육원은 1995년 최초로 명예학생제도를 설립하였다. 명예학생제도는 지역주민들에게 무료로 평생교육의 기회를 제공함으로써 대학과 지역사회 간의 공동체 의식을 강화하고, 노년층에게 적극적인 교육적 접근을 통해 사회 및 가정생활문화 재정립에 기여함을 목적으로 한다. 수업기간은 3년이며, 이수학점이 30학점 이상인 노인들에게 수료증을 수여한다.

(2) 노인전문인력은행

서울시립 은평노인종합복지관은 퇴직노인을 대상으로 노인전문인력은행을 운영하면서 전직 경험과 연륜을 바탕으로 노인들이 지역사회의 각 사회교육기관에서 강사로 활동할 수 있도록 지원하고 있다. 이 사업의 목적은 노인들에게 자신의 자아실현 및 사회참여 그리고 소득기회를 제공하도록 하는 것이다. 강사뱅크제의 교육기간은 1년으로 하여 기수별로 모집하고 교육이 끝나면 수료증을 준다.

(3) 금빛평생교육봉사단 사업

금빛평생교육봉사단 사업은 노인평생학습자들을 중심으로 교육봉사를 수행할 수 있도록 지역사회의 모든 주체가 협동적으로 참여하는 생산적인 평생학습운동이다. 이 사업의 목적은 퇴직자의 전문지식을 지역사회 평생교육 자원으로 재활용하는 것이고, 퇴직자에게 평생교육자로서의 역할을 부여하며, 자원봉사를 통해 삶의 질을 향상시키고자 하는 것이다. 매년 지역평생교육정보센터가 주관하며, 공무원, 경찰관 등 전문직종의 능력과 경험을 가진 55세 이상의 퇴직자들을 대상으로 사회복지와 지역사회 분야에서 교육봉사가 실시된다.

4. 여가활동과 노인교육의 과제

우리나라의 여가에 대한 인식이 최근 크게 바뀌기는 하였지만, 하는 일 없는 사람들이 한가롭게 세월을 보내는 것으로 여가를 생각하는 경우가 아직도 많다. 노동의 가치를 여가의 가치보다 훨씬 큰 것으로 인식하며 살아왔기 때문이다. 그래서 여가를 활용하기 위한 계획과 실천 등이 부족하고 여가에 대한 경험 또한 부족하다. 이러한 점에서 노년기에 효과적으로 여가를 선용하는 것이 정신건강에 유익하다는 것을 노인들에게 교육시키고 홍보하는 일이 필요하며, 이를 위한 다양한 노인교육 프로그램을 개발해야 한다.

노년기의 여가는 휴식과 오락·취미만을 위한 것이 아니며, 남은 생을 알차게 보내기 위한 자기계발과 역할회복이라 할 수 있다. 즉, 노년기의 여가는 흥미를 유발하고 재미를 즐기는 수준에서만이 아니라 창의적인 차원의 삶을 살 수 있는 기회임과 동시에 삶의 새로운 설정을 가능하게 하는 생활의 연속인 것이다. 이러한 맥락에서 교육인적자원부는 평생교육법이 개정된 이후, 노인교육의 기회확대, 다양한 노인교육 프로그램 개발, 고령인적자원의 사회적 자본으로의 활용, 노인교육 전문성 제고 등에 초점을 둔 고령인적자원 장기발전계획을 진행하고 있다. 그동안 장기발전계획 관련 사업으로 노인교육전문가 양성과정, 금빛평생교육봉사단 지원사업이 수행되었지만 현장에서의 효율성이나 연계성, 전문성은 아직도 부족한 실정이다.

우리나라 노인교육 현장의 문제점을 요약하면 다음과 같다. 첫째, 노인교육을 일반적인 교육의 연장선상에서 이해해야 하는데 이를 어렵게 하는 요소들이 있다. 대표적인 예가 노인교육의 전문성 부족인데, 흥미와 재미를 위한 프로그램 위주의 노인교육이 대부분을 차지하고 있다는 점이다. 결국 교육을 통한 자기계발의 기대수준 자체가 낮기 때문에 노인교육을 자기계발의 기회로 적극 활용하려는 노인들이 많지 않다. 물론 흥미나 재미를 추구하는 노년기의 편안한 삶이 중요하지 않다는 것을 의미하지는 않지만 프로그램의 수준과 영역을 다양화하여 관심과 능력에 맞는 실질적인 교육이 되도록 해야 한다. 아울러 노인교육에 대한 사회적 관심을 높이고, 노인교육 전문기관을 확충하며, 전문적인 유능한 강사진을 구축하는 한편 정부의 지원체계를 강화해야 한다.

둘째, 노인교육 체계의 비효율성, 비조직성이다. 노인교육기관의 연계가 여타 교육기관에 비해 매우 느슨하다. 이를 조직화하고 효율성을 높이는 방안이 그 무엇보다 먼저 모색되어야 한다.

셋째, 또 하나의 심각한 문제는 노인학습자의 교육 프로그램 참여율이 매우 저조하다는 것이다. 그 이유는 노인교육기관 및 시설 수가 많이 부족하여 노인들의 접근성이 용이하지 않기 때문이다. 최운실(2005)은 노인교육 참여의 애로사항을 조사한 결과 지역단위의 관련시설 확충 및 정비가 필요하고, 지역중심의 접근성이 높은 시설을 확충·정비해 줄 것을 최우선으로 희망하고 있는 것으로 분석되었다. 최근 경로당 지역혁신사업은 지역중심의 접근성과 이용 면에서 상당한 잠재력을 갖추고 있어 많은 노인계층이 원하는 다기능 공간으로 전환 가능한 장소로 경로당을 꼽고 있다. 노인교육 현장으로 유휴공간인 경로당을 잘 활용하기 위해서는 경로당 활성화 협의체를 구성하고 경로당 순회 프로그램 지도자를 배치하는 등 경로당운영혁신사업을 활성화해야 한다.

노인교육의 문제점을 해결하고 활성화하기 위해 다음과 같은 과제를 추진해 나가야 한다. 첫째, 현대적 감각에 맞게 조정해야 한다. 프로그램 개발은 교육의 내용뿐만 아니라 교육수준의 질적 향상, 교육수요자의 흥미유발 차원에서 매우 중요하다. 따라서 노인교육의 효율성 제고와 노인학습자의 참여 욕구 충족 및 만족도를 제공하기 위해서는 노인교육기관 고유의 특성과 대상에 따른 전문적이고 특화된 프로그램들을 지속적으로 새롭게 개발, 제공할 필요가 있다. 예를 들면, 미국에서 엘더호스텔(Elderhostel)은 매우 성공한 노인교육 프로그램으로 인식되고 있다. 엘더호스텔이 성공한 요인으로는 노인들이 자신의 학술적인 욕구 혹은 취미생활을 위해 학업활동뿐만 아니라 여행을 저렴한 비용으로 즐기면서 새로운 친구를 사귈 수 있다는 독창적인 프로그램 때문이었다. 또한 이 프로그램에 참여하는 노인들은 유사한 지적 호기심과 취미를 갖는다는 사실만으로 편안한 마음을 가질 수 있으며 쉽게 친구를 사귈 수 있다. 이러한 관점에서 기존의 노인대학과 비교하여 추후의 세밀한 수요 측정 및 연계 가능성과 프로그램 개발에 대한 보다 적극적인 검토가 필요하다고 본다.

둘째, 노인교육 전문가의 양성과 노인교육기관에 전문가의 채용을 의무화해야 한다. 노인교육 현장의 질적인 제고를 위해서는 현장에서 강사수급의 문제가 원활히 해결되어야 하며, 다양한 영역에서의 노인교육 강사를 개발하고 관리하는 시스템이 개발되어야 한다. 노인교육전문가 양성과정의 제도적 보완과 함께 노인교육을 활성화하기 위해 정책사업을 실시해야 한다. 그리고 노인교육기관의 전문인력 부족문제를 해결하고 보다 질 높은 교육을 제공하기 위해서는 노인교육기관에서 반드시 노인교육 전문인력을 채용하도록 의무화할 필요가 있다. 뿐만 아니라 현장에서의 강사수급의 문제를 해결하기 위해서 다양한 영역에서의 노인교육 강사를 개발하고 관리하는 체제 운영이 필요하다.

셋째, 노인교육기관의 자원활용 및 총체적 활성화를 위한 네트워크의 구축이 필요하다. 노인교육기관들의 다양한 학습망을 네트워크화하여 상호 간에 물적 · 인적 자원 등의 제반 교육적 자원을 호혜성 · 상보성 · 협동성 · 교환성의 원리하에 교류할 수 있도록 지원하는 인적 · 물적 인프라 구축이 필요하다. 실제로 노인을 대상으로 하는 교육기관의 유형이 다양한 바, 이들 간의 유기적 교류 협력과 네트워크는 교육자원의 손실을 줄이고 교육의 시너지 효과를 산출하는 데도 도움이 될 것이다.

넷째, 노인교육을 통한 생산적 노인인력의 양성 및 지원이 이루어져야 한다. 노인인적활용을 위한 체계적인 능력개발 프로그램을 마련하고, 노인의 재취업 활성화를 위해 노인교육을 운영하는 것이다. 예를 들면, 미국 연방정부에서 지원하는 노인인력개발 프로그램(Senior Community Service Employment Program: SCSEP)은 55세 이상 저소득층 노인에게 직업훈련과 현장훈련을 시킨 다음 재취업을 직접 제공하는 프로그램이다. 고령인력의 일자리 창출을 위해 고령인력 적합직종보다는 미래지향적인 유망직종의 개념을 도입하는 일이 시급하며, 다양한 취업목적 및 요구를 반영한 잠재적 직종분야를 확대·개발하는 방안으로 노인교육이 활용되어야 한다(한국교육개발원, 2005).

마지막으로 노인교육 활동에 참여하고자 하는 노인들 스스로 능동적이고 참여적인 의식개혁이 필요하다. 미래사회의 노인들의 의식개혁과 관련해서 아름답고 지혜로운 노년을 위한 세 가지 요소를 제시하면 다음과 같다(김동배, 1999b).

첫째, 의존적인 노인에서 독립적인 노인으로의 변화이다. 경제적, 신체적, 정서적으로 자식이나 이웃에게 신세지거나 의존적인 상태에서 벗어나는 독립성과 창의성 있는 노년은 활기차고 아름답다.

둘째, 닫힌 노인에서 열린 노인으로의 변화이다. 심리적으로 폐쇄적이고 고집스러운 것이 아니라 타인과 세상에 대해 개방적이고 유연하게 수용하는 노년은 지혜로운 삶을 산다.

셋째, 받는 노인에서 주는 노인으로의 변화이다. 사회적으로 대접과 공경을 받기만 하려는 태도와 습성을 고침으로써 후대와 사회의 발전을 위해 자신을 내어주는 노년은 건강과 장수의 축복을 누린다.

노년기 여가활동에 대한 노인교육 프로그램들이 개발됨에 있어 중요한 것은 노인들이 여가선용을 통해 사회의 주류로 재편입되는 것이며 노인의 역량을 강화해 나가는 것이라 하겠다.

제10장
노인과 자원봉사

 고령화 사회를 맞이하여 노인복지의 주요 과제 중의 하나는 노인이 사회를 위해 봉사함으로써 삶의 보람을 찾고, 동시에 사회발전을 위해 노인 유휴인력을 적극적으로 활용하는 방안의 하나로 제시되고 있는 노인자원봉사의 활성화이다. 특히, 건강하고 사회적 활동을 원하는 사람들이 노년계층으로 편입되는 속도가 빨라지면서 노인자원봉사에 대한 관심이 높다. 자원봉사활동은 노인들에게 사회적 유용성을 느끼게 하고, 고독감을 없애거나 의사소통을 잘 하게 하는 등 노년기를 풍요롭게 향유할 수 있는 사회참여의 기회를 제공한다. 노년기 자원봉사활동은 상실되었던 사회적 지위와 역할을 회복시킨다는 점에서 아주 바람직한 활동이며, 미래지향적인 노인복지를 위해서 적극 개발해야 하는 사회적 과제이다. 노인자원봉사는 노인집단 여가선용의 중요한 영역이며, 봉사활동을 통해 노인이 사회적 주류에 참여함으로써 사회통합을 이루는 효과적인 방법이기도 하다.

 이 장에서는 노인자원봉사의 의의, 현황, 문제점 등을 파악하고, 외국 노인의 자원봉사활동을 살펴본 후 이를 토대로 우리나라 노인자원봉사의 활성화를 위한 과제를 제시하고자 한다.

1. 집단 여가선용으로서의 노인자원봉사

자원봉사는 개인적으로 이루어지기도 하지만 주로 집단적으로 행해지며, 그런 경우에 그 사회적 의미가 더 잘 살아날 수 있다.

우리나라 노인들은 젊었을 때 여가에 관한 다양한 지식과 경험이 부족하기 때문에 노년기에 들어와서 여가를 즐길 수 있는 시간이 많아졌다 하더라도 의미 있는 여가선용을 계획하지 못하는 경향이 있다. 특히, 집단적이고 조직적인 여가선용의 경험과 훈련이 부족하기 때문에 특정한 사회적 목적을 갖는 의미 있는 노인단체를 조직하여 지속적인 집단활동을 하는 경우는 그리 흔하게 발견되지 않는다. 집단 여가활동은 다음과 같은 점에서 의의를 찾을 수 있을 것이다.

- 집단 구성원과 동반자 관계를 가지면서 서로 격려하고 사기를 북돋운다.
- 독특한 생활양식과 가치관이 통용되는 노인 하위문화권에 소속됨으로써 심리적 안정감을 얻는다.
- 타인과의 다양한 인간관계 속에서 적절한 정신적 자극을 받는다.
- 집단심리를 이용하여 혼자서는 무력감 때문에 할 수 없었던 일을 시도할 수 있는 자신감을 얻는다.
- 노인집단은 지역의 여타 사회집단 및 행정관서와 관계하면서 지역사회 노인의 입장과 이익을 대변할 수 있다.

집단 여가활동의 형태는 다양하지만 크게는 세 가지로 분류할 수 있다. 첫째는 오락·취미활동이고, 둘째는 학습활동이며, 셋째는 봉사활동이다. 때때로 이 세 가지 활동은 서로 분리되지 않고 한 활동 속에 포함되기도 한다. 오히려 그렇게 되는 것이 바람직하다. 예를 들면, 컴퓨터를 배우는 모임에서 친목을 위해 야유회를 가거나, 컴퓨터와 관련된 봉사활동을 하는 것을 말한다. 그러나 우리나라 노인들의 집단 여가활동은 대체로 오락·취미활동에 치중되어 있다. 과거 사랑방으로부터 유래된 경로당 중심의 여가활동과 최근 확대·발전하는 노인종합복지관 중심의 여가활동에 큰 차이가 없다. 그 이유는 복지관을 찾는 노인들이 학습이나 봉사활동보다는 오락·취미활동에 더 관심이 있기 때문이기도 하겠지만, 그곳에서 노인의 여가프로그램을 개발하는 직원들의 노인복지에 대한 인식에도 문제가 있다고 본다. 한 차원 높은 노인복지란 학습하고 봉사하면서 의미 있는 사회적 역할을 수행하는 데 있다는 것을 인식할 필요가 있다.

여가선용의 방법, 특히 조직적인 집단 여가활동으로서 최근 사회적인 각광을 받고 있으며 상부상조의 정신과 삶의 질 향상을 통해 사회발전에 중요한 기능을 하는 것으로서 자원봉사가 있다. 노인의 자원봉사는 노인 자신에게 훌륭한 여가선용이 될 뿐 아니라 노인에게 의미 있는 사회적 역할을 제공함으로써 노인의 사회통합에 크게 기여하는 사회활동이다.

2. 노인자원봉사와 사회통합

노인문제에서 중요한 한 가지 과제는 사회통합이다. 사회통합이란 어떤 사람이 그가 속한 사회와 가족에 어느 정도 적극적으로 관계하고 있는가 하는 것을 말한다. 노인의 사회통합에는 두 가지 요소가 있다. 첫째는 그가 속한 사회에 적극적으로 참여할 적절한 기회를 갖는 것이다. 둘째는 그가 가족 안에서 자손들과 밀접한 관계를 갖는 것과 친구들과 깊은 유대관계를 유지하는 것이다. 이 두 가지 요소는 퇴직 이후 의미 있고 만족스러운 여생을 보내는 데 중요한 기능을 한다(Rein & Salzman, 1995).

Martin Rein

노인자원봉사활동은 그가 속한 사회에 적극적으로 참여할 수 있는 계기를 주기 때문에 노인의 사회통합에 긴요하다(Kelly, 1992). 노인의 자원봉사는 노인들이 그들의 시간과 능력을 타인과 사회를 위해 사용하는 것을 말한다. 평균수명은 길어지고 퇴직연령은 빨라지는 상황에서 노인자원봉사는 노인의 시간과 에너지를 어디에 어떻게 쓸 것인가라는 질문에 대한 좋은 응답이며, 퇴직이 꼭 생산적 활동의 마지막은 아니라는 것을 보여 주는 중요한 증거이다.

노인자원봉사자는 지역사회 속에서 새로운 인간관계와 사회관계를 형성하게 되고, 건전한 생활과 정신건강을 유지하며, 고독감과 소외감을 극복할 수 있다(Lawson, 1998). 노인자원봉사는 노인들이 여생을 가치 있게 살 수 있고, 사회적 위상을 높여 후손들에게 존경을 받을 수 있는 계기를 만들 수 있으며, 평생 축적한 경험과 지혜를 활용하여 젊은이를 지도·선도하고 공익사업에 유휴인력을 제공함으로써 사회발전에 기여할 수 있다. 자원봉사활동에 참여하는 노인들은 사회적 주류에 통합되어 의미 있는 노후생활을 영위할 수 있는 것이다.

Ellis와 Velten(1998)은 최적(最適)의 삶(optimal living)을 위한 20개의 원리를 제시하

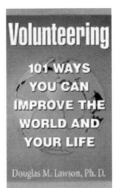

Douglas M. Lawson

Albert Ellis

면서, 그중 하나로 "너 자신을 헌신하라"고 주장하였다. 인간은 자신 이외의 어떤 일에 정열적으로 몰두해 있을 때, 특히 그 일이 창의적인 일일 때 더 건강하고 행복한 삶을 누릴 수 있다. 자원봉사와 같이 우리에게 흥미있는 일, 가치가 있다고 생각되는 일에 열정을 쏟고 우리 자신을 내어주는 것이 최적의 삶이다.

노인자원봉사가 노인의 사회통합을 이루는 데 기여하는 이유는 노인자원봉사의 기본적 특성 때문이다. 노인자원봉사의 기본적 특성으로는 다음 네 가지가 제시된다(동경볼런티어센터 편, 1999).

첫째, 노인자원봉사는 양방향성이 있다. 자원봉사의 일반적인 특성과 마찬가지로, 노인자원봉사는 자원봉사를 행하는 측과 받는 측의 상하관계로 구분되는 것이 아니라 사회의 유지 발전을 위해 서로 힘을 모아 노력하는 것이다. '줌'으로써 받는 것이며, 봉사를 '하는

것'이 자신의 삶의 보람이나 즐거움으로 이어지기 때문에 노인자원봉사는 양방향성을 가진 행위이다.

둘째, 노인자원봉사는 양면성이 있다. 고령화 사회에 있어서 오랜 일생을 생각하면 '행하다'와 '받다'는 서로 대립되는 것이 아니라 동일한 것이다. 지금은 행하지만 언젠가는 받는 측이 될 수도 있고, 현재 받으면서도 누군가를 도울 수도 있는 것이다.

셋째, 노인자원봉사는 치료성이 있다. 타인에게 도움을 주거나, 사회참여를 하고 있다는 사실은 봉사활동을 하는 개인의 심신에 매우 긍정적인 효과를 가져다준다. 노인자원봉사는 노인의 심신이 가지고 있는 부정적인 측면을 개선하는 치료의 효과가 있다.

넷째, 노인자원봉사는 자조성(自助性)이 있다. 같은 문제로 고민하고 있는 노인들은 집단을 만들어 문제해결을 위한 자조적 집단행동을 할 수 있다. 자조집단은 문제를 가지고 있는 사람 자신이 문제해결의 주도권을 가지는 것으로서, 이러한 자조집단 활동은 노인운동 차원에서 사회전체로 확산되고 발전되어 갈 수 있다.

노인자원봉사는 노인의 사회통합에 긴요한 것이기 때문에 노인에 대한 의식교육과 기술훈련에 일반 성인을 위한 것보다 더 많은 노력을 들여야 한다. 위축되고 소심해진 노인심리를 변화시키기 위한 교육과 훈련이 특별히 더 필요하고, 노인의 심리사회적 특성에 맞게 봉사영역을 신중하게 설정하는 것이 필요하다. 특히, 청소년이나 대학생과는 달리 노인의 경우는 노인의 인구사회학적 특성(예: 학력, 소득, 과거의 직업, 사회적 지위, 건강, 가족관계)에 따라 사회적 관심과 취향에 차이가 있기 때문에 이 점을 고려하여 자원봉사 계획을 세워야 할 것이다. 노인의 사회통합이 실현되면 사회전체의 통합도 촉진될 것이다.

사회통합을 위한 노인자원봉사는 봉사활동(voluntary activities)만이 아니라 봉사학습(service learning)으로도 이해된다. 원래 봉사학습이라는 개념은 1990년대 초 미국에서 자원봉사에 대한 사회적 관심이 고조되면서 학생들에게 봉사를 통해 자연스럽게 학습효과를 올릴 수 있도록 하기 위해 제안된 것이다. 봉사학습이란 "학생들이 조직적 봉사활동에 참여하여 지역사회의 욕구를 충족시키면서 학습과목에

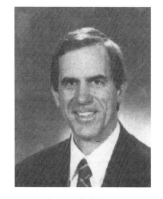

Robert G. Bringle

대한 더 깊고 넓은 이해를 얻고 시민의 책임의식을 고양시킬 기회를 갖는 학점이수 과정"으로 정의하고 있다(Bringle & Hatcher, 1996; Gibboney, 1996).

봉사학습의 기본 개념은 학습에 대한 개인의 욕구와 봉사에 대한 사회적 필요성을 연결시키는 것이다. 봉사학습은 청소년에게 잘 적용되는 개념이지만 노인에게도 적용할 수 있다. 학습적령기에 있는 청소년들은 자원봉사활동을 통해 학교교육이나 가정교육이 미치지 못하는 넓은 사회교육을 받을 수 있다. 자원봉사하는 청소년들은 현실 사회 속에서 자신을 조망할 수 있는 기회를 가짐으로써 인성과 사회성을 향상시킬 수 있다. 한편, 은퇴기에 처해 있는 노인들은 자원봉사활동을 통해 소속감과 더불어 사회적 인간으로서의 자긍심을 강화시킬 수 있다. 보다 여유롭고 자유로운 마음으로 봉사영역의 새로운 지식과 기술을 습득함으로써 삶의 활력을 되찾고, 인생여정의 마지막 부분을 시작할 용기와 희망을 갖는다. 직업이든 취미활동이든 젊을 때부터 관여해 온 분야에서 봉사활동을 하게 된다면 이는 개인적 재능을 사회적 유산으로 승화시켜 후대에게 상속을 하는 효과를 가져온다.

노인자원봉사자에게 봉사학습이 일어나는 양상은 매우 다양하다. 봉사자들은 자신의 능력이 허락하는 범위 내에서 진정한 사회의 필요성을 충족시키기 위해 의미 있는 봉사활동을 찾는다. 봉사자들은 그들의 지식과 기술을 나누면서 학습효과를 향상시키고, 그들이 속한 지역사회와 전체사회에 대한 이해를 증진시킨다. 봉사활동 중 일정한 시간에 혹은 봉사활동이 종료된 뒤에 그동안 봉사활동 현장에서 보고 느끼고 경험한 것을 다시 생각하고, 대화하고, 글을 씀으로써 그들의 봉사경험을 더 의미 있는 방법으로, 더 넓은 삶의 경험으로 승화시킨다.

또한, 노인의 봉사학습은 공식학습(formal learning)과 비공식학습(informal learning)으로 구분될 수 있다. 공식학습은 봉사하는 영역에 대한 지식과 아이디어를 새로이 습득하는 것이고, 비공식학습은 봉사학습을 통해 자연스럽게 스며드는 학습, 즉 다양한 가치관과 접하면서 도전을 받고, 신념과 용기와 자립심을 배양하며, 나아가 새로운 기술과 통찰력과 헌신감을 갖게 되는 것이다. 공식학습과 비공식학습은 동시에 일어나기도 하고 따로 일어나기도 한다(Elderhostel, 1998).

노인자원봉사의 구성 형태로는 크게 두 가지가 있을 수 있다. 하나는 노인이 자원봉사기관에 자원봉사자로 등록하여 봉사활동을 하는 것이고, 다른 하나는 뜻을 같이 하는 노인들끼리 노인이 주 구성원이 되는 자원봉사단체를 만들어서 활동하는 것이다. 때로 전자의 형태로 출발하여 적절한 시기에 후자의 형태로 발전될 수도 있다. 어떤 형태든 노인이 자원봉사활동에 참여할 수 있도록 동기를 부여하고, 참여하는 노인의 관심과 적성 그리고 능력에 맞는 프로그램을 개발하는 일이 무엇보다 중요하다. 앞에서도 언급하였지만, 우리나라 노인들은 대체로 사회적 목적을 갖는 단체활동의 경험과 훈련이 부족하기 때문에 전문가의 안내와 지도가 필요하고, 여기에 이러한 활동을 격려하기 위한 정부차원의 지원이 있다면 효과는 더 높아질 것이다.

3. 우리나라 노인자원봉사의 현황

노인자원봉사의 중요한 의의에도 불구하고 우리나라 노인의 자원봉사활동 참여비율은 선진국에 비해 상당히 낮은 편이고 참여분야도 그다지 다양하지 않다. 노인의 자원봉사 참여율에 관해서는 〈표 10-1〉에 나타난 바와 같다. 노인의 자원봉사 참여율은 여러 연구에서 4~6%를 보이고 있으나 공식적인 통계는 3.9%이고, 연령이 높아질수록 참여율은 현저히 떨어진

사진 설명: 노인자원봉사단의 봉사 장면

다. 평생 자원봉사의 경험이 없는 노인들이 많은 것으로 보아 참여율이 저조한 것은 당연하다 하겠다. 그러나 과거에 자원봉사를 경험해본 사람들이 9.2%인 것으로 보아 노인들의 건강이 받쳐주고 자원봉사 동기가 잘 부여되기만 하면 노인자원봉사 참여율을 높일 수 있을 것이라는 희망을 가져볼 수 있다.

노인자원봉사 참여율이 저조한 반면 가까운 미래에 노인이 될 베이비부머의 자원봉사 참여율은 어떻게 될까? 이는 조사기관에 따라 차이를 보이고 있다. 한국보건사회연

〈표 10-1〉 노인의 자원봉사 참여율 (단위: 명, %)

연령	응답자 수	현재 하고 있음	한 적은 있으나 현재는 하고 있지 않음	평생 한 적이 없음
65-69세	3,150	6.0	11.9	82.1
70-74세	3,227	3.0	9.2	87.8
75-79세	2,389	3.9	7.8	88.3
80-84세	1,163	2.2	6.2	91.6
85세 이상	615	0.2	7.2	92.7
전체	10,544	3.9	9.2	86.9

출처: 보건복지부(2015g). 2014년 노인 실태조사.

구원(정경희 외, 2010)이 전국 베이비부머(46~59세) 3,207명을 대상으로 한 조사에서 응답자의 7.3%만이 자원봉사단체에 참여하고 있는 것으로 나타났다. 한경혜 등(2011)은 도시지역에 거주하는 베이비부머(47~55세) 4,668명에 대한 조사에서 11.5%가 자원봉사모임에 참여하고 있는 것을 발견하였다. 통계청(2011c) 사회조사에서는 베이비부머들의 15.9%가 자원봉사에 참여하고 있는 것으로 나타났다. 김미령 등(2015)이 2009년 통계청 사회조사 자료를 분석한 결과 베이비부머(46~54세)의 자원봉사활동 참여율은 18.2%로 나타났다. 어떻든 베이비부머들이 현재의 노인에 비해 자원봉사 참여율이 높은 것은 그들이 노인이 되면 지금의 노인보다 자원봉사를 더 많이 하게 될 것이라는 것을 예측할 수 있으며, 따라서 노인의 삶에 있어서 자원봉사의 중요성이 그만큼 더 높아진다는 것을 예상하게 된다.

그런데 노인의 자원봉사활동을 규정함에 있어서, 즉 노인의 어떤 사회적 활동이 과연 자원봉사활동으로 간주될 수 있는가 하는 문제에 있어서, 우리나라 노인의 경우는 모호한 측면이 많이 있다. 아마 이러한 모호성이 노인자원봉사의 실태를 파악하는 데 어려움을 주는 게 아닌가 생각된다. 즉, 자원봉사란 그 특성상 자율성, 무보수성, 지속성, 체계성 등의 요소를 갖추고 있어야 하는데, 노인의 경우 그러한 요소를 제대로 갖추고 있지 못한 사회활동을 전부 포함하여 사회봉사 혹은 자원봉사라고 규정하는 경향이 있다.

우리나라에는 경로효친의 사상이 있어서 노인들이 사회활동에 참여하면 일당이나 교통비를 지불하는 등 경제적 보상을 해야 한다는 생각을 많이 하게 된다. 이러한 현상은 우리나라 노인들의 전반적인 경제사정이 넉넉지 못한 것을 배려해서 생겨난 관행인데, 자원봉사는 무보수 활동이라는 측면에서 본다면 이런 활동은 비록 자원봉사라는 이름으로 행해진다 하더라도 자원봉사와는 다소 거리가 있는 활동이라 하겠다.

또한 200만 명의 회원을 갖고 있는 우리나라 유일의 전국단체인 대한노인회에서도 전국 각 지회 또는 경로당 단위로 폐품수집, 청소년 선도사업, 도덕 · 윤리교육 등을 전개하면서 많은 회원들이 자원봉사활동에 참여하고 있는 것으로 알려지고 있으나 대부분 이러한 활동들은 체계적으로 이루어지지 않고 일과성으로 끝난다는 점에서 자원봉사활동에 포함시키기가 곤란하다.

다행히 2011년부터 대한노인회에서는 "부양받는 노인에서 사회를 책임지는 노인"이라는 슬로건 아래 경로당에 노인자원봉사클럽을 만들어 본래적 의미의 자원봉사활동을 추진하고 있다. 노인의 경제적 특징을 고려하여 보건복지부의 지원을 받아 운영하고 있으며, 2015년 현재 전국에 1,700여 개의 클럽이 운영되고 있다.

노인자원봉사는 그 개인적 · 사회적 의의가 막중하므로 가급적 많은 노인이 자원봉사활동에 참여하는 것이 바람직스럽긴 하지만 노인의 모든 사회활동을 자원봉사로 규정하는 것은 온당치 못하며, 자원봉사 고유의 특성을 갖는 활동만을 자원봉사로 규정하는 것이 바람직하다. 그렇다면 노인의 자원봉사활동 참여율은 다소 축소되는 것으로 보아야 할 것이다.

노인자원봉사를 다소 제한적으로 해석하는 것은 자원봉사의 질적 관리를 위해 필요한 것이기도 하다. 즉, 노인자원봉사가 노인들의 모든 단체봉사활동을 포함하는 것이 아니라, 활동을 시작하기에 앞서 필요한 기초 교육을 받고, 개인의 능력과 기호에 맞는 영역에 배치되어, 전문가로부터 적절한 지도와 감독을 받으며, 필요할 때 재교육의 기회도 갖고, 일정기한이 지난 후 평가가 이루어져 지속적인 발전을 시도하는, 이른바 자원봉사 관리의 원칙이 적용되는 활동으로만 국한하는 것이 바람직하다. 이것은 향후 노인의 자원봉사가 진정한 의미의 개인 및 사회 발전에 기여할 수 있게 하기 위해서도 필요한 것이다.

이상에서 살펴본 바와 같이 그동안 우리나라 노인자원봉사는 단체를 만들어 활동하는 것은 미약한 편이었고, 대신 기존의 각종 단체에 소수의 뜻있는 노인들이 개인적으로 참여하여 활동하고 있는 정도였다. 그러나 최근 노인종합복지관이나 각종 사회복지기관, 의료 · 문화 · 공공 기관 등에서 노인자원봉사를 적극 권장하고 있는 추세에 있는데, 이는 아주 바람직한 현상이라 하겠다. 특히, 노인종합복지관은 지역 노인의 다양한 욕구를 충족시키기 위해 설립된 곳이므로 이곳에서는 비교적 자율적이고 창의적이며 지속적인 자원봉사활동이 이루어지기도 한다.

우리나라에서 여가활동을 위해 조직된 노인단체들은 대체로 그 사업내용에 봉사활동을 포함시킨다. 단체의 규모가 크든 작든, 그리고 역사가 길든 짧든 봉사활동은 언제나 주요사업의 우선순위에 꼽힌다. 이러한 현상은 민간에서 운영을 하는 단체든 정부에서 후원하는 단체든 마찬가지이다. 그러나 특정한 단체의 특정한 봉사활동이 지속성을 갖고 발전되어 열매를 맺고 사회적으로 모범을 보이고 칭송을 받는 경우는 드물다.

그동안 퇴직자들을 중심으로 한 '~봉사단'이라는 이름의 단체가 여러 개 있었으나 전문가의 안내와 지도를 받지도 못하고, 구성원의 결속력을 다지면서 활동을 조직적으로 할 만한 리더십도 미약했으며, 주위로부터 충분한 정신적 · 물질적 지지도 받지 못했던 관계로 오래 지속되지 못하고 유명무실해진 적이 여러 번 있었다. 기존의 봉사활동이 성공하지 못한 이유 중의 또 하나는 그 단체들이 자율적이고 독립적인 활동을 함으로써 '주는' 원로상(元老像)을 부각시키기보다는 사회적으로 그다지 긍정적인 이미지를 주지 못하는 사람들이 또 하나의 집단을 만들어 '받는' 노인상(老人像)을 재연(再演)했기 때문이 아닌가 싶다.

현대사회에서 의미 있는 봉사활동이 되기 위해서는 그저 좋은 일을 해 보자는 막연한 뜻이 있고 사람만 많이 모이면 되는 것이 아니라, 구체적인 목표와 그 목표를 달성할 수 있는 인적 · 물적 · 지적(知的) 자원의 확보, 기획과 전략, 또한 지속적인 지지를 주는 동조자와 후원자를 확보하기 위한 홍보가 절대적으로 필요하다. 특히, 우리나라에서 노인봉사단체가 육성되기 위해서는 우선 사회적 상황에 대한 구성원들의 무력감을 극복하고 사회적 원로로서 품위를 지키면서 책임을 감당하기 위한 의식교육이 선행되어야 할 것이다. 팔을 걷어붙이고 어깨에 띠를 두르고 봉사현장에 나가기에 앞서 해당 봉사영역과 봉사요령에 대해 충분한 사전교육을 받는 일도 필요하다.

4. 외국 노인자원봉사의 현황

여기에서는 외국 노인의 자원봉사 실태를 서술함에 있어서 대상을 미국노인으로 국한하였다. 미국은 자원봉사의 꽃을 피우고 있다고 해도 과언이 아니며 노인의 경우도 마찬가지이다. 미국의 노인 자원봉사활동은 실로 많은 영역에서 이루어지고 있지만 우리나라가 향후 보다 적극적으로 발전시켜야 할 영역으로서 문화영역에 초점을 맞추도록 하겠다.

1) 자원봉사 지원체계

자원봉사에 관한 한 미국은 타국의 추월을 불허한다. 선진외국 여러 나라의 성인 자원봉사자가 전 국민의 평균 20~30%를 차지하는 것에 비해 미국은 평균 50%를 차지하고 있다. 미국에는 17만 5,000개의 공식적인 자원봉사조직이 있으며 비공식적인 것까지 합하면 헤아릴 수 없이 많은 자원봉사조직이 지역사회발전을 위해 활동하고 있다. 그들은 매주 평균 4~5시간 이상씩 무보수로 자원봉사활동에 참여하고 있다(Independent Sector, 1996; O'connell & O'connell, 1989). 그들이 하고 있는 활동은 전문적인 것에서부터 비전문적인 것에 이르기까지, 그리고 공공분야에서부터 민간분야에 이르기까지 인간생

Brian O'connell

활의 모든 영역을 포함하고 있다. 집 없는 사람을 돕고, 적십자사에서 헌혈을 하며, 청소년 센터와 양로원을 방문하는 것에서부터 각종 사회단체의 위원회에 참여해서 발언과 캠페인을 주도하고 선거에 참여하여 특정 정당을 지지하는 것까지 실로 엄청난 시간과 노력을 투자하고 있다. 만약 그들이 자원봉사활동을 그만둠으로써 그 일들을 유급종사원으로 대치한다면, 일년에 적어도 2,015억 달러가 소요될 것이다(Payton, 1988).

미국의 자원봉사는 미국인의 철저한 개인주의 정신에 입각하여 자신이 속한 지역사회를 돕는 것은 곧 자신을 돕는 것이고 자신의 행복과 직결된다는 인식하에, 자원봉사는 이타주의에 의해 남을 위한 헌신이나 희생이 아니라 시민의 책임이요 의무라는 사상이 오랜 전통으로 발전되어 왔다. 일반시민에게 깊이 뿌리박힌 이러한 자원봉사정신은 정부의 강력한 격려와 후원에 힘입어 초등학생부터 노인에 이르기까지 전 국민의 절반이 자원봉사활동에 적극 참여하고 있으며, 과거 자원봉사의 경험이 있는 사람까지 합한다면 전 국민이 자원봉사자라고 해도 과언이 아니다. 과연 미국이 자원봉사의 나라라고 불릴 만하다.

미국에서는 자원봉사를 주장하고 후원하는 제도가 공공 및 민간 부문에 다차원적으로 설정되어 있어서 이를 일률적으로 설명하기는 대단히 어렵다. 그러나 연방정부가 관여하고 있는 자원봉사 지원체계는 크게 두 가지로 나뉜다.

첫째, 공공부문의 자원봉사 지원체계는 1960년대 케네디 행정부에 의해 제창된 평화봉사단(Peace Corps; 사진 참조)을 시발점으로 하여, 존슨 행정부의 '위대한 사회' 실현을 위한 빈곤퇴치 자원봉사단(Volunteers in Service to America), 닉슨 행정부의

ACTION청, 클린턴 행정부의 국가 · 지역사회봉사공단(Corporation for National & Community Service)으로 확대 · 개편되면서 국민들의 자원봉사 참여를 유도하고 있다. 국가 · 지역사회봉사공단의 주요 프로그램으로는 미 국내판 평화봉사단인 미국봉사단(Americorps), 초등학교에서 대학에 이르기까지 학교 및 지역사회 단위의 학생자원봉사 프로그램인

케네디 대통령   존슨 대통령   닉슨 대통령   클린턴 대통령

봉사학습 프로그램(Learn & Serve America), 노인의 재능과 기술을 동원해 지역사회의 긴급한 문제들을 해결하려는 국립노인봉사단(National Senior Service Corps: NSSC)이 있다.

NSSC는 장애아동 및 비행청소년을 위해 조부모의 역할을 하는 위탁조부모 프로그램(Foster Grandparents Program), 거동이 불편한 노인을 돕는 노인동반 프로그램(Senior Companion Program) 그리고 "평생의 경험을 나누자"라는 캐치프레이즈 아래 55세 이상을 대상으로 하는 은퇴자·노인 자원봉사자 프로그램(Retired & Senior Volunteer Program: RSVP)으로 구성되어 있다. 위탁조부모 프로그램과 노인동반 프로그램에 참여하는 노인은 일정한 임금을 받고, 은퇴자·노인 자원봉사자 프로그램은 무보수이지만 교통비 및 식비에 대해 상환을 청구할 수 있다. 이 프로그램들을 운영하는 데 필요한 재정은 연방정부 지원과 민간의 후원금이 대략 절반씩 차지하고 있다.

이 프로그램들 중 가장 규모가 큰 것은 은퇴자·노인 자원봉사자 프로그램인데, 이에 참여하는 노인이 대략 50만 명이다. 그들은 매년 8천만 시간의 자원봉사를 하고, 그 노력을 금전으로 환산하면 약 100억 달러에 해당된다(Carroll, 1994). 그들은 학교에서 어린이를 지도하기도 하고, 요양원에서 동료노인을 돕기도 하며, 병원과 교도소를 방문하고, 문화·예술기관의 안내와 조사 그리고 공원설계에 참여하는 등 평생에 걸쳐 쌓아 온 지식과 기술을 지역사회 문제해결과 발전에 활용하고 있다.

둘째, 민간부문의 자원봉사 지원체계는 1970년 닉슨 행정부의 전국자원봉사센터(National Center for Voluntary Action)가 전국 차원에서 민간의 자원봉사활동을 위해 설립되었고, 역대 행정부가 이를 확대·개편하여, 부시 행정부에서는 "수많은 촛불을 어두운 곳에"라는 캐치프레이즈를 내걸고 촛불재단(Points of Light Foundation)을 설립하였다. 촛불재단은 정부와 민간의 재정지원을 받아 500여 개의 지역자원봉사센터를 두고 있으며, 이 센터들이 보다 더 효과적으

부시 대통령

로 지도력을 발휘하여 지방정부, 기업, 학교, 종교기관, 기타 비영리단체들의 자원봉사활동을 확대할 수 있도록 필요한 정보와 기술 및 자원을 제공한다.

촛불재단은 국가·지역사회봉사공단과 함께 매년 4월 역대 대통령들을 초청하여

'자원봉사주간' 행사를 개최한다. 이 재단은 또한 지역사회 공동모금(United Way)과 공동으로 개발한 컴퓨터 온라인 서비스인 Volunteer Net을 운영하고 있다. 기금기관만이 아니라 사업기관으로서의 직접 봉사프로그램으로 가족봉사 프로그램(Family Matters), 청소년 자원봉사지도자 프로그램(Youth Engaged in Service Ambassador) 그리고 기업 아우트리치 프로그램(Business Outreach Program) 등을 수행하고 있다(성민선, 1997).

촛불재단이 갖고 있는 노인자원봉사 프로그램으로는 노인에 대한 노인의 자원봉사 프로그램(Seniors in Service to Seniors)이 있다. 이는 자원봉사에 적극적인 노인들이 동료노인들을 자원봉사 활동에 참여하게 방법을 터득할 수 있도록 하는 훈련 프로그램으로서, 이 훈련을 받고 활동하는 노인들을 '노인대사(Senior Ambassadors)'라 부른다.

오바마 대통령

오바마 행정부는 '에드워드 케네디 미국봉사법(Edward M. Kennedy Serve America Act)을 제정하여 미국 자원봉사의 조직과 재원을 확대하였다. 그 주된 내용은 첫째, 모든 연령대의 봉사기회를 증진시키고, 둘째, 비영리기관을 강화하고 혁신을 지원하며, 셋째, 관리, 비용효과성, 책임성을 강화하는 것이다. 따라서 미국 주요 자원봉사 프로그램에서 고령자의 연령을 60세에서 55세로 하향 조정함으로써 베이비부머의 자원봉사 참여를 확대하였다. 또한 Silver Scholar Program을 신설하고 민간분야의 Encore Fellows를 지원하여 전문퇴직자들이 지역사회에서 봉사할 기회를 확대하였다(지은정 외, 2013).

이상 연방정부가 관여하고 있는 자원봉사 지원체계 외에, 주·군·시 단위 지방자치정부는 그 지역의 특성에 맞는 자원봉사 지원체계를 다양하게 갖추고 있다.

2) 노인자원봉사 실태

자원봉사에 관한 오랜 전통이 있는 미국에서도 사실 자원봉사의 주된 자원은 여성이었다. 그러나 현대사회에서 여성들이 직장을 갖는 비율이 높아지면서 상대적으로 시간적 여유가 있는 노인들이 자원봉사의 또 다른 자원으로 각광을 받게 되었다. 한편, 인간의 평균수명이 길어지면서 건강하게 오래 사는 노인이 많아지고 여성을 대체자원이 아닌 주된 자원으로 이들의 시간과 재능을 적극적으로 활용해야 한다는 의견도 강하게 대두되었다.

노인자원봉사는 개인적으로는 노인봉사자 자신에게 유용성과 성취감을 가져다주고, 사회적으로는 이웃과 사회의 필요를 충족시킴으로써 개인과 사회 양자에게 모두 이익이 되는 행위이다. 대부분의 사회 및 복지 단체는 노인자원봉사자들을 선호한다. 왜냐하면 그들은 열심히 일하고, 책임감이 강하며, 특히 봉사가 요구되는 낮에 시간을 낼 수 있다는 점 때문이다(Carroll, 1994).

1991년 미국 전국조사인 Commonwealth Fund Productive Aging Survey에 의하면, 55세 이상 노년층 인구의 26.1%가 적극적으로 자원봉사활동을 하고 있는 것으로 나타났다. 이는 1,400만 명에 해당된다. 과거에 자원봉사 경험이 있는 사람까지 합치면 60%에 육박하는 비율을 보인다. 80대 후반에서도 10%에 육박하는 비율로 자원봉사를 하고 있다(Caro & Bass, 1995). 또 다른 연구(Chambre, 1993)에서는 연령층을 세분하여 60~64세 42%, 65~69세 46%, 70~74세 47%, 75~79세가 39%였으며 80세 이상의 경우도 27%나 되었다. 이러한 연구가 나타내는 중요한 의미는 미국인은 자원봉사를 함에 있어서 연령은 별로 중요한 요인이 아니라는 것이다. 즉, 미국노인들은 본인의 건강이 허락하는 한 네 명에 한 명 꼴로 자원봉사활동에 참여하고 있다는 것이다.

Commonwealth Fund Productive Aging Survey에서 노인들이 참여하는 자원봉사 활동 영역을 자세히 보면 ① 교회 등 종교기관(49%), ② 병원, 노인요양원 혹은 호스피스(12%), ③ Kiwanis, Lions, Rotary 등 친목·봉사클럽(9%), ④ 박물관, 도서관, 미술관, 지역사회 레크리에이션 프로그램(3%) 등이었다. 노인자원봉사자의 일반적 특징으로는 고졸 이상의 학력을 가진 여성으로서, 전문적 기술을 갖고 있으며, 건강하고 종교 활동에 적극적인 사람이 그렇지 않은 사람보다 자원봉사활동에 더 많이 참여하는 경향이 있다.

이 조사에서는 또한 5개 선진국(미국, 영국, 일본, 독일, 캐나다)의 65세 이상 노인 각

〈표 10-2〉 65세 이상 노인의 활동에 대한 국제 비교

단위: %

활동내용	국가	활동비율	가끔 혹은 주 10시간 미만	자주 혹은 주 11시간 이상
노동	미국	13	79	21
	영국	5	54	46
	일본	29	82	18
	독일	4	28	72
	캐나다	6	58	42
자원봉사	미국	34	10	90
	영국	12	10	90
	일본	12	6	94
	독일	13	3	97
	캐나다	28	13	87
아이 돌보기	미국	31	19	81
	영국	19	13	87
	일본	9	26	74
	독일	24	18	82
	캐나다	22	15	85
이웃과 상부상조	미국	83	46	37
	영국	86	48	38
	일본	86	36	50
	독일	85	37	47
	캐나다	80	43	37

출처: Commonwealth Fund Productive Aging Survey (1991).

각 약 900명씩을 대상으로 사회통합에 관한 비교문화연구를 실시하였다. 〈표 10-2〉에 나타난 바와 같이 자원봉사에 있어서 미국은 타국에 비해 단연 우세를 보이고 있다. 캐나다를 제외하고는 타국의 거의 3배에 가까운 높은 비율로 자원봉사를 하고 있다.

3) 문화재보존 노인자원봉사의 사례

노인자원봉사활동의 많은 영역 중 문화영역이 의미를 갖는 이유는, 이러한 형태의 자원봉사는 노인의 '유산을 남기고 싶은 심리'와 잘 부합하기 때문이며, 또한 사회적으로 노인의 이미지를 좋게 만드는 효과가 있기 때문이다.

예술과 문화 부문에 종사하는 자원봉사자들을 보통 '문화자원봉사자'라 부르는데, 이는 집 없는 사람, 굶주리는 사람 혹은 병든 사람들을 돕는 '서비스 자원봉사자'들에 비해 숫자는 적은 편이다. 그러나 이들은 사람의 '정신(soul)'을 돕는 역할을 한다는 자부심이 있다(Carroll, 1994). 특히, 박물관 자원봉사자는 전통적인 문화예술을 즐기면서 봉사한다는 것 이외에도 한 민족이나 국가, 나아가 인류의 뿌리를 간직하고 이를 계승 · 발전시키는 데 관여한다는 자부심을 갖는다. 박물관 자원봉사자들은 대체로 다음과 같은 업무를 할당받는다.

- 안내센터 업무
- 그룹관람 안내 및 그룹지도
- 외국어 및 수화 안내
- 관람자에 대한 주의 및 계도
- 기념품 가게 업무
- 다가오는 전시회에 관한 배경탐구
- 전시장 디자인, 전시물 및 액세서리 정리
- 전시회에 필요한 시설 및 용품의 구매 및 전달
- 소장품 정리
- 모금활동 또는 모금을 위한 행사 준비
- 이사회 및 위원회 활동
- 뉴스레터 및 홍보출판물 제작
- 사회교육 프로그램 기획, 진행, 보조

박물관은 대단히 넓은 의미로 규정되지만 박물관은 결국 문화재보존이라는 목적을 달성하기 위해 존재한다. 미국 노인자원봉사활동 중 박물관자원봉사를 중요한 요소로 포함시키고 있는 사례를 몇 가지 소개하면 다음과 같다(김동배, 원영희, 이금룡, 2000).

(1) 국립공원관리국의 공원자원봉사 프로그램

사진 설명: 공원자원봉사(Volunteer in Parks)

국립공원관리국(National Park Service)은 내무성(Department of Interior) 산하 기관으로서 전국 350개 국립공원을 관리하는 부서이다. 국립공원관리국은 자연과 문화유산을 보호·보존함으로써 지금의 세대와 다음 세대가 그 유산을 즐길 수 있도록 하는 일에 관심을 보이는 시민들을 위해 공원자원봉사(Volunteer in Parks: VIP) 프로그램을 운영하고 있다. 현재 약 8만 5,000명의 VIP봉사자들이 국립공원과 사적(historic sites)에서 1년에 약 300만 시간을 투자하며 봉사하고 있는데, 이 중 약 1/3이 노인이다. VIP자원봉사자는 일반적으로 다음 4영역에서 정규직원을 돕는다.

① 관람객 안내: 관람예약 접수, 관람객 안내, 전화문의 안내, 장애인 안내, 그룹관람 안내, 안내방송, 영화·비디오 상영 및 설명, 입장료 접수, 특별행사(특별 전시회, 고고학주간 행사, 축제) 지원, 학생교육 프로그램 개발
② 큐레이션(Curation): 고문서·유물 정리, 카탈로그 작업, 소장품 청결유지, 조사·연구·발굴작업 참여, 번역
③ 시설관리: 박물관 건물 내외부와 주위환경 보수 및 청결유지, 보안
④ 행정: 시설관리, 사무실 업무, 사무용품 구매, 컴퓨터 시스템 제작·활용, 홍보 팸플릿 제작, 사진

VIP 신청자는 자기가 사는 지역의 국립공원 및 사적지에 자원봉사신청을 한다. 대부

분 특별한 기술을 요하지는 않으며, 만약 필요하다면 교육과 슈퍼비전을 제공받는다. 지역에 따라 때로 자원봉사와 인턴십을 병행하기도 한다.

VIP는 국립공원과 사적지마다 따로 조직해서 운영을 한다. 그중의 한 예로, 스팀타운 자원봉사단(Steamtown Volunteer Association, Inc.)을 보도록 하자. 스팀타운 공원은 1850～1950년까지의 간선철도의 역사를 보존하기 위해 1986년 펜실베이니아 주 스크랜턴시에 옛날의 역사(驛舍) 몇 개를 개조하여 설립되었다. 이 공원에는 과거 증기기관차의 전성시대를 경험할 수 있도록 2시간 반 동안 장장 41,834km의 기차여행을 즐길 수 있는 코스도 개발하였다. 또한 증기기관차의 역사를 볼 수 있는 20분짜리 비디오를 상영하는 250석의 극장과 다양한 증기기관차의 모델을 전시하는 2개의 박물관을 운영하고 있다. 박물관 하나에는 다양한 기차모델을 증기기관공학의 발전 측면에서 전시하고 있으며, 또 다른 하나에는 철도역사박물관으로서 철도건설과 관련된 사람들과 기차 여행하는 승객들의 사진 및 자료를 전시하고 있다. 스팀타운 자원봉사단은 1995년에 설립되었으며 130명의 회원이 관람객에게 보다 더 의미 있는 경험을 갖게 하기 위해 여러 가지 업무에 참여하고 있다. 이들은 11명의 유급직원이 해야 할 몫을 담당하고 있다. 그들이 하는 봉사업무 분야는 다음과 같은 것이 있다.

- 증기기관차 운행: 기관사, 화부, 기술자, 승무원의 절반은 자원봉사자이며 유급직원의 다수는 자원봉사자로부터 출발하였다. 이 공원에는 연방 철도청의 공인된 승무원 교육 프로그램을 갖고 있으며 이 프로그램의 교육 과정을 이수하면 철도승무원으로 취직할 수 있다.
- 정비창: 운행 중인 철도차량에 대한 점검 및 정비, 수집되어 있는 100대 이상의 철도 차량에 대한 청결 및 보수, 정비업무를 위한 특별 훈련과정 참여가능
- 관람객 안내: 극장과 박물관 안내 및 해설, 기차유람 시 동승 안내
- 기념품 판매: 판매봉사, 특별행사 시 매표, 특별행사 홍보
- 특별행사: 국립공원주간 행사, 기차박람회, 국경일 행사 등에 보조
- 도서정리: 철도역사와 관련된 정보·자료의 정리 및 조사
- 출판홍보: 자원봉사자들을 위한 월간 뉴스레터와 관련자 및 후원자들을 위한 계

간 뉴스레터 제작, 관람객을 위한 홍보안내 팸플릿 제작

(2) 미국퇴직자협회의 자원봉사 재능은행 프로그램

미국퇴직자협회(American Association of Retired Persons: AARP)는 미국 노인단체 중 가장 규모가 큰 것으로서 약 4,000여 개의 지회를 두고 50세 이상의 현직자 및 퇴직자 3,800만 명을 대상으로 서비스를 제공하고 있는 비영리단체이다. AARP의 각 지회는 지역사회 수준에서 노인의 독립성, 존엄성 그리고 성취감을 증진시키기 위해 노력하고 있으며, 동시에 지역사회의 주요 욕구를 충족시키고 문제점을 해결하기 위해 노인 자원봉사자를 모집, 훈련, 지원한다. AARP는 "봉사를 받지 말고, 봉사하자!(To serve, not be served!)"라는 캐치프레이즈를 걸고 다음의 3대 주요사업을 수행하고 있다.

① 지역사회에의 참여(Getting involved): 회원들은 그들의 경험, 전문성, 재능, 창의력을 발휘하여 지역사회의 삶의 질을 개선시키는 데 기여한다.
② 새로운 친구 사귀기(Making new friends): 같은 취미와 관심, 같은 추억을 간직하고 있는 사람들끼리 만나서 공통의 관심사를 토의하고, 정보를 교환하며, 서로에 대한 흥미를 갖고 취미활동을 같이한다.
③ 영향 미치기(Making a difference): 노인복지문제를 포함하여 연방 및 주 정부의 정책에 영향을 미치는 활동을 전개한다.

사진 설명: 미국퇴직자협회(AARP)의 자원봉사활동

AARP의 자원봉사활동은 자원봉사 재능은행(Volunteer Talent Bank: VTB) 프로그램을 통해 이루어진다(사진 참조). VTB는 50세 이상의 신청자에게 지역사회 자원봉사 프로그램을 소개하고 연결시켜 주는 자원봉사 안내 프로그램이다. VTB는 자원봉사 신청자와 자원봉사자가 필요한 기관을 컴퓨터로 연결시킨다. 기관은 자원봉사가 필요한 일을 제

시하고, 신청자는 본인의 관심, 기술, 시간 등을 제시해서 쌍방이 만족스러운 선에서 자원봉사가 이루어지도록 한다. 자원봉사자가 활동하는 기관은 지역사회에 기초한 기관일 수도 있고, 전국 조직망을 갖춘 기관의 지역분회일 수도 있으며, 또는 AARP 내 여러 가지 사업일 수도 있다. 노인 자원봉사자는 각 봉사영역에서 지배인, 자문가, 정책입안가 등 지도자로서의 역량을 발휘할 수도 있고, 직접 사회적 서비스에 종사할 수도 있으며, 혹은 캠페인 및 사회운동에 참여할 수도 있다.

VTB는 자원봉사활동 영역을 총 15가지로 분류하고 있다. 문화재 보존과 관련된 봉사는 예술·문화 영역에 속한다.

① 예술·문화: 박물관, 미술공예, 공연예술
② 비즈니스: 기업관리, 컴퓨터, 인사관리
③ 소비자: 자문위원회, 소비자보호, 재무계획 지도
④ 교육: 성인교육, 문맹퇴치, 개인교습
⑤ 환경: 환경보호, 공원관리, 생태계 보호
⑥ 건강: 보건제도개혁, 건강증진, 호스피스
⑦ 주택: 공공주택 안내, 주거선택 상담
⑧ 법률: 법원봉사, 법률지원서비스, 요양원 옴부즈맨
⑨ 입법: 선거사무, 정책분석, 유권자 교육
⑩ 레크리에이션: 캠핑·하이킹, 여행가이드, 그룹소풍
⑪ 안전: 구급, 범죄예방, 노인운전 지도
⑫ 과학: 컴퓨터 지도, 공학 지도, 수학/통계학 지도
⑬ 사회적·대인적 서비스: 상담, 우애방문, 세무보고
⑭ 노동: 고용에 있어서 연령차별 감시, 고용계획 지도, 퇴직계획 지도
⑮ 특별활동: 은퇴교육자회 업무, 지역사회 활동, 홍보

(3) 노인학습여행 자원봉사 프로그램

노인학습여행(엘더호스텔, Elderhostel)은 55세 이상의 노인을 위한 평생교육 프로그

사진 설명: 노인학습여행(Elderhostel)

램으로서 여행과 학습을 병행하는 새로운 형태의 노인사회통합 프로그램이다. 엘더호스텔은 2,000여 개의 대학, 교육기관과 연계하며 여행과 학습을 통해 생의 새로운 도전을 시도한다. 1975년에 시작된 엘더호스텔은 매년 약 30만 명의 노인이 미국 국내외의 다양한 학습현장(대학, 회의장, 유스호스텔, YMCA, YWCA, 국립 및 주립공원, 박물관 등)에서 노후에 맞는 새로운 도전과 의미 있는 씨름을 하고 있다. 이 프로그램은 일주일 단위로 진행되고 학습, 현장답사, 문화행사참가, 숙식비 등으로 400~500달러의 등록비가 부과된다. 어떤 노인들은 엘더호스텔 프로그램에 계속 참여하면서 대륙횡단을 계획하기도 하고, 또 다른 노인들은 관심 있는 주제를 다루는 기관을 전국적으로 섭렵하면서 전문가적인 지식과 경험을 습득하기도 한다.

엘더호스텔 자원봉사 프로그램(Elderhostel Service Program)은 국내외를 막론하고 사회적으로 가치 있는 일에 자원봉사를 하자는 취지에서 1992년에 도입되었다. 봉사활동 내용은 지역사회개발, 특수아동캠프, 영어교육, 주택개량사업, 교사건축, 환경연구, 자원보호, 유적발굴·보존, 박물관 큐레이션 등이다. 봉사프로그램은 내용에 따라 1주일 혹은 3~4주일이 소요되며, 참가비는 수백 달러에서 1,000달러 이상 들기도 한다.

150여 개 나라에서 이루어지는 해외 노인학습여행 프로그램은 노인을 통해 민간외교를 수행하고 있다. 노인들은 외국에서 배우고, 가르치고, 봉사하기도 하면서 인생의 경험을 보다 풍부하게 한다. 엘더호스텔은 참여자들이 더 이상 자신을 노인(elder)이라고 생각하지 않는 현상을 중시하고, 또한 베이비부머 참여자의 특성을 고려하여 2010년에 단체명을 Road Scholar로 변경하였다. '길을 걷는 학자'라고나 할까? 이에 따라 개별적인 학습여행(study tour)의 요소를 강화하였다.

다음은 자원봉사 프로그램 중 유적 발굴·보존 활동의 몇 가지 사례를 통해 자세한 내용을 살펴보기로 한다.

① 시카고 과학 · 산업박물관 자원봉사 프로그램

일리노이 주 시카고에 위치하고 있는 과학 · 산업박물관은 제2차 세계대전에서 사용했던 전쟁관련 유물을 비롯하여 과학과 산업의 발전에 관련된 물품과 기계들을 한눈에 볼 수 있게 전시하고 있다. 그러나 저장소에는 여전히 8만 점의 진기한 유물과 고문서들이 정리되지 않은 채 쌓여 있다. 우선 봉사자들은 전문직원을 도와 이것들을 분류 · 정리하는 일을 맡는다. 유물의 먼지를 털어내고, 깨끗이 닦고, 출처와 용도에 대한 조사를 하고, 분류해서 카탈로그를 만든다. 이러한 일은 장래 이 유물들을 전시하기 위한 것이지만, 동시에 고고학자들이 연구하는 데 도움을 준다는 것과 학생들이 문화재를 공부하는 데 자료로 쓸 수 있도록 하는 목적도 있다. 이들은 몇 명이 한 팀이 되어 봉사활동을 한다.

이 봉사활동을 통해 노인들은 유물관리 기법을 배워 그들이 살고 있는 고장에 있는 박물관을 도울 수도 있다. 또한 개인이 소장하고 있는 보물 또는 가공품들을 어떻게 보관해야 하는지에 대해서도 배울 수 있는 기회가 된다.

② 위스콘신 주 조지 윌리엄스 대학 제네바 호수 캠퍼스 자원봉사 프로그램

위스콘신 주 George Williams College의 Geneva Lake Campus는 YMCA를 창설한 George Williams 경을 기념하기 위해 창립된 대학이다. 이 대학은 원래 1884년 YMCA 지도자와 자원봉사 회원들을 위한 여름훈련센터로 시작되었고 그동안 "다른 사람을 돕는 자를 돕는다"는 정신 아래 수많은 비영리단체 지도자들과 자원봉사자들을 훈련시켜 왔다. 이 자원봉사 프로그램은 2개 반으로 나누어져 있다.

George Williams

a. 삼림보수 프로젝트

캠퍼스 근처에 있는 7에이커(acres)의 울창한 숲은 그동안 수련회나 야외환경 교육장으로 사용되었는데, 예산과 인력의 부족으로 잡초가 무성하고 동물의 시체가 쌓이는 등 몹시 불결한 상태로 오랫동안 방치되어 왔다. 봉사자들은 잡초와 죽은 나무를 제거하고, 이 숲에 필요한 식물인지 아닌지를 구별하여, 외래종은 제거한 뒤 재래종을 심으

며, 제거된 나무는 장작으로 쓸 수 있도록 정리하고, 오솔길을 복구하는 일을 한다. 또한 동물의 시체들을 정리하고, 여러 가지 새와 동물들이 어떻게 서식하고 있는지를 조사하는 일을 한다. 이러한 일은 이 사회에 다시 YMCA 정신을 부활시키는 데 중요한 기여를 하게 될 것이다.

b. YMCA 박물관 유물정리 프로젝트

캠퍼스 안에 있는 YMCA 박물관 창고에는 110년도 더 넘게 모아져 있는 YMCA 관련 고문서와 자료들 중 아직 한 번도 햇빛을 보지 못한 것들이 수북이 쌓여 있다. 이 자료들은 이 학교의 초기역사를 담고 있으며, YMCA와 관련된 역사적 인물들의 활동면모를 보여 주는 것들이다. 또한 여름훈련센터가 어떤 과정을 통해 정규 대학으로 발전했는가 하는 내용도 있다. 봉사자들은 이 자료들을 정리하고 카탈로그 작업을 한다. 이 작업은 물론 학생, 직원, 방문객을 위한 것인데, 이 작업을 하면서 봉사자들은 자료들을 어떻게 보존 · 전시하며 또 활용할 것인가 하는 것에 대한 제안도 하게 된다.

5. 노인자원봉사의 문제점과 활성화 방안

노인자원봉사가 노인의 삶에 있어서 중요한 의미가 있음에도 불구하고 아직 활성화되어 있지 못한 이유는 무엇이며 이를 활성화시킬 수 있는 방안들을 살펴보고자 한다.

1) 노인 유휴인력의 미활용과 노인자원봉사 영역 개발의 필요

서양 속담에 '늙은 개는 새로운 재주를 배울 수 없다'라는 말이 있다. 이 속담은 노인은 너무 늙었기 때문에 새로운 능력을 개발하거나, 새로운 경험의 지평을 넓힌다거나, 새로운 기술을 습득하기가 어렵다는 것을 빗대는 말이다. 이 속담은 나이 든 근로자는 주어진 일을 잘 처리하고 새로운 도전에 맞서 조직을 발전시키기가 어렵기 때문에 그들에게 책임 있는 업무를 맡기지 않고 가급적 빨리 해고하고자 하는 고용주에게 좋은 빌미를 준다. 또한 이 속담은 나이 든 사람은 편히 그리고 조용히 노후를 보내야지 무슨 힘이 남아 있다고 세상 일에 간섭하느냐 하는 노인 무용론에 힘을 실어 준다. 그러나 이 속담이 얼마나 노인의 능력을 과소평가하고 사회인식을 오도하고 있는지를 수많은 노익장의 사례를 통해 잘 알 수 있다(Powell, 1998).

노인자원봉사는 노인 유휴인력을 사회가 필요한 곳에 활용하여 노인 자신도 보람을 찾고 사회문제를 해결하거나 사회발전에 기여하고자 하는 일이다. 사회적으로 의미 있는 일에 여가시간을 보내고 싶어 하며, 활동성과 의식수준이 높은 노인들이 그들의 재능과 경륜을 유용하게 발휘할 수 있는 일거리를 찾지 못해 유리방황하는 것은 개인으로서나 사회로서나 불행한 일이 아닐 수 없다. 그러나 우리나라 속담에 '구슬이 서 말이라도 꿰어야 보배'란 말이 있듯이 자원봉사의 의지와 능력이 있는 노인들이 아무리 많이 있다 해도 이들의 생각을 묶어서 구체적인 프로그램으로 전환하는 전문가적 기술이 없다면 별 소용이 없다. 또한 아무리 전문가적 기술이 확보된다 한들 노인들 자신이 이것을 능동적인 자세로 받아들여 노인집단 안에 스스로 지도력을 육성하지 않는다면 그 활동은 얼마 가지 못하여 축소되거나 소멸될 것이다.

그동안 정부나 비교적 규모가 큰 노인단체에서 이런저런 모양으로 노인봉사 프로그램을 만들어 신문방송에 소개도 되었지만 결국 남아 있는 것이라고는 여전히 비체계적이고 비정규적인 오락활동뿐이다. 앞에서 보았듯이, 현재 어린이들에게 한문과 예절을 가르치거나 청소년을 선도하는 프로그램을 갖고 있는 노인단체가 다소 있으나, 이는 소규모적이고 단편적일 뿐만 아니라 참여 노인의 만족도, 사회적 영향력 등에서 아직 믿을 만한 자료를 제시하지 못하고 있다.

노인들이 갖고 있는 자원봉사의 의지와 능력을 격려하고, 그것들을 조직할 수 있는 자원과 전문성이 있고, 결국에는 노인들 자신이 리더십을 확보할 수 있는 제도적 틀을 만들 수 있다면 노인자원봉사는 노인여가선용의 훌륭한 대안으로 자리매김을 할 수 있을 것이다. 노인도 제대로 된 학습과 훈련의 기회가 주어지면 얼마든지 정상적인 기능을 발휘할 수 있으며, 오히려 어떤 측면에서는 노인이기 때문에 더 잘 해낼 수 있는 영역이 있다는 확신을 가지고, 사회 모든 조직체가 그런 기회를 제공해야 한다. 사회복지기관은 물론, 교육기관, 종교기관, 의료기관, 문화예술기관, 시민운동단체 그리고 공공기관에서는 프로그램을 개발함에 있어서 노인이 참여하는 자원봉사 프로그램을 포함시키도록 노력해야 할 것이다. 이를 위해 노인의 자원봉사활동 영역을 전문영역, 단순영역 및 일반영역으로 나누고, 노인이 할 수 있는 자원봉사활동 가운데서도 '노인이라도 할 수 있는' 활동과 함께 '노인이기 때문에 할 수 있는' 활동을 찾아야 할 것이다.

그러나 최근 차세대 노인인 베이비부머의 사회참여 요구에 대응하고자 다양한 지원책과 프로그램이 개발되고 있는 것은 매우 다행스러운 일이라 하겠다(김영숙 외, 2012; 서울시 자원봉사센터, 2011; 이금룡 외, 2012). 중장년기에 하는 자원봉사는 노년기에 진입해서 새로이 시작하는 자원봉사보다 훨씬 본래적 의미의 자원봉사에 가까울 수 있다. 그 이유는 자발성, 무보수성, 공익성, 조직성, 지속성 등 자원봉사의 특징(김동배, 2005)을 더 잘 준수할 수 있기 때문이다. 그렇게 되면 노인자원봉사가 정부 지원에 의해 활성화되는 게 아니라 노인 스스로가 자원해서 참여함으로써 노년기 삶의 자연스러운 영역으로 자리매김하는 것, 즉 노인자원봉사 문화가 정착될 수 있을 것이다.

2) 노인의 참여의식 미약과 의식개혁의 필요

노인의 여가선용이나 사회활동에 관한 언급이 있을 때면 항상 노인의 경륜과 지혜를 사회를 위해 유용하게 쓸 수 있을 것이라는 제안이 나온다. 그러나 과연 후기산업화, 정보화의 시대에 노인의 경륜과 지혜가 얼마나 유용하게 쓰일 수 있는지는 의문이다. 현대의 복잡한 문제에 대하여 노인들은 푸념과 사견(私見)을 제시할 수 있을지는 몰라도 문제해결에 영향력을 행사하기에는 역부족이다. 노인의 경륜과 지혜는 사적인 수준에서는 유용할지 몰라도 사회적 혹은 공적인 수준에서는 한계성을 갖는다. 사회에 대한 노인의 무력감은 아마 이런 제한성에 연유할는지 모른다. 이러한 제한성에도 불구하고 노인이 그 경계선을 뛰어넘어 자신의 삶의 영역을 확장하려 한다면 그 가능성은 얼마든지 열려 있다고 본다. 자원봉사는 농경시대에 노인이 가정이나 사회에서 누렸던 세력을 현대사회에서 회복하기 위한 거의 유일한 방안으로 보인다.

따라서 우리나라 노인들의 자원봉사를 활성화시키는 데 우선 필요한 것은 노인의식의 개혁이다. 가용한 자원이 부족한 노인이라 할지라도, 어떤 사람이 개인적 관심사만을 추구한다면 그것은 자기의 영역만을 지키려는 동물과 다를 바 없다. 노인들이 마음의 문을 열고 그들의 지역사회로 들어간다면 그들은 세상과 연결된 삶의 진정한 기쁨을 맛보게 될 것이다. 이웃과 사회의 필요에 부응하려는 노력을 통해 우리는 우리의 가치체계를 점검하게 되며 세상이 정말 어떻게 돌아가는지를 알게 된다. 우리가 세상에 대해 좀더 알게 될 때, 우리는 다른 사람들이 무엇을 얘기하려는지 들을 수 있는 귀가 열리게 되며, 그렇게 될 때 인간의 삶은 조화 속에서 진정한 만족과 발전을 이룰 수 있을 것이다.

자원봉사는 우리가 처한 세상을 좀더 나은 곳으로 만드는 데 우리가 가지고 있는 것들을 활용하는 것이다. 노인이 가지고 있는 시간, 경험, 경륜, 지식, 지혜는 젊은 사람이 가지지 못하는 귀한 자원이다. 우리나라 노인들은 여가시간을 개인적인 취미나 오락으로 보내는 경향이 높다. 노인회관이나 노인종합복지관 같은 노인단체에서 개발하는 프로그램에 참여하는 경향은 아직 낮은 편이다. 봉사활동이라고 해 봐야 교통정리나 거리청소 또는 실효성이 별로 없는 청소년선도 등 사회적 위세도가 낮은 활동에 기력이 없어 보이는 할아버지·할머니들이 참여하고 있는 정도이다.

이제는 좀더 사회적 의미가 있는 활동에, 건강과 지식이 적절히 갖추어져 있는 노인들이, 보다 더 체계적이고 조직적으로 봉사활동을 계획해서 참여해야 하겠다. 자원봉사를 통한 헌신과 나눔은 더 건강하고, 더 행복하고, 더 장수하는 삶을 보상으로 준다. 자원봉사는 때로 직업이 줄 수 없었던 만족감과 성취감을 주며, 생산적이고 풍부한 인간관계를 통해 타인과 세상을 수용하고 감사하는 삶을 살게 해줄 것이다. 이제 노인들이 자원봉사활동을 통해 '닫힌' 노인에서 '열린' 노인으로, '받는' 노인에서 '주는' 노인으로 변화해야 하겠다. 사회에서는 노인을 '복지의 대상자'로만 인식할 것이 아니라, 이제 노인을 '복지의 제공자'로 인정하는 인식의 변화를 꾀하여야 할 것이다.

특히 신세대 노인의 자원봉사는 비영리기관에서 재능기부 형태로, 전문가의 프로보노(pro bono) 형태로, 지역 발전에 기여하는 커뮤니티 비즈니스 형태로 다양하게 전개될 수 있으며, 자신의 삶을 향상시키고 만족을 추구하는 '자기지향적 동기'만이 아니라 의미 있는 타인과 어울리고자 하는 '관계지향적 동기'도 만족시키면서 자원봉사의 고귀한 정신을 확장시킬 것이다.

3) 미약한 사회적 지원체계 확립의 필요

우리 사회는 노인자원봉사라는 보고(寶庫)를 제대로 이해하고 있지 못하고 있기 때문에 노년의 잠재적 생산성을 활용하는 데 아직 충분한 관심을 보이고 있지 못하다. 자원봉사가 발전하려면 자원봉사를 격려하고 인정하는 사회적 분위기와 자원봉사자들이 만족스럽게 활동할 수 있는 기관의 여건이 조성되어야 한다. 또한 참여하는 자원봉사자들의 태도와 자질을 올바르게 인도할 교육이 지속적으로 이루어져야 한다. 아직까지 우리나라에는 자원봉사활동에 관한 사회적인 인식이 부족한 상태이다. 자원봉사활동에 참여하려는 사람들이 주위 사람들의 반응에 민감해하고 주저하게 되며, 또 자원봉사활동이 특수층의 사람만이 특수한 사람을 위해서 하는 자선이나 구호행위 정도로 잘못 인식되고 있다(이대근, 1991). 또한 자원봉사활동을 하는 사람 중에는 자원봉사활동의 기본이념과 그 필요성에 대한 확신이 없어 일시적, 감상주의적, 영웅주의적 또는 자기만족을 위해 활동에 참여하는 경향이 많으므로 자원봉사자에 대한 참된 가치나 보람을 찾지 못하는 경우가 많다. 자원봉사활동을 전문적으로 연구하고 개발, 육성할 수 있는 전문기관이 부족한 것도 자원봉사 발전의 한 장애요인이다(김동배, 최재성, 조학래, 1997).

사회 모든 조직체는 노인에게 자원봉사하도록 요청할 뿐만 아니라, 청ㆍ장년과 함께 하기를 원하는지 혹은 노인들끼리만 하기를 원하는지의 욕구를 정확하게 파악하고, 과거에 경험했던 일인지 아니면 처음 해 보는 일인지에 따라 적절한 재교육의 기회를 제공하고, 만족스럽고 명예롭게 일할 수 있는 곳에 배치하여, 지속적으로 활동할 수 있도록 격려해 주는, 이른바 자원봉사의 관리 원칙들이 노인들에게 더 민감하게 적용될 수 있어야 하겠다.

정부나 기업재단 혹은 사회복지 공동모금회의 프로젝트에 노인자원봉사 관련 사업이 많이 선정될 수 있도록 배려하는 것도 필요하다. 종교기관은 노인 신도(신자)들의 욕구를 파악하여 자원봉사활동을 원하는 노인들을 노인자원봉사단으로 조직하여 지역사회의 다양한 영역에서 활동할 수 있도록 격려해야 하겠다. 정부는 노인자원봉사에 관한 사회교육기관의 교육비 보조, 다양한 유급 봉사 영역의 개발, 전문 자원봉사 영역의 개발, 나아가 자원봉사와 관련된 상해보험제도의 도입 등을 통해 노인자원봉사를 활성화시킬 수 있을 것이다. 특히, 정부는 최근 노인 일자리 개발을 위한 사업을 지속적으로 벌이고 있는데, 노인의 소득 고하를 따지지 않고 봉사활동을 원하는 노인들에게 약간의 활동비를 제공하고 봉사처를 연결해 주는 사업도 병행할 필요가 있다.

　노인자원봉사를 지원하는 데 있어서의 관건은 '인정과 보상(recognition)'을 어떻게 제공하는가 하는 것이다. 원래 자원봉사란 무보수의 자발적 활동이므로 정신적 보상을 제공하는 것으로 충분하지만, 대학생이나 노인 등 경제적 약자가 수행하는 자원봉사에는 약간의 금전적 보상을 주는 것이 국제적으로 보편화되어 있다(지은정 외, 2013). 그 이유는 그들의 자원봉사활동에 들어가는 직접적인 경제적 비용보다 그들이 수행하는 자원봉사로부터 발생하는 간접적인 사회적 효용이 더 클 것으로 판단되기 때문이다. 예를 들어, 노인의 경우, 자원봉사에 참여하는 것에 대한 보상으로 약간의 활동비를 지급함으로써 자원봉사에 더 많이 참여하게 된다면, 노인의 신체적 활동이 많아지고, 심리적 만족이 높아지며, 사회적 역할이 회복됨으로써 결국 건강이 증진되어 노인건강을 유지하기 위한 사회적 비용이 절감된다는 것이다. 따라서 노인자원봉사를 지원하는 데 있어서 경제적 보상은 아주 정교하게 짜여진 틀 안에서 노인의 자존감을 향상시키는 방향으로 이루어져야 할 것이다.

제11장
노년기의 가족관계

신체적 변화나 직업에서의 은퇴는 그 시기의 차이는 있지만 발달과정에서 누구나 경험해야 하는 불가피한 문제이다. 반면, 가족 내의 인간관계는 가정마다 상이하며, 어떠한 상호작용이 이루어지는가에 따라 중요한 자원이 될 수도 있고 그렇지 않을 수도 있다. 우리나라와 같이 가족주의 이념이 팽배해 있고 가족부양에 높은 비중을 두고 있는 사회에서는 가족관계가 생활 전반에 미치는 파급효과는 그 어느 나라보다도 크다고 볼 수 있다.

우리나라의 전통가족에서는 부자관계가 가장 강한 관계로 부부관계는 이에 종속되는 특성을 보였다. 그러나 가문의 대를 잇는 것보다 개인의 사랑이 더 중요한 결혼의 동기가 되는 현대사회에서는 부모자녀관계보다 부부관계가 가족관계의 중심이 된다. 특히, 자녀들이 출가한 노년기에는 부부관계의 중요성이 보다 강조된다. 하지만 성인자녀와의 관계나 손자녀와의 관계, 형제자매관계도 노년기의 생활만족도에 중요한 비중을 차지하고 있다. 친밀한 부부관계를 형성하고, 이와 동시에 자녀와 적절한 관계를 유지하며, 손자녀와의 안정적인 상호작용이나 형제자매 간에 적절한 교류를 하는 것은 노년기의 생활만족도에 큰 영향을 미치는 요인이 된다.

이 장에서는 노년기의 가족관계에서 중요한 비중을 차지하는 부부관계, 부모자녀관계, 손자녀관계, 형제자매관계에 대해 살펴보고, 이러한 관계상의 문제로 대두되는 노인학대의 문제에 관해 살펴보기로 한다.

1. 부부관계

자녀가 출가하기 전까지 대부분의 부부들은 가족관계에서 상당 부분의 시간을 자녀를 위해 사용하게 된다. 그러나 자녀가 출가한 빈 둥지 시기 이후로는 지금까지 부모자녀관계에 몰두해 왔던 에너지를 부부관계를 재정립하기 위한 에너지로 전환하는 것이 필요하다.

1) 사랑과 성

Robert J. Sternberg

노년기는 자녀들이 독립해 나가고 친구들도 하나씩 둘씩 세상을 떠남으로써 친밀한 감정을 나눌 수 있는 유일한 대상이 배우자로 좁혀진다. 즉, 인생의 반려자로서의 의미가 그 어느 때보다도 절실해지는 시기이다. 그러므로 부부간에 친밀한 관계를 형성하기 위한 노력이 필요하다. Sternberg(1986)는 사랑의 세모꼴 도식에서 열정과 친밀감, 책임의 세 가지 요소 가운데 열정은 처음 상태와 같이 강하지 않다 하더라도 친밀감은 노년기에도 지속시키는 것이 가능하다고 하였다. 부부관계를 형성하는 데 있어서 사랑의 표현방법이나 성생활은 중요한 의미가 있다.

인간은 태어나면서부터 죽을 때까지 성적인 존재이며, 성욕은 인간의 기본적 욕구로서 자신의 성적 욕구를 표현하는 것은 자연스러운 일이다. 그러나 노년기에는 성에 대한 욕망이나 관심은 감소하게 된다. 대부분의 남성들은 성적 흥분이나 자발적인 발기가 감소하고, 여성들도 폐경기 이후에는 쉽게 성적으로 흥분되지 않으며 질의 윤활액이 잘 분비되지 않아 성관계 시 통증을 느낄 수 있다. 그리고 오르가슴에 도달하는 속도도 점차 느려지고 도달하지 못하는 경우도 많아진다. 그러나 성관계만이 사랑을 확인하는 유일한 방법이 아니고, 신체적 접촉이나 애무와 같은 방법을 통해서도 애정표현은 가능하며, 이러한 욕구는 노년기에도 지속되는 것으로 나타난다. 질병이나 신체가 쇠약해져 노인들이 자신의 성적 감정에 따라 실제로 행동할 수 없을지는 모르지만 그러한 감정은 유지된다. 노년기에도 적절한 성관계는 부부의 애정과 친밀감을 확인시켜 주고, 서로에게 계속적인 생명력을 확인시켜 준다(Turner & Rubinson, 1993).

60세 이상의 남녀노인에 대한 면담연구결과, Masters와 Johnson(1981)은 젊은 시절 활발하게 성생활을 했던 사람들이 노년기에도 지속적으로 활발한 성생활을 하는 것으로 나타났다고 하였다. Marsiglio와 Donnelly(1991)도 60세 이상의 노인들을 대상으로 한 부부간의 성적 친밀감에 대한 연구에서 연구대상의 53% 이상이, 특히 76세 이상 노인의 24%가 한 달에 한 번 이상의 성관계를 갖는 것으로 보고하였다. 우리나라 60세 이상의 남녀노인 250명을 대상으로 노인의 성의식을 조사한 이윤숙(1990)의 연구에서도 남성의

William Masters와 Virginia Johnson

성적 능력은 정도의 차이가 있지만 89.4%가 지속되고 있으며, 80세 이상까지도 유지되고 있는 것으로 나타나고 있다.

일반적으로 연령이 증가함에 따라 성 반응능력은 감소하지만 성 기능은 계속 유지한다. 대다수의 남성들은 젊었을 때보다 자주 성적 흥분을 느끼지는 않으며 자발적인 발기횟수는 줄어들지만, 60대에도 적절한 기능을 갖고 있으며, 소수의 남성은 70대는 물론 심지어 80대에도 지속된다고 한다. 또한 여성들은 폐경 이후 질의 윤활액이 분비되지 않아 성관계 시 통증을 느낄 수는 있으나 보다 오랫동안 기능을 유지할 수 있다.

그러므로 남녀 모두가 노년기에도 성생활을 즐기는 것이 가능하다. 그리고 노년기의 성적 표현이 정상적이고 건강한 것이라는 점을 이해한다면 이러한 감정에 대해 수치심을 느끼거나 당황해하지 않고 성적인 감정이나 행동을 표현하는 것이 보다 용이할 것이다. 특히, 우리 문화에서는 노년기의 성적 욕구를 표현하는 것을 금기시하고 있으므로 더욱더 중요한 문제가 된다. 성욕은 인간의 기본적 욕구로서 부부간의 적절한 성생

사진 설명 : 노년기의 성적인 욕구를 다룬 영화, '죽어도 좋아'

활은 생기 있는 결혼생활의 중요한 요소이다(사진 참조). 그러나 성관계는 애정표현의 한 방법일 뿐 사랑을 확인하는 유일한 방법은 아니며, 신체적 접촉이나 애무와 같은 다른 방법을 통해서도 애정표현은 가능하며, 상호 간에 친밀감을 표현할 수 있다.

2) 결혼만족도

중년기까지 부부간의 결혼만족도는 점진적으로 감소하며 이는 역할의 복잡성이 그 중요한 이유가 된다. 자녀문제나 직업상의 문제, 건강문제 등의 다양한 문제로 인해 중년기의 결혼만족도는 전반적으로 감소한다고 한다. 그러나 이와는 상반되게 자녀들이 독립해서 집을 떠나고 생활이 더욱 단순해짐으로써 결혼생활의 만족도는 상승하기 시작한다는 연구결과도 제시되고 있다(〈그림 11-1〉 참조). 이 같은 상반된

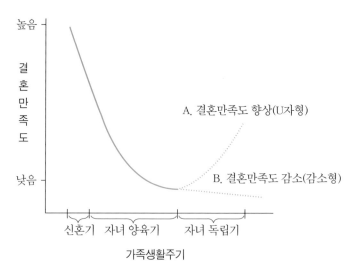

〈그림 11-1〉 가족생활주기와 결혼만족도

출처: Vaillant, C. O., & Vaillant, G. E. (1993). Is the u-curve of marital satisfaction an illusion? A 40 year study of marriage. *Journal of Marriage and the Family, 55*, 230-239.

연구결과는 자녀출가 이후의 빈 둥지 시기에 자녀양육으로 소원해졌던 부부관계를 여가나 취미 활동을 통해 얼마만큼 재정립해 나가는가에 좌우된다고 볼 수 있다.

Judy C. Pearson

일반적으로 노년기의 결혼만족도가 중년기보다 높다고 한다. 그 이유는 노년기까지 결혼생활을 유지하고 있는 부부들은 함께 살기로 결심한 사람들이며, 여러 가지 어려움에도 불구하고 함께 사는 부부는 상호 만족스러운 관계에 도달할 수 있기 때문이다. 또 다른 설명은 노년기가 되면 일반적으로 인생에 더 만족한다는 사실 때문이라고 한다. 이러한 이유로 인해 일반적으로 노년기의 결혼만족도는 건강상의 문제로 위협을 받기 이전까지는 높은 편이다(Pearson, 1996).

또한 노년기에 부부간의 갈등이 증가하는 경우도 있다. 우리나라 부부의 가족생활주기에 따른 결혼만족도와 부부갈등에 관한 연구는 일치된 결과를 보이지는 않으나 신혼 초기부터 자녀양육기까지는 부부갈등이 증가하나, 자녀의 결혼에 즈음하여 감소하다가 다시 노년기에 들어 다소 증가하는 유형도 나타나고 있다. 최근 수십 년간 함께 살아온 부부들이 노년기에 이혼하는 소위 '황혼이혼'이 그 대표적인 경우이다(〈그림 11-2〉 참조).

단위: 건, ( )은 전체 이혼 중 비율 %
※결혼 20년 이상 기준

2만 8261 (22.8)
2만 7823 (23.8)
2만 8299 (24.8)
3만 234 (26.4)
3만 2433 (28.1)

2009년　2010　2011　2012　2013

〈그림 11-2〉 늘어나는 황혼이혼
출처: 2014 사법연감.

앞서 살펴본 바와 같이 결혼만족도에서 성차가 나타나는 이유는 여러 요인이 영향을 미칠 수가 있다. 그러나 상당 부분 이는 여성의 막중한 역할부담에 기인하는 것으로도 해석할 수 있다. 노년기 남성을 '젖은 낙엽'(사진 참조)으로 비유하는 것도 바로 이러한 노년기 여성의 역할부담으로 인한 어려움을 빗댄 표현이라고 볼 수도 있다.

이 시기에는 부부간의 성역할도 변하게 된다. 자녀양육의

책임에서 벗어나는 중년기가 되면 남성과 여성의 역할은 비슷해지기 시작한다. 남성은 공격적이거나 강인함으로써 보상을 받는 상황에 있지 않고, 여성도 더 이상 양육적이고 부드러워질 이유가 없다. 남성은 연령이 증가함에 따라 보다 수동적이고 의존적으로 변화하는 반면, 여성은 독립적이고 주장이 강해진다. 남성은 자녀가 독립한 이후의 빈 둥지 시기에 부부간의 동료의식을 더욱 발전시키며, 자녀나 친척과 유대를 지속할 수 있는 기술이 부족하므로 가족 내의 사회적 기능을 수행함에 있어 아내에게 더욱 의존하게 된다. 즉, 남성과 여성의 역할은 사춘기 이후부터 차이를 보이기 시작하여 자녀를 키우는 시기에 극대화되었다가 중년기가 되면 다시 유사하게 된다. 이를 Sheehy(1995)는 마름모꼴의 성역할 변화로 묘사하고 있다(〈그림 11-3〉 참조). 이러한 성역할의 변화는 가사노동 참여에서 그대로 반영된다. 남성이 가사노동에 보다 적극적

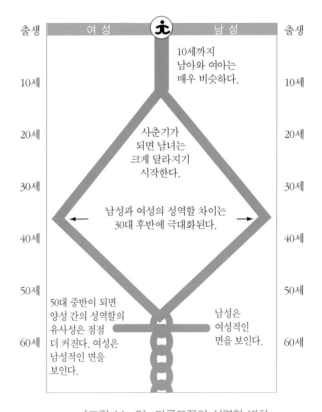

Gail Sheehy

〈그림 11-3〉 마름모꼴의 성역할 변화

출처 : Sheehy, G. (1995). *New passages*. New York : Ballantine Books.

으로 참여하는 경향을 보이며, 이는 부부 모두의 만족도를 증가시키는 요인이 된다. 남성은 가족이나 직장으로부터의 고립을 가사활동에 참여함으로써 해결할 수 있고, 동시에 여성의 생활만족도도 증가시키는 요인으로 작용한다.

또한 남편의 은퇴 후 남편에 대한 정서적 지지자로서의 부인의 역할은 중요하다. 부인의 결혼만족도는 자신이 건강하다고 지각할수록, 연령이 높을수록, 남편의 정서적 지지가 많을수록 높게 나타나는 반면, 남편의 결혼만족도는 아내로부터 받는 정서적 지지만이 영향을 미친 것으로 나타나 은퇴 이후 남편의 결혼만족도에 가장 큰 영향을 미치는 요인은 아내로부터의 정서적 지지라고 볼 수 있다(신화용, 조병은, 1999).

3) 이혼과 재혼

결혼만족도가 중·노년기에 증가하는 형태는 지금까지 자녀양육으로 인해 여러 가지 역할에 구속되어 있던 부부가 자녀출가 이후 제2의 신혼기를 경험하면서 느끼는 긍정적인 기분을 반영한 것으로 볼 수 있다. 이와는 달리 결혼만족도가 감소하는 것은 황혼이혼과 같은 현상과 관련이 있다고 볼 수 있다. 일반적으로 노년기의 이혼은 드문 것으로 인식되어 왔으나 최근 우리 사회에서 증가하고 있는 황혼이혼은 노년기의 결혼만족도가 증가한다는 것에 대해 회의적인 시각을 반영해 주고 있다. 황혼기의 부부를 이혼에 이르게 하는 것은 자녀 출가 이후에 부부간에 새로운 문제가 발생하였다기보다는 오히려 우리나라의 강한 도구적 가족이념을 생각한다면 지금까지 자녀 때문에 참고 유지해 온 결혼생활을 자녀 출가 이후에는 부모로서의 책임을 다하였다는 홀가분한 마음에서 비롯된 것으로 해석하는 것이 보다 타당할 것이다. 그러나 이혼이나 별거 중인 노인들의 생활만족도가 다른 노인들에 비해 낮고 정신질환이나 사망률이 높다는 사실은 이혼한 노인들에 대한 적절한 지원체계가 없다는 사실에 기인한다고 볼 수 있으며(Uhlenberg & Myers, 1981), 이는 노년기의 이혼문제에 대해 보다 신중한 접근이 필요함을 시사해 주는 것이다.

일반적으로 노년기의 재혼은 남성이 여성보다 3배 정도 많은 것으로

Peter Uhlenberg

나타난다. 노년기에는 남성이 여성보다 재혼이 용이한데, 이는 평균수명의 차이로 인해 남성의 경우 결혼상대가 더 많을 뿐만 아니라 재혼의 필요성도 더 많이 느끼기 때문이다. 전통적으로 남성들은 도구적인 역할을 수행해 왔기 때문에 혼자서 자신을 돌보는 일에 익숙하지 않은 반면, 여성들의 경우에는 오히려 가사활동이 자유로울 뿐만 아니라 남성을 부양하는 것에 대한 부담감을 갖기 때문에 재혼을 기피하는 경향을 보인다. 노년기 재혼의 가장 큰 이유는 남성은 자기부양문제로 인해 자녀로부터 재혼을 권유받거나 고독감 때문이라고 볼 수 있다면, 여성의 경우는 경제적인 어려움으로 인한 것이다.

4) 사별

노년기의 사별은 여성이 남성보다 빈번하게 경험하는 현상이다. 오랜 결혼생활 후에 배우자를 사별한 사람들은 정서적 문제와 실제적 문제에 부딪치게 된다. 배우자의 사별은 가장 스트레스 지수가 높은 사건으로 볼 수 있다(〈표 11-1〉 참조). 결혼생활이 원만하였다면 정서적 공허감은 더욱 크며 원만하지 못한 결혼생활이었다고 하더라도 그 상실감은 크다.

〈표 11-1〉 한국인의 스트레스 평가지수

삶의 변화	점수
자식 사망	74
배우자 사망	73
부모 사망	66
이혼	63
형제자매 사망	60
혼외정사	59
별거 후 재결합	54
부부의 이혼, 재혼	53
별거	51
해고, 파면	50
정든 친구의 사망	50

결혼	50
징역	49
결혼약속	44
중병, 중상	44
사업의 일대 재정비	43
직업전환	43
정년퇴직	41
해외취업	39
유산	38
임신	37
입학시험, 취직 실패	37
자식의 분가	36
새 가족의 등장	36
가족 한 명의 병	35
성취	35
주택, 사업, 부동산 매입	35
정치적 신념의 변화	35
시댁, 처가, 친척과의 알력	34
학업의 시작, 중단	34

300점 이상 : 금년에 질병을 앓을 가능성 50%
299~250점 : 금년에 질병을 앓을 가능성 25%
249~200점 : 금년에 질병을 앓을 가능성 10%
199점 이하 : 건강

출처 : 홍강의, 정도언(1982). 사회재적응 평가척도 제작−방법론적 연구. 신경정신의학, 21(1), 126-136.

남녀노인 모두에서 사별 이후 경험하는 가장 큰 어려움은 고독감이다. 평생을 함께 살아온 친구이자 인생의 반려자를 상실하는 데서 오는 공허감이나 외로움은 극복하기 어려운 사건이다. 물론 자녀세대의 지원은 사별 이후의 적응을 용이하게 해 주는 중요한 자원임에는 틀림없으나 '효자보다 악처가 낫다'라는 우리나라 속담은 바로 부부간의 정서적 지지가 얼마나 중요한가를 말해 주는 것이다. 게다가 남편을 사별하게 되는 여성노인의 경우에는 경제적 어려움을 겪게 되며, 아내를 사별한 남성노인의 경우에는 아내가 해 주던 모든 가사노동의 대부분을 돈으로 해결하거나 다른 사람의 도움을 받아서 해결하기도 하지만 자신이 직접 이러한 일을 수행해 나가는 것에 적응해야 한다는 어려움이 있다. 그래서 사별한 남녀노인들은 높은 비율의 정신질환, 특히 우울증을 보이며, 아내와 사별한 남성은 6개월 이내에 사망할 가능성이 상당히 높게 나타난다 (Parkes, Benjamin, & Fitzgerald, 1969).

2. 부모자녀관계

강한 가족주의와 이와 관련된 부양의식이나 '효'의식은 우리나라 부모자녀관계의 특징적인 측면이라고 볼 수 있다. 가족관계 가운데 전통적으로 가장 강한 관계가 부자 관계라면 가장 부정적으로 평가되어 온 관계는 고부관계이다. 그러나 최근 핵가족화와 여성취업의 영향으로 장모사위(장서)관계가 고부관계 못지않게 부정적인 관계로 부각 되고 있는 반면 부자관계를 대신하여 모녀관계가 보다 강한 관계로 발전하고 있다. 최 근 전통적인 '효'의 규범이 약화되면서 이러한 부정적인 가족관계는 노부모 봉양으로 인한 스트레스와 결부되어 노인학대의 문제를 유발하는 요인이 되고 있다.

1) 노부모와 성인자녀와의 관계

부자관계는 전통적으로 우리나라 가족에서 가장 강한 관계였으며, 이러한 관계의 근저에는 '효'의식이 그 초석을 이루고 있다. 그러나 노부모와 성인자녀와의 관계는 '효'라는 규범적 차원에서가 아니라 호혜적일 때 갈등이 적은 것으로 지각되고 오랫동 안 지속될 수 있다. 이러한 호혜성은 갑자기 형성되는 것이 아니라 어린 시절부터의 부 모자녀간의 애정적 유대에 근거한다고 볼 수 있다. 부모와의 애착이 강할 때 그만큼 부 모를 가깝게 느끼고 부모의 어려움이나 상태에 민감해진다.

부모자녀관계는 일생 동안 상호 간에 영향을 주고받으며 도움과 의존이라는 역동적 인 관계를 갖게 된다. 자녀가 성년이 되고 부모가 노년기에 이르면 이들의 관계는 역할 역전이 이루어져서 부모자녀관계에서의 도움과 의존의 균형은 뒤바뀌게 된다(김태현, 1998). 그러나 어느 한쪽이 도움의 제공자 또는 수혜자라고 단정할 수 없다. 오히려 여러 가지 면에서 호혜적인 관계이다.

노부모와 성인자녀와의 관계가 아무리 호혜적인 특성을 지닌다고 하더라도 그 기간에서 차이가 있을 뿐이지 인생에서 의존적인 노년기는 일정 기간 존재하게 된다. 그러므로 노부모와 성인자녀와의 관계는 호혜성과 동시에 부양이라는 부담을 가지는 양면적인 특성을 가지고 있다.

(1) 호혜적인 관계

우리나라 노부모와 성인자녀의 관계에서 대부분의 노부모들은 경제적인 여유가 있는 한 자녀에게 물질적인 혜택을 주고, 자녀에게 어려운 일이 발생하면 정서적으로나 경제적으로나 도움을 주고자 한다. 반면, 자신의 노후부양을 자녀에게 기대하는 호혜적인 관계이다.

가족구성원 간에 이처럼 도움을 주고받는다는 것은 노년기의 생활만족도를 증가시키는 중요한 요인이 된다. 즉, 노년기의 삶의 질은 객관적·물리적 상황보다는 개인의 주관적 차원이 보다 중요한 변수가 되며, 가족으로부터 도움을 받을 것으로 인지할수록 삶의 만족도는 높아진다(손화희, 정옥분, 2000). 특히, 우리나라는 가족에 대한 가치를 높이 평가하는 문화이기 때문에 가족원의 지지는 어느 문화보다도 긍정적인 영향을 미치는 것으로 볼 수 있다.

세계 다른 문화권의 사람들은 우리나라에서 이루어지고 있는 남북 이산가족의 상봉 장면에 대해 쉽게 이해하지 못한다. 6·25 동란을 즈음하여 가족이 이별을 하였으나 그간 50여 년의 세월이 흘렀고, 헤어진 당사자들이 이미 사망한 가족도 많지만 아직도 가족 간의 상봉에서 눈물바다를 이루는 것은 우리나라 가족 특유의 유대감을 보여 주는 것이다(사진 참조).

우리나라의 노인층이 독립된 주거공간을 희망하는 비율도 점차 증가하고 있으나 요양원을 선호하는 비율이 아직 낮다는 사실은 여전히 가족부양에 가치를

사진 설명 : 남북 이산가족 상봉장면

두고 있음을 보여 준다. Le Play는 가족의 문화적 전통을 계승하여, 개인들에게 사회심리적 안정성을 도모하는 기능을 가장 잘 수행할 수 있는 형태가 직계가족이라 하였다(가족환경연구회, 1992). 이는 단순히 가족형태의 문제라기보다는 가족 내에서의 세대 간 유대의 의미를 강조한 것이라고 볼 수 있다. 그러므로 우리나라와 같이 외형상으로는 핵가족이지만 직계가족의 이념이 상당히 뿌리깊게 자리 잡고 있는 문화에서는 가족원 상호 간의 지지는 노년기의 적응에 중요한 의미가 있다.

우리나라는 아직도 노인부양의 근간이 가족이므로 이를 근거로 현시대에 적절한 가족부양체계를 계속 발전시켜 나가는 것은 노인세대의 건강과 직결된다. 독립을 중시하는 서구사회에서도 성인자녀로부터 경제적, 정서적 도움을 받는 것이 일반적인 경향이다. 노부모세대에 대한 가족부양은 노부모와 자녀세대에게 부담도 되지만 만족감을 부여한다.

취업여성의 증가와 평균수명의 증가로 자녀세대의 욕구와 부모세대의 욕구가 맞물리면서 부모와 성인자녀 간의 동거가 적응적 형태로 이루어지고 있다. 특히, 취업여성들은 부모와의 동거로부터 많은 도움을 받는 것으로 나타나고 있다(조병은, 신화용, 1992). 동거로 인한 혜택과 비용지각에 가장 영향력 있는 변수는 부양자의 부양의식이다. 경제적이거나 도구적인 이유에서 동거한 경우 규범적 이유에서 동거한 경우보다 혜택지각이 더 높고 취업주부는 시부모와의 동거로 인한 비용은 낮게, 혜택은 높게 지각한다(한경혜, 이정화, 2001). 그러므로 노부모 봉양을 전통적인 '효'의 논리에만 의존할 것이 아니라 호혜적인 관계 속에서 자연스럽게 이루어질 수 있도록 상호 간의 노력이 필요하다.

(2) 노부모 모시기

부모가 노년기에 접어들면 성인자녀는 보편적으로 부모에게 여러 측면에서 도움을 제공한다고 생각한다. 즉, 동거와 부양을 동일한 개념으로 파악하여 노부모와 기혼자녀가 동거하는 것은 곧 기혼자녀가 노부모를 모시는 것과 동일한 의미로 간주한다.

그러나 동거나 별거의 문제와는 별개로 세대 간의 관계는 노부모가 건강하고 활기찬 생활을 하는 동안에 가장 원만하다. 노인들이 병약해질 때, 특히 정신적 쇠퇴나 성격변화를 겪고 있는 경우에는 이들을 돌보는 부담 때문에 양자의 관계가 위축되는 경우가 흔히 있다(Troll, 1986). 특히, 딸이나 며느리들은 일반적으로 이러한 책임을 맡기 때문에 괴로움에 빠진다.

노부모 부양문제는 자녀양육문제와는 사뭇 다르다. 새로이 생식가족을 형성한 성인 자녀는 자신의 자녀를 돌보는 데 육체적, 경제적, 정서적으로 전적인 책임을 지지만, 그러한 보살핌의 책임은 자녀가 자라면서 점점 줄어들 것이라고 예상한다. 그러나 대부분의 사람들은 자신이 부모를 돌보리라고 예상하지 않고, 부모가 병약해질 가능성을 고려하지 않으며, 따라서 그에 대해 거의 준비하지 않고, 노부모를 모시는 것이 자신의 계획에 장애가 되는 것으로 여긴다.

이제 자녀에 대한 부모로서의 책임이 막 끝났거나 곧 끝날 예정이며, 이제는 자신의 여생도 얼마 남지 않았음을 절실히 느끼는 이들은 노부모를 돌보는 일로 말미암아 자신의 꿈을 이룰 마지막 기회를 빼앗긴다고 느낄 수 있다. 평균 예상수명이 계속 증가하면서 50대와 60대의 중 · 노년들은 이전 세대에서는 거의 볼 수 없었던 자신의 노부모를 모셔야 하는 위치에 있음을 깨닫게 된다. 자신이 노년기의 문턱에 있으면서 노년기의 부모를 봉양하는 경우가 생기게 된다. 일부 성인자녀들이 느끼게 되는 "꼼짝없이 묶였다"라는 느낌은 노부모를 모시는 일에서 가장 힘든 일이다(Robinson & Thurner, 1979). 이러한 현상은 평균수명이 증가하면서 보다 가속화될 것이며, 인구의 고령화는 산업혁명보다도 거대한 힘으로 인간의 생활을 변화시킬 또 다른 혁명이 될 것으로 예측할 수 있다(한경혜, 2000).

최근 노인들의 의식이 변화하면서 자녀에게 의존하기보다는 독립적으로 노후를 보내려고 하는 비율이 증가하고 있다. 실제로 우리나라 노인들의 자녀와의 별거 희망률은 계속적으로 증가하는 추세이다. 이처럼 독립적인 노년기를 희망하지만 평균수명의 증가로 대부분의 노인에게 의존적인 시기가 찾아온다. 그러므로 모든 세대가 노인들의 부양문제에 대한 타협점을 찾는 일이 중요한 과제이다.

노부모를 모시는 일은 쉽지 않다. 하지만 노부모의 부양에 따른 보상은 있다. 노부모와의 관계가 증진되고, 노부모로부터 육아나 가사의 도움을 받거나 노화에 대한 지식을 습득하면서 인간적으로 성숙하게 된다. 뿐만 아니라 성인자녀가 노부모에 대한 부양의 의무를 다하는 것을 법률적으로, 관습적으로 정당화하고 있으며, 자신의 자녀세대에게도 부모와의 관계를 보여 줄 수 있는 좋은 모델이 될 수 있다.

2) 고부관계

고부관계는 가부장제 사회의 필연적 산물이다. 아버지에서 아들로 가장권이 계승되는 가부장제 가족에서 가족관계 가운데 부자관계가 가장 강한 관계이자 양지라면 고부관계는 가장 취약한 부분이자 음지라고 볼 수 있다. 가부장제 사회에서 여성이 지위를 성취하는 데 있어 가장 중요한 요건이 남아의 출산이므로 모자관계는 가족 내에서 가장 밀착된 관계를 형성하게 된다. 결혼 후 며느리의 존재는 이처럼 밀착된 모자관계라는 아성에 대한 침범으로 볼 수 있으며, 그 결과가 고부갈등으로 표현된다. 전통사회에서는 가부장권의 영향으로 이러한 고부갈등은 표면화되지 않았으나 최근 가족 내의 인간관계가 보다 평등한 형태로 변화하면서 고부갈등은 공공연하게 표면화되어 가족 내의 갈등을 증폭시키는 요인이 되고 있다. 전통사회와는 달리 현대사회에서는 성취지위의 영향이 감소하였으며, 개인의 능력이 중시되고 있다. 자녀세대가 경제적으로 독립함으로써 주부권의 상징이던 '광 열쇠'가 갖는 상징적 의미가 없어졌으며, 그 결과 시어머니의 권력은 감소하게 되었다. 동시에 경로효친(敬老孝親) 사상의 약화로 인해 노인은 가정이나 사회에 부양부담을 주는 사회문제의 대상으로 인식되기 시작하였다는 점도 고부관계를 악화시키는 요인이 된다.

외형상으로는 핵가족이지만 내부 구조상으로는 여전히 부계 직계가족의 범주를 벗어나지 못하고 있는 우리나라 가족의 특성도 고부관계를 심화시키는 요인으로 작용하고 있다. 우리나라의 장남은 분가하여 핵가족을 이루고 살아간다 하더라도 심리적으로 평생 부모를 떠나지 못한다. 차남은 분가라는 형식으로나마 생식가족을 이루지만 심리적으로 의존적인 것은 마찬가지이다. 이처럼 여성은 출가외인 사상에 의해 출생가족을 떠나 생식가족에 전적으로 소속되도록 강요받았지만 남성은 출생가족과 생식가족이 분리되지 않은 채로 평생을 살게 된다. 자신의 출생가족과 생식가족 중간에 반쯤 걸쳐 있는 상태로 결혼생활을 하는 남편과 생식가족에 집착하는 아내의 불협화음이 고부갈등을 심화시키는 요인이 된다(박미령, 2003).

고부관계의 문제는 전통적인 가족윤리를 통한 해결방식으로는 더 이상 효과를 거두기가 어렵다. 그러나 한국가족의 위계상 며느리 측의 변화를 요구하는 것이 보다 효율적일 수 있으며, 며느리의 변화를 통해 시어머니의 변화를 기대할 수 있다. 이러한 관계개선을 위해 부정적인 사고체계의 변화나 인지체계의 수정을 통해 고부관계는 개선될 수 있다. 실제 부정적 사고체계를 전환시키는 데 효율적인 것으로 검증된 긍정적 사고훈련 프로그램을 적용한 결과 고부관계는 상당히 향상된 것으로 나타났으며, 그 교육효과도 지속적이었다(이정연, 2002).

3) 장서관계

친정에서는 출가외인, 남편으로부터는 자신의 생식가족에 충성하도록 강요받는 여성의 심리적 허탈감은 자신이 낳은 자녀에게 집착하는 자궁가족이라는 기형적 가족형태로 나타난다. 자신의 억울한 경험에 비추어 아들에 대한 집착이 초래하는 문제점을 너무나 잘 알고 있는 나머지, 우리나라의 여성들은 아들에 대한 집착을 끊으려고 노력한다. 그러나 대신 딸에게 집착함으로써 아쉬움을 달래려는 부모가 증가하면서 딸들을 떠나보내지 않으려는 친정어머니들이 많다. 아들에게 집착하는 것이나 딸에게 집착하는 것이나 자녀를 출생가족

사진 설명: 신(新) 고부갈등, 사위 vs 장모

으로부터 분리시키지 않음으로써 자녀의 생식가족이 독립적으로 살아가는 것을 방해하는 것은 마찬가지이다(박미령, 2003). 분리되지 않은 모녀관계는 여성 취업률 증가와 맞물려 보다 굳건한 관계로 발전될 가능성이 있다. 여성취업으로 인한 가사활동이나

자녀양육문제, 여권신장으로 인해 모계(처가)와는 자발적·친밀한 관계를, 부계(시가)와는 의무적·형식적 관계를 가지는 경향을 보이게 된다.

그러나 이러한 변화의 과정에서 적응을 하지 못하고 갈등을 경험하는 장모와 사위가 늘고 있다. '사위는 백년손님'이라는 말은 옛말이 되었으며, 장서 갈등이 전통적인 고부갈등보다 더 심각한 경우도 있다. 장모사위 간 갈등이 증가하면서 한국가정법률상담소는 시가와의 갈등만을 포함시켰던 상담분류항목에 1999년부터 장서 갈등을 추가했다. 장서 갈등은 장모의 심한 간섭, 의존적인 아내, 가부장적인 남편의 의식 모두가 총체적인 원인으로 작용하고 있다.

맞벌이 가족이 증가하면서 육아나 살림에 처가의 도움을 받는 경우가 많아지면서 장모의 간섭은 늘어나게 된다. 장모의 도움은 고맙지만 사위들은 그러한 도움이 궁극적으로는 자신의 딸을 위한 도움이라고 생각한다. 그러므로 이로 인해 장모의 간섭이 심해지면 장모와 갈등이 생기고 궁극적으로는 부부갈등으로 발전하게 된다. 부모와 성장한 자녀세대 간에 명확한 경계가 설정될 때 서로를 존중하고 배려하는 진정한 의미의 건강한 관계가 형성된다. 그러므로 부모는 성인자녀의 부부관계에 지나치게 개입하지 않고 든든한 지원자로서의 역할만을 수행하는 것이 바람직하다.

부모세대는 아들과 며느리, 딸과 사위의 독립된 부부관계를 인정하고 지나친 간섭이나 기대에서 탈피하는 것이 필요하다. 자녀가 독립하는 것은 너무나 당연하고 건강한 현상이며 이를 계속 출생가족에 묶어 두고 싶어하는 것은 또 다른 노욕이다. 자신의 출생가족을 결코 떠난 적이 없었던 남편들 때문에 경험했던 어려움을 생각하면 자녀를 떠나보낸다는 것은 심정적으로는 어려운 일이다. 그러나 부모가 청년기 자녀에게 줄 수 있는 두 가지 선물이 '뿌리'와 '날개'로 표현되듯이, 성인이 된 아들딸이 마음껏 날갯짓을 하면서 날아가도록 지켜봐 주고 든든한 지지세력으로 남는 것은 중노년기의 중요한 발달과업이다.

4) 노인학대

최근 급격한 사회변화와 이로 인한 가족관계의 변화는 다양한 형태의 노인문제를

야기하고 있으며, 그 가운데 대표적인 것이 노인학대이
다. 노인학대에 대한 연구는 1970년대에 접어들어 영
국이나 미국을 중심으로 한 서구문화에서 시작하여 이
후 다양한 문화권에서 나타나는 현상으로 전 세계적인
관심을 끌게 되었다. 우리나라는 전통적으로 노인공경
의 문화가 뿌리깊게 자리 잡고 있었으나 최근에는 노인
학대의 비율이 급격하게 증가하고 있어 노인학대에 대
한 사회적인 관심이 고조되고 있다.

(1) 노인학대의 개념

노인학대에 대한 개념정의는 문화에 따라서도 상이하며, 학자들 간에도 의견의 일
치를 보이지 못하고 있다. 노인학대는 넓게는 방임을 포함하는 보다 광의의 개념으로
간주하기도 하며, 좁게는 신체적 학대에 국한하는 보다 협의의 개념으로 정의하기도
한다. 전반적으로 노인학대의 개념에 대한 인식은 광의의 개념을 포함하는 것으로 변
화해 왔으며, 노인학대의 유형도 방임을 포함하는 보다 포괄적인 것으로 변화해 왔다.

Block과 Sinnott(1979)는 노인학대의 유형을 신체적 학대, 정서적
학대, 물질적 학대, 의료적 학대로 분류하였고, Douglass와 그 동료
들(Douglass, Hickey, & Noel, 1980)은 노인학대를 소극적 방임, 적극
적 방임, 언어적 · 정서적 학대 그리고 신체적 학대로 분류하였다.
O'Malley와 그 동료들(O'Malley, Segars, Perez, Mitchell, & Kneupfel,
1989)은 노인학대와 방임을 구분하여 노인학대는 노인의 심리적 ·
신체적 · 재정적 상태에 부정적이거나 해를 초래하는 행동이며, 방
임은 노인의 신체적 · 사회적 · 정서적 욕구를 충족시켜 주지 못하
는 것으로 정의하였다.

Richard L. Douglass

우리나라의 경우 2012년 보건복지부 노인학대 보고서에 의하면, 유형별로는 정서적
학대(38.3%), 신체적 학대(23.8%), 경제적 학대(9.7%), 유기(1.3%) 등으로 나타났으며(〈그
림 11-4〉 참조), 학대의 주체는 아들, 배우자, 딸, 며느리의 순으로 나타났다(〈그림 11-5〉

단위: %(2012년 기준)

정서적 38.3 학대
신체적 학대 23.8
방임 18.7
경제적 학대 9.7
자기 방임 7.1
유기 1.3
성적 학대 1.1

〈그림 11-4〉 노인학대 유형

출처: 보건복지부(2012). 노인학대 보고서.

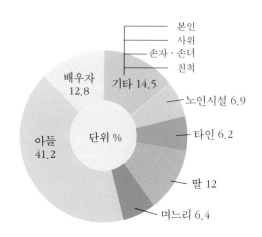

본인
사위
손자 · 손녀
친척
배우자 12.8
기타 14.5
노인시설 6.9
아들 41.2
단위 %
타인 6.2
딸 12
며느리 6.4

〈그림 11-5〉 노인학대의 주체

출처: 보건복지부(2012). 노인학대 보고서.

참조).

우리나라 노인학대의 또 다른 현상은 급속한 고령화로 인해 노인인구가 급증하면서, 부모나 배우자를 학대하는 노인이 크게 늘고 있다는 것이다. 노인에 의한 노인학대, 즉 노(老)-노(老) 학대가 그것이다. 2012년 보건복지부 노인학대 보고서에서는 "자식이 60~70대에 접어들면서 자기 몸을 추스르기가 힘든 상황에서 부모를 수발하기 힘들게 되자 학대가 나타나는 것 같다"라고 보고하고 있다.

노인학대는 그 특성상 알려진 사례보다도 훨씬 많은 것으로 보고 있다. 대개 노인학대가 발생하여도 이를 가족의 문제로 치부하고 외부의 도움을 받아 적극적으로 대처하려 하기보다는 가족 내에서 해결하려 하는 특성이 있기 때문이다. 특히 학대를 직접 받는 노인의 경우 학대의 원인을 '자신의 무능력'으로 생각하는 경우가 많기 때문에 그 학대를 참고 은폐하려는 경향이 강한 것으로 알려져 있다. 학대받는 노인들은 자신의 이러한 문제가 외부로 알려지는 것을 더 없는 수치로 생각하기 때문에 심한 좌절감을 느끼고, 우울증, 망각, 망상 등과 같은 정신질환의 증세를 보이기도 한다.

노인학대는 노인들에게 있어서 매우 심각한 위기이다. 이 위기를 극복하지 못하면 노년기는 황폐해지며, 삶의 보람이나 의지를 보장받을 수 없고 하나의 인격체로서 사회의 구성원이 되기가 쉽지 않다. 이러한 위기가 발생했을 때, 일반적으로 노인은 약화된 가족 내 입지 때문에 독자적으로 이 위기를 타개하기는 어렵다. 노인들은 사회적, 경제적, 심리적으로 이미 많이 위축되어 있기 때문에 적절한 사회적인 개입과 중재가 필요하고, 필요한 경우 적절한 조치를 반드시 취해야만 한다.

(2) 노인학대의 원인

노인학대를 유발하는 위험요인은 사회적 변인, 가족 내적 변인, 개인적 변인으로 구분할 수 있다. 사회적 관점에서 노인학대의 원인을 설명하는 대표적인 이론은 현대화이론이다. 현대화이론의 관점에서는 사회가 현대화되면서 노인의 지위가 낮아지고 이에 따라 노인학대도 증가하게 된다는 것이다. 이러한 관점에서 본다면 현대화로 인한 노인에 대한 부정적인 편견이나 고정관념 및 이러한 부정적인 편견에 대한 노인 자신들의 소극적인 대처방식은 노인학대를 유발하는 대표적인 원인이라고 볼 수 있다. 노인들은 가족구성원들로부터의 학대를 참거나 회피함으로써 문제를 해결하려 하며, 이러한 노인의 반응은 더욱더 학대를 심화시키는 요인으로 작용한다.

개인적인 차원에서도 노인이 가지고 있는 자원은 노인학대에 중요한 영양을 미치는 요인이라고 볼 수 있다. 실제로 경제적인 능력은 학대의 주요 원인으로 지목되고 있는데, 이러한 이유로 국민기초수급대상노인은 일반노인보다 낮은 학대인식을 가지고 있으며, 학대경험도 많은 것으로 나타났다(박봉길, 2005). 성별로도 남성에 비해 여성노인, 특히 경제적인 능력이 없는 여성노인이 노인학대의 주된 대상이라는 연구결과(김한곤, 1998)도 이와 유사한 관점에서 이해할 수 있다. 노인의 의존성 수준도 학대의 위험요인이라는 연구결과는 노인의 신체적 건강도 학대의 중요한 요인임을 말해 주는 것이다(이연호, 2002).

그러나 우리나라는 가족부양의식이 강한 사회이며, 노인부양의 일차적인 책임이 가족에게 있다는 점에서 볼 때에, 다른 요인보다는 가족 내적 요인이 학대의 대표적인 원인이라고 볼 수 있다. 급격하게 변화하는 사회에서 가족갈등은 노인학대를 예측하는 가장 강력한 변수로 나타났다. 노부모와 성인자녀와의 갈등은 역할상의 문제나 가치관의 차이, 자원의 문제 등 여러 가지 원인에서 비롯되는데, 이러한 원인에서 비롯되는 스트레스가 자녀가 감당할 수 있는 수준을 상회하거나 자녀 자신들이 직면한 문제에 대처하여 그 문제를 해결할 수 없는 경우에 학대를 초래하게 된다. 연구결과에서도 가족 내의 강한 결속력은 노인의 학대경험과 부적 상관이 있는 것으로 나타났다(고보선, 2005).

(3) 노인학대의 해결

노인학대의 문제를 해결하는 것은 학대의 원인과 결부시켜 접근할 수 있다. 현대화로 인한 노인의 지위하락이 주요인이라는 사실은 해결이 불가능한 문제이지만, 노인에 대한 부정적인 편견이나 고정관념은 이를 변화시키도록 노인들 자신이나 사회적 차원에서 노력이 필요하다. 동시에 노인 자신의 소극적인 대처방식에서 벗어나 노인학대에 대한 인식을 하고 이에 적극적으로 대처할 수 있는 능력을 훈련시키는 것이 일차적인 문제이다. 가족 내에서 노인학대가 일어나지 않도록 사전예방을 위한 교육을 시키는 것이 우선적이지만 노인학대가 일단 발생한 경우에는 이를 가족 내의 치부로 생각하고 감추려는 행동이 문제를 더 심화시킬 수 있음을 인식시키는 것이 중요하다. 또한 가족 갈등이 노인학대의 중요한 예측변수라는 점을 감안하여 지역사회 차원에서도 노인 자신이나 노인부양가족을 대상으로 한 교육이 지속적으로 이루어져야 할 것이다. 동시에 학대가 일단 일어나면 지역사회가 이에 적극적으로 개입하도록 하는 방안을 강구해야할 것이다. 또한 노인들이 경제적인 능력을 유지할 수 있도록 정년제를 융통성 있게 운용하는 것이 필요하며, 개인적으로도 지속적인 운동이나 균형 잡힌 식습관을 유지함으로써 신체적인 건강을 유지하도록 하는 노력이 필요하다.

3. 손자녀와의 관계

중·노년기는 부부중심의 핵가족단위에서는 빈 둥지 시기로 가족관계가 축소되는 양상을 보이지만 실제로는 확대되는 시기이다. 상호작용의 빈도와는 무관하게 자녀가 출가함으로써 사위, 며느리, 사돈 등 관계의 범위는 더욱 넓어진다. 특히, 손자녀의 출산으로 조부모가 된다는 것은 가장 중요한 변화이다.

조부모는 부모보다 자녀양육 경험이 많으므로 손자녀에게 정서적 안정감을 제공해 줄 수 있으며, 손자녀에 대한 직접적인 의무감이나 책임감이 없기 때문에 순수하게 애정적인 관계에서 유대감을 형성할 수 있다(사진 참조). 조부모는 지식과 지혜 그리고 관용의 원천으로서 손자녀의 삶에 많은 영향을 미친다(McMillan, 1990; Orthner, 1981; Strom & Strom, 1990; Wood, 1982). 조부모는 손자녀에게 노화에 대한 긍정적인 태도를 심어 줄 수 있고, 조부모의 '무릎학교'를 통해 문화가 전수되기도 한다. 손자녀에 대한 조부모로서의 역할은 조부모로 하여금 자신의 존재가치를 확인하고, 상실감을 극복하며, 삶에 대해 의욕적인 자세를 가질 수 있게 도움을 준다. 이처럼 조부모의 존재는 손자녀에게 중요하다. 그들은 지혜의 원천이고, 과거와의 연결자이며, 놀이친구이고, 가족생활의 영속성을 나타내는 상징이다. 조부모 역할은 Erikson의 생산성이 표현되는 한 방법이기도 하다.

조부모와 손자녀와의 관계는 다양한 형태로 나타난다. Neugarten(1977)은 이를 공식적 유형, 기쁨추구형, 대리부모형, 지혜전수형, 원거리형으로 분류하였다. 우리나라의 연구에서는 조모역할은 훈계자 역할, 물질제공자 역할, 대리모 역할, 가계역사의 전수자 역할, 손자녀 후원자 역할, 생활간섭자 역할인 것으로 나타났다(서동인, 유영주, 1991). 이 중에서 여성 취업률의 증가로 점차 대리부모로서의 역할이 증가하는 경향을 보이고 있다.

조부모와 손자녀의 관계는 손자녀에게만 일방적으로 긍정적인 영향을 미치는 것이 아니라 이를 통해 노인인구 증가로 인한 노인소외나 고립을 방지하는 긍정적인 효과도 기대할 수 있다. 여러 학자들은 노년기에 상호관계에서 받는 것에 못지않게 주는 것의 의미를 강조하고 있다. 타인에게 도움을 줌으로써 얻을 수 있는 긍정적인 효과로 Hooyman과 Kiyak(2005)은 다음과 같은 점을 들고 있다. 첫째,

Nancy R. Hooyman

H. Asuman, Kiyak

타인에게 도움을 줌으로써 자신감이 생기는 것과 같이 자신의 신체적·정신적 안녕에 도움이 되며, 둘째, 통제감·자율성·유능성을 확득하게 되며, 셋째, 적극적이고 유연성 있는 노년생활을 하게 되고, 넷째, 사별과 같은 스트레스를 주는 사건으로 인한 부정적인 결과를 최소화하며, 다섯째, 사망률도 감소한다는 것이다. 우리나라의 가족 내의 상호관계에서 노인은 손자녀에게 많은 도움을 줄 수 있는 위치에 있다. 또한 취업여성의 자녀양육에 대한 부담을 감소시켜 줄 수 있는 긍정적인 측면도 있다.

그러나 손자녀와의 관계가 항상 긍정적인 것만은 아니며 양육방법에서 자녀세대와 갈등을 경험하기도 한다. 동시에 조부모의 여가나 노후생활을 침해한다는 부정적인 측면도 고려해야 할 것이다. 자녀세대의 기대와는 달리 손자녀를 돌보는 것을 유일한 낙으로 생각하는 조부모는 거의 없다. 가사노동이나 육아로 젊은 시절을 보낸 중·노년기의 부모는 자녀출가 이후 얻은 자유를 포기하고 싶어하지 않는다.

4. 형제자매관계

형제자매와의 관계는 가장 오래 지속되는 관계이며, 나이가 들수록 훨씬 더 중요해진다. 어린 시절의 경쟁심이 성인기까지 지속될 수도 있지만, 대부분의 형제자매들은 서로에게 친밀감을 느끼며, 상호관계에서 상당한 만족감을 얻는다. 일반적으로 노인들은 형제자매보다는 자녀나 손자녀와 더 가깝게 느끼고 도움을 많이 받지만, 앞으로 자녀를 점점 적게 갖는 경향이 있으므로 노년기의 형제자매관계는 정서적 지원과 실제적 도움의 원천으로서 보다 의미 있는 역할을 할 것이다.

형제자매관계에서도 자매관계가 가장 접촉이 빈번하고 친밀하다(Cicirelli, 1980; Lee, Mancini, & Maxwell, 1990). 반면, 형제관계는 접촉 빈도가 가장 낮다(Connidis, 1988). 특히, 여자 형제들은 가족관계

Victor G. Cicirelli

를 유지하는 데 중요한 역할을 한다. 여자 형제가 있는 남자 노인들은 여자 형제가 없는 남자노인들보다 노화에 대해 덜 걱정하며, 생활만족도도 높은 편이다(Cicirelli, 1977).

우리나라 노년기 형제자매관계의 특성에 관한 연구(전혜정, 1992)에 의하면 노년기 형제자매 간 친밀도에 영향을 미치는 변인은 종교 일치 여부로 나타났으며, 사회적 상호작용을 가장 잘 설명해 줄 수 있는 변인은 지리적 근접성, 교육수준, 형제자매의 수인 것으로 나타났다.

Gold와 그 동료들(Gold, Woodbury, & George, 1990)은 친밀감과 상호 간의 관련도, 접촉빈도, 시기심, 적개심을 중심으로 형제자매관계를 다음과 같은 다섯 가지 유형으로 구분하였다(〈그림 11-5〉 참조). 친밀형은 친밀도와 관련도, 접촉빈도는 높은 대신 시기심과 적개심은 낮은 유형으로 주로 자매관계에서 많이 나타나는 유형이다. 우정형은 친밀도와 관련도는 높은 반면 접촉빈도는 보통수준이며 시기심과 적개심은 비교적 낮은 유형으로 남매간에서 많이 나타나는 유형이다. 충실형은 친밀도, 관련도, 접촉빈도는 보통 수준인 반면 시기심과 적개심은 비교적 낮은 편이다. 무관심형은 서로 무관심

Deborah T. Gold

Linda K. George

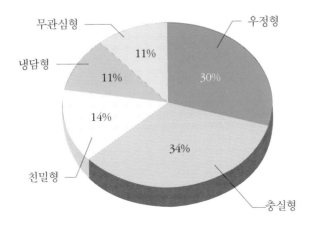

〈그림 11-6〉 형제자매관계의 다섯 가지 유형

한 관계이며 다섯 가지 요인 모두가 낮은 수준이다. 냉담형은 적개심과 관련도는 높은 수준인 반면 친밀감이나 접촉빈도, 시기심은 비교적 낮은 수준이다. 남자 형제관계는 주로 충실형, 무관심형, 냉담형에 속한다. 형제관계의 유형에서 나타나는 성별에 따른 차이는 노년기에 왜 여성이 남성보다 적응이 용이한지를 설명해 주고 있다.

제4부

노인복지정책과 서비스

우리나라의 노인인구는 급격하게 증가하고 있으나 이에 반해 노인문제에 대한 사회적인 인식은 부족한 실정이다. 이러한 사실은 우리나라의 강한 가족주의에 그 근원을 두고 있다고 볼 수 있다. 그러나 최근 우리나라의 저출산율이나 높은 교육비 부담 등과 같은 여러 가지 요인들은 노인부양을 더 이상 가족부양이나 개인부양으로 미루기에는 한계가 있으며 노인복지정책이나 서비스의 필요성을 말해 주고 있다.

　　앞서 살펴본 바와 같이 노인문제는 사회변화와 밀접한 관련이 있다. 산업사회 이전의 농경사회에서 노인은 공경의 대상이었고 노인의 지혜는 존중을 받았다. 그러나 산업화되면서 노인의 지혜는 더 이상 쓸모가 없게 되었으며 정년제도의 도입으로 인해 노동시장으로부터 배척당하기 시작하였다. 이처럼 사회문제와 연관하여 노인의 욕구와 문제를 해결하고 예방하기 위해 도입된 제도가 노인복지정책이며, 이는 어디까지나 노인문제에 대한 사회적인 책임을 말해 주는 것이다. 사회복지가 산업화 과정에서 생긴 문제를 해결하고 소외된 개인이나 집단의 욕구를 충족시키는 기능을 하기 위한 사회제도라면, 노인복지는 사회복지의 한 부분이라고 볼 수 있다. 그러므로 노인복지는 노인들이 어려움을 보이는 문제에 대해 사회적 차원에서 복지정책이나 서비스를 제공하는 것을 의미한다. 특히, 노년기는 모든 사람들이 예외없이 통과해야 하는 삶의 한 부분이라는 점에서 사회복지의 다른 분야에 비해 그 중요성이 크다고 볼 수 있다.

　　제4부에서는 먼저 노인복지의 기본개념에 대해 살펴보고, 소득보장정책, 의료보장정책, 주거보장정책, 노인복지서비스와 고령친화산업과 같은 각각의 복지 분야에 대해 구체적으로 살펴보고자 한다.

제12장
노인복지정책의 개요

　전통적으로 우리나라는 노인부양에서 가족부양의 가치를 높이 평가했던 사회이다. 가족 내에서 노인은 존경의 대상이었고 사회적으로도 경로효친 사상으로 인해 노인들은 존경의 대상이었다.

　그러나 사회가 산업화되고 핵가족화됨으로써 노인부양을 가족이 전적으로 담당하는 것이 어렵게 되었고, 사회가 이러한 기능을 일부 담당할 수밖에 없어 현대사회에서는 노인부양이 점차 가족부양에서 사회부양으로 변화하고 있다. 대부분의 노인은 독립적인 노년기를 보내지만 평균수명이 증가하면서 그 기간이 얼마인가의 차이가 있을 뿐 노인들은 의존적인 시기를 경험할 수밖에 없다. 이러한 의존적인 시기에는 여러 사람들의 도움을 필요로 하지만 예전과는 달리 가족 내에서 전적으로 부양의 역할을 수행할 수 없다는 점에서 노인문제에 대한 사회복지의 중요성을 더욱 실감하게 된다. 사회보장제도는 이러한 노년기의 문제를 해결하고 예방하기 위한 일종의 재분배제도이다. 노인을 대상으로 한 사회보장은 노년기의 신체적 노화나 경제적 어려움 등에 대비하기 위하여 국가와 사회가 개입하는 방법으로, 사회보험과 공공부조에 의해 이루어지고 있다. 세계 여러 나라들은 그 정도의 차이는 있지만 일정 수준의 사회복지정책을 실시하고 있다. 현재 우리나라도 사회보장제도를 통해 전적으로 노년기의 문제를 해결하고 있다고는 볼 수 없지만 점차 사회적·국가적 책임을 강조하고 있다.

이 장에서는 노인복지정책의 개념과 필요성, 목표, 내용 그리고 우리나라의 노인복지정책 및 노인복지 서비스의 전달체계에 대해 살펴보고자 한다.

1. 노인복지정책의 필요성

노인복지는 노년학에 대한 이해를 바탕으로 사회정책적 개입이나 서비스를 통해 노인의 적응을 도와주고 삶의 질을 증진시키려는 사회적인 노력을 의미한다.

현대사회에서 노인인구는 급격하게 증가하는 데 반해 노인들은 신체적·정신적인 문제나 은퇴로 인한 여러 가지 문제를 가지고 있으며, 이를 개인이나 가족의 차원에서 해결하기에는 역부족인 상태에 이르렀다. 이러한 문제는 산업화라는 사회적 변화로 인해 유발되는 부분이 높은 비중을 차지하는 만큼 이를 사회적인 차원에서 적극적으로 개입하고 해결하려는 정책이 절실하게 필요하다. 이러한 대전제하에 노인복지정책은 다음과 같은 여러 가지 관점에서 그 필요성이 인정된다.

1) 인간의 존엄성과 가치 존중

모든 인간은 인종이나 성별, 연령, 계급 등에 상관없이 인간으로서의 고유한 가치와 존엄성을 가지고 있다. 그러므로 노인이라고 하여 그 존엄성이나 가치가 무시되어서는 안 된다는 것이다. 노년기에는 신체적으로 허약해질 뿐만 아니라 경제적·지적 능력 등 여러 가지 측면에서 감퇴현상이 나타나며, 이로 인해 노인은 무시당하고 소외되는 경우가 많다. 그러나 이와 같은 여러 가지 능력의 감퇴에도 불구하고 인간으로서의 존엄성은 존중되어야 하며 이는 복지의 가장 기본적인 원칙이라고 볼 수 있다.

사회보장제도를 최초로 실시한 독일의 비스마르크는 산업혁명으로 인해 파생된 노동자 계층의 불만을 해소하기 위해 '한 손에 당근을, 다른 한 손에는 채찍'을 드는 오늘날과 같은 사회보장제도를 실시하였으며, 이는 이후 여러 나라에 영향을 주었다. 이러한 사회보장제도가 실시된 배경은 바로 인간의 존엄성과 평등사상에 그 근거를 두고 있다. 이를 근간으로 한 바이마르(Weimar)헌법에는 인간다운 생활을 보장할 것을 명시하고 있으며, 인간으로서의 존엄과 가치를 보장해 주어야 함을 강조하고 있다.

세계노동기구(International Labor Organization: ILO)에서도 1942년 국가는 국민의 일반적 복지에 대한 책임이 있으며, 사회보장을 실시하는 것은 국가 본래의 기능이라고 규정하였다. 국민의 기본적인 생존권을 보장하는 것은 세계 대부분의 나라의 헌법에서 규정하고 있으며, 우리나라의 헌법에도 모든 국민은 인간다운 생활을 할 권리를 가지고 있고, 국가는 사회보장의 증진을 위해 노력해야 하며, 생활능력이 없는 국민은 법률이 정하는 바에 의하여 국가의 보호를 받는다는 사실을 명문화하고 있다.

2) 사회적 공헌에 대한 보상

현재 우리가 누리고 있는 여러 가지 자원이나 서비스 등은 현재의 노인세대가 피땀을 흘려 일구어 놓은 노력의 산물이다. 비록 현재의 노인세대는 부양대상이지만 이들의 노력이 오늘날과 같은 사회를 만드는 데 큰 공헌을 하였음은 부인할 수가 없다. 그러므로 이러한 공헌에 대한 보상차원에서 노인복지는 그 의미를 갖게 된다.

우리나라 노인복지법 제2조에는 "노인은 후손의 양육과 국가 및 사회의 발전에 기여해 온 자로서 존경받으며 건전하고 안정된 생활을 보장받아야 하며, 노인은 그 능력에 따라 적당한 일에 종사하고 사회적 활동에 참여할 기회를 보장받아야 하며, 노인들 자신은 노령에 따르는 심신의 변화를 지각하여 항상 심신의 건강을 유지하고, 그 지식과 경험을 활용하여 사회의 발전에 기여하도록 노력하여야 한다"라고 규정하고 있다. 노인복지를 위한 이러한 이념은 젊은 시절 사회를 위해 노력한 대가로서 부양을 받아야 한다는 것을 강조하고 있다. 이러한 부양이 전통적으로는 대가족에 의해 이루어졌으나 산업사회에서는 사회보장법에 의해 이루어져야 한다는 것을 강조하고 있다. 이는 응당 부여받아야 하는 하나의 권리로서 노인부양을 지각하고 있는 것이다.

우리나라의 '효' 사상도 이러한 복지이념과 유사한 맥락에서 이해할 수 있다. '효' 사상은 부모로 인하여 자신이 이 세상에 태어났으며 부모가 베풀어 준 것이 많기 때문에 이러한 부모의 은혜를 갚아야 한다는 인간의 도리를 강조하는 데서 출발하였다고 볼 수 있다. 이는 단순히 가족 내의 인간관계에만 국한되는 것이 아니라 사회적인 규범으로 정착되어 경로효친사상으로 발전하게 되었으며, 이러한 측면에서 볼 때에 우리나라의 노인복지는 제도적인 측면과 아울러 사회규범을 통해 보다 굳건하게 뒷받침이 되었다고 볼 수 있다. 이처럼 부모자녀관계에서 효를 강조한 것은 부모자녀관계를 자연의 법칙으로 보았기 때문이다. 즉, 중력이 작용하는 자연계에는 자연낙하하는 것이 절대적인 법칙이기 때문에 인간의 정(情)도 부모가 자녀를 사랑하는 자정(慈情)은 자연의 법칙으로 저절로 생기지만 위로 올라가는 효성(孝誠)은 노력하지 않으면 생기지 않는다고 보았기 때문이다(유정기, 1975).

그러나 최근 경로효친은 낡은 사상이라고 하여 경시하는 풍조가 사회에 만연해 있는 실정이다. 또한 노인복지라고 하면 우리는 일상적으로 경제적인 혜택 등과 같은 유형의 복지자원을 우선적으로 연상하게 된다. 그러나 이러한 경로효친은 굳이 복지제도라는 명칭으로 언급되지는 않았지만 인간의 존엄성과 가치존중이라는 복지의 원칙에 가장 부합하는 우리 민족의 자랑스러운 미풍이라고 볼 수 있다. 노인들이 자녀에게 의존하는 주된 이유는 건강과 경제적인 이유 때문이지만 실제로 도움을 받고 싶어하는 부분은 경제적 지원보다도 잦은 방문이나 정서적 지원인 것으로 나타났다(김태현, 1998). 우리나라에서는 주된 의존대상이 가족이며, 가족으로부터의 지원은 노년기의 생활만족도의 중요한 근원이 된다. 성공적인 노화에 대한 생각에서도 가족관계에 대한 만족도가 중요한 비중을 차지한다는 사실에 비추어 볼 때에 신체적 · 정신적 기능이 감퇴할수록 더 많은 관심을 가지고 함께 대화하고 상호작용하려는 노력이 필요하다(하정연, 오윤자, 2003). 경로효친사상은 바로 노년기의 이러한 욕구를 충족시켜 주기 위한 미풍이라고 볼 수 있다. 이러한 미풍양속이 하나의 고리타분한 폐습으로 사장되는 일이 없도록 국가 차원에서 적극적인 교육과 홍보가 필요하다.

이와 동시에 정부에서는 노인부양의 책임을 가족에게 떠넘기기 위해 경로효친사상을 강조해 왔음을 부인할 수 없다. 노부모와 동거하고 있는 가족에게 상속세나 소득세와 같은 여러 가지 세금의 감면혜택을 주고 매년 효행자를 선발하여 상금을 주는 형식으로 국한된 경로효친사상의 편파적인 차원이 아니라 그 진정한 의미를 살리고자 하는 노력이 필요할 것이다.

3) 상호호혜성의 실현

모든 인간은 직업이나 신분에 무관하게 인간의 존엄성에서는 평등하지만 여러 가지 자원의 면에서는 결코 평등할 수가 없다. 특히, 산업화가 진행되고 자본주의가 발달하면서 가진 자는 더 많은 것을 가지게 되고, 가지지 못한 자는 더 가난해지는 양극화가 심화되고 있다. 노인집단은 우리 사회의 가장 가지지 못한 집단이며 동시에 이들은 자신들의 몫을 갖기 위해 더 이상의 투쟁이나 노력이 불가능한 집단이다. 그러므로 사회적 평등을 실현하고자 하는 사회정의의 차원에서 노인복지정책의 필요성이 대두된다.

사회적 평등의 구현은 사회의 공헌에 대한 보상성과 상호호혜성에 그 근거를 두고 있다. 호혜성이란 특정한 개인이나 집단이 다른 개인이나 집단과 일정 수준의 재화나 서비스를 주고받거나, 재화나 서비스를 준 집단이 이후 또 다른 개인이나 집단으로부터 재화나 서비스를 받을 수 있는 권리를 갖게 되는 것을 의미한다. 즉, 현재의 노인세대는 젊은 시절 자신들의 부모세대를 부양하였으며, 이들은 나이 들어서는 자신의 자녀세대로부터 부양을 받게 되고, 이후 이들의 자녀세대가 노인이 되면 그들의 손자녀세대로부터 부양을 받게 되는 호혜적인 관계가 지속적으로 이루어지게 된다. 이러한 호혜적인 관계는 가족 내에서뿐만 아니라 사회적인 차원에서도 이루어지고 있다. 노령연금은 바로 대표적인 호혜적 복지정책의 하나라고 볼 수 있다. 이러한 호혜적인 관계의 중심에는 국가의 개입이 있게 된다.

그러나 이러한 호혜적인 관계는 이론적으로 생각하듯이 항상 순조롭게 이루어지는 것만은 아니다. 가족 내의 호혜적인 관계뿐만 아니라 사회적인 호혜적 관계도 최근 상당히 문제시되고 있다. 현재 중년기에 있는 부모세대들은 자신들은 주기만 하고 받지 못하는 첫 번째 세대일 것이라는 불만을 토로하고 있다. 이들은 자신들의 부모세대를 열심히 부양하였으나 최근의 사회적인 분위기로 미루어 보아 자녀세대로부터 부양받지는 못할 것이라는 생각을 하는 것이다. 또한 사회적인 차원에서 노령연금도 마찬가지 우려를 낳고 있다. 현재의 젊은 세대는 연금을 불입하고 있으나 연금기금 운용상의 문제로 인해 이들이 노인이 되는 시점에서는 연금기금의 고갈로 인해 실제로는 그 혜택을 받지 못할 것이라는 우려를 낳고 있다. 그러므로 국가적인 차원에서 가족과 사회에서 호혜적인 관계가 지속될 수 있도록 교육을 통한 적극적인 홍보나 효율적인 기금 운용과 같은 노력과 개입이 필요하다.

2. 노인복지정책의 목표

우리나라의 노인복지법 제2조에는 노인의 안정된 생활보장과 자아실현을 위한 욕구충족 그리고 사회적 통합의 유지라는 노인복지의 기본이념을 제시하고 있다. 노인복지정책은 이러한 노인복지법의 기본이념을 실현하는 것이 그 목표라고 볼 수 있다. 따라서 노인복지정책은 다음과 같은 목표를 설정할 수 있다.

첫째, 노인의 안정된 노후생활을 보장해 주는 것이다. 이는 국민 모두가 인간다운 생활을 할 수 있도록 최저생계수준을 보장받아야 한다는 것을 의미하는 것이다. 최저생계수준이 어느 정도인지는 여러 가지 상황요인에 따라 차이가 있으나 노인이 최저수준의 생계를 유지할 수 있도록 자원을 지원하는 것이 노인복지의 일차적 목표이며, 대부분의 노인복지정책도 이에 초점을 맞추고 있다.

둘째, 노인의 자아실현을 위한 욕구를 충족시켜 주는 것이다. 안정된 노후생활의 보장도 중요하지만 인간은 빵만으로는 살 수 없으며, 노년기에도 보다 성숙한 인간으로 발전하고자 하는 욕구를 가지고 있다. 그러므로 노인들이 자신의 노후를 보다 성숙한 삶의 한 단계로 발전시켜 나가기 위한 교육과 상담 등의 서비스지원이 필요하다.

셋째, 노인의 사회적 통합을 유지하는 것이다. 인간은 사회적인 동물이며 일생 동안 사회적인 관계를 형성하고자 하는 욕구를 가지고 있다. 은퇴로 인해 사회적인 관계가 축소되는 노년기에 있어서 사회적인 관계망은 노년기의 생활만족도에 큰 영향을 미치는 요인이 된다. 우리나라와 같이 가족주의가 강한 나라에서는 가족으로부터의 지원은 더욱 중요한 의미가 있다. 동시에 사회적인 지원망을 통해 고독이나 소외와 같은 노년기의 문제를 차단하고 예방할 수 있는 복지정책도 필요하다. 사회 여러 곳에서 이루어지고 있는 자원봉사활동도 바로 이러한 지원에 적절한 것이라고 볼 수 있다.

이러한 노인복지의 기본이념은 의식주와 같은 개인의 일차적인 욕구를 충족시켜 주는 것만이 노인복지의 궁극적인 목표라고 볼 수는 없으며, 생활보장이 일차적인 과제라면 자아실현을 위한 욕구충족과 같은 정신적인 욕구의 충족도 동시에 이루어져야 함을 의미하는 것이다. 나아가 노인복지의 궁극적인 목표는 한 개인의 적응과 동시에 사회적 통합의 중요성을 강조하고 있는 것이다.

3. 노인복지의 내용

이상과 같은 노인복지의 목표를 실현하기 위해서는 여러 영역에서 복지정책이나 서비스가 이루어져야 한다. 노인복지의 영역은 노인의 경제적 안정, 직업, 주택, 의료 등 노인의 일상생활과 관련된 모든 영역을 망라하는 것으로 볼 수 있다. 최저수준의 생계를 보장해 주기 위해 소득보장정책이나 의료보장정책, 주거보장정책이 이루어져야 하며, 개인적 성장과 사회적인 관계형성을 도모하기 위해 여러 다양한 사회복지서비스나 노인교육 및 상담이 이루어져야 할 것이다.

Shenfield(1957)는 노인복지정책의 영역으로 고용정책, 연금제도, 주택정책, 의료정책, 수용보호 및 재가노인을 위한 복지서비스의 5가지 영역에 대해 사회복지정책이 이루어져야 한다고 주장하였다. 또한 Kaplan(1962)은 국가와 사회가 대책을 세워야 할 영역으로, 은퇴 이후의 경제적 안정, 건강증진을 위한 의료서비스, 만성질환노인을 위한 보호조치, 은퇴 이후의 능력에 적합한 일을 할 수 있는 기회, 주택문제, 정신적 안정과 사회봉사의 기회, 창조적 활동과 여가활용의 기회 제공과 같은 7가지 영역을 제시하였으며, 그 가운데서도 경제적인 안정과 의료정책을 특히 강조하였다.

4. 우리나라의 노인복지정책과 예산

우리나라는 전통적인 경로효친사상을 근간으로 하여 지금까지 여러 가지 형태의 복지정책을 실시해 오고 있으며, 노인복지법의 제정과 수차례의 개정을 통해 노인복지의 양적·질적 확충을 위한 노력을 지속적으로 기울여 오고 있다. 그러나 아직까지 노인복지 예산은 다른 예산이나 외국의 노인복지 예산과 비교했을 때에 상당히 낮은 비율을 차지하고 있다.

1) 우리나라 노인복지정책의 역사

역사적으로 우리나라는 노인과 그들의 가족을 지원하기 위한 여러 가지 정책이나 풍습이 있었다. 우리나라의 노인복지정책은 굳이 제도로 정착되지는 않았으나 그 이념은 삼국시대에도 존재했던 것으로 볼 수 있다. 삼국사기에는 부모에게 효성이 지극한 자녀에게 벼슬을 하사함으로써 경로효친의 사상을 강조한 기록이 남아 있으며, 국경일에 궁정에서 양로연(養老宴)을 베푸는 것과 같은 양로사업이 행해진 것으로 전해지고 있다. 또한 신라 문무왕 때부터 시행된 치사(致仕)제도는 벼슬을 사양하고 물러나는 것을 의미하는 것으로 오늘날의 정년제와 유사하지만 이는 해고를 위한 것이라기보다는 오히려 휴식을 위한 배려의 성격이 더 강하였다.

고려시대에 들어와서는 불교의 자비사상을 근간으로 하여 노인뿐만 아니라 어려움에 처한 사람들에게 일종의 자선사업과 같은 여러 가지 제도가 보다 활발하게 시행되었다. 고려사에는 국경일에는 왕명으로 노인에게 양로연을 베풀고 의복과 식량을 하사하였으며, 고려 현종 때에는 병든 부모가 있을 경우 부모를 간병하도록 관리에게 20일간의 휴가를 주었으며, 70세 이상 노인의 자손이 죄를 지어 형벌을 받았을 때, 그 노친을 봉양할 다른 자손이 없는 경우 그 자손의 벌을 일시 중지하거나 면제하여 노인을 봉양하도록 하였다. 70세 이상의 고령자에게는 일종의 자원봉사인 대정(待丁)을 두어 노인을 봉양하도록 하였다고 한다.

조선시대에는 유교사상의 영향으로 경로효친의 사상이 정책적으로 장려되었으며, 세종대왕 때는 노인을 대상으로 한 양로사업이 활발하게 이루어져 지금의 양로원에 대한 발상과 양로법의 제정, 양로연이 하나의 제도로 정착되어 조선 말까지 유지되었다. 또한 민간에서 전승되어 온 '월천공덕(越川功德)'이나 '수(壽)누리' '도구치레' 풍습은 노인부양에 대한 일종의 사회적 지원이라고 볼 수 있다. 월천공덕은 정월 대보름 전에 다니기 힘든 곳에 다리를 놓거나 길을 넓힘으로써 화를 면한다는 것에서 유래한 풍습이지만, 실제로는 거동이 불편한 노인을 배려한 풍습이다. 수누리는 70세 이상의 노인을 모시는 집에는 상인들이 물건값을 10 ~ 20% 할인해 주는 풍습이다. 도구치레 풍습은 추석을 전후하여 신세를 진 어른에게 미꾸라지를 대접하는 것이었는데 일종의 경로잔치의 개념으로 볼 수 있다(최순남, 1995). 이러한 풍습에 비추어 볼 때, 우리나라에서는 전통적으로 성인자녀와 노부모의 관계를 전통적인 '효' 규범에 의존하기보다는 다소의 복지정책도 함께 이루어져 왔다고 볼 수 있다.

해방 이후 우리나라의 사회복지는 열악한 경제사정으로 인하여 외국의 사회사업단체에 의존할 수밖에 없었으나 이후 경제적인 안정과 동시에 노인인구의 증가로 인해 정부차원의 법률 제정과 아울러 여러 가지 노인복지정책과 서비스가 이루어지기 시작하였다.

2) 노인복지법의 제정과 개정

우리나라의 노인복지정책은 1961년에 제정된 생활보호법에 의한 무의탁 노인에 대한 시설보호 및 재가보호에서 시작되었다. 이러한 생활보호법은 1948년 공포된 헌법에 기초를 두고 있다. 우리나라 헌법 제19조의 생활무능력자에 대한 보호에서는 "노령, 기타 질병, 기타 근로능력의 상실로 인하여 생활유지능력이 없는 자는 법률이 정하는 바에 의하여 국가의 보호를 받는다"라고 규정하고 있다. 그러나 이러한 헌법의 이념에도 불구하고 정부수립 이후의 혼란이나 6·25동란으로 인한 사회적 여건은 사회보장제도의 실시를 어렵게 하였다.

그러나 이후 산업화가 진전되면서 부익부, 빈익빈 현상이 심화되고 사회적 약자에 대한 보호의 필요성이 심각한 사회문제로 대두되면서 사회법이 등장하게 되었다. 사회법은 사회정의의 실현을 위해 국가나 사회가 인간의 최저욕구수준을 충족시켜 주고 인간다운 삶을 보장해 주는 것에 그 목표를 둔 것으로 대표적인 것이 사회보장법과 사회복지법이라고 볼 수 있다(〈그림 12-1〉 참조). 이를 근간으로 하여 평균수명의 연장과 핵가족화로 인한 노인보호의 필요성이 사회적인 문제로 대두되면서 1981년 노인복지법이 제정되었다.

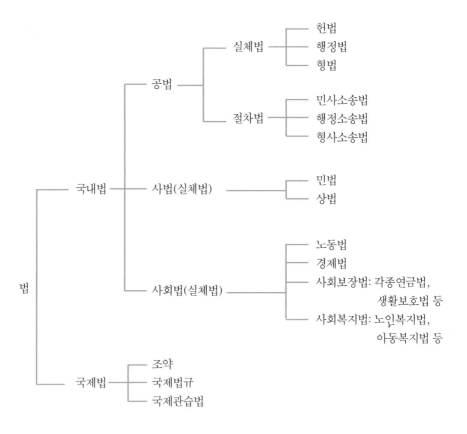

〈그림 12-1〉 일반법의 구분체계

(1) 노인복지법 제정의 배경 및 경위

우리나라는 1970년대에 진입하면서 사회구조가 산업화, 도시화, 핵가족화의 현상이 나타나기 시작했고, 이로 인해서 우리 민족 고유의 전통문화인 경로효친의 미풍양속과 노부모 부양의식이 서서히 감퇴하기 시작했다.

아이젠하워 대통령

이와 같이 사회구조가 변화함에 따라 많은 비율의 노인들은 가정이나 사회에서 소외당하는 현상이 나타나기도 하고 절대빈곤 또는 상대적 빈곤이라는 문제로 고통을 감수해야 하는 경우도 적지 않게 발생하였다.

영국에서는 1940년대에 이미 소득보장, 의료보장과 관련된 베버리지 구상을 실천에 옮김으로써 사회보장정책을 본 궤도에 올려놓았고, 미국은 1961년 아이젠하워 대통령이 노인을 위한 백악관 회의 (White House Conference on Aging)를 직접 주재함과 동시에 보다 적극적인 노인복지정책을 시행하기 시작했다. 일본에서도 미국의 백악관 회의와 거의 같은 시기인 1961년 노인헌장을 제정하고 1963년에 노인복지법을 제정하는 등의 노인복지정책을 시행하기 시작했다.

박재간

우리나라가 선진 각국에서 시행하고 있는 노인복지정책에 영향을 받기 시작한 것은 1970년대 초부터이다. 당시에 한국양로사업협회 이윤영 회장은 양로원 사업에 대한 정부의 지원과 관련된 내용을 담은 노인복지법안을 작성하여 1972년 국회에 입법을 청원하였으나 법안의 내용이 부실하다는 이유로 심의조차 이루어지지 않았다.

노인복지법의 제정 작업이 본격화하기 시작한 것은 1970년대 중반부터이다. 1973년 '한국노인문제연구소'를 설립한 박재간 소장은 당시 노인복지정책과 노인복지관련법 제정에 관심을

사진 설명: 독일 함부르크대학 부설 노인문제연구소를 방문한 박재간 소장

갖고 1974년 미국, 영국, 독일, 일본 등 4개국을 순방하면서 노인복지와 관련된 자료들을 수집하였고, 수집된 자료를 토대로 1977년에 우리나라 실정에 부합되는 내용의 노인복지법안을 작성하여 대한노인회와 공동으로 공청회를 거쳐 법안의 입법화를 국회에 청원하였다. 그러나 당시 민주공화당 정권은 경제성장 위주의 정책을 펴고 있었으므로 복지정책과 관련이 있는 법안의 입법을 억제하고 있었던 시기였기 때문에 이 법안의 법제화 작업에는 어려움을 겪어야 했다.

그 이후에도 대한노인회와 한국노인문제연구소는 계속해서 노인복지법의 제정 운동을 전개하였으며 정부는 1980년 한국노인문제연구소안을 참고로 하여 정부안을 마련하게 되었다. 그리고 우리나라 최초의 노인복지법이 1980년 12월 27일 국회에서 의결되었고, 1981년 6월 5일 어버이날을 기해 법률 제3453호로 공포되었다.

노인복지법은 실정법적 성격이 농후해야 실효성 있는 복지조치를 취할 수 있는데, 당시 제정된 노인복지법의 내용을 분석해 보면 대부분의 법조항들은 선언적, 강령적 내용으로 구성되어 있어 법이 제정되었다고는 하나 현실적으로 노인들의 복지에 기여할 수 있는 수준에는 미치지 못했다. 그러나 그 후 동법은 전후 수차례에 걸쳐 수정 보완하는 작업이 진행되었으며, 현재 우리나라 노인들의 복지증진에 크게 기여하는 실정법으로서의 기능을 발휘하고 있다.

(2) 노인복지법 구성의 개요

현행 노인복지법은 전문 7장 62조와 부칙으로 구성되어 있다(〈표 12-1〉참조). 제1장 총칙에는 목적과 정의, 기본이념, 가족제도의 유지·발전, 보건복지증진의 책임, 노인실태조사, 노인의 날, 노인복지상담원, 노인전용주거시설 등의 조항이 규정되어 있고, 제2장에는 경로연금의 지급대상, 연금지급액, 연금의 지급기간과 지급시기, 수급권의 보호 등과 관련된 사항이 규정되어 있었으나 '기초노령연금법'이 제정(법률 제8385호, 2007. 4. 25 공포 2008. 1. 1 시행)되면서 삭제되었다. 제3장에서는 노인의 사회참여지원, 노인일자리 전담기관의 설치·운영, 지역봉사지도원의 위촉 및 업무, 생업지원, 경로우대, 건강진단, 상담·입소 등의 조치 등 노인보건복지 조치와 관련된 사항들을 규정하고 있다. 제4장에서는 노인복지시설의 설치·운영과 관련된 사항들을 규정하고 있

〈표 12-1〉 노인복지법의 구성내용

구분	구성내용
총칙(제1장)	법 제정의 목적, 정의, 기본이념, 가족제도의 유지·발전, 보건복지증진의 책임, 노인실태조사, 노인의 날, 노인복지상담원, 노인전용주거시설
보건·복지조치 (제3장)	노인사회참여지원, 노인일자리전담기관의 설치·운영, 지역봉사지도원 위촉 및 업무, 생업지원, 경로우대, 건강진단, 홀로 사는 노인에 대한 지원, 상담·입소 등의 조치, 노인재활요양사업
노인복지시설의 설치·운영(제4장)	노인복지시설의 종류, 노인주거복지시설, 노인의료복지시설, 노인여가복지시설, 경로당에 대한 양곡구입비 등의 보조, 재가노인복지시설, 요양보호사의 직무·자격증의 교부, 요양보호사 교육기관의 지정, 긴급전화의 설치, 노인보호전문기관의 설치, 노인학대 신고의무와 절차, 응급조치의무, 금지행위, 실종노인에 대한 신고의무, 조사, 비밀누설의 금지, 요양보호사의 결격사유, 변경 및 폐지, 수탁의무, 감독, 사업의 정지, 청문
비용-(제5장)	비용의 부담, 비용의 수납 및 청구, 비용의 보조, 유류물품의 처분, 조세감면
보칙(제6장)	심사청구, 노인복지명예지도원, 권한의 위임·위탁, 국·공유재산의 대부, 「건축법」에 대한 특례
벌칙(제7장)	법 위반 시의 벌칙, 양벌규정, 과태료

출처: 노인복지법(법률 제13646호 2015. 12. 29 일부 개정)

다. 노인주거복지시설, 노인의료복지시설, 노인여가복지시설, 재가노인복지시설 등의 노인복지시설과 이들 시설의 설치, 변경 및 폐지, 수탁의무, 감독, 사업의 정지, 청문 등과 관련된 절차 등이 포함된다. 제5장에서는 노인복지조치에 필요한 비용과 관련된 사항을 규정하고 있다. 비용의 부담, 비용의 수납 및 청구, 비용의 보조, 유류물품의 처분, 조세감면 등이 포함된다. 제6장 보칙에서는 심사청구, 노인복지명예지도원, 권한의 위임·위탁, 국·공유재산의 대부, 「건축법」에 대한 특례조항 등을 규정하고 있고, 제7장 벌칙에서는 동법을 위반했을 때에 대한 각종 벌칙을 규정하고 있으며, 부칙에서는 시행일, 행정처분 그리고 일반적 경과조치 등을 규정하고 있다.

(3) 노인복지법의 개정

1981년 노인복지법의 제정 이후 노인복지정책은 빠른 속도로 수립되었고, 2016년에 이르기까지 2회의 전문 개정과 17회의 일부 개정이 이루어지면서 노인복지에 대해 보다 많은 노력이 이루어져 왔다. 1989년 1차 전문 개정은 노인문제가 심각한 사회문제로 대두되면서 사회적 여건을 고려하여 보호시설 이외의 일반 노인들을 위한 재가복지시설을 강화하고 보완, 개선하기 위한 목적으로 이루어졌으며, 그 주요 골자는 다음과 같다. 첫째, 노인복지대책에 관한 국무총리의 자문에 응하기 위하여 노인복지대책 위원회를 설치하고, 둘째, 국가 또는 지방자치단체는 65세 이상의 노인에 대하여 노령수당을 지급할 수 있도록 하며, 셋째, 노인의 생업 지원을 위하여 공공시설 내의 매점 설치 허가 및 전매품 판매인의 지정에 있어서 노인이 신청하는 경우에는 이를 우선적으로 반영할 수 있도록 하고, 넷째, 노인복지시설의 범위에 실비양로시설, 유료노인요양시설 및 노인복지주택을 추가하였고, 노인여가시설을 경로당, 노인교실 및 노인휴양소로 분류하였다.

1997년 2차 전문 개정은 인구의 고령화 추세에 따라 증가하고 있는 치매 등 만성퇴행성 노인질환에 보다 효과적으로 대처하고, 국민연금에서 제외되는 65세 이상 노인 가운데 경제적으로 생활이 어려운 노인에게 적극적인 소득지원과 노인취업활성화, 노인복지시설 이용 및 운영체계 개편을 통해 노인보건복지를 증진시키기 위한 목적으로 이루어졌으며, 그 주요 골자는 다음과 같다. 첫째, 10월 2일을 노인의 날로, 매년 10월을 경로의 달로 정하고, 둘째, 65세 이상인 자를 대상으로 경로연금을 지급하며, 셋째, 노인의 사회참여와 취업활성화를 위하여 노인지역봉사기관, 노인취업알선기관의 지원근거를 규정하고, 넷째, 치매노인에 대한 연구·관리사업 및 노인재활요양사업을 국가가 실시하도록 하며, 다섯째, 치매, 중풍 등 중증질환 노인과 만성퇴행성 노인 환자를 효율적으로 관리하기 위하여 노인전문요양시설, 유료노인전문요양시설 및 노인전문병원을 설치할 수 있도록 하였다.

3) 노인복지예산

노인복지와 관련된 재정은 크게 공공재정과 민간재정으로 구분할 수 있다. 또한 공공재정은 중앙부처로부터 지원되는 것과 지방자치단체에서 지원하는 것으로 구분할 수 있다. 노인복지 재정 가운데 공공재정은 중앙 및 지방 정부에 의한 공공부담금 또는 보조금(사회복지사업기금 포함)과 같이 세금을 재원으로 하는 경우를 말하며, 민간재정은 정부기관 이외에서 지원되는 다양한 형태의 민간재원을 의미한다.

우리나라의 노인복지 수준은 노인복지의 근간을 이루는 공공재정을 의미하는 복지예산에서 분명하게 드러나고 있다. 보건복지부의 전체 예산에서 노인복지예산이 차지하는 비율은 2015년 현재 전체 예산의 16% 수준이다. 우리나라 노인복지예산을 구체적으로 살펴보면 〈표 12-2〉와 같다.

〈표 12-2〉 우리나라의 노인복지예산

단위: 백만 원

구 분		2014예산 (A)	2015예산 (B)	증 감	
				(B-A)	(%)
총 계		1,207,434	1,268,772	61,338	5.1
[일반회계]		1,168,542	1,230,385	61,843	5.3
노인 생활안정	• 노인복지지원	1,220	219	△1,001	△82.0
	• 사할린한인지원	5,025	6,328	1,303	25.9
	• 고려인정착지원센터 건립지원	–	300	300	순증
	• 노인관련기관 지원	50,330	50,583	253	0.5
	• 노인돌봄서비스	144,582	132,647	△11,935	△8.3
	• 양로시설 운영지원	–	31,990	31,990	순증
	• 노인일자리 지원	305,190	344,247	39,057	12.8
노인 의료보장	• 노인장기요양보험 지원	584,883	597,164	12,281	2.1
	• 노인요양시설 확충	33,878	32,471	△1,407	△4.2
장사시설 확충	• 장사시설	41,069	28,971	△12,098	△29.5
저출산대응 및 인구정책지원	• 고령친화산업육성 및 100세 사회대응 고령친화제품 연구개발	2,365	5,465	3,100	131
[국민건강증진기금]		31,645	30,704	△941	△3.0
노인의료보장	• 치매관리체계 구축	17,648	14,159	△3,489	△19.8
취약계층 의료비 지원	• 노인건강관리	13,997	16,545	2,548	18.2
[응급의료기금]		7,247	7,683	436	6.0
	• 독거노인 응급안전돌보미 사업	7,247	7,683	436	6.0

출처: 보건복지부(2015a). 노인보건복지사업안내.

전체 사회복지지출을 경제협력개발기구(OECD)의 주요 국가와 비교해 보면, 한국은 국내총생산(GDP) 대비 사회복지분야 지출은 8.1%로서, 이는 복지선진국인 스웨덴(29.8%), 독일(27.9%), 프랑스(29.8%), 영국(22.1%)은 물론 미국(16.3%)이나 일본(19.1%)에도 미치지 못하는 것으로 나타났다. 전체 사회복지예산도 낮은 수준이지만 그 가운데서도 노인복지예산의 비율은 특히 낮은 수준이며, 이는 우리나라가 노인복지의 상당 부분을 개인이나 가족에게 일임해 왔음을 의미하는 것이다.

5. 노인복지서비스의 전달체계

일련의 노인복지정책이 수립되면 이는 실제 수혜자인 노인에게 현금이나 무형의 서비스와 같은 여러 다양한 형태로 전달된다. 이처럼 노인복지서비스가 노인에게 전달되는 과정에 관련된 조직체계를 노인복지 전달체계라고 한다. 노인복지서비스는 공적인 정부조직을 통해 전달되는 경우도 있고, 사적인 민간복지단체조직을 통해 전달되는 경우도 있으며, 공적인 조직과 사적인 조직이 연계되어 전달되는 경우도 있다. 공적인 정부조직은 노령연금이나 의료보험과 같은 국가나 지역사회의 차원에서 계획되어 시행되는 정책을 전달하기 위해서 필요하며, 사적인 민간단체조직은 민간 사회복지기관에서 계획되고 시행되는 서비스를 전달하는 체계이다. 그러나 반드시 정부에서 시행되는 정책이 공적인 정부조직을 통해서만 전달되는 것은 아니며 민간단체를 통해 전달하는 경우도 있다. 즉, 정부에서 사회복지시설 등을 건립한 이후 이를 민간단체에 위탁하여 운영하도록 하는 것은 바로 그 대표적인 예로 볼 수 있다.

우리나라 노인복지를 주로 담당하는 부처는 보건복지부[1]이며, 전달체계를 살펴보면 〈그림 12-2〉와 같다. 노인복지법의 제정으로 1981년 보건사회부(현재의 보건복지부)의 가정복지과에 노인복지계가 처음으로 신설되었고, 1990년 노인복지과로 승격되었다.

---

1) 보건복지부 조직은 장관 1명, 차관 1명, 4실(기획조정실, 보건의료정책실, 사회복지정책실, 인구정책실), 6국(건강보험정책국, 건강정책국, 보건산업정책국, 장애인정책국, 연금정책국, 사회보장위원회사무국), 14관으로 구성되고, 하부조직으로 64과가 있다.

〈그림 12-2〉 보건복지부 조직도

출처: 보건복지부(2015c). 보건복지부 조직도.

이후 노인복지 관련 업무는 지속적으로 확대되어 2005년에는 인구가정심의관실 내에 노인복지정책과, 노인요양보장과, 노인지원과가 생겨 노인복지 관련업무를 담당하였으며, 2005년 저출산고령사회기본법이 제정되면서 저출산고령사회정책본부를 신설하고 그 아래에 정책총괄관, 노인정책관, 인구이동정책관을 두게 되었다. 2015년 현재 노인복지와 관련된 핵심적인 업무는 인구정책실 산하 노인정책관이 맡고 있으며, 그 아래에 노인정책과, 노인지원과, 요양보험제도과, 요양보험운영과가 노인복지와 관련된 업무를 담당하고 있다.

민간전달체계는 보건복지부의 지도감독하에 외국 민간원조기관과 한국사회복지공동모금회가 한국노인복지시설협회, 한국노인복지관협회, 노인복지기관, 한국재가노인복지시설협회, 노인여가복지시설과 관계를 가지고 노인에게 복지서비스를 전달하고 있다.

제13장
소득보장정책

　우리나라는 그동안 높은 경제성장을 이루었음에도 불구하고, 경제발전에 헌신적인
기여를 해 온 노인세대들의 수입원은 대부분 자녀에 의존하거나 직접적인 저임금 노
동을 통해 충당하고 있다. 그나마도 실질적인 노동을 통해 수입을 창출할 수 있는 노
년인구는 그리 많지 않다. 노년기의 적절한 소득이 최소한의 지속적인 생존을 위해서
뿐만 아니라 사회적ㆍ심리적 고립과 소외의 문제 그리고 성공적인 노화에 핵심적인
요소라는 점을 고려할 때 노년기에 적절한 수준의 소득보장을 유지시켜 주는 것은 개
인의 행복추구권과 가족의 안정 그리고 사회의 안정적 발전을 위해 매우 중요한 일이
라 할 것이다. 특히, 우리와 같이 빠른 속도로 고령사회로 접어들 것으로 예상되는 국
가에서는 정부 또는 민간 차원에서 이러한 노인소득보장정책을 적극적으로 추진할 필
요가 있다.

　소득보장이란 빈곤문제가 발생하는 것을 예방하거나, 또는 이를 해결하기 위한 사
회보장제도의 일부로서 국가의 직접적인 소득이전제도를 통하여 국민 개개인에게 최
저한도 이상의 소득을 보장해 주려는 제도이다. 즉, 적절한 소득보장을 국가가 정책적
으로 지원함으로써 사회의 안정적 토대를 마련하고 국가경제를 활성화시켜 국민 전체
의 삶을 윤택하게 하기 위한 거시적 차원의 제도라 할 수 있다.

　　노인을 위한 소득보장제도에는 직접적 소득보장과 간접적 소득보장으로 구분하여 이해할 수 있다. 직접적 소득보장제도는 사회보험으로 운영되는 연금제도, 자산조사에 의한 저소득층 노인에게 제공되는 공공부조, 자산조사 없이 일정 범주에 속한 집단에게 제공되는 사회수당 등이 있으며, 간접적 소득보장제도는 정부가 주체가 되어 노인들의 고용을 장려하기 위해 시행하고 있는 고용증진정책과 노인의 지출을 경감시켜 소득을 보전해 주는 경로우대제도, 세제감면혜택 등이 있다.

　　이 장에서는 노인소득보장의 필요성을 파악하고 현재 우리나라에서 실시되고 있는 노인소득보장정책들을 살펴본 후 이를 토대로 노인소득보장정책을 위한 과제를 제시하고자 한다.

1. 노인소득보장의 필요성

　　노인들은 자신들의 나태나 사려분별의 부족과 같은 성격적 결함, 도덕성 결여 등의 개인적인 과오가 없이도 누구에게나 보편적인 피할 수 없는 생물학적인 노화와 사회구조 및 제도적 제약으로 빈곤에 빠지는 경우가 많다. 특히, 이러한 현상은 농경사회에서 산업사회로 변화하면서 더욱 두드러진 특징으로 나타나고 있다. 현대 산업사회에서 노인빈곤의 원인을 살펴보면 다음과 같이 요약할 수 있다.

　　첫째, 생물학적 노화에 따른 노동력의 양과 질의 저하이다. 농경사회에서 노인은 노화에도 불구하고 가족에게 존경받는 존재로서 농업에 대한 전문적 노하우를 배경으로 연령에 맞는 양적·질적 노동의 수준에 맞춰 종사하고 노동의 강도 또한 임의로 조절할 수 있었다. 그러나 현대 산업사회에서는 생물학적 노화로 인한 신체적인 약화로 많은 직업 활동들이 제한되고 있기 때문에 일을 할 수 없게 되고 경제적 수입도 중단된다.

　　둘째, 노동시장에서의 경쟁력 상실이다. 노인은 교육기회의 부족 및 학습능력의 저하 등으로 청년들에 비하여 노동능력이 떨어지므로 노동시장의 경쟁력에서 뒤지게 되며, 특히 노인의 재취업 기회는 제한되고 재취업할 수 있어도 낮은 임금의 노동에 종사하게 됨으로써 빈곤의 위험성은 전혀 줄어들지 않고 오히려 더욱 커지게 된다.

셋째, 개인의 생물학적, 지적, 사회적 활동성 등을 고려하지 않는 정년제가 산업사회에서 보편화되어 있다는 점이다. 산업사회에서는 능력의 개인차 또는 노화의 개인차를 무시하고 일정한 연령에 달하면 본인의 의사와 관계없이 강제적으로 직업 활동을 그만두게 하는 정년퇴직제도가 보편화되어 노년인구의 수입이 갑작스럽게 절감되거나 심지어는 단절된다. 직장의 상실은 경제력의 약화와 정신적 충격을 수반한다는 점에서 노년층에 주는 상실감은 그 어떤 것보다도 크다 하겠다.

넷째, 노년기 이전에 노년을 대비하는 일련의 활동들이 부족한 것 또한 노년의 빈곤을 유발하는 주요 요인 중 하나이다. 대부분의 노인인구는 사회적 여건 또는 개인적 노력 부족으로 인해 노년기 경제생활에 대해 진지한 준비가 부족한 상황이다. 현대 산업사회에서 대부분의 임금은 근로자의 노동능력을 현상, 유지하는 데 필요한 수준을 크게 능가하지 못하고, 특히 육체노동이나 단순기술 노동의 경우는 최저생활급 임금 또는 그 이하의 저임금이 많기 때문에 노후생활을 대비한 저축이나 사적 보험에 가입할 만한 여유가 없다. 연금제도에 의한 수입이 있다고 해도 연금에 의한 수입은 퇴직 전 수입의 절반 정도 또는 그 이하가 대부분이므로 연금만으로 최저한의 생활을 유지하기 힘든 경우가 많다.

한국보건사회연구원(2014)이 65세 이상 노인을 대상으로 조사한 설문에 따르면, 노후생활비를 노인 본인이나 배우자가 마련할 경우, 근로소득(37.4%)이 가장 많고, 다음으로 공적 이전소득(22.6%), 사업소득(15.5%), 사적 이전소득(15.1%)의 순으로 나타났다 (〈그림 13-1〉 참조). 그리고 이 조사에서 근로활동 의사에 대해 응답자 중 76.0%가 경제활동을 희망한다는 응답을 보였다. 그러나 젊은 사람 중심으로 노동시장이 형성되고 있다는 점을 고려하면 대부분의 노인들은 일을 하고 싶어도 그렇지 못한 경우가 많다. 따라서 대개의 경우 노인은 경제력의 약화와 함께 빈곤으로부터 자유롭지 못한 실정이며, 저소득층 노인은 더욱 심각한 상황이라 하겠다.

이와 같은 이유에서 노인빈곤의 문제는 개인적인 차원이 아닌 사회적 차원에서 노인에 대한 소득보장 대책이 필요하다. 다음 절에서 우리나라에서 시행하고 있는 노인소득보장을 위한 제도적 장치들에 대해서 알아보도록 하겠다.

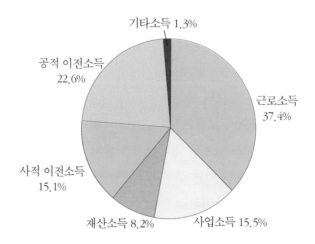

기타소득 1.3%

공적 이전소득
22.6%

근로소득
37.4%

사적 이전소득
15.1%

재산소득 8.2%   사업소득 15.5%

〈그림 13-1〉 노인 가구의 소득 구성

출처: 한국보건사회연구원(2014). 2014년도 노인실태조사.

2. 노인소득보장제도

각 국가마다 노인소득보장체계의 구성과 그 제도는 다르다. 그 나라만이 처한 특수한 상황이 반영된 제도적 마련이 우선적인 고려의 대상이 되기 때문이다. 따라서 나라마다 공적 노인소득보장제도의 설계에 있어서도 몇 가지 점에서 중요한 정책적 선택을 필요로 한다. 우선, 누구에게 급여를 줄 것인가 하는 문제를 정책적 주요 선택요인으로

Neil Gilbert

보는 것이 있을 수 있다. Gilbert와 Terrell(1998)은 이를 사회적 분배의 문제로 규정하고, 이 차원에서 정책은 보편성과 선별성의 선택으로 나타난다고 주장하고 있다. 또한, 실천적 차원에서 선별적으로 프로그램을 마련하거나 보완·수정된 기존의 제도들을 만들어 내는 것이다. 둘째, 소득보장제도의 설계와 관련된 중요한 정책선택은 재원조달방법과 관련하여 사회보험방식과 조세방식을 활용하는 것이다. 즉, 이것은 복지정책을 수립하는 과정에서 재원을 충당하거나 또는 수행하고 있는 정책의 부족한 재원을 확충하기 위한 정책적 선

택이라 할 수 있다. 셋째, 소득보장제도의 설계와 관련하여 중요한 선택은 보장수준과 관련한 것이다. 공적 노인소득보장의 수준과 관련된 목표로서 하나는 노인의 빈곤을 해소하는 것이며, 다른 하나는 근로 시 생활수준을 그대로 유지하는 것이다(정경희 외, 2005). 이 관점에서 중요한 것은 보장수준을 정하는 것이며, 그 수준이 만들어지면 이에 해당하는 방법들을 선택하는 것이다.

〈표 13-1〉은 대표적인 우리나라의 소득보장 프로그램을 정리한 것이다. 이에 따르면, 우리나라의 현행 노인소득보장제도의 구성은 기본적으로 노인소득보장제도의 설

〈표 13-1〉 우리나라 소득보장 프로그램

종류	내용	프로그램
사회보험	• 피보험자의 보험료를 기준으로 급여를 지급하는 공적연금제도 • 재정은 본인, 고용주, 국가의 3자 기여방식을 채택하며 관리는 국가 담당	• 국민연금, 공무원연금, 사립학교교직원연금, 군인연금
공공부조	• 최저수준 이하의 개인(가족)에게 최저 생계비 미만의 수입만 국가가 보조하는 방법 • 자산조사에 의한 개인욕구의 측정과 확인을 통해 급여기준 설정	• 국민기초생활보장 • 기초연금
사회수당	• 일정범주에 속한 모든 국민에게 조세에 의하여 일정액의 현금이나 서비스를 제공하는 방법 • 경제적 효과보다는 사회적 통합효과 추구	• 노인교통수당
사적 소득보장	• 개인이 은행이나 보험회사의 금융상품을 임의대로 가입하는 사적인 보험제도 • 근로자 재직기간 중 퇴직금 지급재원을 외부의 금융기관에 적립하고 퇴직 시 연금 또는 일시금으로 지급하는 방법	• 개인연금 • 퇴직금 제도, 퇴직연금
비용할인 및 세제 감면	• 노인의 지출을 경감시켜 소득을 보전해 주는 제도 • 노인복지증진과 경로효친사상을 앙양하기 위한 제도	• 고궁, 공원, 국공립의 박물관 이용 시 할인혜택 • 상속세, 소득세 공제, 양도소득세 면제, 생계형 저축 비과세
노인고용 증진제도	• 노인에게 취업의 기회를 마련하여 줌으로써 노동에 의한 소득으로 소득유지에 도움을 주는 방법	• 노인취업알선센터, 공동작업장, 고령자 인재은행, 고령자 고용장려금, 고령자 고용권장

계를 중시하여 공적연금을 일차 안전망으로 삼고 있으며, 공적연금 적용에서 제외된 저소득층에게 기초연금을 지급하고, 빈곤선 이하의 계층에게는 최종 안전망으로서 기초생활보장제도를 통하여 최소한의 소득을 보장한다는 것이다.

1) 사회보험

국가 또는 공익단체가 보험운영 주체가 되어 노동자가 일정한 기간 동안 일을 하면서 고용주 및 국가와 공동부담으로 납입한 보험료(갹출금)에 따라 일정 연령에 도달했을 때 정기적으로 연금을 지급하거나 지급사유가 발생했을 때 지급해 주는 제도이다. 공적연금은 전 국민을 대상으로 하는 국민연금과 공무원, 군인, 사립학교 교직원 등 특수직역종사자를 대상으로 하는 특수직역연금으로 구분된다(〈그림 13-2〉 참조).

이 중 가장 대표적인 노인소득보장제도는 1998년부터 시행하고 있는 국민연금제도

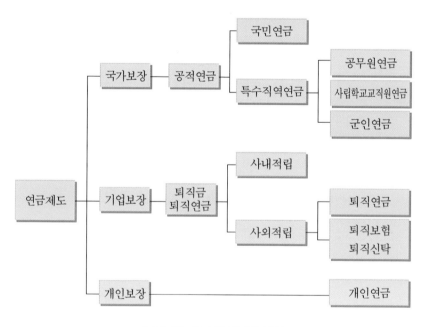

〈그림 13-2〉 연금제도의 구성

출처: 퇴직연금 종합안내(www.pension.fss.or.kr).

이다. 국민연금제도란 국민이 나이가 들어 생업에 종사할 수 없게 되거나 불의의 사고로 사망, 재해 등 재앙을 입었을 경우 본인이나 그 유족에게 연금을 지급하고, 각종 복지사업을 실시함으로써 국민의 생활안정과 복지증진에 기여하기 위한 정부제도로서 장기적인 노인소득보장제도라 할 수 있다. 국민연금제도가 필요한 이유를 설명하면 다음과 같다.

첫째, 노령인구의 급속한 증가이다. 생활수준의 향상으로 평균수명은 크게 늘어난 반면, 출산율은 낮아져 부양해야 할 노령인구가 급격히 증가하고 있다. 이에 대한 장기적인 대안 마련이 없을 경우 고령 또는 초고령 사회가 되었을 때, 노인과 관련된 사회적 문제를 해결할 수 없는 사회적 위기 상황까지 갈 수 있기 때문이다. 둘째, 노인부양의식의 상대적인 약화이다. 핵가족화의 급속한 진행에 따른 노인 부양의식 약화로 노년을 대비하는 것이 어려워졌다. 따라서 사회구성원 모두가 연대하여 부양비를 마련해야 하며, 본인도 소득능력이 있을 때 스스로 노후준비를 하지 않으면 안 되는 상황이 도래되고 있다. 셋째, 사회적 위험의 증대이다. 산업화와 도시화의 진전에 따라 각종 사고의 위험이 도처에 있고, 기상이변 등으로 풍수해 등 재해가 빈번하게 발생하고 있으므로, 이러한 사고위험에 사전 대처하지 않으면 낭패를 보게 되는 상황이 발생할 수 있다. 따라서 소득활동을 할 때 조금씩 보험료를 납부하여 모아두었다가 나이가 들거나, 갑작스러운 사고나 질병으로 사망 또는 장애를 입어 소득활동이 중단될 경우, 본인이나 유족에게 연금을 지급함으로써 기본생활을 유지할 수 있도록 하는 것이 필요하다.

국민연금의 가입대상자는 국내에 거주하는 18세 이상 60세 미만의 국민 모두이며, 공적연금을 적용받고 있는 공무원, 군인, 사립학교 교직원은 가입대상에서 제외된다. 그리고 사업장가입자 중 5인 이상은 당연적용이지만 5인 미만 사업장은 신청에 의해 가입할 수 있으며, 국민연금 가입사업장에 근무하는 18세 미만의 근로자는 사용자의 동의를 얻어 가입할 수 있다.

국민연금은 공적연금이기 때문에 가입이 법적으로 의무화되어 있고, 사보험에 비해 관리운영비가 훨씬 적게 소요되며, 관리운영비의 많은 부분이 국고에서 지원되므로 사보험처럼 영업이익을 추구하지 않는다. 국가가 운영하는 만큼 비교적 안정적인 노후대

⟨표 13-2⟩ 국민연금과 개인연금 간의 차이

구 분	국민연금	개인연금
가입방법	법률에 의한 의무가입	본인 희망에 따라 가입
보 험 료	표준소득월액의 9%	월 백만 원 범위 내 (1만 원 단위로 본인이 선택)
연금급여	노령, 유족, 장애연금 반환일시금	노령연금 중도해지 일시금
가급연금액 (가족수당)	배우자: 연간 약 20만 원 선 부모 · 자녀: 연간 약 13만 원 선	없음
연금지급 기간	평생 지급 수급자 사망 시 유족에게 승계	계약 시 별도 설정
가입 중 사망 · 장애 발생 시	유족 · 장애연금 지급	중도해지 일시금 지급
급여의 실질가치	실질가치 항상 보장 (물가상승률만큼 연금액 상승)	실질가치 보장 미흡
세제혜택	소득공제: 당해연도에 납부한 연금보험료 전액 - 지역/임의/임의계속가입자: 본인이 납부한 연금보험료 전액 - 사업장가입자: 사용자가 부담한 연금보험료(사용자 부담금)를 제외한 근로자 자기부담분 ※ 연금보험료공제의 합계액이 종합소득금액을 초과하는 경우 그 초과하는 공제액은 없는 것으로 함	소득공제: 신개인연금의 경우 보험료 전액에 대해 소득공제 연금급여 비과세 - 일정기간 이내 해약 시 납입보험료에 대한 소득공제 추징

출처: 국민연금관리공단(www.npc.or.kr).

비를 할 수 있다는 장점을 갖는다(⟨그림 13-2⟩와 ⟨표 13-2⟩ 참조).

　현행 국민연금제도는 부담과 급여의 수준이 일정 기간 불완전 균형을 이루는 수정적립방식을 채택 운용하고 있다. 40년 가입 기준 시 60%의 급여수준이 보장되려면 평균

소득 수준인 가입자의 경우 보험료율이 최소한 13~16%는 책정되어야 하나, 국민연금 의무화가 진행된 제도 시행 초기에는 최초 3%에서 시작하여 이후 9%까지 점진적으로 보험료를 인상하도록 설계되었다. 또한 제도 도입 초기에 낮은 보험료를 책정함으로써 제도의 조기정착을 도모하면서, 보험료율을 점차 높여 전체적인 균형을 맞추는 정책을 취하였으나, 노인소득보장을 스스로 대비하지 못한 현세대의 부담분과 예상보다 빠른 고령화 사회로의 전환으로 발생한 부족한 국민연금 재정 중 일부분을 후세대가 부담하도록 함으로써 세대 간 소득재분배가 되도록 설계되었다. 이러한 특성 때문에 모든 가입자는 소득의 고저에 관계없이 부담에 비해 급여수준이 높으므로, 미가입자는 조기에 가입하고 또한 자기의 실제소득에 맞게 보험료를 부담하여야 노년기에 필요한 만큼의 적정 수준의 연금을 받을 수 있다. 그리고 국민연금은 연금지급액의 실질가치를 보장하고 있다. 연금액의 최초 결정 시에는 공적연금 가입기간 중의 소득을 연금수급 전년도의 가치로 재평가하여 실제 소득수준에 상응하는 급여가 지급되도록 하고 있으며 연금을 받는 동안에도 급여액을 매년 물가변동률에 따라 조정함으로써 급여액의 실질가치를 확실히 유지하도록 하고 있다.

우리나라의 4대 공적연금제도는 각각의 직업적 특성을 감안한 독자적인 법체계를 유지할 필요성 때문에 분리 운영되고 있다. 공무원연금은 국민연금과는 달리 특정 직업에 종사하는 사람들에 대한 연금이어서 직무와 관련된 재해의 보상과 퇴직, 사망, 유족에 관련된 급여를 폭넓게 규정하고 있다. 사립학교 교직원연금은 급여의 종류와 자격요건 및 급여의 수준이 공무원연금법에 준용되어 적용되고 있다. 한편, 군인연금은 군 직무의 특수성으로 사회보험적, 생계보장적 성격에 국가보상적 성격을 추가해 공무원을 비롯한 다른 연금과 차별화하여 운영되고 있다.

2014년 말 65세 이상 인구 중 국민연금, 공무원연금, 사학연금, 군인연금 등 공적연금 수급자는 총 253만 1천 명으로 65세 이상 인구의 39.6%가 공적연금을 받고 있다. 연금종류별로는 국민연금(89.8%), 급여종류로는 노령연금(87.0%)을 가장 많이 받는 것으로 나타났다(〈표 13-3〉 참조).

〈표 13-3〉 65세 이상 공적연금 수급자 현황   (단위: 명, %)

	합 계	노령연금[1] (퇴직연금)	장애연금 (장해연금)	유족연금	연금수급률[2]
2005	703,508	635,190	3,911	64,407	16.1
2010	1,606,024	1,420,822	9,607	175,595	29.5
2011	1,800,167	1,585,755	10,775	203,637	31.8
2012	2,050,717	1,799,708	12,341	238,668	34.8
2013	2,305,340	2,016,118	13,720	275,502	37.6
2014	2,531,035	2,201,547	14,956	314,532	39.6
국민연금	2,273,816	1,981,184	13,634	278,998	35.6
공무원연금	222,325	189,044	1,284	31,997	3.5
사학연금	34,894	31,319	38	3,537	0.5

주: 군인연금 제외
  1) 연금수급자 중 일시 수급정지자를 제외한 실수령자 기준임
  2) 연금수급률＝(각 연금 수급자/65세 이상 추계인구)×100
출처: 통계청(2015a). 2015 고령자 통계.

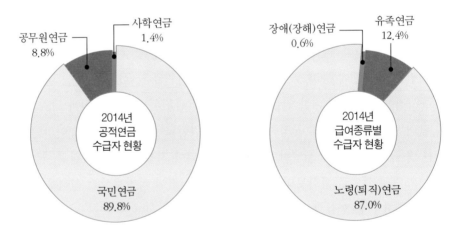

〈그림 13-3〉 급여종류별 수급자 현황

출처: 통계청(2015a). 2015 고령자 통계.

2) 공공부조

공공부조에는 국민기초생활보장과 기초연금이 포함된다.

(1) 국민기초생활보장

국민기초생활보장제도는 공공부조 방법에 의한 소득보장제도이다. 공공부조는 사회보험에 의한 연금혜택을 받을 수 없는 경우 그리고 사회보험에 의한 연금혜택을 받더라도 국가에서 정한 최저한도의 생활수준의 수입에 미달하는 개인 또는 가족에게 최저한의 생활을 유지할 수 있도록 보장해 주는 제도이다. 국민기초생활보장제도 수급자의 선정기준은 〈표 13-4〉와 같다.

〈표 13-4〉 국민기초생활보장제도의 수급자 선정기준 (단위: 원)

구 분	1인가구	2인가구	3인가구	4인가구	5인가구	6인가구	7인가구
최저생계비(원/월)	603,403	1,027,417	1,329,118	1,630,820	1,932,522	2,234,223	2,535,925

※ 8인 이상 가구의 경우: 1인 증가 시마다 301,702원씩 증가.
출처: 보건복지부(2015e). 2014년 국민기초생활보장 수급자 현황.

국민기초생활보장제도 수급자 선정기준에 해당하는 사람들은 언제든지 거주지 동사무소에 신청을 할 수 있으며, 신청가구와 그 부양의무자 가구의 소득 · 재산 · 생활실태 등에 대한 조사를 거쳐 기준에 적합한 가구는 생계비 · 의료비 · 교육비 등을 지원받을 수 있다. 신청 자격은 부양의무자가 없거나, 부양의무자가 있어도 부양능력이 없거나 또는 부양을 받을 수 없는 자이다. 이때 지급되는 보조금은 차액지급 방식이다. 즉, 생계비, 주거비 등을 합한 총 급여액은 최저생계비에서 가구의 소득과 다른 법에 의한 지원액을 뺀 나머지 금액이다. 소득이 전혀 없는 가구의 경우에도 주민세나 교육세, TV수신료 등 다른 법에 의해 지원받는 지원액이 있기 때문에 실제로 받는 금액은 최저생계비보다 적어진다. 이와 같이 국민기초생활보장제도에서는 차액지급방식을 이용하여 모든 수급자의 최저생계비 수준의 생활이 보장되고, 소득이 낮은 수급자에게 더 많은 혜택이 돌아가도록 하고 있다(〈표 13-5〉 참조).

2014년 12월 기준으로 국민기초생활보장 수급자는 약 133만 4천 명(90만 5천 가구)으로 전 인구 대비 국민기초생활 수급자의 수급 비율은 2.6%이다. 수급자 현황을 생애주기별로 보면 남자는 중년기(44.1%)가 가장 높고, 여자는 노년기(38.1%)에 가장 높다. (〈그림 13-4〉 참조).

〈표 13-5〉 최저생계비 및 현금급여 기준   (단위: 원)

구 분	1인가구	2인가구	3인가구	4인가구	5인가구	6인가구	7인가구
최저생계비(A)	603,403	1,027,417	1,329,118	1,630,820	1,932,522	2,234,223	2,535,925
타 지원액(B)	115,340	196,391	254,060	311,731	369,402	427,071	484,742
현금급여기준 (C＝A-B)	488,063	831,026	1,075,058	1,319,089	1,563,120	1,807,152	2,051,183
주거급여액(D)	107,532	183,094	236,860	290,626	344,391	398,157	451,923
생계급여액 (E＝C-D)	380,531	647,932	838,198	1,028,463	1,218,729	1,408,995	1,599,260

※ 8인 이상 가구의 최저생계비: 1인 증가 시마다 301,702원씩 증가.
※ 8인 이상 가구의 현금급여기준: 1인 증가 시마다 244,031원씩 증가.
출처: 보건복지부(2015e). 2014년 국민기초생활보장 수급자 현황.

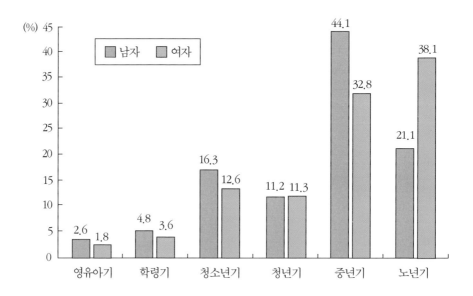

〈그림 13-4〉 생애주기별 남녀의 수급자 비율

※ 생애주기는 영유아기(0~4세), 학령기(5~9세), 청소년기(10~19세), 청년기(20~39세), 중년기(40~64세), 노년기 (65세 이상)로 분류함.
출처: 보건복지부(2015e). 2014년 국민기초생활보장 수급자 현황.

국민기초생활보장 수급자의 가구유형별 백분율을 보더라도 대부분이 노인, 장애인, 모자 · 부자 세대 등 취약계층 세대(63.1%)이며, 보다 안정된 가구인 일반세대는 30.9% 이다. 특히, 취약계층 세대 중에서도 노인세대가 가장 두드러진다(〈표 13-6〉 참조).

〈표 13-6〉 수급자의 가구유형별 비율
(단위: 가구, %)

구분	계	노인가구	소년소녀 가장가구	모자가구	부자가구	장애인 가구	일반가구	기타
가구수	814,184	236,548	5,882	74,925	18,362	178,397	251,333	48,737
구성비	100	29.1	0.7	9.2	2.3	21.9	30.9	6.0

출처: 보건복지부(2015e). 2014년 국민기초생활 수급자 현황.

(2) 기초연금

기초연금제도는 2007년 제정된 기초노령연금제도가 폐지되고 시행되는 제도이다. 기초연금제도의 특징은 미래세대의 부담을 줄이겠다는 취지로 국민연금과 연계한 점이다. 즉, 국민연금 수령액이 많으면 적게, 적으면 많게 지급되는 방식이다.

기초연금 수급대상자는 65세 이상 전체노인 중 소득과 재산이 적은 하위 70%의 노인이다. 선정기준은 노인단독가구인 경우 소득 93만 원 이하, 노인부부가구인 경우는 148.8만 원 이하이다(〈표 13-7〉 참조). 국민연금을 받지 않는 무연금자, 국민연금 월 급여액이 기준연금액의 150% 이하인 경우, 국민연금의 유족연금이나 장애연금을 받고 있는 경우, 그리고 장애인 연금을 받고 있는 경우는 2015년 기준으로 매월 20만 2천 원이 지급된다. 다만, 소득 수준이 상대적으로 높은 경우 감액될 수가 있으며, 노인부부가구인 경우 연금액의 20%를 감하여 받게 된다. 그리고 기초연금 수급으로 인해 발생

〈표 13-7〉 기초연금 지급대상
산정 기준액(2015년도 기준)

	단독가구	부부가구
산정기준액	월 93만 원 이하	월 148.8만 원 이하

※기초연금은 소득인정액이 선정기준액 이하인 경우에 지급되며, 소득인정액이란 소득평가액과 재산의 소득환산액을 합산한 금액을 의미함.
출처: 기초연금(basicpension.mohw.go.kr).

될 수 있는 불공평성의 문제를 해결하기 위해 기초연금 산정액을 합산한 금액이 선정기준액 이상인 경우 기초연금액의 일부를 감액하여 지급함으로써 소득 역전을 방지하고 있다(〈표 13-8〉 참조).

〈표 13-8〉 기초연금 지급액

구분	2015년 1월~3월	2015년 4월~2016년 3월
기준연금액의 50%	10만 원	10만 1,300원
기준연금액의 100%	20만 원	20만 2,600원
기준연금액의 150%	30만 원	30만 3,900원
기준연금액의 200%	40만 원	40만 5,200원
기준연금액의 250%	50만 원	50만 6,500원

출처: 기초연금(basicpension.mohw.go.kr).

3) 사회수당

사회수당은 개인이나 가족의 고용상태 또는 경제적 수준에 관계없이 특정 인구학적 범주에 속한 인구계층이면 누구나 가지게 되는 특별한 요구에 부응하기 위한 제도이다. 사회수당은 보편주의적 기본 원칙에 따라 인구학적 특성, 주로 연령에 의하여 정해지는 일정한 범주에 속하는 사람 전체에게 국가 조세를 바탕으로 일정한 액수의 현금 또는 서비스를 제공하는 방법을 의미한다.

우리나라의 대표적인 사회수당은 노인교통수당이다. 노인교통수당은 각 지방자치단체 관할하에 재정규모, 주민수요 등을 고려하여 자율적으로 운영하며 65세 이상 노인에게 월 4,800~12,000원을 지급하는 제도이다. 1996년에 시행된 노인교통수당은 사회수당의 성격을 유지하면서 13년간 계속되어 왔으나, 기초연금제도의 도입으로 교통지원금의 성격이 일부 중복된다는 이유와 지방자치단체의 재

노인 교통수당

정부담을 고려하여 2009년부터 폐지하게 되었다.

4) 사적소득보장제도

사적소득보장제도는 개인연금과 같이 개인이 은행이나 보험회사의 금융상품을 임의로 가입하는 사적인 보험제도가 있으며, 기업이 근로자의 노후소득보장과 생활안정을 위해 근로자 재직기간 중 퇴직금 지급재원을 외부의 금융기관에 적립하고, 이를 기업 또는 근로자의 지시에 따라 운용하여 근로자가 퇴직할 때 연금 또는 일시금으로 지급하도록 하는 퇴직연금제도가 있다.

퇴직연금제도는 우리나라에서는 2005년 12월부터 운영이 시작되었으나 선진국에서는 이미 필수적인 사회보장제도로 자리매김을 하고 있다. 기업이 근로자에게 주는 퇴직금을 매월 예금 및 간접투자 상품인 주식에 투자하여 연금개시일인 55세 이후 미리 정한 기간 동안 연금을 받을 수 있다. 종전의 퇴직금제도의 경우 기업이 도산하면 근로자는 일자리는 물론, 퇴직금 수급권마저 보호받지 못할 염려가 있었으나, 퇴직연

〈표 13-9〉 퇴직연금제도 도입 사업체 현황   (단위: 개소, %)

사업장 규모	DB 단독	DB · DC 병행	DC 단독	기업형 IRP	도입 사업장 합계	전체 사업장 수	도입 비율
10인 미만	43,325	1,640	101,953	32,004	178,922	1,486,730	12.0
10~29인	27,126	2,403	47,862		77,391	193,398	40.0
30~99인	11,792	1,728	13,591		27,111	57,642	47.0
100~299인	3,477	1,056	2,505		7,038	11,827	59.5
300~499인	537	266	254		1,057	1,561	67.7
500인 이상	569	490	243		1,302	1,345	96.8
합계	86,826	7,583	166,408	32,004	292,821	1,752,503	16.7

※퇴직연금에는 확정급여형(DB · Defined Benefit), 확정기여형(DC · Defined Contribution), 개인형퇴직연금(IRP · Individual Retirement Pension)이 있다. DB형은 근로자가 퇴직 시에 수령할 퇴직급여가 근무 기간과 평균 임금에 의해 사전에 확정돼 있는 제도를 말한다. DC형은 사용자가 매년 근로자 연간 임금의 12분의 1 이상을 부담금으로 납부하고, 근로자가 적립금의 운용 방법을 결정하는 제도이다. 한편, IRP는 근로자가 퇴직하거나 직장을 옮길 때 받은 퇴직금을 자기 명의의 퇴직 계좌에 적립해 연금 등 노후 자금으로 활용할 수 있도록 한 제도를 말한다.
출처: 고용노동부(2015). 퇴직연금통계.

금제도를 도입할 경우 기업이 도산해도 근로자는 금융기관으로부터 적립된 퇴직금을 안전하게 수령할 수가 있다. 2015년에 발표한 노동부 자료에 따르면, 2005년 12월부터 퇴직연금제가 시행된 가운데 지난 15년간 총 29만 2,821개 사업장이 퇴직연금제를 도입한 것으로 나타났다(〈표 13-9〉 참조).

5) 비용할인 및 세제감면

비용할인 및 세제감면 제도의 대표적인 프로그램은 경로우대제도이다. 경로우대제도는 노인복지증진과 경로효친사상을 고취시키기 위한 방법으로 공영 및 민영 서비스에 대한 이용요금의 면제 및 할인혜택과 각종 세제혜택을 통하여 노인의 소득을 보전해 주는 제도이다(〈표 13-10〉 참조).

〈표 13-10〉 경로우대제도의 내용

구 분		내 용
공영	철도	통근열차: 운임의 50% 할인 무궁화호: 운임의 30% 할인 새마을호 및 KTX: 운임의 30% 할인(단, 토ㆍ일요일, 공휴일 제외) 수도권전철, 도시철도: 운임의 100% 할인
	고궁, 능원, 국ㆍ공립 박물관 국ㆍ공립 공원 및 미술관	입장료 100% 할인
	국ㆍ공립 국악원	입장료 50% 이상 할인
민영	국내 항공기	운임의 10% 할인
	국내 여객선	운임의 20% 할인
	타 경로우대업종 (목욕, 이발 등)	지역에 따라 자율적으로 실시

출처: 보건복지부(2015a). 노인보건복지사업안내.

노인을 부양하는 가족들에게 세제혜택을 줌으로써 간접적인 소득을 보장해 주는 내용을 살펴보면, 첫째, 60세 이상의 노인에게 1인당 3,000만 원을 공제해 주는 상속세 공제, 둘째, 직계존속 노인 1인당 연간 100만 원의 부양가족 공제, 셋째, 65세 이상의 노인과 생계를 같이하는 자에 대해서는 노인 1인당 연간 100만 원의 소득세 공제, 넷째, 부모와 자녀가 각각 주택을 소유하고 따로 살다가 세대를 합친 경우의 양도소득세 면제, 다섯째, 65세 이상 노인 1인당 2,000만 원 이하의 생계형 저축에 대한 이자소득 또는 배당소득에 대해 비과세하는 혜택 등이 있다.

6) 노인고용증진제도

노인고용증진제도는 퇴직한 노인 또는 저소득층 노인에게 취업의 기회를 마련해 줌으로써 노동에 의한 소득유지에 도움을 주도록 하는 방법이다. 한국사회와 같이 노인의 소득보장에 대한 사회적 안전망이 부실한 경우, 현실적으로 고령자 노동시장을 형성해 시장에서의 생활임금 확보를 하는 등의 대안이 필요하다. OECD도 고령화 사회의 문제해결에 있어 고용안전정책의 마련이 노인인구와 고용의 연계라는 차원에서 진행되어야 함을 강조하고 있다(OECD, 2006).

경제와 고령화와의 관계는 두 가지 측면에서 살펴볼 수 있다. 먼저 노동시장에서 은퇴하는 고령연령층의 증가는 비경제활동인구, 즉 사회적 부양인구의 증가를 가져온다. 평균수명의 연장으로 고령인구의 자연증가율은 높아지고 있는 데 반하여 신기술 발전 및 혁신으로 인해 노동자의 노동시장으로부터의 은퇴시점은 빨라지고 있다. 그 결과 국가 복지서비스의 수혜층이 상대적으로 증가하게 되어 재정지출이 증가하게 됨과 동시에 생산 가능한 경제활동인구의 축소로 조세수입이 감소하게 된다. 조세수입의 감소와 재정지출의 증가는 국가의 재정 부담으로 이어지는 결과를 수반하게 된다. 결국 고령화에 따른 사회문제를 제대로 해결하지 못하면 한국사회는 노동력부족 현상이 심화되는 심각한 사태에 이를 것이 쉽게 예측될 수 있다. 이와 같은 사회문제에 대응하기 위해서는 고령인구의 경제활동참여율을 높여 사회경제적인 측면에서 보충적 효과를 얻어야 할 것이다(이승협, 2006).

실제로 통계청(2015) 경제활동 부가조사에 따르면, 고령자(55~79세) 중 장래에 일하기를 원하는 비율은 61.0%인 것으로 나타났다. 취업을 원하는 이유는 생활비에 보탬이 가장 많았고, 그다음은 일하는 즐거움이라고 응답하였다(〈표 13-11〉 참조). 그리고 김동배, 이윤화 그리고 안인경(2004)의 연구에서 서울시 내 노인들에게 일반적인 직업능력개발 프로그램이 필요한지의 여부를 질문한 결과 76%가 필요하다고 응답하였으며, 직업능력에 대한 잠재력 향상을 위해 인지능력, 체력관리, 정보관리, 감정조절, 대인관계 프로그램에 참여하기를 희망하였다(〈그림 13-5〉 참조). 고령자 일자리 창출을 위해서는 고령자 노동력을 활용하기 위한 인적자원 개발과 관리가 필요하며, 고령노동자를 채용하는 사업의 규모 및 업종, 고령노동력의 성별에 따른 노동시장의 형성과 노동의 숙련도를 높이기 위한 시스템이 구축되어야 한다.

노인복지법 제23조에 따르면, 국가 또는 지방자치단체는 노인의 사회참여활동을 위하여 노인에게 적합한 직종을 개발하고 근로능력이 있는 노인에게 일할 기회를 우선적으로 제공하도록 명시하고 있으며, 이러한 법적 근거에 기초하여 노인취업지원센터가 운영되고 있다. 노인취업지원센터는 지역사회 구직희망 노인의 취업상담 알선 등을 통하여 노인의 소득보장 및 여가선용 기회를 확대하는 데 목적을 두고 있으며, 주요 사업

〈표 13-11〉 고령자의 취업의사 및 이유 (단위: %)

	장래	소계	일하는 즐거움	생활비 보탬	사회가 필요로 함	건강 유지	무료 해서	기타
2010	60.1	100.0	33.5	56.8	2.4	2.2	4.9	0.3
2011	58.5	100.0	35.5	54.9	2.4	2.2	4.8	0.3
2012	59.0	100.0	36.5	54.4	2.0	2.1	4.8	0.2
2013	59.9	100.0	36.9	54.8	1.9	1.7	4.5	0.2
2014	62.0	100.0	38.8	54.0	1.6	1.5	3.9	0.1
2015	61.0	100.0	35.9	57.0	1.7	1.6	3.6	0.1
남자	74.3	100.0	39.5	54.3	2.2	1.6	2.3	0.0
여자	49.2	100.0	31.1	60.7	1.1	1.6	5.3	0.1

출처: 통계청(2015a). 2015 고령자 통계.

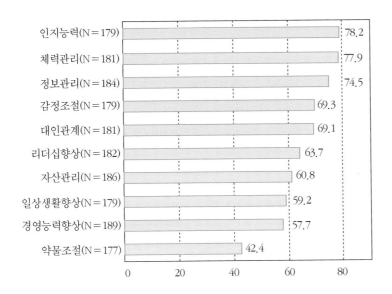

〈그림 13-5〉 노인의 직업능력개발 프로그램 참여 희망정도

출처: 김동배, 이윤화, 안인경(2004). 노인의 소득창출을 위한 작업능력개발에 관한 연구. 한국노년학, 24(1), 107-127.

내용은 ① 지역사회 업체 및 기관(단체) 대상으로 노인 구인처 개발, ② 노인의 능력과 적성에 맞는 직업교육 실시, ③ 경로당 공동작업장 운영 활성화 지원, ④ 구직희망 노인을 자원봉사 등 사회참여활동과 연계, ⑤ 구인 및 구직자에 대한 지속적인 홍보활동 추진, ⑥ 지역사회 내 노인취업정보 네트워크 구축 등이 있다.

이 외에도 보건복지부는 노인에게 적합한 일자리를 제공하고 노인의 사회활동 참여를 촉진하기 위해 사회활동지원사업에도 힘쓰고 있다. 〈표 13-12〉는 노인사회활동지원사업을 유형별로 분류한 것이다.

〈표 13-12〉 노인일자리사업의 유형 분류

구분	유형	정의	일자리 예시
공익 활동	전국형	노인의 공익활동 욕구를 국가적 정책분야(노노케어 등)에 집중하여 복지 사각지대 해소 등 수혜자의 삶의 질 향상을 지원하는 활동	지원봉사활동: 취약노인 가구를 방문하여 일상생활을 안정적으로 유지할 수 있도록 안부확인, 말벗활동, 생활상태 점검 등을 수행
	지역형	노인의 경륜과 전문성을 활용한 지역사회 환경개선, 학습지도 및 공공기관 업무지원 등 지역사회 활성화 및 현안문제 해결을 위한 활동	표준프로그램: 초등학교 급식도우미, CCTV상시관제, 폐현수막 재활용, 자전거 보관관리 및 수리지원, 친환경 EM활용, 도시농업환경관리, 지역사회 환경개선, 지역사회 문화재 관리지원, 주정차질서 계도, 지하철·철도이용, 질서 계도, 스쿨존 교통지원, 도서관 관리지원, 근린생활시설 관리지원, 공공의료기관 및 복지시설 관리지원, 생활시설이용자 돌봄지원, 장애인 돌봄지원, 청소년 보호지원, 지역아동센터 연계지원, 다문화가정 지원, 한부모가족 지원, 주거환경 개선지원, 문화복지 지원, 1-3세대 강사파견, 노-노교육 강사파견, 체육건강 강사파견, 숲생태해설, 문화 및 문화재해설, 보육교사도우미, 노인 사회활동지원사업 모니터링 등
	재능나눔활동	재능·경험이 있는 노인이 전국형 활동과 연계하여 취약·학대노인 발굴, 상담, 교육 등 노인 권익증진 활동 등을 추진	
창업 활동	공동작업형	노인에게 적합한 업종 중 소규모 창업 및 전문 직종 사업단을 공동으로 운영하여 창출되는 일자리로서 일정기간 사업비 또는 참여자 인건비를 일부 보충지원하고 추가 사업소득으로 연중 운영하는 일자리	공동작업장 운영 사업, 지역영농사업, 기타 공동작업형 사업, 식품제조 및 판매사업, 공산품제작 및 판매사업, 매장운영사업, 아파트택배 사업, 지하철택배 사업, 세차 및 세탁사업, 기타 제조 및 판매 사업
	제조판매형		
	고령자친화 기업	근로자의 70% 이상(설립연도 60%)을 노인으로 고용하는 기업 설립을 지원	

출처: 보건복지부(2015a). 노인보건복지사업안내.

3. 노인소득보장정책의 과제

우리나라도 급속한 사회의 고령화에 대비하여 고령인력의 활용을 위한 제도적 장치의 개선이 필요하다. 우리나라와 같이 저출산·고령화가 급속도로 진행되는 사회에서는 생산가능인구의 급격한 감소와 고령자의 생존보장을 위한 사회적 지출의 증가에 대비하기 위한 장기적 대책이 확립되어야 한다. 이는 노인소득보장을 안정적인 수준으로 상승시키지 않으면 여전히 사회적 비용 증가와 노동력 감소에 따른 국가 경쟁력의 약화를 초래할 것이기 때문이다.

노후 소득보장과 관련한 적극적인 복지정책을 수행할 수 있는 몇 가지 정책적 제언을 한다면 다음과 같다.

첫째, 국가 복지정책의 우선순위에서 노인의 소득보장제를 상위에 두고 지속적인 관리와 통제시스템을 구축하여야 한다. 지금 현안으로 제기되고 있는 임금피크제 그리고 정년연장제 등이 이러한 맥락에서 시행 또는 논의되고 있지만, 어떠한 것이 우리 사회에 적합한 것인지에 대해서는 아직 뚜렷한 결론을 내리지 못하고 있다. 다만, 정년제에 대한 현재의 논의는 고령화, 초고령화 사회로 진입하는 단계에서 매우 적극적으로 재고할 필요가 있다. 이와 관련하여 외국의 입법례를 보면, 정년제를 연령차별로 간주하여 불법화하는 유형(미국), 연금수급연령과 연계하여 일정한 연령 이상의 정년설정을 연령차별의 예외로 간주하는 유형(영국), 연령차별금지를 본격적으로 제도화하지 않으면서도 연금수급개시연령에 도달할 때까지 고령자의 고용이 확보될 수 있도록 조치를 취할 의무를 사용자에게 부과하는 유형(일본) 등이 있다(국제노동법연구원, 2006). 이 중 어떤 것이 한국의 상황에 적용될 수 있는지에 대해서는 아직 쉽게 결론을 내릴 수 없으나, 이 유형들이 갖는 장점과 단점에 대해서는 지속적으로 연구할 필요가 있다.

둘째, 노년층의 재사회화를 위한 사회교육 프로그램의 활성화와 직종 맞춤형 교육을 통해 노인 취업인구를 늘리는 것이다. 일하고 싶은 노인이 가계에 현실적인 도움이 될 수 있는 일정한 정도의 노동력을 갖도록 도와주는 적극적인 교육시스템을 구축하는 것이 매우 필요하다. 이는 궁극적으로 노년기의 노동력을 사회가 재활용하는 적극적인 복지정책의 하나가 될 뿐만 아니라 노인이 국가로부터 수동적으로 수혜를 받는 입장에서 탈피하여 능동적인 노년기를 창출할 수 있는 기회를 제공하게 될 것이기 때문이다.

셋째, 국민기초생활보장제도나 기초연금과 같은 공공부조의 한계를 극복할 수 있는 방안을 모색하여야 한다. 특히, 국민기초생활보장제도의 경우 급여를 받지 못하는 차상위 계층을 보다 구체적으로 보호할 수 있는 제도적 보완이 무엇보다 필요하다. 또한 국민기초생활보장제도와 국민연금제도 모두에서 자격요건을 충족시키지 못하는 계층은 공공부조의 사각지대에 놓여 있다. 따라서 국민기초생활보장제도의 수급기준을 완화하고 적극적인 홍보와 주민관리를 통해 사각지대에 놓인 계층에 가능한 한 최대한의 도움을 줄 수 있도록 하여야 한다. 또한 현재 점차 높여 가고 있으나 여전히 낮은 최저생계비를 기준으로 책정되어 있는 국민기초생활 급여를 현실적으로 도움이 될 수 있는 수준으로 높여 나가기 위해 정부 차원에서 논의가 이루어져야 한다.

넷째, 사회보험에 대한 기금의 안정성을 확보하고 국민적 신뢰를 확보하는 일이다. 현재대로라면 2040∼2050년경에 고갈될 것으로 예상되는 국민연금 기금을 확충하고 이를 효율적으로 운영하는 방안을 모색하여야 한다. 현재 가장 기대를 많이 하는 노후대책이 사회보험이지만 연기금의 고갈 또는 낮은 수혜율의 가능성 때문에 현실적으로 도움이 되지 못할지도 모른다는 불안감 또한 크다고 할 수 있다. 이러한 불신이 사회보험제도의 지속적인 확충을 저해하는 요인으로 작용할 수 있기 때문에 이를 해소할 수 있는 대안을 모색하는 것이 가장 시급한 문제라 하겠다.

제14장
의료보장정책

    노인들에게 경제문제와 함께 건강에 대한 문제는 쉽게 해결하기 어려운 난제라 할 수 있다. 노년층에서는 젊은층에서 크게 문제되지 않는 지속적인 건강관리가 요구되기 때문이다. 특히, 노인은 노화에 따른 건강관리뿐 아니라 중풍, 치매 등과 같은 난치성 질환에 노출될 가능성이 많으므로 그러한 이유로 질병이 생긴 후에 그 질병에 대한 치료나 쾌유를 기대하는 것보다는 발병하기 전에 지속적으로 건강을 유지·증진하기 위한 노력이 필요하다. 건강하고 행복한 개인의 삶과 사회의 안녕을 동시에 실현하기 위해서는 노인들의 건강문제가 중요하게 다루어져야 한다. 그 이유는 개인의 차원에서 노인인구의 건강은 노인 자신의 생계를 위협할 뿐만 아니라 더 나아가 이들 계층을 부양해야 하는 배우자나 가족의 건강과도 직결되어 있기 때문이다. 또한 사회적 차원에서도 노인인구의 건강문제가 심각한 수준으로 발전할 경우 전체 인구의 의료비 지출이 증대되어 사회와 국가에도 직접적인 영향을 줄 수 있기 때문이다.

    의료보장제도는 국민의 건강권을 보호하기 위하여 요구되는 필요한 보건의료서비스를 국가나 사회가 개입하여 제도적으로 보장해 주는 공적 서비스이다. 의료보장제도는 예기치 못한 의료비의 부담으로부터 국민을 재정적으로 보호하고, 국민들 간에 의료서비스를 균등하게 분배하며, 보건의료사업 효과를 극대화하고, 보건의료비의 적정

수준을 유지시키는 것을 목적으로 하고 있다. 의료보장제도는 처음에는 임금노동자 및 가족의 건강보호를 위하여 시작되었으나, 20세기 중반 이후 노인인구의 증가와 퇴직 후 건강관리 문제가 노인문제의 일환으로 대두됨에 따라 선진 산업사회에서부터 노인을 위한 의료보장 프로그램들이 제도화되기에 이르렀다.

이 장에서는 노인에 대한 의료보장이 필요한 이유와 노인인구가 급격히 증가할 것으로 예상되는 시점에서 주요 국가의 노인의료보장제도가 어떻게 적용되고 있는지에 대해 살펴보고, 이를 한국에 적용할 수 있는 수준에서 노인건강을 위한 노인의료보장 정책을 제언하고자 한다.

1. 노인의료보장의 필요성

노인에 대한 의료보장이 필요한 이유는 그 수를 헤아릴 수 없이 많겠지만, 기존의 연구를 중심으로 주요 내용을 정리하면 다음과 같다.

첫째, 의료서비스는 누구에게나 중요하지만 특히 노인에게 더욱 필요한 서비스이다. 왜냐하면 노인의 삶의 질과 수명에 직접적으로 영향을 미치기 때문이다. 건강은 한 개인의 삶에 직접적으로 영향을 미치는 것이며, 건강 그 자체가 매우 소중한 개인의 자산이 되기도 한다. 중요한 것은 이러한 개인의 건강이 가족, 지역사회 그리고 더 나아가 국가를 건강하게 하는 기초를 제공한다는 점이다. 따라서 사회적 약자인 노인의 건강문제는 누구나 노년을 맞이한다는 점에서 개인의 문제임과 동시에 사회 전체의 문제이며, 건강한 개인과 사회를 만들어야 한다는 점에서 개인과 사회의 노력이 요구된다. 즉, 국민 생존권 차원에서 국민의 건강보호를 국가가 책임지는 것은 국가의 의무이며, 개인은 그러한 법적 테두리 안에서 권리를 보장받을 수 있어야 한다.

둘째, 노인은 다른 연령집단에 비하여 유병률이 2~3배로 높을 뿐만 아니라 질병 자체가 만성적이고 합병적인 경우가 많아 장기적인 치료와 요양을 요하고, 다른 집단에 비하여 2~3배의 의료비를 요하는 것이 일반적 특징이다. 이처럼 노인에게 있어 의료서비스를 받아야 할 필요성이 증가되고 있는 데 반하여 수입이 감소함에 따라 의료비는 개인적인 해결이 거의 불가능하다.

셋째, 노년층의 의료서비스 이용 빈도는 다른 연령집단에 비해 매우 높고, 진료비 또한 고비용이 요구되는 경우가 많다. 고비용을 유발하는 일부 노인인구의 보험가입은 보험료를 상승시키는 결과를 초래하고 있다. 따라서 이러한 위험요인을 분산시키기 위해 국가는 강제적으로 보다 많은 인구가 보험에 가입하도록 하는 것이 필요하다.

넷째, 의료서비스의 주목적 중 하나인 건강의 유지와 향상을 보장하는 것은 사회적, 심리적 차원에서 노인을 가족과 사회와 통합시키는 주된 기능을 담당한다. 이러한 맥락에서 의료보장의 필요성은 크다 할 수 있다.

2. 우리나라의 의료보장제도

우리나라 의료보험제도는 1963년 의료보험법의 제정으로 처음 시작되었으며 현재의 국민건강보험법은 1998년에 제정되어 2000년 7월부터 시행되어 오고 있다. 우리나라의 의료보장제도에는 국민건강보험법에 의한 국민건강보험제도와 공공부조 형태인 의료급여제도가 있다. 그리고 2007년 4월에 제정된 노인장기요양보험법에 의한 노인장기요양보험제도를 살펴볼 수 있다.

1) 국민건강보험제도

국민에게 제공하는 의료보장의 방법은 크게 국가보건서비스 방식(National Health Service)과 의료보험 방식(National Health Insurance)이 있는데 우리나라의 국민건강보험제도는 후자의 방법에 속한다(〈표 14-1〉 참조). 국가보건서비스 방식은 일명 조세방식, 베버리지(Beveridge)형 의료제도라고도 한다. 베버리지형이라 함은 1942년 영국의 William Beveridge를 위원장으로 한 '사회보험 및 관련 서비스 각 행정부의 연락위원회'에서 제출한 베버리지보고서에 기초한

William Beveridge

〈표 14-1〉 의료보험 방식(NHI)과 국가보건서비스 방식(NHS)의 비교

구분	의료보험방식(NHI)	국가보건서비스방식(NHS)
기본이념	• 의료비에 대한 국민의 1차적 자기책임 의식 견지	• 국민의료비에 대한 국가책임 견지
적용대상관리	• 국민을 임금소득자, 공무원, 자영자 등으로 구분 관리	• 전 국민에게 일괄 적용
재원조달	• 보험료, 일부 국고 지원	• 정부 일반조세
진료보수 산정방법	• 행위별수가제 또는 총액계약제 등	• 일반 개원의는 인두제 • 병원급은 의사봉급제
관리기구	• 보험자	• 정부기관
재택국가	• 한국, 독일, 프랑스, 일본 등	• 영국, 스웨덴, 이탈리아 등
국민의료비	• 의료비 억제기능 취약	• 의료비 통제 효과가 강함
보험료 형평성	• 보험자 내 보험료 부과의 구체적 형평성 확대 가능 • 보험자가 다수일 경우 보험자 간의 재정불균형 발생 우려	• 조세에 의한 재원 조달로 소득재분배 효과 강함
의료서비스	• 상대적으로 양질의 의료 제공 • 첨단의료기술 발전에 긍정적 영향	• 의료의 질 저하 초래 • 입원 대기 환자 급증 　- 대기기간 장기화 　- 개원의의 입원 의뢰 남발 • 사보험 가입 증가 경향으로 국민의 이중부담 초래
연대의식	• 가입자 간 연대의식 강화	• 가입자 간 연대의식 희박
관리운영	• 보험자중심 자율운영 • 직업 관리운영비 소요	• 정부기관 직접 관리 • 직접 관리운영비 부분적 축소

출처: 건강보험심사평가원(www.hira.or.kr).

다. 베버리지보고서의 핵심 내용은 국민의 최저생활수준은 자산조사 없이 권리로서 제공되어야 한다는 것과 적용자의 범위를 전 국민에게까지 확대하는 포괄주의를 취하고 있다. 이 방식은 국민의 의료문제는 국가가 책임져야 한다는 관점에서 조세를 재원으로 해서 모든 국민에게 국가가 직접 의료를 제공하는 의료보장방식으로, 의료기관의 대부분이 사회화 내지 국유화되어 있고 대체로 본인부담금의 비율이 적어 무료의료를

지향하고 있는 경우가 많다. 이와 같은 형태의 프로그램을 갖고 있는 나라는 영국, 스웨덴, 이탈리아 등이며, 부담의 형평성이라는 측면에서는 사회보험형보다 우수하지만, 의료의 질 저하 및 관리운영 면에서 효율성이 떨어질 수 있다.

한편, 의료보험 방식은 일명 비스마르크(Bismarck)형 의료제도라고도 불리는데, 개인의 기여를 기반으로 한 보험료를 주요 재원으로 하는 제도이다. 비스마르크형이라 함은 1880년 독일의 Bismarck에 의해 세계 최초로 입법화된 사회보험제도이다. 이 제도는 보험비용의 부담에 있어 보험가입자(피보험자)가 비용의 일부를 부담하게 되

Otto von Bismarck

어 있는 것이 특징이라 할 수 있다. 이 같은 형태의 프로그램을 갖고 있는 나라는 우리나라를 포함하여 독일, 프랑스, 일본 등이다. 이와 같이 우리나라의 국민건강보험제도는 국민의 질병 부상에 대한 예방진단·치료재활과 출산과 사망 및 건강증진에 대하여 보험급여를 실시함으로써 국민보건을 향상시키고 사회보장을 증진함을 목적으로 하고 있다(국민건강보험법 제1조).

(1) 급여수급 자격요건

국내에 거주하며 보수나 소득이 있는 모든 국민은 이 법의 적용대상이며, 누구나 가입할 수 있다. 만약 보수나 수입이 없는 국민이라면 국민건강보험가입자의 피부양자(배우자, 직계존속, 배우자의 직계존속, 직계비속) 형태로 보험 또는 의료급여의 적용을 받을 수 있다. 그러나 의료급여법에 따른 의료급여 수급권자, 국가유공자의 예우 및 지원에 관한 법률에 따른 국가유공자 중 의료보호를 받는 사람은 제외된다. 직장가입자는 원칙상 모든 사업장의 근로자 및 사용자이며 지역가입자는 가입자 중 직장가입자와 그 피부양자를 제외한 자이다.

(2) 급여의 형태, 종류 및 수준

급여는 현물 또는 현금 등 두 가지 형태로 제공된다(〈그림 14-1〉 참조). 이 중 현물급여는 요양급여와 건강검진으로 분류된다. 요양급여는 가입자 및 피부양자에게 질병,

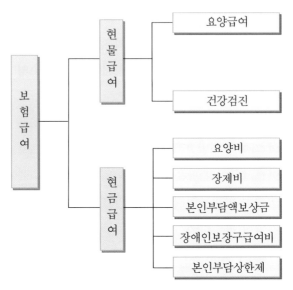

〈그림 14-1〉 보험급여의 구성

출처: 국민건강보험공단(www.nhic.co.kr).

부상이 발생하거나 출산을 한 경우에 보험자가 직접 또는 요양기관을 통하여 요양을 제공받는 것을 말한다. 국민건강보험법상 요양급여에는 진찰·검사, 약제·치료재료의 지급, 처치·수술·기타 치료, 예방·재활, 입원, 간호, 이송 등이 포함된다. 한편, 건강검진은 자각증상이나 질병이 없는 상태에서 사전에 질병을 예방하는 건강예방행위로, 질병에 걸릴 가능성이 있는 개인 또는 집단에 대하여 건강검진을 통해 질병을 조기에 발견 및 치료함으로써 국민건강을 보전하고 아울러 국민의료비를 절감하기 위한 2차적 예방사업이다. 건강검진은 직장가입자, 세대주인 지역가입자, 40세 이상인 지역가입자 및 그 피부양자를 대상으로 건강검진을 2년마다 1회 실시하고, 사무직 근로자를 제외한 직장가입자에 대해서는 연 1회 실시한다.

현금급여에는 요양비, 장제비, 본인부담액보상금, 장애인보장구급여비, 본인부담상한제가 있다. 요양비는 가입자 또는 피부양자가 긴급, 기타 부득이한 사유로 인하여 요양기관에서 제외되는 의료기관 등에서 질병, 부상에 대하여 요양을 받거나 출산을 한 경우에 지급된다. 장제비는 가입자 또는 피부양자가 사망한 경우에 그 장제를 행한 자에게 지급하는 급여로서 25만 원이 지급된다. 본인부담액보상금은 병·의원에서 진료를 받고 납부한 법정부담금이 30일에 120만 원을 초과한 경우, 그 초과금액의 50%를 보상하는 제도이다. 장애인보장구급여비는 장애인복지법에 의하여 등록된 장애인 가입자 및 피부양자에게 보장구에 대하여 보험급여가 실시되고 있다. 보장구 구입금액이 유형별 기준액 이내인 경우 실 구입액의 80%를, 보장구 구입금액이 유형별 기준액을 초과하는 경우 기준액의 80%를 지급한다. 본인부담상한제란 6개월간의 진료비를 합산하여 환자 법정본인부담금이 300만 원을 넘는 경우, 초과진료비를 보험자가 전액 부담하는 제도를 말한다. 이는 고액·중증질환에 대한 건강보험의 보장성을 강화하여 가계의 어려움을 덜어 주기 위한 목적으로 시행되는 제도이다.

(3) 재정충당

국민건강보험의 재정은 피보험자의 보험료, 국민건강증진기금의 지원금, 국가 보조금, 기타 수입금으로 충당된다. 직장가입자는 보수의 4.48%를 직장과 본인이 50%씩 분담한다(〈표 14-2〉 참조). 그리고 지역가입자는 소득·재산·자동차·가구원 수(성, 연령) 등을 종합하여 점수화하여 부과하며, 보험료의 일부를 정부에서 지원해 주는데, 국고에서 35%, 건강증진기금에서 15%를 지원해 준다.

국민건강보험공단(2015)에 따르면 2014년 국민건강보험에서의 노인진료비는 19조 9,687억 원이었고, 국민건강보험의 65세 이상 노인의료비가 전체 의료비에서 차지하는 비중은 36.7%이다(〈표 14-3〉 참조). 2014년 노인 1인당 연간 건강보험 진료비 지출액은 339만 4,000원으로, 2007년 207만 원에 비해 크게 증가하였다. 노인진료비의 지

〈표 14-2〉 연도별 세대당 보험료율

구분		2008년	2009년	2010년	2011년	2012년	2013년
전체	월보험료(A)	69,296	77,112	76,637	83,788	88,586	92,506
	월급여비(B)	114,911	129,402	143,216	150,780	149,896	159,345
	비율(B/A)	1.66	1.68	1.87	1.80	1.69	1.72

출처: 국민건강보험공단(2014). 2013년 건강보험 보험료 대 급여비 분석결과.

〈표 14-3〉 국민건강보험에서의 노인진료비 증가추이

구분	2007년	2008년	2009년	2010년	2011년	2012년	2013년	2014년
65세 이상 진료비(억 원) (증가율, %)	91,190 (24.1)	107,371 (17.7)	124,236 (15.7)	141,350 (13.8)	153,893 (8.9)	164,494 (6.9)	180,852 (9.9)	199,687 (10.4)
노인 1인당 연평균 진료비 (천 원)	2,079	2,334	2,574	2,839	2,968	3,076	3,219	3,394
전체 1인당 연평균 진료비 (천 원)	679	726	813	895	941	967	1,022	1,085

주) 노인 1인당 연평균 진료비 = 진료비/연도말 적용인구(2013~2014년은 연평균 적용인구)
　　전체 1인당 연평균 진료비 = 진료비/연평균 적용인구
출처: 국민건강보험공단(2015b). 2014년 건강보험통계연보.

출 순서는 만성질환인 고혈압과 신장질환, 당뇨병 순으로 조사되었다. 이와 같이 노인 진료비 증가는 노인인구비율 증가와 함께 급속하게 증가하고 있으며(〈그림 14-2〉 참조), 국가, 보험자 그리고 무엇보다도 국민가계에 큰 부담으로 작용하여 국가적 과제로 부각되고 있다.

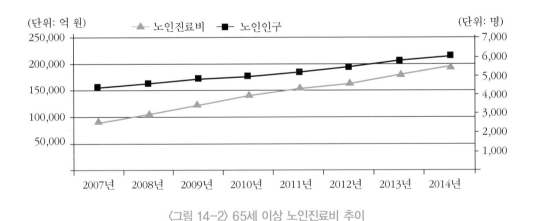

〈그림 14-2〉 65세 이상 노인진료비 추이

출처: 국민건강보험공단(2015a). 건강보험 주요통계.

2) 의료급여제도

국민건강보험제도가 사회보험 형태라면, 의료급여제도는 공공부조 형태로서 국민기초생활보장 대상자 및 의료 빈곤자에게 수급 자격이 주어지고 있다. 2001년 개정된 의료급여법은 종전의 국민기초생활보장법의 특별법인 의료보호법이 개정된 것으로, 그동안 대한병원협회가 보호환자의 권익신장과 진료비 지연지급에 따른 요양기관의 경영난 해소를 위해 노력한 결과를 반영한 것이다.

의료급여법이 공포됨으로써 대통령령으로 정한 데 따라 종전의 보호진료비를 지급하는 보호기관의 수급권자 관리, 급여비용의 심사 조정 및 지급업무를 급여비 심사 지급 전문기관에 위탁하도록 법제화함으로써 진료비 지연지급의 지역별 편차를 해소할 수 있게 되었다. 또한 이 법률에서는 급여비용, 즉 의료급여의 예산확충을 위해 국가와 지방자치단체로 하여금 기금운영에 필요한 충분한 예산을 확보하도록 규정하고 있고, 지방자치단체는 국고보조금을 제외한 매년 자체적으로 부담해야 할 추정급여비용을 대통령령에 의한 진료비 심사 지급 전문기관에 예탁하여야 한다. 그리고 지방자치단체가 부담해야 할 의료급여기금 조성이 미미할 경우 국고보조금을 즉시 급여비용지급기관에 전액 예탁하도록 하는 '급여비용 예탁제'가 시행되고 있다. 이에 따라 진료비 지연지급의 근본적인 문제점인 예산부족은 어느 정도 해소될 것으로 보고 있다.

(1) 급여수급 자격요건

의료급여 수급자격은 의료급여법 제3조 제2항 및 동법시행령 제3조의 규정에 의하여 1종 수급권자와 2종 수급권자로 구분한다. 1종은 급여에 대한 비용을 전액 국가가 부담하고 2종은 의료비용의 일부를 본인이 부담하고 있다. 1종 수급권자에는 근로능력이 없는 국민기초생활수급권자, 행려환자, 이재민, 의상자 및 의사자의 유족, 국가유공자, 무형문화재보유자, 북한이탈주민, 5·18 민주화 운동 관련자, 입양아동(18세 미만), 노숙인이 포함되며, 2종 수급권자는 근로능력이 있는 국민기초생활보장 대상자 중 1종 수급대상이 아닌 가구가 포함된다(〈표 14-4〉 참조).

〈표 14-4〉 의료급여 수급자의 종별 구분

1종	2종
• 행려환자, 국민기초생활보장수급자: 근로무능력가구, 희귀난치성질환 등록자, 중증질환(암환자, 중증화상환자만 해당) 등록자, 시설수급자 • 타법 적용자: 이재민, 의상자 및 의사자의 유족, 국가유공자, 무형문화재보유자, 북한이탈주민, 5 · 18 민주화 운동 관련자, 입양아동(18세 미만), 노숙인	• 국민기초생활보장 대상자 중 1종 수급대상이 아닌 가구

출처: 보건복지부(2015d). 의료급여사업안내.

(2) 의료급여 내용

의료급여 수급권자에게 주어지는 의료서비스의 내용은 진찰 · 검사, 약제 · 치료, 재료의 지급, 처치 · 수술, 예방 · 재활, 입원, 간호, 이송 그리고 그 밖의 의료목적을 달성하기 위한 각종 조치들이 포함된다.

(3) 의료급여 비용

의료급여비용의 재원은 서울특별시, 광역시, 도에 설치된 의료급여기금과 의료급여 수급자가 지불하는 일부의 본인부담금으로 충당한다. 의료급여 수급권자의 본인부담을 낮추기 위해 본인부담보상금제, 본인부담금상한제 그리고 의료급여 대불금제도를

〈표 14-5〉 의료급여 수급권자의 본인부담금

구분		1차(의원)	2차 (병원, 종합병원)	3차 (지정병원)	약국	RET 등
1종	입원	없음	없음	없음	–	없음
	외래	1,000원	1,500원	2,000원	500원	5%
2종	입원	10%	10%	10%	–	10%
	외래	1,000원	15%	15%	500원	15%

※ 상기 본인부담금은 급여청구분에 대한 것으로 비급여 청구분은 전액 본인이 부담해야 하며 선별급여 시에는 급여항목별로 50~80% 본인이 부담해야 함.

출처: 보건복지부(2015d). 의료급여사업안내.

시행하고 있다. 수급권자가 의료기관을 이용하는 경우 본인이 부담해야 하는 금액은
〈표 14-5〉와 같다.

3) 노인장기요양보험제도

고령사회에서 나타나는 여러 가지 문제 중에서 치매나 중풍 등으로 거동이 어려운
노인을 간병 · 수발하고 보호하는 문제는 우리 사회가 해결해야 할 시급한 과제이다.
장기간의 간병 수발로 인해 가족이 받는 정신적, 육체적 부담은 말할 것도 없고 과다
한 비용부담 문제로 가정이 파탄에 이른 사례도 적지 않기 때문이다. 이러한 이유로
이에 대한 논의는 지속적으로 제기되어 왔으며, 이를 제도화하기 위해 정부차원에서
2006년 2월에는 노인수발보호법안이 마련되었다. 그리고 2007년 4월 '노인장기요양
보험법'이란 명칭으로 국회 본회의를 통과하였으며 2008년 7월부터 노인장기요양보
험제도를 실시하게 되었다.

노인장기요양보험은 장기적인 요양 보호를 필요로 하는 노인들이 현실적으로 필요
로 하는 수발서비스를 제공받고, 또한 부양가족이 노인수발에 따른 가정의 불화를 겪
지 않고 행복한 삶을 정상적으로 영위할 수 있도록 도움을 주는 것에 정책적 목표를 두
고 있다(차흥봉, 석재은, 양진운, 2006).

따라서 노인장기요양보험제도는 고령이나 노인성 질병 등으로
인하여 일상생활을 혼자 수행하기 어려운 노인 등에게 신체활동
또는 가사지원 등의 급여를 사회적 연대원리에 의해 제공하는 사
회보험제도라 할 수 있다. 이 제도가 기존의 노인복지서비스 체계
와 다른 점은 저소득층 위주의 제한적 · 선별적 보호체계에서 소
득에 관계없이 필요에 따라 서비스를 제공하는 보편적인 체계로
전환하였다는 점이다(〈표 14-6〉 참조). 그렇기 때문에 노인장기요
양보험제도는 대상자의 심신상태와 부양여건에 따라 시설 및 재
가기관 등 다양한 형태의 서비스 공급자를 포괄하며, 대상노인에
대한 현물서비스 제공과 함께 예외적으로 가족요양비, 휴식서비

〈표 14-6〉 노인장기요양보험제도와 기존 노인복지서비스 체계 비교

구 분	노인장기요양보험제도	기존 노인복지서비스 체계
서비스 대상	• 보편적 제도 • 장기요양보호가 필요한 65세 이상 노인 • 치매 등 노인성 질병[1]을 가진 65세 미만의 자	• 특정 대상 한정(선택적) • 국민기초생활보장수급자를 포함한 저소득층 위주
재 원	• 장기요양보험료+국가 및 지방자치단체 부담+본인부담(재가급여 15%, 시설급여 25%)	• 국가 및 지방자치단체의 부담
서비스	• 시설급여 • 재가급여(방문요양, 방문목욕, 방문간호, 주·야간보호, 단기보호) • 특별현금급여(가족요양비, 특례요양비, 요양병원 간병비)	• 시설·재가서비스를 제공하나, 서비스 질에 대한 관리 미흡
시설에 대한 지원 방식	• 재가급여 또는 시설급여 제공자는 국민건강보험공단에 장기요양급여비용을 청구 • 국민건강보험공단은 청구된 비용의 적정여부를 심사 후 지급	• 지방자치단체를 통하여 시설 입소인원 또는 연간 운영비용을 기준으로 정액 지급(사후정산)

※ 1) 노인성 질병의 범위는 치매, 뇌혈관질환, 파킨슨병 및 관련 질환과 노망, 매병, 졸중풍, 중풍후유증 및 진전으로 함.
출처: 노인장기요양보험(www.longtermcare.or.kr).

스(Respite Care)와 같은 부양가족 지원서비스도 포함하는 등 급여형태를 다양하게 마련하고 있다. 뿐만 아니라 이 제도는 가족에 의한 사적 부양과 저소득층 노인 대상의 기존 노인복지서비스 전달체계에 의존하는 체계로부터 탈피하여 국가와 사회의 공동 책임하에 해결해야 할 사회적 문제로 부각시킴으로써 민간부문의 참여를 유도하고 지역사회의 자원을 적극 활용할 수도 있다.

노인장기요양보험제도의 필요성은 첫째, 우리나라는 전 세계에 유례가 없을 정도로 고령화가 급속도로 진행되고 있으며, 이에 따라 치매·중풍 등 장기요양을 필요로 하는 노인도 빠르게 증가하고 있다는 것이다. 둘째, 핵가족화와 여성의 사회참여 증가, 장기요양노인 보호기간의 장기화(평균 2년) 등으로 가족의 노인부양 여건이 변화하면서 가정에서의 장기요양은 이미 한계에 도달하였다. "병수발 3년에 효자 없다"는 말처럼 치매노인 수발로 인한 가정파탄 등 심각한 사회문제가 발생하고 있다. 셋째, 노인장

기요양 비용의 증가이다. 노인장기요양 수요의 확대와 함께 비용도 증가하여 사적인 부담이 커졌다. 현재 중산층 노인이 이용할 수 있는 시설이 크게 부족한 상태이며, 유료시설을 이용할 경우 비용이 과중되고 있다. 따라서 이 비용을 사회적 연대를 통해 해결할 필요성이 커지고 있다. 넷째, 시행 중인 의료보장제도하에서 노인의료비가 점차 증가하는 추세에 있기 때문에 노인 의료비는 이러한 의료보장제도를 운영하는 데 재정적인 압박을 가할 우려가 있다.

　노인장기요양보험제도가 시행되면서 장기요양인정으로 판정을 받는 노인들은 재가급여, 시설급여 및 특별현금급여 등의 서비스를 받게 되었다(〈표 14-7〉 참조). 재가급여는 가정에서 요양보호사가 일상생활을 도와드리는 방문요양, 방문간호, 방문목욕, 주·야간보호서비스 그리고 단기보호서비스를 말하며, 시설급여는 요양시설에 입소하여 서비스를 받는 것을 말한다. 장기요양인정을 신청할 수 있는 대상자는 '65세 이상 노인' 및 '65세 미만 노인성 질병을 가진 자' 중 거동이 현저히 불편하여 장기요양

〈표 14-7〉 장기요양급여의 종류

종류		내 용
재가급여	방문요양	장기요양요원이 수급자의 가정 등을 방문하여 신체활동 및 가사활동 등을 지원하는 장기요양급여
	방문목욕	장기요양요원이 목욕설비를 갖춘 장비를 이용하여 수급자의 가정 등을 방문하여 목욕을 제공하는 장기요양급여
	방문간호	장기요양요원인 간호사 등이 의사, 한의사 또는 치과의사의 지시서에 따라 수급자의 가정 등을 방문하여 간호, 진료의 보조, 요양에 관한 상담 또는 구강위생 등을 제공하는 장기요양급여
	주·야간보호	수급자를 하루 중 일정한 시간 동안 장기요양기관에서 보호하면서 신체활동 지원 및 심신기능의 유지·향상을 위한 교육·훈련 등을 제공하는 장기요양급여
	단기보호	수급자를 보건복지부령으로 정하는 범위 안에서 일정 기간 동안 장기요양기관에서 보호하면서 신체활동 지원 및 심신기능의 유지·향상을 위한 교육·훈련 등을 제공하는 장기요양급여
	기타재가급여	수급자의 일상생활·신체활동 지원에 필요한 용구를 제공하거나 가정을 방문하여 재활에 관한 지원 등을 제공하는 장기요양급여로서 대통령령으로 정하는 것

시설급여		장기요양기관이 운영하는 노인복지법상의 노인의료복지시설 등에 장기간 입소하여 신체활동 지원 및 심신기능의 유지·향상을 위한 교육·훈련 등을 제공하는 장기요양급여
특별현금급여	가족요양비	장기요양기관이 현저히 부족한 지역(도서, 벽지)에 거주하는 자, 천재지변 등으로 장기요양기관이 실시하는 장기요양급여 이용이 어렵다고 인정된 자, 신체·정신·성격 등의 사유로 가족 등의 장기요양을 받아야 하는 자에게 지급하는 가족장기요양급여
	특례요양비	장기요양기관으로 지정되지 않은 장기요양시설 등의 기관과 재가 또는 시설급여에 상당한 장기요양급여를 받은 경우 장기요양급여 비용의 일부를 지급하는 특례장기요양급여
	요양병원간병비	의료법상 요양병원에 입원할 때 장기요양에 사용되는 비용의 일부를 지급하는 요양병원장기요양급여

출처: 노인장기요양법(법률 8403호) 제23조.

이 필요한 자이다(〈그림 14-3〉 참조). 이들이 국민건강보험공단에 장기요양신청을 하면, 공단 소속직원(사회복지사, 간호사)이 직접 가정을 방문하여 신체 및 정신 기능상태 등을 조사한 후 '조사결과표'를 작성하게 되고, 별도로 의사소견서를 첨부하여 시·군·구별로 설치되는 '장기요양등급판정위원회'에서 장기요양인정여부 및 등급을 심

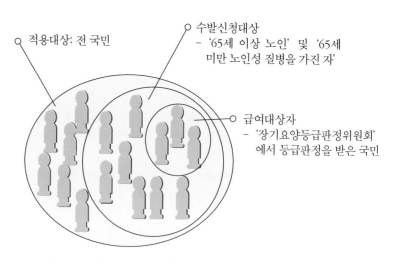

〈그림 14-3〉 노인장기요양보험 서비스 대상

사, 판정받게 된다(〈그림 14-4〉참조). 그리고 장기요양보험에 소요되는 비용은 장기요
양보험료, 국가 및 지방자치단체의 부담, 본인 자부담으로 충당된다. 노인장기요양보
험료는 2015년 기준 건강보험료액의 6.55%(월 평균 6,046원)를 부담하게 된다.

노인장기요양서비스 케어매니지먼트 시범사업에 대한 지금까지의 서비스 관리운영
체계 평가 결과를 요약하면 다음과 같다(차홍봉 외, 2006). ① 노인장기요양 수요자 파
악, 수요자 환경 파악, 수요자를 둘러싼 이용 가능 자원의 개발 등의 측면에서 수요자
중심의 전달체계를 구축하는 데 지역사회 중심의 케어매니지먼트가 유리하고, ② 대
상자 상태에 따른 연속적인 서비스와 예방서비스의 제공에 있어 지역사회 기반의 조직
들이 훨씬 유리하다는 점이다(〈그림 14-5〉참조). 즉, 장기요양욕구를 가진 대상자의 상
태 역시 계속 진행되고 있기 때문에 언제라도 보험대상자로 전환될 수 있는 대상자들

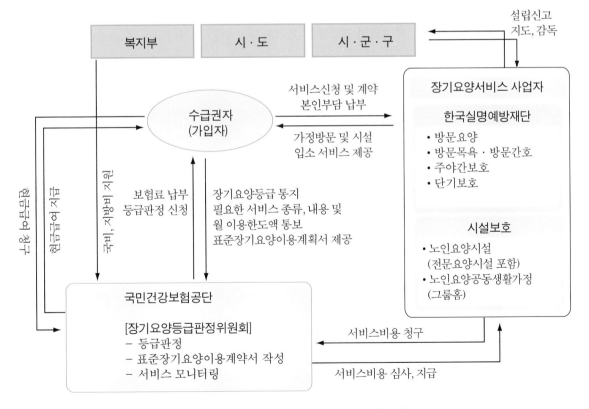

〈그림 14-4〉 노인장기요양 인정 및 서비스 이용 절차

출처: 보건복지부(2015a). 노인보건복지사업안내.

이다. 따라서 보험대상자와 비보험대상자를 통합적 · 연속적으로 관리할 수 있는 케어매니지먼트 체계를 구축하는 것이 바람직하며, ③ 급여범위의 측면에서 지역사회 중심 조직은 보험급여 이외에도 수요자에게 필요한 통합적 서비스 제공이 가능하고, ④ 지역사회 기반의 조직에서 케어매니지먼트를 운영함으로써 한정된 자원을 이용하여 보다 효과적이면서 비용 효율적으로 욕구를 충족시킬 수 있다.

그러나 무엇보다 중요한 것은 이 제도를 올바르게 정착시키기 위해 이 제도를 시행하고 있는 외국의 사례를 수집하는 것이 필요하다. 특히, 우리보다 먼저 시행하고 있는 외국의 사례에서 각 국가의 상황에 맞는 장단점을 우선 파악하고 이를 우리에게 적용할 수 있는지, 그리고 적용 가능하다면 선결조건이 무엇인지 등을 연구해 철저한 검토 과정을 거쳐 가장 합리적인 방안을 찾아내도록 해야 한다. 이때 우리의 보편적 정서, 가족관, 사회연대 의식 등이 노인장기요양보험제도와 조화를 이룰 수 있도록 하는 것 역시 중요하다. 왜냐하면 급속도로 고령화되고 있는 우리나라에서 2008년부터 시행하는 노인장기요양보험제도가 인간의 존엄성을 유지하면서 노후를 맞이하고, 가족의 부

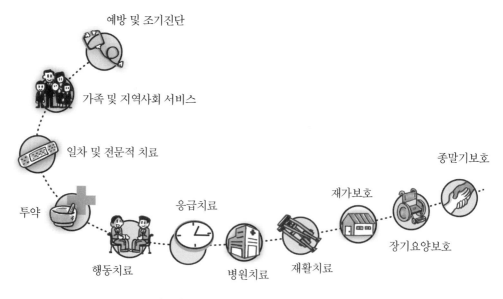

〈그림 14-5〉 연속적인 보건의료서비스

출처: www.aurorahealthcare.org

담도 덜어 줄 수 있는 방향으로 진행되어야만 안정적인 복지국가로 발돋움할 수 있기 때문이다.

3. 외국의 의료보장정책

외국의 노인 보건의료서비스 체계를 살펴보면, 미국과 일본은 별도의 노인 보건의료체계를 갖추고 있고, 영국은 일반 국민들을 대상으로 하여 노인환자들을 보호하는 포괄적인 제도만 있을 뿐, 미국이나 일본과 같은 별도의 노인 보건의료 체계는 없다. 별도의 노인 보건체계를 갖추고 있는 국가 중 미국은 노인의료보장제도인 메디케어 제도의 범주 내에서 필요한 다양한 서비스를 제공하고 있으며, 일본은 노인보건법에 준해서 노인 의료비를 지불하고 있다는 점에서는 유사성을 갖는다. 그러나 별도의 체계를 갖추고 있는 미국과 일본 역시 대상의 범위에 있어서는 다소 차이를 보이고 있다. 미국은 기본적인 사회보장 범위를 장애인, 아동, 여성, 고령자 등과 같은 사회적 취약계층으로 한정하고 노인 의료보장제도를 별도로 마련하여 보완하고 있지만, 일본은 전 국민 의료보험제도가 있음에도 불구하고 노인만을 위한 별도의 의료비 지불 제도를 시행하고 있다. 일본의 이러한 제도는 급속한 인구고령화에 대비하기 위해 정책적으로 준비된 제도로 이해할 수 있다(선우덕 외, 2005).

오늘날 우리나라의 노인인구는 급격히 증가하고 있고, 이 추세는 향후 수십 년 동안 지속될 것으로 예상되고 있다. 이러한 때에 각국의 기본적인 노인 보건의료정책에 대해 알아보는 것은 중요하다. 국민건강보험공단에서 조사한 외국의 건강보험제도를 참고하여 소개하고자 한다(이용갑 외, 2005).

1) 미국의 의료보장정책

미국의 연방정부 및 주정부가 지원하는 의료보장 프로그램에는 1965년 사회보장법의 한 부분으로 제정된 65세 이상의 노인인구와 장애인을 위한 메디케어(medicare) 그리고 저소득층을 위한 메디케이드(medicaid)가 있다. 메디케어 프로그램은 파트 A, 파트 B 그리고 2006년 1월부터 새로 실시되고 있는 처방약 프로그램이 있다. 파트 A 병원보험(Hospital Insurance: HI) 프로그램은 병원서비스, 전문요양기관서비스, 가정의료서비스, 호스피스 케어, 혈액제공 등이 있다. 파트 B 보충적 의료보험(Supplemental Medical Insurance: SMI) 프로그램은 검사, 의사서비스와 외래서비스, 가정의료서비스, 혈액제공 등이 있다. 메디케어와 별도의 민간보험상품에 가입하는 것과 비교할 때 파트 B 보충적 의료보험료는 싼 편이다. 따라서 메디케어 파트 A 가입자의 95% 이상이 파트 B에 가입한다. 파트 A와는 달리 파트 B의 신탁기금(trust fund)은 재무부의 일반재원에 의해 지불된다. 재무부의 일반재원은 연방정부에서 부담하는 갹출금과 가입자가 매월 지불하는 정액 보험료로 구성된다. 파트 B에서 지출되는 비용 가운데 가입자의 보험료가 차지하는 비율은 4분의 1 정도이다. 이에 반해 파트 A 입원보험 신탁기금은 사회보장세(Social Security Payroll Taxes)에 의해 지불된다.

사진 설명: 미국의 저소득층을 위한 메디케이드

메디케어가 일반건강서비스 및 정신건강서비스에 있어서 특별히 노인들에 대해 비교적 나은 서비스를 제공함에도 불구하고 대부분의 노인들은 메디케어(파트 A와 파트 B)를 보충하는 민간보험에 가입하고 있다. 메디케어를 보충하는 가장 일반적인 유형은 개인적으로 메디갭 보험(Medigap insurance: 메디케어의 보장액과 본인이 부담할 수 있는 상한액의 차이를 담보해 주는 보충적인 민간의료보험)에 가입하는 것이다. 1991년에 노인들의 42%가 이 보험에 가입했다(Gottlieb, 1996).

한편, 미국 노인들의 약 10%가 매년 메디케이드 수혜를 받고 있다. 메디케이드 프로그램에서는 수급자격요건을 갖춘 자들이 병원서비스, 외래서비

사진 설명: 65세 이상의 노인인구와 장애인을 위한 메디케어

스, 가정의료서비스, 장기요양서비스 등을 받을 경우 급여를 제공하고 있다. 메디케이드 수혜자의 대다수가 너싱홈 케어에 비용을 지불한다. 실제로 메디케이드는 전문(skilled)요양 및 중간(intermediate)요양 너싱홈서비스 비용의 약 42%를 감당하고 있으며, 메디케어는 장기요양보호 비용의 약 2%만 감당하고 있다(Gottlieb, 1996). 장기요양시설에 거주하는 노인들의 과반수 이상이 정신건강 문제(알츠하이머형 치매 포함) 때문에 그곳에 있는 것을 고려해 볼 때 메디케이드의 중요성은 명확해진다. 장기요양보호의 비용이 증가하게 되면서(최소한의 서비스에 대해 연간 30,000\$ 이상) 대부분의 노인들은 1년 혹은 2년 이상의 장기요양보호를 위한 비용을 자신의 돈으로 감당할 수는 없게 되었다. 따라서 오랜 기간 동안 시설에 입소하고 있는 노인들 대부분이 자신들의 입소비용을 충당하기 위해서 메디케이드에 의존하고 있다.

〈그림 14-6〉과 같이 메디케이드 가입자 수의 증가에도 불구하고 미국은 상승하는 의료보험료와 그동안의 경기부진으로 인해 고용주가 의료보장 혜택을 제공하지 못하는 경우 또한 늘어났으며, 비록 회사로부터 의료보장을 제공받더라도 근로자가 부담해

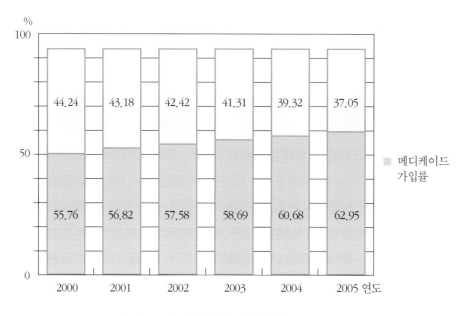

〈그림 14-6〉 메디케이드 가입자 현황

출처: U.S. Department of Health and Human Service (2005). *Medicaid managed care enrollment report.*

야 하는 부분의 보험료를 부담하지 못해 의료보험에 가입하지 못하는 사람들 역시 증가하였다. 대개의 경우 이들은 저소득 근로자와 그 가족들이며, 메디케이드 가입자격을 받기에는 소득수준이 높아 의료보장의 사각지대에 놓인 경우이다. 또한, 최근 이민자인 경우에 메디케이드 자격요건을 강화하고 있고, 자격요건이 충족되더라도 등록절차상 겪는 어려움 등으로 인해 메디케이드 혜택을 받지 못하는 경우가 많아 무보험자의 비율도 높아지고 있다.

2) 영국의 의료보장정책

영국의 복지제도는 1948년 국가보건서비스(National Health Service: NHS)를 도입하던 당시만 해도 '요람에서 무덤까지'를 표방하며 인간의 출생에서부터 사망에 이르기까지 국가가 보장해 주는 최선의 제도로 자부해 왔다. 그러나 초기의 이러한 국가차원의 포괄적인 서비스에서 점차 노인요양서비스를 제외하기 시작하여 현재는 많은 서비스를 민간에서 제공하도록 하는 정책적 변화가 이루어졌다. 아마도 NHS 국민보건서비스가 도입될 때만 해도 '요람에서 무덤까지'를 보장하겠다고 한 약속을 믿었던 오늘날의 노인들에게 이러한 정책변화는 큰 충격이었을 것이다. 왜냐하면 영국에서는 의료나 교육과는 달리, 노인장기요양에 대해서는 우선적 책임을 전적으로 노인 자신과 가족에게 부여하고 있고, 이를 스스로 해결할 수 없는 계층을 대상으로 자산조사를 실시하여 공적으로 보장하는 2층 구조(two-tier)의 시스템으로 운영하고 있기 때문이다. 그 결과 현재, 노인요양시설 중 가정간호시설의 90%, 시설요양의 63%가 민간에 의해 운영되고 있다.

그러나 영국은 이러한 민간위주의 제도를 보완하는 측면에서 노인의 삶의 질을 향상시킬 목적으로 2004년 3월 노인건강을 위한 정책제안 및 정책목표를 발표하고, 집에서 생활하는 허약한 노인들을 가능한 한 돌볼 수 있는 장치를 마련함으로써 노인의 독립적인 생활을 영위하도록 지원하는 제도를 구비하였다. 이러한 목표에 부합하여 2004년 7월에는 노인요양자 지원법을 마련하여 노인을 돌보는 요양자는 정부로부터 재정적인 지원을 받을 수 있게 되었고, 노인요양을 담당하는 전문 인력들도 정부의 재정적인 지원을 받을 수 있게 되었다.

　요컨대, 영국 노인요양제도의 특징이라 하면, 첫째로 노인요양을 급성 질병과 달리 취급한다는 점이다. 즉, 급성 질병에 대해서는 국가가 NHS 제도를 통해 철저히 의료 서비스를 제공하는 한편, 노인요양에 대해서는 개인에게 책임을 먼저 지게 하고, 국가는 이후에 개입하는 원칙을 견지하고 있다. 그 결과 일반의 예상과는 달리 매년 영국 노인 7만 명이 요양비를 지불하기 위해 자신의 집을 처분한다고 한다. 이는 노년에 모든 재산을 요양비로 써 버린 이후부터는 자산조사를 거쳐 국가가 운영하는 요양시설에서 무료로 노인요양서비스를 받을 수 있는 요양제도를 가지고 있기 때문이다. 그래서 많은 연구자들이 영국의 사회정책 중에서 노인요양제도만큼은 형평성에 위배되는 정책이라고 비판하기도 한다. 둘째, 영국에서 시설수용 장기요양서비스를 받기 위해서는 자산조사를 받아 수급자격을 얻어야만 서비스를 받을 수 있다. 대부분의 전문시설은 국가가 운영하며 이용자는 요양비를 지급하지 않는다. 현재 65세 이상 노인인구의 약 5%가 이 시설에 수용되어 있다. 반면, 지방정부가 관장하면서 본인부담금을 부과하고 있는 재가서비스의 경우 노인인구의 약 10%가 이 서비스를 받고 있다. 이런 상황에서 발생되는 현상 가운데 하나는 시장 의존적 요양서비스의 질이 요양시설이나 지역에 따라 천차만별일 수밖에 없다는 것이다. 전문적으로 요양서비스 훈련을 받지 않은 인력으로 인해 초래되는 전반적인 서비스의 질적인 하락은 민간에 의존하는 제도하에서 발생할 수밖에 없는 문제들이다. 이러한 문제들을 해결할 목적으로 영국 노동당은 왕립위원회(Royal Commission)를 설치하여 구조적인 개혁을 수차례 시도하였으나 재정적인 부담으로 인해 무산된 바 있다.

3) 독일의 의료보장정책

　독일의 공적 의료보험제도(Gesetzliche Krankenversicherung: GKV)는 엄밀한 의미에서 전 국민을 대상으로 한 보편적 의료보장제도로 볼 수 없다. 특이하게도 독일의 공적 의료보험제도는 국가가 정한 일정한 소득 이하의 국민들에게는 강제로 가입하도록 법으로 정하고 있지만, 일정한 소득 이상일 경우는 선택적으로 가입할 수 있도록 하고 있다. 즉, 일정한 소득 이상의 계층은 공공 의료보험이나 민간 의료보험 중에서 자신의 여건에 맞는 것을 임의로 선택하여 가입할 수 있도록 하고 있다. 독일에서 국가와 지방자치단체의 일반 공무원은 신분보장이 안정적이라는 이유 때문에 공적 의료보험체계의 보호대상에서 제외되고 있지만, 국가와 지방자치단체가 고용주 자격으로 민간 의료보험에 가입하여 의료보장을 일반 공무원들에게 제공하고 있다. 이는 저소득층에게는 국민건강을 국가가 대부분 책임지는 국가의 의무를 이행하는 차원에서, 그리고 안정적 소득을 보장받는 국민에게는 국가와 국민이 함께 의료보험료를 부담하도록 하는 차원에서 이해할 수 있으며, 이는 부의 재분배 기능을 강화하는 하나의 수단이라는 측면에서도 의미가 있는 방법이라 하겠다. 따라서 독일의 공적 의료보험제도에서 중요한 요건은 소득 기준이며, 사회보험의 강제적용대상 여부를 결정하는 이 기준은 매년 독일 연방보건·사회보장부 장관이 발표하는 보험료산정한도액 또는 사회보험 강제가입 연간 소득상한액에 따른다.

한편, 독일의 민간 의료보험에는 공공의료보험에 대한 대체가입형과 급여 보충형이 있다. 전자의 경우는 공공의료보험에 의무적으로 가입할 필요가 없는 사람들을 대상으로 하거나 또는 임의로 가입한 사람들을 대상으로 한다. 이때 의료보장은 보험에 가입할 때 작성한 계약의 내용에 준하여 제공된다. 후자는 대개 전문직 종사자, 자영업자, 자유직 종사자, 공무원 그리고 기타 고소득 근로자들이 공공의료보험에서 제공하는 급여에 더해서 다양한 종류의 보충적 또는 보완적 급여를 제공받고자 할 때 가입한다.

독일정부는 공공의료보험에서 점차 늘어나는 재정지출을 절감하기 위해 2004년부터 환자의 본인부담금 상한선을 도입하고, 고용주가 부담하는 부분을 감소시켜 주는 내용을 삭제하였으며, 공공의료보험의 급여범위를 축소하는 한편, 보충형 의료보험을 도입하기 위한 노력을 하고 있다.

4) 일본의 의료보장정책

일본은 대표적인 장수 국가에 해당한다. 그 비결이 무엇이었든 간에 일본의 고령화 진행은 매우 빠른 속도로 진행되었고, 이에 따라 개호(介護)서비스에 대한 수요 또한 지속적으로 증가하였다. 여기에서 주목할 점은 2004년 4월부터 실시된 공적 개호보험이 개호서비스 제공 책임의 많은 부분을 개인, 가족으로부터 사회 전체로 이동시키고, 모든 시설에서의 개호서비스 제공체계를 일원화 방향으로 진행하였다는 것이다. 이 보험이 도입되기까지 일본의 개호서비스는 저소득층에 한정하여 제공되었으며, 공비(세)를 재원으로 하는 제도하에서 서비스의 제공이 가능하였다. 그러나 공적 개호보험의 도입 이후, 개호는 사회보험의 형태로 제공되고 있다.

일본이 이처럼 개호서비스를 새로운 사회보험 형식으로 운용하게 된 배경에는 다음의 두 가지 이유가 있다. 첫째, 개호서비스의 공급 면에서의 효율적인 운영을 위해서이다. 이때까지 개호서비스의 제공은 개호 등 복지서비스의 제공을 공적부문의 판단과 결정에 의존해 왔다. 이 경우 서비스 이용자는 자신의 의사에 의해 개호시설 및 서비스의 내용을 선택할 수 없었다. 둘째, 일반 재원에 의존하는 한계로 인해 개호서비스의 제공이 제한적일 수밖에 없었으며, 따라서 개호시설의 부족상태가 만성적인 상황에 놓이게 되었다. 특히, 시설개호와 재택개호 사이에 공적인 서비스 공급의 격차가 발생되었다. 이러한 상황에서 사회보험방식에 의해 소비자의 수요가 어느 정도 이상으로 증가하게 되면 이에 대응하는 공급체계가 정비될 것이라고 하는 기대에서 개호보험이 도입되었다(〈그림 14-7〉 참조).

결국, 개호보험제도는 핵가족화 및 고령인구의 증가에 따라 점차 심화되고 있는 개호문제를 해결하기 위해 의료와 복지로 분리되어 있던 고령자 개호에 관한 제도를 새롭게 편성함으로써, 사회전체가 공동연대를 통해 급여와 부담의 관계를 명확히 하는 사회보험방식에 의해 고령자 개호를 지원하는 새로운 사회시스템의 일환으로 구축된 제도라 할 수 있다.

그러나 개호보험이 도입되면서 개호급여가 지속적으로 증가하는 문제점 또한 노출되었다. 그중 심각한 것은 개호보험제도 발족 이후, 서비스의 이용이 당초 예상 이상으로 지속적으로 증가하여 재정악화가 급속하게 진전되었다. 그러므로 이러한 문제를 타개하고 개호보험을 지속적으로 운용하기 위해서는 다음

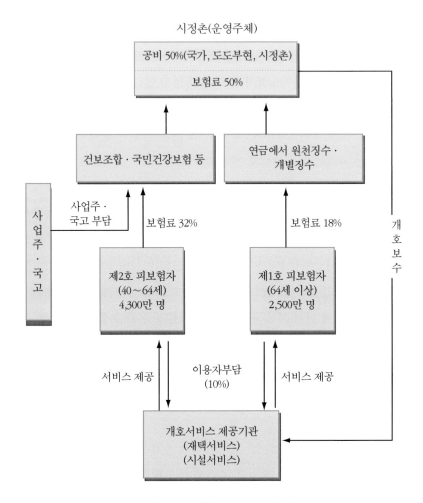

시정촌(운영주체)

공비 50%(국가, 도도부현, 시정촌)

보험료 50%

건보조합 · 국민건강보험 등

연금에서 원천징수 · 개별징수

사업주 · 국고

사업주 · 국고 부담

보험료 32%

보험료 18%

개호보수

제2호 피보험자
(40~64세)
4,300만 명

제1호 피보험자
(64세 이상)
2,500만 명

서비스 제공

이용자부담
(10%)

서비스 제공

개호서비스 제공기관
(재택서비스)
(시설서비스)

〈그림 14-7〉 개호보험의 기본체계

출처: 小塩隆士(2005). 社會保障の 經濟學. 日本評論社.

과 같은 변화를 꾀해야 하는 필요성이 제기되었다. 우선 본인부담금을 인상해야 할 필요가 있다. 급여에 부합되는 부담을 이용자가 부담하게 함으로써 도덕적 해이로 인해 발생하는 급여 누수 현상을 차단하고 동시에 급여비를 줄임으로써 재정의 건전성을 확보할 필요가 있다. 다음으로, 시설개호를 이용하는 저소득층에게는 낮은 부담금 인상을 적용하여 형평성을 배려하는 것이 필요하다. 이는 사회복지 전체 이념에 충실한 것으로 이를 통해 부(富)의 재분배를 꾀할 수 있으며, 사회 안정에도 도움을 줄 수 있다.

다만, 부족한 재원을 충당해 나가는 방향에서 저소득층에 대해 배려해야 할 것이다. 그렇지 않으면, 재정난으로 개호보험 자체가 무력해질 수도 있기 때문이다.

4. 노인의료보장정책의 과제

세계보건기구(WHO)는 고령화 사회로 전환하는 과정에서 또는 고령화 사회에 접어든 국가에서 노인에 대한 보건정책이 어떠한 방향으로 이루어져야 하는지를 명확하게 규정하고 있다. WHO(2002)에 따르면, 노인건강 정책은 '적극적 노화(Active Ageing)' 또는 건강한 노화(Healthy Ageing)'로 기본방향이 설정되어야 한다고 규정하고 있다. 여기에서 '적극적 노화' 또는 '건강한 노화'의 의미는 '노년기의 건강수명, 생산성 및 삶의 질을 연장하기 위하여 생의 전반에 걸쳐서 육체적, 사회적 및 정신적 복지를 위한 기회를 최적화하는 과정'이다. 또한 WHO는 '적극적 노화'에는 노인의 참여와 건강 그리고 안전이 가장 필수적인 구성요소(〈그림 14-8〉 참조)라고 가정하면서, 적극적 노화를 촉진하기 위한 노인의료보장정책을 다음과 같이 제시하였다. 우선 첫째로 빈곤 및 저소득 계층을 포함하는 노인에게 지나친 장애 부담을 줄일 수 있어야 하고, 둘째는 삶

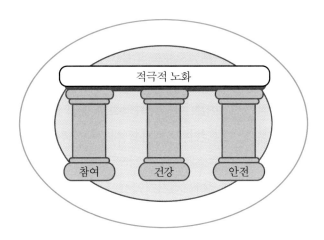

〈그림 14-8〉 적극적 노화의 구성요소

출처: WHO(2002). *Active ageing: A policy framework*. Geneva.

전체에서 건강을 유지하고 복리를 강화할 수 있는 요소들을 증가시킴과 동시에 주요 질환의 발생원인과 관련된 위험요소를 줄일 수 있어야 하며, 셋째는 건강증진, 질병예방 그리고 비용 면에서 효과적이고 공평하며 높은 질적 수준의 장기요양보호대책을 강조하는 일차보건의료체계를 개발하여야 하고, 넷째는 교육, 주거 및 고용 등과 같은 다른 사회정책과 연계하여 추진할 수 있어야 한다는 것이다. WHO의 이러한 제시는 노인의료보장 정책의 거시적 방향으로 이해할 수 있다는 점에서 정책개발 또는 정책제안을 하는 과정에서도 이 범위에서 논의해야 할 것으로 생각된다.

우리나라 노인 보건의료서비스는 사전 예방 차원의 성격보다는 급성질환 중심의 사후치료를 중심으로 이루어지고 있는 것이 현실이다. 특히, 노인 질환의 특성이 고려된 의료서비스 체계가 구축되지 못하고 있다는 점은 급속도로 진행되는 고령화의 추세에 비추어 볼 때 심각한 문제라고 할 수 있다. 또한 제한적인 의료보험 급여 범위와 아직도 과도한 본인부담금을 지출해야 하는 실정에서 제대로 된 적절한 의료서비스를 받는 것은 어려워 보인다. 게다가 의료보호의 경우 대상자가 제한되어 있고 급여 또한 의료보험과 차이가 커 실질적인 의료서비스 접근에 용이하지 않으며, 지속성 또한 미흡하다. 오늘의 현실을 고려할 때 이러한 문제가 쉽게 해결될 것으로 보이지는 않지만 노인의 기초의료보장을 확대하고 적정수준의 의료보호를 제공하며, 공공보건의료체계를 강화하기 위해서는 무엇보다 정부의 역할이 크다고 할 수 있다(변재관, 2002a, 2002b).

WHO가 제시한 노인의료보장정책의 방향과 우리나라의 현실을 고려해 다음과 같은 의료보장제도의 향후 과제를 살펴보면 다음과 같다. 첫째, 노인을 대상으로 하는 다양한 의료보건 프로그램을 개발하는 것이 필요하다. 노년층은 그 어떤 연령층보다도 안전사고와 질병 등에 취약하므로 이를 사전에 예방하고 건강을 증진시키기 위한 각종 교육 프로그램을 보건소 단위 또는 관련 지역사회 단위에서 주기적으로 운영하는 것이 필요하다.

둘째, 치매나 중풍 등과 같은 노인성 질환을 개인의 영역에서 환자의 가족 또는 친지가 적절히 보호할 수 있도록 의료서비스의 접근성을 강화하는 한편, 사회적 역할분담도 충분한 수준으로 끌어올려야 한다. 즉, 공적인 차원에서 환자에 대한 편의시설을 확대하고 지역사회가 공동으로 대처할 수 있는 다양한 장치(각 보건소 단위의 노인성 질환

상담센터의 운영 및 활성화, 영리 및 비영리 전문의료기관의 확충)를 마련하는 한편, 전문 인력을 확보하여 환자와 공공기관 그리고 전문가가 유기적으로 대응할 수 있도록 제도 화하여야 한다.

셋째, 현재의 단계에서 의료기관의 효율성과 공보험의 재정안정화를 위해 요양기관 계약제와 포괄수가제 도입도 검토해 볼 필요가 있다. 포괄수가제(Diagnosis Related Group: DRG)란 한 환자에게 제공된 의료서비스들을 하나하나 그 사용량과 가격에 의 해 진료비를 계산하여 지급하는 행위별수가제에 반해 'DRG'라는 질병군별로 미리 책 정된 일정액의 진료비를 지급하는 제도로 경영과 진료의 효율화, 과잉진료나 의료서비 스의 오·남용 억제가 강점이다. 현재의 행위별수가제에서는 폭발적인 국민의료비 증 가를 억제하기 어려우므로 건강보험 진료비 지불 제도를 포괄적 지불보상 방식으로 전 환하는 것이 필요하다.

넷째, 노인보건 의료서비스와 사회복지서비스의 연계와 통합이 체계적으로 구축되 어야 한다. 노인건강 문제는 일반적으로 사회복지서비스와 보건의료가 혼재하여 나타 난다. 이때 어느 한 분야에서만 서비스를 제공하는 것은 단편적이고 형식적인 차원의 접근태도라 볼 수 있기 때문에 효율적인 노인건강서비스를 제공할 수 없는 경우가 종 종 발생한다. 따라서 요구되는 서비스의 특징에 따라 통합적으로 제공할 수 있는 시스 템을 갖추는 것이 필요하다.

앞으로 인구 고령화에 대비하기 위한 적절한 제도적 장치들을 개발하고 국민의료비 급증을 효과적으로 대처하기 위해서는 국민, 정부, 의료공급자, 보험자 모두 적극적인 자세로 우리의 실정에 맞는 최선의 대안을 찾도록 노력하는 것이 중요하다.

제15장
주거보장정책

　노인주거정책은 노인에게 적합한 주택의 개발, 건설 및 공급, 주거환경 및 주택유지 등에 있어서 공평·적절성이 이루어질 수 있도록 국가나 지방자치단체 또는 민간단체들이 의도적이고 계획적으로 개입하는 활동이라 할 수 있다. 주택은 인간의 기본적인 생존을 위해 필수적인 안전 욕구를 충족시켜 주는 중요한 도구이다. 특히, 현대사회에서 주택은 노년기를 행복하게 보낼 수 있는 의미를 내포하고 있으며, 또한 노년기에는 대개의 경우 사회적 관계를 가족 중심으로 영위하는 특징을 보이고 있기 때문에 거주의 문제, 즉 주택문제는 바로 노년기의 행복한 삶을 보장받는 길이 된다.

　현재 우리나라에서 노인가구의 비중이 매년 증가하는 추세를 보이고 있다. 노인가구란 65세 이상 노인만 사는 가구를 말하며 노인부부(1세대) 가구와 독거노인(1인) 가구를 포함한다. 통계청(2015a)에 따르면, 65세 이상 노인이 가구주인 노인가구는 매년 증가하는 추세로 2000년에는 전체 가구의 11.9%였으나 2015년에 20.6%를 차지하였으며 2035년에는 40.5%가 될 것으로 예상하고 있다. 이러한 통계치에 근거하여 볼 때, 노인가구를 위한 주거환경을 가능한 한 빨리 개선해야 할 필요성이 있다. 노년기에 안정적인 주거환경을 갖추도록 하는 것은 노년인구의 행복한 삶과 노후생활 적응을 결정하는 중요한 단서가 될 것이기 때문이다. 또한 이것은 노년기에 저하되는 신체기능과 삶의

질 부분을 보완해 주는 역할을 할 뿐만 아니라 이들을 부양해야 하는 가족 또는 보호자
들에게도 부담을 덜어 줄 수 있기 때문에 노인주거정책은 매우 중요한 사회정책이라
할 수 있다.

이 장에서는 노인을 대상으로 하는 주거보장정책의 필요성을 제기하고, 인구의 고
령화 현상과 함께 세계 각국의 노인을 위한 주거정책이 어떻게 시행되고 있는지 개관
해 보고, 마지막으로 우리나라 정책의 방향과 과제에 대해 살펴봄으로써 주거보장정
책에 대한 이해를 높이고자 한다.

1. 노인주거보장의 필요성

앞서 설명한 바와 같이 인간의 행복한 삶을 위해 필수적인 것 중의 하나가 주거문제
이다. 특히, 노년기의 주거환경은 안락한 노년기를 보내기 위해 매우 필요한 부분이라
하겠다. 그러나 중요한 것은 현대사회에서 노령인구의 증가와 함께 노년기의 주거문제
가 개인의 영역에서 사회 전반의 문제로 확산되고 있다는 점이다. 이러한 점에서 노인
주거보장의 필요성은 다음과 같이 정리할 수 있다.

첫째, 주거문제가 인간의 기본적 생존권의 중요 부분이므로 모든 노인에게 안정적
주거 보장이 충족되어야 하며, 이를 실현하기 위해서는 공적 책임을 갖는 정부가 정책
을 수립하여 노인의 주거환경을 개선하도록 적극적으로 개입하여야 한다. 특히, 경제
적 여건이 열악한 노인의 경우 정부의 개입이 매우 절실하다.

둘째, 주거환경을 결정하는 양질의 주택을 제공하고 필요한 시기와 공간에 주택을
공급할 수 있는 효율적인 방법은 정부 정책의 시의적절성에 의존하는 경향이 매우 크
다. 주거환경은 노인의 사회적 · 심리적 욕구를 충족시킨다는 점에서, 그리고 필요한
시기와 공간에 주택을 공급하는 문제는 원활한 일상생활을 영위하도록 하는 현실적인
문제라는 점에서 적절한 정부의 정책적 개입이 필요하다.

셋째, 현대사회에서 많은 노인인구가 자녀에 의존하지 않고 독립적인 공간을 원하
는 경우가 증가하고 있기 때문에 노인전용주택을 노인인구 증가율에 맞춰 보급하고 다

양한 관련 서비스를 제도화하는 것이 필요하다.

넷째, 오늘날과 같은 높은 주택구입비용 및 임대비용을 해소할 수 있는 방법을 정책 우선순위에 포함시키고, 필요에 따라서는 노인인구의 경제사정에 따라 저리의 융자나 다양한 형태의 임대가 가능하도록 하는 정책이 필요하다. 이는 국민들이 최소한의 주거를 확보할 수 있도록 하는 복지정책의 일환으로 추진될 수 있으며, 이를 위해서는 정부의 개입이 요구된다.

2. 우리나라의 주거보장제도

한국보건사회연구원(2015)이 조사한 노인실태조사에 따르면 노인들이 주택 내에서 불편함을 겪는 공간은 주로 미끄러짐 사고가 많은 계단과 화장실 및 욕조이며, 거실이나 마루 등을 지날 때 발이 걸려 넘어지는 문턱인 것으로 나타났다(〈그림 15-1〉 참조). 고령자들의 안정적 주거생활을 위해서는 노인 주택에 대한 관심을 높이고 가능한 한

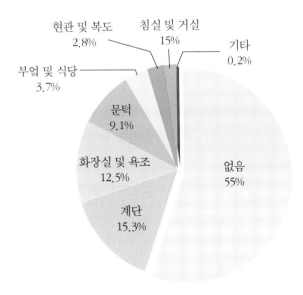

〈그림 15-1〉 노인이 생활하기 불편한 주거공간

출처: 한국보건사회연구원(2015). 2014 노인실태조사.

편의성 있는 주택을 공급함으로써 노인들의 주거 욕구를 충족할 수 있도록 주거정책을 수립해야 한다. 정부는 고령화 사회를 대비해 주택의 개조 및 신축 등과 관련된 다양한 기준을 마련하고 있다. 이러한 기준들은 고령자를 위한 주택의 설계 원칙을 제시한 것으로서 고령사회를 대비하여 주거복지 수준을 향상시키는 데 기여할 것으로 판단된다.

1) 노인가구 주택개조의 기준

노인가구 주택개조의 기준은 노인가구의 자립적인 생활을 증진하고 주거의 안전성을 높이는 것이 필요하다는 인식에서 출발하여 주택 내에서 빈번하게 발생하는 노인 안전사고에 대처하기 위해 마련된 기준이라 할 수 있다. 이 기준이 의미를 갖는 것은 노인들이 자신이 살고 있는 주택과 지역사회에 그대로 살면서 필요한 복지·보건·의료서비스를 제공받을 수 있는 재가복지 서비스 환경을 조성하는 첫걸음이 되기 때문이다.

또한 이 기준에 따른 주요 항목에서 알 수 있듯이 주택의 안전성을 높이고 노인의 자립성을 향상시키는 방향에서 기준이 마련되었다. 즉, 개조 공간은 현관, 침실, 거실, 욕실·화장실, 부엌·식당, 다용도실·발코니 등 6개 공간으로 구분하였고, 주요 개조 방향을 주택의 안전성과 노인의 자립성에 두었다. 그리고 개조 항목에는 단차제거, 미끄럼방지시설, 비상연락장치, 욕조 및 세면대 주변 안전손잡이 설치 등 38개 항목이 이에 포함되어 있다(건설교통부, 한국주거학회, 2007).

사진 설명: 노인의 자립성을 향상시킨 욕실과 화장실

2) 고령자용 국민임대주택 시설 기준

'국민임대주택건설에 관한 특별조치법' 제2조 제1호의 국민임대주택법 중 고령자

〈그림 15-2〉 춘천 우두지구 고령자전용 임대 아파트

출처: 한국토지주택공사(http://www.lh.or.kr).

에게 공급할 목적으로 건설하는 고령자용 국민임대주택의 시설 기준은 국민임대주택 단지의 전체 또는 일부를 고령자 공동주택으로 건설하는 경우에 적용된다.

고령자 주택의 특징은 무장애 설계(현관, 방, 문턱, 보도 등의 단차 제거), 고령자에게 친화적인 내부공간 설계(레크리에이션실, 상담실, 산책로, 공동 텃밭 등), 고령자 편의 설계(높낮이조절 싱크대, 핸드레일, 미끄럼방지재 등) 등 고령자에게 편리한 시설을 제공하는 것과 고령자 주택에 거주하는 생활상담사를 파견하고 단지 내 커뮤니티의 활성화를 유도하는 것이다.

3) 고령자를 위한 공동주택 신축기준

고령자를 위한 공동주택 신축기준에 따르면 '단지계획'을 세울 때에는 남향 우선배치, 산책로·수경공간·텃밭 등의 옥외 공간 확대, 보행로에는 길 찾기가 용이하도록 콜로네이드(colonnade: 지붕이 있는 회랑 형식의 보행로) 설치 등을 우선적으로 고려하도록 하고 있으며, '주동 및 단위세대계획'을 수립할 때는 주동 저층부 필로티(pilotis: 건물 전체 또는 일부를 지상(地上)에서 기둥으로 들어 올려 건물을 지상에서 분리시킴으로써 만들어지는 공간) 설치, 출입구 홀에 휴게시설 등 주민 교류를 위한 공간을 계획하고, 그리고 화재 등 응급상황 발생 시 고령자의 안전 확보를 위한 피난동선 계획 등을 마련하도록 명시하고 있다. 또한 '부대 복리시설계획'을 세워 다목적실, 주간보호실 등을 단지 외부에도 개방하여 부근의 고령자들과 함께 사용할 수 있도록 하고, 고령자를 위한 주차장은 접근거리를 짧게 하여 안전하게 승하차할 수 있도록 유도하고 있다(건설교통부 주거환경팀 보도자료, 2007. 1. 4일자).

한편, 건설교통부가 발표한 자료에 따르면 앞으로 지원 또는 개선해야 할 중점 사항으로 다음의 항목을 제시하고 있다. 첫째, 고령자용 주택공급 · 운영계획 수립, 주택개조 지원, 임대주택 활성화 등을 위한 고령자 주거지원 중장기 계획의 수립이 필요하다는 인식하에 노인주택 공급 · 관리 · 운영체계, 공급자 자격 및 지원 규정, 중장기 주거지원계획 근거 등에 관한 고령자주거지원법(안)을 추진해야 하고, 둘째, 고령자 주택 설계기준 마련 및 지원을 강화하여, 신축 주택에 대해서는 고령자용 국민임대주택 입주자 선정기준 및 설계기준과 함께 고령자용 공동주택 표준 설계 기준을 마련하고, 기존 주택에 대해서는 단차제거, 미끄럼방지시설 설치 등 노인가구 주택개조 매뉴얼 및 안전기준을 만드는 것이 필요하며, 셋째, 고령자 가구에 대한 주거실태 조사를 강화하여 현재 정기적으로 실시하고 있는 주거실태조사의 특수 조사 시(격년시행) 고령자 주거실태를 조사하는 방안을 추진해야 하고, 넷째, 기존 건축물의 편의시설을 정비하고 확충하며, 다섯째, 공공시설 등의 신축 설계기준을 정비해야 한다(건설교통부[현재의 국토교통부], 2007). 건설교통부에서 제시하고 있는 노인주택 표준 평면도는 〈그림 15-3〉과 같다.

이상에서 우리나라의 노인주거보장 정책과 그 방향에 대해 알아보았다. 그러나 여기에서 중요한 점은 고령화가 급속도로 진행되는 한국에서 그 속도만큼 빠른 정책적 대안을 제시하지 못한다면, 앞으로 이와 관련한 사회적 문제가 심각해질 것이라는 점이다. 그만큼 주거보장정책은 이제 단순한 주변적인 문제가 아니며 사회적 안정과 개인

침실
- 침실 가까이의 욕실 및 화장실
- 침대 주변의 비상연락장치
- 밖을 내다볼 수 있는 창
- 일자형이나 레버형 문손잡이

욕실 및 화장실
- 활동공간 확보
- 미끄럽지 않은 바닥재
- 적정 높이의 세면대와 양변기
- 레버형 손잡이의 수전

부엌 및 식당
- 충분한 수납공간
- 미끄럽지 않은 바닥재
- 적정 높이의 수납공간
- 적정 높이의 작업대 및 바퀴달린 의자

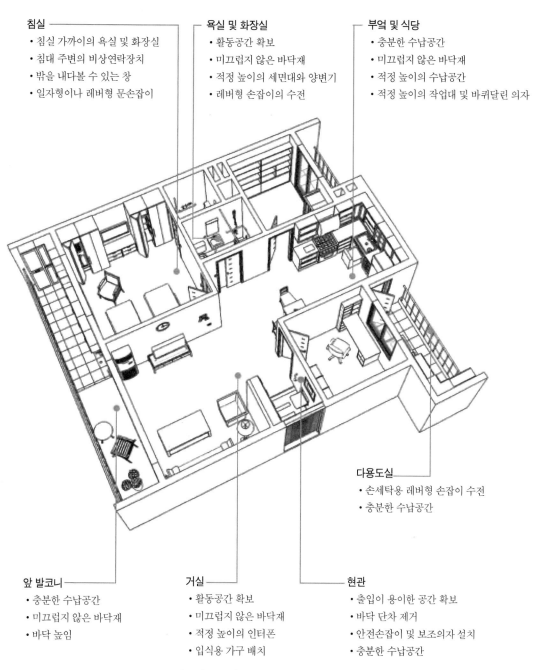

다용도실
- 손세탁용 레버형 손잡이 수전
- 충분한 수납공간

앞 발코니
- 충분한 수납공간
- 미끄럽지 않은 바닥재
- 바닥 높임

거실
- 활동공간 확보
- 미끄럽지 않은 바닥재
- 적정 높이의 인터폰
- 입식용 가구 배치

현관
- 출입이 용이한 공간 확보
- 바닥 단차 제거
- 안전손잡이 및 보조의자 설치
- 충분한 수납공간

〈그림 15-3〉 노인주택 표준 평면 예시

출처: 건설교통부, 한국주거학회(2007). 노인가구 주택개조 매뉴얼(전문가용).

의 행복한 삶을 위한 문제의 핵심에 있다고 하겠다. 따라서 사회발전과 고령화의 속도 그리고 개인적인 행복과 안정을 충족시키기 위해서는 현 단계에서 체계적인 고령자용 주택확대 노력 및 지원 확대가 필요하며, 고령자 편의에 대한 일반 건축물의 기준이 강화되어야 할 것이다. 이를 위해서는 정확한 고령자 주거실태에 대한 파악과 지속적인 자료의 축적을 통해 정확한 정책 방향을 유도해야 할 것이다.

3. 외국의 주거보장정책

1) 미국의 주거보장정책

미국은 상당히 다양하고 복잡한 주택정책 프로그램을 갖고 있다. 미국에서 연방차원의 주택정책은 1934년 주택구입의 저당융자제도를 규정한 국민주택법(National Housing Act)이 제정된 이후 수십 차례의 개정을 거치면서 미국의 공공주택정책의 기본법으로 발전해 갔다.

미국의 주택관련 주요 법은 은행 및 금융관련법(Title 12: Banks and Banking) 내의 국민주택법(Chapter 13: National Housing), 공중보건 및 복지관련법(Title 42: Public Health and Welfare) 내의 저소득 주택법(Chapter 8: Low-Income Housing)과 집합주택 서비스법(Chapter 89: Congregate Housing Services) 등을 들 수 있다(최성재, 2001).

(1) 국민주택법

국민주택법은 금융서비스와 연계하여 주택을 공급할 수 있도록 하는 미국 주택정책의 핵심을 이루는 주요한 법 중 하나이다. 노인 주거정책에 관한 규정 또한 이 법에서 다루고 있다. 국민주택법에서 언급하고 있는 노인에 관한 대표적인 규정은 노인지지주택이다. 이 규정의 취지는 안정적이고 적합한 주택 및 서비스가 가능한 주택을 노인에게 제공함으로써 노인이 품위와 독립성을 유지하며 생활할 수 있도록 하는 데 있다. 또한 이 법에서는 노인주택을 의존주택으로 전환하기 위한 보조금 지급을 규정하고 있는

데, 의존주택시설이란 주정부의 규정에 적합해야 하고, 입주노인들의 일상생활수행능력(ADL)과 자립생활수행능력(IADL)에 도움을 주는 지지서비스를 제공하며, 주방과 목욕시설을 갖춘 주거공간과 공유공간 및 입주자에게 지지서비스를 제공하는 독립된 공간을 갖추고 있는 주거단위이다. 그 외에도 저소득층 가족을 위한 임대 및 조합주택에 대한 규정도 마련되어 있는데, 이는 저소득층에게 주택을 임대하는 사업을 하는 소유주가 그 임대사업을 위한 주택을 구입할 때 저당보험을 들고 매월 일정액의 원금과 이자를 상환하게 되는데, 이때 지불해야 하는 이자를 감소시킬 수 있도록 보조금을 주택 소유주에게 지급함으로써, 결국은 세입자의 월세를 인하하도록 하는 제도이다.

(2) 저소득 주택법

저소득 주택법은 공중보건 및 복지관련 법에서 다루고 있다. 따라서 이 법이 내포하고 있는 주택정책의 가장 큰 목적은 주정부 또는 지방정부가 저소득 가족의 불안전한 주택 조건을 개선하고, 안전한 주택의 부족 문제를 해결하도록 하며, 저소득 가족에게 적절한 가격의 주택을 공급하도록 하는 것이다. 저소득 주택법에는 저소득 주택 사업을 위해 공공주택기관에게 필요한 자금을 대부, 보조해 주는 규정이 있으며, 저소득 가족의 주택 마련을 위해 기존 주택소유자에게 보조금을 지급하는 등의 규정도 있다.

(3) 집합주택 서비스법

미국의 주택정책은 크게 공급자를 위한 정책과 수요자를 위한 정책으로 구분할 수 있다. 공급자를 대상으로 하는 주택정책은 주택건설자금 지원, 건설자금 융자, 요양시설 건설자금 융자, 주택 저당손실 보상보험, 집합주택 서비스 인건비 지원, 임대주택사업자 이자 감면 등이 있고, 주택 수요자를 대상으로 하는 주택정책에는 임대료 보조, 구입/임대 교환권, 구입·개조·수리 자금 융자, 역모기지제도 프로그램 등이 있다(〈표 15-1〉 참조).

〈표 15-1〉 미국의 노인주택정책 프로그램과 관련법

	프로그램	대상자	급여종류	전달체계	재정	주요내용/관련법
공급자대상정책	주택건설자금 지원	정부 공공 주택국/개인/단체	건설자금	주정부-지방정부-건설자	공공주택기금	공공주택 건설지원(Housing Act of 1937; 1956) 노인집합주택 건설지원(Housing Act of 1970)
	건설자금 융자	비영리 주택 공급자	건설자금	주정부-지방정부-건설자	조세	건설자금 융자(Housing Act of 1937; Sect. 202; Housing and Community Development of 1974)
	요양시설 건설 자금 융자	영리 및 비영리 단체	건설자금	주정부-지방정부-건설자	조세	요양시설 건립자금 상환을 위한 미국주택 도시개발성(HUD)의 담보융자제도(HUD Sec. 232)
	주택 저당손실 보상보험	건설자	건설자금 상환금	주정부-지방정부-건설자	조세	주택 저당손실 보상보험(주택/도시개발성 정책 프로그램 HUD Sec. 231, 221)
	집합주택 서비스 인건비 지원	집합주택 운영자	서비스 요원 인건비	주정부-지방정부-건설자	조세	집합주택의 사회서비스 제공자 인건비 지원(Housing & Community Development Act of 1970; National Affordable Housing Act of 1990)
	임대주택 사업자 이자 감면	임대주택 사업자	이자 감면	주정부-지방정부-건설자	조세	세입자 임대료 인하 목적으로 임대주택사업자에 대한 이자 감면(Sec. 236)
소비자대상정책	임대료 보조	저소득 세입자	임대료 보조	주정부-지방정부-건설자	조세	기존 저소득 주택 임대료 보조(Housing Act of 1937, Sec. 8)
	구입/임대 교환권	저소득 세입자	임대료 보조	주정부-지방정부-건설자	조세	가구별 중위소득 50% 미만 가정 주택 구입 및 주택임대 교환권(Housing Act of 1983)
	구입/개조/수리 자금융자	모든 가구주	해당 명목의 비용	주정부-지방정부-건설자	조세	구입자금 융자(Housing Act of 1937), 개조자금 융자(Housing Act of 1990: HOPE and HOME; Farmers Home Administration, Sec. 504), 수리자금지원(Sec. 312; Social Service Block Grant)
	역모기지제도	모든 주택 소유노인 가구	감정된 총 주택가격 내의 일정금액	저당융자기관-개인	저당주택	소유주택을 금융기관에 저당하고 일정한 금액을 생활자금으로 받음(Federal Home Equity Conversion Mortgage Insurance Act of 1987)

출처: 최성재(2001). 미국의 노인주택정책과 관련법. 한국노인문제연구소 노인복지정책연구총서, 21, 213-256.

주거 유형 측면에서 미국의 노인들은 대부분 자기소유의 단독주택이나 아파트에 살고 있다. 주택을 소유한다는 것은 집의 자산 가치 때문에 재정적·심리적 안정의 근원이 되기도 하고 가족을 구성하고 건강한 사회활동을 할 수 있는 기본이 될 뿐만 아니라 재산상속의 의미도 갖는다. 따라서 주택을 구입하는 문제는 신중하면서도 많은 노력을 요한다. 미국의 노인들은 주택을 하나의 수입원으로 활용할 수 있는 액세서리 주택 (accessory housing) 같은 일반 주택에 살고 있는 경우가 많다. 일반 주택을 소유하고 있을 경우 집을 언제든지 개조하거나 수리하여 필요한 수요자에게 임대할 수 있기 때문이다. 이 경우 은퇴 이후에도 꾸준한 수입원을 확보할 수 있다는 점에서 많은 미국 노인들이 선택하는 하나의 주거 유형으로 정착한 것으로 보인다. 그러나 이러한 경향성을 보이는 또 하나의 이유는 심리적 요인이 크게 작용하고 있다. Mutschler(1992)는 대부분의 사람들이 자신이 살던 주택에 많은 애정을 갖고 그곳에 남으려는 습성이 있다고 보고 그 이유를 익숙함에서 오는 편안함, 주변환경과의 친밀성 그리고 근접한 곳에 있는 비공식적인 지원체계들 때문이라 분석하였다.

P. H. Mutschler

한편, 미국의 노인주택정책과 관련하여 계획된 노인주택에는 다양한 유형이 있다. 그중 대표적인 것으로는 노인촌락(retirement community)을 들 수 있다. 우리나라의 실버타운과 같은 성격의 이 노인촌락은 일반주택, 양로시설, 요양시설, 노인전문병원, 위락시설 등이 한 지역에 모여 있고, 이러한 유용한 시설을 쉽게 접하려는 노인들이 그 주위로 이주하면서 노인만을 위한 독특한 주거지역으로 발전하는 것을 의미하는 '노인전용 주택단지'라고 할 수 있다. 이러한 종류의 노인촌락은 주정부의 적극적 지원으로 비교적 넓은 지역에 조성되기도 하고, 또는 주택개발업자가 일정한 지역을 집중적으로 개발하여 형성되기도 한다. 노인촌락의 본산지인 미국에는 장기보호노인촌락(Continuing Care and Retirement Community: CCRC)이 많이 설립되어 있다. CCRC는 오랫동안 노인을 보호하면서 주거서비스를 제공하는 것으로서, 건강한 노인으로부터 전문요양서비스가 필요한 노인에 이르기까지 동일한 촌락에서 서비스의 필요에 맞추어 유동적으로 생활하는 것이 가능한 촌락을 말한다. CCRC는 노인계획주거에 있어서 노인의 의존성

사진 설명: 미국 로스앤젤레스에 위치한 노인전용 APT Angeles Plaza에서 노인들과 대담하고 있는 박재간 소장

이 증대하더라도 생활거점을 바꾸지 않고 보호해야 한다는 신축보호체계(Flexi-care System)의 원칙에 의해 조성된다. 〈표 15-2〉는 앞에 언급한 것 외에 미국 노인들이 실제로 생활하는 주택의 유형들을 정리한 것이다.

사진 설명: 노인촌락의 예: Shell Point Village Retirement Community
출처: www.shellpoint.org

〈표 15-2〉 노인주택의 유형

유형	내용	장점	단점
하숙주택 (board and care homes)	넓은 집을 소유하고 있는 가정에서 노인 5~6명을 가정집에 입주시켜 일상생활에 필요한 식사서비스, 케어서비스를 제공해 주는 운영 형태	• 집과 같은 환경 • 쇠약하고 고립된 노인에게 다른 사람들과 교제할 수 있는 기회 제공 • 경제적	• 허가되지 않았거나 거주자의 처우에 대한 관심이 적음 • 관리자의 훈련부족 • 계획된 사회활동 프로그램이 부족
집합주택 (congregate housing)	세대 단위의 독립된 생활공간을 사용하면서 공동주방, 공동식당의 시설을 갖추고 일상생활에 필요한 서비스를 제공	• 독립적인 생활을 확장할 수 있는 기본적인 지원서비스를 제공 • 사회적 고립감의 감소 • 물리적 · 정서적안정감 제공	• 부엌시설이 없어 입주자의 독립성을 제한 • 정부보조금을 받지 못하는 노인에게는 비용부담이 큼
공동주택 (shared housing)	경제적 이유 등으로 집이 필요한 노인끼리 만나 한 주택에 같이 생활하는 형식	• 가구운영에 대한 비용 분담으로 가격이 저렴 • 교제 및 안정감 • 세대 간의 협력과 이해 촉진	• 집을 분담하는 데 있어 개인의 선택에 대한 문제 발생 • 의료적이고 개인적인 문제에 대처하기 어려움 • 도시건축규제의 제한
액세서리 주택 (accessory housing)	단독주택 부지에 기존주택과 분리된 별도의 노인용 주택을 만들어 노인이 생활하는 형식	• 주택을 소유하고 있는 노인에게 부수입 제공 • 교제 및 안정감 • 적정 가격의 임대주택 공급을 증가시킴	• 소유주가 부담하는 초기 건축비용 증가 • 건축규제의 제한 • 건축 관계법 위반 가능
ECHO 주택 (elder cottages or granny flats)	자녀의 주택 바로 옆에 조립식 간이 주택을 지어 자녀와 별거하면서도 동거하는 것과 같이 보살핌을 받을 수 있는 시스템	• 노인에 대한 가족구성원의 상호교류가 가능 • 독립성, 프라이버시를 유지할 수 있는 기회 제공 • 경제적	• 임시 조립식 주택이라는 점에서 건축 관계법 위반에 대한 염려
이동주택 (mobile homes or trailers park)	차량 뒤에 부착 또는 컨테이너 수송트럭에 실어 이동할 수 있는 방식의 이동식 임시주택	• 건물을 건축하는 것보다는 저렴한 비용으로 생활공간을 창출 • trailers park를 저렴한 비용으로 임대 가능	• 서비스 제공 기관으로부터 떨어진 장소에 위치 • mobile homes의 이동 비용이 비쌈

출처: Mutschler, P. H. (1992). *Where elders live. Generations*, Spring, 7-14, 재구성.

ECHO 주택

이동 주택

2) 영국의 주거보장정책

영국은 노인복지에 대해 가장 앞선 정책을 실시한 국가 중 하나이다. 그만큼 정책의 변화도 많았지만, 후발 정책 수립국가에게 주는 의미 또한 크다고 하겠다. 영국의 주거와 관련된 서비스 중에서 비교적 노년인구와 직접적으로 연관된 제도들을 살펴보면 〈표 15-3〉과 같다. 영국 주거정책을 우리와 비교할 때, 특징적인 부분은 영국의 노인주거정책은 중앙정부에서 결정하지만 직접적인 주거지원 활동은 지방정부가 담당한다는 점이다. 따라서 영국에서 대부분의 노인주거정책은 지방정부의 적극적인 운영으로 이루어지고, 이에 민간단체들이 참여하는 형식을 취하고 있다.

(1) 시설보호

영국에서 1990년 제정된 국민보건서비스 및 지역사회보호법(NHS and Community Care Act)은 영국의 노인시설보호에 관한 규정을 담고 있다. 시설보호란 숙박과 보호가 한 장소에서 이루어지는 것을 의미하며, 영국에서는 병원에서의 장기적인 요양으로 발생하는 숙박과 보호를 제외하고는 일반적으로 노인홈과 요양시설에서 이루어지고 있다. 영국에서 노인홈은 보통 지방정부가 운영하지만 민간의 영리, 비영리 단체들도 지방정부와의 협력하에 직접 운영하기도 한다. 또한 시설보호 규모는 50~100명을 수용할 수 있는 큰 규모에서부터 수 명 또는 그 이하의 인원을 대상으로 가정적인 분위기를 갖추고 있는 시설도 있다.

〈표 15-3〉 영국의 노인주거서비스 프로그램과 관련법

프로그램	대상자	급여종류	전달체계	재정	주요 근거법률
시설보호	자립생활이 어려운 경우	주거와 보호, 요양	지방정부 사회 서비스부-보호, 요양기관	정부보조금 지방비 자부담 (소득보조)	시설등록법 (1984), 국민보건서비스와 지역보호법(1990)
보호주택	60세 이상 희망자	관리인, 응급경보, 식사, 지역보호 등 유형별 서비스	지방정부와 주택조합(임대), 사회서비스부 (요보호주택)	자부담 주거급여 소득보조	(주택법)
지역보호	보호가 필요한 노인 등	재가복지, 주간보호 등	지방정부 사회 서비스부-민간 기관	정부보조금 지방비 자부담	국민보건서비스와 지역보호법(1990)
수리개량 지원	자가소유자, 민간 임차인, 민간지주	개조, 개량, 수리비 지원	지방정부 주택 서비스부, 환경 건강부	정부보조금 지방비 자부담	주택보조금, 건설 및 재개발법 (1996)
사회보장 급여	저소득층	소득보조-생계 주거급여 등	사회보장사무소, 지방정부	사회보장비	사회보장관련법(기여·급여, 행정, 1992), 지방정부재정법 (1992)

출처: 이영환(2001). 영국의 노인주택정책과 관련법. 한국노인문제연구소 노인복지정책연구총서, 21, 7-54.

　　이러한 시설보호의 규모와 수준은 이용료의 차이로 나타나고 있고, 이용료는 원칙적으로 개인부담이지만, 저소득층에 한해서 정부로부터 보조를 받을 수 있다. 이에 반해 요양원은 중풍, 치매 등과 같은 신체적·정신적 질병이 있는 노인들이 주로 이용하며 전문적인 간호사 또는 간병인이 수용된 노인의 보호자 역할을 한다. 요양원 운영은 비영리와 영리기관 모두 가능하지만, 질병에 대한 전문성을 기반으로 고소득층을 대상으로 민간이 운영하는 경우도 많다. 물론, 요양원을 이용하는 비용 또한 원칙적으로 개인부담이기는 하지만 저소득층에게는 소득보조제도가 적용된다.

(2) 노인보호주택

영국에서는 어느 지역을 가든 노인보호주택(shelterd housing)을 흔하게 볼 수 있다. 대부분 지방정부나 주택조합 등 공공기관에서 노인보호주택을 공급하고 있기 때문이다. 이 노인보호주택은 대개 지역단위로 설치·운영되고 있고 대개 10～20인 정도가 입주할 수 있는 규모를 갖추고 있다. 노인보호주택은 단지마다 차이는 있으나 대체로 방 1～2개와 부엌으로 이루어진 소형주택(flats 또는 bungalows)이 20～40개 규모로 단지를 구성한다. 노인보호주택의 유지 및 관리를 위해 정원손질, 창문 청소는 운영자가 담당하지만, 식사, 세탁, 청소 등은 입주자가 해야 하며, 입주한 노인들이 대개 75세 이상의 고령층이기 때문에 마을 단위로 설치된 가사지원센터에서 파견되는 홈헬퍼의 도움을 받는 경우도 있다.

입주자는 매월 임대료와 관리비 등을 내야 하지만 대부분 정부로부터 지원을 받아 충당한다. 관리비는 관리인 비용, 응급경보 서비스, 공용시설 관리비 등이다. 1960년대 영국 정부가 노인주택건설에 관심을 갖기 시작한 이후 노인보호주택은 한때 노인주거문제에 대한 최선의 대안으로 부각되기도 하였으나, 시간이 흐를수록 다음의 몇 가지 문제점 또한 드러났다. 첫째, 주로 고령의 노인들이 비교적 자립적인 생활을 하는 것을 전제로 만들어진 제도이기 때문에 병약한 노인들이 많아지게 되면, 관리인의 부담이 늘어나게 된다는 점이다. 원래 관리인들의 역할은 단순 관리를 중심으로 좋은 이웃 정도의 구실을 하는 것이었지만, 환자가 늘어나면서 간병과 가사 등을 도와야 되는 상황이 발생하게 되어 부담이 가중되었다. 둘째, 대다수의 노인들은 일반주택에 거주하고 있기 때문에 소수의 사람들만 보호를 받는 상황이며, 따라서 노인보호주택은 단지 하나의 대안에 불과하다는 것이다. 마지막으로 적극적인 차원에서 능동적인 시민으로 노인을 인식하지 않고, 소극적인 차원에서 노인들을 단순히 서비스의 수혜자로 인식하는 주거모델로 남아 있는 한 결국 노인보호주택은 도태될 수도 있다는 문제점을 갖고 있다.

(3) 지역사회보호

지역사회보호 서비스는 노인들이 자립적 생활을 영위할 수 있도록 지원해 주는 중요한 서비스이다. 일반적으로 보건청에서 제공하는 지역간호사, 보건방문사, 발치료사 서비스와 사회서비스부가 제공하는 가사지원, 식사배달, 점심클럽, 주간보호, 보호자 (가족, 이웃, 친구 등)에 대한 지원 등이 이에 포함된다.

1990년 국민보건서비스 및 지역사회보호법(The 1990 NHS and Community Care Act) 이 제정된 이후 지방정부의 사회서비스부가 지역사회보호의 주도적 역할을 담당하였으며, 사회서비스부는 대상자별 지역사회보호 계획을 수립할 의무 또한 갖게 되었다. 지역사회보호 서비스는 세 가지의 핵심적인 내용을 포함하고 있다. 첫째는 재가보호 의 원칙을 가능한 한 지키고 부득이한 경우를 제외하고는 시설보호를 피하는 것이고, 둘째는 서비스 경쟁을 통해 소비자가 서비스를 선택하도록 하며, 셋째, 대상자가 최대 한 자립할 수 있도록 돕는 것이다.

지방정부 사회서비스부가 지역보건서비스를 담당하지만 재정과 관련해서는 영국 보건청으로부터 보조를 받는다. 사회서비스부는 욕구에 대한 사정, 평가를 거쳐 필요 한 서비스가 결정되면 보호담당자가 보호계획을 수립하고, 필요한 서비스를 민간기관 등에서 구입하는 계약절차를 거쳐 보호를 집행하고, 평가하며, 후속 계획을 수립하는 과정이 이어진다.

3) 독일의 주거보장정책

독일은 그 어떤 국가보다도 주택정책에 있어서는 정부 차원의 강제적인 조정과 감독 기능이 크다는 특징을 갖고 있다. 노인의 주거문제 역시 정부의 개입이 적극적이어서, 1999년에 독일 연방정부는 "노년기의 주거를 내 마음대로" 프로젝트를 시작하여 노인 의 주거문제를 적극적으로 해결하려는 정책을 시도하고 있다. 이는 노인의 주거문제를 적극적으로 해결하기 위한 최초의 대규모 정책이라는 점에서도 의미를 갖는다.

이 프로젝트가 시작된 가장 큰 이유는 독일의 주거형식이 압도적으로 일반 가정이 많았기 때문이며, 그로 인해 독일의 노인정책이 시설분야의 확충과 서비스 확대보다는 재가지향의 방향으로 전환할 수밖에 없었기 때문이다. 국가의 적극적 개입과 일반 가 정 주거형태의 압도적 우위라는 사회적 특징에 맞게 독일의 노인주택건설 정책 프로젝트 또한 이를 대부분 수용하는 방향에서 접근되고 있다. 다음은 이 프로젝트에 대한 주요 내용과 대표적인 독일의 주택건설법을 알아보도록 한다(김근홍, 2001).

(1) 노인친화형 주택정책

독일 연방정부는 다양한 노인친화형 주택 정책을 시도하고 있다. 그중 하나가 정책적 법제화를 위한 모델 프로젝트라 할 수 있다. 여기에서 독일 정부는 노인친화형 주택으로 사용되기 위한 몇 가지의 조건들을 제시하고 있다. 우선, 노인친화형 주택이 되기 위해서는 대중교통수단에 쉽게 연결될 수 있는 위치 선정이 먼저 고려되어야 하고, 둘째, 멀지 않은 곳에 노인들이 식재료 및 생활용품들을 구입할 수 있는 곳, 그리고 각종 사회활동에 용이한 은행, 병원 및 기타 공공기관과 시설들이 근접하기 좋은 곳에 위치해야 하며, 셋째, 건물에 노인들이 이용하기 편리하도록 승강기 등이 설치되어 있어야 하는 한편, 노인의 활동에 장애가 되는 요소들을 설계단계에서부터 고려하여 이를 없게 하여야 한다. 넷째, 노인의 활동과 생활에 불편함이 없도록 하는 주거 규모를 유지해야 하며, 중앙난방·욕실 및 화장실 등이 기본적으로 설비되어야 하고, 또한 이러한 설비들이 충분한 조명의 밝기 유지, 미끄러짐 방지 장치 설치 등과 같은 안전사고 예방이 고려되어 설계, 시공되어 있어야 한다. 다섯째, 수발행위나 몸을 씻기가 편해야 한다. 이상의 조건들은 독일 정부가 정하고 있는 노인친화형 주택을 위한 기본적 사항에 들어 있는 것이다. 따라서 노인친화형 주택을 요약해 본다면, 노인친화형 주택이란 노인이 불편을 겪지 않고 주거생활을 할 수 있도록 하는 것은 물론이고, 이 주택을 이용하는 모든 연령층 또한 편리하게 살 수 있는 주택을 의미한다. 그래서 다소 불편이 있더라도 혼자서 또는 약간의 도움으로 독자적인 생활이 가능한 주택과 주거환경을 갖추어야만 노인친화형 주택이라 할 수 있을 것이다(BMFSFJ, 1999).

독일 정부는 자기소유의 주택을 권장하고 있지만, 문제는 아직도 임대주택에서 사는 노인들이 상당히 많다는 점이다. 따라서 임대주택에 거주하는 노인들에 대한 보호가 필요하였고, 특히 주택임대 해약으로 인해 당황하거나 어려움을 겪게 되는 노인들을 정부가 보호하지 않으면 안 되는 상황에 직면하였다. 이러한 상황에서 독일은 2001년 9월부터 노인친화형 주택임대법을 제정하여 주택임대 해약통지 보호안을 마련하고,

노인층 세대가 대안 없이 임대 해약통지라는 사회적 불이익을 당하지 않도록 하는 법적인 기능을 보강하였다. 또한 이 법에 따라 연간 세수입의 11.0%를 주택 및 건물 유지보수를 위한 비용으로 사용하도록 규정하여 안전하고 안락한 노인친화 주택을 유지하는 제도적 장치 또한 마련하고 있다. 특히, 노인의 활동에 장애가 되는 '장애물 없애기' 규정은 노인뿐 아니라 상대적으로 사회적 약자인 장애인 세입자의 안전을 강화하기 위한 조치라 할 수 있다. 더 나아가 노인 및 장애인 세입자는 필요한 경우 주택을 자신에 맞게 개조할 수도 있다. 또한 주택 이용 시 자기가 가진 조건에 불편함이 없도록 필요한 시설 변경 및 새로운 시설 설치에 대해 임대인으로부터 동의를 요구할 수 있게 되었다(http://www.berlinreport.com).

독일에서 노인입소 시설을 이용하기 위해서는 입주자가 비용을 지불해야 한다. 그러나 대개의 경우 노인들은 국가로부터 받는 연금 또는 사적 예금이나 보험금으로 이를 대신하기 때문에 큰 부담이 되지는 않는다. 게다가 시설이용에 따른 비용을 지불하지 못하는 노인의 경우 사회부조에서 부족분을 지불해 주고 있기 때문에 그리 큰 어려움은 없다. 다만 일정한 요건을 갖춘 독일 노인이라면, 자신에 맞는 적절한 주거시설에 대해 사전에 미리 그 종류와 내용을 알아보고 준비하여 선택만 하면 된다. 그만큼 독일의 주거시설은 서비스도 다양하고 이를 선택하는 폭도 매우 넓다고 하겠다.

한편, 독일의 집단주거시설 관련법에서 규정하고 있는 시설들은 법이 지켜주는 범위 안에서 최소한의 인간다운 삶을 살 수 있도록 하고 있다. 그 대표적인 시설로는 양로시설(Altenheim), 노인복지주택(Altenwohnheim) 그리고 수발형 요양원(Altenpflegeheim) 등이 있다. 이 시설들이 대부분 입주형인 데 반해, 시설에 직접 입주하지 않으면서 일정 시간 동안 수발을 필요로 하는 노인을 위한 주간수발원(Tagespflegeheim) 그리고 수발과는 관계없지만 가정의 노인들에게 모임의 기회와 아울러 여러 가지 다양한 여가 및 교양 프로그램을 제공해 주는 경로당이 있다. 그리고 수용시설이라 볼 수는 없지만 노인들의 생활에 편의성을 강조한 노인아파트, 보호주택 그리고 수발주택 등이 있다.

(2) 주택건설법

독일에서는 공공임대주택인 사회주택이 주택공급의 대부분을 차지한다. 1950년 1차

주택건설법 제정으로 본격 추진된 사회주택은 비영리 법인이나 주택조합의 재정보조나 저리융자를 받아 건설한 후 저렴한 값에 임대하는 것을 말한다. 그러나 오늘날 독일에서 주택건설 정책의 핵심은 제2차 주택건설법(Zweites Wohnungsbaugesetz)을 근간으로 하고 있으며 주요 내용은 다음과 같다.

첫째, 세금감면 자유주택 건설이다. 주택건설 촉진을 위한 지원금, 소득세법(EstG) 제10조에 의거한 세제상의 특혜 및 동법 제7조b에 의거한 자가주택 및 공동주택 취득세 공제 폭의 상향조정 등의 조치를 통해 개인의 주택건설을 장려하고 지원하는 것이다. 다만 이러한 주택의 경우 일반 임대법의 구속을 받지 않으나 세입자 보호법에는 구속을 받도록 되어 있다.

둘째, 세제우대 및 융자 주택 건설이다. 위의 자유주택건설 지원에 더하여 토지소득세 면제와 국가가 보증하는 장기 저리금융 제공 등의 추가 지원이 있다. 이러한 주택의 경우 택지면적을 제한하고 있다.

셋째, 공적 자금 지원의 사회주택 건설이다. 위의 지원에 더하여 공적 자금의 투입이 추가된다. 주거면적의 제한이 있고, 이러한 주택건설을 위해 저리 혹은 무이자 융자 지원을 받을 수 있는 조건은 소득이 일정수준 이하여야 한다.

4. 노인주거보장정책의 과제

고령화가 급속하게 진행되는 현실에서 무엇보다 현명한 것은 사회적 위기로 다가오기 전에 정책의 과제들을 선별하고 이를 집중 연구하여 대안을 제시하고 실천하는 것이다. 노인의 주거보장문제 또한 사회적 안녕과 개인의 행복을 위해 중요한 요소임을 부인할 수 없다. 여기서는 고령화 사회를 대비한 고령자의 안정적인 주거생활을 지원하고 주거복지수준의 향상을 도모하기 위한 노인주거보장제도의 향후 과제를 제시해 보고자 한다.

첫째, 주택에 대한 인식의 변화와 이를 뒷받침할 제도적 장치가 필요하다. 즉, 주택을 자산 증식의 수단으로 여기는 인식이 변화하지 않는 한, 국민 전체의 주거안정과 복지향상은 당분간 쉽지 않을 것으로 보인다. 따라서 주택을 소유 중심의 주거문화에서 거주 또는 편의성 중심의 문화로 전환해야 한다. 이를 위해서는 경제적 능력이 약한 노인층이나 저소득층을 대상으로 하는 주택시장 형성을 정부가 제도적으로 뒷받침해 줄 필요가 있다. 노인이나 저소득층을 위한 임대주택의 적극적인 확대 공급도 대안이 될 것으로 생각한다.

둘째, 다양한 형태의 노인 전용 주택 또는 노인의 특성에 부합하는 촌락 형성의 공급이 필요하다. 고령자의 수가 급증하고 있는 현실에서 노인의 특성에 맞는 주택의 건설과 공급이 충분할 경우 노인의 안정적인 주거문화가 점차 정착될 수 있을 것이다. 이때 중요한 것은 국가에서 고령자 주택에 대한 적합한 기준을 제시하고 주택 수요에 따른 공급을 유연하게 조정함으로써 비교적 저렴하게 노인들이 이용할 수 있도록 하는 것이다.

셋째, 노인주택과 관련하여 지역 내의 의료, 보건, 복지 시스템과 연계된 네트워크를 구성하고 이를 체계적인 관리감독하에서 확산시켜 가는 것이 필요하다. 이는 결국 개인뿐만 아니라 지역사회에도 활력소를 제공하는 것이며 복지 전반에 걸친 잠재력을 향상시키는 역할을 할 것이다.

넷째, 부의 재분배 차원에서 저소득층 노인의 주거문제에 정부가 현실적인 대안을 가지고 개입할 필요가 있다. 특히, 저소득층 무주택 노인의 경우 주거 급여와 관련해서 비현실적인 부분이 존재한다. 현재 시행되고 있는 주거급여는 가구당 2~5만 원을 지급하고 있으며 실질적인 주거비지원제도로서 효과성이 미흡하다. 따라서 향후 실질적인 주거지원에 대한 제도의 보완이 필요하다.

다섯째, 노인주택과 관련한 전문성을 갖춘 업체가 필요하다. 미국의 경우 노인주택문화가 상당히 발달되어 있는데, 이는 노인주택 관련 전문업체가 왕성한 사업을 전개하고 있기 때문이다. 장기적인 관점에서 우리나라에도 미국식 노인주택문화가 도입될 가능성이 있기 때문에, 우리나라도 이러한 전문업체를 육성할 수 있는 방안을 미리 모색해 보는 것이 필요하다.

제16장
노인복지서비스

인간은 생존과 성장발달의 필수조건으로 사람들과의 관계 속에서 유대를 맺게 된다. 이러한 유대관계는 대개 가족, 친척, 친구, 이웃 등을 중심으로 형성되어 왔으나, 현대사회로 오면서 가족 개념 및 급속한 생활환경의 변화에 따라 국가나 정부의 공적 체계를 활용한 새로운 사회적 서비스가 등장하게 되었다. 사회적 서비스는 개인의 영역에서 사회의 영역으로 확산되는 공공재적 성격을 강화하는 일반적 현상을 의미하는 것으로 이해할 수 있으며, 따라서 신체적 · 정신적 그리고 재정적으로 약자인 사람들, 예를 들면, 은퇴, 재정적 어려움, 배우자 상실, 건강문제 등과 같이 많은 변화와 도전에 직면해야 하는 노년층에게는 특히 중요한 요소이다.

노년기에는 제3자의 보호와 도움을 요하는 경우도 많아지고, 또한 장기요양을 필요로 하는 경우도 많아져 노인을 위한 사회적 서비스의 필요성을 더욱 절감하게 된다. 따라서 노년층이 여생을 행복하고 안정적으로 살아가도록 하기 위한 사회적 차원의 복지서비스가 마련되어야 하며, 이를 기초로 포괄적이고 효율적인 정책 또한 수립되어야 한다.

노인에 대한 효과적인 사회적 서비스를 위해서는 노년기의 삶을 하나의 연속신상에서 관리해야 한다. 이 장에서는 가정에서 수행되어 온 가족의 보살핌이 지역사회나 가족 이외의 사람에 의해 수행되는 '보호의 사회화' 관점에서 노인을 위한 사회적 서비스를 살펴보고 있다.

1. 노인복지서비스의 개념

Alfred, J. Kahn

노인복지서비스란 가정생활을 보호 또는 회복시키며 노인의 내외적 문제를 대처해 나갈 수 있도록 발전을 성장 촉진하고, 정보·안내 및 구체적인 도움을 통하여 서비스에 잘 접근할 수 있도록 하는 프로그램이라고 정의한다(Kahn, 1979). 노인복지서비스의 유형은 다음과 같이 구분할 수 있다. 첫째, 서비스 제공 주체에 따라 공식적인 서비스와 비공식적 서비스로 구분된다. 공식적 서비스는 국가나 지방정부가 주체가 되어 지원이 이루어지는 것을 말하며, 비공식 서비스는 친척, 가족, 이웃, 친구 등에 의한 서비스를 의미한다. 둘째, 서비스 제공 장소에 따라 재가서비스와 시설서비스로 구분된다. 재가서비스는 배우자나 다른 가족 구성원과 함께 가정에 머물면서 생활할 수 있도록 서비스를 제공해 주는 것을 말하며, 시설서비스는 노인들이 시설에 거주하며 생활을 하도록 제공하는 서비스이다. 이외에도 사회적 서비스의 연속적 관리 차원에서 노인이 거주하는 가정에 서비스 제공자가 직접 방문하여 서비스를 제공하는 가정보호, 노인이 일시적으로 가정을 벗어나 일정시간과 장소에서 서비스를 받는 지역사회보호 그리고 장기간 또는 아예 시설에 입주하여 서비스를 받는 시설보호 등 연속적인 보호형태로 구분하기도 한다(〈표 16-1〉 참조).

결국, 노인복지서비스는 소득, 의료, 주택보장 등을 기초로 노인의 노후를 신체적·심리적·사회적 측면에서 다각도로 지원하고, 노인이 독립적이며 안정적인 노년기를 보장받을 수 있게 하는 중요한 정책이라 할 수 있다. 따라서 사회적 서비스의 내용이 조금씩은 다르지만, 노인복지서비스를 위한 정책마련을 하고 있다. 노인복지서비스의 내용은 노인을 위한 여가, 건강·보건, 영양, 교통, 사회·심리적 지지, 정보제공 및

〈표 16-1〉 서비스 제공 장소와 기능제한 정도에 따른 노인복지서비스

	가정보호 서비스	지역사회 서비스	집단주거 및 시설서비스
최소의 기능제한	주택개조 · 수리 주택공동이용 주택신탁 교통편의 제공 전화확인	노인회관 노인학교 집단급식 노인 · 가족상담 정보 · 의뢰제공	노인촌 노인집합주택 노인하숙주택 노인의 집
중간 정도의 기능제한	가정위탁보호 가정봉사서비스 가정보호서비스 사례(보호)관리 도시락 배달	주간보호센터 정신건강센터 노인종합복지관 지역보건소 사회복지관	노인보호주택 보호형 하숙집 집단수용시설 노인생활지원주택 장애노인주택
중증 이상의 기능제한	가정건강보호 가정방문간호 간병서비스 휴식보호서비스 임종보호서비스	주간건강보호 주간병원서비스 주간정신의료보호 단기보호서비스 치매노인가족모임	일반병원, 노인병원 노인전문병원 노인재활병원 장기집단보호시설 일반 및 특수요양시설
비고	가정방문서비스 이용시설서비스 재가노인서비스		시설보호서비스

출처: Tobin, S. S., & Toseland, R. T. (1985). Model of services for the elderly. In A. Monk (Ed.), *Handbook of gerontological services* (pp. 27-51). New York: Van Nostrand Reinhold.

안내 등의 서비스를 포함하고 있고, 또 가정보호와 지역사회를 포함하는 재가복지서비스와 시설에 거주하는 노인을 위한 보호서비스를 제공하는 내용도 갖고 있다.

2. 재가복지서비스

노인에 대한 재가복지서비스는 가정보호와 지역사회보호를 모두 포함하는 것으로 이해하는 것이 바람직하다. 다음은 재가복지서비스의 필요성과 재가복지서비스의 종

류와 내용에 대해 살펴보았다.

1) 재가복지서비스의 필요성

우리나라는 1980년대 중반부터 노인에 대한 시설보호중심에서 가정에 있는 노인에 대한 보호와 지원으로 전환할 필요성을 인식하고 재가복지라는 용어를 공식적 · 비공식적으로 사용하기 시작하였으며, 1993년 12월 제2차 노인복지법을 개정하면서부터 노인복지법에 '재가노인복지'를 명시하였다. 재가노인복지사업은 정신적, 신체적인 이유로 독립적으로 일상생활을 수행하기 곤란한 노인과 노인부양가정에 필요한 각종 서비스를 제공함으로써, 노인이 가족 및 친지와 더불어 건강하고 안정된 노후생활을 영위할 수 있도록 함과 동시에 노인부양가족의 부담을 덜어 주기 위함을 목적으로 하고 있다. 이와 같이 재가노인복지는 시설이 아닌 가정과 가정 밖의 지역사회 서비스 기관에서 보호를 받는 것을 의미한다.

정신적 · 신체적으로 취약한 노인을 보호하기 위한 방법에는 여러 가지가 있다. 그러나 독립적 개체로서 인정받고, 친숙하며 정과 사랑을 나눌 수 있는 가족의 중요성은 비록 노인의 복지서비스가 사회화되는 추세라 하여도 강조될 수밖에 없다. 또한 노인복지서비스의 사회적 분담 추세 그리고 국가 역할의 강조에도 불구하고 시설확충 및 재정확보의 제한으로 현실적인 양질의 서비스를 제공하지 못하는 경우가 발생할 수 있다. 이러한 문제를 부분적으로 해소하고 양질의 서비스를 유지하도록 하는 것은 매우 필요하다. 따라서 재가복지서비스는 정부가 시설보호 등의 현실적인 한계를 개선하기 위해 탈시설화, 정상화 그리고 통합화의 이념에 입각하여 지역사회보호라는 대안으로 등장하였다(Polich, Parker, Iversen, & Korn, 1992).

노인복지정책에서 가족을 중심으로 하는 재가복지서비스가 필요한 이유는 첫째, 사회문화적 맥락에서 우리 사회는 서구 사회와는 달리 아직도 가족중심적 집단성과 혈연성이 강조되고 있고, 노인들은 가족으로부터 신체적 · 정신적 안정을 도모하려는 경향이 강하다는 점이다. 둘째, 시설보호는 많은 사회적 예산 및 투자가 요구되는 데 반해, 재가복지서비스의 전문적 개입은 비용부담을 절감시키면서 유용한 서비스의 공급을 지원할 수 있다는 점이다. 그리고 마지막으로 지역사회에 근거한 서비스 체계를 마련하는 것은 지역단위의 주민들이 삶의 근거를 함께하기 때문에 협조체제가 용이하며, 지역사회 안에 산재되어 있는 다양하고 풍부한 인적·물적 자원을 쉽게 이용할 수 있다는 점에서 중요한 의미를 지니고 있다(손화희, 정옥분, 2000).

이러한 의미에서 선진국의 노인복지정책은 가족을 중심으로 하는 재가서비스가 보다 체계적으로 개발되어야 한다는 방향에서 논의되고 있다.

2) 재가복지서비스의 종류와 내용

보건복지가족부의 노인보건복지사업안내에 따르면 재가노인복지사업의 이용대상은 신체적·정신적 장애로 일상생활을 영위하기 곤란한 노인, 심신이 허약하거나 장애가 있어 일정기간 보호가 필요한 노인, 신체적·정신적·사회적인 이유 등으로 가정에서 보호가 곤란하여 전문적인 보호가 필요한 노인으로 규정하고 있다. 그리고 재가노인복지사업의 사업대상이 이용할 수 있는 재가복지서비스의 종류에는 방문요양서비스, 주·야간보호서비스, 단기보호서비스, 방문목욕서비스 등이 있으며, 그 밖에 재가노인 복지증진을 위한 서비스 사업으로 요양보호사 교육기관 운영, 농어촌 재가노인복지시설 운영, 재가노인지원센터 운영, 경로당 운영혁신 사업, 노인복지관 설치 운영, 독거노인 안전 및 지원서비스 확충 등이 있다(노인복지법 제38조).

(1) 방문요양서비스

방문요양서비스는 가정에서 일상생활을 영위하고 있는 노인으로서 신체적·정신적 장애로 어려움을 겪고 있는 노인에게 필요한 각종 편의를 제공하여 지역사회 안에서 건전하고 안정된 노후를 영위하도록 하는 서비스이다. 서비스의 내용은 다음과 같다.

① 신체적 수발에 관한 사항
• 세면도움, 구강관리, 머리 감기기, 몸단장, 옷 갈아입히기, 목욕도움, 식사도움,

체위변경, 이동도움, 신체기능의 유지 · 증진, 화장실 이용하기 등

② 일상생활 지원에 관한 사항

- 가사지원서비스: 취사, 생활필수품 구매, 청소 · 세탁 · 주변정돈 등의 서비스
- 개인활동서비스: 외출 시 동행 · 부축 등 개인활동에 관한 서비스
- 우애서비스: 안부 전화 및 방문, 말벗, 편지 전달, 생활상담 등

③ 노화, 질병 및 장애관리에 관한 사항

- 노화, 질병 및 장애관리를 위한 보조 및 사회서비스
- 생활지도 및 일상동작훈련 등 심신의 기능회복 및 강화를 위한 서비스

④ 상담 및 교육에 관한 사항

- 지역사회 내에서 노인의 자립생활에 관한 상담 서비스
- 질환 및 장애노인 가족을 위한 상담 및 교육

⑤ 지역사회 복지자원 발굴 및 네트워크 구축에 관한 사항

- 무의탁 노인 후원을 위한 결연사업
- 지역사회 자원봉사자 등 인적자원 발굴 사업

이상과 같이 방문요양서비스는 가정이라는 테두리 안에서 요양보호사와 간호사 등
으로부터 노인수발에 필요한 식사도움, 화장실 도움, 세면, 목욕, 말벗, 외출동행, 간호
서비스 등을 받으며, 집안 청소 등 일상 가사지원서비스를 지원받는 것이다. 방문요양
서비스는 지역사회 내에서 노인의 자립생활을 지원한다는 의미를 가지고 있다.

(2) 주 · 야간보호서비스

주 · 야간보호서비스는 부득이한 사유로 가족의 보호를 받을 수 없는 심신이 허약한
노인과 장애노인을 주간 또는 야간 동안 보호시설에 입소시켜 필요한 각종 편의를 제
공하여 이들의 생활안정과 심신기능의 유지 · 향상을 도모하고, 그 가족의 신체적 · 정
신적 부담을 덜어 주기 위한 서비스이다. 서비스 내용은 다음과 같다.

① 생활지도 및 일상동작훈련 등 심신의 기능회복 및 강화를 위한 서비스

② 급식 및 목욕서비스

③ 취미, 오락, 운동 등 여가생활 서비스

④ 지역사회 복지자원 발굴 및 네트워크 구축에 관한 사항

　• 무의탁 노인 후원을 위한 결연사업

　• 지역사회 자원봉사자 등 인적자원 발굴 사업

⑤ 이용 노인 가족에 대한 상담 및 교육 등

(3) 단기보호서비스

단기보호서비스는 부득이한 사유로 가족의 보호를 받을 수 없어 일시적으로 보호가 필요한 심신이 허약한 노인과 장애노인을 보호시설에 단기간 입소시켜 보호함으로써 노인 및 노인가정의 복지증진을 도모하기 위한 서비스이다. 보호기간은 1회 45일, 연간 이용일수는 3개월을 초과할 수 없으며, 시설 관리자는 시설 이용 신청 시 3개월의 이용제한으로 인해 노인에게 발생할 수 있는 환경적응상의 문제 등을 충분히 고지하고, 장기간의 이용이 예측될 경우 장기요양시설을 이용하도록 하여 노인의 건강에 피해가 생기지 않도록 하여야 한다. 서비스 내용은 다음과 같다.

① 생활지도 및 일상동작훈련 등 심신의 기능회복을 위한 서비스

② 급식 및 목욕서비스

③ 취미, 오락, 운동 등 여가생활 서비스

④ 지역사회 복지자원 발굴 및 네트워크 구축에 관한 사항

　• 무의탁 노인 후원을 위한 결연사업

　• 지역사회 자원봉사자 등 인적자원 발굴 사업

⑤ 이용노인 가족에 대한 상담 및 교육 등

(4) 방문목욕서비스

우리나라의 농어촌은 노인복지관, 사회복지관 등 보건복지 인프라기 매우 취약한 지역이다. 사회인식의 변화로 최근 몇 년간 호전되는 추세에 있기는 하지만 도시에 비

해 절대적인 복지수준은 매우 낮다. 그러나 문제는 그나마 몇 개 안 되는 복지관의 경우에도 가까운 거리에 거주하는 노인들만이 주로 이용하고 먼 거리에 사는 노인들은 복지관을 거의 이용하고 있지 못하다는 점이다. 특히, 신체적 장애나 거동이 불편한 노인일 경우 복지관을 이용하는 것이 요원하며, 제대로 된 재가서비스를 받지 못해 위생상의 심각한 문제에 그대로 노출되는 경우가 많고, 대인관계에서도 고립되어 병세가 더욱 악화되는 일이 자주 있다. 이러한 노인들에게 매우 필요한 것이 바로 방문목욕서비스이다. 방문목욕서비스는 재가복지서비스를 받지 못하는 노인들에게 이동목욕차량을 이용하여 직접 찾아가서 건강상담, 목욕수발, 물리치료 등의 서비스를 제공하는 것이다. 방문목욕서비스는 서비스를 제공하는 과정에서 노인의 건강상태를 직접 점검할 수 있다는 점에서 큰 장점을 갖고 있다.

방문목욕서비스를 제공하는 과정에서 첫째, 긴급한 생계 및 의료지원 등이 필요하다고 판단되는 경우, 수행기관 자체적으로 동원이 가능한 인적 · 물적 자원으로 충분히 지원할 수 있을 때에는 가능한 한 최대로 지원하고, 만일 그렇지 못한 경우에는 시 · 군 · 구의 긴급지원 담당공무원에게 연락하여 긴급지원 서비스를 받을 수 있도록 하며, 둘째, 서비스 운영 인력을 구성할 때에는 의료서비스와 같은 부가서비스를 병행해서 제공할 수 있도록 하고, 목욕봉사 인력이 목욕서비스를 제공하는 동안 간호사 등은 경로당, 마을회관과 같은 공동이용시설을 활용하여 건강상담, 물리치료 등의 서비스를 동시에 제공하는 방향으로 운영해야 한다. 만일 기관 내에 부가서비스를 제공할 수 있는 인력이 없을 때에는 자원봉사자를 적극 활용하는 것이 필요하다.

3. 시설보호서비스

1) 시설보호서비스의 필요성

노인복지시설이란 노인의 삶의 질적 수준을 도모하고자 노인의 포괄적 욕구해결에 필요한 관련 서비스 및 프로그램을 제공하는 시설을 의미한다(한국노인복지학회 편,

2006). 여기에서 중요한 것은 노인의 욕구가 무엇인가 하는 점이다. 일반적으로 노인의 욕구는 질병 등으로부터 벗어나 건강을 유지하고자 하는 보건 욕구 그리고 일상생활과 사회 · 문화 · 경제활동 욕구 등으로 구분된다. 그러나 이 두 욕구는 분리되어 발현되는 것이 아니기 때문에 포괄적으로 접근하는 것이 필요하다.

고령자일수록 노인생활의 독립성이 줄어들기 때문에 관련 시설이나 전문가에게 의존하여 욕구를 해결해야 하는 경우가 발생할 수 있다. 노인복지시설은 이러한 욕구가 발생했을 때 이용할 수 있는 시설이다. 따라서 노인 개개인의 생활에 꼭 필요한 포괄적 욕구를 개인이 해결하기 어려울 때, 또는 보다 효과적이며 효율적인 욕구 해결을 원할 때 노인들은 노인복지시설을 이용할 수 있다. 특히, 현대사회가 본격적인 고령화 단계로 진입하는 시점이라는 점과 가족의 노인에 대한 부양기능이 축소되고 있는 현실적 상황에서 독거노인 또는 노부부 세대의 증가는 심각한 사회적 문제로 부각될 수밖에 없다. 만일 독거노인 또는 노부부 세대가 가족과 같은 적절한 후견인을 갖지 못한 상태에서 신체적인 만성질환 또는 치매, 중풍 등과 같은 장애를 갖게 될 경우에는 큰 위기감 혹은 상실감을 느끼게 될 것은 자명하다. 이 경우 시설보호는 이들에게 매우 필요한 것이며 생존권을 확보할 수 있는 최소한의 수단이 될 수도 있다. 따라서 이 시설보호는 취약한 환경의 노인들에게 가정을 대체할 수 있는 적절한 수준의 요양보호서비스를 제공할 수 있는 전문적인 기능을 갖추어야 한다(이해영, 2006).

2) 노인입소시설의 종류와 내용

우리나라 노인복지법 제31조에 의하면 노인복지시설의 종류를 노인주거복지시설, 노인의료복지시설, 노인여가복지시설, 재가노인복지시설, 노인보호전문기관으로 분류하고 있다. 노인복지시설은 서비스 제공 장소에 따라 시설복지와 재가복지로 나눌 수 있으며, 이 중 지역에 거주하는 노인들이 아닌 입소노인들을 대상으로 한 시설복지에는 노인주거복지시설과 노인의료복지시설이 있다(〈표 16-2〉참조). 2007년 8월 개정된 노인복지법을 살펴보면 노인장기요양보험에 대비한 노인복지시설의 개편이 있었다. 노인주거복지시설 및 노인의료복지시설과 같은 노인복지시설에서 무료 · 실비 및

〈표 16-2〉 노인복지시설의 구분

종류	시설	설치 목적
노인주거 복지시설	양로시설	노인을 입소시켜 급식과 그 밖에 일상생활에 필요한 편의 제공을 목적으로 하는 시설
	노인공동 생활가정	노인들에게 가정과 같은 주거여건과 급식, 그 밖에 일상생활에 필요한 편의 제공을 목적으로 하는 시설
	노인복지주택	노인에게 주거시설을 분양 또는 임대하여 주거의 편의, 생활지도, 상담 및 안전관리 등 일상생활에 필요한 편의 제공을 목적으로 하는 시설
노인의료 복지시설	노인요양시설	치매, 중풍 등 노인성질환 등으로 심신에 상당한 장애가 발생하여 도움을 필요로 하는 노인을 입소시켜 급식, 요양과 그 밖에 일상생활에 필요한 편의 제공을 목적으로 하는 시설
	노인요양공동 생활가정	치매, 중풍 등 노인성질환 등으로 심신에 상당한 장애가 발생하여 도움을 필요로 하는 노인에게 가정과 같은 주거여건과 급식, 요양, 그 밖에 일상생활에 필요한 편의 제공을 목적으로 하는 시설
노인여가 복지시설	노인복지관	노인의 교양, 취미생활 및 사회참여활동 등에 대한 각종 정보와 서비스를 제공하고, 건강증진 및 질병예방과 소득보장, 재가복지, 그 밖에 노인의 복지증진에 필요한 서비스 제공을 목적으로 하는 시설
	경로당	노인의 교양, 취미생활 및 사회참여활동 등에 대한 각종 정보와 서비스를 제공하고, 건강증진 및 질병예방과 소득보장, 재가복지, 그 밖에 노인의 복지증진에 필요한 서비스 제공을 목적으로 하는 시설
	노인교실	노인들에 대하여 사회활동 참여욕구를 충족시키기 위하여 건전한 취미생활, 노인건강유지, 소득보장, 기타 일상생활과 관련한 학습 프로그램 제공을 목적으로 하는 시설
재가노인 복지시설	방문요양서비스	가정에서 일상생활을 영위하고 있는 노인으로서 신체적 · 정신적 장애로 어려움을 겪고 있는 노인에게 필요한 각종 편의를 제공하여 지역사회 안에서 건전하고 안정된 노후를 영위하도록 하는 서비스
	주 · 야간보호 서비스	부득이한 사유로 가족의 보호를 받을 수 없는 심신이 허약한 노인과 장애노인을 주간 또는 야간 동안 보호시설에 입소시켜 필요한 각종 편의를 제공하여 이들의 생활안정과 심신기능의 유지 · 향상을 도모하고, 그 가족의 신체적 · 정신적 부담을 덜어주기 위한 서비스

	단기보호 서비스	부득이한 사유로 가족의 보호를 받을 수 없어 일시적으로 보호가 필요한 심신이 허약한 노인과 장애노인을 보호시설에 단기간 입소시켜 보호함으로써 노인 및 노인가정의 복지증진을 도모하기 위한 서비스
	방문목욕서비스	목욕장비를 갖추고 재가노인을 방문하여 목욕을 제공하는 서비스
노인보호 전문기관	노인보호 전문기관	학대받는 노인의 발견, 보호, 치료 등을 신속히 처리하고 노인학대예방사업을 목적으로 하는 시설

출처: 법제처(www.moleg.go.kr).

유료 시설의 구분을 없애고, 양로시설 · 노인복지주택 · 노인요양시설 등으로 구분하는 한편, 노인에게 가정과 같은 주거여건과 편의를 제공하는 노인공동생활가정 및 노인요양공동생활가정을 노인복지시설의 종류에 추가한 것이다.

(1) 노인주거 복지시설

노인주거복지시설의 입소대상 · 입소절차 및 분양 · 임대 등에 관하여 필요한 사항은 보건복지부령으로 정하며 노인복지주택의 설치 · 관리 및 공급 등에 관하여 노인복지법에서 규정된 사항을 제외하고는 주택법의 관련규정에 따른다.

노인주거복지시설은 건강한 노인들을 대상으로 한 주거시설로 양로시설, 노인공동생활가정, 노인복지주택으로 구분하고 있다.

① 양로시설: 노인을 입소시켜 급식과 그 밖의 일상생활에 필요한 편의를 제공함을 목적으로 하는 시설이다.
② 노인공동생활가정: 노인들에게 가정과 같은 주거여건과 급식 및 그 밖의 일상생활에 필요한 편의를 제공함을 목적으로 하는 시설이다.
③ 노인복지주택: 노인에게 주거시설을 분양 또는 임대하여 주거의 편의 · 생활지도 · 상담 및 안전관리 등 일상생활에 필요한 편의를 제공함을 목적으로 하는 시설이다.

(2) 노인의료복지시설

노인의료복지시설의 설치는 국가 또는 지방자치단체에서 설치할 수 있으며 국가 또는 지방자치단체 외의 사람 또는 단체가 노인의료복지시설을 설치하고자 하는 경우에는 시장·군수·구청장에게 신고하여야 한다.

거동이 불편하여 요양을 요하는 노인들의 입소를 목적으로 하는 노인의료복지시설은 노인요양시설과 노인요양공동생활가정으로 나누고 있다.

① 노인요양시설: 치매, 중풍 등 노인성질환 등으로 심신에 상당한 장애가 발생하여 도움을 필요로 하는 노인을 입소시켜 급식, 요양 및 그 밖의 일상생활에 필요한 편의를 제공함을 목적으로 하는 시설이다.

② 노인요양공동생활가정: 치매, 중풍 등 노인성질환 등으로 심신에 상당한 장애가 발생하여 도움을 필요로 하는 노인에게 가정과 같은 주거여건과 급식, 요양 및 그 밖의 일상생활에 필요한 편의를 제공함을 목적으로 하는 시설이다.

〈표 16-3〉 노인주거복지시설과 노인의료복지시설 현황   (단위: 개소)

	분야	2008	2009	2010	2011	2012	2013	2014	비중
	합계	63,919	66,854	69,238	70,643	71,873	72,860	73,774	100.0
노인주거 복지시설	소계	347	360	397	414	416	435	443	0.6
	양로시설	306	285	300	303	285	285	272	(61.4)
	노인공동생활가정	21	56	75	87	108	125	142	(32.1)
	노인복지주택	20	19	22	24	23	25	29	(6.5)
노인의료 복지시설	소계	1,832	2,712	3,852	4,079	4,352	4,585	4,841	6.6
	노인요양시설	1,332	1,642	2,429	2,489	2,610	2,497	2,707	(55.9)
	노인요양공동생활가정	422	1,009	1,346	1,590	1,742	2,088	2,134	(44.1)
	노인전문병원[1]	78	61	77	–	–	–	–	–

출처: 보건복지부(2015b). 노인복지시설 현황.
　주: 1) 노인전문병원(노인의료복지시설), 노인휴양소(노인여가복지시설) 삭제(2011. 12. 8)

보건복지부(2015)가 전국의 노인주거복지시설과 노인의료복지시설의 운영 현황을 조사한 결과 노인주거복지시설은 2008년 347개소에서 2014년 443개소로 증가하였으며, 노인의료복지시설은 2008년 1,832개소에서 2014년 4,841개소로 늘어났다(〈표 16-3〉 참조). 치매·중풍 등 중증질환노인을 입소·보호하는 노인요양시설, 노인요양공동 생활가정이 정부 지원을 통해 대폭 확충되고 있고, 또한 민간사업자가 참여하는 유료 노인복지시설도 지속적으로 늘어나고 있기 때문이다.

4. 외국의 노인복지서비스

미국, 영국, 일본을 중심으로 노인을 위한 시설보호서비스, 지역사회보호서비스 그리고 재가보호서비스 정책에 관해 살펴보았다.

1) 미국의 노인복지서비스

미국에서 노인복지 정책에 대한 법안이 본격적으로 개발되기 시작한 것은 1960년대 부터이다. 1965년에 미국은 노인복지법(The Older Americans Acts)을 제정하고 노인복 지에 대한 구체적인 법적 근거들을 확보하기 시작하였다. 특히, 이 법의 제3조에는 노 인복지서비스를 위한 주정부 및 지역 대상의 연방지원금에 관한 규정을 다루고 있다. 이 조항에 근거하여 주정부 및 지역 노인기관들은 다양한 노인관련 서비스 및 프로그 램들을 제공한다. 흥미로운 것은 이 법에 노인의 왕성한 사회적 행위에 대한 욕구, 즉 경제적 욕구나 사회적 욕구가 많은 노인들을 대상으로 하는 프로그램 제공에 관한 규 정을 포함하고 있다는 점이다. 이 프로그램은 주정부가 연방정부로부터 지원금을 받아 지역 해당기관에 재차 지원금을 지원하도록 하고 있고, 이들 해당기관들이 지역서비스 개발과 각종 서비스 제공, 종합노인복지센터의 운영, 영양서비스 등을 제공하도록 하 고 있다(〈표 16-4〉 참조).

미국은 노인복지법에 의해 규정된 내용을 근거로 포괄적인 계획, 조정 그리고 노인

〈표 16-4〉 미국 노인복지법에서 제공되는 사회적 서비스

종 류	내 용
접근서비스	정보 제공 및 의뢰, 보호관리
재가서비스	가사보조원, 휴식보호, 응급체계, 재가건강보호, 우애방문, 전화확인
노인센터 프로그램	사회적 · 신체적 · 교육적 · 오락적 · 문화적 프로그램
영양 프로그램	노인센터나 영양 제공 장소에서의 식사, 가정식사배달
법률 옹호 서비스	노인 개개인을 위한 것이나 프로그램 및 법률의 이익을 위한 미국노인복지법은 선거권자에 비추어 옹호를 의무화하는 유일한 주요 연방법

출처: Hooyman, N. R., & Kiyak, H. A. (1999). *Social gerontology: A multidisciplinary perspective* (5th ed.). Boston, MA: Allyn and Bacon(한국임상사회사업학회, 2006 재인용).

서비스 전달을 위한 전국적인 네트워크를 만들고 있다. 연방수준에서 노인행정부서가 노인복지 서비스망을 구축하고, 이를 통해 지방자치제적 성격의 노인복지정책이 시행되고 있다.

(1) 시설보호서비스

1940년대 초반 미국에서 요양원은 급격히 늘어났다. 그 원인은 노인에 대한 보호체계가 지역사회에 제대로 수립되지 않은 상태에서 치료를 요하는 보호 또는 치료적 간호가 필요한 노인이 점차 증가하였기 때문이다. 이러한 사회적 상황이 반영되어 1950~1960년대에는 정부의 지원과 수요증가로 노인을 위한 시설들이 비교적 큰 폭으로 증가하였다. 미국의 노인보호시설에는 양로원, 집합주택, 요양원, 노인전문병원 등이 있다. 양로원은 식사, 세탁, 청소, 잔심부름 등을 제공하며, 요양원보다 비용이 적고 가정적인 분위기가 보장되는 것이 특징이며, 강제규정이 아닌 권장규정에 의해 운영된다. 집합주택은 민간 (비)영리 단체가 운영하며, 주택법에 의해 국가로부터 보조금을 받아 건축하는 경우도 있고, 그렇지 않은 경우에는 입주비용이 비싸다. 그러나 간호사나 사회복지사와 같은 직원이 상주하고 있어서 긴급 상태에 용이하게 대처할 수 있는 장점이 있다.

(2) 지역사회보호서비스

지역사회보호서비스는 초기에는 빈곤가정을 대상으로 장애인, 환자, 노인, 임산부 등에 대한 지원을 목적으로 시작되었으나, 노인인구의 급증으로 주요 대상자가 노인으로 집중되는 경향을 보이고 있다. 지역사회보호서비스를 영국과 함께 처음 시작한 미국도 최근 지역사회보호서비스를 노인에 집중하는 방향으로 정착되고 있다. 따라서 서비스의 질과 효과를 높이기 위해 미국은 노인에 대한 시설보호 위주의 복지서비스로부터 지역사회의 역할과 기능을 강조하는 광범위한 서비스로 점차 이동하고 있다. 지역에서 제공되는 서비스에는 방문간호, 청소, 일상생활보조, 가정배달급식, 이송서비스가 포함된다. 일부 성인주간센터에서는 기억 재훈련 프로그램, 물리치료, 시간표에 따른 투약, 간호사의 정기적 검진 등을 제공하기도 한다. 또한 일부에서는 집중적 재활치료를 제공하기도 하지만, 사회적 통합 기능을 돕는 데 중점을 둔다. 이러한 맥락에서 주간의료 프로그램은 노인을 돌보는 가족 구성원에게 휴식을 제공하는 등 가족 간의 관계를 보다 긴밀하게 하고 가족이 지치거나 사회활동에 지장을 받지 않도록 하는 배려를 하기도 한다. 그러한 지역사회보호서비스는 시설 이외의 장소에서 생활하는 것이 가능한 보통 수준의 치매나 신체적 손상 질환이 있는 노인에게는 대단히 유용한 프로그램이지만, 장애가 심한 노인에게는 부적합하다.

그 밖에도 접근서비스, 영양서비스, 사회활동 및 오락서비스, 개인적 지지서비스, 의료서비스, 위탁보호, 주간보호, 우애방문과 전화위문, 상담 및 정보제공 등의 프로그램이 있다.

(3) 재가보호서비스

미국에서 재가복지서비스의 의미는 노인에 대한 장기 케어 개념에 포함되는 시설보호와 대칭되는 것으로 지역사회보호서비스의 하나이다. 장기 케어가 요양원 보호에 큰 비중을 두고 있는 반면, 재가보호서비스는 가정에 거주하면서 노인이 스스로 생활을 할 수 있도록 지원을 해 주는 서비스이다. 따라서 재가보호 대상자에게 의료, 가사, 사회적 서비스를 제때에 적절히 제공할 수 있는 시스템을 갖추는 것이 무엇보다 중요하다. 미국의 재가보호서비스는 가정건강보호, 대인보호, 가정봉사원서비스로 구성되어 있지만, 재가보호는 아직 충분히 개발되지 않은 상황이다. 1981년 미국 의회가 사회서비스 프로그램을 정액 교부금(Block Grant) 프로그램으로 전환하면서 주가 후원하는 재가보호 프로그램이 증가하고는 있지만, 재가복지가 의료 지원에 기반을 두고 정부의 각종 정책 및 제도를 정비해 왔기 때문에 사회사업실천 영역에서 재가보호가 차지하는 비중은 그리 높지 못한 실정이다. 그럼에도 불구하고 재가보호에 대한 관심과 실천은 지속적으로 이어지고 있다. 특히, 24시간 노인을 보호하는 수발자들이 모여 고통과 고민을 나누고 지역자원에 대해 정보를 교환하는 지지집단 프로그램이 있는가 하면, 정부 역시 미국 조세법에 근거해서 가족 보호와 관련된 비용의 일부를 공제할 수 있도록 허용하고 있다. 현재 이는 납세자 소득의 5%를 초과하는 의료비와 1%를 넘는 약품에 적용된다. 아이다호와 애리조나 주에는 가족보호를 장려하기 위하여 특별히 고안된 조세 유인 프로그램이 있다. 비록 사회사업실천 영역에서 재가보호서비스가 미국에서 큰 비중을 차지하고 있지는 못하지만, 미국에서도 다른 복지 선진국과 같이 많은 노인들이 가족, 친척 또는 친구 등으로부터 비공식적 건강보호 및 사회적 보호를 받고 있다. 지역사회보호의 필요성이 점차 널리 인식되고 있고 프로그램도 다양해지고 있으나, 그 수행 인력이 대부분 가족이어서 가족보호자의 스트레스 및 심리적 갈등, 육체적 피로 등의 문제가 제기되고 있다. 이에 따라 지역사회보호에서 노인뿐만 아니라 노인을 보호하는 가족보호자에 대한 서비스의 중요성이 크게 인식되고 있다(최은영, 1996).

2) 영국의 노인복지서비스

영국에서 노인에 대한 근대적 의미의 복지서비스 관련 정책은 1946년 국가의료서비스법(National Health Service Act)이 제정되어 전 국민이 무료로 의료서비스를 제공받으면서 시작되었고, 노인에 대한 사회적 보호가 강조되면서 지방정부의 공적 책임을 규정한 국가부조법(National Assistance Act)이 제정되면서 노인들의 생활을 돕는 정책이 시작되었다. 이 법의 제3조에는 '노인의 집' 제공이 명시되어 있으며, 1960년대 이후 시작된 지역사회보호 개념에 기초한 '탈시설화' 정책이 대두되면서 지역사회정책의 기초가 마련되었다. 지역사회보호는 가능한 한 노인을 시설에 입소시키지 않고 지역에 그대로 살도록 하면서 보호하는 것을 내용으로 하는 영국에서 고안된 서비스로, 1950년 말부터 시설보호에 대한 문제점을 개선하기 위한 대안적 보호의 형태로 제시되었고 점차 일반화되어 현재 여러 나라에 영향을 미치고 있다(최은영, 1996).

(1) 시설보호서비스

영국의 노인보호정책은 가능한 한 노인들을 자기 집에서 독립적으로 오래 살도록 하는 것을 노인복지의 최상의 목표로 삼고 있다. 그러나 너무 노쇠하거나, 질병 때문에 자기 집에서 독립적으로 생활을 꾸려 나갈 수 없는 노인들에 대해서는 건강상태와 사회적 욕구를 평가한 후 시설에서 보호받을 수 있도록 하고 있다(Hamnett & Mullings, 1992).

노인을 위한 대표적인 보호시설에는 노인전문병원, 요양원, 보호주택 등이 있다. 일상생활에 지속적인 외부의 도움과 의료행위가 필요한 노인들은 단기적으로 병원에서 치료를 받고, 장기적인 요양이 필요할 경우에는 요양원 등을 통해 요양을 받는다. 그리고 70세 이상 되는 저소득층 노인으로서 독립된 생활을 하기가 어렵고, 특히 건강이 좋지 않은 노인들은 양로원에 입소하여 보호를 받는다.

(2) 지역사회보호서비스

영국에서 65세 이상 인구는 다양한 노인관련 시설이나 지역사회보호서비스를 받는다. 그러나 이 중 시설이나 병원 등에서 보호받는 노인 인구의 비율은 5~6%에 지나지 않고, 대다수의 노인은 자신의 집에 머물면서 근거리에서 서비스를 받고 있다. 지역사회보호서비스는 노인들이 지금까지 살고 있는 지역에서 각종 서비스를 받을 수 있도록 한 제도로서 노인들이 가족과 친지 등과 가까이 있으므로 고독이나 소외감 없이 노후생활을 할 수 있다는 장점이 있다.

영국의 지역사회보호는 1950년대 후반 시설보호의 문제점을 보완하기 위한 대안으로 제시되기 시작하여 개인적 사회서비스의 정책기반이 되어 왔으며, 1980년대 후반까지 많은 변화를 겪어 왔으나, 1990년 "국민의료서비스 및 지역사회보호에 관한 법(National Health Services and Community Care Act)"이 제정되면서 새로운 체계를 갖게 되었다. 지역사회서비스는 순회보건 서비스, 야간 간병, 사후보호, 발치료 서비스, 환자이송 서비스, 건강상담 서비스, 주간보호 등의 프로그램을 담고 있다. 특히, 주간보호서비스는 낮에 제공되는 모든 서비스를 총괄하는 개념으로 지역사회서비스의 대표적 형태로서, 주로 영양, 오락, 건강, 사회 프로그램을 제공하는 등 점점 대중화되고 있다. 주간보호는 서비스가 각각의 수혜자에게 맞게 제공되어 개별적 일정을 계획하여 운영되고 있으며, 각 서비스는 예방, 유지 또는 재활의 목표를 갖는다. 따라서 주간보호서비스는 수혜자의 개별적 차이를 고려하면서도 서비스를 요구하는 사람들의 장기적 욕구를 충족시켜 주기 때문에 독특한 서비스 양식으로 평가받고 있다.

(3) 재가보호서비스

재가보호도 지역사회보호와 마찬가지로 '탈시설화'의 입장에서 출발하였다. 제공되는 대부분의 보호는 가정 내에서 이루어지며, 가정봉사원서비스, 건강보호, 대인보호 등으로 구성된다. 재가보호의 운영은 가정봉사 · 보호 서비스의 경우 지방정부 사회서비스부가 맡고, 가정간호 서비스의 경우 지역보건당국(District Health Authorities: DHAs)이 맡는다. 재정은 각각 중앙정부 일괄교부액(block grant) 및 지방세와 중앙정부 일반조세로 이루어진다. 공공서비스가 여전히 우세하지만, 지불의 책임을 이용자에게로 옮기는 경향에 따라 최근 민간 가정봉사기관의 활동이 점차 커지고 있다.

한편, 영국에서는 보호를 제공하는 사람에게 수당과 연금을 주고 있는데, 이는 유럽에서도 영국에만 있는 유일한 사례이다. 또한 영국에서는 추가 지출이나 이전소득에 대해서도 보상을 한다(EC, 1991). 간호수당을 받고 있는 장애인을 보호하거나 노인을 수발할 경우 보호 제공자는 정기적으로 보호수당(Invalid Care Allowance)을 받는다. 1990년 10월에는 수발자 보험(Carer Premium)이 도입되어, 소득관련급여, 소득보장, 주택급여, 지역사회위탁급여(Community Charge Benefit)의 일부로서 보호수당을 받거나 자격이 있는 사람들에게 지급된다(EC, 1991).

3) 일본의 노인복지서비스

일본의 고령화 과정에서 나타나는 특징은, 우선 고령화 속도가 빠르다는 점과 현재 고령인구가 많다는 점 그리고 인구대비 고령자 비율이 높다는 점을 들 수 있다. 그만큼 일본에서 노인문제는 매우 중요한 사회적 이슈인 것이다. 일본에서 노인에 대한 정책이 본격적으로 수립된 것은 1963년 노인복지법이 제정되면서부터이다. 이후 수차례 노인관련법이 개정 또는 제정되면서 발전하여 왔다.

일본의 고령자 보건복지 시책은 1989년 고령자 보건복지 추진 10개년 전략(골드플랜)과 이것을 수정한 1994년의 신고령자 보건복지 추진 10개년 전략(신골드플랜)에 기초하여 진행되어 왔는데, 1999년 신골드플랜의 종료와 2000년 개호보험법 시행이라는 새로운 환경에 대응하기 위해 '골드플랜 21'이 책정되었다. 골드플랜은 고령자의 안정적 생활 및 개호기반을 획기적으로 확보하려는 목표로 제정되었으며 이러한 핵심적인 내용은 골드플랜 21로 이어졌다.

일본은 고령자 복지를 위해 가능한 한 고령자가 살고 있는 가정과 지역에서 안심하고 계속적으로 살아갈 수 있도록 재가보호서비스를 확충해 감과 동시에 독자적인 생활이 곤란한 경우에는 적절한 시설 이용이 가능하도록 하는 시설서비스를 정비하여 왔다.

(1) 재가보호서비스

일반적으로 고령자는 신체기능이 약화되어도 가능한 한 지역사회에서 가족, 이웃 및 친지들과 함께 생활하기를 원한다. 그러나 이러한 욕구는 신체적 기능 저하 현상이 발생하여도 재가서비스를 통해 그동안 해 왔던 삶을 연속적으로 유지하지 못한다면 의미가 없는 것이다. 따라서 노인들의 재가생활을 지원하기 위해 일본은 재가복지서비스를 1989년 이후 지속적으로 확대해 왔다. 재가복지서비스에는 방문개호, 단기입소 생활개호, 주간개호, 치매대응형 노인 공동생활 원조, 재가개호지원센터, 노인일상생활용구 급부, 고령자 종합상담센터 등의 사업들이 있다.

방문개호사업은 방문 홈헬퍼가 요개호 고령자의 자택을 방문하여 신체 개호서비스, 가사원조 서비스 및 이에 부수된 상담, 조언을 하고 일상생활을 지원하는 것을 말한다. 단기입소 생활개호는 재가에서 요개호 고령자 등을 개호하는 사람이 병, 출산 등의 경우에 특별양호노인홈 등에 단기간 입소하여 개호자 부담을 경감시키는 등 요개호 고령자 및 그 가정의 복지향상을 꾀하는 서비스라 할 수 있다. 주간개호사업은 재가 요개호 고령자를 주간개호시설(Day Service Center)에 입소시켜서 입욕서비스, 식사서비스, 일상생활 동작훈련, 생활지도, 가족 개호자 교실 등의 서비스를 종합적으로 운영하는 것으로 시설입소와 재가개호의 중간적인 시설이다. 치매대응형 노인 공동생활 원조사업은 중도 치매성 고령자라도 가정환경의 어려움으로 인해 가정에서 개호가 곤란하고, 어느 정도는 신변의 자립이 가능한 사람을 대상으로 가정적인 환경 속에서 생활상의 지도와 원조를 통해 치매진행을 늦추고, 건강하고 밝은 생활을 영위할 수 있도록 지원하는 등 치매성노인의 복지증진을 목적으로 한다. 재가개호지원센터 운영사업은 재가복지서비스를 필요로 하는 고령자를 포함한 가족에 대하여 전문가에 의해 재가개호에 관한 종합적인 상담에 응하면서 동시에 고령자 및 그 가족의 수요에 대응한 보건, 복지서비스 등을 원활히 받아들일 수 있도록 시정촌과의 연결 및 조정을 행하는 사업이다. 노인일상생활 용구 급부사업은 65세 이상의 독거 고령자, 와상 고령자 가족들의 생활편리를 도모하고 개호하는 가족의 부담을 경감하기 위해 시정촌이 신체의 기능저하 방지와 개호보조를 위한 일상생활용구를 독거생활 고령자, 와상고령자들에게 급부 또는 대여하는 것이다. 마지막으로 고령자 종합상담센터(실버 110번) 사업은 각 도도부현에 한 개의 고령자 종합상담센터를 신설하여, 보건, 복지, 의료, 개호 등에 관해 고령자와 그 가족이 가지고 있는 많은 걱정과 고민 등을 종합적이고 신속하게 상담할 수 있도록 하고 있다. 사업내용은 의사 등 전문가들이 고령자의 전화 상담에 응하기도 하지만, 시정촌의 상담체제를 지원하기 위해 각종 정보를 제공하고 복지기구를 전시하거나 정보지를 발행하는 등의 사업을 하고 있다(윤찬중, 2001).

(2) 시설보호서비스

일본의 노인복지법 제2장에서 제시하고 있는 노인복지시설에는 고령자의 신체적 · 정신적 상태에 따라 입소시설을 특별노인홈, 양호노인홈, 경비노인홈(A형, B형, Care House)으로 구분하고 있으며, 시설이용으로는 노인단기 입소시설(Short Stay), 노인주간보호시설(Day Service Center) 그리고 노인복지센터 등이 있다. 기타 시설로는 유료노인홈, 노인휴양소, 노인휴양홈 그리고 고령자생활복지센터가 있다.

① 입소시설

특별노인홈은 고령자 개호욕구에 부합하는 가장 중요한 시설이다. 65세 이상 노인이면서 신체적 또는 정신적으로 현저한 장애를 갖고 있는 사람 중에서 항시 개호를 필요로 하고 집에서는 적절한 개호를 받기가 곤란한 자를 입소대상으로 하며, 특별노인홈은 이러한 고령자를 입소시켜 일상생활에서 필요한 서비스를 제공하는 시설이다.

양호노인홈은 노인복지시설 중 가장 오래된 제도이다. 65세 이상의 노인이면서, 신체상 또는 정신적인 이유 그리고 가족 및 주거 환경의 이유 및 경제적 이유 등으로 집에서 생활하기 곤란한 고령자를 입소시켜 일상생활에서 필요한 서비스를 제공하는 시설이다.

경비노인홈 A형은 가정환경, 주거사정 등으로 집에서 생활이 곤란한 자를 대상으로 무료 또는 실비로 입소시켜 일상생활의 편의를 제공하는 시설이다. 경비노인홈 B형은 A형과 거의 같은 시설이지만, 비교적 건강하여 자취가 가능한 노인을 대상으로 한다. 이 시설은 노인의 독립성을 고려하였으므로 각자가 자기 방에서 취사, 세면 등이 가능하도록 설비되어 있다. 경비노인홈은 입소자의 생활상담뿐만 아니라 목욕, 식사제공과 함께 긴급 사안이 발생할 경우도 대비하고 있다.

② 단기이용시설

노인단기 입소시설(Short Stay)은 고령자를 보호하는 사람이 사정상 고령자를 보호할 수 없을 때 고령자를 단기간 시설에 입소시키는 것을 말하며, 노인주간보호시설(Day Service Center)은 고령자를 주간에 입소시켜 목욕, 식사 등의 서비스를 제공하는 것이다. 그리고 노인복지센터는 고령자에 대한 다양한 상담, 건강검진, 여가활용 서비스 등을 제공하기 위한 시설을 말한다.

③ 기타시설

유료노인홈은 10명 이상의 노인을 입소시켜 식사제공 외에 일상생활의 편의를 제공하는 것을 목적으로 하고, 대상 연령은 시설에 따라 다르지만 대략 60세 이상이다. 이 시설은 전액이 본인부담인 경우가 대부분이며, 운영자는 영리법인이어도 가능하다.

노인휴양소는 노인복지법상 노인복지시설은 아니지만 후생성의 통지에 의해 후생성 연금보험, 적립금 환원융자를 활용해서 시정촌에 설치한 시설이다. 이 시설은 고령자의 여가, 취미생활 및 교양함양을 위한 장을 제공하는 것이 주된 목적이다. 노인휴양홈 역시 노인복지법상 노인복지시설이 아니며, 따라서 국고보조 대상이 되지는 않는다. 이 시설은 지방공공단체가 명승지, 온천지 등의 휴양지에 설치한 것이며, 고령자가 저렴하고 건강한 휴양을 통해 심신건강을 증진시킬 수 있도록 하는 것을 목적으로 하고 있다. 마지막으로 고령자생활복지센터는 고령자에 대한 개호지원과 주거 및 교류 기능을 종합적으로 제공하기 위한 소규모 다기능 시설이라 할 수 있다.

5. 노인복지서비스의 과제

노인복지서비스는 고령화 사회를 대비한 중요한 과제이다. 고령인구에 대한 복지 수준을 선진국의 수준으로 끌어올리고 사회적 통합을 이루는 것은 당면한 현실적 상황에서 볼 때 꼭 필요하기 때문이다. 특히, 노인에 대한 공경과 사회적 관심이 산업사회로 전환되면서 희석되거나 약화되어 고령화 사회가 도래하고 있음에도 노년기의 생활을 더 풍요롭게 하고 적극적인 사회인으로 남도록 하는 수준에서의 정책적 고려가 아직 미흡하다는 생각이다. 다음은 우리나라 노인복지서비스의 질을 높이고 문제해결이 필요한 논제들을 중심으로 노인복지서비스의 과제를 제시하고자 한다.

첫째, 현재까지 우리나라의 노인복지서비스는 전체 대상의 노인에게 직접적인 혜택이 제공되기보다는 도시나 일부 접근이 용이한 노인들에게 한정되어 있다. 비록 이동복지관을 운영하고는 있지만 이는 제한적이다. 따라서 수혜대상자를 확대할 수 있는 대안을 모색하는 것이 필요하다. 특히, 재가복지사업을 확대하고 전문인력을 확충하여 궁극적으로는 현재 저소득 노인 중심의 서비스를 보호를 요하는 모든 노인으로 확대하고, 농어촌지역에도 서비스를 강화하는 것이 필요하다.

둘째, 전문인력의 확보와 프로그램의 다양화를 통해 노인의 요구에 부합하는 전문적인 서비스를 제공할 수 있도록 하여야 한다. 특히, 비전문성을 요하는 일상생활 돕기

(청소, 빨래, 목욕, 산책 등)는 자원봉사자를 활용할 수 있지만, 의료, 상담, 각종 프로그램 개발 서비스 등은 높은 전문성을 필요로 한다. 따라서 노인의 욕구를 충족시키기 위해서는 전문성을 갖춘 담당인력을 확보하고 비전문인력과 역할을 분담하도록 하되, 프로그램을 다양화하여 노인을 현실적으로 지원할 수 있어야 한다. 이때 노인의 건강상태에 따라 인지기능, 사회적응기능, 여가생활 등에 부합하는 전문적인 프로그램을 개발, 강화하는 것이 필요하다.

셋째, 노인복지서비스의 대상을 저소득층에서부터 일반 노인까지 확대할 때, 비용이 급격히 증가하게 된다. 따라서 이를 국가가 전부 부담하기에는 현실적으로 어려우므로 일부는 국가나 지방자치단체에서 부담하지만, 나머지 일부를 이용자가 지불하는 방법을 모색할 수도 있을 것이다. 공공부문의 개입이 필요하지 않은 중산층 이상의 노인에 대해서는 시장원리를 적용하는 것도 가능해 보인다(최성재, 장인협, 2006).

넷째, 노인복지서비스를 강화하기 위해서는 재가복지서비스와 시설보호서비스의 균형 발전과 부족한 시설에 대한 확충이 필요하다. 노인의 욕구가 다양하기 때문에 각 개인에 적합한 서비스를 원하는 시간과 장소에서 제공할 수 있는 시스템을 구축하는 것은 복지서비스의 질적 향상이라는 측면에서 중요하기 때문이다. 노인복지시설이 지역사회에 고르게 분포되어 있는 것과 서비스의 종류가 다양하다는 것은 노인이 양질의 보호와 욕구를 충족할 수 있는 기회가 커지는 것이고 노인복지의 수준을 높이는 것이다.

다섯째, 행정체계의 통합화와 보건, 의료, 복지 서비스를 연계하여, 노인의 다양한 욕구를 효과적이고 적절하게 충족시켜 주는 것이 필요하다. 즉, 현재의 행정체계는 관할부처, 관할부서, 일선 행정기관이 중복되어 있는 경우가 많아서 서비스의 연계와 조정에 어려움을 겪고 있다. 따라서 노인복지분야를 담당하는 행정체계를 단일화하여 통합적이고 체계적인 지원을 노인들에게 제공할 수 있어야 한다.

제17장
고령친화산업

복지선진국의 고령친화산업은 이미 성숙단계를 넘어 국제화를 추진하는 단계로 들어서고 있다. 이들 국가에서 고령친화산업은 새로운 수익을 창출하는 모델로 자리 잡은지 이미 오래되었으며, 고령친화산업 자체가 상대적으로 취약한 국가에 자신들의 경쟁력을 내세워 기업의 이익 극대화를 목표로 진출하려는 움직임을 보이고 있다. 따라서 개방과 경쟁을 기본 축으로 하는 고령친화산업의 국제화에 적응하는 차원에서 우리나라도 노인복지서비스에 대한 적극적인 수익모델을 강구하는 전향적인 자세가 필요하다. 비록 노동인구의 감소라는 측면에서 급속한 고령화가 국가발전에 위협요인으로 작용할 수도 있지만, 다른 한편으로는 노년층을 대상으로 하는 새로운 성장 가능성을 가진 산업발전의 기회를 제공할 수도 있기 때문이다.

우리보다 앞서 급속한 고령화 과정을 경험한 일본의 경우, 2000년 개호보험이 시행된 이후 개호 서비스 분야에서 복지 관련 산업이 눈부신 속도로 성장, 정착되고 있는 것으로 알려져 있다. 우리나라도 2008년부터 노인장기요양보험제도가 시행됨에 따라 결국 일본과 같은 고령친화산업의 발전을 필연적으로 수반할 것으로 보인다. 그러나 중요한 것은 고령친화산업이 한 단계 더 도약하기 위해서는 제도적인 차원에서 정부의 적절한 정책적 지원과 이에 기초하는 다양한 산업 모델을 모색하는 것이 필요하다.

이 장에서는 고령친화산업의 개념, 고령친화산업의 분야 등을 알아보고, 향후 고령친화산업정책의 전망과 과제를 제시하도록 하겠다.

1. 고령친화산업의 개념

고령화 사회에서 고령친화산업의 등장은 당연해 보인다. 노년인구의 증가와 그에 따른 사회적 문제의 발생, 그리고 그 문제를 효과적으로 제어하려는 사회적 노력과 노년층의 욕구에 접근하려는 다양한 시도들이 발생할 수밖에 없고, 이것이 노년층을 대상으로 하는 산업으로 이어지는 사회발전의 순환고리를 형성하기 때문이다.

우리 사회에 '고령친화산업'이라는 용어는 비교적 최근에 등장하였으나, 이와 유사한 '실버산업'이라는 용어는 1980년대 중반부터 사용되었다. 이 용어는 경제력을 갖춘 은퇴노인을 대상으로 일본의 한 민간업체가 '노인'이라는 단어의 '부정적 이미지'를 없애고, 보다 친근감 있게 접근하기 위해 노인의 '은발머리(silver)'를 비유적으로 사용함과 동시에, 이를 산업에 활용하면서 보편화되었다. 그러나 정작 일본에서는 '실버산업'이라는 말보다 '실버 서비스(silver service)'나 '실버 비즈니스(silver business)'라는 말을 더 많이 사용하고 있다. 그리고 영어권 국가에서는 '실버'라는 말을 사용하고 있지 않으며, 우리나라에서 사용되고 있는 '실버산업'과 같은 의미를 영어로 옮기면 'elderly market' 'mature market'에 해당한다.

한편, 대통령자문기구인 '고령화 및 미래사회위원회(2005)'는 국적불명의 '실버산업'이라는 용어 대신 '고령친화산업'이라는 용어를 새로 만들어 사용할 것을 권장하고 있다. '고령친화'라는 단어에는 '노인이 편리하면 모든 사람도 편리하다. 즉, 노인의 편리성과 안전성을 우선 고려'하는 의미가 들어 있다. 따라서 '고령친화산업'이란 고령자의 생물학적 노화 및 사회경제적 능력 저하로 발생할 수요를 충족시키기 위한 산업이라 할 수 있다. 이러한 의미에서 이 책에서는 '실버산업' 대신 '고령친화산업'으로 용어를 통일하여 사용하였다.

한국노인복지학회(2006)에서 편찬한 『한국노인복지 사전』에 따르면, 고령친화산업이란 "민간 기업이 경제력 있는 노인인구계층 및 노후 대책을 준비하는 예비노인층을 대상으로 하여 그들의 욕구에 적합한 상품과 서비스를 자유시장 경제의 원리에 의하여 공급하는 산업"이라고 규정하고 있고, "고령층의 정신적·육체적 기능을 향상시키거나 유지시키고 고령자의 완전한 사회활동을 위하여 민간이 시장경제에 입각해서 상품이나 서비스의 공급을 행하는 산업"이며(김현주, 박재룡, 1992), 또한 노인복지분야와 기업분야에서 노인복지서비스의 일부를 시장경제체제 속에서 공급하고 소비하려는 것이라고 할 수 있다.

이러한 개념에서 확인할 수 있는 것은, 우선 고령친화산업의 대상이 노인 또는 노후를 준비하는 모든 계층이라는 점이며, 둘째, 순수한 사회복지 서비스 차원보다는 수익의 창출을 기반으로 한다는 점에서 대개 민간 기업이 고령친화산업의 주체라는 것, 셋째, 시장원리에 기초한 수요와 공급의 법칙이 적용된다는 점 그리고 마지막으로 영리목적의 서비스 산업이므로 수요자의 욕구에 다양하면서도 충실하게 접근하는 사업방향을 갖는다는 점 등이다. 따라서 고령친화산업은 노인과 노후 준비 계층을 대상으로 하여 그들이 필요로 하는 서비스를 주로 민간차원에서 자유주의 시장원리에 따라 제공하는 경제활동이라고 할 수 있다.

2. 고령친화산업 분야

고령친화산업의 지원·육성을 위해 정부는 2013년 고령친화산업진흥법을 제정하고, 고령자 관련 제품의 표준화, 품질관리 등을 위한 관련 법령을 정비하였다. 고령친화산업진흥법에 따르면 고령친화산업이란 고령친화제품 등을 연구, 개발, 제조, 제공, 유통 또는 판매하는 산업을 말한다. 노년층을 상대로 한 고령친화제품에는 노인이 주로 사용하거나 착용하는 용구·용품 또는 의료기기, 노인이 주로 거주 또는 이용하는 주택 그밖의 시설, 노인요양 서비스, 노인을 위한 금융·자산관리 서비스, 노인을 위한 정보기기 및 서비스, 노인을 위한 여가·관광·문화 또는 건강지원서비스, 노인에게 적합한 농업용품 또는 영농지원서비스, 그 밖에 노인을 대상으로 개발되는 제품 또는 서비스

〈표 17-1〉 고령친화산업의 산업부문별 육성대상 전략품목

부문	19개 전략품목
요양산업	재가요양서비스
기기산업	재택 · 원격진단 · 진료 및 휴대형 다기능 건강정보시스템, 한방의료기기, 간호지원 및 실내외 이동지원시스템
정보산업	홈케어, 정보통신보조기기, 노인용 콘텐츠 개발
여가산업	고령친화휴양단지
금융산업	역모기지제도, 자산관리서비스
주택산업	고령자용 주택개조, 실비 고령자용 임대주택
한방산업	한방보건관광, 항노화 한방기능성식품, 한방화장품, 노인성 질환 한약제제 개발
농 업	고령친화 귀농교육, 전원형 고령친화 농업테마타운, 은퇴농장

출처: 고령화 및 미래사회위원회(2005). 고령친화산업 활성화 전략.

가 포함된다. 고령친화산업의 산업부문별 정부차원에서 육성해야 하는 전략품목은 〈표 17-1〉과 같다. 한편, 이인수(2006)는 고령친화산업진흥법에서 제시한 것보다 훨씬 구체적으로 고령친화산업의 분야와 내용까지를 제시하였다(〈표 17-2〉 참조).

〈표 17-2〉 고령친화산업의 분야

구분	영역	부문	내 용
주거	시설, 서비스	주거시설	유료양로원, 3세대주택, 주택 개량 및 수리 노인그룹홈, 노인아파트, 대규모 노인촌락 개발, 조경관리
		재가서비스	의료보장구, 가정배달 및 렌탈 서비스, 노인전용 모빌홈 임대(RV & mobile home park)
의료	시설, 용품, 서비스	병원	노인전문병원, 노인전문치료병원
		제약	노인성 질환 약품
		의료기기	의료전문기기, 복지기기
		의료정보	병원관리, 의학정보, 건강 체크 프로그램
		인력파견	의료요원의 알선 · 파견, 가정간호사 파견
여가	서비스	사회활동	취업, 교육
		여가	스포츠, 취미생활, 오락, 관광

금융	용품, 서비스	연금	공적연금, 사적연금(기업연금, 개인연금)
		보험	개호보험, 노후대비 연금형 보험
		자산관리	신탁, 부동산 관리, 역모기지론에 의한 노후생활자금 융자
생활	용품	의류	일상복, 정장복, 환자복, 스포츠의류, 기타
		식품	건강식품, 기호식품, 치료·예방식
		생활용품	가전제품, 일상용품

출처: 이인수(2006). 고령친화산업의 전망과 과제. 서울: 대왕사.

한국보건산업진흥원(2014)은 고령친화산업의 범위를 노인을 위한 의약품, 노인을 위한 화장품, 노인을 위한 의료기기, 노인을 위한 식품(건강기능식품, 특수의료용도 식품 등), 노인을 위한 용품(개인 건강용품, 기능저하 예방용품, 이동기기, 배변용품, 정보통신기기, 여가용품 등), 노인을 위한 여가(스포츠, 문화, 관광·레저), 노인을 위한 금융서비스(장수리스크, 건강리스크, 재무리스크), 노인요양서비스(시설요양, 재가요양, 예방지원서비스), 노인을 위한 주거·주택(주택 개보수, 고령자주택공급)으로 구분하고 산업실태 조사 및 산업분석을 하였다. 2012년 고령친화산업 시장규모는 27조 3,809억 원이며, 연평균 증가율(2012~2020년)은 13.01%로 나타나 2020년 72조 8,305억 원이 될 것으로 전망된

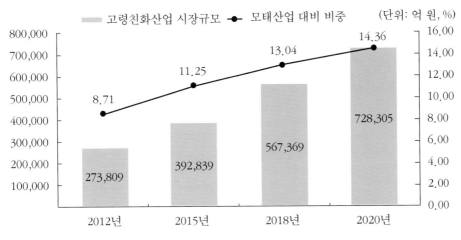

〈그림 17-1〉 고령친화산업 시장규모 전망

출처: 한국보건산업진흥원(2014). 고령친화산업실태조사 및 산업분석.

다(〈그림 17-1〉참조). 또한 전체 고령친화산업 시장 규모 중 여가(33.98%), 식품산업(23.36%)이 높은 비중을 차지하고 있다.

3. 외국의 고령친화산업

미국과 일본을 중심으로 고령친화산업의 분야를 주거, 의료, 여가, 금융관련사업으로 나누어 살펴보면 다음과 같다.

1) 미국의 고령친화산업

미국의 고령친화산업은 중앙정부와 주정부에서 지원하는 여러 가지 노인복지제도 및 활성화 정책이 고령친화산업을 추진하는 원동력이 된다. 미국의 고령친화산업관련 제도를 주거관련사업, 재택간호사업, 여가관련사업, 금융관련사업으로 살펴보면 다음과 같다(이인수, 2006; 현대경제연구소, 2006).

(1) 주거관련사업

사진 설명: 미국 애리조나 주의 Sun City West.

미국에서 65세 이상의 세대주 중 약 75%는 자신의 소유로 되어 있는 집에 거주하며 나머지는 독립형 또는 공동생활형 주거시설에 거주한다. 독립형 주거시설형태로는 모빌홈, 임대주택, 호텔, 은퇴노인용 주거시설 등이 있고, 공동생활형 주거시설형태에는 요양원, 에코주택 등이 있다. 양로원(retirement facility)은 연령증가에 따른 전반적인 체력의 약화로 독립적인 주생활과 주택관리가 힘든 사람들이 숙식을 목적으로 체류하는 시설이다. 고령자 주택단지의 대표적인 예로는 애리조나주의 선시티 (Sun City)와 레저월드(Leisure World) 등이 있다.

(2) 재택간호사업

미국에서 1970년대부터 급성장하기 시작한 재택간호 서비스는 많은 관심 속에서 성장해 왔다. 이 중 영리단체가 전체 운영의 약 50%를 차지하고 있다. 특히, 이 서비스는 24시간 운영되고 있으며, 미국 전역에 재택간호 서비스를 제공할 수 있는 체계를 구축하고 가정봉사원 파견, 방문간호, 의료기구 및 의료용품 공급, 건강상담, 쇼핑, 산책 영역 등의 서비스를 내용으로 한다.

(3) 여가관련사업

미국에서 여가활동은 노인계층의 관심분야 중 삶을 보람 있게 살기 위한 하나의 방편으로 받아들이고 있으며, 대표적인 예로는 레저와 교제활동을 들 수 있다. 미국에서 노인을 위한 여행 프로그램은 대략 200여 종류에 이를 정도로 그 수가 많으며, 호텔과 숙박업계는 고령자를 회원으로 하는 클럽까지 조직하여 이들을 고정고객으로 확보하려는 마케팅에 주력하고 있다. 예를 들면, 첫째, 미국의 엘더호스텔(Elderhostel, 노인학습여행)은 대학 시설과 강사 등을 활용하여 노인들에게 관심 있는 분야에 대한 교육의 기회를 제공하고, 이 과정에서 참여자들은 여행 등을 통해 새로운 친구를 사귀게 되며 전문지식을 얻거나 취미활동을 계발하는 기회를 갖게 된다. 둘째, 교육오락(Education Recreation)은 기업과 대학이 연계하여 55세 이상의 노인들을 대상으로 대학 체험을 경험할 수 있도록 만든 프로그램이다. 대학 캠퍼스에서 노인들이 일반 대학생들과 같이 수업, 레저, 관광을 함께 체험할 수 있도록 한다. 셋째, 퇴직자 학습시설(Institute for Learning in Retirement: ILR)은 대학 혹은 퇴직자촌에 노년층을 대상으로 하는 평생학습기관을 설립 운영하는 것이다. ILR은 회원제로 운영되며 강의는 대학의 강사가 진행하는 경우도 있으나 대부분 노년층 회원 중 자신들의 전문분야에 대해 강의하고 비전문분야에 대해서는 수강생이 되는 시스템으로 관리되는 예가 많다.

(4) 금융관련사업

미국의 금융관련사업으로 금융상품·금융 서비스와 세무대책 및 재산운용대책 등 세 가지 분야가 대표적이다. 금융상품·금융서비스 산업에서 제공하고 있는 노인서비스 프로그램은 여러 가지 상품을 종합 패키지로 활용할 수 있도록 하고 있는데, 수수료 없는 당좌예금, 대여금고 무료사용, 유언의 관리 등이 그것이다. 세무대책은 대개 노인 층이 갖고 있는 재산에 대한 자산운용에 대해 상담이나 조언을 하고 절세와 관련된 방법과 전문지식도 제공한다. 재산운용대책은 노년층이 보유하고 있는 재산의 운용과 관련된 조언을 하고 아울러 상속과 관련된 일련의 법적 처리 및 상속인의 세부담에 대한 상담과 계획 그리고 작성까지를 조력하는 서비스이다.

2) 일본의 고령친화산업

일본은 고령화가 시작된 1960～1970년대부터 고령친화산업의 중요성을 인식하고 이에 알맞은 제도적 장치를 마련하기 위해 노력을 기울여 왔다. 그러나 무엇보다도 일 본에서 고령친화산업이 부각된 가장 큰 이유는 노년층의 증가와 함께 실버마켓이 소비 시장에서 점차 중요한 위치를 점하게 되면서 민간기업을 중심으로 관심이 높아졌고, 동시에 2000년 4월 개호보험 제도가 도입되면서 고령친화산업의 육성과 다변화 정책 이 본격화되었기 때문이다. 개호보험의 시행과 함께 시설 및 재가개호서비스를 비롯하 여 주택개조, 개호용구의 렌탈 및 구매지원이 개호보험 급여 대상이 되고, 유료노인시 설도 개호서비스에 포함됨에 따라 고령친화산업의 규모가 기하급수적으로 늘어나게 되었다. 결국 개호보험제도의 도입은 공공서비스 중심의 개호제도를 민간의 시장원리 에 접목시켜 서비스 공급주체를 다원화하는 데 결정적인 역할을 한 것이다. 개호서비 스 사업주체의 변화를 보면 보다 명확하게 알 수 있다. 개호보험제도의 도입에 따라 개 호서비스의 양이 급격히 증가하자 사업자의 참여도 동시에 큰 폭으로 증가하였다. 2001년 이후 2년 사이에 사업자가 24% 정도 증가하였다는 것은 결국 그만큼 고령친화 산업의 가능성을 확인해 준 것이라 할 수 있다. 특히, 개호서비스별로 영리법인사업자 의 참여증가율이 높은 거택서비스 분야는 유료노인홈 등의 특정시설입소자 생활개호,

치매대응형 공동생활개호, 주간개호, 단기보호, 방문간호, 방문개호, 복지용구대여 분야로서 개호보험 시행 후 3~4년간에 90% 이상이 증가하였다. 영리법인사업자의 참여도가 높은 서비스 분야는 역시 서비스 이용자도 대폭 늘어났다.

일본의 고령친화산업 분야를 살펴보면 다음과 같다(박수천, 2005; 유문무, 2006).

(1) 주거관련사업

일본에서 거택 개호서비스가 실시됨에 따라 고령자 주택이 대폭 증가하면서 고령자 우량임대주택, 유료노인홈, 실버하우징, 실비노인홈 등이 활성화되고 있다(〈표 17-3〉 참조). 이 중 개호서비스별로 영리법인사업자의 참여증가율이 높은 서비스 분야는 유료노인홈이다. 유료노인홈은 종신이용권·임대·분양 등이 있고 입지형태로는 도시형, 도시근교형, 리조트형, 전원형이 있다.

〈표 17-3〉 일본 고령자 주거시설
단위: 개소

연도	유료노인홈	실버노인홈	우량임대주택	실버하우징
1998	288	1,154	305	10,213
2002	494	1,781	17,080	17,409

출처: 박수천(2005). 일본의 고령친화산업을 통해 본 우리나라 고령친화 산업의 정책 대안.

(2) 의료관련사업

일본의 의료비 지출에서 65세 이상 고령자가 전체 의료비에서 차지하는 비중이 약 40% 정도이고, 고령자 중 입원에 의한 의료비는 약 47%에 달한다. 이러한 수치에서 알 수 있듯이 고령자의 의료수요와 장기입원환자가 매년 증가하는 추세에 있다. 따라서 민간기업이 병원시설뿐만 아니라 의료기기·의료요원파견 등 다방면에 걸쳐 의료관련 사업에 참여하는 현상은 수요에 따른 공급의 확대라는 차원에서 자연스러운 현상으로 이해할 수 있다. 그러나 고령자의 의료수요 증가가 사회 전반적인 의료수요 증가의 한 원인이라는 점은 또 다른 사회적 문제를 야기하는 부정적 측면이라는 것을 부인할 수는 없다.

(3) 여가관련사업

일본에서 고령자 여가활동의 소비규모는 전체 소비의 13% 정도에 이른다. 이 중 관광부문의 소비지출이 매우 커 나머지 부분을 합친 것과 거의 같은 수준의 규모를 보이고 있다. 스포츠, 정원 가꾸기, 영화감상 등 취미활동이나 다양한 창작 부문 등에도 노년층의 소비지출이 비교적 많이 이루어지고 있다.

(4) 금융관련사업

사회보장제도의 보완적 기능을 담당하는 민간 금융 사업으로 역모기지제도(Reverse Mortgage)를 많이 사용한다. 이는 집이나 땅을 담보로 매월 일정액의 생활비를 은행에서 빌려 쓰고 사후에 부동산을 매각해 부채를 청산하는 방식이다. 65세 이상의 노인이 상속자와 동의하에 부동산을 담보로 설정하면 은행은 감정가와 계약자의 나이에 따라 월 10만 엔까지 종신 대출해 주는 제도이다. 역모기지제도는 노후생활비에 대한 부담을 줄일 수 있는 수단이 되면서 점차 역모기지 수요가 확대되고 있다.

(5) 지역주도형 생활지원사업

지역사회에 거주하는 고령자의 욕구를 충족시켜 주기 위한 생활지원사업(Community Business)으로 주로 복지분야에서 고령자의 간병, 생활지원, 배식서비스 등을 내용으로 한다. 지역주도형 생활지원사업의 조직은 대부분 NPO(비영리조직)의 형태이며 대표자 중 73% 이상이 50세 이상의 노인층이다.

4. 고령친화산업의 과제

산업화 이후 우리나라의 인구구조와 가족구조 및 기능은 크게 변화하였다. 우선 평균수명이 연장되면서 절대적인 고령인구가 증가하였고, 현격한 출산율 저하로 고령인구의 비율 또한 크게 높아졌다. 이러한 이유로 노인단독가구, 노인부부가구의 세대수가 급격히 늘어났다. 이는 한편에서 보면, 사회적 문제를 유발할 수 있는 조건이기도 하지만, 다른 한편에서 보면, 노인층의 독자적인 소비가 늘어나고 있다는 것을 의미하기도 한다. 고령자 층에서 옛날과는 다르게 고학력자, 자산보유자가 점차 늘어나고 있기 때문에 젊은 층 못지않은 구매력을 갖춘 노년층이 점차 증가하고 있다. 즉, 이러한 노년층의 증가는 결국 노년층의 소비가 하나의 소비패턴으로 정착할 수 있는 것을 의미하며, 아울러 소비자층의 한 부분으로서 노년층의 소비문화를 형성하는 기반이라 할 수 있다. 노년인구의 증가와 경제력을 갖춘 노년층의 증가가 산업에 미치는 영향과 전망은 다음과 같이 정리해 볼 수 있다.

첫째, 노년인구의 증가와 서비스 수요 증가에 따른 새로운 인력시장이 형성될 것이다. 노년인구는 대개 생산자라기보다는 소비자라 할 수 있다. 고령화에 따른 관련 직종들이 새로 발생할 것이며, 그 수요는 노년인구의 증가와 서비스의 질적 수준 향상과 비례하여 증가할 것이다. 예를 들면, 노인들의 재택보호 또는 개호서비스 수요가 증가되면, 노인의학 전문의 및 간호사, 홈헬퍼 등의 새로운 인력 수요가 늘어남은 물론 의료기기 및 재활기기의 판매나 대여 서비스 업종이 다양하게 개발될 것이다.

둘째, 대부분 소비계층인 노년층의 경우 여가시간이 많아지므로, 여가시간 증대에 따른 다양한 서비스 시장이 형성될 것이다. 은퇴한 노년층은 취미생활, 국내외 여행, 교육 또는 관심영역 연구 등에 투자할 수 있는 시간이 있기 때문에 이와 관련된 서비스 상품, 즉 여행, 관광레저, 문화, 교육과 관련된 산업이 발전할 것이다.

셋째, 소비시장에서는 노인을 위한 지역주도형 생활지원사업이 급성장할 것이며, 지역사회에 거주하는 노인들의 일상생활 전반에 대한 요구에 대응하는 전문가 혹은 사업자가 등장할 것이다. 예를 들면, 일본 홋카이도는 고령자의 이주 유치를 위해서 콩시에르즈(Concierge) 제도를 도입하여 운영하고 있다. 콩시에르즈란 프랑스어로 '안내인'이며, 본래는 유럽의 호텔에서 손님의 방 열쇠를 관리하는 문지기라는 용어로 사용하였으나 차츰 손님들의 다양한 욕구에 대응할 수 있는 전문지식과 기능을 보유한 전문인을 지칭하는 개념으로 변화되었다(현대경제연구소, 2006). 노인들의 신체적 변화나 욕구들을 적절하게 파악하여 생활 전반에 걸쳐 도우미의 역할을 수행해 주는 지역주도형 생활지원사업은 고령자들의 안전한 소비생활과 보람 있는 삶을 영위할 수 있도록 도울 것이다.

넷째, 경제적인 자금 여유와 경영관리 노하우를 겸비한 일을 즐기려는 노인들이 창업하는 경우가 점차로 증가할 것이며 초소규모 기업이 등장할 것이다. 최근 일본은 50세 이상의 고령자 창업비율이 해마다 늘고 있는 추세이며, 창업은 본인 스스로 재량 껏 일을 할 수 있다는 점과 자신의 경험, 지식, 자격 등을 살리고 싶다는 동기가 주원인 으로 나타났다. 앞으로 중·고령자층의 창업활동은 개인뿐만 아니라 사회에 공헌할 수 있는 기회를 제공할 수 있을 것으로 전망된다.

결국 노인인구의 급증은 부분적으로는 현대산업 구조를 변화시킬 수 있는 가능성을 가진 것이며, 전체적으로는 기존 산업활동에 활력소를 제공할 것이다. 따라서 이를 준비하는 과정과 고령친화산업의 활성화 방안 논의 등이 왕성하게 수반되지 않는다면 국가의 큰 손실로 나타나게 될 것은 분명해 보인다. 왜냐하면 노년층의 증가가 다양한 욕구를 수반하고 있기 때문에 새로운 수요를 기반으로 수익을 창출할 수 있는 산업을 개척하여 경제성장의 기회로 삼아야 하기 때문이다.

이를 위한 정책적 대안을 제시하면 다음과 같다. 우선, 노년층의 증가라는 현실에서 노인세대를 위한 정부차원에서의 지원정책을 강화함과 동시에 민간업체를 고령친화산업에 적극적으로 참여하도록 유도하여 상호보완적 차원에서 정책의 효율성을 극대화하는 것이 필요하다. 노년층의 욕구에 부합하고 질적 서비스의 향상을 위해서는 고령친화산업의 발전이 필수적이다. 정부는 고령친화산업의 발전을 위해 필요한 제도들을 사전에 연구하여 필요한 시기에 조치할 수 있도록 하여야 한다. 고령친화산업의 활성화를 위한 정부의 역할로는 고령친화산업과 관련된 기술의 인프라 정비, 신시장 창출을 위한 지원강화, 고령친화상품의 표준화 개발 및 적절한 규제, 전문인력의 양성, 고령친화산업의 벤처기업 활성화를 위한 기술개발 그리고 고령친화상품의 마케팅을 확산하는 전략이 필요하다.

그럼에도 불구하고, 고령친화산업은 사업의 속성상 민간기업이 주도하는 사적 영역과 정부의 공적 영역이 서로 대립하기 쉽다. 이는 고령친화산업의 범주에서 영리추구 단체나 개인이 노인을 대상으로 하는 일련의 행위를 사회복지의 성격으로 보느냐 그렇지 않느냐에 대한 관점의 차이가 고령친화산업의 모든 면에서 문제로 제기될 것이기 때문이다. 그러나 고령친화산업은 경제시장의 한 영역에 속하지만 노인을 대상으로 하는 복지적 측면 때문에 다른 시장과 성격을 달리 하고 있다. 즉, 고령친화산업은 경제시장과 사회시장의 양면적 특성이 있다는 말도 된다. 고령친화산업은 국가가 정부의 재정능력 한계를 이유로 민간단체들에게 맡겨 소비자로부터 일체의 비용을 받고 국민의 공통적 욕구의 일부와 개별적 요구를 해결해 주는 서비스이므로 질과 비용 면에서 사회적 책임감을 갖추도록 하여야 한다. 이에 대한 적절한 조정은 반드시 최고의 공신력을 갖춘 정부가 담당하여야 할 것이다.

　고령친화산업의 발전이 개인적인 차원뿐만 아니라 국가적인 차원에서도 필요하다는 것은 앞서도 설명한 바 있다. 결국 고령친화산업의 육성을 어떻게 할 것인가 하는 문제가 중요한 쟁점이 될 수밖에 없다. 고령친화산업이 건전한 방향으로 발전하기 위해서는 가능한 한 시장원리에 충실하게 가격을 형성하도록 정부가 감독하고, 불필요한 제도를 개선하거나 폐지하는 것이 필요하다.

제5부

노인상담과 사례관리

전 세계적으로 인구의 고령화가 진행되면서 노인에게 제공되는 서비스를 다양화하고 보다 높은 질의 서비스를 제공하기 위한 관심이 집중되고 있다. 최근 많은 나라에서 사회복지에 대한 공공부문의 지출을 줄이는 대신 가족을 포함한 비공식 지원체계의 사회적 지지와 사회적 관계망에 대한 인식이 증가하게 되었으며 노인을 위한 대인서비스 분야에서 상담과 사례관리의 보급이 강조되고 있다.

그러나 최근까지 노인복지에서 노인상담 영역에 대한 관심은 간과되어 온 것이 사실이다. 그 이유는 다음과 같다. 첫째, 노인문제가 사회의 관심으로부터 벗어나 있다는 점이다. 특히, 사회공동체에 기여하는 측면에서 노인에 대한 인식이 긍정적이지 못하고, 사회적 비용을 증가시키는 한 요인으로만 간주하고 있는 것이 문제이다. 둘째, 무엇보다도 사회적 경험이 풍부한 노인인구 스스로 자신의 문제에 대해 전문가로부터 상담을 받는 것 자체를 쉽게 수용하지 못하고 있다. 이들은 전문가의 조언을 통해 문제를 해결하기보다는 자신의 경험을 바탕으로 이를 해결하려는 강한 성향을 보이고 있다. 셋째, 상담에 응하는 노인 또한 스스로의 문제에 대해 명확한 의사표현 능력이 부족해 상담 자체가 어려워지거나 또는 노인의 욕구를 충족시켜 줄 수 있는 정확한 상담이 이루어지지 않는다는 점이다. 넷째, 노인에 대한 생물학적 문제, 즉 지적 능력의 감퇴, 육체적·정신적 약화 현상 때문에 노인이 충족하고자 하는 욕구를 직접 충족시킬 수 없는 경우가 많다. 따라서 노인문제를 해결하려는 강한 의지와 상담에 대한 신뢰보다는 체념하거나 상담에 의미를 두지 않으려는 시각이 팽배해져 노인상담에 대한 관심을 둔화시키고 있다. 다섯째, 노인상담을 담당하는 전문가 집단이 늘어나는 노년인구에 비해 부족한 실정이고 또한 상담을 필요로 하는 노인에 비해 연령과 경험이 적어 폭넓고 깊이 있고 현실적인 욕구해결을 위한 노인상담에 부담을 가지고 있다는 점이다.

노인이 보다 건강하고 활기찬 노년을 보내기 위해서는 노인상담을 통해 심리적·정서적 어려움을 이해하고 노인들의 욕구를 들어줌으로써 노인들의 문제를 예방하고 치료해 나갈 수 있도록 하는 노인상담에 대한 적극적인 개입과 조치가 필요하다. 그리고 지역사회에 기반을 두고 사회자원과의 연결과 조정을 통하여 장기적으로 보호관리되는 노인사례관리 활동 또한 노인복지의 질적 향상에 큰 기여를 할 것이다. 노인사례관리는 노인들의 복합적인 욕구를 사회복지실천의 통합적 형태를 취함으로써 보다 잘 대처할 수 있다는 장점이 있다.

제5부에서는 노인상담과 노인사례관리에 대해 살펴보고자 한다.

제18장
노인상담

노인상담의 중요성은 현대사회에서 더욱 강조되고 있다. 노인들은 급변하는 사회에서 범람하는 수많은 정보와 생활 패턴의 다양화에 대해 그 어떤 연령층보다도 취약한 적응력을 보이고 있기 때문이다. 노인들은 과거 전통사회의 특징, 즉 가족 및 주변 친지들과의 긴밀한 관계에서 정보를 교환하고 문제를 해결하는 방법을 통해 심리적 안정을 유지하고 편안한 노년을 영위할 수 있었으나, 현대사회에서는 정서적 유대감이 약해지면서 노인의 정신적 건강, 육체적 안녕 그리고 사회활동을 도울 수 있는 전문적인 지식과 기술이 필요하게 되었다. 최근 우리나라에서도 이러한 요건을 충족시키는 일련의 과정들이 나타나고 있다. 노인복지 정보제공과 관련문제를 전문적으로 상담하는 기관들이 늘어났고 자체적으로 전문상담 봉사자를 양성하는 경향도 두드러지고 있다.

그러나 문제는 젊은 층의 문제와는 달리 노인들의 문제는 아직도 노화 과정에서 당연하게 발생하는 현상으로 이해하고 이를 해결하거나 완화시키려는 노력이 부족하다는 데 있다. 특히, 노년층에서 이러한 인식이 아직도 강하게 나타나고 있다. 따라서 노인문제에 대한 사회적 인식의 변화가 절실한 시기이며, 이러한 인식의 변화를 주도할 수 있는 전문적인 접근이 또한 필요하다. 왜냐하면 우리 사회가 이미 고령사회로 진입하는 시점에 있기 때문에 노인문제가 사회적 큰 화두가 될 것은 자명하고, 그 문제 또한 지금까지와는 다르게 매우 복잡하고 다양하게 전개될 것으로 예상되기 때문이다.

이 장에서는 노인상담의 중요성과 유형을 파악하고 효과적인 노인상담을 위한 접근
방법에 관해 살펴보고자 한다.

1. 노인상담의 중요성

노인상담이란 "노인문제에 관한 전문적인 지식과 훈련을 받은 상담자가 노인들이
당면한 제반문제를 의논하고 그 해결점을 찾을 수 있도록 도와주는 과정"을 의미하며,
노인상담은 노인문제 해결의 기초이자 노인문제 해결에 공통적으로 사용되는 매개적
인 방법이라 할 수 있다(서혜경, 정순둘, 최광현, 2006). 노인상담의 중요성은 노인들이
갖고 있는 고민에 대한 상담만으로도 해결되는 경우가 자주 있고, 더 나아가 상담을
통해 무지로부터 발생할 수 있는 다양한 문제들을 예방할 수도 있으며, 건강한 노후를
계획성 있게 설계하고 활력 있는 삶을 영위하도록 도움을 주는 역할도 하게 된다. 그
렇기 때문에 노인상담은 발생할 수 있는 문제를 예방하는 차원뿐만 아니라 상담을 통
해 적극적인 치료 및 문제해결의 실마리를 제공하는 중요한 영역이라고 할 수 있다.
한편, 노인상담은 직접적으로 노인만을 대상으로 하지 않는다는 측면에서 보다 근원
적인 문제접근법을 택하고 있다. 즉, 노인과 노인을 부양하는 가족원을 포괄적으로 노
인상담의 대상으로 삼고 있어 노인에 대한 이해를 돕고 이들에게 더불어 잘 지낼 수
있는 다양한 정보를 제공하고 있기 때문이다. 이것은 결국 노인의 문제를 노인 단독의
문제로 보는 것이 아니라 가족, 더 나아가서 사회의 문제로 인식하는 것이며 가족과
사회의 틀 안에서 노인이 성공적인 노후를 보낼 수 있도록 돕는 사회관계망의 역할을
하는 것이다.

노인상담과 관련한 최근의 관심에도 불구하고 노인상담에 대한 일반적인 인식이 부
족해 상담업무의 수요가 많지 않고, 관련기관에서 차지하는 상담의 비중은 예산, 인력
및 시설 등 투입 측면에서 다른 사업과 비교하여 볼 때 현저히 낮으며, 상담과 관련한
전문가를 양성하기 위한 교육과정 또한 비영리기관에 의해 산발적으로 준비되어 있기

때문에 전체적인 체계를 구성하기에는 아직 역부족인 상태에 있다. 노인상담에 대한 인식의 부족과 상담업무 관련 인프라의 미비 그리고 비체계적인 교육과정 관리 등은 노인상담 사업의 발전을 위해 반드시 시정되어야 하는 부분이다.

고령화가 심화될수록 노인들의 역할과 지위가 크게 변화되면서 노인들은 직장이 아닌 가정과 이웃과 지역사회에 적응해야 하는 어려움이 생긴다. 이로 인하여 노인들은 심리적인 소외감, 상실감, 무력감 등을 느끼게 된다. 모든 세대들이 그들의 삶에서 갈등을 가지고 살아가고 있지만, 노인들의 다양한 욕구를 찾아내어 서비스를 제공하거나 필요한 서비스를 연결하는 노인상담은 노인인구의 특성상 다른 어떤 연령보다 더 중요한 역할을 하게 될 것이다. 노인상담은 다음과 같은 점에서 중요성을 찾을 수 있을 것이다.

첫째, 우리 문화의 특징 중 하나가 자신의 문제를 스스로 해결하려는 성향이 강하다는 점이다. 특히, 가족에 대한 치부가 타인에게 노출되는 것을 매우 꺼리기 때문에 문제가 발생했을 때 이를 방치하거나 속으로 삭이는 경향이 있어 심지어는 울화병 또는 치매와 같은 질병으로 쉽게 전이되기도 한다. 따라서 상담에 대한 거부감을 우선 줄여 주는 노력이 필요하고, 적극적이고 전문적인 상담을 통해 노년의 신체적 · 정신적 건강을 유지시켜 주어야 한다.

둘째, 노년인구의 증가와 함께 전문시설 등 공동생활을 하는 노인 수도 증가하고 있다. 이들을 위한 적절한 서비스를 제공할 수 있는 상담과 개입을 통해, 주기적으로 노인과 대면하면서 시설거주에 따른 불편사항과 민감한 문제들을 상담을 통해 파악하고 가능한 한 해결할 수 있는 방법을 모색해야 한다.

셋째, 우리나라 노인의 또 다른 문제는 노년기에 적절한 삶을 영위하지 못함으로써 오는 좌절감을 극복하지 못하고 자살을 하는 비율이 매우 높다는 것이다. 세계보건기구에서 발표한 2012년 자살률 통계에 따르면, 우리나라의 노인 자살률은 세계 60개 나라 가운데 압도적 1위를 차지하는 것으로 나타났다. 이는 노인에 대한 소외와 외로움을 증폭시키는 사회적 불합리가 만연되어 있음을 의미한다. 따라서 노인 소외와 외로움을 해소시키기 위한 합리적 방법을 강구함과 동시에 상담을 통해 노인의 자살충동을 약화시키고, 더 나아가서는 자살과 같은 극단적 방법보다는 적극적인 삶을 살 수 있도록 하는 인식전환의 계기를 마련해 주어야 한다.

넷째, 약자인 노인에 대한 학대가 급증하고 있는 현실을 고려할 때, 노인 당사자는 물론 그 가족과 친지를 대상으로 상담을 강화하는 것이 필요하다. 만약 노인이 가족이나 타인으로부터 신체, 언어, 정서, 성적, 경제적 고통이나 폭력을 받았을 때에는 최소한의 적절한 조치를 받을 수 있도록 배려하는 것이 필요하다. 이때 상담은 학대받은 노인의 고통을 축소시켜 줄 수 있는 중요한 방법 중 하나이다.

다섯째, 무엇보다도 상담이 중요한 것은 불행한 노년기를 맞지 않도록 하는 예방 차원에서 성공적인 노화와 관련된 모든 영역을 상담으로 사전에 인지시켜 줄 수 있기 때문이다. 이것은 거시적이며 중·장기적인 계획을 통해 이루어지는 것이기 때문에 상담 방법과 내용을 매우 세밀하고 체계적인 방법으로 정리할 필요가 있다.

2. 노인상담의 유형

노인상담에는 다양한 방법과 기술이 있다. 노인상담의 유형은 대체로 내담자의 규모, 매체방법 그리고 문제내용에 따라 분류된다.

사진 설명: 노인상담실의 내부 환경

1) 내담자의 규모에 따른 노인상담

(1) 개별상담

개별상담은 내담자의 정서와 인지적인 내면의 세계에 초점을 두고 일대일의 방식으로 진행하는 직접적인 서비스를 의미한다. 개별상담은 내담자가 환경에 잘 적응하여 정상적인 삶을 영위할 수 있도록 기본적인 삶의 과제에 대처할 수 있게 하는 데 초점을 둔다.

① 노인 개별상담의 요소

Wellman과 McCormack(1984)은 노인에 대한 심리분석, 발달적·단기 과제지향적 치료, 행동관리, 동료상담, 인지행동 등 90여 개의 관련연구를 분석하였다. 이 연구에서 노인상담에 필요한 요소를 다음의 여섯 가지로 정리하여 제시하였다. 첫째, 규칙적이고 지속적인 접촉, 둘째, 단기 심리치료 접근, 셋째, 과제지향과 구조적 행동, 넷째, 내담자의 적극적 관여, 다섯째, 다학문적 팀과 또래상담, 여섯째, 집단상담 등이다. 이 여섯 가지는 지금까지도 노인상담에서 중요한 요소로 인식되고 있다. 이 외에 노인상담에서 사용되는 기술로는 일반상담에서 사용되고 있는 적극적인 경청, 비언어적 의사소통기술 등이 있다.

② 노인 개별상담의 과정

노인에 대한 상담은 일반상담과는 내용 면에서 차이를 갖는다. 노인과 기타 연령층의 개인적, 사회적 조건이 다르기 때문이다. 그러나 노인 개별상담의 과정은 일반적인 상담과정과 차이가 없다. 상담신청과 접수가 이루어지면 상담자와 피상담자 간의 관계가 형성된다. 이후 노인에 대한 다양한 자료들을 수집하는 과정과 사정이 이루어지며, 이를 통해 상담의 목표가 설정되고 계약이 성사된다. 목표설정과 계약이 이루어지면 적극적으로 문제에 접근하는 개입이 이루어지고, 정해진 목표에 도달하면 노인 개별상담에 대한 평가와 함께 상담이 종결된다.

(2) 집단상담

사진 설명: 노인을 위한 집단상담은 집단의 동질성을 체험하게 되어 응집력을 갖게 한다.

노인에 대한 집단상담은 다수의 노인과 함께 상담을 받게 됨으로써 다음과 같은 효과를 얻을 수 있다.

첫째, 집단상담은 노인의 약화된 사회적 기능을 강화시켜 주고 집단에 대한 동질성을 체험하게 되어 응집력을 갖게 된다. 특히, 노년인구의 대부분은 은퇴의 과정을 통해 사회적 무력감을 느끼게 되며, 또한 주변의 비슷한 환경과 연령의 친지 · 친구 상실 등으로 심한 외로움을 경험하게 되면서 강한 정신적 불안감에 휩싸이게 되는데, 집단상담은 이러한 부분을 상당히 완화시켜 줄 수 있다. 아울러 집단으로부터 새로운 인적 관계, 사회적 네트워크를 생성할 수 있다(Yost, Beutler, Corbishley, & Allender, 1987).

둘째, 막연한 불안감으로부터 탈피하여 적극적으로 자신의 문제를 해결할 수 있는 기회를 갖게 된다. 즉, 동병상련하는 주위의 집단 구성원을 통해 자신이 겪고 있는 신체적, 정신적, 재정 및 사회적인 다양한 어려움들이 자신만의 특수한 상황이 아님을 알게 되어 심리적 안정을 취하는 데 도움이 될 수도 있고, 또 어려운 문제를 타인이 해결해 가는 과정을 보면서 자신에게 닥친 어려운 문제들을 해결하는 데 도움을 받을 수도 있다.

셋째, 집단상담의 과정을 통해 노년들은 자신들의 인생경험과 노년기에 겪게 된 다양한 상황변화에 대해 상호 간에 도움을 줄 수도 있다. 이는 두 번째와 같은 맥락에서 이해할 수 있는데, 누군가의 경험을 집단상담을 통해 배울 수 있다면, 반대로 집단상담을 통해서 누군가에게 자신의 경험을 나누어 줄 수도 있다. 누군가에게 도움이 될 수 있다는 생각은 삶을 적극적이고 긍정적으로 만드는 중요한 요소라고 할 수 있다.

① 노인을 위한 집단상담

노인을 위한 집단상담에는 다양한 방법이 있다. 그중에서 전통적으로 잘 알려진 접근법에는 회상집단, 현실지향집단, 재동기화집단(Remotivation Therapy Group: RTG) 등이 있다. 이들 집단은 심리치료적 수단을 사용해 노인의 정신건강에 도움을 주기 위한 접근을 하고 있다. 그 외에도 심리교육을 목적으로 구성된 특정 주제집단 등이 있다(Myers, 1990).

J. E. Myers

② 노인가족을 대상으로 하는 집단상담

노인가족을 대상으로 하는 집단상담에는 대체로 두 가지 방법이 있다. 한 가족을 대상으로 하는 집단상담과 노인을 가족구성원으로 두고 있는 몇몇 가족을 하나의 집단으로 구성하여 상담하는 방법이 있다. 우선 전자는 한 가족이 노인문제를 포함하여 특정한 위기를 경험할 때 주로 사용하는 방법이다. 이때 중요한 것은 집단상담자는 가족치료에 대한 전문적 지식을 갖추어야 하며, 상담을 받는 가족의 일반적인 특성에 대해 비교적 소상하게 인지하고 이를 상담할 때 고려하여야 한다(Maynard, 1980).

2) 매체를 통한 노인상담

일반적으로 노인상담 영역은 상담매체에 따라 면접상담, 전화상담 그리고 인터넷상담으로 구분하고 있다.

(1) 면접상담

면접상담은 당사자가 직접 상담자와 대면하면서 상담하는 가장 기본적이면서 일반적인 방법이다. 이때 피상담자에게 필요한 것은 상담자와 직접 대면하기 위해서 자발적인 의지로 내방하는 것이다. 면접상담이 다른 매체에 의한 방법보다도 상담을 통한 문제해결에 도움을 받을 수 있지만, 상담자가 자신의 문제를 직접적으로 상담자에게 노출해야 하는 심리적 부담도 있을 수 있다. 그러나 면접상담은 피상담자와 상담자가 대면하여 상담하면서 언어적 의사소통뿐만 아니라 비언어적 요소도 교감할 수 있기 때문에 보다 다양한 방법의 관찰이 가능하고 또한 비교적 정확하고 효율적인 상담도 유도할 수 있다. 그렇기 때문에 다양한 상담기법을 사용할 수 있어야 하며, 문제해결의 동기부여를 위해 여건을 조성해 주는 것도 필요하다.

(2) 전화상담

전화를 통한 상담은 문제가 발생했을 때 즉각적이고 신속하게 상담을 받고 정보를 얻을 수 있다는 장점이 있다. 즉, 전화상담은 노인과 노인 수발을 담당하는 가족과 친척 등이 신체적, 정신적, 사회적 문제에 대한 대처방법을 상담자가 있는 곳을 직접 방문하지 않고도 필요한 정보를 즉각 얻음으로써 문제에 대처할 수 있는 능력을 향상시키는 방법이라고 할 수 있다. 그러나 전화매체를 이용한 상담은 대면상담이 아닌 전화를 통한 방법이므로 면접상담에서 가질 수 있는 피상담자의 다양한 감정을 충분히 이해할 수 없다는 단점이 있다. 그럼에도 불구하고 전화상담이 중요한 것은 자신의 문제를 쉽게 노출하지 않으려는 노인 또는 노인의 가족 등과 전화를 통해 상담함으로써 문제를 축소 또는 해소할 수 있는 기회를 제공하기도 하고 신속한 응급처리가 필요한 경우에도 도움을 줄 수 있기 때문이다. 우리나라의 대표적인 전화상담 기관은 1994년 설립된 "한국노인의 전화"이다.

(3) 인터넷상담

매체를 이용한 또 하나의 상담에는 인터넷상담이 있다. 인터넷상담은 컴퓨터를 이용하는 방법으로 그 특성상 익명성과 편의성 그리고 즉각적인 대응이 가능하다는 특징을 갖는다. 이러한 이유로 거동이 불편하거나 자신의 신분이 노출되는 것을 꺼리는 피상담자의 경우 이용할 수 있는 적당한 상담매체라 할 수 있다. 그러나 노년인구의 인터넷 이용이 아직은 미미한 상태에 있다는 점이 현실적으로 상담매체로 자리 잡기에는 한계가 있다. 한국인터넷정보센터(2003)의 연령별 인터넷 이용률을 보면, 40대 50.8%, 50대가 23.2%, 60대 이상 노인들은 5.1%인 것으로 조사되었다. 다만, 최근 노년인구의 인터

사진 설명: 노인상담은 매체에 따라서 면접상담, 전화상담 그리고 인터넷상담으로 구분된다.

넷 이용률이 점점 증가하는 추세에 있고, 정부에서도 정보화 사업의 한 방향으로 노년인구에 대한 인터넷 교육을 실시하고 있기 때문에 시간이 흐를수록 인터넷 매체를 이용한 상담은 많아질 것으로 예상된다. 노년기에 인터넷을 활용할 수 있다는 것은 정보에 대한 접근이 다양해지는 효과도 있겠지만, 무엇보다도 노년기 적응과정에서 고독이나 소외감, 사회적 역할감 상실 등을 해소할 수 있고, 아울러 사이버 공간에서 다양한 집단과 접하게 되고 지지집단을 형성할 수 있어 정서적인 안정감 확보에 좋은 영향을 미칠 수 있다. 이러한 이유로 인터넷상담은 노인문제에 대한 상담매체로서 큰 기능을 할 것으로 예측하고 있다.

3) 문제내용에 따른 노인상담

노인들이 평소 겪는 문제는 개인적인 문제로부터 사회적인 문제까지 다양한 영역에서 나타나고 있다. 따라서 어려움을 호소하는 노인 또는 노인가족의 문제를 보다 효율적이며 직접적으로 상담하기 위해서는 다양한 상담이 가능한 전문가와 이를 지원할 수 있는 적절한 제도적 조치나 대응이 필요하다.

노인상담에서 다루는 문제들은 노인의 우울증·고독·소외·자살 등의 심리적인 문제, 가족구성원 간의 관계에서 생기는 가족문제, 가정 혹은 시설에서 발생하는 노인학대문제, 노인성 치매에 관한 문제, 은퇴전후의 재정관리문제, 노인의 교육·여가·복지 등과 관련한 노후설계문제 그리고 기타 일상생활과 관련한 문제 등 다양하다. 노인내담자가 호소하는 문제들은 우울증 · 고독 · 자살 등의 심리적인 문제에서부터 일상생활과 관련한 정보 문의에 이르기까지 수없이 많기 때문에 문제내용에 따른 상담유형도 다양한 형태를 띠고 있다. 이 중에서 노인심리상담, 노인가족상담, 노인학대상담 그리고 노인치매상담은 매우 중요한 노인상담의 영역이라 할 수 있다.

(1) 노인심리상담

노년기에는 다른 연령층에 비해 신체적인 쇠퇴와 함께 심리적 변화 또한 다양하게 나타난다. 특히, 주변에 가까웠던 친지들이 하나둘씩 고인이 되는 것을 목격하면서 두려움과 외로움 등을 느끼게 된다. 약화된 심리상태에 있는 노인들이 주변상황의 변화를 극복하기는 쉽지 않다. 이때 느끼는 안타까움, 불안, 고독, 외로움 등은 자연스러운 심리적 상태이지만 이를 이겨내기 위한 노력이 무엇보다 필요하다. 그러나 정신적인 통합 기능이 떨어지게 될 경우 자기학대나 폭언, 폭행과 같은 공격적, 충동적 증상을 보이기도 하고, 심지어는 망상증, 양극성 장애나 정신분열증이 나타나기도 한다. 이러한 측면에서 노인의 심리상태를 잘 이해하고 노년기의 정신적 문제를 정확하게 상담할 수 있도록 하는 전문성을 가진 상담자의 역할이 매우 중요하다.

정신분석학적 관점에서 노년기의 정신병리는 다양한 원인에 기초하고 있다(박재간 외, 2006). 첫째는 상실감이 매우 큰 원인이 되기도 한다. 특히, 주변에 가깝게 지내던 친지나 친구들이 사망할 때 느끼는 상실감이 크다. 특히, 은퇴 이후 사회적 관계가 없어지거나 적어지면서 삶에 대한 애착이 적어지고 생기를 잃게 될 수도 있다. 둘째로, 과거에 대한 회상과정에서 많은 회한을 갖게 될 경우 정신질환의 증상을 보일 수 있다. 특히, 과거 심하게 고생하였거나 누군가에게 잘못했던 기억이 크게 떠오를 경우 많은 후회를 하게 된다. 이것이 우울증 등으로 연결될 수 있으며, 심하면 자학을 하는 자기학대 증상으로 나타날 수도 있다. 셋째는, 가족이나 친했던 친지 등과의 관계로부터 겪게 되는 좌절감에 기인할 수 있다. 특히, 자신의 의지와는 다르게 행동하는 자녀들과의 관계에서 오는 좌절감은 그 어떤 요인보다도 크게 작용한다. 온갖 정성을 다해 자녀를 양육해 왔던 자신의 노력을 알아주지 못하는 자녀에 대해 무력감과 상실감을 겪게 되고, 이로 인해 우울증이 올 수 있으며 심하면 자살로도 이어지게 된다.

인간의 심리에 대한 상담과 치료는 환자의 증상과 복잡한 환경 등에 따라 다양한 기법이 존재한다. Corsini(1987)는 이러한 상담 및 치료 기법이 적어도 250여 가지가 있다고 밝히고 있으며, 지금도 계속해서 새로운 이론이 개발되고 있고, 이 이론에 근거한 새로운 기법들도 지속적으로 제시되고 있다. 그것은 아마도 그만큼 사람의 심리적인 문제를 어느 하나의 기법으로 모두 설명하기에는 매우 복잡하고 난해한 부분이 있기 때문일 것이다. 그렇기 때문에 상담은 피상담자의 심리상태를 먼저 이해하기 위한 수단임과 동시에 치료의 시작이라고 할 수 있다. 상담에 대한 많은 이론과 기법이 개발된 이유가 여기에 있다. 이들 다양한 상담이론과 기법은 정신역동적 상담, 인본주의적 상담, 행동주의적 상담 그리고 인지적 상담의 큰 범주 내에 있음을 알 수 있다. 여기에서는 많은 기법 중에서 노인을 대상으로 하는 회상요법, 현실요법 그리고 심리극 기법을 소개하고자 한다.

① 회상요법

회상요법은 과거의 경험을 떠올리고, 그 경험을 현재와 연관시켜 내담자의 내면적 갈등, 죄의식, 가족이나 대인관계에서 발생했던 좋고 나쁜 기억들과 화해하거나 용서하게 함으로써 현재의 심리적 갈등을 해결하고 정상적인 사회생활을 할 수 있도록 해 주는 방법이다. 이 기법에서 과거와 현재를 연결하는 기제로는 대개 자신의 사진, 자서전, 작품, 편지, 족보, 여행 등을 사용한다. 회상요법에는 저술이나 녹음을 통해 내담자의 과거 경험 속에 있었던 주요 사건, 경험, 관련이 있는 사람 등을 정리하여 기술해 보는 자서전 방법, 자신의 과거 행적을 추적하며 여행을 함으로써 과거의 미해결 감정들과 화해해 보는 생애순례여행 방법, 과거에 희망이나 상처를 주고받았던 사람들과의 재회를 통해 자신의 가치와 삶의 보람을 재차 확인할 수 있도록 살아오면서 중요했던 인물들과 재회하는 방법, 사진이나 비디오 등과 같이 과거의 기억을 떠올리고 그때의 감회를 새롭게 경험해 볼 수 있도록 하는 방법, 삶의 여정에서 기분 좋았거나 세상에 기여를 했다고 생각되는 일들을 정리하면서 보람과 성취감을 갖도록 돕는 생애업적 정리방법 등이 있다.

② 현실요법

현실요법에서는 인간의 모든 행동은 인간 내면에 있는 욕구를 충족시키기 위한 의식적 행위이며 행동의 선택이 자신에게 있다는 것을 가정하고 있다. 인간의 행동은 사랑과 소속의 욕구, 힘과 성취의 욕구, 자유의 욕구, 즐거움의 욕구, 생존의 욕구라는 다섯가지 기본적인 욕구를 충족시키기 위한 행위이다. 현실요법은 다른 사람의 욕구를 방해하지 않고 자신의 욕구를 충족시키는 행동선택 방법을 배우는 것을 강조하고, 내담자 스스로의 행동에 대한 도덕성과 책임을 강조한다(Glasser, 1998).

현실요법은 크게 상담환경을 가꾸는 것과 내담자의 행동변화나 방향전환을 하도록 인도하는 두 과정으로 이루어져 있다. 첫째, 상담환경 가꾸기에서 상담자는 내담자와의 관계를 유대감, 우정 그리고 신뢰감을 바탕으로 한다. 상담자는 내담자들의 주제를 경청한 후 그 이야기를 확인하고 다시 반영시켜 줌으로써 진실로 원하는 것에 초점을 맞출 수 있도록 한다. 상담자는 효율적인 상담을 위해 내담자의 핑계나 변명을 받아들이지 않도록 하고 내담자를 비판하거나 처벌하지 않고 그와 논쟁하기에 말려들지 않는 것이 중요하다. 둘째, 행동변화를 위한 상담과정에서 상담자는 내담자의 행동변화를 위해 우선 내담자가 일상생활 속에서 만나는 사람들과의 관계를 점검하고, 내담자가 갖고 있는 바람을 탐색한다. 현실요법은 내담자의 행동변화를 위해 그들 스스로가 자신의 이웃관계, 바람, 행동, 평가, 계획에 대해 모두 자기평가를 할 수 있어야 한다. 상담자의 질문을 통해 내담자는 자신의 행동과 자신의 수행능력을 스스로 평가하게 된다. 이러한 자기평가 후 실행계획과정으로서 긍정적인 행동계획과 그 계획에 대한 약속, 과정에 대한 마무리 제언을 한다. 내담자가 원하는 것을 찾아내고 현실적이고, 실현가능하며, 진행중심적인 계획을 세울 수 있게 되면 현실요법은 마무리가 된다(김인자, 2007).

③ 심리극 기법

심리극 기법은 연극적 요소를 통해 인격의 구조, 대인관계 그리고 갈등이나 정신적인 문제 등을 탐색하는 정신요법으로 집단치료의 의미를 내포하고 있다. 심리극의 목적은 내담자가 가지고 있는 감성이나 정서적인 문제와 경험들을 극화시키고 실제 연극에 참여시킴으로써 상황을 재현하여 스스로에 대한 통찰과 자유로운 표현을 하도록 하는 데 있다. 이 과정을 통해 잘못된 편견과 오해를 해소하고 적응력을 회복시켜 치료를 돕는다.

심리극 기법에는 혼자서 자신의 감정과 상황을 이야기하는 독백, 역할을 다른 사람과 서로 바꿔보는 역할 바꾸기, 자신의 상황을 다른 사람이 거울에 비춰보듯 연기하는 거울기법, 자신의 가장 소중한 것을 찾고 이를 다른 것과 바꿔보는 과정에서 통찰을 얻게 되는 마술상점, 여러 개의 의자를 놓고 자신과 중요한 관계에 있는 인물들을 설정한 후 혼자 대화하는 빈 의자, 보조 자아가 내담자와 함께 행동하며 내담자의 심리를 보여 주는 이중 자아, 몇 사람의 보조 자아가 환자가 행한 각각 다른 상태를 상황에 따라 달리 행동하여 상황에 따른 내담자의 특성을 알 수 있도록 돕는 복합이중성, 죽음에 대한 공포를 완화시키고 죽음 상황을 재연해 보는 죽음의 장면, 죽음 이후의 상황에서 현재의 상황과 심리를 파악하는 심판의 장면, 내담자가 없다는 가정하에 내담자에 대한 평가 나누기 등의 방법이 있다(이호선, 2005). 이 외에도 많은 심리극 기법들이 있으며, 이러한 심리극은 상담의 과정에서 각각 개별 기법으로 언제든지 사용될 수 있다.

(2) 노인가족상담

우리나라는 일반적으로 가족의 문제를 외부에 알리는 것을 부끄럽게 생각하거나 꺼리는 경향이 있다. 특히, 노인들은 가족 앞에서 솔직한 자기감정을 표현하기가 쉽지 않고 문제가 발생하면 무조건 참는 경향이 있다. 이러한 특성 때문에 가족상담이 보편화되어 있지는 않으나 노인이 속한 가족에게 있어 가족상담은 매우 중요하다. 정문자(2007)는 노인가족상담은 가족문제에 대한 가족 각자의 생각과 느낌이 잘 표현되고 수용될 수 있도록 진행함으로써 노인과 가족원들이 함께 문제를 해결하려는 노력에 도움을 줄 수가 있다고 하였다.

노인가족상담에는 해결중심 가족치료와 경험적 가족치료 접근이 활용될 수 있으며 그 내용은 다음과 같다(정문자, 2007).

① 해결중심 가족치료

해결중심 가족치료는 병리적인 것에 초점을 맞추기보다는 건강한 것, 문제가 없거나 문제시되지 않는 상황을 발견하여 이를 활용하도록 격려하는 것이다. 노인가족상담에 해결중심접근법이 적합한 이유는 문제보다 해결에 초점을 두기 때문에 노인의 체면을 존중하면서 문제와 관련된 가족의 체면을 손상시키지 않고 상담을 진행할 수 있다. 그리고 상담자의 재구성을 통하여 노인의 부정적 사고와 인식을 긍정적으로 전환하는 데 기여한다거나, 노인의 지나 온 삶에 대해 성공적인 경험과 강점을 발견하게 함으로써 자신감을 회복하는 데 기여할 수 있다. 해결중심 가족치료에서 사용하는 기법에는 예외질문, 기적질문, 대처질문, 관계성 질문, 간접적인 칭찬, 재정의, 감정카드 기법 등이 있다.

② 경험적 가족치료

경험적 가족치료는 가족을 하나의 체계로 보기보다는 개인들의 집합으로 보았으며, 가족구성원의 변화를 통해 가족이 변화하도록 하였다. 경험적 가족치료의 핵심적인 치료목표는 문제의 해결보다는 개인의 성장과 대인 간 변화이므로, 개인의 감수성을 향상시키고 지각을 확장시키는 것을 중요하게 생각한다. 인간은 성장하고 자아를 성취하려는 본성을 갖고 태어났으므로 이들을 방해하는 방해물과 개인의 방어가 감소되면 성장과 자아성취가 자연적으로 일어난다고 보았다. 경험적 가족치료에서 사용하는 기법에는 가족조각기법, 가족그림, 밧줄기법, 빈의자기법, 나의 영향권 이해, 나의 생활사, 나의 모습 찾아보기 등이 포함되며 그중에서 노인을 대상으로 하는 가족조각기법과 나의 영향권 이해를 소개하면 다음과 같다.

첫째, 가족조각기법은 가족들이 실제로 가상의 위치와 자세를 형성해 봄으로써 가족 간의 관계를 경험하는 비언어적 방법을 동원하는 치료방식이다. 노인이 조각가가 되어 다른 가족원에게 가족의 역할을 주면서 각각에 맞는 의사소통 유형을 몸짓으로 표현하도록 한다. 이때 노인이 자신에게 가깝다고 생각되는 사람은 가깝게 배치하고, 멀다고 생각하는 사람은 멀리 배치할 수 있다. 이때 상담자는 구성된 가족원들의 조각 구성 상태에서 노인 내담자에게 자신의 감정을 있는 그대로 표현하도록 한다. 또한 배치된 가족원들도 자신이 있는 자리에서 자신의 느낌을 말하도록 한다. 가족원들의 이야기를 모두 들은 후 노인은 자신의 생각을 정리하면서 자신이 원하는 가족구조 형식대로 가족원들을 재배치한다. 이어서 가족원들은 새로운 배치 형태에 대한 자신들의 느낌을 말한다. 그 후 노인이 제안한 바람직한 변화를 위해서 가족 내에서 어떤 변화가 일어나야 하는가를 함께 의논한다.

둘째, 나의 영향권 이해 활동은 우리의 삶 속에서 우리에게 지적, 정서적, 신체적, 사회적으로 영향을 준 사람이나 사건을 바퀴모양의 그림으로 만드는 것이다. 종이 중앙에 나를 그리고 나와 관계를 맺고 있는 가족, 생물, 환경 등을 나의 주변에 배치한다. 이때 나와 영향을 주고받는 정도에 따라 나와의 거리를 가깝게 또는 멀리 조정하며 이들 각각과의 친밀도를 선으로 표시한다. 영향을 준 사람과 사건을 묘사하는 형용사를 서너 개 적고, 이 어휘의 수용 정도에 따라 각 형용사 앞에 긍정(+) 또는 부정(−) 표시를 한다. 작업이 완성되면 팀을 만들어 나와 관계가 좋은 경우 그 관계를 유지하거나 향상하기 위한 방법에 대해, 나와 관계가 좋지 않은 경우 그 관계를 호전시키고 싶은지 여부에 따라 각자가 할 수 있는 방법에 대해 토론한다.

(3) 노인학대상담

노년층의 증가는 최근 다양한 사회문제로 발현되고 있다. 그러나 노인에 대한 사회적 인식이 크게 변화되지 않은 상황에서 사회적 약자인 노인은 언제든지 소외와 고독과 같은 심리적 중압감을 받을 수 있을 뿐만 아니라 범죄의 대상이 되기 쉬운 취약성에 노출되어 있기도 하다. 그러나 이에 못지않게 노인과 관련된 사회적 문제는 최근 노인학대가 점차 증가하는 추세에 있다는 점이다. 전통적인 우리의 가치관에서 장남중심의 노인부양, 더 나아가서는 가족중심의 노인부양이 여전히 일반적이다. 그러나 문제는 우리 사회가 급속히 변화하고 있음에도 불구하고 가치관의 변화는 더디게 변화하고 있다는 점이다. 이 과정에서 노인 부양의 책임을 둘러싼 가족 내 구성원 간의 불화가 빈번히 발생하고, 노인은 가족의 천덕꾸러기로 전락하는 경우가 많이 발생하고 있다. 이는 결국 노인학대로 이어지는 중요한 한 요인이 되고 있다.

노인학대는 그 특성상 알려진 사례보다도 훨씬 많은 것으로 보고 있다. 대개 노인학대가 발생하여도 이를 가족의 문제로 치부하고 외부의 도움을 받아 적극적으로 대처하려 하기보다는 가족 내에서 해결하려 하는 특성이 있기 때문이다. 특히, 학대를 직접 받는 노인의 경우 학대의 원인을 '자신의 무능력'으로 생각하는 경우가 많기 때문에 그 학대를 참고 은폐하려는 경향이 강한 것으로 알려져 있다. 학대받는 노인들은 자신의 이러한 문제가 외부로 알려지는 것을 더 없는 수치로 생각하기 때문에 심한 좌절감을 느끼고, 우울증, 망각, 망상 등과 같은 정신질환의 증세를 보이기도 한다.

우리나라 노인학대의 특징 중 하나는 여성 노인들 상당수가 가족 내 고부간의 갈등 과정에서 정신적인 학대를 경험하고, 심지어는 신체적 학대도 겪고 있다는 점이다(〈표 18-1〉 참조). 그럼에도 불구하고 자립능력이 없는 여성노인들은 가족에게 전적으로 의존하는 생활을 할 수밖에 없고, 다른 방법이 없는 상태에서 지속적인 학대를 노인 스스로 인내하고 참는 방법 외에는 현실적인 대안이 없다. 왜냐하면 우리나라에서 노인에 대한 부양책임은 거의 전적으로 가족이 지고 있기 때문이다. 즉, 노인에 대한 사회적 책임 분담이라 할 수 있는 노인복지제도가 가족의 노인부양 부담을 덜어 줄 수 있을 만큼 현실적인 수준에 이르지 못하고 있기 때문에, 노인인구의 증가와 함께 노인학대가 매우 빠르게 증가하고 있는 것이다.

또 하나의 문제는 노인학대가 발생하고 지속적인 학대가 예상되는 경우에도 학대받는 노인이 피할 수 있는 장소가 거의 없다는 점이다. 결국 그 노인이 학대를 받으면서 그 집에 그대로 머물러 있거나, 아니면 다른 자녀 또는 친척 집으로 거처를 옮겨야 하는데, 이러한 도피는 근본적인 문제해결이 될 수는 없다. 왜냐하면 그대로 그곳에 머무를 경우 학대는 지속적으로 반복될 것이 분명하고, 다른 곳으로 거처를 옮겼다고 해도 그곳은 일시적인 장소에 불과하기 때문이다.

〈표 18-1〉 노인학대유형

구분	신체	정서	경제	방임	자기방임	기타[1]	계
빈도	1,426	2,169	521	984	463	209	5,772

※ 1) 기타에는 성학대와 유기가 포함됨.
출처: 보건복지부(2015f). 2014년 노인학대 현황보고서.

노인학대상담은 일종의 위기개입 형태이다. 위기개입이란 비정상적이고 돌발적인 일상생활 중의 사건이 개인이나 집단 혹은 지역사회가 감당하기 힘든 스트레스와 불균형 상태를 야기할 때, 이들의 항상성을 회복시키기 위하여 의도적이고 즉각적으로 개입하는 원조과정을 의미한다(Greenstone & Leviton, 2001).

위기는 발달과정상의 위기와 상황적 위기로 분류할 수 있다. 일반적으로 학대받는 노인들에게는 이 두 가지 위기가 복합적으로 작용하여 나타나게 된다. 발달과정상의 위기는 은퇴나 노화의 과정에서 발생하는 것이며, 상황적 위기는 경제력의 상실, 치매 등과 같은 주요 질환의 발병, 가족과의 불화로 인한 갈등의 발생 등이 있다.

노인학대는 노인들에게 있어서 매우 심각한 위기이다. 이 위기를 극복하지 못하면 노년기는 황폐해지며, 삶의 보람이나 의지를 보장받을 수 없고 하나의 인격체로서 사회의 구성원이 되기는 쉽지 않다. 이러한 위기가 발생했을 때, 일반적으로 노인은 약화된 가족 내 입지 때문에 독자적으로 이 위기를 타개하기는 어렵다. 노인들은 사회적, 경제적, 심리적으로 이미 많이 위축되어 있기 때문에 적절한 사회적인 개입과 중재가 필요하고, 필요한 경우 적절한 조치를 반드시 취해야만 한다.

노인학대가 발생했을 때에 노인은 심각한 정신적 피해를 입게 된다. 이를 치유하기 위해서는 피해노인에 대한 상담을 통해 우선 심리적 안정을 도모하는 것이 필요하다. 그러나 보다 근본적이고 효과적인 치료를 위해서는 피해 당사자와 함께 가해자 역시 상담하는 것이 중요하다. 가해자가 노인을 학대하는 원인과 주변의 상황을 이해하는 것이 문제해결의 시작이기 때문이다. 이는 노인학대를 예방하는 차원에서도 필요한 부분이다. 노인학대가 예상되는 가족의 노인과 가족 성원들을 동시에 상담함으로써 노인학대가 발생할 수 있는 원인을 사전에 차단하여 노인학대가 일어나지 않도록 예방할 수 있기 때문이다. 이때 중요한 것은 가해자(또는 예상되는 가해자)를 학대에 대한 결과만으로 범법자 또는 부도덕한 자로 미리 단정하여 상담해서는 안 된다는 것이다. 왜냐하면 때로는 가해자가 자신도 모르는 사이 노인을 학대하고 있는 경우도 있기 때문이다. 이 경우 가해자는 결과적으로는 자신이 가해자이지만 학대를 전혀 의도하지 않았다는 점에서, 이를 해결하기 위해 누군가의 도움을 필요로 하는 피해자의 입장이 될 수도 있기 때문이다. 따라서 상담자는 학대현상이 발생하면 일의 정황을 먼저 이해하고

자 노력해야 하고, 상담자가 중립적인 태도를 견지하고 있다는 것을 보여 줌으로써 가해자가 진솔하게 상담에 응할 수 있도록 유도해야 한다.

노인학대가 일어나는 원인은 일반적으로 한 가지 이상의 요인이 복합적으로 작용하는 경우가 많다. 그러나 중요한 것은 그 많은 요인 중에서 가장 중요한 원인을 찾아내는 것에서부터 상담을 시작하는 것이 효과적이다(박재간 외, 2006). 대표적인 예를 들어 보면 다음과 같다. 첫째, 가해자가 약물이나 알코올과 같은 자신의 의지로 해결하기 힘든 정신적 질환이나 장애를 갖고 있을 경우, 이 질환이나 장애를 극복할 수 있는 프로그램을 소개해 주거나 이 문제를 중심으로 상담을 시도해 본다. 둘째, 노인학대가 가해자의 과도한 스트레스나 사회적 갈등에 기인하는 경우이다. 이 경우에는 가해자의 학대행위가 결국 노인뿐만 아니라 자신에게도 피해를 줄 수 있다는 점을 이해시키고, 아울러 가해자와 피해자를 서로에게 도움을 줄 수 있는 호혜적인 관계로 전환할 수 있도록 돕는 수준에서 상담하도록 한다. 셋째, 흔하게 발생할 수 있는 원인으로 경제적 부양능력이 부족하여 노인학대가 발생하는 경우이다. 이 경우에는 지역사회 및 기관의 도움을 받아 개인의 경제적 부담을 완화할 수 있도록 도움을 주는 방향으로 대안을 모색해야 한다. 넷째, 노인이 만성질환이나 치매 등으로 장기간 보호를 필요로 하는 경우 노인을 수발하는 사람이 가해자가 될 경우이다. 이 경우에는 가정봉사원 서비스 혹은 주간보호센터와 같은 지역사회 중심의 지원서비스를 활용할 수 있는 정보를 제공하고, 오랜 수발로부터 누적된 피로감을 완화할 수 있도록 도움을 주어야 한다.

(4) 노인치매상담

치매는 인간의 뇌가 외부 충격이나 후천적인 질병 등 외부적 요인에 의해 손상되어 인지능력, 학습능력, 지능·언어 등 정신적인 기능이 감퇴하는 복합적인 증후군을 총칭하는 것으로 정의할 수 있다. 또한 치매는 내과, 신경과 및 정신과 질환 등 70~80가지 이상의 원인에 의해 야기되는 대표적인 신경정신과적 질환이다. 그만큼 치매의 원인이 복합적이며 다발적이기 때문에 치매의 종류 또한 다양하다. 노인치매는 알츠하이머병과 혈관성 치매를 유발하는 다발경색성 치매(multi-infarct dementia)가 대표적이다.

우리나라의 치매노인 수는 매년 증가하는 추세에 있다. 2012년 65세 이상 치매 유병

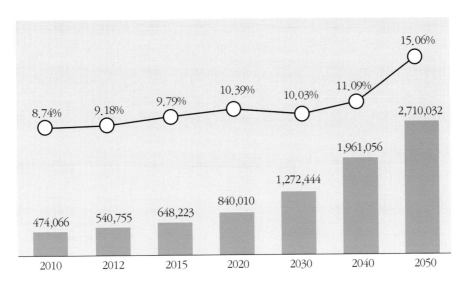

〈그림 18-1〉 65세 이상 치매 유병률 및 치매 환자수

출처: 보건복지부(2013). 2012년 치매 유병률 조사.

률은 9.2%이고, 2050년에는 약 15%에 이를 것으로 예상되고 있다(〈그림 18-1〉 참조).

치매는 뇌의 손상이 비교적 경미한 초기 단계에서는 사소한 인지기능의 장애만을 보이나 손상 부위가 점차 광범위하게 진행됨에 따라 보다 심각한 인지기능 저하, 행동장애, 일상생활 및 직업적 · 사회적 기능장애를 나타내는 증상을 보이게 된다. 대개의 경우, 환자나 그 가족들은 치매의 초기 단계에서 나타나는 인지기능 장애를 단순히 노화과정에 의한 것으로 오인하기 쉬우므로 치매가 상당히 진행된 이후에나 병원을 방문하게 되는 경우가 많다. 그렇기 때문에 치매치료에서 가장 중요한 점은 뇌의 손상이 아직 경미한 초기 단계에 진단을 받고 가능한 한 조기에 치료를 시작하는 것이라고 할수 있다. 또한 치매의 초기 단계에 환자에게 적절한 환경을 조성하는 것이 필요하다. 치매의 정도가 심해진 이후에 주거환경을 바꾸는 경우 환자의 기억력 및 지남력(指南力) 등의 인지기능이 심각하게 감퇴되어 새로운 환경에 적응하기가 매우 힘들어지며, 이로 인한 심리적 불안감은 치매 증상을 더욱 악화시키는 요인이 될 수 있다.

치매의 치료는 매우 어렵다. 아직 밝혀지지 않은 치매 원인들도 많으며, 한 번 손상된 뇌를 회복시키기에도 현재의 의학으로는 한계를 갖기 때문이다. 그러나 모든 치매의 치료가 불가능한 것은 아니며, 조기에 발견하면 치료하거나 또는 최소한 증상이 더 악화되는 것을 막을 수도 있다. 따라서 자신의 부모가 치매일 가능성이 있다고 생각하면서도 은연중에 치매치료가 불가능하다고 인식하여 진단이나 치료를 미리 포기하는 것은 옳지 않다. 치매와 관련한 검사를 정기적으로 받고 치매로 진단을 받은 경우에는 이에 적절한 치료를 시작하여야 한다.

장기간에 걸쳐 진행되는 치매는 개인의 삶을 불행으로 치닫게 하는 질병이다. 최대한 조기에 치매를 발견하고 치료를 시작해서 노후가 최악의 불행으로 얼룩지지 않도록 노력하는 자세가 필요하다.

치매는 앞서 밝혔듯이 대부분 명확한 원인을 알 수가 없고 치료 또한 오랜 기간을 요하는 경우가 대부분이다. 그렇기 때문에 치매가 발병하였을 때에는 환자뿐만 아니라 환자를 돌보는 가족 또한 상당한 고통에 시달리게 된다. 특히, 치매환자들의 돌출된 행동은 가족의 항시적인 불안요인이며, 적절히 대처하기에 어려움이 따른다. 치매노인 상담은 대개 환자보다는 가족에 의한 경우가 많으며, 또한 치매를 예방하고자 하는 일부 노년층이 주로 이용한다. 따라서 상담자는 증상에 따른 적절한 대처와 개입방법을 조언해 주고 치매 증상의 악화를 막을 수 있는 조치와 치매예방을 위한 방법 등을 상담할 수 있어야 한다. 다음은 치매 환자의 약물치료와 행동장애와 관련된 상담에 관한 것이다(보건복지부, 2004b).

a. 약물치료

치매환자의 치료는 대부분 약물에 의존하고 있다. 그러나 신체적으로 약한 노인들에게 약물은 의외로 많은 부작용을 야기할 수 있다. 또한 치매뿐만 아니라 다른 질병을 치료하기 위해 관련 약물을 복용하는 경우도 많아 세심한 주의가 요구된다. 1일 용량을 3~4회로 나누어 복용하는 것이 바람직하고 진정작용, 혈압강하작용, 근육조화불능 등의 작용이 있는 약물은 조심스럽게 사용하여 부작용을 최소화해야 한다.

① 인지기능 개선제

인지기능 개선제로는 콜린성 제제가 현재 가장 널리 사용되고 있다. 콜린성 제제란

뇌의 아세틸콜린 활성도를 증가시키는 약물들로서, 현재 미국 FDA에서 공인되어 널리 사용 중인 아리셉트, 레미닐, 엑셀론 등이 이에 속하며 아세틸콜린 분해효소인 콜린에스테라제의 기능을 억제하는 효과가 있다.

② 정신증상에 대한 약물

치매환자의 경우 상당수가 우울증이나 망상, 환각 등의 정신병적 증상이 동반되며, 이러한 증상조절을 위해 약물이 사용된다. 이에 사용되는 약물은 항정신병 약물, 항우울제, 항불안제 등이 있으며, 약물을 선택할 때 주의할 점은 부작용이 적은 약물을 선택해야 한다는 것이다.

항우울제로는 선택적 세로토닌 재흡수 억제제가 기존의 삼환계 항우울제에 비해 부작용이 적어 노인들에게 주로 처방되고 있으며 선택적 세로토닌 재흡수 억제제 중에서도 졸로프트나 시프람이 부작용이 적어 노인들에 대한 처방 시 선호된다. 항정신병 약물 가운데 전형적인 항정신병 약물은 부작용이 자주 발생되어 최근에는 리스페달, 올란자핀, 서로켈과 같은 비전형 항정신병 약물이 치매환자들에게 주로 처방되고 있다.

b. 행동장애의 접근방법

치매환자의 행동장애에는 배회, 망상, 불안, 흥분 및 공격적 행동, 성적 행동, 섬망, 거부증 등이 포함된다.

① 배회

치매환자는 인지능력이 매우 떨어지기 때문에 집을 나간 후 돌아오지 못해 행방불명이 되는 경우가 자주 발생한다. 이 경우 경찰서나 기타 안전한 장소에서 보호하고 있는 경우도 있지만, 예기치 못한 사고를 당할 수도 있기 때문에 치매환자의 외출은 매우 위험한 행동이다. 치매환자가 언제 길을 잃게 될지 모르므로 이웃 주민이나 교통순경, 역무원 등에게 사전에 알려 주고 환자가 혼자 돌아다니고 있는 것을 발견하면 연락해 줄 것을 부탁하는 방법이 있다. 또한 이름과 연락처가 기입된 팔찌나 목걸이, 기타 부착물을 이용하는 것도 도움이 될 수 있다.

② 망상

치매노인들은 자신의 물건을 잃어버리는 망상이나 질투망상, 가족들로부터 버려졌다는 망상 등에 시달릴 수 있다. 치매노인에게 망상이 빈번하게 발생한다면 가까이서 돌봐주는 사람을 힘들게 할 수 있다. 실제 발생한 일과는 무관하게 다른 사람이 자신의 물건을 가져갔다고 생각하며, 그 물건을 가져가지 않았다고 해도 환자는 쉽게 납득하지 못한다. 이때에는 환자가 주장하는 것이 잘못되었다고 하거나 설득하려 하면 더욱 강하게 불신하므로, 물건이 없다는 사실을 간병인이 받아들이고 환자와 함께 찾는 것이 오히려 도움이 될 수 있다. 노인의 행동을 자세히 관찰하면서 사람에 따라 물건을 감추는 장소에 특징이 있을 수 있으므로 노인의 손으로 직접 찾도록 유도하는 것도 도움이 될 수 있다.

③ 불안

치매환자는 조금 전에 한 것을 잘 잊어버린다. 또한 시간, 계절, 자신이 있는 장소도 분명하게 알지 못할 수 있으며 증상이 진행되면 주변 사람도 알아보지 못하게 될 수도 있다. 이러한 증상이 있는 치매환자는 사소한 것에서 불안이나 초조감에 시달린다. 치매의 정도가 경도나 중등도인 경우에 불안과 초조감이 특히 심한 경향이 있다. 흔히 저녁이 되면 더욱 침착성이 없어지고 불안과 초조감을 보이기도 한다.

사진 설명: 치매에 걸리면 방향감각이 없어져, 목적지를 찾지 못하고 돌아다닌다. 증상이 심해지면 가족들도 알아보지 못한다.

④ 흥분 및 공격적 행동

치매환자는 쉽게 분노하고 공격적인 행동을 보인다. 치매환자가 공격적인 행동을 보이는 데는 대부분 그 원인이 있다. 예를 들면, 가족이나 주변사람들이 치매노인의 자존심을 상하게 하거나, 말이나 생각에 오해가 있는 경우가 대표적이다. 이외에도 신체적으로 불편할 때, 불만이 있을 때, 불안과 공포를 느낄 때, 노인이 과거의 괴로웠던 기억에 집착하고 있을 때에 흥분하거나 공격적 행동을 보일 수 있다.

치매환자는 자신의 의사표시를 할 수 없는 경우가 많다. 가능하면 노인의 행동원인을 이해하도록 하고, 노인의 곤란한 행동에 개입하는 과정에서 간병인이 흥분하거나 노인을 무시하는 모습을 보여서는 안 된다. 이러한 모습은 문제나 사고를 야기할 수 있기 때문이다. 원인이 짐작되지 않거나 간병인의 노력으로 이러한 행동이 해결되지 않는 경우는 정신과 의사와 의논하여 약물치료 등을 받도록 해야 한다.

⑤ 성적 행동

치매환자는 인격의 변화나 상식의 쇠퇴로 주변사람과 자신과의 관계를 알 수 없게 되므로, 간병인이나 가족을 곤란하게 하는 성적 행동을 취할 경우가 있다. 예를 들면, 사람들 앞에서 옷을 벗고 아무 데서나 외설적인 이야기를 하며 조금 전에 한 성행위를 잊어버리고 다시 요구하여 배우자를 당황하게 할 수도 있다. 치매환자라는 편견을 갖거나 조소하는 것은 좋지 않으며 오히려 인간이기 때문에 나타나는 행동으로 받아들이는 것이 중요하다. 경우에 따라서는 정신과 의사와 의논하는 것이 필요하다. 경우에 따라서 노인의 어깨를 주물러 주거나 등을 가볍게 쓰다듬는 등 다정하게 대해 주는 것이 도움이 될 수도 있다.

⑥ 섬망

치매노인은 밤에 자지 않고 잠이 덜 깬 것 같은 상태에서 착시 및 환시 현상 등으로 커튼이나 벽의 옷을 보고 도둑이라 하며 소란을 피우고 흥분하거나 그 장소에 어울리지 않는 행동을 하는 때가 있다. 야간 섬망을 일으키는 원인으로는 골절, 수술, 화상 등의 신체적 질환, 알코올중독, 약물부작용 등이 있다. 치매노인이 심하게 불안과 공포를 느끼는 경우 혼자 있지 않도록 하는 것이 필요하다. 보호시설의 경우에도 간병인이 옆에서 계속 관찰하여 사고방지에 노력해야 한다. '섬망' 상태 때에는 자극적인 소리나 빛은 피하고 조용한 환경에서 지내도록 배려한다. 불안이나 혼란을 줄이기 위해서는 현실을 알려 주는 것도 중요하다. 예를 들면, 환각 증상이 있을 때에는 그것이 무엇인지 상냥하게 물어보면서 접근하도록 하고, 강한 직접조명에 의하여 그림자를 만드는 것은 되도록 피하도록 한다.

⑦ 거부증

간병인이 치매환자의 일상생활을 도와줄 때 여러 가지 거부에 부딪힐 때가 있는데, 식사거부, 약 복용거부, 목욕거부, 간병인 거부 등이 그것이다. 치매환자는 자기의 생각을 적절히 표현하지 못하므로, 거부하는 이유가 있음에도 간병인 측에서 그 이유를 모르는 경우가 많다. 간병에 대해 거부할 때에는 환자와 간병인의 생각에 차이가 있음을 알고 환자의 생각에 맞추면 도움이 될 수 있다.

식사거부가 계속되면 영양실조나 수분 부족으로 다른 병을 일으키거나 탈수상태가 된다. 그 원인으로는 신체적 상태가 나쁠 때, 열이 있을 때, 먹는 방법을 잊어버렸을 때 등이다. 노인이 식사를 거부할 때에는 우선 신체적 상태가 나빠지지 않았나를 살펴본다. 평상시와 다른 경우는 의사와 상의한다. 때로 간병인이나 주위사람들이 사소한 것에 자존심을 상하게 해서 식욕에 영향을 주는 일도 있으므로 식사 중에는 꾸짖거나 쓸데없는 주의는 주지 않도록 한다. 음식물을 가지고 노는 노인은 간병인이 먹여 주도록 한다. 입원이나 입소 등 갑작스러운 환경변화로 혼란이 왔을 때에는 식탁에 앉아서 식사하는 것이 곤란하게 되므로 어떠한 형태로 어디에서라도 먹을 수 있도록 도와준다. 환경에 익숙해지면 노인이 안정되어 식탁에서 식사할 수 있게 될 수도 있다.

목욕을 거부하는 데는 그 나름대로 이유가 있다. 어떤 노인은 목욕하고 있을 때 벗어놓은 옷이 없어지는 것이 아닌가 하고 불안해져 목욕을 하지 않으려는 경우도 있다. 치매의 정도가 심해지면 목욕을 하자고 해도 무엇을 말하는지 이해하지 못하고 적절한 행동이 무엇인지도 알 수 없게 된다. 목욕을 거부하는 사람에 대해서는 그 이유를 파악하여 목욕을 하도록 유도한다. 치매의 정도가 매우 심한 경우에도 속옷을 벗는 것을 부끄러워할 수 있다. 아무리 시도해도 목욕을 거부하는 경우나 간병인이 혼자서 목욕을 시키기가 어려운 경우에는 주위의 도움을 받는 방법을 고려해 보아야 한다.

3. 효과적인 노인상담을 위한 접근

현대사회에서 노인의 역할은 과거에 비해 상당한 차이를 보이고 있다. 특히, 사회적 지위가 은퇴와 함께 급격히 하락하면서 심리적 불안감이 증폭되고 정신적 충격 또한 매우 커 삶 자체가 위축될 수밖에 없게 되었다. 은퇴에 따른 역할상실, 가족과의 관계 재설정, 여생에 대한 막연한 불안감 등 새로운 환경에 적응해야 하는 어려움이 발생하기 때문이다. 그러나 노인에 대한 사회적 환경들은 여전히 미흡하여 노인들의 정신적, 신체적 건강서비스를 사회가 적기에 제대로 지원해 주지 못하는 현상은 계속되고 있다. 이러한 측면에서 사회나 가정에서 소외당하고 있는 노인에 대한 이해를 위해 필요한 문제해결과 다양한 서비스 제공 및 정서적 지지를 도모하는 노인상담은 그 중요성이 커질 수밖에 없다.

노인상담은 얼마 전까지만 해도 그다지 중요한 분야가 아니었다. 노인들의 과거 경험들이 너무 오랜 시간을 경과하였고, 노화로 인해 언어구사능력이 감소하여 정확하고 효과적인 상담이 어렵다고 판단하였기 때문이다. 그러나 무엇보다도 노인에 대한 사회적인 무관심과 노인 내담자에 적용된 광범위하고 장기적인 치료경험의 부족은 노인상담의 중요성을 부각시키지 못하였다. 이러한 이유로 65세 이상의 노인 내담자를 위한 전문적인 노인상담은 그동안 연구 영역에서 소외되었던 것이다(서혜경 외, 2006).

더 큰 문제는 노인세대 스스로도 노인상담 자체를 불필요한 것으로 인식하고 있다는 점이다. 노인들은 상담을 통해 자신들의 문제를 해결하는 것에 거부감을 가지고 있으며 이러한 태도를 자신과 가족의 명예에 큰 손상을 입히는 행위로 보고 있다.

결국, 노인상담이 아직 완숙한 단계에 들어서지 못한 것은 노인상담에 대한 부정적인 사회적 인식과 연구자의 연구 및 자료 축적의 부족 그리고 노인 스스로의 인식 부족이 그 원인이라 할 수 있다. 따라서 사회적 인식을 바꾸고 사례를 중심으로 연구활동을 지속하고, 자료와 노하우를 축적해 가는 과정이 필요하다. 이러한 노력이 있어야 노인 상담의 사회적, 개인적 효과는 커지고 아울러 치료의 성공률 또한 높아질 것이다. 노인 상담을 보다 효과적으로 하기 위한 방안은 다음과 같다.

첫째, 노인상담에 대한 인식변화를 위해 상담업무를 개설한 기관을 중심으로 상담이 갖는 중요성을 널리 알리는 것이 필요하다. 상담에 대한 인식 자체가 변화하지 않는 한 상담이 성사되어도 내담자가 상담자에게 솔직한 심정과 생각을 밝히기는 어렵고, 상담자에게 밝힌 내용 또한 신뢰성이 떨어져 적시에 제대로 된 도움을 내담자에게 주지 못할 수도 있기 때문이다. 따라서 상담의 중요성을 홍보하는 것이 상담의 내실을 기하는 시작이 될 것이다.

둘째, 홍보활동과 함께 중요한 것은 상담의 내용이 비현실적이거나 추상적이어서는 안 된다는 점이다. 정확하고 구체적인 상담이 되기 위해서는 내담자의 개인적, 사회적 환경에 대해 이해할 수 있는 정확한 정보를 수집할 수 있어야 한다. 따라서 노인상담은 노인 개인에 대응하는 전문기술에 한정되어서는 안 되며 노인이 인접하고 있는 사회와 협력하여 노인의 생활을 지키고, 풍요한 인간적 심리관계를 형성해 노인을 둘러싼 인간환경의 조직화와 깊은 이해를 위한 활동이 필요하다(김태현, 1985).

셋째, 은퇴와 함께 축소된 사회성을 회복시키는 노력을 하는 것이 필요하다. 노년층을 사회로부터 소외시켜서는 상담에 활력을 줄 수 없다. 그렇기 때문에 노인의 사회성을 강화하기 위해 노인이 사회자원을 활용할 수 있도록 도움을 주어야 한다. 지역사회에 있는 공공시설이나 문화활동을 노인에게 개방하고 노인이 이를 적극 활용하도록 지원해 주는 것은 중요하다. 즉, 지역사회의 자원과 노년층을 결부시켜 노인 개인에게 사회적 유대감을 갖도록 연결망을 구축하고 조직화할 수 있도록 도움을 주어야 한다.

넷째, 전문적인 노인상담자의 확보와 훈련이 필요하다. 노인상담 업무를 보다 성공적으로 수행하기 위해서는 전문상담이 가능한 전문가를 양성해야 하며, 이러한 전문가를 양성하기 위해서는 구체적인 내용을 담은 전문 교육과정이 개설되어야 한다.

다섯째, 내담자의 욕구를 최대한 충족시키기 위해서는 각 분야별 전문가들이 충원되어야 한다. 이 전문가들이 노인의 욕구충족에 부합할 경우 노인상담은 조직적이고 체계화되어 활발한 상담으로 이어질 것이며, 결국 노인복지서비스의 질을 향상시킬 것이다.

　여섯째, 국가자격 노인상담원제도를 도입하는 것이 필요하다. 노인에게 체계적이고 전문적인 상담을 할 수 있고, 상담에 관한 업무체계가 유기적으로 구축될 수 있도록 제도와 체제를 구축하는 데 사회 전반적인 노력이 병행되어야 한다.

제19장
노인사례관리

　국민건강보험공단의 2015년도 조사에 따르면 우리나라의 장기요양보호 대상 인구는 46만 7천여 명으로 전체 노인의 약 7%에 해당하는 것으로 나타났다. 이들은 신체적, 정신적 장애의 가능성이 높고 일상생활 수행능력에 의존성을 보이는 노인들이다. 장기요양보호 대상인구가 많고, 그 비율도 점차 증가하면서 이에 대한 서비스의 제공 문제가 중요한 쟁점이 되고 있다. 이는 비단 우리나라에서만의 문제는 아니다. 전 세계적으로 인구의 고령화가 진행되면서 노인에게 제공되는 서비스를 다양화하고 노인의 욕구충족을 위해 사례관리를 도입하여 보건·복지서비스의 통합을 시도하는 나라들이 늘고 있다. 그만큼 사례관리는 노인복지의 중요한 분야이다. 노인사례관리는 고령인구의 증가, 보건과 장기보호의 비용 증가, 가정과 지역사회에 근거한 서비스의 욕구 증가 등의 요인으로 인해 그 필요성이 증가할 것으로 판단하고 있다.

　노인복지를 강화하려는 많은 국가에서 지역사회와 가정을 토대로 노인사례관리를 효과적으로 제공할 수 있도록 하는 정책 개혁에 초점을 맞추고 있다. 여기에서 중요한 점은 비용효과 측면이나 정책개혁의 측면에서도 전통적인 시설보호보다는 지역사회 중심으로 보호의 패러다임이 변화하고 있다는 것이다. 이것은 향후 거동이 불편한 노인인구의 수가 지속적으로 증가하게 될 것으로 예상됨에 따라 지역사회에 근거를 둔

가정 내 보호를 보다 쉽게 접근할 수 있도록 하고 시설보호를 이용하는 것보다 저렴한 가격으로 서비스를 제공하기 위한 것으로 이해할 수 있다. 이때 이러한 서비스를 제공하는 사례관리는 노인복지의 질적 향상에 큰 기여를 할 것이다.

이 장에서는 노인사례관리의 개념과 구성요소를 알아보고 장기보호 사례관리모델을 제시하면서 사례관리의 전망과 과제에 대해 살펴보고자 한다.

1. 사례관리의 개념

사례관리라는 용어는 Case Management, Case Coordination, Continuing Care Coordination, Service Integration, Continuity Coordination, Service Coordination 등 다양하게 서술되고 있다. 사회사업백과사전에 따르면 "사례관리란 클라이언트의 복합적인 욕구를 충족시키기 위하여 서로 다른 사회복지기관들과 직원들이 서비스에 대한 계획을 수립하고, 자원을 발굴하며, 서비스 과정을 점검하는 것이다"(Rose & Moore, 1995). 이러한 정의에 기초해서 볼 때 사례관리는 일반적으로 여러 기관 중 한 기관이 클라이언트에 대해 기본적인 책임을 담당하고, 사례관리자를 할당하여 서비스 조정, 클라이언트 옹호 그리고 서비스 개입과 자원통제 등의 역할을 담당하는 것을 의미한다. 따라서 사례관리자는 다른 기관들의 사회복지사 혹은 다른 전문가들과 팀워크를 통해 주어진 클라이언트에게 서비스를 제공하기 위한 노력을 서로 조정하게 된다. 이를 위해서 사례관리자는 여러 전문가, 기관, 의료서비스 기관 그리고 사회복지 프로그램 등을 필요로 하는 클라이언트에 대한 전체 서비스 진행 과정을 모니터링한다. 미국사회복지사협회(National Association of Social Workers: NASW)에 의하면 사례관리는 서비스 전달체계 속의 요소들을 조정하고 연결하는 것이며 개인의 욕구를 충족시키는 포괄적 프로그램이 확실히 이루어지게 하는 하나의 기제라고 한다.

결국, 사례관리는 한 사람의 사례관리자가 복합적 욕구를 가진 클라이언트에게 다양한 서비스 자원을 연결시켜 클라이언트가 사회생활상의 어려움을 극복할 수 있도록 돕는 것으로 압축하여 설명할 수 있다.

사례관리가 필요한 이유는 첫째, 클라이언트가 직면하고 있는 다양한 서비스 욕구에 대한 사정, 계획, 서비스 조정, 연결, 감독하는 체계적 과정이며, 둘째, 클라이언트가 이용할 수 있는 서비스의 최대치를 전달하기 위한 교섭체계이고, 셋째, 예산과 개인의 선호도에 맞추어 클라이언트 개인이 갖는 욕구와 유용한 서비스를 최대한으로 연결하는 체계이다. 넷째, 포괄적인 서비스의 공급과 지불의 조정 그리고 보호에 대한 청구를 포함하는 사정, 치료계획, 연결 그리고 사후지도 체계이며, 다섯째, 클라이언트의 생산적이며 자립적인 능력을 향상시키기 위해 담당직원이 가족, 클라이언트와 함께 목적과 목표를 설정하고 서비스를 조사하는 과정이며, 여섯째, 클라이언트에게 효율적이고 비용효과적인 방법으로 필요한 서비스를 제공하기 위해 서비스 연결망 안에서 상호작용하는 일련의 논리적 단계의 과정이기 때문이다(Polich et al., 1992).

한편, 사례관리의 개념과 의미에 대해 일관된 견해를 갖고 있다고 할 수는 없지만, 사례관리는 다양하고 체계적인 접근을 위해 다음과 같은 목적을 갖는다. 첫 번째 목적은 클라이언트의 삶의 질을 개선하고 향상시키는 것이다. 가능한 서비스를 클라이언트의 욕구에 부합하도록 도움을 줌으로써 서비스 수요자의 복지를 높이는 데 기여한다. 둘째는 장기보호서비스의 지속성을 향상시키는 것이다. 복잡한 욕구를 가진 클라이언트를 여러 종류의 서비스 기관에 의뢰하다 보면 클라이언트가 서비스의 수혜를 포기하는 경우도 종종 발생하고 있는 게 사실이다. 셋째는 클라이언트에게 효과적인 서비스를 제공하고 그들의 욕구를 충족시키기 위해 필요한 경우 서비스체계들을 조정한다. 이를 위해서 복잡하고 분산된 서비스 체계들을 조직적으로 연계하여 서비스를 조정하고 개선하도록 한다. 넷째는 클라이언트에 가장 알맞은 적절한 개별적인 서비스를 제공하는 것이다. 즉, 클라이언트에게 유형화된 서비스를 제공하는 것이 아니라 개인에게 알맞은 맞춤형 서비스를 제공하는 것이다. 다섯 번째 사례관리의 주요한 목적은 클라이언트의 복지 향상을 위해 서비스 기관마다 필요한 자원들을 효과적으로 개발하고 분배하는 것이다(정순둘, 2005).

미국은 1990년에 이미 사례관리협회(The National Association of Case Management: NACM)를 창립하고, 사례관리 훈련, 교육, 심포지엄, 자료집 발행 등의 활동을 통해 사례관리자와 지역사회의 다른 전문가들의 전문적 성장을 위한 기회를 제공하고 있다.

또한 1992년에 미국사회복지사협회는 사회복지 사례관리자가 갖추어야 하는 사례관리에 대한 기준을 다음과 같이 제시하였다. 첫째, 사회복지교육협의회에서 인정한 대학, 대학원에서 사회복지학을 전공한 학사 또는 석사학위자이어야 하며, 사례관리 활동을 능숙하게 수행하는 데 필요한 지식, 기술, 경험을 갖추어야 한다. 둘째, 클라이언트의 이익에 최우선의 관심을 갖고 서비스를 제공하기 위해서 전문기술과 능력을 사용할 수 있어야 한다. 셋째, 클라이언트가 사례관리 실천의 모든 과정에서 최대한 관계하고 있다는 확신을 가져야 한다. 넷째, 클라이언트의 정보에 관한 비밀보장 원칙과 사생활 보호 규정을 준수해야 한다. 다섯째, 클라이언트의 수준에서 직접적인 서비스를 제공하기 위해 개입하고, 클라이언트와 그 가족을 위한 직접적 서비스의 전달을 조정해야 한다. 여섯째, 서비스체계의 수준은 기존의 사례관리서비스를 지원하고, 필요한 서비스에 대한 공급과 접근을 높이는 수준에서 개입한다. 일곱째, 자원의 이용가능성, 서비스 비용 그리고 예산의 한계에 대한 지식을 갖고 있어야 하며, 모든 사례관리의 기능과 실천에 대한 재정적인 책임을 가져야 한다. 여덟째, 사례관리자는 사례관리가 진행되는 전달체계뿐만 아니라 개인의 사례관리서비스에 대한 적절성과 효과성을 점검하기 위해 평가 및 질적 관리 활동에 참여해야 한다. 그리고 이 과정에 대한 전문가로서의 책임감을 가져야 한다. 아홉째, 클라이언트의 체계개입과 관련된 사례관리 과제를 효과적으로 계획하고, 제공하며, 평가할 수 있도록 적당한 수의 사례를 맡아야 한다. 열 번째, 사례관리자는 예의와 존경심으로 동료를 대하고, 클라이언트를 위해 전문가 간, 전문가 내 그리고 기관 간 협력을 강화하도록 노력해야 한다.

2. 사례관리의 구성요소

사례관리의 구성요소로 표적집단의 발견, 심사, 사정, 보호계획, 서비스의 조정 및 이행, 모니터링 그리고 재사정 및 사후조사가 포함된다.

1) 표적집단의 발견

표적집단을 파악하는 것이 중요한 이유는 도움이 필요한 모든 노인들에게 사례관리를 제공하고, 그들을 유인하는 접근체계를 개발하기 위해서이다. 그리고 필요한 연계를 통해 보호할 내용을 조정하기 위해 다른 서비스 체계와 접근하는 것도 중요하다. 사례관리 기관이 일반인과 서비스 제공자들에게 접근하는 방법에는 여러 가지가 있다. 예를 들면, 사례관리 기관이 서비스를 제공하는 다른 제공자들과 함께 표적집단이 접촉하고 있는 조직들(병원, 요양원, 가정보호시설, 변호사, 의사, 종교기관 그리고 보호자 지지집단)과 연결망을 갖는 것이다. 이를 위해서는 사례관리에 대한 홍보물을 제작하여 배포하는 것도 중요하다. 홍보 인쇄물에는 사례관리가 무엇을 위한 것인지, 그리고 어떤 서비스를 제공하며, 어떻게 이용할 수 있는 것인지를 자세히 설명함으로써 사례관리에 대한 인식을 높이는 작업도 필요하다.

2) 심사

위의 방법으로 표적집단을 설정하게 되면, 그 표적집단에서 사례관리 서비스를 받을 수 있는지에 대한 클라이언트의 자격을 결정해야 한다. 이때 심사(screening)도구를 만들고 그 항목들에 해당되지 않는 사람들을 정확하게 구분하는 것이 필요하며, 사례관리의 목적과 목표에 따라 선별이 이루어진다. 그리고 심사과정의 규모와 범위는 프로그램의 형태에 따라서 달라진다.

심사와 관련하여 흥미로운 것은 미국에서는 메디케어나 메디케이드의 자격요건이 있는 사람을 대상으로 하는 사례관리 기관과 일반인을 대상으로 하는 사례관리 기관이 있으며, 이 기관들의 표적집단 구성을 위한 심사기준은 사례관리 서비스 적용에 매우 중요한 부분을 차지하지만, 캐나다나 일본의 경우에는 미국과는 달리 심사의 기능을 크게 중요시하지 않는다는 점이다. 그러나 분명한 것은 사례관리의 목적과 목표를 위해 그리고 프로그램의 형태에 따라 심사의 적용기준이 다소 달라질 수는 있지만, 그렇다고 해서 심사의 중요성이 약화되는 것은 아니다.

3) 사정

심사가 끝나면 클라이언트는 사례관리 프로그램에 들어가게 된다(〈그림 19-1〉 참조). 사정단계에서 사례관리자는 클라이언트의 과거에 있었던 보호과정을 사정하기 시작한다. 이 사정은 그동안 있었던 심사나 접수 과정에서보다 광범위한 것을 내용으로 하고 있으며, 개인의 신체적, 인지적, 정서적, 사회적 그리고 경제적 상태에 대한 포괄적인 평가가 이루어지게 된다. 사정은 다음과 같은 영역에서 한 사람의 사례관리자 또는 사례관리팀에 의해 작성된다(양옥남 외, 2006).

① 우선 노인의 능력과 대인서비스 욕구에 대한 사정을 들 수 있다. 개인의 교육 정도와 취업 경험, 문제해결능력, 개인적 자질과 성격, 물리적 · 재정적 자원 소유, 문제해결에 대한 동기와 의지 등이 여기에 포함된다.
② 노인의 사회적 지원망과 이러한 망 구성원들이 노인의 욕구에 부응하는 능력에 대한 사정으로 비공식적 원조자들을 찾아내야 한다.
③ 대인서비스 제공자에 대한 사정과 이러한 제공자들이 노인의 욕구에 부응하는 능력에 대한 사정으로 노인의 욕구와 자원 제공자의 욕구가 일치하는지를 파악하는 것이 중요하고, 만일 일치하지 않는다면 이를 일치시킬 수 있는 방법을 사정하는

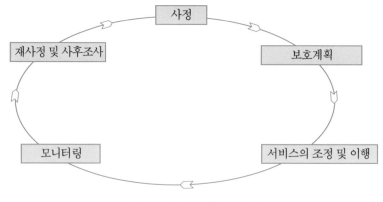

〈그림 19-1〉 사례관리의 과정

출처: Philips, J., Ray, M., & Marshall, M. (2006). *Social work with older people*. New York: Palgrave MaCmillan.

것이 중요하다.

④ 개별적 사정은 모든 인간서비스 활동과 동일하지만 사례관리에서는 노인의 다양한 욕구를 충족시키기 위한 지역사회 자원개발 및 활용이 강조된다.

한편, 노인의 문제와 성공에 대한 사정은 동시에 진행된다. 이때 한 인간으로서 노인의 존엄성을 인정하고 노인 자신의 가치를 존중하는 태도가 중요하다. Graybeal (2001)은 노인에 대해 사정하는 과정에서 노인의 강점을 발견하기 위해 ROPES (Resource, Options, Possibilities, Exceptions, Solutions)를 사용할 것을 제안하였다. ROPES 방식을 따르는 노인에 대한 강점 중심의 사정은 다음과 같은 점에서 장점이 있다. 첫째, 강점사정의 특성상 노인의 능력과 역할을 점검하기 위한 기회를 노인과 동시에 사례관리자에게도 제공해 주는 이점이 있다. 다시 말해서, 강점사정을 통해 노인은 자신의 문제를 해결할 수 있는 가능성을 모색함으로써 노인에게 자신감을 줄 수 있고, 사례관리자들에게도 회의적이었던 생각들을 일소할 수 있는 기회를 줄 수 있다. 둘째, 이 강점사정을 통해 노인을 총체적으로 이해하게 되고 이는 사례관리자와 노인의 긍정적 관계형성에 도움을 준다. 셋째, 강점중심 사정 자체가 노인이 원하는 서비스와 자원에 기초하고 있기 때문에 특정한 틀에 의해 이루어졌던 것에 비해 훨씬 노인중심적인 서비스를 제공할 수 있다. 넷째, 강점중심의 사정은 노인이 갖고 있는 자연적 자원의 활용과 도움을 강조하기 때문에 비용을 줄일 수 있는 장점이 있다(정순둘, 2005).

4) 보호계획

사정이 완성되면, 후속 단계로 클라이언트의 신체적·기능적·정서적 상태와 재정적 상태 그리고 가족의 협력 정도를 충분히 파악한 후 보호계획을 작성해야 한다. 보호계획 작성의 기본원칙은 다음과 같다(Scharlach, Lowe, & Schneider, 1991; 白澤政和, 2000).

① 보호계획은 전 단계에서 실시한 클라이언트의 포괄적인 기능적 사정에 바탕을 둔다.

② 보호계획 작성 시는 클라이언트 내지는 가족구성원 등의 대리인이 그 과정에 참여한다.

③ 보호계획은 이미 결정된 사례목표로 향하게 한다.

④ 보호계획은 영속적인 것이 아니라 특정 기간의 계획이다.

⑤ 보호계획에는 공식적 서비스와 비공식적 지원 등 모두가 포함된다.

⑥ 보호계획은 클라이언트 내지는 가족의 재정적 부담을 고려해서 작성한다.

⑦ 보호계획은 정형화된 계획용지로 문서화한다.

5) 서비스의 조정 및 이행

보호계획이 작성되고 나면 서비스를 클라이언트와 연결하고 가격을 교섭한다. 일반적으로 클라이언트나 그 가족들이 서비스를 직접 연결하기에는 시간, 정력, 지식 등의 역량이 부족하기 때문에 전문가와의 서비스의 조정은 사례관리에 있어서 매우 중요한 일이다.

6) 모니터링

모니터링은 보호계획이 이행되고 사례관리팀에 의해 클라이언트가 서비스를 본격적으로 받기 시작하면 사례관리자가 초기에 작성하였던 보호계획의 적절성, 클라이언트의 상태 변화 그리고 보호계획의 재조정 필요성 여부를 분석하기 위해 취하는 작업이다. 또한 모니터링은 클라이언트의 현재 욕구를 충족시키기에 현재의 서비스가 적합한 것인지를 점검하기 위해 사례관리자가 클라이언트 및 그 가족 그리고 다른 서비스를 제공하는 제공자와 정기적으로 만나는 과정도 포함하고 있다(Holt, 2000). 이때 클라이언트의 신체적, 정서적 상태는 역동적이므로 새롭게 발생된 문제와 필요한 변화를 확인하기 위하여 클라이언트에 대한 지속적인 관찰과 접촉이 필요하다. 따라서 모니터링은 서비스의 질을 점검하는 동시에 보호계획의 수정, 재사정, 클라이언트의 반응, 사례종결 등을 사례관리자가 평가하도록 하는 중요한 과정 중 하나이다.

7) 재사정 및 사후조사

재사정은 모니터링보다 더 포괄적으로 깊이 관여한다는 점에서 다르다. 모니터링은 지속적이지만 평가는 특정한 시간적 간격을 두고 실시된다. 일반적으로 사례관리 프로그램들은 클라이언트의 상태와 원래의 보호계획을 심사하는 사정 과정을 반복한다. 재사정과 사후조사(follow-up)에 있어서 보호계획이 앞으로도 순조롭게 진행되어 클라이언트의 일상생활이 장래에도 문제 없이 유지될 수 있다는 것이 확인되면 종결된다. 이때 종결은 클라이언트와 사례관리자가 함께 결정하며 사례관리자는 클라이언트의 능력이나 자립 정도 그리고 서비스를 적절하게 활용하고 있는 모습에서 판단하고 종료 방향으로 대화를 갖는다.

3. 사례관리의 형태와 유형

Challis(1990)는 사례관리에서 선택 가능한 형태는 여러 가지가 있으며, 각각의 형태는 그 나름대로의 장단점을 갖는다고 하였다(석재은, 2000).

1) 사례관리의 형태

사례관리의 형태에는 사례관리의 역할담당, 관리기구, 사례관리자의 소속, 사례관리자의 자원에 대한 통제력, 사례관리의 내용에 따라 선택이 필요하다.

(1) 사례관리의 역할담당

사례관리에서 핵심적 업무를 몇 사람이 분담하느냐에 따른 사례관리의 역할분담 방법에는 두 가지가 있다. 하나는 숙련된 전문 사례관리자 1인이 사례관리자가 되어 사례관리의 핵심적인 업무를 처음부터 모두 총괄하여 담당하는 방법이다. 이 방법은 1인이 모든 것을 담당하기 때문에 여러 분야에 고른 전문성을 갖추기 전에는 효과성이 떨어질 수 있지만, 클라이언트와 직접적이고 지속적인 접촉을 통해 유대관계를 형성할 수 있어 사후관리 차원에서 유리하다.

다른 하나는 사례관리의 핵심적 업무를 여러 전문가(팀워크)들이 분담하는 방법이다. 물론 사례관리자는 팀워크의 일원으로 활동하게 된다. 이 접근법은 부족한 인력을 효과적으로 활용할 수 있다는 장점을 갖고 있지만, 팀의 처방이 이루어진 이후 클라이언트에 대한 지속적인 사후관리가 어려워 보호제공과 정서적 지지의 결합으로 인한 상승효과는 기대하기 힘들다는 단점이 있다.

사례관리의 핵심과업들을 효과적으로 수행하는 것과 관련하여 사례관리의 역할분담을 구분하는 방법도 두 가지로 나눌 수 있다. 하나는 한 사람의 계획된 사례관리자가 클라이언트에 대한 사례관리를 모두 책임지는 것이다. 이 사례관리자는 팀세팅의 경계를 넘나들면서 사정, 설정, 제공, 감독 등에서 중요한 역할을 수행한다. 다른 하나는 다학문적 배경의 사례관리자들이 사례관리의 핵심적인 업무를 수행하는 것이다. 이때 사례관리자들은 자기의 전문적 기능(예를 들면, 심리치료사, 간호사, 사회사업가)들을 수행하면서 팀구성원으로서의 조정 및 다른 기관과의 연계 업무 등을 같이 수행한다. 이 접근법에서는 사례관리자들이 정기적으로 사례회의를 갖고 필요한 결정을 하게 된다. 그러나 사례관리에 대한 시간투자가 제한적이기 때문에 역동적으로 매순간마다 변화하는 클라이언트의 상태를 지속적으로 추적하여 적절한 보호를 제공하기에는 한계가 있다.

(2) 관리기구

관리기구와 관련하여 선택할 수 있는 방법에는 두 가지가 있다. 하나는 사회서비스기관 혹은 보건서비스기관 등 단독기관이 주체가 되는 방안이며, 이 방안에서는 관리기구가 단일 기관이기 때문에 서비스 제공자의 조직관리 비용 및 노력이 적게 드는 장점이 있지만, 보건 혹은 복지인력의 협조를 구하기가 어렵다는 약점이 있다. 다른 하나는 사회서비스기관과 보건서비스기관이 연합하여 관리기구의 주체가 되는 방안이다. 그러나 분명한 것은 클라이언트에 대한 효과적인 보호를 위해서 사회서비스가 동시에 필요하다는 것이 명확하다고 볼 때, 기관연합이 단독기관보다 훨씬 매력적인 방안이라 할 수 있다. 왜냐하면 기관연합이 보건·복지서비스 제공자의 협력을 얻기가 쉽기 때문이다. 그러나 문제는 전문분야를 초월하는 경우 이를 통제하고 통솔하기가 어렵다는 점이다. 예를 들면, 사회복지를 전공한 사례관리자가 보건전문가를 통솔한다는 것은 그리 쉬운 일이 아닐 것이다.

(3) 사례관리자의 소속

사례관리자의 소속과 관련하여 사례관리자가 기관소속인가 아니면 기관으로부터 분리되어 있는가에 따른 방안 선택이다. 후자는 사례관리자가 클라이언트의 입장에서 보다 독립적인 옹호가 가능하고, 주체들 간의 뚜렷한 갈등들로부터 자유롭다는 점에서 장점이 있다. 그러나 이러한 주장은 실제로 사례관리자의 독립적 접근이 노인과 가족 간 혹은 보호제공자 간 상이한 이해의 갈등문제를 해결하지 못한다는 점, 혹은 이미 전통적으로 사회사업가가 이러한 갈등조정의 역할을 담당해 왔다는 점을 인식하지 못한다는 점에서 약점을 가진다. 또한 후자의 접근은 사례관리자에게 요구되는 경력 및 훈련과 연결되지 못하여 사례관리자의 조직적 지위가 불명확함으로써 장기적으로 지속되기 어렵다는 점에서 문제로 지적되고 있다.

(4) 사례관리자의 자원에 대한 통제력

클라이언트 보호를 위한 자원결정에 있어 사례관리자에게 얼마만큼의 권한을 부여할 것인가에 관한 선택이다. 사례관리자의 자원에 대한 통제력은 사례관리자가 클라이언트의 개별적 욕구에 보다 효과적인 대응을 가능케 하는 핵심요소이다. 사례관리자가 자원에 대한 통제력이 없을 때, 사례관리자는 클라이언트의 욕구충족에 필요한 서비스를 보장하기 위하여 필수적인 여타 서비스 제공자와 협상을 주도하기 어렵다. 실제로 사례관리자에게 자원통제에 대한 큰 권한부여는 클라이언트의 욕구에 보다 민감하게 반응할 수 있도록 하는 것으로 나타나고 있다.

또한 예산위임과 관련하여 예산통제권을 사례관리자에게 줄 것인가, 아니면 팀관리자에게 줄 것인가에 대한 선택이 필요하다. 팀관리자가 예산을 관리하되 사례관리자에게 의사결정의 융통성을 허용한다면, 사례관리자가 실질적으로 예산을 통제하게 되는 것이다. 반면, 이러한 유연한 결정이 허용되지 않는다면, 사례관리자는 욕구에 대하여 제한적이고 예측 가능한 범위 내에서만 결정해야 한다.

(5) 사례관리의 내용

사례관리의 내용이 단순히 서비스를 설정하고 연결해 주는 행정적인 사례관리에 머물 것인지, 아니면 상담, 보호제공자 가족의 심리적 스트레스와 긴장에 대한 대응 조치 등도 포함하여 사례관리에 필요한 모든 일들을 포함할 것인지에 대한 선택이 필요하다.

행정적 사례관리 모델은 실제로 사례관리 과정에서 발생하는 책임과 결정의 성격을 인식하지 못하도록 하는 약점이 있다. 사례관리자에게 요구되는 결정의 종류는 행정적이고 관리적인 성격이 아니라 전문적인 성격이다. 정확한 욕구를 사정하고 필요한 대응을 구축하는 데에는 전문적인 판단이 필요하기 때문이다. 즉, 사례관리자는 목적과 수단에서 모두 불확실성을 다룰 수 있는 전문성이 요구된다. 클라이언트의 문제를 규정하고 해결책을 구상하는 데 있어 이미 존재하는 서비스 제공을 넘어 그 이후까지도 고려할 수 있어야 한다. 사례관리의 행정적 모델이 처할 수 있는 위험은 클라이언트의 욕구를 기존의 서비스 구조와 유형에 짜 맞추어 버림으로써 클라이언트의 실질적 요구에 대응하는 데 한계가 있다는 점이다. 반면, 사례관리의 완벽한 모델은 심리적 욕구에 대한 대응을 포함해 모든 핵심과업들을 포괄하여 수행하게 된다. 이때 사례관리자는 개인적 관계를 맺고 잘 유지하면서 의료적, 사회적, 도구적 욕구와 서비스를 잘 연결하고, 전체 실행과정을 통하여 계속 사정을 해 나가는 것이 요구된다.

행정적 사례관리 모델은 이미 존재하는 서비스와의 연결에 중점을 둔다는 의미에서 서비스 지배적 접근이라 할 수 있으며, 완벽한 사례관리모델은 클라이언트의 욕구를 중심으로 서비스를 고려한다는 점에서 클라이언트 중심접근이라고 할 수 있다.

2) 사례관리의 유형

Estes와 Close(1998)는 장기요양과 관련된 사례관리의 유형을 중계체계 모델 (brokered system model)과 통합체계 모델(consolidated delivery model)로 구분하였다.

(1) 중계체계 모델

이 모델은 케어 조정과 연결기능에 초점을 둔 전통적인 사례관리 모델이다. 즉, 많은 자원들을 얼마나 효율적이고 효과적으로 대상과 연결할 수 있는가가 중요한 관심사이다. 또한 이 모델은 책임 사례관리자를 어떻게 구성하느냐에 따라 단일사례관리(single case management)와 팀 사례관리 모형으로 구분되기도 한다. 사례관리자 중심의 사례관리는 영국의 사례관리 제도에서 많이 나타나는데, 사례관리자의 주요역할로는 첫째, 지명된 사례관리자에 의한 개별화된 보호계획 작성 및 제공, 둘째, 클라이언트의 케어에 대한 책임성 강화, 마지막으로 클라이언트의 상황과 연계되어 그들의 의사결정에 도움을 준다는 것을 들 수 있다(Mallinson, 1995).

(2) 통합체계 모델

이 모델은 주관 서비스 기관이 중심이 되어 다양한 서비스 통합체를 구성하고, 이곳에 가입한 대상이 다양한 케어를 자신의 기능상태 또는 욕구 정도에 따라 통합적으로 제공받을 수 있도록 하는 제도이다. 통합체계 유형은 단지 기능적, 물리적 통합 이상의 전달체계와 비용관리가 통합된 정도를 말한다. 지역사회에서 이 통합모델의 발달은 미국의 경우 고 단위 비용의 시설중심 장기요양 서비스의 비용절감 전략으로 부각되었다. 이 모델을 통해 시설입소 정도의 중증 대상을 재가서비스 통합체계에서 관리하여 상대적으로 비용절감 효과를 볼 수 있게 되었다. 또한 케어의 만족도나 서비스 제공의 질 관리가 용이하다는 장점이 있다. 그러나 통합체계는 통합을 통해 얻게 되는 인센티브가 낮을 경우 통합주체가 어느 정도의 위험을 갖게 된다는 단점이 있다(김찬우, 2006).

4. 장기요양 사례관리 모델

Polich와 그 동료들(1992)은 미국의 지역노인기관(Area Agencies on Aging: AAAs), 가정건강보호 서비스(Home Health Care), 성인주간보호(Adult Daycare)에서의 사례관

리를 다음과 같이 소개하고 있다.

1) 지역노인기관과 사례관리

지역노인기관(Area Agencies on Aging: AAAs)은 미국노인복지법에 명시된 제반 서비스의 행정처리를 담당하고 있는 연방노인청(Administration on Aging: AoA)에 의해 운영되는 노인 관련기관들의 커다란 연결망 중 하나이다. 이 연결망은 10개의 연방노인청의 지역 사무실, 57개 주정부의 노인국(State Units on Aging: SUAs), 그리고 670개의 지역노인기관을 포함하고 있다.

지역노인기관은 지역 실정에 알맞은 서비스 전달체계를 주로 담당하면서 노인들로 하여금 서비스에 접근이 용이하도록 하고 있다. 그리고 지역 내에서 필요로 하는 장기보호서비스를 비롯하여 모든 프로그램의 계획·조정 등의 기능을 수행한다. 또한 가정과 지역사회로부터 고립된 노인을 도와주는 지역 수준의 사회적 서비스 및 급식지원서비스 체계의 개발 등을 책임진다. 지역노인기관은 노인들로 하여금 자신들의 지역사회와 가정에 머물 수 있도록 지역사회에 기반을 둔 포괄적인 장기보호서비스를 계획하고 조정하며 촉진하는 역할을 하고 있다. 현재 미국에는 지역노인기관이 670개가 있으며 44개 주에 설립되었고, 6개 주와 7개 지역에서는 독립적으로 주정부의 노인국(SUAs)이 지역노인기관의 기능을 담당하고 있다.

지역노인기관과 주정부의 노인국에서 제공하는 서비스의 우선순위는 재가서비스이다. 재가서비스에는 가사지원서비스, 방문간호서비스, 전화방문서비스, 가족휴식제도, 주간보호서비스 그리고 주택수리(한도액: 1,500,000$) 등이 포함된다. 이러한 서비스의 클라이언트는 60세 이상의 노인들이며 60세 미만은 일반적으로 서비스 대상에서 제외된다. 현재 지역노인기관 프로그램을 통해 해마다 900만 명의 노인들을 돕고 있다. 특히, 저소득층 노인, 심신이 병약한 노인 그리고 병원에서 퇴원한 노인들을 돕는 일에 우선순위를 둔다.

지역노인기관이 사례관리를 제공하고 있다고 보고하지만 사례관리를 구성하는 것이 무엇인지에 대해서는 많은 혼란이 있다. 한 지역노인기관은 사례관리를 지역사회에 근거한 장기보호서비스를 제공하는 데 필수적인 행정적 기능으로 생각하고 있는 반면, 또 다른 지역노인기관은 사례관리가 클라이언트를 위한 직접적 서비스이며 지역노인 기관이 그것을 제공해서는 안 된다고 보고 있다. 미국의 경우 1987년 전국지역노인기 관협의회(National Association of Area Agencies on Aging: N4A)에 따르면 153개의 지역 노인기관에서 사례관리서비스를 제공하는 것으로 조사되었다. 이 협의회는 전국 670 개의 지역노인기관에 노인보호 사례관리를 위한 전문가를 두도록 제안하였고, 일반인 에게는 서비스를 유료화하여 전국적으로 사례관리를 받고자 하는 경우, 지역노인기관 은 사례관리사정, 보호계획의 개발, 보호계획을 실현할 수 있는 중계서비스와 보호계 획의 지속적 관리를 받을 수 있도록 하였다.

2) 가정건강보호 서비스와 사례관리

사회보험제도인 메디케어는 중앙정부에서 전 국민을 대상으로 관리하는 공적 보험 으로 65세 이상 노인의 병원 및 의료비용을 보장하기 위해 시작되었다. 메디케어는 1965년 가정건강보호 서비스를 제공할 것을 규정하였다. 초기에는 가정건강보호 서비 스(Home Health Care)가 매우 제한적이었으나 시간이 지나면서 차츰 완화되어 갔다.

가정건강보호 서비스는 환자의 치료 및 회복을 위하여 의사·간호사·물리치료사 등이 정기적으로 환자의 가정을 방문하여 필요한 서비스를 제공한다. 보통 병원에서 퇴원한 이후 건강상 회복이 필요한 노인에게 한 달 정도의 가정건강보호 서비스가 무 료로 제공된다.

가정건강보호에 대한 메디케어의 혜택은 의료적 모델에 근거를 둔 긴급보호 혜택이 며 신체문제에 대한 의료적 처치에 대해서만 지불하도록 되어 있다. 가정건강보호기관 들은 전형적으로 전문간호사(Register Nurse: RN), 보조간호사(Licensed Practical Nurse: LPN), 의료사회사업가, 상담가, 홈헬퍼/보조인을 고용하고 있으며, 물리치료사, 작업 치료사, 언어치료사들과는 계약을 맺고 있다. 이들의 74%는 직접적인 보호서비스에 참여하고, 나머지 26%는 행정적 서비스를 담당한다.

가정건강보호 서비스는 여러 자원을 통하여 요금을 청구할 수 있다. 메디케어, 메디케이드, Title XX of the Social Services Block Grant Program, Title Ⅲ of the Older Americans Act 그리고 주의 다양한 노인 프로그램들이 있다. 메디케이드의 지급도 빠르게 증가하고 있고 사설기관에서도 가정건강보호의 지불이 확대되는 추세이다.

가정건강보호기관의 사례관리는 기관의 철학, 목표, 생산성, 클라이언트의 서비스욕구 등에 따라 다르다. 가정건강보호기관들은 두 가지 방법으로 사례관리를 규정하고 실천한다. 첫째는 전달에 초점을 준 개념이고, 둘째는 서비스들의 조정에 관심을 둔다. 가정건강보호 서비스에서 제공하는 사례관리의 활동들은 다음과 같다.

- 사례관리 전: 의뢰자의 주문과 클라이언트의 현재와 앞으로의 건강상태를 사정하고, 클라이언트의 건강보호, 재정상태, 심리적·환경적인 욕구를 판단한다. 또 환급자원을 결정하고 기관과 지역사회 지지체계를 사정하며, 클라이언트의 가정보호서비스에 대한 기대를 평가하고 기관의 상호 전문 영역 간의 조정 모임을 갖는다.
- 사례관리 후: 접수, 신체적·정신적·사회적 기능에 대한 입회 조사, 환급자원, 환경적 보호제공자의 지원 자원, 환자의 욕구와 치료계획의 주문에 적당한 기관과 지역사회 자원의 조사, 자원의 배치와 전달 계획, 보호조정과 지속적인 보호회의, 보호전달·운영·과정·산출·질 등에 대한 평가, 환자와 제공자의 만족도와 지역사회 인지도를 측정한다.
- 보호계획의 연속성: 서비스 종결에서 최상의 기능을 위한 자원과 클라이언트의 욕구에 대한 평가, 사후 지지체계에 대한 계획과 조정, 지역사회 서비스들 사이에서 환자에 대한 옹호, 종결 이후에 서비스들을 담당하는 제공자 그리고 기관들과 의견을 교환한다.

3) 성인주간보호와 사례관리

성인주간보호(Adult Daycare)는 비록 적은 부분을 차지하고 있지만 미국의 장기보호와 보건의 연속선상에서 매우 중요한 위치를 차지한다. 국립성인주간보호기관

(National Institute on Adult Daycare: NIAD)에 따르면 성인주간보호란 "한 개인적 보호 계획을 통하여 기능적으로 손상된 성인의 욕구를 충족시켜 주기 위해 계획된 지역사회에 근거한 프로그램으로서, 하루 중 일정 시간 보호된 공간에서 보건, 사회 그리고 관련된 지지서비스를 제공하는 포괄적인 프로그램으로 구성되어 있다. 성인 주간보호에 참여하는 사람들은 정해진 시간 동안 프로그램에 참여하면서 지역사회에 머물게 한다." 성인주간보호의 목적은 다음과 같다.

- 개인의 독립성의 수준을 최대한으로 증진한다.
- 예방 및 억제를 통해 개인의 현재 기능수준을 가능한 한 오래 유지한다.
- 개인의 가장 높은 수준의 기능을 재활·회복시킨다.
- 가족과 다른 보호 제공자에 대한 교육과 지지, 휴식을 제공한다.
- 사회화 및 동년배와의 상호작용을 유도한다.
- 장기보호의 연장으로서 지역사회 서비스 연결망의 전체적인 부분에서 서비스를 제공한다.

성인주간보호센터가 제공하는 서비스의 기본 요소는 다음과 같다. 그 구성요소들은 클라이언트를 위한 보호 계획, 일상생활의 활동들(걷기, 먹기, 목욕하기, 옷 입기, 화장실 사용하기 등)에 대한 감독과 원조, 건강체크·감독·교육·영양서비스·이송서비스 등을 포함한다. 참여자와 그 가족들을 위한 정서적 지지, 정보와 의뢰 서비스, 클라이언트를 대변하거나 옹호하는 활동들은 또 다른 구성요소들이다. 성인주간보호센터가 활용할 수 있는 또 다른 서비스들은 다음과 같다.

- 약의 배분과 감독
- 기술적인 간호
- 물리치료, 작업치료, 언어치료
- 진료서비스
- 가정보건, 가사 서비스

- 가족휴식
- 그림, 시 또는 음악 치료
- 재활 워크숍
- 특수 환자를 위한 전문화된 서비스(치매, 파킨슨병, 만성두통, 심장질환 등)

성인주간보호센터의 직원은 프로그램을 설계할 때 어떤 집단을 표적으로 삼을 것인지, 참여자가 되기 위한 자격조건은 무엇인지, 어떤 서비스를 제공할지 등에 대해 결정해야만 한다. 클라이언트가 센터에 가입한 후에는 반드시 사정, 계획, 서비스 조정, 의뢰, 감독, 재사정 등의 사례관리서비스가 주어져야 한다.

일반적으로 클라이언트는 지역사회에 사는 병약한 노인들이다. 그들 중 상당수는 이미 다른 기관들로부터 일정기간 동안 도움을 받았거나 병행해서 받고 있다. 클라이언트에게 성인주간보호센터가 일차적 보호기관이 될 때에는 사례관리 서비스를 제공하는 것이 대다수 성인주간보호센터의 정책이다. 성인주간보호가 점차 의료적 모델로 변화하면서 사례관리는 중요성이 보다 강조되고 있다. 성인주간보호센터에서 사례관리 체계가 단절되는 주된 이유로는 직원의 전문성 부족 그리고 새로운 서비스와 그 비용에 대한 직원의 권한 부족을 들 수 있다.

5. 효과적인 사례관리를 위한 접근

사례관리는 서비스의 통합화 측면에서 클라이언트에게 서비스의 제공을 위한 평가와 보호계획을 세울 때 임상적인 면과 기관의 서비스 전달체계, 양면 모두를 고려하여 지속적인 도움을 줄 수 있도록 하고 있다. 따라서 사례관리자는 클라이언트가 일상생활을 영위하는 데 있어서 불편함을 해소하기 위한 욕구를 충족해 주는 서비스의 전 과정에 걸쳐 관여하여야 한다. 다만 클라이언트의 생활문제에 대해 사례관리자는 다음과 같은 내용에 초점을 두고 서비스를 제공해야 한다.

첫째, 클라이언트의 일상생활과 관련하여 발생할 수 있는 모든 것을 고려하여야 한다. 즉, 현실적인 생활문제는 건강·주택·이용자의 상황 등과 밀접한 관계를 갖고 있기 때문에 어느 하나가 부족하더라도 생활 전체에 미치는 영향은 클라이언트의 욕구불만으로 이어질 수 있다. 따라서 사례관리자는 클라이언트의 생활과 관련된 모든 것을 이해하고 연관될 수 있는 클라이언트의 욕구를 최대한 해결하는 방법을 모색해야 한다.

둘째, 클라이언트의 생활이 역동적이며, 연속성을 갖고 있기 때문에 정형화된 케어 플랜을 중심으로 서비스를 제공하는 것은 바람직하지 않다. 개인의 삶에서 건강·주택·이용자의 상황이 서로 밀접한 관련을 갖고 있고, 이는 타인과는 구분되는 개별 생활의 문제로 나타나기 때문이다. 또한 개인의 현재 생활은 과거의 생활과 연결되어 있다는 점에서 연속성을 갖는다. 과거의 행동에 대해 잘 이해하고 있다는 것은 오늘 이후에 발생할 문제를 예측할 수도 있다는 것을 의미한다. 따라서 사례관리자는 이러한 개별 클라이언트의 생활문제에 대한 개별 특성을 이해하고 향후 방향성을 예측하면서 그에 적절한 보호계획을 준비하여야 한다.

셋째, 클라이언트가 생활하는 공간에 대한 특성을 이해하여야 한다. 즉, 건강·주택·이용자의 상황 등과 관련한 욕구가 발생할 경우 이 욕구를 충족시켜 줄 수 있는 지역 인프라(지역 의료기관, 지역 사회자원, 지역에서의 서비스 이용 권리 등)가 충족되어 있는지, 그리고 그 인프라의 역할이 적절한지를 확인해야 한다. 그 이후 클라이언트의 욕구를 지역의 특성과 연결하여 가장 합리적인 방법의 보호계획을 작성해야 한다.

한편, 사례관리가 사회복지의 한 실천방법으로 중요한 역할을 수행하기 위해 선행되어야 할 측면은 다음과 같다(정순둘, 2005). 첫째, 무엇보다도 사례관리 전문가 양성을 위한 교육과 제도가 정착되어야 한다. 특히, 이와 관련된 양질의 전문가를 보다 많이 배출하고 서비스의 질적 향상을 위해서는 그에 합당한 교육이 선행되어야 한다. 이미 선진국에서는 사례관리 전문가를 양성하는 시스템을 구축하고 이를 활발하게 활용하고 있지만, 우리나라는 아직 미흡한 부분이 많다. 따라서 우리도 사례관리 분야에서 전문적인 교육과 훈련을 받은 전문가를 양성해낼 수 있는 시스템을 갖추는 것이 필요하다.

둘째, 클라이언트 선정을 위한 명확한 기준이 마련되어야 한다. 그러나 우리는 아직 클라이언트 선정을 위한 명확한 기준을 마련하지 못하고 있기 때문에, 서비스의 질과 효율성을 높이기 위한 하나의 수단으로 고안된 사례관리를 필요한 클라이언트에게 적시에 제대로 제공하지 못하고 있다. 클라이언트 선정기준 마련은 이러한 불합리를 해소할 수 있는 필요한 과정이라 할 수 있다.

셋째, 지역사회와 연계된 사례관리가 되어야 한다. 사례관리에서 지역사회와의 체계적인 협력은 매우 중요한 조건 중 하나이다. 체계적이고 양질의 사례관리를 제공하기 위해서는 주먹구구식 지역사회 서비스 조직과의 연계를 지양하고 규범적이고 합리적인 틀 내에서 협력체계가 갖추어져야 한다.

넷째, 사례관리 평가에 있어서 보다 적절하고 객관적인 방법이 제시되어야 한다. 최근 사례관리에 대한 평가가 사례관리의 효과성과 증거 중심의 실천에 치중되어 있다. 결과에 의한 수량적인 평가와 과정에 의한 질적인 평가 중 어떠한 영역이 강조되어야 하는지에 대해 명확한 해답을 기대할 수는 없지만 평가의 과학적 방법론이 개발되고 보완되어 제시될 필요는 있다.

다섯째, 우리 실정에 맞는 사례관리 모델이 마련되어야 한다. 외국의 사례관리 모델과 그 모델을 적용하였을 때의 효과 그리고 그 모델이 정착해 가는 과정에서 사회적 변화의 축 등을 연구하고, 우리나라에서 제시되고 있는 문제점들을 서로 비교해 가면서 우리의 현실에 적합한 모델을 지속적으로 제시하고 발전시켜 나가는 것이 필요하다.

제6부

노인복지정책의
과제와 방향정립

앞서 노인복지정책과 서비스에 대한 논의를 통해 고찰한 바와 같이, 1981년 우리나라의 노인복지법이 제정된 이래 사회변화에 부응하는 노인복지정책을 수립하기 위해 노인복지법은 수차례에 걸쳐 전면 개정과 일부 개정이 이루어져 왔으며, 이를 근거로 많은 복지정책과 서비스가 이루어졌다. 그러나 아직까지 우리나라의 노인복지정책은 서구에 비해 미흡한 점이 많을 뿐만 아니라 예산도 턱없이 부족한 실정이므로 여러 가지 측면에서 보완되어야 할 필요가 있다.

고령화가 급속하게 진행되는 현실에서 무엇보다 필요한 것은 노인문제가 사회적 위기로 다가오기 전에 노인복지 관련정책을 수립하고 연구하여 우리나라의 실정에 맞는 적절한 정책적 대안을 제시하고 실천하는 것이다. 저출산과 인구의 고령화는 궁극적으로 생산활동인구의 감소와 노인부양부담의 증가로 이어지며 결국에는 경제적인 성장을 둔화시키고, 노인부양부담 및 사회보장지출의 증가로 인해 국가 생산성과 재정지수를 악화시키고, 개인적으로는 빈곤, 질병, 역할상실, 고독으로 고통받는 복합위기선상의 국민을 양산하는 결과를 초래하게 될 것이다. 특히, 우리나라는 저출산과 고령화가 진행되는 속도가 다른 나라들에 비해 현저하게 빠르다는 점에서 문제의 심각성을 더하고 있으나 이에 대한 대비는 미흡한 실정이다.

그러므로 제6부에서는 현재 우리나라 노인복지의 과제를 살펴보고, 이를 근거로 하여 노인복지정책에 대한 방향을 정립해 보고자 한다.

제20장
노인복지정책의 과제

　복지국가란 나이가 많거나 몸이 허약하거나 기타 여러 가지 어려움을 가지고 있는 사람들 모두가 동등하게 인간적인 삶을 영위할 수 있는 사회를 의미한다. 그러나 아직까지 우리나라에서는 이러한 복지이념의 실현은 초보적인 단계이며, 여러 가지 제도적 장치도 미흡한 실정이다.

　우리나라와 같이 저출산·고령화가 빠른 속도로 진행되는 사회에서 이제는 노인부양을 전통적인 가족부양에 의존하는 것에는 그 한계가 있으며, 사회적 차원에서 고령인력의 활용이나 이들의 복지를 위한 제도적 장치가 강구되어야 한다. 고령화 사회에 대비한 장기적 대책이 조기에 확립되지 못한다면 앞으로 인구의 고령화로 인한 문제는 심각한 사회문제를 초래할 것으로 예상된다. 이러한 문제의 심각성을 인식하고 보건복지부는 고령화 사회에 대한 대비책으로 "안정되고 활기찬 노후보장"이라는 캐치프레이즈를 내걸고 의욕적으로 노인복지의 다양한 분야에서 실행 가능한 계획을 수립하여 발표하고 있으나 아직까지 여러 가지 측면에서 많은 문제점이 지적되고 있다.

　이 장에서는 현재 우리나라의 노인복지정책과 서비스의 문제점을 구체적으로 살펴보고, 이를 토대로 노인복지정책의 과제를 논의해 보고자 한다.

1. 노인복지에 대한 인식전환

저출산·고령화 사회가 가지고 있는 문제의 심각성에도 불구하고 우리나라의 노인복지정책은 아직 미흡한 실정이며, 그 원인은 다음과 같은 여러 가지 이유 때문이다(김동배, 2003). 첫째, 경제와 복지의 선순환 관계에 대한 인식이 부족하고, 둘째, 전반적인 사회복지수준이 미흡하며, 셋째, 노인복지서비스의 사회적 효용성에 대한 인식이 부족하고, 넷째, 노인복지관련 연구가 미흡하며, 다섯째, 노인복지 전문인력이 부족하고, 여섯째, 정부 내에 노인관련 부서가 미비한 실정이며, 일곱째, 노인들 자신에 의한 권익향상 의지가 부족하기 때문이다.

이러한 사실에 비추어 본다면 우리나라 노인복지정책의 가장 우선적인 문제는 노인복지에 대한 인식의 부족에 기인하는 것으로 볼 수 있다. 복지가 경제적인 낭비가 아니라 궁극적으로는 경제적인 효과를 가져올 뿐만 아니라 사회적인 부담도 줄일 수 있다는 사실에 대한 인식이 부족하기 때문에 전반적인 사회복지 수준도 미흡한 것이고, 동시에 이와 관련된 정부정책도 미비한 상태이다. 또한 이러한 인식으로 인해 노인관련 분야에 대한 학문적 연구도 부족하고 현장에서 종사하는 전문 인력도 부족하며, 나아가 노인들 자신도 자신의 몫을 당당하게 요구하지 못하게 되므로 자연스럽게 복지정책은 발전을 하지 못하는 것이다.

노인복지에 대한 잘못된 인식 가운데 하나는 여생이 얼마 남지 않은 노인들에게 무언가를 투자한다는 것은 사회적인 낭비라는 생각이다. 대부분의 사람들은 노인을 가정에서 모시든지 돌볼 자식이 없는 경우에도 최소한의 보호만 해 주면 된다고 생각한다. 이러한 견해는 인간을 실용주의적인 관점에서 평가하는 것으로, 이로 인해 현재 사회에서 효용가치가 없는 노인을 관심의 대상에서 제외시키고 편견과 멸시의 대상으로 전락시키게 된다. 그러나 사회적 약자도 인간적인 삶을 누릴 권리가 있으며 그것을 보장해 주는 것이 국가의 역할이며, 살기 좋은 사회란 전 국민의 삶의 질을 향상시키기 위하여 사회적 약자에게 보다 적극적으로 보호와 자립의 여건을 만들어 주는 사회를 말하는 것이다.

노인문제는 흔히 4중고(四重苦)로 표현되는데, 빈곤, 질병, 역할상실, 고독이 그것이다. 이 네 가지 가운데 하나만 해당해도 삶이 힘들어지는데, 노인의 경우 이것들 모두를 다 가지고 있든가 혹은 적어도 한두 가지는 가지고 있기 마련이므로 이를 복합위기(multiple jeopardy)라고 한다. 그러나 더욱 큰 문제는 이러한 노인문제를 가정적으로나 사회적으로 대수롭지 않은 것으로 간주하는 것이다. 즉, 노인이 되면 으레 그렇다고 생각하는 고정관념이 더욱더 문제이다. 노인에 대한 이러한 편견은 일종의 연령차별로서 결국 당사자인 노인 자신들마저 문제해결을 포기하도록 만들어버리고 만다는 것이다. 그리고 이것이 최근 문제화되고 있는 노인학대로 발전하게 되는 것이다.

노인복지에 대한 이러한 인식의 문제는 현대사회에서의 노인에 대한 부정적인 인식과 노인 자신의 낮은 자긍심, 이로 인한 권리주장의식의 결여와 같은 여러 가지 요인과 관련이 있다. 사회와해이론(social breakdown theory)에서는 경제적 지위와 지식과 기술의 측면에서 노인이 취약하다는 일반적 인식이 사회나 노인들 자신으로 하여금 취약자로 낙인 찍는 악순환이 계속되어 노인의 지위가 약화된다고 한다. 이러한 악순환을 끊을 수 있는 방법 가운데 하나는 노인에 대한 사회복지 프로그램을 확충하는 것이며 (최성재, 1998), 이를 위해 정부나 민간단체가 공동으로 노력해야 함을 촉구하고 있다. 노인복지정책이 낭비라는 생각이나 노년기에 대한 부정적인 인식의 전환이 노인복지 정책의 가장 우선적인 과제라고 볼 수 있다.

2. 노인소득보장정책의 과제

경제적인 문제는 노년기에 가장 심각하게 직면하는 문제이다. 우리나라 노인들의 노후준비 실태에 비추어 본다면 노인소득보장은 가장 우선적으로 해결되어야 할 노인복지의 과제이다.

고령화 사회에서 가장 큰 문제는 노인인구의 부양에 대한 사회적 부담이 크다는 것과 노동인구가 감소하고 있다는 것이다. 이러한 상황에서 노인소득보장을 안정적인 수준으로 향상시키지 못하면 궁극적으로 사회적인 비용의 증가와 노동력 감소에 따른 국가 경쟁력의 약화를 수반할 것이기 때문이다. 소득분배의 불평등을 보여주는 지니계수[1]도 노년기의 소득불평등과 이로 인한 노인문제의 심각성을 반영해 준다. 한국사회과학자료원(2013)에 따르면 가구소득의 지니계수는 30대 중반 이후 지속적으로 증가하는 경향을 보이며, 특히 60대에서 급격하게 높아진다. 그러나 30~50대의 연령집단에서 가구의 평균소득은 그다지 큰 변화가 없다는 사실을 감안한다면 이는 연령이 증가할수록 소득계층 간 격차가 심화되고 있으며, 특히 60대 이후의 소득수준이 낮은 노인집단의 문제가 심각하다는 것을 말해준다. 또한 농어촌 지역은 도시와는 달리 65세 이상 인구비율이 이미 초고령사회로 접어든 실정이어서 더욱더 문제가 심각하다.

현재 우리나라의 노인소득보장정책으로는 사회보험, 공공부조, 사회수당, 사적 소득보장, 비용할인 및 세제감면, 노인고용증진제도 등이 시행되고 있고, 이러한 노인소득보장정책의 과제를 살펴보면 다음과 같다(김동배, 2003; 이장욱, 이양훈, 2014).

첫째, 우리나라에서 실시하고 있는 사회보험 형태의 가장 대표적인 노인소득보장제도는 국민연금제도이다. 국민연금은 공무원연금, 사학연금, 군인연금 등 특수직역연금 가입자를 제외한 18세 이상 60세 미만의 국민 모두가 가입대상이며, 국가가 운영주체라는 면에서 비교적 안정적인 노후소득보장 수단으로 인식되고 있다. 그러나 한편으로는 연금운영방법의 문제나 투명성 결여, 책임 의식의 결여로 인해 우리나라의 연금재정은 날로 악화일로에 있다. 이러한 추세라면 2040~2050년경에는 연금재원의 고갈이 예측되는 상황이며, 운영에 대한 국민의 신뢰도 얻지 못하고 있다. 또한 국민연금과 특수직역연금 간에 연금수혜 혜택에서의 격차가 심각하여 사회분열을 조장하는 요인으로 작용하고 있다. 그러므로 국민연금 운영방식의 개선을 통한 국민 신뢰를 회복하는 문제가 일차적인 과제이다.

둘째, 우리나라에서 실시하고 있는 공공부조 형태의 대표적인 노인소득보장제도는 국민기초생활보장제도와 기초연금제도이다. 국민기초생활보장제도와 기초연금제도는 모두 국민의 기초생활, 즉 최저생활을 보장해주기 위한 목적으로 시행되고 있다는

---

1) 지니계수는 0-1사이의 수치로 표시되는데, 소득분배가 완전 평등한 경우에는 0, 완전 불평등한 경우에는 1로 표시된다.

점은 긍정적으로 평가할 수 있으나 이들 제도 모두에서 자격요건을 충족시키지 못하는 차상위 계층의 경우 복지 사각지대에 놓이게 된다. 그러므로 국민기초생활보장제도와 기초연금제도 수급기준을 조정함으로써 복지사각지대에 놓이게 되는 차상위 계층의 수를 최소화할 수 있도록 부양의무자 기준을 변경하는 등 수급기준을 재검토하는 것이 소득보장정책의 주요 과제이다.

셋째, 다른 나라에 비해 노인인구 증가속도가 빠를 뿐 아니라 의료기술의 발달로 '백세시대'가 현실화된 현 시점에서 노인고용증진제도는 가장 활성화되어야 할 노인 소득보장정책의 대표적인 형태이다. 서울시와 노동부에서 분리 운영하고 있는 노인취업알선센터, 고령자취업알선센터, 고령자인재은행 등의 통합운영과 경력, 단순 노무직 중심의 일자리 제공에서 나아가 직종별로 다양한 일자리를 제공하고 이를 전문적으로 수행하기 위한 재취업을 위한 훈련도 적극적으로 이루어져야 할 것이다.

3. 노인의료보장정책의 과제

사람은 누구나 생로병사의 고통에서 벗어날 수 없다. 특히, 노년기에는 전 단계와는 달리 노화라는 신체적 변화로 인하여 지속적인 노인성 질환으로 고통을 받게 된다. 그러나 다른 연령층보다도 특히 노인에게 있어서 건강은 삶에 자신감을 불어넣어 줄 뿐만 아니라 자기통제감도 높여 주는 요인이 되며, 생활만족도를 높여 주는 중요한 요인이 된다. 그러므로 노인의료보장정책은 소득보장정책 못지않게 중요한 복지부분이다. 노인의 신체적 건강은 노인의 삶의 질, 노인을 부양하는 가족의 행복 그리고 사회적 부담 측면에서 국가재정과 직결되어 있다. 질병이 있음에도 불구하고 그것을 치료하고 관리하는 체계가 되어 있지 않은 사회를 복지사회라고 할 수 없으며, 점차 자녀와 별거하는 노인의 비율이 증가하는 상황에서 노인의 건강관리와 의료보장의 문제는 중요한 사회적 현안으로 떠오르고 있다. 이러한 관점에서 노인의 의료서비스를 강화하고 의료재정을 확충하기 위하여 '노인보건법'을 제정해야 한다는 주장이 제기되고 있으나 아직 정책적 지원은 미흡한 실정이다. 현재 우리나라 노인의료보장정책의 과제를 살펴보면 다음과 같다(김덕주, 양영애, 2012; 차홍봉 외, 2006).

첫째, 우리나라 노인의료보장정책에서 무엇보다 우선적인 과제는 노인의료보장정책의 근간을 이루고 있는 국민건강보험제도의 개선이다. 그러나 노인인구의 증가로 국민건강보험에서 노인진료비가 차지하는 비율이 급격하게 증가함으로써 국민건강보험 재정에 큰 부담으로 작용하게 되었으며, 이에 따라 의료보험 적용 질병이나 보험적용 일수 등 이용범위가 제한되어 있어 적절한 치료를 받기 어려운 실정이다.

둘째, 우리나라의 노인의료보장제도는 사전 예방 차원보다 사후 치료를 중심으로 이루어지고 있다. 노인의 만성질환을 조기발견하고 사전 예방하는 것은 의료비 절감효과가 큼에도 불구하고 현재의 노인건강진단제도는 기본사항만 검진되기 때문에 그 효율성이 낮다.

셋째, 노인인구의 비중이 높은 농어촌 지역에 부족한 의료기관이나 전문의료인력을 확충하는 것도 시급히 보완되어야 할 과제이다. 외진 산골이나 낙도의 노인들은 거의 의료사각지대에 놓여 있는 상태이지만 공중보건의 제도의 확충 등과 같은 제도적인 지원은 아직 미흡한 실정이다.

넷째, 국민건강보험제도가 사회보험의 형태라면 의료급여제도는 기초생활보장 대상자나 의료 빈곤자에게 제공되는 공공부조 형태의 의료보장제도이다. 그러나 의료급여의 경우 그 대상자가 제한되어 있고 지급되는 진료비도 제한되어 있으며, 지급되는 진료비와 의료보험수가와의 차이가 크기 때문에 질적인 의료서비스를 지속적으로 받기가 어려운 실정이므로, 이를 시정하는 것도 노인의료보장정책의 주요 과제이다.

다섯째, 현재 우리나라 노인의료보장제도의 큰 비중을 차지하고 있는 노인장기요양보험에 대한 개선도 이루어져야 한다. 장기요양보험이 도입되기 전 대부분의 차상위 계층 노인들은 지방자치단체 등의 지원으로 무료 돌봄 서비스 등을 받아왔으나 장기요양보험이 도입되면서 기초생활수급자에 포함되지 않는 차상위 계층은 그 혜택을 받지 못하는 경우가 많다.

4. 노인주거보장정책의 과제

주거공간은 사람에게 심리적 안정성을 부여해 준다는 점에서 노인주거보장정책 또한 소득보장정책이나 의료보장정책 못지않게 노인의 행복을 위해 중요한 요소이다. 그러나 현재 우리나라에는 노인주거보장정책이 거의 시행되지 못하고 있는 실정인데, 그 문제점을 살펴보면 다음과 같다(김동배, 2003; 김은수, 2014; 이정식, 2008).

첫째, 무엇보다 주택에 대한 인식 전환이 시급한 문제이다. 즉, 우리나라에서는 주택을 안락한 주거공간이라는 측면보다는 재산증식의 수단, 투기의 수단으로 여기는 인식이 팽배해 있다. 이러한 영향으로 주택가격이 지나치게 높게 형성되어 있어서 주택문제가 해결되지 않은 노인층의 경우 안정된 주거공간을 확보하는 것이 어려운 실정이다. 게다가 경제적 능력이 부족한 노인층이나 저소득층을 대상으로 한 임대주택과 같은 공공주택의 공급이 적절하게 이루어지지 않고 있는 실정이다.

둘째, 주택을 보유한 경우에도 주거보장이 어려워지는 경우가 있다. 소득수준이 낮은 노년층에서 소득을 확보하기 위해 일반적으로 이용하는 제도가 역모기지론 제도이다. 역모기지론은 주택을 소유하고 있으나 특별한 소득원이 없는 고령자에게 사망이나 주택을 이전하기 이전까지 주택을 담보로 노후생활에 필요한 일정액수의 자금을 지급해주는 것을 말한다. 그러나 낮은 이율로 인해 지급되는 액수가 턱없이 낮아 주택을 처분하지 않고는 생계유지가 어려워지는 경우가 다수 발생하게 되므로 이에 대한 대책이 마련되어야 한다.

셋째, 노인의 특성에 부합하는 주택 공급이나 주거단지 형성을 위한 정책적 지원이 필요하다. 게다가 노인주택과 관련하여 지역 내의 의료, 보건, 복지 시스템과 연계된 네트워크 구성과 이에 대한 체계적인 관리 및 감독이 이루어지지 않고 있다. 이는 우리나라의 강한 가족주의로 인하여 노인전용주거단지에 대한 수요층이 두텁지 못하기 때문에 생기는 현상이기도 하지만 노인주택 문화가 상당히 발달되어 있는 미국과는 달리 노인주택에 대한 전문성을 갖춘 업체가 없기 때문이기도 하다.

5. 노인복지서비스의 과제

　　노인복지서비스도 고령화 사회를 대비하여 준비해야 할 중요한 과제이다. 단순히 소득이나 의료, 주택 보장과 같은 눈에 보이는 외현적인 측면의 복지가 아닌 노인에 대한 인식의 전환이나 노인에게 자긍심을 심어 주고 생활만족도를 높여 주기 위한 교육도 필요하다. 특히, 우리나라는 지금까지 노인에 대한 공경과 사회적 관심이 사회적으로 중요한 가치로 간주되었기 때문에 이에 대한 필요성을 절감하지 못하고 있으며, 그 결과 노인의 심리적인 복지에 대한 부분은 상당히 미흡한 실정이다. 이러한 사실은 노인 자신들의 인식에서도 뚜렷하게 나타나는데, 자신이 존경받는다고 생각하는 노인은 전체 노인의 2.2%에 불과한 것으로 나타났다(김한곤, 1998). 즉, 산업사회로 전환되면서 노인존중의식이 상당히 약화되었으며 고령화 사회가 도래하여 노인인구가 급격하게 증가하고 있음에도 불구하고 노년기의 생활을 질적으로 풍요롭게 하기 위한 정책적 배려는 아직 미흡하다. 우리나라 노인복지서비스의 과제를 살펴보면 다음과 같다(강종관, 이준영, 2015; 김영숙, 2006; 손화희, 정옥분, 2000).

　　첫째, 지금까지 시행된 노인복지서비스는 대부분 오프라인으로 이루어지고 있다. 그러나 이러한 형태의 복지서비스는 신체적, 정신적 건강에 문제가 있어 사회적 접촉이 거의 없는 독거노인의 경우에는 사회로부터 소외되는 문제를 안고 있어 온라인으로도 확장시켜 실시할 필요가 있다.

　　둘째, 여가활동에 대한 교육이나 관심이 부족하다. 우리나라는 일에 대해 상당한 가치를 부여하는 반면, 놀이에 대해서는 상대적으로 낮은 가치를 부여하는 문화이므로 여가에 대한 사회적인 관심이 낮다. 그러므로 상대적으로 많은 여가시간을 가지게 되는 노인들의 경우 이를 효율적으로 이용할 수 있는 기회도 없고 방법도 모르는 실정이므로 이에 대한 교육도 필요하다.

　　셋째, 자원봉사활동에 대한 인식이나 지원도 부족하다. 일생 동안 가족을 위해 봉사하고 은퇴한 노인들에게 있어서 가족 이외의 제3자를 돌보거나 사회적으로 도움이 필요한 사람들을 위해 봉사를 하는 것이 개인적으로는 자아통합감의 발달을 도와준다면 사회적으로는 구성원 상호 간에 응집력을 높여 주고 사회적 비용을 경감시키는 여러 가지 이점이 있다. 그러나 아직 우리 사회는 자원봉사에 대한 인식이 낮고 자원봉사를 하려는 의사가 있다 하더라도 봉사활동에 접근하는 것 또한 용이하지 않아 결과적으로 자원봉사활동에 대한 참여수준이 낮다.

넷째, 노년기에 대한 인식의 전환을 위한 교육이 절대적으로 부족한 실정이다. 미국은 1935년에 사회보장법, 1965년에 노인복지법과 노인보건법, 1967년 연령차별금지법 등이 만들어졌으며, 이러한 과정에서 노년기에 대한 인식의 전환을 위해 끊임없는 노력이 있었다. 예를 들어, 대중매체를 통해 전달되는 노인들의 이미지가 부정적일 경우, 이를 개선하고자 하는 지속적인 노력이 있었으며, 이러한 노력의 결과 미국의 노인들은 긍정적인 노인상을 유지하고 있다고 볼 수 있다.

노인들은 자신들의 문제가 무엇인지 정확하게 모르고 자신들의 문제를 대변할 수 있는 힘이 약하며, 교육수준이나 사회적 영향력이 상대적으로 낮아 노인의 힘을 조직화하는 데 어려움이 있다. 사회적으로 영향력 있는 노인들은 자신을 노인으로 인식하지 않기 때문에 노인이 경험하는 부정적인 문제에 개입하지 않으려 하며, 그렇지 못한 노인들은 노인이 경험하는 문제를 자신의 무능력으로 간주하기 때문에 자신들의 권익을 보장받고자 하는 노력이 절대적으로 부족하게 된다.

6. 고령친화산업의 과제

산업화로 인해 우리나라의 인구구조와 가족구조 및 기능이 크게 변화하였다. 평균수명이 연장되면서 절대적인 고령인구가 증가하였고, 급격한 출산율 저하로 인해 전체인구에서 고령인구가 차지하는 비율이 크게 증가하였다. 이러한 이유로 독거노인이나 노부부만 기거하는 세대수가 증가하였다. 저출산고령화현상은 한편으로는 사회적 문제를 유발할 수 있는 조건이기도 하지만, 다른 한편으로는 지금까지와는 달리 노인층의 소비가 상대적으로 증가하고 있으며, 이로 인해 산업구조에서 변화가 일어나고 있다는 것을 의미하는 것이기도 하다. 특히, 앞으로의 노인인구는 기존의 노인집단과는 달리

고학력자이고 젊은층 못지않은 구매력을 갖춘 부유한 노년층이 점차 증가할 것으로 예측할 수 있으며, 이러한 노년층의 증가는 결국 노년층의 소비가 하나의 소비패턴으로 정착할 수 있는 것을 의미하는 것이다. 이러한 사실에도 불구하고 아직까지 우리나라는 고령친화산업에 대한 인식도 부족하고 이에 대한 정책적 지원도 미흡한 실정이다. 우리나라 고령친화산업의 과제를 살펴보면 다음과 같다(변재관 외, 2002; 유문무, 2006; 전채근, 2003).

첫째, 노인을 하나의 소비계층으로 인식하고, 이들을 위한 산업의 필요성을 인식하며, 이를 육성하는 것이 필요하다. 외국의 경우 고령친화산업이 상당히 발전되어 있으며, 이러한 노력을 우리가 하지 않는다면 외국의 유수기업들에게 노인고객을 뺏기는 상황을 경험하게 될 것이다.

둘째, 고령친화산업에 대한 인식의 부족과 아울러 차별화된 마케팅 전략도 거의 이루어지지 않고 있다. 앞으로 노인세대는 모두 경제적인 능력이 없고 힘없는 세대로 볼 수는 없으며 개인차가 상당히 클 것이다. 그러므로 노인의류나 생활용품, 여행상품 등에서 노인층의 상이한 경제적인 능력을 감안한 차별적인 욕구가 존재할 것으로 예측할 수 있다. 예를 들어, 과거에는 주목받지 못했던 노인용품들도 그 수요가 꾸준히 증가할 것으로 예측할 수 있다. 요실금 환자를 위한 '디펜더' 등이 대표적인 예로 볼 수 있다. 그럼에도 불구하고 아직 우리 사회는 노인의 잠재적 구매능력에 대한 인식이나 이에 근거한 마케팅 전략 및 이에 대한 정책적 지원이 미비한 실정이다.

제21장
노인복지정책의 방향정립

　전 세계적으로 고령화 현상은 저출산과 맞물리면서 엄청난 파고를 일으키고 있으나 아직까지 우리는 이러한 심각성에 대해 무방비 상태에 있다. 특히, 우리나라의 경우에는 저출산과 인구의 고령화가 다른 나라들보다 엄청나게 빠른 속도로 진행되고 있어서 그 문제가 보다 심각함에도 불구하고 이에 대한 대비책은 미흡한 실정이다.

　이러한 문제에 대처하기 위해서는 정부는 노인부양에 대한 가족의 역할을 강조하는 것에서 한 걸음 나아가 지역사회의 여러 공식적 · 비공식적 자원이 노인부양에 기여할 수 있도록 지역사회보호제도를 형성해 나가야 할 것이다. 이와 동시에 노인이 단지 부양의 대상만이 아니라 사회적 발전과 생산에 기여할 수 있는 자원이 될 수 있음을 인식하여 노인인력개발에 적절한 투자가 이루어져야 할 것이다. 고령화 사회의 문제는 거시경제에 영향을 미치게 되고 다음 세대의 사회경제적 조건을 규정하는 등 우리 사회 전반에 미치는 엄청난 파장을 생각해 볼 때에 고령화 사회의 문제와 그 영향에 대한 대책은 전 사회가 지혜를 모아 내놓아야 하는 만년지대계(萬年之大計)가 되어야 할 것이다.

　이 장에서는 앞서 살펴본 노인복지정책의 과제를 중심으로 앞으로 노인복지정책의 방향을 정립해 보고자 한다.

1. 노인소득보장정책의 방향

우리나라의 대표적인 소득보장정책으로는 국민기초생활보호제도나 경로연금과 같은 소극적인 소득보장정책이 주류를 이루고 있으며, 이러한 보장정책은 그 대상이나 방법, 보장내용 등에서 여러 가지 문제점이 지적되고 있다. 이를 근거로 앞으로의 소득보장정책의 방향을 제시해 보면 다음과 같다(구자순, 2002; 김동배, 2003; 이장욱, 이양훈, 2014; 정경희 외, 2005).

첫째, 노인들에게 경제적인 지원을 해 주는 것보다도 일할 수 있는 일자리를 창출해 내는 것이 보다 효율적인 소득보장정책이다. 즉, 사회적 일자리를 창출하는 것이다. 그 동안의 노인취업이 노인을 사회의 주변인으로 계속 머물게 하였다면 이제는 노인이 주류인으로서의 역할을 담당할 수 있도록 노인고용에 관한 새로운 접근방법을 필요로 한다. 노인에게도 보람을 주고 사회로서도 발전의 동력으로 삼을 혁신적인 패러다임으로서 '사회적 일자리' 창출에 대한 보다 많은 연구와 투자가 필요하다. 사회적 일자리란 이윤이 없거나 너무 적어 기업이 관심을 갖지 않는 영역이지만 사회적으로는 반드시 필요한 것으로서 정부와 민간이 다양한 컨소시엄을 형성하여 개발하면 상당한 고용효과를 창출할 수 있을 것이다.

둘째, 능력개발 프로그램을 도입하는 것이다. 그동안의 노인취업은 취업에 적절한 노인의 능력을 개발하는 데는 별로 관심이 없었고 주로 취업알선에 치중하였다. 영리를 추구하는 기업에 준비되지 않은 노인인력은 귀찮을 따름이다. 고령자 기준고용률이나 고용장려금도 비교적 젊은 고령자에게만 적용되었을 뿐이다. 이제는 능력과 기대에 맞는 교육·훈련 프로그램이 개발되어야 하고 이러한 프로그램을 운영할 제도의 정비도 동시에 이루어져야 한다. 취업교육 및 능력개발 프로그램을 도입하여 노년층 재사회화를 위한 사회교육 프로그램의 활성화와 직종 맞춤형 교육을 통한 노인 취업인구를 늘리는 것이다. 일하고 싶은 노인이 가계에 현실적인 도움이 될 수 있는 일정한 정도의 노동의 질을 갖도록 하는 적극적인 교육 시스템을 구축하는 것이 필요하다. 이는 결국 노년기의 노동력을 사회가 재활용하는 적극적인 복지정책의 하나가 될 뿐만 아니라 개인이 국가로부터 수동적으로 수혜를 받는 입장에서 탈피하여 능동적인 노년기를 창출할 수 있는 기회 또한 제공하게 될 것이기 때문이다.

이와 동시에 노인취업에 대한 사회적인 인식을 변화시키고자 하는 노력도 필요하다. 노인취업에 대한 부정적인 사회인식은 노동현장에서 그대로 부정적인 양상으로 드러난다. 노인취업의 긍정적인 측면을 부각시키기 위한 다양한 홍보물의 개발과 사회문화적인 이벤트와 행사도 적절하게 계획되어야 한다.

셋째, 국가 복지정책의 우선순위에서 노인의 소득보장정책을 상위에 두고 지속적인 관리와 통제시스템을 구축하여야 한다. 지금 현안으로 제기되고 있는 임금피크제와 정년연장제 등이 이러한 맥락에서 시행 또는 논의되고 있지만, 어떠한 것이 우리 사회에 적합한 것인지에 대해서는 아직 뚜렷한 결론을 내리지 못하고 있다. 다만, 정년제에 대한 현재의 논의는 고령화, 초고령화 사회로 진입하는 단계에서 매우 적극적으로 재고할 필요가 있다. 이와 관련하여 외국의 입법례를 보면, 정년제를 연령차별로 간주하여 불법화하는 유형(미국), 연금수급연령과 연계하여 일정한 연령 이상의 정년설정을 연령차별의 예외로 간주하는 유형(영국), 연령차별을 금지하면서도 이 문제와는 분리하여 연금수급개시연령을 하회하는 정년의 설정을 금지하지만 연금수급개시연령을 상회하는 정년의 설정을 합법화하는 유형(프랑스), 연령차별금지를 본격적으로 제도화하지 않으면서도 연금수급개시연령에 도달할 때까지 고령자의 고용이 확보될 수 있도록 조치를 취할 의무를 사용자에게 부과하는 유형(일본) 등이 있다(국제노동법연구원, 2006). 이 중 어떠한 것이 한국의 상황에 적용될 수 있는지에 대해서는 아직 쉽게 결론을 내릴 수 없으나, 이 유형들이 갖는 장점과 단점에 대해서는 지속적으로 연구할 필요가 있다.

넷째, 국민기초생활보장제도나 기초연금제도와 같은 공공부조 형태의 노인소득보장정책의 한계를 극복할 수 있는 방안을 모색하여야 한다. 특히, 국민기초생활보장제도의 경우 급여를 받지 못하는 차상위 계층의 문제를 보완할 수 있는 제도적 장치가 무엇보다 필요하다. 또한 국민기초생활보장제도와 기초연금제도 모두에서 자격요건을 충족시키지 못하는 계층은 공공부조의 사각지대에 놓여 있다. 따라서 그 수급기준을 재검토하고 적극적인 홍보와 주민관리를 통해 사각지대에 놓인 계층에 가능한 한 최대한의 도움을 줄 수 있도록 하여야 한다. 또한 현재 점차 높여 가고는 있으나 여전히 낮은 최저생계비를 기준으로 책정되어 있는 국민기초생활 급여를 현실적으로 도움이 될 수 있는 방향으로 정부차원에서 빠르게 논의를 시작하여야 한다.

다섯째, 사회보험 형태의 가장 대표적인 소득보장제도인 국민연금 기금의 안정성을 확보하고 국민적 신뢰를 확보하는 일이다. 현재 노인소득보장제도로 가장 많은 기대를 하고 있는 것이 국민연금이지만 연기금의 고갈이나 낮은 수혜율에 대한 기대 때문에 현실적으로 도움이 되지 못할지도 모른다는 불안감이 팽배해 있다. 이러한 불신이 사회보험제도의 지속적인 확충을 저해하는 요인으로 작용할 수 있기 때문에 이를 해소할 수 있는 대안을 모색하는 것은 가장 시급한 문제라 하겠다. 국민연금 기금을 확충하고 이를 보다 효율적으로 운용하는 방안이 제시되어야 하며, 이를 통해 국민적 합의와 신뢰를 유도할 수 있도록 해야 한다.

2. 노인의료보장정책의 방향

세계보건기구(WHO, 2002)는 고령화 사회로 전환하는 과정에서 또는 고령화 사회에 접어든 국가에서 노인에 대한 보건정책이 어떠한 방향이어야 하는가에 대해 노인건강 정책은 '적극적 노화(Active Ageing)' 또는 '건강한 노화(Healthy Ageing)'로 기본방향이 설정되어야 한다고 규정하고 있다. 여기에서 '적극적 노화' 또는 '건강한 노화'의 의미는 '노년기의 건강수명, 생산성 및 삶의 질을 연장하기 위하여 생의 전반에 걸쳐서 육체적, 사회적 및 정신적 복지를 위한 기회를 최적화하는 과정'이다.

또한 세계보건기구는 '적극적 노화'를 촉진하기 위한 노인의료보장정책에 대해 다음과 같은 기준을 제시하고 있다. 첫째, 빈곤 및 저소득계층을 포함하는 노인에게 지나친 부담을 줄일 수 있어야 하며, 둘째, 삶 전체에서 건강을 유지하고 복리를 강화할 수 있는 요소들을 증가시킴과 동시에 주요 질환의 발생원인과 관련된 위험요소를 줄일 수 있어야 하며, 셋째, 건강증진, 질병예방 그리고 비용 면에서 효과적이고 공평하며 높은 질적 수준의 장기요양보호대책을 강조하는 일차보건의료체계를 개발하여야 하고, 넷째, 교육, 주거 및 고용 등과 같은 다른 사회정책과 연계하여 추진할 수 있어야 한다는 것이다. 세계보건기구의 이러한 지침은 노인의료보장 정책의 거시적 방향으로 이해할 수 있다는 점에서 정책개발 또는 정책입안을 하는 과정에서도 이 범위에서 논의해야 할 것으로 생각된다. 이를 근간으로 하여 우리나라의 노인복지정책의 방향을 제시해 보면 다음과 같다(김덕주, 양영애, 2012; 차흥봉 외, 2006).

첫째, 노인을 대상으로 하는 다양한 의료보건 프로그램을 개발하는 것이 필요하다. 노년층은 그 어떤 연령층보다도 안전사고와 질병 등에 취약하므로 이를 사전에 예방하고 건강을 증진시키기 위한 각종 교육 프로그램을 보건소 단위 또는 관련 지역사회 단위에서 주기적으로 운영하는 것이 필요하다. 질병을 사전에 예방하고 건강을 증진시키기 위해서는 지역사회단체를 중심으로 노인헬스센터를 운영하는 것이 한 가지 방법이 될 수 있다. 건강은 노후생활의 중요한 요소인 데 반해 노인의 건강상태를 향상시키기 위한 체계적인 관리는 이루어지지 못하고 있는 실정이다. 노인헬스센터를 통해 비교적 건강한 노인을 위하여 운동기구의 설치와 이용, 건강증진 프로그램의 개발, 영양과 약물에 관한 상담 등을 시행한다면 노인성 질병의 예방에 상당히 효과를 거둘 것으로 예상할 수 있다.

둘째, 치매, 중풍 등과 같은 노인성 질환에 대해 환자의 가족이나 친지가 적절히 보호할 수 있도록 의료서비스의 접근성을 강화하는 동시에 사회적 역할분담도 충분한 수준으로 끌어올리려는 노력이 필요하다. 이를 위해 재가노인복지서비스를 확대하는 것이 한 가지 방안이 될 수 있다. 재가노인복지서비스는 치매나 중풍을 포함한 만성질환을 가지고 있는 와상(臥床) 및 거동이 불편한 노인에 대한 의료서비스를 제공하는 데 있어서 한국의 가족문화를 고려하면서 환자의 의료수요를 충족시킬 수 있는 바람직한 대안이다. 요보호노인의 시설보호와 가정보호 간 선택의 문제는 고령화 사회의 중요한 이슈 가운데 하나인데, 주간보호와 단기보호를 제공하는 재가노인복지서비스는 노인환자와 가족 간의 미묘한 문제를 자연스럽게 해결할 수 있는 제도이다. 또한 치매나 중풍 등과 관련된 재가복지서비스 요구가 증가하고 있으나 이를 수용할 수 있는 주간보호센터의 수는 절대적으로 부족한 실정이다. 그러므로 경로당을 주·야간보호센터의 기능과 연계한다면 거리상으로도 가깝고 지역주민과 격리되어 있지 않아서 쉽게 이용할 수 있다는 이점이 있다.

셋째, 현재의 단계에서 의료기관의 효율성과 공보험의 재정안정화를 위해 요양기관 계약제와 포괄수가제 도입도 검토해 볼 필요가 있다. 모든 요양기관이 건강보험 요양 기관이 되는 요양기관당연지정제도에서는 비용절감과 질적 제고에 대한 동기 부여가 미약해 보인다. 또한 현재의 행위별수가제에서는 폭발적인 국민의료비 증가를 억제하기 어려우므로 건강보험 진료비 지불제도를 포괄적 지불보상 방식으로 전환하는 것이 필요하다.

넷째, 노인의 특수성과 만성질환평균수명 증가에 발맞추어 민간 노인전문병원 설립에 대한 지원과 아울러 종합병원 내에 치료 이후 재활을 위한 노인병동과 죽음을 앞둔 말기 환자를 위한 호스피스 병동 설립도 적극적으로 이루어질 수 있도록 제도적인 개선이 이루어져야 할 것이다. 질병치료를 통해 웰빙(well-being)을 추구함과 동시에 죽음을 편안하게 맞이할 수 있도록 지원해주는 웰다잉(well-dying)을 위한 준비도 이루어져야 할 것이다.

다섯째, 장기요양서비스제도의 보완이 필요하다. 기본 의료보장제도에서는 장기요양서비스를 통해 상태가 좋아지면 서비스가 중단되었으나 상태가 좋아진다고 해서 바로 등급외 판정으로 서비스 대상에서 탈락시키지 말고, 지속적으로 양호한 상태를 유지해나갈 수 있도록 일정기간 서비스를 제공하는 것이 필요하다.

3. 노인주거보장정책의 방향

고령화 사회를 대비하여 고령자의 안정적인 주거생활을 지원하는 것은 소득보장과 의료보장 못지않게 중요한 문제임에도 불구하고 이에 대한 정책적 지원은 다른 분야보다도 저조한 실정이다. 노인의 주거복지수준을 향상시키기 위해 고려해야 할 노인주거보장정책의 방향을 제시해 보면 다음과 같다(김동배, 2003; 이영환, 2001; 최성재, 2001).

첫째, 노인주거보장정책 가운데 주거 빈곤을 해결하기 위한 대표적인 정책이 주거급여이다. 주거급여는 현재 저소득층을 대상으로 임차가구에는 임대료를, 자가가구에는 주택 수선유지비를 지원해 주는 두 가지 형식으로 지원되고 있다. 그러나 현재 역모기지론을 이용하고 있는 상당수의 노년층도 낮은 이율로 인해 지급되는 액수가 턱없이 낮아 이용을 꺼리고 있고, 결국에는 주택을 처분하지 않을 수 없게 되는 상황이다. 따라서 주거급여를 확대하여 현행 역모기지론을 보완하도록 제도적 장치가 마련되어야 할 것이다.

둘째, 실비노인복지시설을 확충하는 방안이다. 우리나라의 노인주거복지시설은 주로 절대빈곤계층을 위한 무료시설이었다. 그러나 최근 경제적으로 여유 있는 노인들을 위한 유료시설도 관심을 끌고 있다. 시설서비스의 욕구를 가진 노인 대부분은 유료시설에 갈 만큼 여유가 있지도 않지만 그렇다고 무료시설에 갈 정도로 빈곤층도 아니다. 앞으로는 차상위계층 혹은 중간계층의 노인인구가 상당히 증가할 전망이며 따라서 이 계층의 시설서비스 요구 또한 높아질 것으로 예상된다. 이들 일반노인들은 어느 정도의 입소비용을 부담하면서 개인적으로 선호하는 서비스를 요구할 수 있는 사람들이므로 이들을 위한 실비시설이 적극적으로 개발되어야 한다.

셋째, 고령자의 수가 급증하고 있는 현실에서 국가가 노인의 특성에 맞는 고령자 주택에 대한 적합한 기준을 제시하고 의료시설 등의 시설과 연계가 이루어질 수 있도록 유도해야 할 것이다. 장기적인 관점에서 우리나라에도 미국식 노인주택문화가 도입될 가능성이 있기 때문에, 우리나라도 노인 주거공간 전문업체를 육성할 수 있는 방안을 모색해 보는 것이 필요하다.

4. 노인복지서비스의 방향

노인복지서비스는 노인여가생활이나 자원봉사 등에 대한 지원과 교육 등 여러 영역에서 이루어질 수 있으며, 현행 노인복지서비스에 대한 방향을 제시해 보면 다음과 같다(강종관, 이준영, 2015; 김영숙, 2006; 손화희, 정옥분, 2000).

첫째, 노인종합복지관의 증설과 활성화가 이루어져야 한다. 현재 노인들에게 가장 필요한 서비스는 노인 자신의 인식을 변화시키기 위한 교육이다. 노년기가 신체적으로는 비록 쇠약해지는 시기이지만 정신적으로는 성장해 나가는 시기임을 강조하는 등의 교육이 필요하며, 이러한 교육과 교류의 장으로서 노인종합복지관을 증설하는 것이 필요하다. 노인종합복지관은 지역사회의 노인을 위한 다양한 서비스를 제공함으로써 노인복지에 크게 기여하고 있다. 현재 노인종합복지관은 노인복지관의 하나로 분류되어 있으나 이 시설은 보다 전문적인 서비스를 제공할 수 있다는 점에서 일반 노인복지회관과는 다른 형태로 분류되어 지원이 강화되어야 한다. 노인종합복지관은 그 효과가 이미 입증된 만큼 지속적으로 증설되어야 하며, 또한 전문 프로그램이 지속적으로 개발될 수 있도록 다양한 분야의 전문인력을 고용할 수 있어야 할 것이다. 특히, 삶의 질을 향상시키는 데 기여할 체계적 교육과정, 인간관계의 역동성을 통해 의미 있는 교제를 나눌 수 있는 소집단 모임들, 전통문화와 미풍양속을 젊은 세대에게 올바르게 계승시키는 데 효과적인 방법을 모색하고 시행하는 그룹들 그리고 다양한 영역의 자원봉사활동이 있어야 할 것이다. 특히, 노후생활의 다양한 측면을 도울 수 있는 전문상담 프로그램이 있어야 할 것이며, 이를 위해 현재 노인복지법에 규정은 있으나 사장되어 있는 노인복지상담원제도를 활성화시켜야 할 것이다.

둘째, 노인여가시설을 활성화하는 것이다. 노인에게 있어서 여가의 개념은 재생산의 수단 또는 심신의 피로회복 등을 목적으로 하는 젊은이들의 여가와는 근본적으로 그 성격이 다르다. 노인여가정책은 소극적으로는 여가를 적절하게 보내지 못함으로 인해서 제기되는 문제점을 어떻게 감소시킬 것인가와, 적극적으로는 인생을 의미 있게 마무리하기 위해 여가를 어떻게 즐겁고 보람되게 보낼 것인가에 초점을 맞추어야 한다.

노인여가시설의 활성화를 위해서는 일차적으로 경로당을 활성화시키는 것이 필요하다. 현재 전국에 4만 개에 달하는 경로당이 운영되고 있으나 대부분은 장소가 협소하고 시설이 노후하며 전문가의 개입 없이 단지 노인들의 휴식공간 역할 밖에는 하지 못하는 실정이다. 노인들이 경로당을 많이 이용한다고는 하지만 이를 이용하는 노인은 전체의 1/4에 지나지 않는다. 이러한 한계점을 보완하기 위해 정부는 일부 경로당을 중심으로 경로당 활성화 사업을 전개하고 있는데, 경로당이 서비스기관으로서의 기능을 수행하기 위해서는 여러 가지 특화사업을 시행하여 그 활용도와 효율성을 향상시킬 필요가 있다.

셋째, 노인자원봉사를 활성화하는 것이다. 노인의 여가생활에 있어서 자원봉사의 중요성이 점점 더 강조되고 있는데, 지역에 산재한 경로당이 지역사회의 여러 사회기관 혹은 지역자원봉사센터와 연계하여 노인자원봉사센터로서 기능한다면 노인도 의미 있는 여가를 보내면서 동시에 노인의 이미지에 긍정적인 영향을 주게 될 것이다. 자원봉사활동은 노인들에게 사회적 유용성을 느끼게 해 주고 고독감을 없애 주는 등 노년기를 풍요롭게 해 줄 수 있는 사회참여의 기회를 제공한다. 노년기의 자원봉사활동은 상실되었던 사회적 지위와 역할을 회복시켜 준다는 점에서 아주 바람직한 활동이며, 미래복지를 위해 적극적으로 개발해야 하는 사회적 과제이다(김동배, 1999b). 노인자원봉사는 노인복지뿐만 아니라 사회통합과 사회발전에 큰 의의를 갖는 만큼 이를 활성화시키기 위하여 지원을 강화해야 할 것이다. 자원봉사는 원래 민간의 자율성과 창의성에 의해 발전되어야 하는 것이지만 노인자원봉사는 당분간 교육과학기술부와 보건복지부가 지원을 확대하고, 노인능력개발사업의 한 분야로 확대할 필요가 있다.

넷째, 노인복지서비스의 수혜대상자를 확대할 수 있는 대안을 모색하는 것이 필요하다. 현재까지 우리나라의 노인복지서비스는 전체 노인을 대상으로 직접적인 혜택이 제공되기보다는 도시나 일부 접근이 용이한 노인들에게 한정되어 이루어져 왔다. 비록 이동복지관을 운용하고 있다고는 하지만 이는 제한적이다. 특히, 재가복지사업을 확대하고 전문인력을 확충하여 궁극적으로는 현재 서비스를 필요로 하는 저소득층 노인뿐만 아니라 보호를 요하는 모든 노인으로 그 대상을 확대하고, 농어촌지역의 서비스를 강화하는 것이 필요하다. ICT(Information & Communication Technology)에 기반을 둔 원격센서나 웨어러블 기기, 로봇, 무선이동통신망 등을 이용하여 노인의 독립적인 생활을 지원하는 방안도 노인복지서비스의 수혜대상을 확대하는 데 효과적인 방법이 될 수 있을 것이다.

다섯째, 전문인력의 확보와 프로그램의 다양화를 통해 노인의 요구에 부합하는 전문적인 서비스를 제공할 수 있도록 하여야 한다. 노인의 욕구를 충족시키기 위해서는 노인의 건강상태나 인지기능, 사회적응기능, 여가생활 등에 부합하는 전문적인 프로그램을 다양하게 개발하고, 전문성을 갖춘 담당인력을 확보하여 노인을 효율적으로 지원하는 것이 필요하다. 또한 노인복지서비스를 강화하기 위해서는 재가복지서비스와 시설보호서비스의 균형 발전과 부족한 시설에 대한 확충이 필요하다. 노인의 욕구가 다양하기 때문에 각 개인에게 적합한 서비스를 원하는 시간과 공간에서 제공할 수 있는 시스템을 구축하는 것이 필요하다. 나아가 현재의 행정체계는 관할부서와 일선 행정기관이 중복되어 있는 경우가 많아 이로 인해 서비스의 연계와 조정 또한 어려움을 겪고 있다. 따라서 노인복지분야를 담당하는 행정체계를 단일화하여 통합적인 지원을 노인들에게 제공할 수 있어야 한다.

5. 고령친화산업의 방향

우리나라의 고령친화산업은 아직 걸음마 수준이다. 그러나 미국의 베이비붐 세대 (1946~1964년에 출생)가 21세기 초반 노년기에 달해 노인붐(Senior Boom) 현상을 초래하였듯이 우리나라도 6.25 이후에 출생한 베이비붐 세대들이 노년기에 접어들면 이와 유사한 양상을 보이게 될 것이다. 그리고 앞으로의 노인세대들은 기존의 노인세대와는 달리 다음과 같은 특성을 가질 것으로 예상할 수 있다. 첫째, 의학의 발전으로 수명이 지속적으로 증가하게 될 것이다. 둘째, 최근의 저출산율에 비추어 볼 때에, 자녀 출가 이후 두 부부만이 생활을 하는 기간이 보다 증가할 것이다. 셋째, 앞으로의 노인세대는 학력이 높고 경제적 여유가 있으므로 고령친화산업이 지속적으로 발달할 것이다.

연령계층이론의 관점에서 보면 각 세대가 경험하는 연령집단효과로 인해 노년기의 문제는 일률적으로 논의하기는 어려우며, 각 세대별 특성에 따라 상이한 접근이 필요할 것으로 볼 수 있다. 따라서 베이비붐 세대가 은퇴하는 2020년까지는 국내의 고령친화산업이 비교적 빠른 속도로 성장할 것이다. 그리고 앞으로의 노인들은 전부는 아니라 하더라도 일부는 경제적인 능력을 근간으로 자신의 생활을 추구하는 세대가 될 것으로 예측되므로 기존의 노인복지정책과는 상이한 정책이 병행되어야 할 것이다. 이러한 관점에서 볼 때에 앞으로 고령친화산업의 방향을 제시해 보면 다음과 같다(변재관 외, 2002; 유문무, 2006; 전채근, 2003).

첫째, 노년층이 급격하게 증가하고 있는 현 시점에서 노년층의 욕구에 부합하고 질적 서비스의 향상을 위해서는 고령친화산업의 발전이 필수적이다. 그러므로 노인세대를 위한 정부차원에서의 지원정책을 강화함과 동시에 민간업체를 고령친화산업에 적극적으로 참여하도록 유도하여 상호보완적 차원에서 정책의 효율성을 극대화하는 것이 필요하다. 정부는 고령친화산업의 발전을 위해 필요한 제도들을 사전에 연구하여 필요한 시기에 지원할 수 있도록 하여야 한다. 고령친화산업의 활성화를 위한 정부의 역할로는 불필요한 제도를 개선·폐지하고, 공공성이 확보된 사업에 대해서는 행정처리를 가능한 한 간소화하는 것이 중요하며, 중앙과 지방정부의 원활한 의사소통 체계를 갖추어야 한다. 또한 고령친화산업과 관련된 기술의 인프라 정비, 신시장 창출을 위한 지원강화, 고령친화상품의 표준화 개발 및 적절한 규제, 전문인력의 양성과 고령친화산업의 벤처기업 활성화를 위한 기술개발, 경영지원, 시장판로 개척 등과 같은 제반 분야에 대한 정책이 필요하다.

둘째, 고령친화산업에 대한 정부의 적절한 개입과 감독이 필요하다. 고령친화산업은 경제시장의 한 영역에 속하지만 노인을 대상으로 하는 복지적 측면 때문에 다른 시장과 성격을 달리 하고 있다. 즉, 고령친화산업은 경제시장과 사회시장의 양면적 특성을 지니고 있다는 말도 된다. 고령친화산업은 국가가 정부의 재정능력 한계를 이유로 민간단체들에게 맡겨 소비자로부터 일체의 비용을 받고 노인세대의 공통적 욕구의 일부와 개인적 욕구를 해결해 주는 서비스이므로 질과 비용 면에서 사회적 책임감을 갖추도록 하여야 한다. 고령친화산업이 건전한 방향으로 발전하기 위해서는 가능한 한 시장원리에 충실한 가격을 형성하면서 공신력을 갖출 수 있도록 정부가 감독하고 개입하는 것이 필요할 것이다.

셋째, 고령친화산업이 증가하면서 창출되는 새로운 직종을 통해 자연스럽게 노인인력을 활용할 수 있도록 강구해 나가는 것이 필요하다. 고령화에 따른 관련 직종들이 새로 발생할 것이며, 그 수요는 노년인구의 증가와 서비스의 질적 수준 향상과 비례하여 증가할 것이다. 따라서 노년인구의 증가와 서비스 수요증가에 따른 새로운 인력시장이 형성될 것이다. 또한 경제적인 자금여유와 경영관리 노하우를 겸비한 일을 즐기려는 노인들이 창업하는 경우가 점차 증가할 것이며, 이로 인해 초소규모 기업도 등장할 것이다. 창업은 본인 스스로 재량껏 일을 할 수 있다는 점과 자신의 경험, 지식, 자격 등을 살리고 싶다는 동기가 주원인으로서, 앞으로 중·고령자층의 창업활동은 개인뿐 아니라 사회에 공헌할 수 있는 기회를 제공할 수 있을 것으로 전망된다. 그러므로 고령친화산업의 발달은 노인취업문제와 이로 인한 소득보장문제를 자연스럽게 해결할 수 있는 방안이 될 것이다.

넷째, 노년층의 경우 대부분 여유시간이 많아지므로, 여유시간 증대에 따른 다양한 서비스 시장이 형성될 것이다. 은퇴한 노년층은 취미생활, 국내외 여행, 학문 또는 관심 영역 연구 등에 투자할 수 있는 여유시간이 있기 때문에 이와 관련된 서비스 상품, 즉 여행, 관광레저, 문화, 교육과 관련된 산업이 발전할 것이다. 그러므로 이러한 노인의 욕구를 충족시켜 줄 수 있는 정책의 도입이 필요하다.

노인인구의 급증은 산업구조를 변화시킬 수 있는 가능성을 가진 것이며, 전체적으로는 기존 산업활동에 활력소를 제공할 것이다. 따라서 이를 준비하는 과정과 고령친화산업의 활성화 방안에 대한 논의 등이 수반되지 않는다면 국가의 큰 손실로 나타나게 될 것은 분명해 보인다. 노년층의 욕구가 점차 다양해지고 있으므로, 새로운 수요를 기반으로 수익을 창출할 수 있는 산업을 개척하여 경제성장의 기회로 삼아야 할 것이다.

참고문헌

가족환경연구회(1992). 가족관계학. 서울: 도서출판 하우.

강인(1988). 중년기 여성이 경험하는 배우자 사별 스트레스와 적응. 이화여자대학교 대학원 석사학위 청구논문.

강종관, 이준영(2015). ICT기반 독거노인복지서비스의 현황 및 과제. 디지털융복합연구, 13(1), 67-76.

건설교통부(2006). 고령화에 대응한 건설교통부문 추진전략 및 과제. 경제정책조정회의 자료.

건설교통부, 한국주거학회(2007). 노인가구 주택 개조 매뉴얼(전문가용).

고령화 및 미래사회위원회(2005). 고령친화산업 활성화 전략.

고보선(2005). 학대받는 노인의 학대 대처행동에 관한 연구. 숭실대학교 대학원 박사학위 청구논문.

고양곤(1999). 노인자원봉사활동의 활성화 방안. 한국노년학, 19(3), 257-293.

고용노동부(2015). 퇴직연금통계.

교육부(1998). 한국형 노인교육 프로그램의 모델개발을 위한 연구.

교육인적자원부(2003). 금빛평생교육봉사단 2002년 사업평가보고서. 교육인적자원부 평생학습정책과.

구자순(2002). 노인과 인터넷문화. 한국노인과학학술단체연합회. 2002년도 학술대회자료집: 21세기 장수과학, 어떻게 발전시킬 것인가? 134-155.

국민건강보험공단(2014). 2013년 건강보험 보험료 대 급여비 분석결과.

국민건강보험공단(2015a). 건강보험 주요통계.

국민건강보험공단(2015b). 2014 건강보험통계연보.

국민건강보험공단(2016). 2015 건강보험 주요통계.

국제노동정책팀(2007). 독일의 고령자 고용정책. 노동부.

김근홍(2001). 독일의 노인주택정책과 관련법, 주요선진국의 노인주택정책. 한국노인문제연구소 노인복지정책연구총서, 21, 55-97.

김덕주, 양영애(2012). 한국 노인보건의료체계의 현황과 발전방향에 대한 연구. 한국고령친화건강정책학회지, 4(2), 1-7.

김동배(1999a). 미래사회와 노인여가활동. 노인복지정책연구, 15, 19-35.

김동배(1999b). 미래사회와 노인여가활동, 미래사회와 노후생활. 한국노인문제연구소 노인복지정책연구총서, 15, 51-100.

김동배(2003). 고령화 사회와 참여정부의 사회복지정책. 사회복지통권, 157, 56-68.

김동배(2005). 시민사회와 자원봉사. 서울: 학지사.

김동배, 원영희, 이금룡(2000). 노인의 자원봉사활동 및 여가 교육프로그램개발 연구. 교육부.

김동배, 이윤화, 안인경(2004). 노인의 소득창출을 위한 작업능력개발에 관한 연구. 한국노년학, 24(1), 107-127.

김동배, 최재성, 조학래(1997). 전국자원봉사센터 모형개발에 관한 연구. 한국자원봉사단체협의회.

김미령, 김주현, 김정근, 양홍권, 이현기, 이기영, 조선영, 홍승연, 서혜경, 김유진, 박영란(2015). 베이비붐 세대의 노후준비와 삶의 질. 서울: 학지사.

김성순(1990). 고령화 사회에 있어서 지방정부의 역할에 관한 연구. 지방행정연구, 5(3), 109-124.

김승연, 고선규, 권정혜(2007). 노인집단에서 배우자의 사별 스트레스와 우울의 관계: 사회적 지지와 대처행동의 조절효과. 한국심리학회지: 임상, 26(3), 573-596.

김영숙(2006). 지역사회중심형 케어매니지먼트 체계 모형, 노인수발보험제도와 지역사회중심형 케어매니지먼트 체계. 노인수발보험제도 관련 전문가 워크숍 자료집. 한국노인종합복지관협회.

김영숙, 조선주, 정가원, 남궁윤영(2012). 베이비붐 세대 사회참여 지원사업 평가 및 정책과제에 관한 연구. 한국여성정책연구원. 보건복지부.

김은수(2015). 초고령사회의 복지주거환경 및 자원의 경제학. 서울: 도서출판 좋은땅.

김인자(2007). 노인현실요법. 노인복지시설 종사자를 위한 노인상담 워크숍 자료집. 숭의여자대학 산학협력단.

김중대(1998). 노인자원봉사활동의 필요성과 과제. 노인복지연구, 1(2), 103-135.

김태현(1985). 노인상담의 기초적 연구. 한국노년학, 5, 14-26.

김태현(1998). 노년학. 서울: 교문사.

김한곤(1998). 노인학대의 인지도와 노인학대의 실태에 관한 연구. 한국노년학, 18(1), 184-197.

김현주, 박재룡(1992). 실버산업의 현황과 전망. 월간 삼성경제, 2월호. 삼성경제연구소.

나영선(2005). 중고령층 고용특성과 유망직종. 한국직업능력개발원.

남순현(1990). 노년기 회상에 관한 성차 연구-시간적 투자와 회상적 기능 및 내용을 중심으로-. 고려대학교 대학원 석사학위 청구논문.

노동부(2006). 정년제도 현황조사.

대구광역시 종합자원봉사센터(1999). 대구시민 자원봉사활동 실태 및 의식조사 연구.

동경볼런티어센터 편(1999). 연장자 자원봉사조정자 매뉴얼. 박태영, 이재모 역. 대구광역시 노인 종합
    복지회관.

모선희, 김현수, 유성호, 윤경아(2005). 현대노인복지론. 서울: 학지사.

민재성 외(1993). 한국의 노령화 추이와 노인복지대책. 한국개발연구원.

박미령(2003). 출생가족 떠나기. 경운회보, 19.

박봉길(2005). 가족갈등을 매개로 한 노인대학의 경험에 대한 노인학대인식과 가족지원의 인과관
    계 분석. 노인복지연구, 28, 403-428.

박수천(2005). 일본의 고령친화산업을 통해 본 우리나라 고령친화 산업의 정책 대안. 노인복지연구,
    28, 103-142.

박재간(1979). 노인문제와 대책. 서울: 이우.

박재간, 손홍숙, 서경석, 박정희, 이호선, 최정윤, 백상창, 손화희, 박충선(2006). 노인상담론. 서울:
    공동체.

白澤政和(2000). 사례관리의 이론과 실제. 조추용, 권현주 공역. 서울: 유풍출판사.

변재관(2002a). 고령사회대책기본법 제정검토 및 노인보건복지종합대책. 한국보건사회연구원.

변재관(2002b). 고령화와 의료·복지정책방향: 21세기 노인복지정책의 전망과 과제. 한국사회보장
    학회 학술대회 자료집, 163-178.

변재관, 정경희, 선우덕, 석재은, 이윤경(2002). 고령사회대책기본법 제정 검토 및 노인보건복지 종합대
    책. 한국보건사회연구원.

보건복지부(2004a). 사회복지전담공무원 통합업무 안내.

보건복지부(2004b). 치매상담매뉴얼.

보건복지부(2006a). 노인수발보험법 제정안 설명자료.

보건복지부(2006b). 통계청 자료 및 저출산고령사회기본계획 대비 심층분석.

보건복지부(2007). 노인장기요양보장제도 재정추계.

보건복지부(2012). 노인학대 보고서.

보건복지부(2013). 2012년 치매 유병률 조사.

보건복지부(2015a). 노인보건복지사업안내.

보건복지부(2015b). 노인복지시설 현황.

보건복지부(2015c). 보건복지부 조직도. retrieved from http://www.mohw.go.kr/front_new/sg/
    ssg0101mn.jsp.PAR_MENU_ID=05&MENU_ID=050201

보건복지부(2015d). 의료급여사업안내.

보건복지부(2015e). 2014년 국민기초생활보장 수급자 현황.

보건복지부(2015f). 2014년 노인학대 현황보고서.

보건복지부(2015g). 2014년 노인 실태조사.

보건복지부, 중앙암등록본부(2011). 국가암등록통계사업.

서동인, 유영주(1991). 손자녀가 지각한 조모와의 심리적 친밀도. 아동학회지, 12(2), 154-172.

서울시복지재단(2012). 노인능력 활용방안 연구.

서울시 자원봉사센터(2011). 2011 자원봉사 시민포럼, 베이비붐 세대의 자원봉사 참여 활성화 방안.

서혜경, 정순둘, 최광현(2006). 노인상담입문: 이론과 실제. 서울: 집문당.

석재은(2000). 영국의 지역사회보호와 사례관리를 통한 보건·복지서비스. 보건복지포럼, 48, 51-62.

석재은(2005). 장기요양보호 정책의 한국적 모형에 관한 탐색적 논의: 국가, 시장, 가족의 역할분담
　　　과 정책설계. 한국사회복지학 춘계학술대회 자료집, 217-246.

선우덕, 송현종, 황나미, 강은정, 서영준, 김태일, 김동진(2005). 고령화 사회에서의 노인보건의료체계
　　　구축방안. 한국보건사회연구원.

성민선(1997). 주요국과 한국의 자원봉사 동향. 자원봉사의 기초. 자원봉사 프로그램 백과 2. 한국사회
　　　복지협의회.

小塩隆士(2005). 社會保障の 經濟學. 日本評論社.

손화희, 정옥분(2000). 재가복지 수혜노인의 주관적 안녕감에 대한 생태학적 접근. 한국노년학,
　　　19(1), 83-103.

신판귀(1999). 한국의 상장례문화에 관한 연구. 명지대학교 대학원 석사학위 청구논문.

신화용, 조병은(1999). 남편이 은퇴한 부부의 상호작용 특성과 결혼만족도. 한국노년학, 19(1), 31-44.

양옥남, 김혜정, 김미숙, 정순둘(2006). 노인복지론. 서울: 공동체.

유문무(2006). 일본의 고령친화산업과 한국의 고령친화산업의 전망과 과제. 아시아연구, 8(2), 85-111.

유정기(1975). 동양사상대전. 대구: 대한공보사.

윤은자, 김홍규(1998). 죽음의 이해: 코오리엔테이션 시각. 건국대학교 간호학과 논문집.

윤찬중(2001). 일본의 노인복지서비스 정책과 관련법, 주요선진국의 노인복지 서비스 정책. 한국노
　　　인문제연구소 노인복지정책연구총서, 22, 109-161.

이가옥, 서미경, 고경환, 박종돈(1994). 노인생활실태분석 및 정책과제. 한국보건사회연구원.

이광규(1984). 한국가족의 심리문제. 서울: 일지사.

이금룡, 전용호, 박지현(2012). 베이비 부머 자원봉사 프로그램 모형개발 연구. 상명대학교 산학협력단.

이대근(1991). 지역복지발전과 자원봉사 활용 방안. 사회복지, 1, 147-163.

이승협(2006). 고령사회의 노인소득보장에 관한 연구. 사회복지정책, 201-223.

이연호(2002). 노인학대 위험요인 및 특성이 학대로 인한 피해영역에 미치는 영향. 한국노년학,
　　　23(2), 105-123.

이영환(2001). 영국의 노인주택정책과 관련법, 주요선진국의 노인주택정책. 한국노인문제연구소 노인
　　　복지정책연구총서, 21, 7-54.

이용갑, 김경하, 박지연, 엄의현, 전창배, 허순임, 구미경(2005). 외국의 건강보험제도조사. 국민건강
　　보험공단.

이윤숙(1990). 노인과 성. 노인문제 논문, 논설집. 서울 : 교학사.

이인수(1995). 한국인의 노후생활에 관한 고찰. 국민보건연구소연구논총, 5(1), 83-89.

이장욱, 이양훈(2014). 한국의 지속가능한 노후소득보장정책 수립을 위한 탐색적 연구. 한국융합인
　　문학, 2(1), 49-79.

이정식(2008). 노인의 주거보장에 관한 연구. 세계헌법연구, 14(3), 289-328.

이정연(2002). 고부관계 개선을 위한 긍정적 사고훈련 프로그램의 적용. 한국가족관계학회지, 7(1),
　　117-136.

이종형, 진영선, 박민(2001). 노년기의 미래기억: 연구경향과 이론적 전망. 한국노년학, 21(2), 225-
　　245.

이해영(2006). 노인복지론. 서울 : 창지사.

이호선(2005). 노인상담. 서울: 학지사.

일본국립사회보장, 인구문제연구소(2010). 인구통계자료집.

장인협, 최성재(1987). 노인복지학. 서울 : 서울대학교 출판부.

장휘숙, 최영임(2007). 대학생과 노인의 죽음공포와 죽음불안 및 생활만족의 관계. 인간발달연구,
　　14(4), 105-122.

저출산고령사회위원회(2006). 고령친화 활성화 전략.

전채근(2003). 우리나라 고령친화산업의 활성화 방안. 노인복지연구, 20, 157-178.

전혜정(1992). 노년기 형제자매관계의 특성에 관한 연구-결속과 갈등을 중심으로-. 연세대학교 대
　　학원 석사학위 청구논문.

정경배(1999). 한국의 노인복지정책 방향, 21세기 노인복지정책 방향. 한국노인문제연구소 노인복지정
　　책연구총서, 14, 9-48.

정경희, 석재은, 이현주, 구인회, 손병돈, 홍경준(2005). 현 노령층의 소득보장 강화방안 마련. 한국보건
　　사회연구원.

정경희, 이소정, 이윤경, 김수봉, 선우덕, 오영희, 김경래, 박보미, 유혜영, 이은진(2010). 베이비부머
　　의 생활실태 및 복지욕구. 한국보건사회연구원.

정문자(2007). 노인가족상담. 노인복지시설 종사자를 위한 노인상담워크숍 자료집. 숭의여자대학 산학협
　　력단.

정순둘(2005). 사례관리실천의 이해. 서울 : 학지사.

정진희(1997). 노인의 건강행위와 영향요인. 경북대학교 대학원 석사학위 청구논문.

정홍원(2012). 인구 고령화의 경제적 영향 분석 및 고령화 대응지수 개발. 한국보건사회연구원.

조병은, 신화용(1992). 사회교환이론적 관점에서 본 맞벌이 가족의 성인 딸/며느리와 노모의 관계.
　　한국노년학, 12(2), 83-98.

지은정, 원영희, 김영미, 김진, 손동기, 김현지(2013). 시니어 사회공헌활동 지원체계 구축방안 I. 한국노인인력개발원.

차흥봉, 석재은, 양진운(2006). 노인장기요양보험의 재정 및 서비스 관리운영체계 모형연구. 사회복지정책, 27, 115-148.

최성재(1998). 인류의 고령화와 21세기 한국노인의 위상. 밝은 노후를 위한 노인복지운동의 대안모색. '밝은 노후 모임' 창립총회 및 기념세미나 자료집, 3-15.

최성재(2001). 미국의 노인주택정책과 관련법, 주요선진국의 노인주택정책. 한국노인문제연구소 노인복지정책연구총서, 21, 213-256.

최성재, 장인협(2006). 노인복지학. 서울: 서울대학교출판부.

최순남(1995). 현대노인복지론. 오산: 한신대학교 출판부.

최영준(2010). 영국 정년제도의 변화. 국제노동브리핑, 10월호, 4-12.

최운실(2005). 한국평생교육의 총체적 진단과 발전 모델 구상연구. 서울: 한국교육개발원.

최은영(1996). 노인보호서비스 개발을 위한 연구. 여성연구. 서울: 한국여성개발원.

통계청(2001). 인구 · 가구/인구구성비 및 부양비.

통계청(2003). 한국통계연감.

통계청(2004). 사회통계조사.

통계청(2005a). 고령자통계.

통계청(2005b). 사회통계조사.

통계청(2006a). 2005년 출생통계 잠정결과.

통계청(2006b). 장래인구신추계.

통계청(2006c). 한국통계연감.

통계청(2006d). 함께 가는 희망한국-VISION 2030.

통계청(2011a). 2011 고령자 통계.

통계청(2011b). 장래인구추계.

통계청(2011c). 2011년 사회조사.

통계청(2014a). 2013 사망원인 통계.

통계청(2014b). 직업교육훈련 참여 현황.

통계청(2014c). 2014 고령자 통계.

통계청(2015a). 2015 고령자 통계.

통계청(2015b). 사회조사.

통계청(2015c). 인구 · 가구/ 생명표.

통계청(2015d). 2014년 출생통계.

통계청, 금융감독원, 한국은행(2015). 가계금융 · 복지조사.

하정연, 오윤자(2003). 성공적인 노화를 위한 선택 · 적정화 · 보상책략 관련변인 연구. 한국가정관리학회지, 21(2), 131-145.

한경혜(2000). 한국가족 내의 세대관계의 양가성. 한국사회학회 후기사회학대회 발표문 요약집. 한국사회학회.

한경혜(2015). 베이비부머의 삶의 실태와 노후준비 현황. 보건복지부 · 국민연금공단 · 한국노인인력개발원, 제5차 인구 · 고령화 포럼.

한경혜, 이정화(2001). 부양의식, 형제자매 지원과 노부모 동거에 대한 혜택-비용 지각. 대한가정학회지, 39(11), 129-143.

한경혜, 최현자, 은기수, 이정화, 주소현, 김주현(2011). 한국의 베이비부머 연구. 서울대 노화 · 고령사회연구소.

한국교육개발원(2005). 학습국가 건설을 위한 평생교육정책 방향과 과제. RM2005-60.

한국교육개발원 평생교육센터(2005). 노인평생교육포럼. RM2004-50.

한국노동연구원(2008). 한국의 정년현황실태와 정년연장을 위한 여건조성 방안 연구.

한국노인복지학회 편(2006). 노인복지학 사전. 서울: 학현사.

한국보건사회연구원(2014). 2014년도 노인실태조사.

한국보건사회연구원(2015). 2014 노인실태조사.

한국보건산업진흥원(2014). 고령친화산업실태조사 및 산업분석.

한국사회과학자료원(2013). 한국의 사회동향 2013.

한국사회복지협의회(2013). 2012 사회복지 자원봉사 통계연보.

한국인터넷정보센터(2003). 한국인터넷통계집.

한국임상사회사업학회(2006). 노인복지론. 서울: 양서원.

한정란(2005). 노인교육의 이해. 서울: 학지사.

현대경제연구소(2006). Senior Renaissance 시대의 도래. 한국경제주평, 6(43), 1-14.

현외성(2005). 한국노인복지학 강론. 서울: 유풍출판사.

홍강의, 정도언(1982). 사회재적응 평가척도 제작-방법론적 연구. 신경정신의학, 21(1), 126-136.

Abel, E. (1991, June). Reversing the melanoma surge. *Patient Care*, 12-17.

Achenbaum, W. A., & Bengtson, V. L. (1994). Re-engaging the disengagement theory of aging: On the history and assessment of theory development in gerontology. *The Gerontologist, 34*, 756-763.

Achenbaum, W. A., & Orwoll, L. (1991). Becoming wise: A psychogerontological interpretation of the book of job. *International Journal of Aging and Human Development, 32*, 21-39.

Aiken, L. R. (1998). *Human development in adulthood*. New York: Plenum.

Akpek, E. K., & Smith, R. A. (2013). Current treatment strategies for age-related ocular conditions. *American Journal of Managed Care, 19* (5, Suppl.), S76-S84.

Albert, M. S., & Kaplan, E. (1980). Organic implications of neuropsychological deficits in the elderly. In L. W. Poon, J. L. Fozard, L. S. Cermak, D. Arenberg, & L. W. Thompson (Eds.), *New directions in memory and aging: Proceedings of the George A. Talland memorial conference.* Hillsdale, NJ: Erlbaum.

Albert, M. S., Wolfe, J., & Lafleche, G. (1990). Differences in abstraction ability with age. *Psychology and Aging, 5,* 94–100.

Andersen, G. J. (2012). Aging and vision: Changes in function and performance from optics to perception. *Wiley Interdisciplinary Reviews: Cognitive Science, 3,* 403–410.

Anderson, B. L., Kiecolt-Glaser, J. K., & Glaser, R. (1994). A biobehavioral model of cancer stress and disease course. *American Psychologist, 49,* 389–404.

Angier, N. (1990/June). Scientists struggle to undo tanning's deadly damage. *New York Times,* 10.

Anspaugh, D. J., Hamrick, M. H., & Rosato, F. D. (1991). *Wellness: Concepts and applications.* St. Louis, MO: Mosby.

Antonucci, T. C., & Akiyama, H. (1991). Burnout as a risk factor for coronary heart disease. *Behavioral Medicine, 17*(2), 53–59.

Artal, P., Ferro, M., Miranda, I., & Navarro, R. (1993). Effects of aging in retinal image quality. *Journal of the Optical Society of America, 10,* 1656–1662.

Atchley, R. C. (1971). Retirement and leisure participation: Continuity or crisis? *The Gerontologist, 11,* 13–17.

Atchley, R. C. (1972). *The social forces in later life.* Belmont, CA: Wadsworth.

Atchley, R. C. (1976). *The sociology of retirement.* New York: Schenkman.

Atchley, R. C. (2000). *Social forces and aging: An introduction to social gerontology* (9th ed.). Belmont, CA: Wadsworth.

Averyt, A. C. (1987). *Successful aging.* New York: Ballantine.

Bahrick, H. P. (1984). Semantic memory content in permastore: Fifty years of memory for spanish learned in school. *Journal of Experimental Psychology: General, 113,* 1–26.

Bahrick, H. P., Bahrick, P. O., & Wittlinger, R. P. (1975). Fifty years of memory for names and faces: A cross-sectional approach. *Journal of Experimental Psychology: General, 104,* 54–75.

Baltes, P. (1987). Theoretical propositions of life-span developmental psychology: On the dynamics between growth and decline. *Developmental Psychology, 23,* 611–626.

Baltes, P. B., Smith, J., & Staudinger, U. M. (1992). Wisdom and successful aging. In T. B. Sonderegger (Ed.), *Nebraska Symposium on Motivation* (Vol. 39): *Psychology and aging.* Lincoln: University of Nebraska Press.

Bamboa, M. (1990). *Rx for avoiding sun damage*. NIH Healthline.

Barr, R. A., & Eberhard, J. W. (1991). Safety and mobility of elderly drivers. *Human Factors, 33* (5), 497-603.

Bartoshuk, L. B., Riflein, B., Marks, L. C., & Barns, P. (1986). Taste and aging. *Journal of Gerontology, 41*, 51-57.

Bee, H. (1988). *Lifespan development* (2nd ed.). New York: Addison-Wesley.

Belsky, J. K. (1990). *The psychology of aging* (2nd ed.). Pacific Grove, CA: Brooks/Cole.

Bengtson, V. L. (1969). Cultural and occupational differences in level of present role activity in retirement. In R. J. Havighurst, J. M. A. Munnichs, B. L. Neugarten, & H. Thomas (Eds.), *Adjustment to retirement: A cross national study* (pp. 35-53). Assen, Netherlands: Van Gorkum.

Bengtson, V. L., Rosenthal, C. J., & Burton, L. M. (1995). Paradoxes of families and aging. In R. H. Binstock, & L. K. George (Eds.), *Handbook of aging and the social sciences* (4th ed., pp. 253-282). San Diego, CA: Academic Press.

Bennett, K. M., Smith, P. T., & Hughes, G. M. (2005). Coping, depressive feelings, and gender differences in late life widowhood. *Aging and Mental Health, 9*, 348-353.

Bergstrom, L. R. (1990). Retiring with security. *Security Management, 34*, 97-100.

Birkelt, D. P. (1991). *Psychiatry in the nursing home: Assessment, evaluation, and intervention*. Binghamton, NY: Haworth.

Birren, J. E., & Fisher, L. M. (1992). Aging and slowing of behavior: Consequences for cognition and survival. In T. Sonderegger (Ed.), *Nebraska Symposium on Motivation: Psychology and aging* (Vol. 39): Lincoln, NE: University of Nebraska Press.

Birren, J. E., & Renner, V. J. (1980). Concepts and issues of mental health and aging. In J. E. Birren & R. B. Sloane (Eds.), *Handbook of mental health and aging*. Englewood Cliffs, NJ: Prentice-Hall.

Blazer, D. G. (1992). *Later life depression: The importance of interdisciplinary understanding*. Washington, DC: Association for Gerontology in Higher Education.

Blazer, D., George, L. K., & Hughes, D. (1991). The epidemiology of anxiety disorders: An age comparison. In C. Salzman & B. D. Lebowitz (Eds.), *Anxiety in the elderly: Treatment and research*. New York: Springer.

Blieszner, R., & Hatvany, L. E. (1996). Diversity in the experience of late life widowhood. *Journal of Personal and Interpersonal Loss, 1*, 199-211.

Block, M. R., & Sinnott, J. D. (1979). Methodology and results. In R. Block & J. D. Sinnott (Eds.), *The battered elder syndrome: An exploratory study* (pp. 67-84). College Park, MD:

University of Maryland, Center on Aging.

Blumenthal, J. A. (1991). Effects of exercise training on bone density in older men and women. *Journal of the American Geriatrics Society, 39* (11), 1065-1070.

BMFSFJ (Bundesministerium für Familie, Senioren, Frauen und Jugend) (Hrsg.) (1999). *Informationen für senioren-der rote faden.* Berlin.

Bond, Z. S., & Garnes, S. (1980). Misperceptions of fluent speech. In R. A. Cole (Ed.), *Perception and production of fluent speech.* Hillsdale, NJ: Erlbaum.

Bondareff, W. (1985). The neural basis of aging. In J. E. Birren & K. W. Schaie (Eds.), *Handbook of the psychology of aging* (2nd ed.). New York: Van Nostrand Reinhold.

Bootzin, R. R., & Engle-Friedman, M. (1988). Sleep disturbances. In L. L. Carstensen & B. A. Edelstein (Eds.), *Handbook of clinical gerontology.* New York: Pergamon.

Bossé, R., Aldwin, C., Levenson, M. R., & Workman-Daniels, K. (1991). How stressful is retirement? Findings from the normative aging study. *Journal of Gerontology, 46,* 9-14.

Bossé, R., Aldwin, C., Levenson, M., Spiro, A., & Mroczek, D. (1993). Change in social support after retirement: Longitudinal findings from the normative aging study. *Journal of Gerontology: Psychological Sciences, 48,* 210.

Botwinick, J. (1977). Intellectual abilities. In J. E. Birren & K. W. Schaie (Eds.), *Handbook of the psychology of aging.* New York: Van Nostrand Reinhold.

Botwinick, J. (1981). *We are aging.* New York: Springer.

Botwinick, J. (1984). *Aging and behavior* (3rd ed.). New York: Springer.

Botwinick, J., & Storandt, M. (1974). *Memory, related functions, and age.* Springfield, IL: Thomas.

Bowlby, J. (1974). Psychiatric implications in bereavement. In A. H. Kutscher (Ed.), *Death and bereavement.* Springfield, IL: Charles C. Thomas.

Bowman, A. M. (1992). The relationship of anxiety to development of postoperative delirium. *Journal of Gerontological Nursing, 18* (1), 24-30.

Brannon, L., & Feist, J. (1992). *Health psychology: An introduction to behavior and health.* Belmont, CA: Wadsworth.

Brant, L. J., & Fozard, J. L. (1990). Age changes in pure-tone hearing thresholds in a longitudinal study of normal aging. *Journal of the Acoustical Society of America, 88,* 813-820.

Brenner, M. H. (1991). Health, productivity, and the economic environment: Dynamic role of socioeconomic status. In G. Green & H. Baker (Eds.), *Work, health, and productivity.* New York: Oxford University Press.

Bringle, R., & Hatcher, J. (1996). Implementing service learning into higher education. *Journal of*

Higher Education, 67, 221-239.

Brown, R., & Kulick, J. (1977). Flashbulb memories. *Cognition, 5,* 73-99.

Buchholz, D. (1988). Sleep disorders. *Treatment Trends, 3,* 1-9.

Buchsbaum, B. C. (1996). Remembering a parent who has died: A developmental perspective. In D. Klass, P. R. Silverman, & S. L. Nickman (Eds.), *Continuing bonds: New understandings of grief.* Washington, DC: Taylor & Francis.

Bückman, L., Mantyla, T., & Herlitz, A. (1990). The optimization of episodic remembering in old age. In P. B. Baltes & M. M. Baltes (Eds.), *Successful aging: Perspectives from the behavioral sciences.* New York: Cambridge University Press.

Butler, R., & Lewis, M. (1982). *Aging and mental health* (3rd ed.). St. Louis, MO: Mosby.

Camp, C. J., & McKitrick, L. A. (1989). The dialectics of forgetting and remembering across the adult lifespan. In. D. A. Kramer & M. Bopp (Eds.), *Transformation in clinical and developmental psychology.* New York: Springer-Verlag.

Carlson, A., Adolfson, R., Aquilonius, S. M., Gotfries, C. G., Oreland, L., Svennerholm, L., & Winbland, B. (1980). Biogenic amines in human brain in normal aging, senile dementia, and chronic alcoholism. In M. Goldstein, D. B. Caine, A. Lieberman, & M. O. Turner (Eds.), *Ergot compounds and brand function: Neuroendocrine and neuropsychiatric aspects.* New York: Raven Press.

Caro, F. G., & Bass, S. A. (1995). Increasing volunteering among older people. In S. A. Bass (Ed.), *Older & active: How Americans over 55 are contributing to society.* New Haven, CT: Yale Univ. Press, 71-96.

Carroll, A. (1994). *Golden opportunities: A volunteer guide for Americans over 50.* Princeton, NY: Peterson's.

Carstensen, L. L. (1991). Selectivity theory: Social activity in the life-span context. In K. W. Schaie & M. P. Lawton (Eds.), *Annual review of gerontology and geriatrics* (Vol. 11, pp. 195-217). New York: Springer.

Catalan, M. J., & de Pablo-Fernández, E., Villanueva, C., Fernández-Diez, S., Lapeña-Montero, T., García-Ramos, R., & López-Valdés, E. (2013). Levodopa infusion improves impulsivity and dopamine dysregulation syndrome in Parkinson's disease. *Movement Disorders, 28,* 2007-2010.

Cattell, R. B. (1965). *The scientific analysis of personality.* Baltimore: Penguin.

Cavanaugh, J. C., Grady, J., & Perlmutter, M. (1983). Forgetting and use of memory aids in 20- to 70-year-olds' everyday life. *International Journal of Aging and Human Development, 17,* 113-122.

Cerella, J., Poon, L., & Fozard, J. (1982). Age and iconic read-out. *Journal of Gerontology, 37,* 197-202.

Challis, D. (1990). *Gateshead community care scheme: Case management in social and health care.* PSSRU.

Chambre, S. (1993). Volunteerism by elders: Past trends and future prospects. *Gerontologist, 33* (2), 221-228.

Chappell, N. L., & Badger, M. (1989). Social isolation and well-being. *Journal of Gerontology, 14,* 169-176.

Chen, H. L. (1994). Hearing loss in the elderly: Relation to loneliness and self-esteem. *Journal of Gerontological Nursing, 20,* 22-28.

Cicirelli, V. G. (1977). Relationship of siblings to the elderly person's feelings and concerns. *Journal of Gerontology, 32,* 317-322.

Cicirelli, V. G. (1980). Sibling relationships in adulthood: A life span perspective. In L. Poon (Ed.), *Aging in the 1980's: Psychological issues* (pp. 455-462). Washington, DC: American Psychological Association.

Cicirelli, V. G. (1999). Personality and demographic factors in older adults' fear of death. *The Gerontologist, 39,* 569-579.

Claussen, C. F., & Patil, N. P. (1990). Sensory changes in later life. In M. Bergener & S. I. Finkel (Eds.), *Clinical and scientific psychogeriatrics.* New York: Springer.

Clayton, V. (1975). Erikson's theory of human development as it applies to the aged: Wisdom as contradictory cognition. *Human Development, 18,* 119-128.

Clayton, V. (1982). Wisdom and intelligence: The nature and function of knowledge in the later years. *International Journal of Aging and Development, 15,* 315-321.

Clayton, V. P., & Birren, J. E. (1980). The development of wisdom across the life span: A reexamination of an ancient topic. In P. B. Baltes & O. G. Brim (Eds.), *Life-span development and behavior* (Vol. 3). New York: Academic Press.

Clements, R. (1998). Intrinsic religious motivation and attitudes toward death among the elderly. *Current Psychology: Developmental, Learning, Personality, Social, 17,* 237-248.

Cobb, N. J. (1998). *Adolescence: Continuity, change, and diversity* (3rd ed.). Mountain View, CA: Mayfield.

Cohen, G. D. (1987). Alzheimer's disease. In G. L. Maddox (Ed.), *The encyclopedia of aging.* New York: Springer.

Coleman, P. D. (1986, August). *Regulation of dendritic extent: Human aging brain and Alzheimer's disease.* Paper presented at the meeting of the American Psychological

Association, Washington, DC.

Connidis, I. A. (1988). Sibling ties in later life. Paper presented at the annual meeting of the Gerontological Society of America. San Francisco, November.

Cook, A. S. (1991). Comparison of leisure patterns and morale between retired professional and nonprofessional women. *Journal of Women & Aging, 3*, 59-68.

Cooper, K. (1990). *Controlling cholesterol.* New York : Basic Books.

Coren, S., & Girgus, J. S. (1972). Density of human lens pigmentation : In vivomeasures over an extended age range. *Vision Research, 12,* 343-346.

Correa, P., Pickle, L. W., Fontham, E., Lin, Y., & Haenszel, W. (1983). Passive smoking and lung cancer. *The Lancet*, 595-597.

Corsini, R. J. (1987). *Concise encyclopedia of psychology.* New York : Wiley.

Corso, J. F. (1977). Auditory perception and communication. In J. E. Birren & K. W. Schaie (Eds.), *Handbook of the psychology of aging* (2nd ed.). New York: Van Nostrand Reinhold.

Corso, J. F. (1987). Sensory-perceptual processes and aging. In K. W. Schaie (Ed.), *Annual review of gerontology and geriatrics* (Vol. 7). New York : Springer.

Costa, P. T., Jr., & McCrae, R. R. (1984). Personality as a lifelong determinant of well-being. In C. Malatesta & C. Izard (Eds.), *Affective processes in adult development and aging.* Beverly Hills, CA : Sage.

Costa, P. T., Jr., & McCrae, R. R. (1986). Personality stability and its implications for clinical psychology. *Clinical Psychology Review, 6,* 407-423.

Costa, P. T., Jr., & McCrae, R. R. (1988). Personality in adulthood : A six-year longitudinal study of self-report and spouse ratings on the NEO Personality Inventory. *Journal of Personality and Social Psychology, 54,* 853-863.

Costa, P. T., Jr., & McCrae, R. R. (1989). Personality continuity and the changes of adult life. In M. Storandt & G. R. VandenBos (Eds.), *The adult years : Continuity and change.* Washington, DC: American Psychological Association.

Cousins, N. (1979). *Anatomy of an illness as perceived by the patient.* New York : Norton.

Covey, H. A. (1981). A reconceptualization of continuity theory. *Gerontologist, 21* (December), 628-633.

Cowgill, D. O. (1974). Aging and modernization : A revision of the theory. In J. Gubrium (Ed.), *Later life.* Springfield, IL : Charles C Thomas.

Cowgill, D. O. (1986). *Aging around the world.* Belmont, CA : Wadsworth.

Cowgill, D. O., & Holmes, L. D. (Eds.) (1972). *Aging and modernization.* New York : Appleton-Century-Crofts.

Cowgill, D. O., & Holmes, L. D. (Eds.) (1986). *Aging and around the world.* Belmont, CA: Wadsworth.

Cowley, M. (1989). *The view from 80.* New York: Viking.

Craik, F. I. M. (1977). Age differences in human memory. In J. E. Birren & K. W. Schaie (Eds.), *Handbook of the psychology of aging.* New York: Van Nostrand Reingold.

Craik, F. I. M. (1984). Age differences in remembering. In L. R. Squire & N. Butters (Eds.), *Neuropsychology of memory.* New York: Guilford.

Craik, F. I. M. (1994). Memory changes in normal aging. *Current Directions in Psychological Science, 3,* 155-158.

Craik, F. I. M., & Jennings, J. M. (1992). Human memory. In F. I. M. Craik & T. A. Salthouse (Eds.), *Handbook of aging and cognition.* Hillsdale, NJ: Erlbaum.

Crowder, R. G. (1980). Echoic memory and the study of aging memory systems. In L. W. Poon, J. L. Fozad, L. S. Cermak, D. Arenberg, & L. W. Thompson (Eds.), *New directions in memory and aging: Proceedings of the George A. Talland memorial conference.* Hillsdale, NJ: Erlbaum.

Crowther, M. R., Parker, M. W., Achenbaum, W. A., Larimore, W. L., & Koenig, H. G. (2002). Rowe and Kahn's model of successful aging revisited: Positive spirituality-The forgotten factor. *Gerontologist, 42,* 613-620.

Crystal, S., & Shea, D. G. (1990). Cumulative advantage, cumulative disadvantage, and inequality among elderly people. *The Gerontologist, 30* (4), 437-443.

Csikszentmihalyi, M., & Rathunde, K. (1990). The psychology of wisdom: An evolutionary interpretation. In R. J. Sternberg (Ed.), *Wisdom: Its nature, origins, and development.* Cambridge, England: Cambridge University Press.

Cumming, E., & Henry, W. E. (1961). *Growing older: The process of disengagement.* New York: Basic Books.

Curfman, G. D., Gregory, T. S., & Paffenbarger, R. S. (1985). Physical activity and primary prevention of cardiovascular disease. *Cardiology Clinics, 3,* 203-222.

Curran, J. M. (1997, April). *Creativity across the life span: Taking a new perspective. Paper presented at the meeting of the Society for Research in Child Development.* Washington, DC.

Damman, M., Henkens, K., & Kalmijn, M. (2014). Missing work after retirement: The role of life histories in the retirement adjustment process. *The Gerontologist, 55* (5), 802-813.

Danish, S. J. (1983). Musings about personal competence: The contributions of sport, health, and fitness. *American Journal of Community Psychology, 11* (3), 221-240.

Dannefer, D. (1994). Differential gerontology and the stratified life course: Conceptual and methodological issues. *A Bibliometric Analysis of Science Journals in ISI database*. Philadelphia: Institute for Scientific Information.

de Romilly, J. W. (1968). *Time in greek tragedy*. Ithaca, NY: Cornell University Press.

Denney, N. W. (1982). Aging and cognitive changes. In B. B. Wolman (Ed.), *Handbook of developmental psychology*. Englewood Cliffs, NJ: Prentice Hall.

Denney, N. W. (1989). Everyday problem solving: Methodological issues, research findings, and a model. In L. W. Poon, D. C. Rubin, & B. A. Wilson (Eds.), *Everyday cognition in adulthood and late life*. Cambridge, England: Cambridge University Press.

Denney, N. W., & Palmer, A. M. (1981). Adult age differences on traditional and practical problem-solving measures. *Journal of Gerontology, 36*(3), 323-328.

Denney, N. W., & Pearce, K. A. (1989). A developmental study of practical problem solving in adults. *Psychology and Aging, 4,* 438-442.

Denney, N. W., Tozier, T. L., & Schlotthauer, C. A. (1992). The effect of instructions on age differences in practical problem solving. *Journal of Gerontology: Psychological Sciences, 47,* 142-145.

Dennis, W. (1966). Creative productivity between the ages of 20 and 80 years. *Journal of Gerontology, 21,* 1-8.

DeSpelder, L. A., & Strickland, A. L. (1992). *The last dance: Encountering death and dying* (3rd ed.). Mountain View, CA: Mayfield.

Diamond, T. (1992). *Making gray gold: Narratives of nursing home care*. Chicago: University of Chicago Press.

Diehl, M., Willis, S. L., & Schaie, K. W. (1995). Older adults' everyday competence: Observational assessment and cognitive correlates. *Psychology and Aging, 10,* 478-491.

DiGiulio, J. F. (1992). Early widowhood: An atypical transition. *Journal of Mental Health Counseling, 14,* 97-109.

Dobbs, A. R., & Rule, B. G. (1989). Adult age differences in working memory. *Psychology and Aging, 4,* 500-503.

Doherty, W. J., & Jacobson, N. S. (1982). Marriage and the family. In B. Wolman (Ed.), *Handbook of developmental psychology*. Englewood Cliffs, NJ: Prentice-Hall.

Donohugh, D. (1981). *The middle years*. Philadelphia: Saunders.

Douglass, R. L., Hickey, T., & Noel, C. (1980). *A Study of maltreatment of the elderley and other vunerable adults*. New Delhi: Sage.

Dowd, J. J. (1980). Exchange rates and old people. *Journal of Gerontology, 35,* 596-602.

Dowd, J. J., & Bengston, V. L. (1978). Aging in minority populations: An examination of the double jeopardy hypothesis. *Journal of Gerontology, 33,* 427-36.

Downey, A. (1984). Relationship of religiosity to death anxiety of middle-aged males. *Psychological Reports, 54,* 811-822.

Duvall, E. M., & Miller, B. C. (1985). *Marriage and family development* (6th ed.). New York: Harper & Row.

EC (1991). *National Family Policies II.*

Edelson, E. (1991). Aging. *The encyclopedia of health: The life cycle.* New York: Chelsea House.

Einstein, G. O., & McDaniel, M. A. (1990). Normal aging and prospective memory. *Journal of Experimental Psychology: Learning, Memory, and Cognition, 6,* 717-726.

Einstein, G. O., & McDaniel, M. A. (2005). Prospective memory: Multiple retrieval processes. *Current Directions in Psychological Science, 14,* 286-290.

Einstein, G. O., McDaniel, M. A., Richardson, S. L., Guynn, M. J., & Cunfer, A. R. (1995). Aging and prospective memory: Examining the influences of self-initiated retrieval processes. *Journal of Experimental Psychology: Learning, Memory, and Cognition, 21,* 996-1007.

Eisdorfer, C. (1963). The WAIS performance of the aged: A retest evaluation. *Journal of Gerontology, 18,* 169-172.

Ekerdt, D. J. (1987). Why the notion persists that retirement harms health. *The Gerontologist, 27,* 454-457.

Ekerdt, D. J., Bossé, R., & Levkoff, S. (1985). An empirical test for phases of retirement: Findings from the normative aging study. *Journal of Gerontology, 40,* 95-101.

Eliasson, L., Birkhed, D., Osterberg, T., & Carlen, A. (2006). Minor salivary gland secretion rates and immunoglobulin A in adults and the elderly. *European Journal of Oral Sciences, 114,* 494-499.

Ellis, A., & Velten, E. (1998). *Optimal aging: Get over getting older.* Peru, IL: Open Court Publishing.

Emery, C. F., Burker, E. J., & Blumenthal, J. (1992). Psychological and physiological effects of exercise among older adults. In K. W. Schaie (Ed.), *Annual review of gerontology and geriatrics* (Vol. 11). New York: Springer.

Erber, J. T. (1981). Remote memory and age: A review. *Experimental Aging Research, 1,* 189-199.

Erikson, E. H. (1968). Life cycle. D. L. Sills & R. K. Merton (Eds.), *International Encyclopedia of the Social Sciences, 9* (pp. 286-292). New York: The Free Press.

Erikson, E. H. (Ed.) (1978). *Adulthood.* New York: Norton.

Erikson, E. H. (1982/1985). *The life cycle completed: A review.* New York: Norton.

Estes, C. L., & Close, L. (1998). Organization of health and social services for the frail elderly. *Living in the community with disability: Service needs, use, and systems.* New York: Springer.

Fetveit, A. (2009). Late-life insomnia: A review. *Geriatrics and Gerontology International, 9,* 220-234.

Field, D., & Millsap, R. E. (1991). Personality in advanced old age: Continuity or change? *Journal of Gerontology: Psychological Sciences, 46* (6), 299-308.

Fisher, D. H. (1978). *Growing old in America.* Oxford: Oxford University Press.

Fozard, J. L. (1990). Vision and hearing in aging. In J. E. Birren & K. W. Schaie (Eds.), *Handbook of the psychology of aging* (3rd ed.). New York: Academic Press.

Frankel, A. J., & Gelman, S. R. (2006). 사례관리. 권진숙 역. 서울: 학지사(원본발간일 2004).

Frazer, D. W., Leicht, M. L., & Baker, M. D. (1996). Psychological manifestations of physical disease in the elderly. In L. L. Carstersen, B. Edelstein, & L. Dornbrand (Eds.), *The practical handbook of clinical gerontology.* Thousand Oaks, CA: Sage.

Gabelle, A., & Dauvilliers, Y. (2010). Editorial: Sleep and dementia. *Journal of Nutrition, Health and Aging, 14,* 201-202.

Gall, T. L., Evans, D. R., & Howard, J. (1997). The retirement adjustment process: Changes in the well-being of male retirees across time. *Journal of Gerontology: Psychological Sciences, 52,* 110-117.

George, L. K. (1990). *Gender, age, and psychiatric disorders. Generations, 14* (3), 22-24.

Gibboney, R. (1996). Service learning & commitment to community: Exploring the emplications to honors student's perceptions of the process 2 years later. *Nonprofit & Voluntary Sector Quarterly, 25* (4), 506-524.

Gilbert, N., & Terrell, P. (1998). *Dimensions of social welfare policy.* Boston, MA: Allyn and Bacon.

Gillies, W. E., & West, R. H. (1981). Timolol maleate and intraocular pressure in low-tension glaucoma. *Transactions of the Ophthalmology Society, 33,* 25-33.

Glascock, A. P. (1997). When is killing acceptable: The moral dilemmas surrounding assisted suicide in America and other societies. In J. Sokolovsky (Ed.), *The cultural context of aging* (pp. 43-56). New York: Begin & Garvey.

Glasser, W. (1998). *The choice theory: A new psychology of personal freedom.* New York: Harper Collins.

Goh, J. O., & Park, D. C. (2009). Neuroplasticity and cognitive aging: The scaffolding theory of aging and cognition. *Restorative Neurology and Neuroscience, 27,* 391-403.

Gold, D. T., Woodbury, M. A., & George, L. K. (1990). Relationship classification using Grade of Membership (GOM) analysis: A typology of sibling relationships in later life. *Journal of Gerontology, 45*, 43-51.

Gorbach, S. L., Zimmerman, D. R., & Woods, M. (1984). *The doctors' antibreast cancer diet.* New York: Simon & Schuster.

Gordon, A. (1975). The Jewish view of death: Guidelines for mourning. In E. Kübler-Ross (Ed.), *Death: The final stage of growth.* Englewood Cliffs, NJ: Prentice-Hall.

Gottlieb, G. L. (1996). Financial issues. In J. Sadavoy, L. W. Lazarus, L. F. Jarvik, & G. T. Grossberg (Eds.), *Comprehensive review of geriatric psychiatry II* (2nd ed.). Washington, D.C.: American Psychiatric Press.

Graybeal, C. (2001). Strength-based social work assessment: Transforming the dominant paradigm. *Family in society, 82* (3), 233-242.

Greenstone, J., & Leviton, S. (2001). *Crisis management.* New York: Wiley & Sons.

Gribbin, K., Schaie, K. W., & Parham, I. A. (1980). Complexities of life style and maintenance of intellectual abilities. *Journal of Social Issues, 36*, 47-61.

Grubeck-Loebenstein, B. (2010). Fading immune protection in old age: Vaccination in the elderly. *Journal of Comparative Physiology, 142 Suppl 1*, S116-S119.

Gubrium, J. F. (1993). *Speaking of life: Horizons of meaning for nursing home residents.* Hawthorne, NY: Aldine.

Guilford, J. P. (1967). *The nature of human intelligence.* New York: McGraw-Hill.

Guo, Q., & Jacelon, C. S. (2014). An integrative review of dignity in end-of-life care. *Palliative Medicine, 28* (7), 931-940.

Guynn, M. J., McDaniel, M. A., & Einstein, G. O. (1998). Prospective Memory: When remainders fail. *Memory and Cognition, 26*, 287-298.

Hagberg, B. (1991). Stability and change of personality in old age and its relation to survival. *Journal of Gerontology: Psychological Sciences, 46*(6), 285-292.

Hales, D. (1992). *An invitation to health: Taking charge of your life.* Menlo Park, CA: Benjamin/Cummings.

Hall, G. S. (1922). *Senescence: The last half of life.* New York: Appleton.

Hamnett, C., & Mullings, B. (1992). A new consumption cleavage? The case of residential care for the elderly. *Environment and Planning, 24*, 807-820.

Harrell, J. S. (1988). Age-related changes in the respiratory system. In M. A. Matteson & E. S. McConnell (Eds.), *Gerontological nursing: Concepts and practice.* Philadelphia: Saunders.

Hartman, M., & Hasher, L. (1991). Aging and suppression: Memory for previously relevant information. *Psychology and Aging, 6*, 587-594.

Havighurst, R. J. (1982). The world of work. In B. B. Wolman (Ed.), *Handbook of developmental psychology* (pp. 771-787). Englewood Cliffs, NJ: Prentice-Hall.

Havighurst, R. J., Neugarten, B. L., & Tobin, S. S. (1968). Disengagement and patterns of aging. In B. L. Neugarten (Ed.), *Middle age and aging.* Chicago: University of Chicago Press.

Hayflick, L. (1974). The strategy of senescence. *The Gerontologist, 14* (1), 37-45.

Hayflick, L. (1985). Theories of biological aging. *Experimental Gerontology, 20,* 145-159.

Hayflick, L. (2003). Living forever and dying in the attempt. *Experimental Gerontology, 38,* 1231-1241.

Heller, Z. I. (1975). The Jewish view of dying: Guidelines for dying. In E. Kübler-Ross (Ed.), *Death: The final stage of growth.* Englewood Cliffs, NJ: Prentice-Hall.

Hellman, S., & Hellman, L. H. (1991). *Medicare and medigaps: A guide to retirement health insurance.* Newbury Park, CA: Sage.

Hendricks, J. (1992). Generations and the generation of theory in social gerontology. *International Journal of Aging and Human Development, 35,* 31-47.

Henry, W. E. (1965). Engagement and disengagement: Toward a theory of adult development. In R. Kastenbaum (Ed.), *Contributions to the psychobiology of aging* (pp. 19-35). New York: Springer.

Heston, L. L., & White, J. A. (1983). *Dementia.* New York: Freeman.

Heyn, J. E., Barry, J. R., & Pollack, R. H. (1978). Problem solving as a function of age, sex, and role appropriateness of the problem context. *Experimental Aging Research, 5,* 505-519.

Hita-Yanez, E., Atienza, M., & Cantero, J. L. (2013). Polysomnographic and subjective sleep markers of mild cognitive impairment. *Sleep, 36,* 1327-1334.

Hochberg, C., Maul, E., Chan, E. S., Van Landingham, S., Ferrucci, L., Friedman, D. S., & Ramulu, P. Y. (2012). Association of vision loss in glaucoma and age-related macular degeneration with IADL disability. *Investigative Ophthalmology and Visual Science, 53* (6), 3201-3206.

Holliday, S. G., & Chandler, M. J. (1986). *Wisdom: Explorations in adult competence.* Basel, Switzerland: Karger.

Holmes, T. H., & Rahe, R. H. (1976). The social readjustment rating scale. *Journal of Psychosomatic Research, 11,* 213.

Holt, B. J. (2000). *The practice of generalist case management.* Needham Heights, MA: Allyn and Bacon.

Homans, G. (1961/1974). *Social behavior: Its elementary forms.* New York: Harcourt Brace.

Hooyman, N. R., & Kiyak, H. A. (1999). *Social gerontology: A multidisciplinary perspective* (5th ed.). Boston, MA: Allyn and Bacon.

Hooyman, N. R., & Kiyak, H. A. (2005). *Social gerontology: A multidisciplinary perspective* (7th ed.). Boston, MA: Pearson/Allyn and Bacon.

Hooyman, N. R., & Kiyak, H. A. (2011). *Social gerontology: A multidisciplinary perspective* (9th ed.). Boston, MA: Allyn and Bacon.

Horn, J. L. (1967). Intelligence–Why it grows, why it declines. *Transaction, 5* (1), 23–31.

Horn, J. L. (1970). Organization of data on life–span development of human abilities. In L. R. Goulet & P. B. Baltes (Eds.), *Life-span developmental psychology: Theory and research.* New York: Academic.

Horn, J. L. (1982). The theory of fluid and crystallized intelligence in relation to concepts of cognitive psychology and aging in adulthood. In F. I. M. Craik & S. Trehub (Eds.), *Aging and cognitive processes.* New York: Plenum.

Horn, J. L., & Donaldson, G. (1980). Cognitive development in adulthood. In O. G. Brim & J. Kagan (Eds.), *Constancy and change in human development.* Cambridge, MA: Harvard University Press.

Hornstein, G. A., & Wapner, S. (1985). Modes of experiencing and adapting to retirement. *International Journal on Aging and Human Development, 21,* 291–315.

Hughes, B. (1990). Quality of life. In S. M. Peace (Ed.), *Researching social gerontology* (pp. 46–61). London: Sage.

Hyman, B. T., Van Hoesen, G. W., Damasio, A. R., & Barnes, C. L. (1984). Alzheimer's disease: Cell–specific pathology isolates hippocampal formation. *Science, 225,* 1168–1170.

Iams, H., & McCoy, J. (1991). Predictors of mortality among newly retired workers. *Social Security Bulletin, 54* (3), 2–10.

Ingraham, M. (1974). *My purpose holds: Reactions and experiences in retirement of TIAA-CREF annuitants.* New York: Teachers Insurance and Annuity Association/College Retirement Equity Fund.

Insel, P., & Roth, W. T. (1998). *Core concepts in health* (8th ed.). Mountain view, CA: Mayfield.

Jarvik, L. F., & Bank, L. (1983). Aging twins: Longitudinal aging data. In K. W. Schaie (Ed.), *Longitudinal studies of adult psychological development.* New York: Guilford.

Jarvis, P. (1990). Trenda in education and gerontology. *Educational Gerontology, 16* (4), 401–410.

Johansson, O., Andersson, J., & Rönnberg, J. (2000). Do elderly couples have a better prospective memory than other elderly people when they collaborate? *Applied Cognitive Psychology, 14*, 121-133.

Julius, S. (1990/July 18). The association of borderline hypertension with target organ change and higher coronary risk. *Journal of American Medical Association*, 24-27.

Jung, C. G. (1961). *Memories, dreams, reflections*. New York: Pantheon.

Jung, C. G. (1966). Two essays on analytic psychology. In *Collected works of C. G. Jung, Vol. 7*. Princeton, NJ: Princeton University Press.

Kahn, A. J. (1979). *Social policy and social services* (2nd ed.). New York: Random House.

Kahn, R. L., & Antonucci, T. C. (1980). Convoys over the life course: Attachment, roles, and social support. In P. B. Baltes & O. G. Brim, Jr. (Eds.), *Life-span development and behavior* (Vol. 3). New York: Academic Press.

Kail, R. V., & Cavanaugh, J. C. (2000). *Human development: A lifespan view* (2nd ed.). Belmont, CA: Wadsworth.

Kalish, R. (1985). The social context of death and dying. In R. Binstock & E. Shanas (Eds.), *Handbook of aging and the social sciences* (2nd ed.). New York: Van Nostrand Reinbold.

Kaplan, J. (1962). *Social welfare of the aging proceedings*. New York: Columbia University Press.

Kart, C. S. (1990). *The realities of aging* (3rd ed.). Boston: Allyn & Bacon.

Kastenbaum, R. (1991). *Death, society, and human experience* (4th ed.). New York: Macmillan/Merrill.

Kastenbaum, R., & Aisenberg, R. (1972). *The psychology of death*. New York: Springer.

Katchadourian, H. (1987). *Fifty: Midlife in perspective*. New York: Freeman.

Kawachi, I., Colditz, G. A., Stampfer, M. J., Willett, W. C., Manson, J. E., Rosner, B., Speizer, F. E., & Hennekens, C. H. (1993). Smoking cessation and decreased risk of stroke in women. *Journal of the American Medical Association, 269*, 232-236.

Keith, P. (1979). Life changes and perceptions of life and death among older men and women. *Journal of Gerontology, 34*, 870-878.

Keller, J. W., Sherry, D., & Piotrowski, C. (1984). Perspectives on death: A developmental study. *Journal of Psychology, 116*, 137-142.

Kelly, J. R. (1992). *Activity and aging*. Newbury Park, CA: Sage.

Kermis, M. D. (1984). *The psychology of aging: Theory, research, and practice*. Boston: Allyn & Bacon.

Kiecolt-Glaser, J. K., & Glaser, R. (1995). Measurement of immune response. In S. Cohen, R. C.

Kessler, & L. U. Gordon (Eds.), *Measuring stress: A guide for health and social scientists*. New York: Oxford University Press.

Kirkpatrick, D. (1989). Will you be able to retire? *Fortune, 120* (3), 56-59.

Klass, D. (1996). The deceased child in the psychic and social worlds of bereaved parents during the resolution of grief. In D. Klass, P. R. Silverman, & S. L. Nickman (Eds.), *Continuing bonds: New understandings of grief*. Washington, DC: Taylor & Francis.

Kleemeier, R. W. (1962). Intellectual change in the senium. *Proceedings of the Social Statistics Section of the American Statistical Association, 1,* 290-295.

Kobasa, S., Maddi, S., & Kahn, S. (1982). Hardiness and health: A prospective study. *Journal of Personality and Social Psychology, 42,* 168-177.

Kokmen, E. (1984). Dementia Alzheimer type. *Mayo Clinic Proceedings, 59,* 35-42.

Kübler-Ross, E. (1969). *On death and dying*. New York: Macmillan.

Kübler-Ross, E. (Ed.) (1975). *Death: The final stage of growth*. Englewood Cliffs, NJ: Prentice-Hall.

Kübler-Ross, E. (1981). *Living with death and dying*. New York: Macmillan.

Kübler-Ross, E. (1983). *On children and death*. New York: Macmillan.

Labouvie-Vief, G. (1985). Intelligence and cognition. In J. E. Birren & K. W. Schaie (Eds.), *Handbook on the psychology of aging* (2nd ed.). New York: Van Nostrand Reinhold.

Labouvie-Vief, G. (1990a). Modes of knowledge and the organization of development. In M. L. Commons, L. Kohlberg, R. Richards, & J. Sinnott (Eds.), *Beyond formal operations: Models and methods in the study of adult and adolescent thought*. New York: Praeger.

Labouvie-Vief, G. (1990b). Wisdom as integrated thought: Historical and development perspectives. In R. J. Sternberg (Ed.), *Wisdom: Its nature, origins, and development*. Cambridge, England: Cambridge University Press.

Labouvie-Vief, G., & Gonda, J. N. (1976). Cognitive strategy training and intellectual performances in the elderly. *Journal of Gerontology, 31,* 327-332.

Labouvie-Vief, G., & Schell, D. A. (1982). Learning and memory in later life. In B. B. Wolman (Ed.), *Handbook of developmental psychology*. Englewood Cliffs, NJ: Prentice Hall.

LaForge, R. G., Spector, W. D., & Sternberg, J. (1992). The relationship of vision and hearing impairment to one-year mortality and functional decline. *Journal of Aging and Health, 4* (1), 126-148.

Lakatta, E. G. (1990). Changes in cardiovascular function with aging. *European Heart Journal, 11c,* 22-29.

Lalley, P. M. (2013). The aging respiratory system-pulmonary structure, function, and neural control. *Respiratory Physiology and Neurology, 187,* 199–210.

Lawson, D. M. (1998). *Volunteering: 101 ways you can improve the world* & *your life.* San Diago, CA: ALTI Publishing.

Lee, G., & Shehan, C. L. (1989). Retirement and marital satisfaction. *Journal of Gerontology, 44B,* 226–230.

Lee, P. R., Franks, P., Thomas, G. S., & Paffenbarger, R. S. (1981). *Exercise and health: The evidence and its implications.* Cambridge, MA: Oelgeschlager, Gunn, & Hain.

Lee, T. R., Mancini, J. A., & Maxwell, J. W. (1990). Sibling relationships in adulthood: Contact patterns and motivation. *Journal of Marriage and the Family, 52,* 431–440.

Lehman, H. C. (1953). *Age and achievement.* Princeton, NJ: Princeton University Press.

Leitner, M. J., & Leitner, S. F. (1985). *Leisure in later life.* Binghamton, NY: The Haworth Press.

Lerma, E. V. (2009). Anatomic and physiologic changes of the aging kidney. *Clinics in Geriatric Medicine, 25,* 325–329.

Levinson, D. J. (1978). *The seasons of a man's life.* New York: Knopf.

Levinson, D. J. (1984). The career is in the life structure, the life structure is in the career: An adult development perspective. In M. B. Arthur, L. Bailyn, D. J. Levinson, & H. Shepard (Eds.), *Working with careers.* New York: Columbia University School of Business.

Levinson, D. J. (1986). A conception of adult development. *American Psychologist, 41,* 3–13.

Levinson, D. J. (1990). A theory of life structure in adulthood. In C. N. Alexander & E. J. Langer (Eds.), *Higher stages of human development: Perspectives on adult growth.* New York: Oxford University Press.

Levitt, M. J. (1989). Attachment and close relationships: A life–span perspective. In J. L. Gewirtz, & W. F. Kurtines (Eds.), *Intersections with attachment.* Hillsdale, NJ: Erlbaum.

Levy, S. M., Herberman, R. B., Lee, T., Whiteside, T., Kirkwood, J., & McFeeley, S. (1990). Estrogen receptor concentration and social factors as predictors of natural killer cell activity in early stage breast cancer patients. *Natural Immunity and Cell Growth Regulation, 9,* 313–324.

Lieberman, A. (1974). Parkinson's diease: A clinical review. *American Journal of Medical Science, 267,* 66–80.

Light, L. L. (1991). Memory and aging: Four hypotheses in search of data. *Annual Review of Psychology, 42,* 333–376.

Light, L. L. (1992). The organization of memory in old age. In F. I. M. Craik & T. A. Salthouse (Eds.), *The handbook of aging and cognition.* Hillsdale, NJ: Erlbaum.

Li-Korotky, H. S. (2012). Age–related hearing loss: Quality of care for quality of life. *The*

Gerontologist, 52, 265-271.

Lund, D. A., Caserta, M., & Dimond, M. (1993). The course of espousal bereavement in later life. In M. Stroebe, W. Stroebe, & R. Hanson (Eds.), *Handbook of bereavement*. New York: Cambridge University Press.

Lynott, R. J., & Lynott, P. P. (1996). Tracing the course of theoretical development in the sociology of aging. *The Gerontologist, 36* (6), 749-760.

Madden, D. J. (1992). Four to ten milliseconds per year: Age-related slowing of visual word identification. *Journal of Gerontology: Psychological Sciences, 47*, 59-68.

Malcolm, A. H. (1984, September 23). Many see mercy in ending empty lives. *The New York Times, 1,* 56.

Mallinson, I. (1995). *Keyworking in social care: A structured approach to provision.* London, Whiting & Birch.

Mantyh, P. W. (2014). The neurobiology of skeletal pain. *European Journal of Neuroscience, 39,* 508-519.

Markides, K. S., & Martin, H. (1979). A causal mode of life satisfaction among the elderly. *Journal of Gerontology, 34,* 86-93.

Marshall, V. W. (1981). *A sociology of aging and dying.* Belmont, CA: Wadsworth.

Marshall, V. W. (1986). A sociological perspective on aging and dying. In V. W. Marshall (Ed.), *Later life: The social psychology of aging* (pp. 125-146). Beverly Hills, CA: Sage.

Marshall, V., & Levy, J. (1990). Aging and dying. In R. Binstock & L. George (Eds.), *Handbook of aging and the social sciences* (3rd ed.). New York: Academic Press.

Marsiglio, W., & Donnelly, D. (1991). Sexual relations in later life: A national study of married persons. *Journal of Gerontology, 46* (6), 338-344.

Martindale, J. A., & Moses, M. J. (1991). *Creating your own future: A woman's guide to retirement planning.* Naperville, IL: Sourcebooks Trade.

Martin-Matthews, A. (1988). Widowhood as an expectable life event. In V. Marshall (Ed.), *Aging in Canada: Social perspectives* (2nd ed.). Markham, Ont.: Fitzhenry and Whiteside.

Maslow, A. H. (1970). *Motivation and personality* (2nd ed.). New York: Harper & Row.

Maslow, A. H. (1971). *The farther reaches of human nature.* New York: Viking Press.

Masters, W., & Johnson, V. (1981). Sex and the aging process. *Journal of the American Geriatrics Society, 29,* 385-390.

Matsukura, S., Taminato, T., Kitano, N., Seino, Y., Hamada, H., Uchihashi, M., Nakajima, H., & Hirata, Y. (1984). Effects of environmental tobacco smoke on urinary cotinine excretion in nonsmokers. *New England Journal of Medicine, 311* (13), 828-832.

Matteson, M. A. (1988). Age-related changes in the integument. In M. A. Matteson & E. S. McConnell (Eds.), *Gerontological nursing: Concepts and practice*. Philadelphia: Saunders.

Matthew, A. M., & Brown, K. H. (1987). Retirement as a critical life event: Differential experiences of women and men. *Research on Aging, 9* (4), 548-571.

Maylor, E. A. (1996). Does prospective memory decline with age? In M. Brandimonte, G. O. Einstein, & M. A. McDaniel (Eds.), *Prospective memory theory and applications*. NJ: Lawrence Erlbaum Associates.

Maynard, P. E. (1980). Group counseling with the elderly: Training and practice. In C. J. Pulvino, & N. Colangelo (Eds.), *Counseling for the Growing Years: 65 and Over*. Minneapolis, MN: Educational media corporation.

McCann, I. L., & Holmes, D. S. (1984). Influence of aerobic exercise on depression. *Journal of Personality and Social Psychology, 46* (5), 1142-1147.

McMillan, L. (1990). Grandchildren, chocolate, and flowers. *Australian Journal on Ageing, 9* (4), 13-17.

Meacham, J. A. (1982). Wisdom and the context of knowledge: Knowing that one doesn't know. In D. Kuhn & J. A. Meacham (Eds.), *On the development of developmental psychology*. Basel, Switzerland: Karger.

Meacham, J. A. (1990). The loss of wisdom. In R. J. Sternberg (Ed.), *Wisdom: Its nature, origins, and development*. Cambridge: Cambridge University Press.

Merva, M., & Fowles, R. (1992). *Effects of diminished economic opportunities on social stress: Heart attacks, strokes, and crime* [Briefing paper]. Washington, DC: Economic Policy Institute.

Messerli, F. H. (1990). Hypertension in the elderly: How innocent a bystander? In M. Bergener, M. Ermini, & H. B. Stahelin (Eds.), *Challenges in aging. sandoz lectures in gerontology*. San Diego, CA: Academic Press.

Mestre, T. A., Teodoro, T., Reginold, W., Graf, J., Kasten, M., Sale, J., Zurowski, M., Miyasaki, J., Ferreira, J. J., & Marras, C. (2014). Reluctance to start medication for Parkinson's disease: A mutual misunderstanding by patients and physicians. *Parkinsonism and Related Disorders, 20* (6), 608-612.

Meyer, B. J. F., Russo, C., & Talbot, A. (1995). Discourse comprehension and problem solving: Decisions about the treatment of breast cancer by women across the life span. *Psychology and Aging, 10,* 84-103.

Michalska-Malecka, K., Nowak, M., Gościniewicz, P., Karpe, J., Słowińska-Łożyńska, L., Łypaczewska, A., & Romaniuk, D. (2013). Results of cataract surgery in the very elderly population. *Clinical Interventions in Aging, 8,* 1041-1046.

Micozzi, M. (1997). Exploring alternative health approaches for elders. *Aging Today, 18,* 9-12.

Miller, R. A. (1996). Aging and the immune response. In E. L. Schneider & J. W. Rowe (Eds.), *Handbook of the biology of aging* (4th ed.). San Diego, CA: Academic Press.

Mistretta, C. M. (1984). Aging effects on anatomy and neurophysiology of taste and smell. *Gerontology, 3,* 131-136.

Moody, H. R. (1988). Toward a critical gerontology: The contribution of the humanities to theories of aging. In J. E. Birren & V. L. Bengston (Eds.), *Emergent theories of aging* (pp. 19-40). New York: Springer.

Moody, H. R. (2002). *Aging: Concepts and controversies* (4th ed.). Thousand Oaks, CA: Sage.

Morey, M. C. (1991). Two-year trends in physical performance following supervised exercise among community-dwelling older veterans. *Journal of the American Geriatrics Society, 39*(10), 986-992.

Morgan, J. C. (1979). *Becoming old.* New York: Springer.

Morin, C. M., & Gramling, S. E. (1989). Sleep patterns and aging: Comparison of older adults with and without insomnia complaints. *Psychology and Aging, 4,* 290-294.

Morin, C. M., Savard, J., & Ouellet, M. C. (2013). Nature and treatment of insomnia. In I. B. Weiner & others (Eds.), *Handbook of psychology* (2nd ed., Vol. 9). New York: Wiley.

Morrell, C. H., & Brant, L. J. (1991). Modeling hearing thresholds in the elderly. *Statistics in Medicine, 10,* 1453-1464.

Morrow, D., Leirer, V., Altieri, P., & Fitzsimons, C. (1994). When expertise reduces age differences in performance. *Psychology and Aging, 9,* 134-148.

Moss, M. S., & Moss, S. Z. (1995). Death and bereavement. In R. Blieszner & V. H. Bedford (Eds.), *Handbook of aging and the family.* Westport, CT: Greenwood Press.

Moushegian, G. (1996, January). *Personal communication, program in psychology, and human development.* University of Texas at Dallas, Richardson, TX.

Murphy, C. (1983). Age-related effects on the threshold psychophysical function, and pleasantness of menthol. *Journal of Gerontology, 38,* 217-222.

Murphy, C. (2009). The chemical senses and nutrition in older adults. *Journal of Nutrition for the Elderly, 27,* 247-265.

Mutschler, P. H. (1992). Where elders live. *Generations, Spring,* 7-14.

Myers, J. E. (1990). Aging: An overview for mental health counselors. *Journal of Mental Health Counseling, 12,* 245-259.

Myslinski, N. R. (1990). The effects of aging on the sensory systems of the nose and mouth. *Topics in Geriatric Rehabilitation, 5* (4), 21-30.

Neugarten, B. L. (1977). Personality and aging. In J. E. Birren & K. W. Schaie (Eds.), *Handbook of the psychology of aging.* New York: Van Nostrand Reinhold.

Neugarten, B. L., Havighurst, R. J., & Tobin, S. S. (1968). Personality and patterns of aging. In B. L. Neugarten (Ed.), *Middle age and aging.* Chicago: University of Chicago Press.

Neulinger, J. (1976). The need for the implications of a psychological conception of leisure. *The Ontario Psychologist, 8* (2), 13-20.

Norris, F. H., & Murrell, S. A. (1990). Social support, life events, and stress as modifiers of adjustment to bereavement by older adults. *Psychology and Aging, 5* (3), 429-436.

Notelovitz, M., & Ware, M. (1983). *Stand tall: The informed woman's guide to preventing osteoporosis.* Gainesville, FL: Triad.

O'Connell, B., & O'Connell, A. B. (1989). *Volunteers in action.* New York: Foundation Center.

O'Donovan, D., Hausken, T., Lei, Y., Russo, A., Keogh, J., Horowitz, M., & Jones, K. L. (2005). Effect of aging on transpyloric flow, gastric emptying, and intragastric distribution in healthy humans-impact on glycemia. *Digestive Diseases and Sciences, 50,* 671-676.

OECD (2006). Aging and employment policies. *Live longer, work longer.* Paris: OECD.

Okun, M. A. (1976). Adult age and cautiousness in decision: A review of the literature. *Human Development, 19,* 220-233.

Olafsdottir, E., Andersson, D. K., & Stefansson, E. (2012). The prevalence of cataract in a population of with and without type 2 diabetes mellitus. *Acta Ophthalmologica, 90,* 334-340.

O'Malley, H., Segars, H., Perez, R., Mitchell, V., & Kneupfel, G. (1989). *Elder abuse in Massachusetts.* Boston, MA: Legal Research and Services for the Elderly.

Orthner, D. K. (1981). *Intimate relationships: An introduction to marriage and the family.* Reading, MA: Addison-Wesley.

Osgood, N. J. (1991). Prevention of suicide in the elderly. *Journal of Geriatric Psychiatry, 24* (2), 293-306.

Pacala, J. T., & Yeuh, B. (2012). Hearing defects in the older patient: "I didn't notice anything." *Journal of the American Medical Association, 307,* 1185-1194.

Paffenbarger, R. S., Hyde, R. T., Wing, A. L., Lee, I., Jung, D. L., & Kampert, J. B. (1993). The association of changes in physical-activity level and other lifestyle characteristics with mortality among men. *New England Journal of Medicine, 328,* 538-545.

Palmore, E. B., & Cleveland, W. (1976). Aging, terminal decline, and terminal drop. *Journal of Gerontology, 31,* 76-81.

Palmore, E. B., Burchett, B., Fillenbaum, G., George, L., & Wallman, L. (1985). *Retirement: Causes and consequences.* New York: Springer.

Papalia, D. E., Olds, S. W., & Feldman, R. D. (1989). *Human development* (4th ed.). Boston: McGraw-Hill.

Parker, S. (1971). *The future of work and leisure.* New York: Praeger.

Parkes, C. M. (1972). *Bereavement: Studies of grief in adult life.* New York: International University Press.

Parkes, C. M. (1993). Bereavement as a psychosocial transition: Processes of adaptation to change. In M. S. Stroebe, W. Stroebe, & R. O. Hanson (Eds.), *Handbook of bereavement: Theory, research, and intervention.* New York: Cambridge University Press.

Parkes, C. M., Benjamin, B., & Fitzgerald, R. G. (1969). Broken heart: A statistical study of increased mortality among widowers. *British Medical Journal, 1,* 740-743.

Passutb, P. M., & Bengtson, V. L. (1988). Sociological theories of aging: Current perspectives and future directions. In J. E. Birren & V. L. Bengtson (Eds.), *Emergent theories of aging.* New York: Springer.

Payton, R. H. (1988). *Philanthropy: Voluntary action for the public good.* New York: Collier MacMillan.

Pearson, J. C. (1996). Forty-forever years: Primary relationships and senior citizens. In N. Vanzetti & S. Duck (Eds.), *A lifetime of relationship.* Pacific Grove, CA: Brooks/Cole.

Peck, R. C. (1968). Psychological developments in the second half of life. In B. L. Neugarten (Ed.), *Middle age and aging.* Chicago: University of Chicago Press.

Peterson, D. A. (1983). *Facilitating education for older learners.* San Francisco, CA: Jossey-Bass.

Phillips, D. (1992). Death postponement and birthday celebrations. *Psychosomatic Medicine, 26,* 12-18.

Philips, J., Ray, M., & Marshall, M. (2006). *Social work with older people.* New York: Palgrave MaCmillan.

Pincus, T., Callahan, L. F., & Burkhauser, R. V. (1987). Most chronic diseases are reported more frequently by individuals with fewer than 12 years of formal education in the age 18-64 United States population. *Journal of Chronic Diseases, 40* (9), 865-874.

Piscatella, J. (1990). *Don't eat your heart out cookbook.* New York: Workman.

Polich, C. L., Parker, M., Iversen, L. H., & Korn, K. (1992). Case management for long-term care: A review of experience and potential. In C. Polich, M. Parker, D. Chase & M. Hottinger (Eds.), *Managing health care for the elderly.* New York: John Wiley & Sons.

Poon, L. W. (1985). Differences in human memory with aging: Nature, causes, and clinical implications. In J. E. Birren & K. W. Schaie (Eds.), *Handbook of the psychology of aging* (2nd ed.). New York: Van Nostrand Reinhold.

Poon, L. W., & Fozard, J. L. (1978). Speed of retrieval from long term memory in relation to age, familiarity, and datedness of information. *Journal of Gerontology, 33,* 711-717.

Porterfield, J. D., & Pierre, R. S. (1992). *Wellness: Healthful aging.* Guilford, CT: Dushkin.

Powell, D. H. (1998). *The nine myths of aging: Maximizing the quality of later life.* New York: W. H. Freeman.

Prinz, P., Dustman, R. E., & Emmerson, R. (1990). Electrophysiology and aging. In J. E. Birren & K. W. Schaie (Eds.), *Handbook of the psychology of aging* (3rd ed.). New York: Academic Press.

Rapaport, S. (1994, November 28). *Interview.* U.S. News and World Report, 94.

Raskind, M. A., & Peskind, E. R. (1992). Alzheimer's disease and other dementing disorders. In J. E. Birren, R. B. Sloane, & G. D. Cohen (Eds.), *Handbook of mental health and aging* (2nd ed.). San Diego, CA: Academic Press.

Rawson, N. E. (2006). Olfactory loss in aging. *Science of Aging Knowledge Environment, 6.*

Rebok, G. W. (1987). *Life-span cognitive development.* New York: Holt, Rinehart, & Winston.

Reed, R. L. (1991). The interrelationship between physical exercise, muscle strength, and body adiposity in a healthy elderly population. *Journal of the American Geriatrics Society, 39* (12), 1189-1193.

Rees, T. (2000). Health promotion for older adults: Age-related hearing loss. *Northwest Geriatric Education Center Curriculum Modules.* Seattle: University of Washington NWGEC.

Reichard, S., Livson, F., & Peterson, P. (1962). *Aging and personality: A study of 87 older men.* New York: Wiley.

Rein, M., & Salzman, H. (1995). Social integration, participation & exchange in five industrial countries. In S. C. Bass (Ed.), *Older & active: How Americans over 55 are contributing to society.* New Haven, CT: Yale University. Press.

Reisberg, B. (Ed.) (1983). *Alzheimer's disease.* New York: Free Press.

Riley, K. P. (1999). Assessment of dementia in the older adult. In P. A. Lichtenberg (Ed.), *Handbook of assessment in clinical gerontology* (pp. 134-166). Hoboken, NJ: John Wiley & Sons, Inc.

Riley, M. W. (1993). Education opportunities for people of all ages. *Keynote address at annual meeting of the Association for Gerontology in Higher Education.* Louisville, KY.

Riley, M. W., & Foner, A. (1968). *Aging and society, Vol. 1.* New York: Russell Sage.

Robert, L., Labat-Robert, J., & Robert, A. A. (2012). Physiology of skin aging. *Clinics in Plastic*

Surgery, 39, 1-8.

Roberts, D., Anderson, B. L., & Lubaroff, A. (1994). Stress and immunity at cancer diagnosis. Unpublished manuscript. *Department of psychology.* Columbus, Ohio State University.

Robinson, B., & Thurner, M. (1979). Taking care of aged parents: A family circle transition. *The Gerontologist, 19* (6), 586-593.

Rose, S., & Moore, J. (1995). Case management. In R. Edward (Ed.), *Encyclopedia of social work.* Washington, D.C.: NASW.

Rosenberg, L., Palmer, J. R., & Shapiro, S. (1990). Decline in the risk of myocardial infarction among women who stop smoking. *New England Journal of Medicine, 322*, 213-217.

Rosenhall, U., & Karlsson, A. K. (1991). Tinnitus in old age. *Scandinavian Audiology, 20*, 165-171.

Rosow, I. (1974). *Socialization to old age.* Berkeley, CA: University of California Press.

Rossman, I. (1986). The anatomy of aging. In I. Rossman (Ed.), *Clinical geriatrics* (3rd ed.). Philadelphia: Lippincott.

Rowe, J. W., & Kahn R. L. (1998). *Successful aging.* New York: Pantheon.

Rubin, S. S., & Malkinson, R. (2001). Parental response to child loss across the life cycle: Clinical and research perspectives. In M. S. Stroebe, R. O. Hansson, W. Stroebe, & H. Schut (Eds.), *Handbook of bereavement research: Consequences, coping, and care* (pp. 169-197). Washington, DC: American Psychological Association.

Ruchlin, H. S., & Morris, J. N. (1992). Deteriorating health and the cessation of employment among older workers. *Journal of Aging and Health, 4,* 43-57.

Ruckenhauser, G., Yazdani, F., & Ravaglia, G. (2007). Suicide in old age: Illness or autonomous decision of the will? *Archives of Gerontology and Geriatrics, 44* (6, Suppl.), S355-S358.

Salthouse, T. A. (1982). *Adult cognition: An experimental psychology of human aging.* New York: Springer-Verlag.

Salthouse, T. A. (1991). *Theoretical perspectives on cognitive aging.* Hillsdale, NJ: Erlbaum.

Salthouse, T. A. (1994). The nature of the influence of speed on adult age differences in cognition. *Developmental Psychology, 30,* 240-259.

Santrock, J. W. (1998). *Adolescence.* New York: McGraw-Hill.

Sasson, I., & Umberson, D. J. (2014). Widowhood and depression: New light on gender differences, selection, and psychological adjustment. *Journals of Gerontology B: Psychological Sciences and Social Sciences, 69*, 135-145.

Satlin, A. (1994). The psychology of successful aging. *Journal of Geriatric Psychiatry, 27,* 3-8.

Saxon, S. V., & Etton, M. J. (2002). *Physical change and aging.* New York: The Tiresias Press, Inc.

Schaie, K. W. (1983). Age changes in adult intelligence. In D. S. Woodruff & J. E. Birren (Eds.), *Aging: Scientific perspectives and social issues* (2nd ed.). Monterey, CA: Brooks/Cole.

Schaie, K. W. (1984). Midlife influences upon intellectual functioning in old age. *International Journal of Behavioral Development, 7*, 463-478.

Schaie, K. W. (1988). Ageism in Psychological research. *American Psychologist, 43*, 179-183.

Schaie, K. W. (1990a). Intellectual development in adulthood. In J. E. Birren & K. W. Schaie (Eds.), *Handbook of the psychology of aging* (3rd ed.). New York: Academic Press.

Schaie, K. W. (1990b). The optimization of cognitive functioning in old age: Predictions based on cohort-sequential and longitudinal data. In P. B. Baltes & M. M. Baltes (Eds.), *Successful aging: Perspectives from the behavioral sciences*. New York: Cambridge University Press.

Schaie, K. W. (1994). The course of adult intellectual development. *American Psychologist, 49*, 304-313.

Schaie, K. W. (2000). The impact of longitudinal studies on understanding development from young adulthood to old age. *International Journal of Behavioral Development, 24* (3), 257-266.

Schaie, K. W. (2005). *Developmental influences on adult intelligence*: The Seattle Longitudinal Study. New York: Oxford University Press.

Schaie, K. W., & Baltes, P. B. (1977). Some faith helps to see the forest: A final comment on the Horn-Donaldson myth of the Baltes-Schaie position on adult intelligence. *American Psychologist, 32*, 1118-1120.

Schaie, K. W., & Geitwitz, J. (1982). *Adult development and aging*. Boston: Little, Brown.

Schaie, K. W., & Hertzog, C. (1983). Fourteen-year cohort-sequential analyses of adult intellectual development. *Developmental Psychology, 19*, 531-544.

Schaie, K. W., & Parr, J. (1981). Intelligence. In A. W. Chickering & Associates (Eds.), *The modern American college*. San Francisco, CA: Jossey-Bass.

Schaie, K. W., Willis, S. L., & O'Hanlon, A. M. (1994). Perceived intellectual performance change over seven years. *Journal of Gerontology: Psychological Sciences, 49*, 108-118.

Scharlach, A. E., Lowe, B. F., & Schneider, E. L. (1991). *Elder care and the work force: Bluepoint for action*. Lexington, MA: D.C. Health.

Schechtman, K. B., Barzilai, B., Rost, K., & Fisher, E. B. (1991). Measuring physical activity with a single question. *American Journal of Public Health, 81*, 771-773.

Scheibel, A. D. (1992). Structural changes in the aging brain. In J. E. Birren, R. B. Sloane, & G. D. Cohen (Eds.), *Handbook of mental health and aging*. San Diego, CA: Academic Press.

Schieber, F. (1992). Aging and the senses. In J. E. Birren, R. B. Sloane, & G. D. Cohen (Eds.), *Handbook of mental health and aging* (2nd ed.). San Diego, CA: Harcourt Brace.

Schilke, J. M. (1991). Slowing the aging process with physical activity. *Journal of Gerontological Nursing, 17*, 4-8.

Schmidt, S., & Hauser, M. A., Scott, W. K., Postel, E. A., Agarwal, A., Gallins, P., Wong, F., Chen, Y. S., Spencer, K., Schnetz-Boutaud, N., Haines, J. L., & Pericak-Vance, M. A. (2006). Cigarette smoking strongly modifies the association of LOC387715 and age related macular degeneration. *American Journal of Human Genetics, 78* (5), 852-864.

Schneider, J. M., Gopinath, B., McMahon, C. M., Leeder, S. R., Mitchell, P., & Wang, J. J. (2011). Dual sensory impairment in older age. *Journal of Aging and Health, 23* (8), 1309-1324.

Schonfield, D., & Stones, M. J. (1979). Remembering and aging. In J. F. Kihlstrom & F. J. Evans (Eds.), *Functional disorders of memory*. Hillsdale, NJ: Erlbaum.

Schooler, C. (1992). Statistical and caused interaction in the diagnosis and outcome of depression. In K. W. Schaie, D. Blazer, & J. S. House (Eds.), *Aging, health, behaviors, and health outcomes: Social structure and aging*. Hillsdale, NJ: Erlbaum.

Selye, H. (1980). The stress concept today. In I. L. Kutash, L. B. Schlesinger, & Associates (Eds.), *Handbook on stress and anxiety*. San Francisco, CA: Jossey-Bass.

Shay, K. A., & Roth, D. L. (1992). Association between aerobic fitness and visuospatial performance in healthy older adults. *Psychology and Aging, 7*, 15-24.

Sheehy, G. (1995). *New passages*. New York: Ballantine Books.

Shenfield, B. E. (1957). *Social policies for old age: A review of social provision for old age*. London: Routledge and Kegan Paul.

Simmons, L. W. (1945). *The role of the aged in primitive society*. New Haven, CT: Yale University Press.

Simmons, R. G., & Blyth, D. A. (1987). *Moving into adolescence: The impact of pubertal change and school context*. Hawthorne, NY: Aldine & de Gruyter.

Simonton, D. K. (1989). The swan-song phenomenon: Last-works effects for 172 classical composers. *Psychology and Aging, 4*, 42-47.

Simonton, D. K. (1991). Career landmarks in science: Individual differences and interdisciplinary contrasts. *Developmental Psychology, 27*, 119-130.

Sinnott, J. D. (1989). Life-span relativistic postformal thought: Methodology and data from everyday problem-solving studies. In M. L. Commons, J. D. Sinnott, F. A. Richards, & C. Armon (Eds.), *Adult development, Vol. 1: Comparisons and applications of developmental models*. New York: Praeger.

Smith, G. A., & Brewer, N. (1995). Slowness and age : Speed-accuracy mechanisms. *Psychology and Aging, 10*, 238-247.

Sokol, E. W. (2013). National plan to address Alzheimer's disease offers hope for new home care and hospice provisions. *Caring, 32*, 24-27.

Spangler, J., & Demi, E. (1988). *Bereavement support groups : Leadership manual* (3rd ed.). Denver, CO : Grief Education Institute.

Spear, P. D. (1993). Neural bases of visual deficits during aging. *Vision Research, 33*, 2589-2609.

Staebler, R. (1991). Medicaid : Providing health care to (some of) America's poor. *Caring, 10* (6), 4-6.

Staudinger, U. M., Smith, J., & Baltes, P. B. (1992). Wisdom-related knowledge in a life review task : Age differences and the role of professional specialization. *Psychology and Aging, 7*, 271-281.

Stems, H. L., & Gray, J. H. (1999). Work, leisure, and retirement. In J. C. Cavanaugh & K. Whitbourne (Eds.), *Gerontology : Interdisciplinary perspectives*. New York : Oxford University Press.

Sternberg, R. J. (1986). A triangular theory of love. *Psychological Review, 93*, 119-135.

Sternberg, R. J. (1990a). Wisdom and its relations to intelligence and creativity. In R. J. Sternberg (Ed.), *Wisdom : Its nature, origins, and development*. Cambridge, England : Cambridge University Press.

Sternberg, R. J. (Ed.) (1990b). *Wisdom : Its nature, origins, and development*. Cambridge, England : Cambridge University Press.

Stillion, J. (1985). *Death and the sexes*. Washington, D.C. : Hemisphere Publishing.

Strempel, E. (1981). Long-term results in the treatment of glaucoma with beta-adrenergic blocking agents. *Transactions of the Ophthalmology Society, 33*, 21-23.

Streufert, S., Pogash, R., Piasecki, M., & Post, G. M. (1990). Age and management team performance. *Psychology and Aging, 5*, 551-559.

Strom, R., & Strom, S. (1990). Raising expectations for grandparents: A three generational study. *International Journal of Aging and Human Development, 31*(3), 161-167.

Stull, D. E., & Hatch, L. R. (1984). Unravelling the effects of multiple life changes. *Research on Aging, 6*(4), 560-71.

Summers, W. K., Majovski, L. V., Marsh, G. M., Tachiki, K., & Kling, A. (1986). Oral tetrahydro-aminoacridine in long-term treatment of senile dementia, Alzheimer's type. *The New England Journal of Medicine, 315* (20), 1241-1245.

Sweet, C. A. (1989). Healthy tan-A fast-fading myth. *FDA Consumer, 23*, 11-13.

Tager, I. B., Weiss, S. T., Munoz, A., Rosner, B. A., & Speizer, F. E. (1983). Longitudinal study of the effects of maternal smoking on pulmonary function in children. *The New England Journal of medicine, 309,* 699-703.

Tatemichi, T. K., Sacktor, N., & Mayeux, R. (1994). Dementia associated with cerebrovascular disease, other degenerative diseases, and metabolic disorders. In R. D. Terry, R. Katzman, & K. L. Blick (Eds.), *Alzheimer disease.* New York: Raven Press.

Taylor, A. (2012). Introduction to the issue regarding research on age related macular degeneration. *Molecular Aspects of Medicine, 33* (4), 291-294.

Thomas, S. A. (2013). Effective pain management of older adult hospice patients with cancer. *Home Healthcare Nurse, 31,* 242-247.

Thorson, J. A., & Powell, F. C. (1988). Elements of death anxiety and meanings of death. *Journal of Clinical Psychology, 44,* 691-701.

Tobin, S. S., & Toseland, R. T. (1985). Model of services for the elderly. In A Monk (Ed.). *Handbook of gerontological services* (pp. 27-51). New York: Van Nostrand Reinhold.

Tonna, E. A. (2001). *Arthritis.* In G. L. Maddox (Ed.), *The encyclopedia of aging* (3rd ed.). New York: Springer Publishing Company.

Torrance, E. P. (1988). The nature of creativity as manifests in its testing. In R. J. Sternberg (Ed.), *The nature of creativity: Contemporary psychological perspectives.* Cambridge: Cambridge University Press.

Tran, T. V., Wright, R., & Chatters, L. (1991). Health, stress, psychological resources, and subjective well-being among older blacks. *Psychology and Aging, 6,* 100-108.

Troll, L. E. (1986). Parent-adult child relations. In L. E. Troll (Ed.), *Family issues in current gerontology* (pp. 75-83). New York: Springer.

Tselepis, A. D. (2014). Cilostazol-based triple antiplatelet therapy in the era of generic clopidogrel and new potent antiplatelet agents. *Current Medical Research and Opinion, 30,* 51-54.

Turner, J. S., & Helms, D. B. (1994). *Contemporary adulthood* (5th ed.). Chicago: Holt, Rinehart, & Winston.

Turner, J. S., & Rubinson, L. (1993). *Contemporary human sexuality.* Englewood Cliffs, NJ: Prentice-Hall.

Uhlenberg, P., & Myers, M. A. P. (1981). Divorce and the elderly. *The Gerontologist, 21* (3), 276-282.

U. S. Department of Health and Human Service (2005). *Medicaid managed care enrollment report.*

Vaillant, C. O., & Vaillant, G. E.(1993). Is the u-curve of marital satisfaction an illusion? A 40 year study of marriage. *Journal of Marriage and the Family, 55,* 230-239.

Verbrugge, L. M. (1979). Marital status and health. *Journal of Marriage and the Family, 41,* 467-485.

Verbrugge, L. M. (1990). The iceberg of disability. In S. M. Stahl (Ed.), *The legacy of longevity: Health and health care in later life.* Newbury Park, CA: Sage.

Verbrugge, L. M., Lepkowski, J. M., & Konkol, L. L. (1991). Levels of disability among U.S. adults with arthritis. *Journal of Gerontology: Social Sciences, 46* (2), 571-583.

Vitiello, M. V., & Prinz, P. N. (1991). Sleep and sleep disorders in normal aging. In M. J. Thorpy (Ed.), *Handbook of sleep disorders* (pp. 139-151). New York: Marcell Decker.

Wallach, M. A., & Kogan, N. (1967). *Creativity and intelligence in children's thinking. Transaction, 4,* 38-43.

Walsh, D. A., Till, R. E., & Williams, M. V. (1978). Age differences in peripheral perceptual processing: A monotropic backward masking investigation. *Journal of Experimental Psychology: Human Perception and Performance, 4,* 232-243.

Warren, C. A. B. (2002). Aging and identity in premodern times. In D. L. Infeld (Ed.), *Disciplinary approaches to aging: Anthropology of aging, Vol. 4.* New York: Routledge.

Wayler, A. H., Kapur, K. K., Feldman, R. S., & Chauncey, H. H. (1982). Effects of age and dentition status on measures of food acceptability. *Journal of Gerontology, 37* (3), 294-329.

Wechsler, D. (1958). *The measurement and appraised of adult intelligence* (4th ed.). Baltimore: Williams & Wilkins.

Weg, R. B. (1983). Changing physiology of aging: Normal and pathological. In D. S. Woodruff & J. E. Birren (Eds.), *Aging: Scientific perspectives and social issues.* Monterey, CA: Brooks/Cole.

Weiffenbach, J. M., Tylenda, C. A., & Baum, B. J. (1990). Oral sensory changes in aging. *Journal of Gerontology: Medical Sciences, 45,* M121-125.

Weintraub, S., Powell, D. H., & Whitla, D. K. (1994). Successful cognitive aging. *Journal of Geriatric Psychiatry, 27,* 15-34.

Weistein, S. (1991). Retirement planning should be done now. *The Practical Accountant, 24,* 28-35.

Welford, A. T. (1977). Motor performance. In J. E. Birren & K. W. Schaie (Eds.), *Handbook of the psychology of aging.* New York: Van Nostrand Reinhold.

Wellman, R., & McCormack, J. (1984). Counseling with older Persons: A review of outcome research. *Counseling Psychologist, 12* (2), 81-96.

Wenger, N. K. (2014). Prevention of cardiovascular diseases: Highlights for the clinician of the 2013 American College of Cardiology/American Heart Association guidelines. *Clinical Cardiology, 37* (4), 239-251.

West, R. L., Odom, R. D., & Aschkenasy, J. R. (1978). Perceptual sensitivity and conceptual coordination in children and younger and older adults. *Human Development, 21,* 334-345.

White, N., & Cunningham, W. R. (1988). Is terminal drop pervasive or specific? *Journal of Gerontology: Psychological Sciences, 44,* 141-144.

WHO(2002). *Active ageing: A policy framework.* Geneva.

Wilkinson, A. M., & Lynn, J. (2001). The end of life. In R. H. Binstock & L. K. George (Eds.), *Handling of aging and the social sciences* (5th ed.). San Diego, CA: Academic Press.

Willett, W. C., Stampfer, M. J., Colditz, G. A., Rosner, B. A., & Speizer, F. E. (1990). Relation of meat, fat, and fiber intake to the risk of colon cancer in a prospective study among women. *New England Journal of Medicine, 323,* 1664-1672.

Williams, G. M. (1991). *Causes and prevention of cancer.* Statistical Bulletin, April/June, 6-10.

Williamson, R. C., Rinehart, A. D., & Blank, T. O. (1992). *Early retirement: Promises and pitfalls.* New York: Insight/Plenum.

Willis, S. L. (1996). Everyday problem solving. In J. E. Birren & K. W. Schaie (Eds.), *Handbook of the psychology of aging* (4th ed.). San Diego, CA: Academic Press.

Wilson, D. L. (1974). The programmed theory of aging. In M. Rockstein, M. L. Sussman, & J. Chesky (Eds.), *Theoretical aspects of aging.* New York: Academic Press.

Wister, A. V., & Strain, L. (1986). Social support and well being: A comparison of older widows and widowers. *Canadian Journal on Aging, 5,* 205-220.

Wood, V. (1982). Grandparenthood: An ambiguous role. *Generations, 7*(2), 22-23.

Woodruff-Pak, D., & Hanson, C. (1996). *The neuropsychology of aging.* Cambridge, MA: Blackwell.

Wykle, M. L., & Musil, C. M. (1993). Mental health of older persons: Social and cultural factors. *Generations, 17*(1), 7-12.

Yost, E. B., Beutler, L. E., Corbishley, M. A., & Allender, J. R. (1987). *Group cognitive therapy: A treatment approach for depressed older adults.* New York: Pergamon Press.

Zisook, S., & Schucter, S. R. (1994). Diagnostic and treatment considerations in depression associated with late life bereavement. In L. S. Schneider, C. F. Reynolds, B. D. Lebowitz, & A. J. Friedhoff (Eds.), *Diagnosis and treatment of depression in late life: Results of the NIH consensus development conference.* Washington, D.C.: American Psychiatric Press.

Zusman, J. (1966). Some explanations of the changing appearance of psychotic patients: Antecedents of the social breakdown syndrome concert. *The Milbank Memorial Fund Quarterly, 44,* 363-396.

찾아보기

[인 명]

[내 용]

▨ 저자 소개 ▨

정옥분 (Chung, Ock Boon)

서울대학교 사범대학 가정학과 졸업
서울대학교 대학원 석사과정 졸업(아동학 전공 석사)
미국 University of Maryland 박사과정 졸업(인간발달 전공 Ph.D.)
한국아동학회 회장, 한국인간발달학회 회장,
미국 University of Maryland 교환교수,
ISSBD 국제학술대회 조직위원회 위원장,
고려대학교 사범대학 교수,
고려대학교 사회정서발달연구소 소장 역임
현재 고려대학교 사범대학 명예교수
　　　고려대학교 의료원 안암병원, 구로병원, 안산병원 어린이집 고문

〈저서〉
『아동발달의 이해』(개정판), 『전생애 인간발달의 이론』(제3판),
『청년심리학』(개정판), 『발달심리학』(개정판), 『사회정서발달』,
『성인 · 노인심리학』(개정판) 외 다수

김동배 (Kim, Dong Bae)

연세대학교 사회과학대학 정치외교학과 졸업
미국 Kent State University 석사과정 졸업(사회학 석사)
미국 University of Michigan 석사과정 졸업(사회복지학 석사)
미국 University of Michigan 박사과정 졸업(도시학 박사)
한국노년학회장, 서울시 사회복지공동모금회 부회장,
양천사랑복지재단 이사장,
연세대학교 사회복지대학원 교수 역임
현재 한국기독교사회복지협의회 공동대표

〈저서〉
『인간행동이론과 사회복지실천』, 『시민사회와 자원봉사』,
『집단사회사업실천 평가방법론』, 『한국노인의 삶』

정순화 (Chung, Soon Hwa)

서울대학교 가정대학 가정관리학과 졸업
서울대학교 대학원 석사과정 졸업(아동학 석사)
고려대학교 대학원 박사과정 졸업(이학 박사)
현재 고려대학교 사범대학 전문교수

〈저서〉
『부모교육』(2판), 『결혼과 가족의 이해』, 『정서발달과 정서지능』,
『예비부모교육』(2판)

손화희 (Sohn, Hwa Hee)

성균관대학교 문과대학 영어영문학과 졸업
연세대학교 행정대학원 석사과정 졸업(사회복지학 석사)
고려대학교 대학원 박사과정 졸업(이학 박사)
연세대학교 대학원 사회복지학과 Post-Doctoral Researcher
현재 숭의여자대학교 가족복지과 교수

〈저서〉
『영국과 스웨덴의 노인복지정책』, 『노인상담론』, 『노인복지상담』,
『가족복지론』, 『아동권리와 복지』, 『노년학척도집』

노인복지론 (2판)

Social Welfare with the Aged(2nd ed.)

2008년 1월 15일 1판 1쇄 발행
2009년 1월 20일 1판 2쇄 발행
2016년 8월 25일 2판 1쇄 발행
2020년 2월 20일 2판 3쇄 발행

지은이 • 정옥분 · 김동배 · 정순화 · 손화희

펴낸이 • 김 진 환

펴낸곳 • ㈜ **학지사**

04031 서울특별시 마포구 양화로 15길 20 마인드월드빌딩 5층

대표전화 • 02) 330-5114   팩스 • 02) 324-2345

등록번호 • 제313-2006-000265호

홈페이지 • http://www.hakjisa.co.kr
페이스북 • https://www.facebook.com/hakjisabook

ISBN 978-89-997-1054-4 93330

정가 **22,000**원

이 도서의 국립중앙도서관 출판시도서목록(CIP)은 서지정보유통지원시스템
홈페이지(http://seoji.nl.go.kr)와 국가자료공동목록시스템(http://www.nl.go.kr/kolisnet)
에서 이용하실 수 있습니다.
(CIP제어번호: CIP2016018664)

출판 · 교육 · 미디어기업 **학지사**

간호보건의학출판 **학지사메디컬** www.hakjisamd.co.kr
심리검사연구소 **인싸이트** www.inpsyt.co.kr
학술논문서비스 **뉴논문** www.newnonmun.com
원격교육연수원 **카운피아** www.counpia.com